Der Große ADAC Reiseführer

Süddeutschland

Der Große ADAC Reiseführer Süddeutschland

Die schönsten Ferienstraßen zwischen Spessart und Alpen

EIN
ADAC
BUCH

Dieses Buch entstand in Zusammenarbeit zwischen dem ADAC Verlag, München, und dem Deutschen Bücherbund, Stuttgart.

Die Verlage danken besonders folgenden Autoren:
Burkhard Brehm
Dr. Gerald Deckart
Gerd Dörr
Dr. Udo Moll
Bernhard Wabnitz
André Wais
Wolfgang Zimmermann

Redaktion: Andreas Epple; Mitarbeiter: Dr. Klaus Neugebauer,
Dr. Rainer Redies, Christa E. Seibicke; Layout: Christian Scheel

Fotos: siehe Bildnachweis Seite 367

Satz: Setzerei Lihs, Ludwigsburg
Reproduktionen: Eder repros, Ostfildern
Gesamtherstellung: Carl Ueberreuter Druckerei GmbH,
A-2100 Korneuburg
Printed in Austria
– 16591/0 –
ISBN 3-87003-253-7

Die schönsten Ferienstraßen zwischen Spessart und Alpen

Straßen sind mehr als nur Verbindungen zwischen Orten. Sie sind die Schrittmacher der Geschichte, die Fährten der Kultur. Straßen sind Wege für Begegnungen im guten wie im schlechten. Sie spiegeln Schicksale wider.

»Der Große ADAC Reiseführer Süddeutschland« will Ihnen eine Orientierungshilfe sein. Er zeigt, auf welchen Straßen in Süddeutschland sich Entdeckungsfahrten besonders lohnen. In Wort und Bild erschließt er Ihnen den Weg zu Sehenswürdigkeiten mit klangvollen Namen ebenso wie zu verborgenen landschaftlichen Kleinodien. Dieser Reiseführer veranschaulicht, wo das Reisen Vergnügen bereitet; er begleitet Sie vom Spessart bis zu den Alpen.

Reisevergnügen, das ist für den einen die Fahrt durch unberührte Naturlandschaften, auf der Suche nach Ruhe, nach Erholung und Einsamkeit. Ein anderer verbindet damit Rückbesinnung auf vergangene Kultur, Identifikation mit kultureller Vergangenheit. Wir führen Sie zu Natur-, Tier- und Freizeitparks, an Flüsse, Seen und Wasserfälle, in Höhlen, Bergwerke und Freilichtmuseen. Kurzum – dieses Buch wendet sich an alle, die mehr aus ihrer Freizeit machen wollen, die sowohl zuverlässige als auch phantasievolle Vorschläge für den Sonntagsausflug, die Wochenendkurzfahrt oder den Urlaub schwarz auf weiß und farbig illustriert besitzen möchten.

Um dieser Aufgabe gerecht zu werden, haben wir erfahrene Reiseschriftsteller ausgewählt und jeden von ihnen um ein Porträt der Straße gebeten, zu der er eine besondere Beziehung hat. Die Autoren sind dabei Routen gefolgt, die zu stolzen Burgen und ehrwürdigen Domen, idyllischen Fachwerkstädtchen und in abgeschiedene Landschaften führen. Die präsentierte Streckenauswahl will und kann weder den Anspruch auf Vollständigkeit erheben, noch eine Rangfolge bedeuten. Wert gelegt wurde indessen darauf, daß mit den vorgeschlagenen Ferienstraßen weitgehend alle Gebiete im Süden der Bundesrepublik Deutschland abgedeckt sind.

Die Kartenausschnitte und die Bezugsziffern zwischen ihnen, die Wegbeschreibungen und die Randbemerkungen dienen dazu, Ihnen die geographische Übersicht zu geben und die jeweiligen Routen deutlich zu beschreiben und Ihnen eine Vielfalt von kreativen Beschäftigungen zur persönlichen Auswahl anzubieten.

Alle Informationen sind so angeordnet, daß Sie sich schnell und mühelos zurechtfinden: Die Beschreibung folgt einheitlich der Richtung von Norden nach Süden und von Westen nach Osten. In den Kartenausschnitten – durchgehend im Maßstab 1:500000 – sind die von uns vorgeschlagenen Straßen grün eingezeichnet; rote Zahlenpunkte markieren Orte und Sehenswürdigkeiten. Lohnende Abstecher und Wandertips sind auf den Randspalten gesondert beschrieben. Zu jeder Tour gibt Ihnen der Reisetip-Kasten Auskunft über Lage, Anfahrt, Streckenlänge und Beschilderung der jeweiligen Straße, über die günstige Reisezeit, den Charakter und die Landschaftsform der Region sowie Hinweise auf Informationsstellen. Unsere Tourenbeschreibungen lassen Ihnen natürlich noch genügend Spielraum für selbstgeplante Entdeckungsfahrten.

Aus der bewährten und aktualisierten ADAC-Straßenkarte im Maßstab 1:500000 haben wir einen Atlasteil zusammengestellt. Sowohl die in »Süddeutschland« beschriebenen Ferienstraßen als auch lohnende Strecken der Ausgabe »Norddeutschland« sind darin grün gekennzeichnet. Der Straßenatlas mit dem ausführlichen Register rundet den »Großen ADAC Reiseführer Süddeutschland« zu einem umfassenden Handbuch ab. Während der Fahrt dient er Ihnen als Informationsquelle und Orientierungshilfe, und später zu Hause läßt er die Erinnerungen an eine hoffentlich gelungene Reise lebendig werden.

Die Herausgeber

Inhaltsübersicht

Die schönsten Ferienstraßen zwischen Spessart und Alpen 5

Verzeichnis der beschriebenen Ferien- und
Touristikstraßen mit alphabetischem Ortsregister 8

Rheingold-Loreley-Burgen-Straße 14
Rhön- und Spessartfahrt 26
Liebfrauen- und Bergstraße 36
Steigerwald-Höhenstraße 54
Straße der Residenzen 60
Deutsche Edelsteinstraße 94
Deutsche Weinstraße 100
Fichtelgebirgs- und Bayerische Ostmarkstraße 112
Nibelungen- und Siegfriedstraße 128
Romantische Straße 142
Burgenstraße 162
Badische Weinstraße 178
Schwarzwald-Hochstraße / Schwarzwald-Tälerstraße 192
Schwarzwald-Bäderstraße 204
Schwäbische Albstraße 216
Oberschwäbische Barockstraße 234
Grüne Straße Südschwarzwald – Bodensee 254
Deutsche Alpenstraße 268

Die Ferien- und Touristikstraßen
in der Bundesrepublik Deutschland 287

ADAC-Straßenatlas
Bundesrepublik Deutschland 1 : 500 000 289

Übersicht namhafter
Ferien- und Touristikstraßen 291

Ortsregister zum Atlasteil 343

Bildnachweis 367

Ferien- und Touristikstraßen mit alphabetischem Ortsregister

Rheingold-Loreley-Burgen-Straße 14

Bacharach 20
Boppard 16
Burg Sooneck 21
Kamp-Bornhofen 24
Kaub 23
Lorch 23
Loreley 24
Oberwesel 20
Rhens 16
Rüdesheim 22
St. Goar 18
St. Goarshausen 24
Trechtingshausen 21
Wellmich 24

Rhön- und Spessartfahrt 26

Aschaffenburg 34
Bad Brückenau 32
Bad Orb 33
Bischofsheim 31
Fulda 28
Kreuzberg 31
Milseburg 29
Poppenhausen 29
Schlüchtern 32
Schwarzes Moor 30
Steinau 32
Wasserkuppe 30

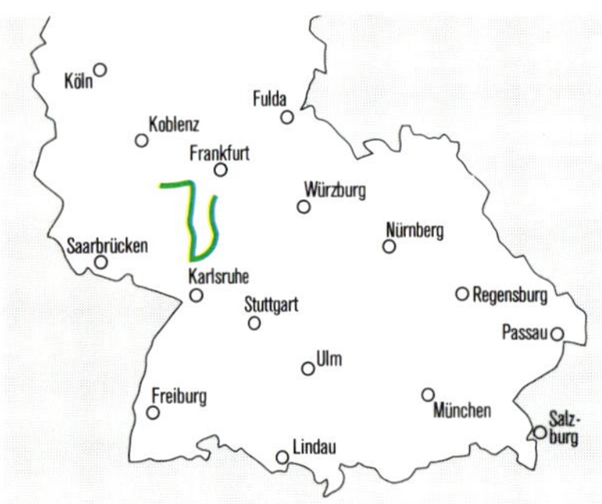

Liebfrauen- und Bergstraße 36

Bensheim 51
Bingen 38
Darmstadt 52
Fürstenlager 51
Heidelberg 47
Heppenheim 50
Ingelheim 40
Mainz 40
Nackenheim 42
Nierstein 43
Oppenheim 43
Schriesheim 49
Schwetzingen 47
Speyer 45
Weinheim 49
Worms 44
Zwingenberg 51

Steigerwald-Höhenstraße 54

Ebrach 57
Eltmann 56
Fabrik-Schleichach 57
Geiselwind 58
Haßfurt 56
Scheinfeld 58
Schlüsselfeld 58
Uffenheim 59

Straße der Residenzen 60

Alteglofsheim 88
Altötting 90
Ammerndorf 80
Ansbach 80
Aschaffenburg 62
Aufhausen 88
Bad Abbach 86
Bad Gögging 85
Bamberg 76
Banz 73
Bayreuth 74
Bürgstadt 66
Burghausen 91
Burgkunstadt 73
Cadolzburg 79
Coburg 70
Dollnstein 83
Eichstätt 83
Ellingen 81
Eschau-Sommerau 64
Fechenbach 67
Freilassing 93
Freudenberg 66
Großheubach 65
Großmehring 85
Gunzenhausen 81
Heilsbronn 80
Herzogenaurach 79
Hessenthal 64
Hobbach 64
Hofheim 69
Hollfeld 76
Homburg am Main 68
Ingolstadt 84
Kehlheim 86
Kleinheubach 65
Kreuzwertheim 68
Kulmbach 73
Landshut 89
Laufen 92
Lengfurt 68
Lichtenfels 72
Mainberg 69
Mallersdorf-Pfaffenberg 89
Marktheidenfeld 68
Miltenberg 66
Mönchberg 65
Neumarkt-St. Veit 89
Neuötting 89
Neustadt an der Donau 85
Oberndorf 93
Pappenheim 83
Pommersfelden 79
Regensburg 86
Röllbach 65
Roßtal 80
Salzburg 93
Scheßlitz 76
Schweinfurt 69
Solnhofen 83
Stadtprozelten 67
Tambach 70
Tittmoning 92
Treuchtlingen 82
Vierzehnheiligen 72
Vilsbiburg 89
Vohburg 85
Waging 92
Wasserschloß
Mespelbrunn 64
Weißenburg 82
Weltenburg 85
Werneck 68
Wertheim 67
Wolframs-Eschenbach 81
Würzburg 68

Deutsche Edelsteinstraße 94

Fischbach 97
Gerach 97
Herrstein 98
Idar-Oberstein 96
Katzenloch 99
Kempfeld 98
Kirschweiler 99
Sensweiler 98

Deutsche Weinstraße 100

Annweiler 108
Bad Bergzabern 109
Bad Dürkheim 104
Bockenheim 102
Deidesheim 105
Dörrenbach 110
Edenkoben 108
Freinsheim 103
Grünstadt 103
Klingenmünster 109
Leinsweiler 109
Neuleiningen 103
Neustadt
an der Weinstraße 106
Schweigen-Rechtenbach 110
St. Martin 107

Fichtelgebirgs- und Bayerische Ostmarkstraße 112

Altenstadt an der Waldnaab 118
Bad Berneck 114
Bischofsgrün 114
Blaibacher See 121
Bodenmais 123
Cham 121
Erbendorf 118
Felsenlabyrinth Luisenburg 116
Fichtelberg 114
Kötzting 121
Leuchtenberg 119
Marktredwitz 116
Nationalpark Bayerischer Wald 124
Naturpark Steinwald 117
Neustadt an der Waldnaab 118
Oberviechtach 119
Ochsenkopf 114
Passau 125
Parkstein 118
Pfaben 118
Regen 124
Rinchnach 124
Schönberg 124
Silberhaus 116
Tännesberg 119
Thierlstein 121
Tittling 124
Viechtach 122
Weiden 119
Wunsiedel 116

Nibelungen- und Siegfriedstraße 128

Amorbach 139
Beerfelden 140
Bensheim 132
Bronnbach 136
Einhards-Basilika 133
Eulbach 134
Gamburg 137
Hardheim 138
Heppenheim 141
Lautertal-Reichenbach 132
Lindenfels 132
Lorsch 131
Michelstadt 133
Miltenberg 135
Schloß Fürstenau 133
Seitzenbuche 140
Stausee Marbach 141
Tauberbischofsheim 137
Walldürn 138
Wertheim 136
Worms 130

Romantische Straße 142

Augsburg 156
Bad Mergentheim 148
Creglingen 149
Detwang 149
Dinkelsbühl 152
Donauwörth 154
Feuchtwangen 150
Füssen 161
Harburg 154
Landsberg am Lech 158
Nördlingen 153
Oettingen 152
Rothenburg ob der Tauber 150
Rottenbuch 159
Schongau 158
Schwangau 160
Steingaden 160
Tauberbischofsheim 147
Weikersheim 149
Wies 159
Würzburg 144

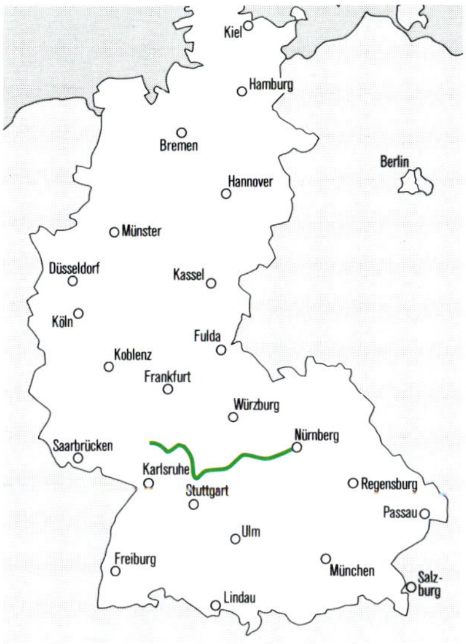

Burgenstraße 162

Ansbach 175
Bad Rappenau 170
Bad Wimpfen 170
Braunsbach 173
Burg Hirschhorn 168
Burg Zwingenberg 168
Colmberg 174
Heidelberg 166
Heilbronn 171
Heilsbronn 175
Langenburg 173
Mannheim 164
Minneburg 169
Neckarsteinach 168
Neckarsulm 171
Neuenstein 173
Nürnberg 176
Öhringen 172
Rothenburg
ob der Tauber 174
Ruine Hornberg 169
Schloß Guttenberg 169
Schloß Horneck 169
Weinsberg 171

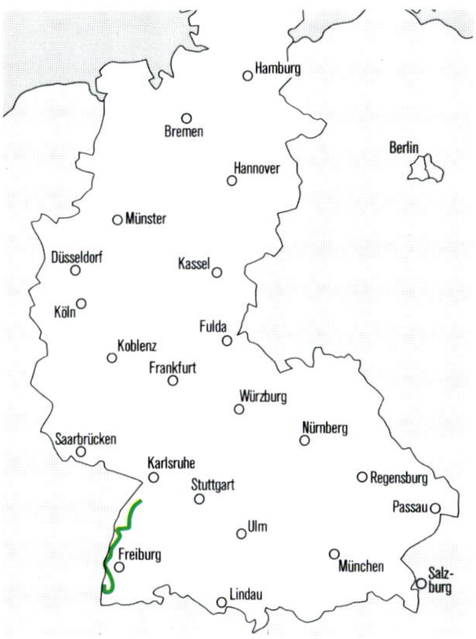

Badische Weinstraße 178

Auggen 191
Baden-Baden 181
Bad Krozingen 189
Breisach 188
Bühl 182
Bürgeln 190
Durbach 183
Endingen 187
Ettenheim 185
Gengenbach 184
Kandern 190
Kappelrodeck 182
Kenzingen 186
Lahr 185
Müllheim 190
Oberkirch 183
Offenburg 183
Ortenberg 184
Ottersweier 182
Sasbach 187
Schliengen 191
Staufen 189
Sulzburg 189
Taubergießen 186
Varnhalt 181
Vogtsburg 187

Schwarzwald-Hochstraße Schwarzwald-Tälerstraße 192

Alpirsbach 199
Baden-Baden 194
Baiersbronn 201
Bühlerhöhe 196
Forbach 202
Freudenstadt 198
Gernsbach 202
Klosterreichenbach 201
Loßburg 199
Mummelsee 197
Rastatt 202
Raumünzach 202
Ruhestein 198
Schapbach 201
Schenkenzell 199
Schiltach 200
Schloß Favorite 202
Tal der Wolf 200
Wolfach 200

Schwarzwald-Bäderstraße 204

Altensteig 210
Bad Herrenalb 214
Bad Liebenzell 207
Baiersbronn 212
Calw 208
Dornstetten 211
Enzklösterle 213
Frauenalb 214
Freudenstadt 211
Hirsau 207
Kentheim 209
Klosterreichenbach 212
Marxzell 214
Nagold 210
Nagoldtalsperre 211
Neuenbürg 215
Pforzheim 206
Poppeltal 212
Silberbergwerk
Neubulach 209
Talmühle 209
Wildbad 213
Wildberg 210
Zavelstein 209

Schwäbische Albstraße 216

Aalen 218
Albstadt 230
Alter Berg 231
Bad Urach 227
Bopfingen 220
Burg Hohenzollern 229
Burg Lichtenstein 228
Deggingen 225
Falkensteiner Höhle 227
Geislingen 224
Heidengraben 227
Heidenheim 222
Hossingen 230
Königsbronn 223
Kornbühl 228
Lauchheim 220
Lochenstein 230
Neresheim 222
Nördlingen 221
Randecker Maar 226
Römerstein 226
Söhnstetten 224
Spaichingen 231
Steinheim 224
St. Johann 228
Trossingen 232
Tuttlingen 232

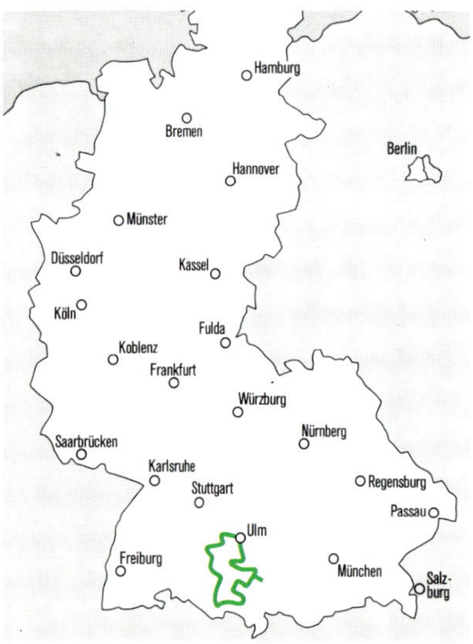

Oberschwäbische Barockstraße 234

Bad Buchau 241
Bad Schussenried 242
Bad Waldsee 243
Bad Wurzach 248
Biberach an der Riß 251
Blaubeuren 238
Ehingen 240
Erbach 240
Friedrichshafen 245
Gutenzell 252
Isny 247
Kißlegg 247
Kloster Weißenau 245
Langenargen 245
Laupheim 252
Leutkirch 249
Memmingen 249
Obermarchtal 240
Ochsenhausen 251
Ottobeuren 250
Ravensburg 244
Riedlingen 241
Rot an der Rot 251
Schelklingen 239
Schloß Wolfegg 248
Steinhausen 242
Tettnang 246
Ulm 236
Wangen 246
Weingarten 243
Wiblingen 253
Zwiefalten 240

Grüne Straße Südschwarzwald–Bodensee 254

Aach 264
Birnau 266
Breisach 256
Döggingen 260
Donaueschingen 261
Engen 261
Freiburg 257
Friedrichshafen 266
Hinterzarten 259
Hirschsprung 258
Höllsteig 259
Insel Reichenau 262
Kirchzarten 258
Konstanz 263
Langenargen 266
Lindau 267
Löffingen 260
Meersburg 266
Neustadt 260
Radolfzell 262
Singen 262
Stockach 265
Tal der Wutach 260
Titisee 260
Tuniberg 257
Überlingen 265
Wartenberg 261
Witterschneekreuz 260

Deutsche Alpenstraße 268

Aschau 282
Bayrischzell 280
Berchtesgaden 284
Bernau 282
Füssen 275
Garmisch-Partenkirchen 277
Grassau 282
Hindelang 273
Immenstadt 272
Inzell 283
Kloster Ettal 276
Lindau 270
Lindenberg 271
Marktschellenberg 285
Nesselwang 274
Oberaudorf 281
Oberstaufen 272
Pfronten 274
Reit im Winkel 283
Reutte 276
Rottach-Egern 280
Ruhpolding 283
Schliersee 280
Schloß Linderhof 276
Schwarzbachwacht-Sattel 284
Sonthofen 272
Sylvensteinsee 279
Tegernsee 280
Wallgau 277
Weiler-Simmerberg 272
Wendelstein 280
Wertach 273

In glühenden Farben leuchtet die Herbstlandschaft um Burg Katz.

»Die Weinrunde«: Relief in der Rüdesheimer Drosselgasse

Wo der Rhein am schönsten ist

Sagen und Märchen, historische und politische Ereignisse von Rang, Ritterkampf und Kirchenfehde der Kurfürsten, geistige und kriegerische Auseinandersetzungen mit dem Nachbarland Frankreich: all das prägte jene Region, die einmal Rheinprovinz hieß und heute zum Bundesland Rheinland-Pfalz gehört. So geht denn auch der klingende Name der am Mittelrhein entlangführenden Straßen auf alte Sagen und Geschichten zurück. Die »Rheingold-Straße« verdankt ihren Namen der Siegfriedsage aus dem im 13. Jh. entstandenen Nibelungenlied. Dieses Epos berichtet, der finstere Hagen, dessen Stammsitz im Hunsrück gelegen haben soll, hätte den sagenhaften Nibelungenhort im Rhein versenkt. Der Besucher wandelt an den Mittelrheinstraßen aber auch auf den Spuren authentischer Geschichte. Die Festungen über dem Rheintal dienten ehemals als Schutz- und Trutzburgen. Die Rheingold-Straße beginnt in der Königsstadt Rhens und führt über die Hunsrückhöhen oberhalb der steil aus dem Rheingraben aufsteigenden Schieferfelsen. Wir wählen die B 9 Koblenz/Bingen als Orientierungsstrecke und führen Sie auf Abstechern in die Weinberge und auf die Rheinhöhen. Von Bingen geht unsere Reise nach Rüdesheim und rechtsrheinisch auf der Loreley-Burgen-Straße zurück nach Koblenz.

1 *Abstecher von Brey (bei Rhens) zum Klostergut Jakobsberg mit Wildpark: Am Ortsanfang von Brey, links durch die steil ansteigende Rheingold-Straße in Richtung Siebenborn erreichen Sie nach 4 km den Jakobsberger Hof. Das verfallene Klostergut wurde 1960 nach historischen Plänen wiederaufgebaut und bietet heute Erholungs- und Wandermöglichkeiten.*

1 Der Ausgangspunkt der romantischen Rheingold-Straße ist das 1300jährige Städtchen **Rhens.** Von Koblenz aus erreichen Sie über die B 9 die alte deutsche Königsstadt. In der Ortsmitte, umgeben von vorbarocken Fachwerkbauten, sehen Sie das Rathaus aus dem 17. Jh. mit Arkadenumgang. Rechts davon sind noch ein Teil der alten Stadtbefestigung und das Viehtor, ein hoher Turm der alten Stadtmauer, erhalten. Vom Markt aus führt links die Langstraße an reizvollen Fachwerkfassaden aus dem 16. und 17. Jh. vorbei zur Rheinpromenade und dem Scharfen Turm, der ebenfalls in die mittelalterliche Stadtbefestigung integriert war. Im »Kurverein zu Rhens« trafen sich seit 1273 die deutschen Kurfürsten zu Königs- und Kaiserwahlen. Ab 1398 wurde der König dem Volk auf dem sog. Königsstuhl vorgestellt, einem freistehenden, kanzelartigen Steinbau.
Wenige Schritte vom Marktplatz entfernt, doch bereits außerhalb der Stadtbefestigung, liegt auf einer Anhöhe die Pfarrkirche St. Dionysius mit spätromanischem Turm und flach gedecktem Langhaus. Die Holzemporen im Innern der Kirche stammen aus dem 17. Jh. Besondere Veranstaltungen in Rhens sind das Weinfest Anfang September und das Lichterfest »Rhein in Flammen« (s. a. S. 19).

2 *Abstecher von Boppard zum Waldlehrpfad: Fahren Sie in Richtung Buchenau rechts die steil ansteigende Landstraße hinauf. Unterhalb der Cäcilienhöhe beginnt rechts der beschilderte Waldlehrpfad. In 30 Min. führt er Sie durch das romantische Bruder-Michels-Tal. Auf dem schmalen Fußweg entlang dem Bachlauf werden Sie auf heimische Bäume, Büsche und Gewächse, deren Eigenarten und Verwendungsmöglichkeiten aufmerksam gemacht.*

2 Über die B 9 fahren Sie vorbei an den alten Weinorten Brey und Spay sowie an der großen Rheinschleife Bopparder Hamm, dem größten zusammenhängenden Weinbaugebiet am Mittelrhein, und gelangen nach wenigen Kilometern zum Wein- und Kurort **Boppard.** Schon um 20 v. Chr. unterhielten die Römer hier ein befestigtes Kastell. In fränkischer Zeit (10. Jh.) wurde der Platz zum Königshof, und im 13. Jh. war Boppard freie Reichsstadt. Unmittelbar hinter der Ortseinfahrt führt rechts eine beschilderte Straße zu einem Sessellift, der Sie auf das Gedeons-Eck (302 m) bringt (April bis Oktober in Betrieb). Vom Aussichtspunkt auf dem Gipfel genießen Sie einen wunderbaren Weitblick über die Rheinschleife, den angrenzenden Taunus und den Hunsrück. Auf einem ausgeschilderten Wanderweg erreichen Sie in ca. 10 Min. den sog. Vier-Seen-Blick. Das sich durch enge Berge windende Flußbett des Rheins erweckt hier den Eindruck einer Binnenseenplatte.

Rheinschiffahrt bei Boppard

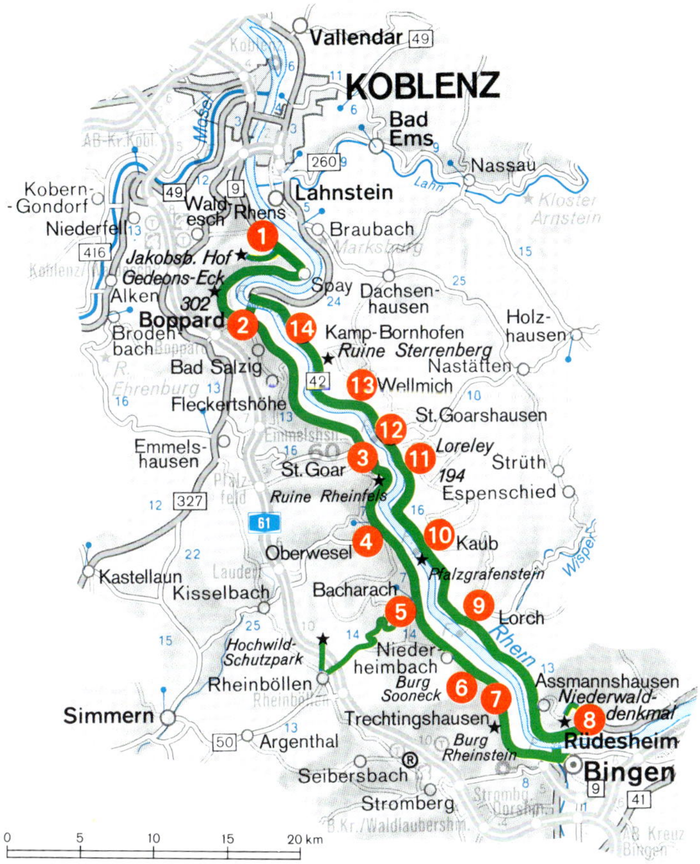

Rotfüchse sind im Taunus auch heute noch heimisch. So zutraulich wie dieses Jungtier vor seinem Bau, präsentieren sie sich den Menschen allerdings äußerst selten.

Mit ein wenig Phantasie verklärt sich ein Gang durch Rhens zur Reise in die Vergangenheit.

Rhens: Königsstuhl

Geradeaus gelangen Sie durch die Koblenzer und die Heerstraße ins Zentrum, biegen links in die Karmeliterstraße ein und kommen zum Parkplatz vor der ehemaligen Klosterkirche (14. Jh.). Die Innenausstattung umfaßt ein wertvolles Chorgestühl (um 1460) mit teils humorvollen Schnitzereien, Grabmäler aus Spätgotik und Renaissance, an der Südfront ein Wandgemälde (15. Jh.) mit Szenen aus der Alexius-Legende sowie Totenschilde mit Bopparder Familienwappen. An der Kirche beginnt der Stadtrundgang (30 Min.). Die Karmeliterstraße führt durch das Geschäftszentrum. Auf der Oberstraße biegen Sie rechts in die Kirchgasse, vorbei am gotischen Turmbogen des 1597 erstmals erwähnten Gemeinde- und Danzhauses. Links gehen Sie in die Angerstraße, vorbei am mittelalterlichen Stadttor, und kommen entlang den Resten der Stadtmauer durch die Kasinostraße zum gotischen Ritter-Schwalbach-Haus (15. Jh.). Auf der Rheinpromenade gelangen Sie zur kurtrierischen Burg, die im 14. Jh. neu erbaut wurde. Die Zoll- und Zwingburg von 1340 beherbergt das Heimatmuseum, ein Holz- und Waldmuseum, eine Weinbaugeräte-Sammlung und eine Ausstellung von Thonet-Möbeln (April–Okt. täglich außer Mo. geöffnet).
Noch heute bestimmt die Farbe des Schiefers, der hier im 19. Jh. abgebaut wurde, das Aussehen der Stadt. Entlang der repräsentativen Rheinpromenade (3 km) mit Hotels, Restaurants und Weinschenken gelangen Sie zum Lilientor (14. Jh.) und vorbei an verwinkelten Fachwerkbauten zur St.-Severus-Kirche (13. Jh). Diese auf römischen Fundamenten errichtete, spätromanische Basilika fällt auf durch ihr überhöhtes Mittelschiff und den polygonalen, frühgotischen Chor. Durch Kronengasse und Kronentor (14. Jh.) gelangen Sie über die Rheinpromenade zum Ausgangspunkt zurück. Jedes Jahr finden Ende September und Anfang Oktober Weinfeste statt.
In Richtung Bingen erreichen Sie das an der B 9 gelegene Mineralheilbad Bad Salzig. In der Ortsmitte biegen Sie rechts in Richtung Kurpark ab und kommen nach etwa 1 km zum Kurzentrum.
3 Zurück zur B 9, an Weinbergen und Schieferfelsen vorbei, gelangen Sie in das malerische Städtchen **St. Goar,** das von der Ruine der Burg Rheinfels (1245) überragt wird. Am Ortseingang führt rechts eine

St. Goar verdankt seinen Namen dem fränkischen Missionar Goar, dem Patron der Rheinschiffer und der Gastwirte.

Straße (17 % Steigung) zu der Anlage, die 1692/93 von nur 4000 Mann Besatzung gegen nahezu 30000 Franzosen gehalten wurde. Die Burg ist täglich geöffnet und beherbergt eine Waffensammlung sowie das Heimatmuseum mit volkskundlichen Exponaten. Von ihren Türmen bietet sich ein weiter Blick über die Weinhänge des Rheintals. Das Stadtbild prägen heute noch Reste der mittelalterlichen Befestigung. Die Pfarrkirche (11.–15. Jh.), deren Innenwände mit Fresken aus dem 15. und 16. Jh. reich bemalt sind, besitzt unter dem Ostchor eine frühchristliche Krypta (7. Jh.).

Alljährlich findet in St. Goar Mitte September ein besonderes Schauspiel statt. An den Rheinhängen werden nach Einbruch der Dämmerung unzählige Fackeln entzündet, die Burgen angestrahlt, und am Abendhimmel wird ein farbenprächtiges Feuerwerk entfacht. Dieses einzigartige Lichter- und Farbenspiel, der »Rhein in Flammen«, fasziniert jeden Besucher. Die goldene Herbstsonne läßt die Weinberge an den schroffen Schieferhängen tagsüber in hellem Licht erstrahlen.

Über die Rheinpromenade St. Goar führt die Rheingold-Straße zur Loreley, wo die Rheinromantik ihren Höhepunkt erreicht. Clemens von Brentano schuf unter dem Eindruck einer Rheinreise die Phantasiegestalt eines schönen Mädchens, das die Männer anzieht und ins Unglück stürzt. Von den vielen daran anknüpfenden Sagen- und Liederversionen stammt die bekannteste von Heinrich Heine. Schroff und steil steigen die Felsen des rheinischen Schiefergebirges bis zu 200 m hoch aus dem Flußtal hier am Loreleyfelsen (132 m) empor. An der gefährlichen Engstelle voller Strudel und Stromschnellen zerschellten jahrhundertelang unzählige Rheinkähne, weil die Schiffer sich vom Gesang und der Schönheit der Wassernixe Loreley betören ließen – so jedenfalls will es die Sage. Kanalisation und Ampeln sorgen heute im Nebelloch der Loreley für gesicherten Schiffsverkehr. Eine große Signalanlage sehen Sie unmittelbar neben der Straße.

Spätestens hier werden Sie bemerken, daß in der Rheinlandschaft außer den romantischen Liedern und Sagen auch die Probleme der modernen Industriegesellschaft zum Tragen kommen. Zwar ist der Strom kanalisiert und die Schiffahrt weniger gefährlich geworden, aber unzweifelhaft trüben die Verschmutzung des Wassers, angeschwemmter Müll und Unrat sowie Ölschlieren auf Steinen und Uferböschungen die unbeschwerte Freude an Deutschlands größtem Fluß. Zu einer besonderen Gefährdung wurden in jüngster Vergangenheit die starken Salzabgaben der rechts und links am Oberlauf des Rheins angesiedelten Industrie. Ein Blick auf die Hänge offenbart noch ein weiteres Problem. Zahlreiche Weinberge sind derart von wildwachsenden Hecken und Gestrüpp überwuchert, daß nach Schätzung der Experten die heutige Anbaufläche nur noch halb so groß ist wie zur Römerzeit. Diese Rückeroberung durch die Natur hat freilich nicht nur positive Ergebnisse, vielmehr zerstört sie von den Rändern her die ökologischen Gegebenheiten der Weinbaukultur.

Es bedarf großer Mühe und guter Pflege, bis die Trauben erntereif sind.

Tradition und Gastlichkeit werden in den rheinischen Weinstuben gepflegt.

Zwischen Felsvorsprüngen und steil abfallenden Berghängen bahnt sich der Rhein seinen Weg.

❹ Abstecher von Oberwesel nach Urbar zum Aussichtspunkt Mariaruh: Durch die Koblenzer Straße biegen Sie rechts ab in den Urbarer Weg. Ein schmaler, ansteigender Winzerpfad führt Sie dann entlang der Felsen und Weinberge nach Urbar. Dem Hinweis »Aussichtspunkt« folgend, biegen Sie im Ort rechts ab und erreichen nach 1 km den Wanderrastplatz Mariaruh. Nach kurzem Fußweg durch den Wald haben Sie einen herrlichen Rundblick auf die Loreley und das Rheintal.

❹ Hinter der Rheinschleife der Loreley ragen bereits die Türme von **Oberwesel** empor. Die eng an steil aufragende Weinberge geschmiegte Stadt (Weinmarkt Mitte September) hat sich bis heute ihr ursprüngliches Stadtbild bewahrt. Im Bering, der alten Stadtbefestigung aus dem 13. und 14. Jh., sind noch die Reste von 16 der insgesamt 21 Türme zu erkennen. Die auf der Stadtmauer aufsitzende Wernerkapelle ist der Legende nach ein Sühnemal für den 1278 von Juden ermordeten Knaben Werner. Vorbei am mächtigen Ochsenturm (14. Jh.) kommen Sie durch die Koblenzer Straße mit ihren fachwerk- und schieferverkleideten Bürgerhäusern aus dem 16. Jh. zum Marktplatz. Das mehrgeschossige, schiefergedeckte Rathaus ist ganz aus Bruchstein gebaut. Zu Füßen der Schönburg steht die aus rotem Sandstein errichtete Liebfrauenkirche (14. Jh.), eine siebenjochige Basilika ohne Querschiff. Die Oberweseler nennen sie aufgrund des verwendeten Baumaterials die »Rote Kirche«, auch im Unterschied zur »Weißen Kirche«, wie Sankt Martin im Volksmund wegen ihrer hell leuchtenden Fassade heißt. Der Hochaltar der Liebfrauenkirche ist einer der ältesten Schrein- und Flügelaltäre (1331). Auch die Wandmalereien an Pfeilern und Wänden (16. Jh.) und wertvolle Grabmäler der Renaissance sollten Sie beachten. Zur weitgehend restaurierten Schönburg (heute Bildungsstätte und Hotel) steigen Sie an der »Roten Kirche« vorbei bergauf. Innerhalb eines siebeneckigen Bergfrieds (12.–13. Jh.) liegt die Wehranlage mit ihrer beinahe 5 m dicken Schildmauer.

❺ Abstecher von Bacharach zum Hochwildschutzpark Hunsrück bei Rheinböllen: Folgen Sie in Bacharach von der B 9 nach rechts den Hinweisschildern A 61 Koblenz/Ludwigshafen und fahren Sie auf der kurvenreichen Landstraße bis Rheinböllen (ca. 14 km). In der Ortschaft sehen Sie Hinweisschilder zum Hochwildschutzpark Hunsrück. Nach ca. 2 km erreichen Sie den Park (von März bis Oktober geöffnet, in den Wintermonaten – nur bei guter Witterung – an Sonn- und Feiertagen). Ein Wanderweg führt Sie zu Beobachtungsständen, zu Rast- und Spielplätzen und zu einem See. Unterwegs sehen Sie Rot- und Schwarzwild, Wasservögel, Wisente und sogar Bären.

❺ Die B 9 in Richtung Bingen führt an Weinbergen und stillgelegten Schiefergruben vorbei. Inmitten des Stromes liegt die Wasserburg Pfalzgrafenstein (14. Jh.; Besichtigung von Kaub aus) auf einem Felsriff. Sie passieren die Rheininseln Kauber Werth und Bacharacher Werth und kommen nach **Bacharach.** Die traditionsreiche Römer- und Winzerstadt, manche Forscher leiten den Namen vom lateinischen »Bacchi ara«, Altar des Bacchus, ab, war schon im Mittelalter Weinhandelszentrum und hat sich bis heute innerhalb der 600 Jahre alten Stadtmauern ihren mittelalterlichen Charakter bewahrt. Von der Rheinpromenade mit Parkplätzen, Anlagen und Abenteuerspielplatz gehen Sie beim Marktturm durch die teilweise begehbare Stadtmauer, mit ihren zahlreichen Toren und Türmen, zum historischen Zentrum. Unter den älteren Wohnbauten wirkt das »Alte Haus« von 1568, ein reizvolles Fachwerkgebäude am Markt, besonders malerisch. Die dreischiffige Basilika St. Peter (11. bis 14. Jh.) weist romanische und gotische Stilelemente auf. Links daneben sehen Sie den Posthof (1597) mit Renaissanceportal und einem von Fachwerkhäusern umbauten Hof, hinter dem die rote Sandsteinruine der gotischen Wernerkapelle emporragt. Dieses Wahrzeichen Bacharachs verdankt seine Entstehung derselben Legende, die sich auch mit der gleichnamigen Kapelle in Oberwesel verknüpft. Neben dem Posthof führt Sie ein Weg an der Wernerkapelle vorbei zur Burgruine Stahleck hinauf (heute Jugendherberge). Die bereits 1135 erwähnte Burg hatte im Laufe ihrer bewegten

Schönburg bei Oberwesel

Eine Dampferfahrt gehört einfach dazu!

Geschichte Kurfürsten, Pfalzgrafen und Könige zu Gast. Von dem 16türmigen Befestigungssystem, das Anlage und Stadt umgab, sind heute noch 9 Türme erhalten.

6 Vorbei an Rheindiebach, das von der Burgruine Fürstenberg (13. Jh.) überragt wird, gelangen Sie über Niederheimbach zur Heimburg (Privatbesitz). Am Ortsende von Niederheimbach folgen Sie der Beschilderung **Burg Sooneck** und fahren dann über einen Winzerpfad zu einer der schönsten Befestigungsanlagen am Mittelrhein (täglich außer Mo. geöffnet). Vom Parkplatz aus führt ein Waldweg (10 Min.) zur imposanten, hoch über dem Rhein auf einem schmalen Felssporn gelegenen Festung (11. Jh.). Die wehrhafte Ritterburg zeigt im Innern voll eingerichtete Räume mit sehenswertem Mobiliar. Auf dem Weinbergweg kommen Sie nach etwa 15 Min. Fußweg zum Aussichtspunkt Siebenburgenblick. Von dort aus bietet sich ein weites Panorama über den Rhein und seine von den malerischen Burgen Rheinstein, Reichenstein, Sooneck, Heimburg, Fürstenberg, Stahleck, Nollig überragten Ortschaften.

7 Hoch über **Trechtingshausen** erhebt sich die im 11. Jh. bereits urkundlich belegte Burg Reichenstein. Seit dem 16. Jh. dem Verfall ausgesetzt, wurde sie im 19. Jh. als neugotischer Wohnturm ohne Burgfried wieder aufgebaut. Die fast quadratische Anlage wird von einer steil abfallenden, starken Schildmauer mit aufgesetzten Achtecktürmen geschützt. Eine private Sammlung historischer Waffen, Rüstungen und Takenplatten aus der ehemaligen Rheinböller Hütte kann besichtigt werden, außerdem steht ein Restaurant zur Verfügung. Um zur Burg Reichenstein (März bis November täglich geöffnet) zu gelangen, folgen Sie am Ortsende von Trechtingshausen der Beschilderung. In Höhe des Campingplatzes zweigt ein Weg zur Clemenskirche ab (Hinweisschild). Die im 12. Jh. errichtete dreischiffige Basilika mit achteckigem Turm und einem Chor mit Rippengewölbe gehört zu den eindrucksvollsten Sakralbauten der Gegend. Der Sage nach wurde sie von der Familie von Waldeck gestiftet, damit für ihre von Rudolf von Habsburg als Raubritter hingerichteten Angehörigen Seelenmessen gelesen würden.

7 Abstecher von Trechtingshausen zur Burg Rheinstein: Wenige Kilometer nach Trechtingshausen in Richtung Bingen erreichen Sie vom Parkplatz an der B 9 nach etwa 200 m die 1279 erstmals genannte Burg Rheinstein. Sie gelangte 1825 an Prinz Friedrich von Preußen, der sie in den Jahren bis 1829 unter Beteiligung des Architekten Karl Friedrich Schinkel in romantisierender Form wieder aufbauen ließ. Sehenswert sind wertvolle Glasmalereien aus dem 15. und 16. Jh., Einrichtungen aus dem 19. Jh. und die neugotische Gruftkapelle (März bis Ende November geöffnet).

Das »Alte Haus« in Bacharach: gleichermaßen beliebt als Einkehrziel wie als Motiv für Maler und Fotografen

Burg Rheinstein

8 Abstecher von Assmannshausen zur Burg Ehrenfels: Von der B 42 aus Richtung Rüdesheim biegen Sie über den Bahnübergang nach Assmannshausen ab. Eine Weinbergstraße führt zur Ruine der ehemaligen Mainzischen Zollburg Ehrenfels (13.–17. Jh.). Von der Anlage aus genießen Sie einen herrlichen Blick auf das Binger Loch mit der Stadt und dem Mäuseturm und auf die gegenüberliegende Burg Rheinstein.

8 Abstecher von Rüdesheim zum Niederwalddenkmal: Durch die Schmidtstraße folgen Sie nach rechts der Ausschilderung zum Denkmal. Die Straße führt mit teilweise 15 % Steigung zum Parkplatz vor dem Denkmal, das Sie von hier aus in wenigen Schritten erreichen. Das beinahe 38 m hohe Monument über dem Rheintal mit der 10 m hohen Germania wurde 1876–83 errichtet, zur Erinnerung an die Wiederherstellung der Einheit Deutschlands nach dem Kriege von 1870/71. Folgen Sie der Straße über die Höhen, so kommen Sie zum ehemaligen Jagdschloß Niederwald mit kleinem Wildfreigehege, Märchenhain und Seilbahnstation nach Assmannshausen.

8 Zu einem Ausflug in die romantische, weinfrohe Stadt **Rüdesheim** und zu den malerischen, rechtsrheinischen Burgen folgen Sie zunächst der B 9 bis nach Bingerbrück und Bingen (Beschreibung von Bingen s. S. 38). Zur Fähre (ausgeschildert) nach Rüdesheim fahren Sie über die Nahebrücke und durchqueren Bingen. Am rechten Ufer geht es durch die Rheinstraße und entlang der Rheinpromenade zum Adlerturm. Hier biegen Sie nach links in die Schmidtstraße ab zum Parkplatz am Eibingertor. Von dort aus gelangen Sie in einem einstündigen Spaziergang durch verwinkelte Gassen, vorbei an sog. Straußwirtschaften, d.h. Lokale, die durch Zweige den nicht ganzjährig geöffneten Ausschank selbstgezogenen Weins anzeigen, zum historischen Stadtkern. In der Oberstraße befindet sich die Seilbahnstation zum Niederwalddenkmal, das an die Gründung des wilhelminischen Kaiserreiches erinnert. Wenige Schritte von der Station entfernt liegt der Brömserhof, ein ehemaliges Stadthaus der Ministerialenfamilie Brömser. Die heutigen Bauten stammen aus dem 16.–17. Jh. und beherbergen Siegfrieds Mechanisches Musikkabinett, das erste deutsche Museum für mechanische Musikinstrumente. Zum Teil werden die Apparate vorgeführt; Prunkstücke sind ein Flötentisch (1780) und ein Riesen-Konzert-Piano-Orchestrion (1911), das 18 verschiedene Instrumente mit einem Lochstreifen spielt (April bis Oktober täglich geöffnet). Vom Brömserhof sind Sie mit wenigen Schritten in der weltberühmten Drosselgasse, dem touristischen Mittelpunkt der alten Weinstadt Rüdesheim. Gedränge, fröhliche Ausgelassenheit und internationaler Zungenschlag herrschen auf der beinahe 200 m langen, wohl meistbesuchten Weingasse der Welt. Für den stillen Besucher mag ein Blick auf das bunte Treiben genügen; wer am ausgelassenen Trubel vieler Menschen Gefallen findet und an einer fröhlichen Weinrunde mit manchmal auch sehr lautem Gesang teilnehmen will, kommt hier voll auf seine Kosten. Die schönen Fachwerkfassaden und die schmiedeeisernen Wirtshausschilder sind in ihrer Dichte einzigartig. An der Rheinpromenade rechts der Drosselgasse stoßen Sie auf den von Weingärten umgebenen Bergfried der ehemaligen Boosenburg (12. Jh.) mit angebautem neugotischem Wohnhaus. Nur ein paar

Niederwalddenkmal

Die Rüdesheimer Drosselgasse: eine weltbekannte Touristen-Attraktion

Meter entfernt steht die Brömserburg (12. Jh.), einstige Zollburg und heute Sitz des Rheingau- und Weinmuseums mit einer Sammlung wertvoller Trinkgefäße (täglich geöffnet). Von hier sind Sie in wenigen Schritten bei einer Weinbrennerei, die am Bahnhof liegt. Besichtigungen und Führungen sind von Mo. bis Fr. auch für Einzelreisende möglich.
Auf der rechtsrheinischen B 42 Richtung Koblenz fahren Sie über Assmannshausen, an dessen Tonschieferhängen bekannte Spätburgunderweine gedeihen, weshalb der Ort auch die Rotweininsel des Rheins genannt wird.

9 An schroffen Quarzitfelsen vorbei führt Sie die Reise zum Weinort **Lorch,** der auf einer römischen Ansiedlung errichtet wurde. Der heutige Ort wird von der Ruine Nollig, einem Turm der ehemaligen Stadtbefestigung, überragt. Sehenswert sind die Pfarrkirche St. Martin mit gotischem Hochaltar und Chorgestühl aus dem 13. Jh. sowie das Hilchenhaus, das Johann Hilchen von Lorch als Renaissancebau errichten ließ.

10 Die Stadt **Kaub** geht ebenfalls auf eine Römeranlage zurück. Hoch über dem Weinort steht Burg Gutenfels (13. Jh.). Von der B 42 fällt der Blick auf die Zollburg Pfalzgrafenstein (14. Jh.). Die mitten im Rhein gelegene Wasserburg galt als uneinnehmbar. Von der Promenade aus finden in den Sommermonaten täglich außer Mo. Besichtigungsfahrten auf die Insel statt. In der neueren Geschichte machte Pfalzgrafenstein durch die Rheinüberquerung des preußischen Generals Blücher (1813/14) noch einmal von sich reden. Ein fünfeckiger Turm mit einer welschen Haube (18. Jh.) überragt die Burganlage, die sich als langgestrecktes Sechseck zeigt und von einer dreigeschossigen Wehrmauer umschlossen ist. An der Südspitze sehen Sie auf einem eisenverklammerten Sandsteinquader eine erkerartige Geschützbastion. Schießschächte und Türme gliedern die Wehrmauer. Das Burgtor an der Nordostseite besitzt noch das alte, mit einer Winde hochziehbare Falltor. Im Innern sind mehrgeschossige Wehrgänge.
Zum historischen Ortskern fahren Sie unter der Bahnunterführung durch. Nach wenigen Metern stehen Sie am Marktplatz, der von Fachwerkhäusern umgeben ist. Am Südrand der Stadt sehen Sie das ehemalige Kurpfälzische Amtshaus (15. Jh.) mit schmucker Galerie im Innenhof. Vorbei an einem mehrstöckigen Wohnturm, ehemals Teil der Stadtbefestigung (13. Jh.), gehen Sie zum Blüchermuseum, dem historischen Hauptquartier des Preußengenerals (täglich außer Di. geöffnet). Ein Denkmal am Rhein (an der Fähre) erinnert ferner an den preußischen Feldmarschall, der in der Neujahrsnacht 1813/14 in den Befreiungskriegen gegen das napoleonische Frankreich hier den Rhein überschritt. Der in Schlesien geborene Blücher, der als verwegener Reiterführer galt, wurde volkstümlich »Marschall Vorwärts« genannt. Zusammen mit dem englischen Feldherrn Wellington und dem preußischen Grafen Gneisenau erfocht er den Sieg über Napoleon bei Waterloo.

10 *Wandervorschlag von Kaub zur Burg Gutenfels: Vom großen Parkplatz links der Kirche gehen Sie einen mit »Burg Gutenfels« gekennzeichneten Weg hinauf. In Höhe der Burg führt ein Rundweg um die Anlage herum, die 1886 mit einem mächtigen Bergfried wieder errichtet wurde und einen Palas mit gekuppelten Fenstergruppen, Erkern und Zinnenbekrönung zur Rheinseite hin besitzt. Heute beherbergt Burg Gutenfels ein Hotel (keine Besichtigung möglich). Rechts führt ein Fußweg in den Ort zurück. Die Wanderung mit herrlichem Blick auf Kaub und die Zollburg Pfalzgrafenstein dauert etwa ¾ Std.*

Die hoch über Kaub gelegene Burg Gutenfels bietet einen malerischen Blick auf den Rhein und die Insel Pfalz mit ihrer berühmten Zollveste.

(11) Wandervorschlag von der Loreley zum Weinlehrpfad der Gemeinde Bornich: Auf der Landstraße zurück in Richtung St. Goarshausen führt rechts eine schmale Straße zum landschaftlich reizvoll über dem Rheintal gelegenen Weinlehrpfad von Bornich (ausgeschildert). Auf einem etwa einstündigen Rundweg, vorbei an einer Schutzhütte und dem Abrahams-Brünnchen, wird auf verschiedenen Lehrtafeln die Geschichte des Weinbaus an den Steilhängen der Loreley erklärt. Der Höhenunterschied der Wanderung beträgt etwa 130 m.

Die Sage erzählt, zwei Brüder hätten eine Streitmauer zwischen ihren Burgen errichtet, was Sterrenberg und Liebenstein den Beinamen die »Feindlichen Brüder« eingetragen hat.

(11) Auf der Landstraße kommen Sie durch das enge Blüchertal an ehemaligen Schiefersteinbrüchen vorbei nach Weisel. Dem Hinweis Loreley folgend, fahren Sie dann über Bornich in Richtung St. Goarshausen und biegen links ab zum **Loreley**-Aussichtspunkt. Vom großen Parkplatz aus führt ein 10minütiger Fußweg entlang dem Loreleykamm hinauf. Von hier oben blicken Sie stromauf- und -abwärts auf den Rhein, dessen Flußlauf sich an der Loreley auf 120 m verengt. Steil am Ufer erheben sich die teils mit Weinreben bepflanzten, teils bewaldeten Schieferhänge.

(12) Durch das tief eingegrabene Schweizer Tal, vorbei an der imposanten, auf einer Felskuppe der Loreley stromabwärts gelegenen Burg Katz (1393), erreichen Sie **St. Goarshausen.** Die 1896–98 nach alten Zeichnungen wiederaufgebaute Burg Katz (nicht zu besichtigen) zeigt zur Rheinseite hin einen dreigeschossigen Palas (Hauptgebäude) mit vier Ecktürmen, im Nordosten der Anlage einen Hauptturm. Die Burganlage ist von einer durch drei Ecktürme verstärkten Ringmauer umgeben. Die heute weitgehend als Kulisse der Rheinromantik empfundenen Burgen waren ursprünglich ernstzunehmende Wehr- und Schutzanlagen, die Gebietsansprüche sichern sollten. Außerdem zeigten sie dem mittelalterlichen Rheinschiffer an, daß erneut Zoll zu entrichten war. Hier plünderten die Ritter die wagemutigen Kaufleute und Händler aus, die sich dem Hauptverkehrsweg am Rhein anvertrauten. Auch die im 14. Jh. errichtete Burg Katz diente der Verteidigung landgräflich hessischen Besitzes und der Sicherung des Rheinzolls gegen die Kur-Trierer. Die Burg war so stark befestigt, daß sie im 17. Jh. einem heftigen Franzosenangriff standhielt und erst 1806 durch napoleonische Truppen gesprengt wurde. Dieses Schicksal teilt sie mit fast allen Rheinburgen.

Der zu Füßen des Loreleymassivs gelegene Ort St. Goarshausen mit historischem Zentrum besitzt noch Reste der mittelalterlichen Stadtbefestigung. Entlang der Rheinuferstraße stehen zwei erhaltene Wehrtürme der alten Stadtmauer (um 1324).

(13) Auf der B 42 in Richtung Koblenz fahren Sie nach **Wellmich.** Die im Volksmund wegen ihrer Feindschaft zur Burg Katz Burg Maus genannte Festung (14. Jh.) befindet sich im Privatbesitz und kann nicht besichtigt werden. Zum Rhein hin sehen Sie einen zweigeschossigen Palas. Im Burghof befindet sich ein im 17. Jh. errichteter Wohnturm. Der runde Bergfried ist bergseitig in die Schildmauer eingefügt und verstärkt die Ostwand.

Die im 14. Jh. errichtete St.-Martins-Kirche im Ort hat ein einschiffiges Langhaus mit barocker Holztonne, rippengewölbte Chöre und einen wehrhaften Turm. Im Inneren sind ein Vesperbild aus dem 14. Jh. und Grabmäler aus Spätgotik und Renaissance erhalten.

(14) Im Ort **Kamp-Bornhofen** residierten die »feindlichen Brüder«. Von den harten Kämpfen um den Rheinzoll und den Gebietsansprüchen an Deutschlands längstem Strom zeugt die Geschichte der Burgen Ster-

Für die Schiffer früherer Tage war es ein Wagnis, die Loreley zu passieren.

Die im 19. Jh. nach alten Zeichnungen wiederaufgebaute Burg Katz

renberg und Liebenstein über Bornhofen. Erstere wurde vermutlich schon vor 1100 von Hunsrücker Herren erbaut. Die Lage der Burg mag so günstig gewesen sein, daß die »von Sterrenberger« großen Reichtum ansammelten. So konnten sie eine Tochter mit dem Sohn des Königs Rudolf von Habsburg vermählen, der, seiner unehelichen Herkunft gemäß, den Namen »von Liebenstein« zuerkannt bekam. Ende des 13. Jh.s wurde die ehemalige Vorburg der Sterrenberger ausgebaut. Bereits zu Beginn des 14. Jh.s wurde Sterrenberg samt Zollrechten an Kur-Trier verkauft, und die Familien entzweiten sich wegen unterschiedlicher Einschätzung dieser geschäftlichen Transaktion. Im Verlauf heftiger Familienfehden verfielen beide Anlagen. Heute befindet sich in jeder der Ruinen ein Gasthaus. Beide Burgen, die nur wenige Schritte auseinanderliegen und deren Türme Sie besteigen können, sind ideale Standorte für den Fotofreund, der Aufnahmen vom Rheintal, den Hunsrückhöhen und den Taunusbergen machen möchte. Folgen Sie im Ort den Hinweisschildern zu den Burgen. Nach 1,5 km biegen Sie auf eine durch den Wald ansteigende Straße ab, die immer wieder den Blick auf den Ort freigibt. Fahren Sie geradeaus zur Ruine Sterrenberg. Von der bereits um 1600 verfallenen Burganlage, die über eine Holzbrücke zu erreichen ist, sind noch Teile der äußeren Mauer sowie des Tores und Reste der inneren Befestigung mit begehbarem Wehrturm erhalten. Von der Burg haben Sie einen herrlichen Rundblick über den Ort, das Rheintal und die sich dahinter erhebenden Hunsrückhöhen.

Im Ortsteil Bornhofen folgen Sie dem Hinweisschild »Franziskaner- und Wallfahrtskirche« durch die Bahnunterführung zu dem 1224 erstmals erwähnten Sakralbau. Die zweischiffige Hallenkirche umfaßt fünf Joche mit Kreuzgewölbe. Vorbei am Ortsteil Kamp fahren Sie die B 42 weiter in Richtung Koblenz. Bei Filsen können Sie mit der Autofähre nach Boppard auf das linksrheinische Ufer übersetzen.

St. Goarshausen: »Rhein in Flammen« (s. a. S. 19)

Lage Zwischen Hunsrück und Taunus sowie den Städten Koblenz und Bingen am Rhein.
Anfahrt Über die A 61 Koblenz/Mannheim bis zur Ausfahrt Waldesch, dann über die B 327 nach Rhens.
Länge Ca. 120 km.
Beschilderung Nur die Rheingold-Straße ist durch die Symbole Sonne, Weinglas und Weinberg gekennzeichnet. An einer Beschilderung der Loreley-Burgen-Straße wird gearbeitet.
Beste Reisezeit Frühjahr bis Ende Oktober, Weinlese Ende Oktober, Weinfeste im Sommer und Herbst.
Charakter und Landschaftsformen Die Entstehung des Rheintals fällt in das Quartär mit Hebungs- und Senkungsperioden des Rheinischen Schiefergebirges, das aus dem Devon stammt. So kam es zu starker Tiefen- und Seitenerosion des zerklüfteten Ur-Rheins. Terrassenartige Täler und Schluchten entstanden, die linksrheinisch zur Hochfläche des Hunsrück und rechts des Stroms zum Taunus führen. Von den Wasserscheiden beider Gebirge ergießen sich zahlreiche Bäche in Deutschlands größten Fluß. Bei mildem Klima, man verzeichnet eine durchschnittliche Jahrestemperatur von 9–10 °C, wächst an steilen Schieferhängen der beliebte Rheinwein (Riesling, Müller-Thurgau). Auf den Höhen werden die Weinberge von Mischwald abgelöst. Forellenreiche Bäche, gute Bestände an Schwarz- und Rotwild, seltene Vogelarten, ausgedehnte Wälder und Weiden beherrschen das Landschaftsbild. In den Bachtälern gedeihen Seidelbast, Orchideen und Hirschzungenfarne. Der bereits von den Römern eingeführte Weinbau prägt die Kulturlandschaft des Rheintals und ist neben dem Tourismus Haupterwerbsquelle der Bevölkerung geblieben
Auskunft Städtisches Verkehrsamt,
Karmeliterstraße 2, 5407 Boppard/Rhein.
Städtisches Verkehrsamt,
Rheinstraße 16, 6220 Rüdesheim am Rhein.
Verkehrsamt der Stadt Bacharach,
Oberstraße 1, 6533 Bacharach.

Der »Berg der Flieger«: die 950 m hohe Wasserkuppe ist die höchste Erhebung in der Rhön.

Dank der günstigen Thermik wurde die Wasserkuppe zur Wiege der deutschen Segelfliegerei.

Wo einst Vulkane rauchten und Räuber hausten

Dicht benachbart, unterscheiden sich Spessart und Rhön dennoch sehr. Eng umschlungen von Main, Kinzig und Sinn, erstreckt sich die wellige Hochfläche des Spessarts. »Spechteshart« bedeutet Spechtswald, und tatsächlich dehnen sich hier dichte Wälder aus, soweit das Auge reicht. Daran hat sich seit Jahrhunderten nicht viel geändert. Verschwunden sind freilich jene legendären Räuberbanden, die hier einst ihr Unwesen trieben und Wilhelm Hauff zu seinem Märchen vom Wirtshaus im Spessart inspirierten. Auch das berühmt gewordene alte Gasthaus steht nicht mehr; es fiel dem Autobahnbau zum Opfer. Heute wissen erholungssuchende Wanderfreunde die stillen Wälder des Spessarts zu schätzen. Sie finden hier Ruhe und Entspannung. Ein ausgesprochenes Wandergebiet ist auch die nordöstlich benachbarte Rhön, aber sie wartet mit einem ganz anderen Landschaftsbild auf. Die Wälder treten zurück, der Blick weitet sich, und markante Bergkuppen – Überbleibsel erloschener Vulkane – wechseln mit lieblichen Tälern, bunte Wiesen kontrastieren mit rauhen Höhen. Skilifte in den höchsten Lagen sorgen mancherorts auch im Winter für Besucher. Außerdem gilt die Rhön als Paradies der Segel- und Drachenflieger.

»In dem 1714den Jahr hab ich Johannes Plappert mitt meiner ehlige Hausfrau Barbara Plappetin zur Ehr Gottes und den 14 Heilige diese Biltstein machen lassen.«

1 Fulda, der Ausgangspunkt unserer Fahrt durch die Rhön zum Spessart, liegt reizvoll im weiten Talbecken des gleichnamigen Flusses. Im Westen der alten Bischofsstadt erheben sich die Vorhügel des Vogelsbergs, im Osten erkennen Sie die Berge der Rhön, die in nicht allzu großer Entfernung aufragen. Am besten stellen Sie den Wagen am Hauptbahnhof ab und folgen zu Fuß der Bahnhofstraße, die am Parkplatz beginnt. Nach 300 m gelangen Sie zur Rhabanusstraße, in die Sie rechts einbiegen und direkt zum Schloß kommen. Die ehemalige Residenz der Fuldaer Fürstäbte wurde als Renaissanceschloß im Jahre 1607 erbaut und zu Beginn des 18. Jh.s barock umgestaltet. Ein Durchgang gibt den Weg frei in die herrlichen barocken Parkanlagen, die zu einem geruhsamen Spaziergang einladen. Wenn Sie sich links halten und auf der Parkseite an der Front des Schlosses entlanggehen (rechts führt der Weg zur Orangerie), kommen Sie über eine Treppe zur Pauluspromenade hinunter. Von dort blicken Sie auf die Prunkfassade des gegenüber gelegenen Doms. Er wurde in seiner heutigen Gestalt von 1704 bis 1712 durch Johann Dientzenhofer, einem der berühmtesten Barockarchitekten, erbaut. Sie sollten unbedingt den weiß stuckierten

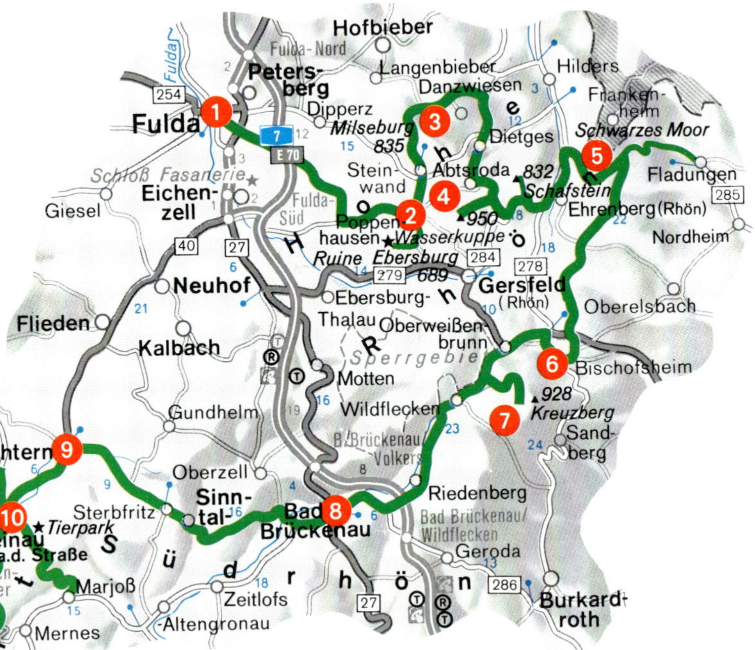

»Rhönwanderwochen« und »Wandern ohne Gepäck« gehören zu den Freizeitangeboten in Poppenhausen.

Innenraum betreten, dessen prachtvolle Ausstattung kaum zu überbieten ist. Interessant ist auch das Dommuseum. Sein kostbarstes Stück ist eine Handschrift aus dem Besitz des hl. Bonifatius, dessen Grabmal sich in der Krypta unter dem Chor befindet. Hinter dem Dom steht die St.-Michaels-Kirche, einer der wenigen erhaltenen Rundbauten aus karolingischer Zeit (820–22). Sie hat ihr Vorbild in der Jerusalemer Grabeskirche. Das Langhaus wurde im 11. Jh. hinzugefügt. Vor der Rückkehr zum Parkplatz empfiehlt sich noch eine kurze Rast auf der Terrasse des kleinen Straßencafés unmittelbar gegenüber dem Schloßeingang an der Pauluspromenade. Wenn der Autoverkehr nicht wäre, könnten Sie sich angesichts der barocken Szenerie ringsum ins 18. Jh. versetzt fühlen. Mit dem Wagen können Sie noch eine weitere Sehenswürdigkeit Fuldas besuchen: die Kirche der ehemaligen Benediktinerpropstei St. Peter, die 5 km östlich der Stadt weithin sichtbar auf dem ca. 400 m hohen Basaltkegel des Petersberges thront. Von dort oben haben Sie eine herrliche Aussicht: rechts die Gipfel der Hohen Rhön, links die Vulkankuppen des »Hessischen Kegelspiels«. In der Krypta der 836 von Hrabanus Maurus geweihten Klosterkirche befinden sich karolingische Wandmalereien, die zu den ältesten in Deutschland gezählt werden. Fahren Sie parallel zur B 458 über Bachrain, Dirlos, Dietershausen, Weyhers weiter nach Poppenhausen.

2 **Poppenhausen** im Lüttertal ist eines der großen Fremdenverkehrszentren der Hochröhn. Der Ort liegt unmittelbar westlich der 950 m hohen Wasserkuppe, mitten im Naturpark Hessische Rhön. Hier ist man sommers wie winters ganz auf die Urlauber eingestellt, um die sich das ganze Leben im Dorf zu drehen scheint. Entsprechend reichhaltig ist auch das vom Verkehrsamt organisierte Programm, das für Abwechslung sorgt: über Kutsch- und Planwagenfahrten, Folkloreveranstaltungen und Reitmöglichkeiten bis zum »Wandern ohne Gepäck« oder zum alpinen Klettern an der Steilwand reicht das Angebot. Durch Poppenhausen führt außerdem der »Hochrhön-Ring«, eine touristische Straße, die als Rundkurs angelegt ist und die landschaftlich besonders reizvollen Teile der Rhön berührt. Sehenswerte Stationen an dieser etwa 40 km langen Strecke sind die Milseburg und die Wasserkuppe.

3 Die **Milseburg** liegt etwa 10 km nördlich von Poppenhausen. Am besten folgen Sie dem Hochrhön-Ring nordwärts nach Kleinsassen. Dort geht es dann rechts ab in Richtung Hilders. Nach etwa 2,5 km kommen Sie an der Abzweigung nach Danzwiesen rechts an einen Parkplatz kurz unterhalb der 835 m hohen Milseburg. Vom Parkplatz führt ein Wanderweg auf den Gipfel hinauf (1 km). Die Milseburg ist der markanteste Berg der Rhön. Unvermittelt ragt sie über die leicht gewellten Bergwiesen der Umgebung empor. Ihre bewaldete Kuppe besteht aus hartem Phonolith, der erstarrten Schlotfüllung eines Vulkans, welcher hier die Schichten des Oberen Buntsandsteins und des Muschelkalks durchschlagen hat. Vom Gipfel genießen Sie einen

Der Grabeskirche von Jerusalem nachempfunden: St. Michael in Fulda

Ein Barockjuwel im Fuldaer Schloßpark

2 Abstecher
von Poppenhausen zur 5 km entfernten Ruine Ebersburg auf dem 689 m hohen Ebersberg: Von Poppenhausen fahren Sie zunächst südwärts in Richtung Gersfeld. Nach etwa 3 km zweigt rechts ein Sträßchen nach Ebersberg ab, auf dem Sie unmittelbar zur Burgruine kommen, die rechts der Straße liegt. An der Gaststätte können Sie parken; von dort sind es noch 10 Min. Fußweg durch den Wald. Bei der Ruine handelt es sich um die Überreste einer staufischen Burg, die einstmals Sitz der Ebersberger war. Die Anlage wurde 1271 erstmals geschleift, 1396 wiederaufgebaut, 1460 ein zweites Mal zerstört und ist seitdem allmählich verfallen. Allerdings blieb der alte Bergfried bis zum heutigen Tag stehen. Sie können ihn besteigen und die schöne Rundsicht auf die Höhen und Täler der Mittelgebirgslandschaft der Rhön genießen.

unvergleichlichen Blick auf die Rhönlandschaft. Hier oben sehen Sie außerdem die Reste einer keltischen Fliehburg (Kultstätte und Wallanlagen). Die Wallfahrtskapelle beherbergt eine ansehnliche Verkündigungsgruppe.

4 Von der Milseburg geht die Fahrt auf dem Hochrhön-Ring weiter über Abtsroda zur **Wasserkuppe** (950 m), der höchsten Erhebung der Rhön. Der Weg dorthin ist beschildert. Es empfiehlt sich, den Wagen gleich am ersten Parkplatz kurz unterhalb des Gipfels abzustellen, denn weiter oben herrscht – zumindest an den Wochenenden – großes Gedränge. Außerdem können Sie am unteren Parkplatzende einen Blick auf die hübsch eingefaßten Fuldaquellen werfen. Man kann sich schwer vorstellen, daß dieses Rinnsal einer der Quellflüsse der Weser ist, die durch den Zusammenfluß von Fulda und Werra in Münden entsteht. Die wenigen Meter zum Gipfel können Sie bequem zu Fuß zurücklegen. Sie kommen an einem kleinen Segelflughafen vorbei, von dem aus bei entsprechendem Wetter die Segelflieger fast pausenlos von kleinen Sportmaschinen hoch über den Gipfel der Wasserkuppe geschleppt werden. Der markante Berg mit seinem fast ebenen Kamm wurde früh als Segelflugparadies entdeckt, herrschen doch über den steilen Hängen hervorragende thermische Bedingungen. Schon 1911 wurden an den baumlosen Höhen erste Gleitversuche unternommen. Heute führt die Segelfliegerschule von Ostern bis in den Herbst hinein Lehrgänge für Anfänger und Fortgeschrittene durch. Sehr empfehlenswert ist ein Rundflug in einer der bereitstehenden Sportmaschinen, denn der Blick auf die Berggipfel der Rhön aus der Vogelperspektive ist ein Erlebnis. Wenn Sie nicht fliegen wollen, sollten Sie zumindest das interessante Segelfliegermuseum besichtigen (täglich geöffnet von April bis Oktober). Fotos und Modelle informieren ausführlich über Geschichte und Entwicklung des Segelflugs.

4 Wandervorschlag von der Wasserkuppe auf den Schafstein: Auf der Fahrt zum Schwarzen Moor kommen Sie am 832 m hohen Schafstein vorbei. Biegen Sie kurz vor Ehrenberg-Wüstensachsen links in das Sträßchen nach Reulbach/Brand ein. Kurz vor dem höchsten Punkt dieser Straße zweigt rechts ein Waldweg ab. Hier können Sie den Wagen abstellen. Gegenüber, auf der anderen Straßenseite, führt ein mit der Ziffer 2 markierter Wanderweg zum Schafstein. Der Aufstieg ist zwar kurz (ca. 15 Min.), aber recht steil und mühsam. Doch der Anblick eines der größten und schönsten deutschen Felsenmeere entschädigt Sie für Ihre Mühe.

5 Eine landschaftliche Sehenswürdigkeit der Rhön ist das **Schwarze Moor.** Es liegt am Dreiländereck, wo Hessen, Bayern und Thüringen aneinandergrenzen. Der nächste größere Ort ist Fladungen. Vom Gipfel der Wasserkuppe fahren Sie zurück zur Hauptstraße (Hochrhön-Ring). Dort geht es dann rechts ab in Richtung Gersfeld. Nach etwa 2 km kommen Sie zur B 284, in die Sie links einbiegen. Sie haben nun den Hochrhön-Ring verlassen, der über Gersfeld zurück nach Poppenhausen führt. Statt ihm zu folgen, fahren Sie jetzt über Ehrenberg-Wüstensachsen nordwärts nach Seiferts (B 278) und dort rechts ab über ein schmales Bergsträßchen, das im letzten Teil parallel zur DDR-Grenze verläuft, zum 6,5 km entfernten Schwarzen Moor. Direkt an der Einmündung in die von rechts aus Bischofsheim kommende Hochrhönstraße wurde ein großer Wanderparkplatz angelegt. Mehrere gut beschilderte Rundwege führen in das ausgedehnte Naturschutzgebiet mit seiner Fülle seltener Tier- und Pflanzenarten. Ein 3 km langer Knüppeldamm führt bis an die dunklen »Mooraugen« heran. Das sind kleine Tümpel und Weiher, die noch nicht von der Moor-

5 Abstecher vom Schwarzen Moor nach Fladungen und zu den Grenzbefestigungen der DDR: Wenn Sie vom Parkplatz am Schwarzen Moor in Richtung Fladungen weiterfahren, gelangen Sie bereits nach 200 m an eine schmale Straße, die links abzweigt. Verbotsschilder für Militärpersonal machen auf die Nähe der Grenze zur DDR aufmerksam, deren Stacheldrahtverhau samt dem »Todesstreifen« gleich hinter dem Wald liegt und an manchen Stellen bis unmittelbar an die Straße heranreicht. In mehreren Serpentinen geht es hinunter nach Leubach und von dort weiter nach Fladungen. Wenn Sie sich näher für die Grenzbefestigungen interessieren, so müssen Sie in Fladungen links abbiegen und zur Grenze der DDR fahren, an der die Straße endet. Im Gelände ist noch deutlich zu erkennen, daß die Straße sich einst auf der anderen Seite der Grenze nach Melpen fortsetzte, dessen Häuser zum Greifen nahe scheinen. Einer Informationstafel können Sie detaillierte Angaben zu den technischen Raffinessen dieser makabren Grenze entnehmen. Fladungen selbst ist ein verträumtes Städtchen, das sich sein mittelalterliches Gesicht weitgehend erhalten hat: Zahlreiche

Auf dem Kreuzberg: Von den Strapazen des Anstiegs erholt man sich bei einem Vesper mit dem würzigen dunklen Klosterbier.

vegetation überwachsen sind. Verlassen Sie aber auf keinen Fall den Weg. Sie gefährden nicht nur sich selbst, sondern auch die Pflanzen und Tiere. Im Hochmoor gedeihen Trockenrasen, Zwergstrauchhecke, Krähen- und Moorbeere, Wollgras, Heidel- und Preiselbeere. Das Naturschutzgebiet ist ein idealer Lebensraum für das leider selten gewordene Birkhuhn, für Sumpfschnepfe und Nachtschwalbe.

6 Vom Schwarzen Moor führt die Hochrhönstraße kilometerweit über die kahle, plateauartige Hochfläche der Rhön. Nur hier und da ragt ein Berg über die öde wirkende menschenleere Landschaft empor, die an manchen Stellen geradezu unheimlich anmutet. Endlich geht es ins Tal der Brend hinunter nach **Bischofsheim,** dem Endpunkt der Hochröhnstraße. Der von hohen Bergen umringte Erholungsort und Wintersportplatz ist zugleich eine der wichtigsten Städte der Rhön. Die 4600 Einwohner zählende Gemeinde besitzt als weithin sichtbares Wahrzeichen den fast 400 Jahre alten fünfstöckigen Zehntturm, der die Dächer der alten Fachwerk- und Natursteinhäuser überragt. Besonders hübsch ist der Marktplatz der Stadt, auf dem ein barocker Brunnen an die hier einst ansässige Eisengießerei erinnert. Auch die Pfarrkirche lohnt einen kurzen Besuch, denn im Innern befinden sich Taufstein und Kanzel mit zwei beachtenswerten Renaissance-Arbeiten. Sie können das Gotteshaus nicht verfehlen, wenn Sie durch das Städtchen schlendern, denn es steht gleich neben dem Zehntturm. Auf der Weiterfahrt kommen Sie am Ortsende an einer sehr »fotogenen« Nepomukfigur vorbei, die auf der Balustrade der alten Brendbrücke steht. Gleich danach geht es links ab in Richtung Bad Brückenau.

7 Etwa 6 km hinter Bischofsheim zweigt links eine Stichstraße zum **Kreuzberg** (928 m) ab. Unterhalb des Gipfels kommen Sie zu einem großen Parkplatz, von dem aus man in 5 Min. zum gleichnamigen Kloster hinaufgehen kann. Hier gibt es besonders an den Wochenenden viel Gedränge, denn der »Heilige Berg der Franken« gehört zu den beliebtesten Ausflugszielen der Rhön. Er verdankt diesen Ruf vielleicht nicht so sehr der 1692 geweihten Klosterkirche, durch die Sie sich von einem der Ordensbrüder führen lassen können, als vielmehr der zünftigen Brotzeit, die hier bei gutem Wetter auch im Freien ser-

Fachwerkhäuser sowie Reste der ehemaligen Befestigungsanlage prägen das hübsche Ortsbild. Beachtenswert ist auch die barocke Pfarrkirche, deren Hochaltar eine eindrucksvolle Madonna schmückt. Auf der Hochrhönstraße geht es anschließend wieder hinauf zum Parkplatz am Schwarzen Moor.

Auf diesem Holzsteg erschließt sich dem Besucher ungefährdet das Schwarze Moor mit seinen tückischen »Mooraugen«.

viert wird. Man sitzt auf langen Festzeltbänken und trinkt zum Essen das hervorragende dunkle Bier, das die Franziskanermönche seit 250 Jahren hier brauen. Vor diesem Genuß sollten Sie zum Gipfel hinaufsteigen (beschilderte Wege vom Parkplatz aus), denn es wäre schade, wenn Sie den herrlichen Rundblick auf die Rhönberge versäumten.

8 Über Wildflecken, ein idyllisch vor der Kulisse der Rhön ausgebreitetes Dorf am Rand eines 6000 ha großen Truppenübungsplatzes (Sperrgebiet), geht es durch das Tal der Sinn nach **Bad Brückenau.** Kurz vor der Stadt führt die Straße unter der großen Sinntalbrücke der Autobahn Würzburg/Fulda (A 7) hindurch, die sich in kühnem Bogen über das Flußtal schwingt. Bad Brückenau besteht aus zwei deutlich voneinander getrennten Teilen, dem städtischen Heilbad, durch das Sie zuerst fahren, und dem Bayerischen Staatsbad. Im Heilbad Brückenau erhielt sich eine hübsche Altstadt mit Fachwerk- und Holzschindelhäusern, die eine gemütliche Atmosphäre schaffen. Durch gepflegte Promenadenwege ist das Heilbad mit dem 3,5 km entfernten Staatsbad verbunden. Dort weilte der Bayernkönig Ludwig I. insgesamt 26mal zur Kur. Die Fuldaer Fürstäbte trugen wesentlich zur Entstehung des Bades bei. Ihr Fürstenhof, ein eindrucksvoller Barockbau, thront hoch über dem alten Kursaal und dem modernen Kurmittelhaus. Treppen führen in die gepflegten Anlagen des Kurparks hinunter. Wenn Sie vom Heilbad in Richtung Schlüchtern weiterfahren, kommen Sie direkt an den Kuranlagen vorbei. Die Straße führt im Bogen um den Kurpark herum bis zu den hoch gelegenen Parkplätzen am Fürstenhof. Hier steht die barocke Pfarrkirche des Staatsbades, deren prunkvoller Innenraum einen Besuch lohnt. Empfehlenswert ist auch ein Spaziergang zum Kurpark hinunter.

9 Zwischen Bad Brückenau und **Schlüchtern** im Kinzigtal überschreiten Sie die Landschaftsgrenze zwischen Rhön und Spessart. Das hügelige Gelände der Südrhön geht allmählich in das Hochplateau des Spessarts über. Eigentlich gebirgig ist es ein letztes Mal oberhalb der Gemeinde Sinntal, von wo die Straße sich vor der imposanten Kulisse der Burg Schwarenfels zu Tal windet. Besonders sehenswert ist in Schlüchtern das ehemalige Benediktinerkloster am Ortsausgang in Richtung Steinau auf der linken Seite. In den Gebäuden ist heute eine Schule untergebracht, aber wenn Sie vorher im Sekretariat um eine Führung bitten, können Sie die ehemalige Klosterkirche, die Krypta aus dem 8. Jh. und die Katharinenkapelle besichtigen.

10 In **Steinau** verbrachten die Gebrüder Grimm, deren Vater hier Amtmann war, ihre Jugend (1791–98). Jacob und Wilhelm Grimm, die durch die Sammlung der Kinder- und Hausmärchen weltberühmt geworden sind, gelten darüber hinaus als Begründer der Germanistik. Im Amtshaus, dem »Märchenhaus des deutschen Volkes«, befindet sich das Heimatmuseum mit der Brüder-Grimm-Gedenkstätte. Es zeigt Bücher, Zeichnungen und Handschriften der »Märchenbrüder« (täglich geöffnet). Sehenswert im Ort ist weiterhin ein städtebaulich reizvolles Ensemble: das Rathaus aus dem 16. Jh. am »Kumpen«, der neue Märchenbrunnen am Marktplatz, das spätgotische Schloß (täglich außer Mo. geöffnet) und die zwischen diesen beiden Gebäuden liegende, bereits 1273 erwähnte Katharinenkirche.

Kreuzweg-Station am »Heiligen Berg der Franken«, dem Kreuzberg

Nach einer Rhönwanderung macht Grillen besonderen Spaß.

Gradierwerk in Bad Orb: Die salzhaltige Luft wirkt heilsam bei Katarrhen der Atemwege.

Im Marstall des Schlosses, gegenüber dem Amtshaus, hat das Steinauer Marionettentheater »Die Holzköppe« mit über 300 Figuren seinen Sitz. Interessant ist auch ein Besuch der Töpferei Krüger in der Ringstraße 52 (täglich geöffnet).

3 km nördlich der Stadt, links der Straße in Richtung Neustall/Ürzell, befindet sich das »Teufelsloch«, eine 40 m lange Tropfsteinhöhle im Muschelkalk (Sa., So. und feiertags geöffnet). 3 km südlich von Steinau liegt ein Freizeit-, Tier- und Botanikpark (ausgeschildert). Auf 8,5 ha beherbergt er 1500 Tierarten (täglich geöffnet von Mitte März bis Mitte November). Im Töpferdorf Marjoß, das Sie vom Freizeitpark aus nach weiteren 7 km erreichen, können Sie z. B. die Töpferei Georg Ruppert täglich besichtigen. (Von Marjoß können Sie auch über Mernes, Burgjoß und am Kinderdorf Wegscheide vorbei zu unserem nächsten Ziel, Bad Orb, fahren.)

Steinau ist Ausgangspunkt der Spessarthöhenstraße. Sie führt vom Kinzigtal am Rand des Rhönvorlands südwestwärts über den Hinterspessart und das Buntsandsteinplateau des Hochspessarts bis auf die Höhe von Hösbach bei Aschaffenburg. Beiderseits der gesamten, rund 45 km langen Strecke scheinen die Wälder des Spessarts kein Ende zu nehmen, denn die Straße berührt nur selten die Rodungsinseln kleinerer Dörfer. Unterwegs folgt ein Wanderparkplatz dem anderen, und an allen sind Hinweistafeln mit den schönsten Rundwegen durch die stille Waldlandschaft aufgestellt. Fahren Sie über Seidenroth und Alsberg, so empfiehlt es sich, 17 km hinter Steinau die Spessarthöhenstraße beim Kinderdorf Wegscheide kurz zu verlassen, um Bad Orb einen Besuch abzustatten. Anschließend kommen Sie etwas weiter südlich bei Villbach wieder auf die Höhenstraße zurück.

11 Das alte Solbad **Orb** (Heilanzeigen: vor allem Herz- und Gefäßerkrankungen) ist ein reizvolles Fachwerkstädtchen im Tal des gleichnamigen Baches, der wenig unterhalb des Ortes in die Kinzig mündet. Die Innenstadt ist für den Kfz-Verkehr gesperrt. Gleich vor dem Zentrum können Sie den Wagen rechts auf einem großen Parkplatz abstellen. Gegenüber stehen die erhaltenen Reste der alten Stadtbefestigung mit dem Obertor. Links davon, etwas oberhalb, befindet sich der Zugang zum gepflegten Kurpark. Bei einem Spaziergang durch das 8 ha große Gelände kommen Sie am letzten von einst zehn Gradierwerken vorbei. Hier wird der Salzgehalt der Sole durch Verdunsten eines Teils des Wassers erhöht. Zwischen Balkengerüsten sind große Reisigwände aufgebaut, an denen die über hochgelegene Rinnen zugeführte Sole herabrieselt. Die mit fein zerstäubten Soletröpfchen angereicherte Luft wird bei Erkrankungen der Atemwege inhaliert.

Eine Attraktion des Kurparks sind die zahlreichen Tulpenbäume. Sie gehören zur Gattung der Magnolien und blühen im Juni/Juli. Auch die in Deutschland selten gewordenen Wasseramseln können Sie hier noch antreffen. Der Weg in die romantische Fachwerk-Altstadt führt rechts am Obertor vorbei. Einen Spaziergang durch die engen Gäßchen sollten Sie sich vor der Weiterfahrt nicht entgehen lassen. In der Pfarrkirche St. Martin, einer spätgotischen Hallenkirche, befindet sich das berühmte »Orber Altarbild«. Es ist das Mittelstück eines Flügelaltars aus der Mitte des 15. Jh.s und zeigt die Kreuzigung Christi.

Gelnhausen mit Blick auf die Marienkirche

Allegorie des Herbstes in der Marienkirche Gelnhausen: Ein Vogel labt sich am Wein, der dieses staufische Lettnerkapitell umrankt.

11 Abstecher von Bad Orb nach Gelnhausen (ca. 15 km): In der heute ruhigen Kleinstadt im Kinzigtal, die etwa in der Mitte zwischen Hanau und Steinau liegt, wurde im Mittelalter über die europäische Geschichte entschieden. Heute können Sie davon nur noch Spuren zwischen den Ruinen entdecken. Im Ort folgen Sie zuerst der Beschilderung zur »Kaiserpfalz«, die 1180 Schauplatz des ersten deutschen Reichstags war. Die Stauferburg wurde seit Mitte des 12. Jh.s unter Kaiser Friedrich I. Barbarossa auf einer Kinziginsel zu Füßen der Stadt errichtet. Erhalten geblieben sind Bogen der Torhalle und Säulenarkaden des Palastes. Alles andere wurde im Dreißigjährigen Krieg zerstört. Um 1170 wurde wohl mit dem Bau der Marienkirche begonnen, deren spitze Türme als Wahrzeichen der Stadt gelten. Im Innern befinden sich ein sehenswerter Hochaltar (um 1500), ein Sandsteinlettner (vermutlich aus der Naumburger Schule), wertvolles Chorgestühl (14. Jh.) sowie Marien- und Passionsteppich um 1500. Wenn Sie mit dem Wagen zur Altstadt hinauffahren und am Obermarkt parken, können Sie alle weiteren Zeugen der Stadtgeschichte Gelnhausens bequem zu Fuß erreichen.

Zurück zur Spessarthöhenstraße folgen Sie den Schildern Richtung Aschaffenburg. Nächster Haltepunkt ist der idyllisch im Wald gelegene Wiesbüttesee kurz vor der Ortschaft Wiesen. Hier können Sie im Sommer baden, an normalen Werktagen sind Sie fast allein.

⓬ **Aschaffenburg** (s. a. S. 62), ehemalige Residenz der Mainzer Kurfürsten, liegt am rechten Mainufer zu Füßen des Spessarts, dessen bewaldete Höhen unmittelbar hinter der Stadt ansteigen. Gleichgültig, aus welcher Richtung Sie nach Aschaffenburg kommen: Unübersehbar ragen die wuchtigen Türme des Renaissanceschlosses Johannisburg als Zeuge einstigen kurfürstlichen Glanzes hoch über dem Mainufer auf. Vor dem Schloß können Sie parken. Äußerlich sieht man dem prachtvollen Bauwerk die starken Kriegszerstörungen nicht mehr an, denn die vierflügelige Anlage mit ihrem riesigen Innenhof wurde originalgetreu wiederaufgebaut. Der Baustil eines der fünf Türme fällt deutlich aus dem Rahmen der Gesamtanlage. Es ist der Bergfried des mittelalterlichen Schlosses, an dessen Stelle der Straßburger Baumeister Georg Ridinger von 1605 bis 1614 den heutigen Palast errichtete. Im Innern der Residenz wurden nur die fürstlichen Prunkräume und die Kapelle aus dem 17. Jh. restauriert. Im Schloß sind die Filialgalerie der Bayerischen Staatsgemäldesammlung (täglich außer Mo. geöffnet), die fürstlichen Wohnräume (täglich außer Mo. von Mai bis September geöffnet) und die Hofbibliothek zu besichtigen. Das Städtische Museum im historischen Stiftskapitelhaus (täglich außer Di. von April bis Oktober geöffnet) pflegt besonders die Spezialgebiete kirchlicher Kunst, Bilderhandschriften und Fayencen. Sie erreichen das Museum, wenn Sie von der südöstlichen Seite des Schlosses der Schloßgasse folgen (etwa 350 m). Schräg dahinter, am Stiftsplatz, steht die berühmte Stiftskirche St. Peter und Alexander, der älteste Sakralbau Aschaffenburgs, der 974 erstmals urkundlich genannt wird. Der aus dem 12. Jh. stammende Innenraum birgt kostbare Kunstwerke, deren wertvollstes wohl die »Beweinung Christi« von Matthias Grünewald ist. Nordwestlich des Schlosses befindet sich das Pompejanum; Sie können es nicht verfehlen, wenn Sie mainabwärts am Fluß entlanggehen. Es steht in den Parkanlagen an erhöhter Stelle. Das Pompejanum ist eine Nachbildung der in Pompeji ausgegrabenen römischen »Villa des Castor und Pollux«. Das nach dem Zweiten Weltkrieg wiederhergestellte Bauwerk wurde von 1842 bis 1849 durch Friedrich Gärtner im Auftrag König Ludwigs I. errichtet. Von hier oben können Sie die besten Fotos von Schloß und Stadt »schießen«. In den Vormittagsstunden herrscht jedoch größtenteils Gegenlicht.

Mit einem Spaziergang durch den Park Schönbusch können Sie die Besichtigung Aschaffenburgs abschließen. Kurfürst Friedrich Carl von Erthal ließ hier ab 1776 von Franz Ludwig Sckell einen der ersten englischen Landschaftsgärten in Deutschland gestalten (täglich geöffnet). Reizvoll sind auch die eleganten Bauwerke im Park: Schlößchen (von April bis Oktober täglich geöffnet), Tanzsaal, Philosophenhaus und

⓬ *Abstecher von Aschaffenburg zum Wasserschloß Mespelbrunn: Sie benötigen knapp ½ Std., wenn Sie über Mainaschaff am linken Mainufer entlangfahren und der B 8 14 km weit bis nach Hessenthal folgen. Dort geht es rechts ab, und nach weiteren 3,5 km führt ein Sträßchen links zum Schloß, das als eines der lohnendsten Ziele im Spessart gilt. In Deutschland sind wohl nur die Märchenschlösser des Bayernkönigs Ludwig II. berühmter. In Mespelbrunn wurde 1545 der spätere Gründer der Würzburger Universität, Fürstbischof Julius Echter von und zu Mespelbrunn, geboren. Im 16. Jh. hat man die ursprünglich mittelalterliche Burg zum Renaissanceschloß umgebaut, das sich bis heute fast nicht verändert hat. Im Innern sind der Rittersaal, das Fürstenzimmer mit Holzschnitzereien von Albrecht Dürer, die Kapelle, das sogen. Rundzimmer sowie der Speise- und Ahnensaal sehenswert (von Ostern bis November täglich geöffnet). Zum Abschluß Ihres Besuches empfiehlt sich eine Rast im »Alten Marstall«, von wo Sie einen herrlichen Blick auf den Schloßteich genießen können.*

Aschaffenburg: Schloß St. Johannisburg und Pompejanum fügen sich harmonisch in die Landschaft.

Freundschaftstempel. Sie erreichen den auf der anderen Mainseite gelegenen Park, wenn Sie den Fluß auf der Willigisbrücke überqueren und dann halblinks in die Kleine Schönbuschallee einbiegen. Im Sommerhalbjahr finden im Park Schönbusch Konzertveranstaltungen statt.

Schloß Mespelbrunn: Über dem Bildnis des ersten Schloßherrn, Peter Echter von und zu Mespelbrunn, steht folgender Spruch: »Ehelich Lieb in Gott und stete Treu / Bringt Glück und Segen ohn' alle Reu / Mit Ernst und Fleiß haben wir Gott vertraut / Den Unsern zu Gut dies Haus gebaut.«

Lage Die Rhön jenseits von Sinn und Fränkischer Saale im Süden und bis zur Linie Hünfeld-Tann im Norden an der Grenze zur DDR. Der Spessart im sogenannten Mainviereck zwischen dem Main im Süden, Westen und Osten, der Sinn im Nordosten und der Kinzig im Norden und Nordwesten.

Anfahrt Rhön über die A 7 Würzburg/Fulda, Abfahrten Bad Brükkenau und Fulda, bzw. A 66/B 40 Frankfurt/Fulda. Spessart über die A 3 Frankfurt/Würzburg, Abfahrten Aschaffenburg-Ost und Aschaffenburg-West.

Länge Ca. 210 km.

Beschilderung Keine.

Beste Reisezeit Mai bis Oktober.

Charakter und Landschaftsformen Die Rhön hat drei Teilräume. Gesteine des Erdmittelalters, Buntsandstein- und Muschelkalkschichten bilden das Fundament. In der Südröhn sind sie als leicht gewellte Hochflächen landschaftprägend. In der Hohen oder Langen Rhön ergossen sich darüber größere Basalt- und Phonolithdekken (dunkle und grünlichgraue Ergußgesteine), die in der Wasserkuppe, der höchsten Erhebung der Rhön (950 m), gipfeln. Nördlich folgt schließlich noch die sogenannte Kußpige oder Vorderröhn. Hier ragen zahlreiche kegelförmige Vulkanruinen über die Schichtgesteine des geologischen Untergrunds hinaus, allen voran die Milseburg. Man bezeichnet das Gebiet zwischen Bad Hersfeld und Hünfeld häufig in Anspielung auf die Vulkankuppen als »Hessisches Kegelspiel«. Einer der wichtigsten Erwerbszweige in der Rhön ist der Fremdenverkehr, neuerdings nicht mehr nur im Sommer (Wintersport in der Hohen Rhön). Trotzdem wandern noch heute zahlreiche Arbeitskräfte ab, da außerhalb der Landwirtschaft und des touristischen Sektors nur ein eng begrenztes Arbeitsplatzangebot vorhanden ist.

Das von Main, Sinn und Kinzig umflossene Bergland des Spessarts ist eine ausgedehnte, im Durchschnitt etwa 500 m hohe Buntsandsteintafel, die sich über einem kristallinen Grundgebirgssockel erhebt.

Im Vorspessart, der das Gebiet zwischen Gelnhausen und Aschaffenburg einnimmt, treten die Gesteine des Grundgebirges, hauptsächlich Gneise und Granite, zutage. Die höchste Erhebung in diesem westlichen Teil des Spessarts ist der Hahnenkamm (436 m). Durch eine Landstufe deutlich abgesetzt, erhebt sich darüber weiter östlich die Buntsandsteintafel des Hochspessarts, die im Geierkopf 548 m Höhe erreicht. Nach Osten flacht dieses Gebiet allmählich zum Hinterspessart ab, und im Norden geht es ins südliche Rhönvorland über. Der waldreiche Spessart wurde erst im Hoch- und Spätmittelalter besiedelt, und zwar hauptsächlich in Form von kleinen Weilern in den Rodungstälern. Die Gehöfte liegen oft in langer Kette beiderseits der Straße oder eines Baches. Auch sog. Waldhufendörfer kommen häufig vor (d. h., der vorwiegend geschlossene Landbesitz, Hufe, liegt hinter den Höfen). Die Glasherstellung war früher neben der Köhlerei der wichtigste Erwerbszweig. Heute finden die Bewohner größtenteils in den Industriestädten des Untermaingebietes Arbeit. Eine zusätzliche, wenn auch bescheidene Einnahmequelle bietet der Fremdenverkehr. Vornehmlich an Wochenenden kommen erholungssuchende Großstädter aus dem Rhein-Main-Gebiet in den Spessart.

Auskunft Fremdenverkehrsverband Rhön e. V.,
Wörthstraße 15, 6400 Fulda.
Spessart – Fremdenverkehrsverband Hessen,
Abraham-Lincoln-Straße 38–42, 6200 Wiesbaden.
Fremdenverkehrsverband Franken, Am Plärrer 14, 8500 Nürnberg.

Baumblüte an der Bergstraße mit Blick auf die Ruine Schloß Auerbach

Geschnitzte Holzfigur als Verzierung eines Weinfasses aus dem 18. Jh.

Wo Reben wachsen und Mandeln blühen

Uraltes Kulturland bedeckt beiderseits der Oberrheinischen Tiefebene Hänge und Berge. Einst bauten die Römer dort ihre Straßen, gründeten die Burgunden ein Reich. Heute durchziehen zwei landschaftlich völlig unterschiedliche Touristenstraßen das Rheintal, die fast eine Rundfahrt bilden. Sie führen zu alten Städten und Dörfern, in denen sich viele bedeutende Kulturdenkmäler erhalten haben. Rheinhessens bekanntester Wein ist die Liebfrauenmilch, nach der die Liebfrauenstraße zwischen Bingen, Mainz und Worms benannt ist. Kulturhistorische Denkmäler sind hier die Kaiserdome von Mainz, Worms und Speyer.
Quer durch die Rheinebene geht es zur Bergstraße, die von den Römern als »strata montana« am Odenwald angelegt worden war. Die Baumblüte beginnt hier früher als anderswo in Deutschland. Das milde Klima läßt sogar Mandeln und Feigen gedeihen. Die südlich anmutende Pracht unzähliger blühender Kirsch- und Mandelbäume verwandelt die Hänge im Frühjahr in ein weiß-rosafarbenes Blütenmeer. Sehenswert sind auch die vielen stimmungsvollen Dörfer und Städte, deren berühmteste zu einem der Zentren der romantischen Bewegung wurde: Heidelberg.

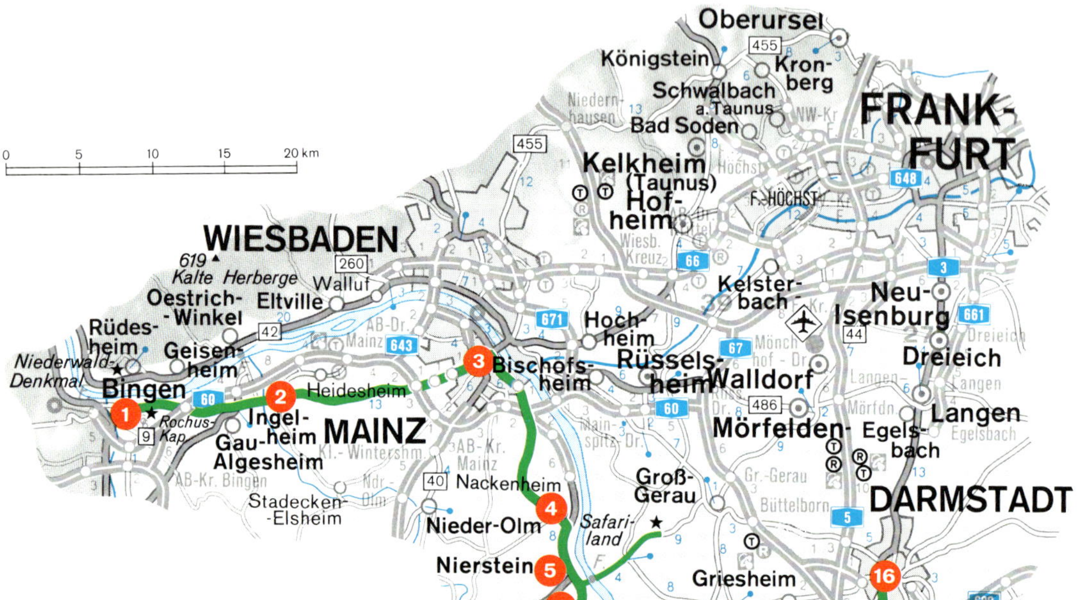
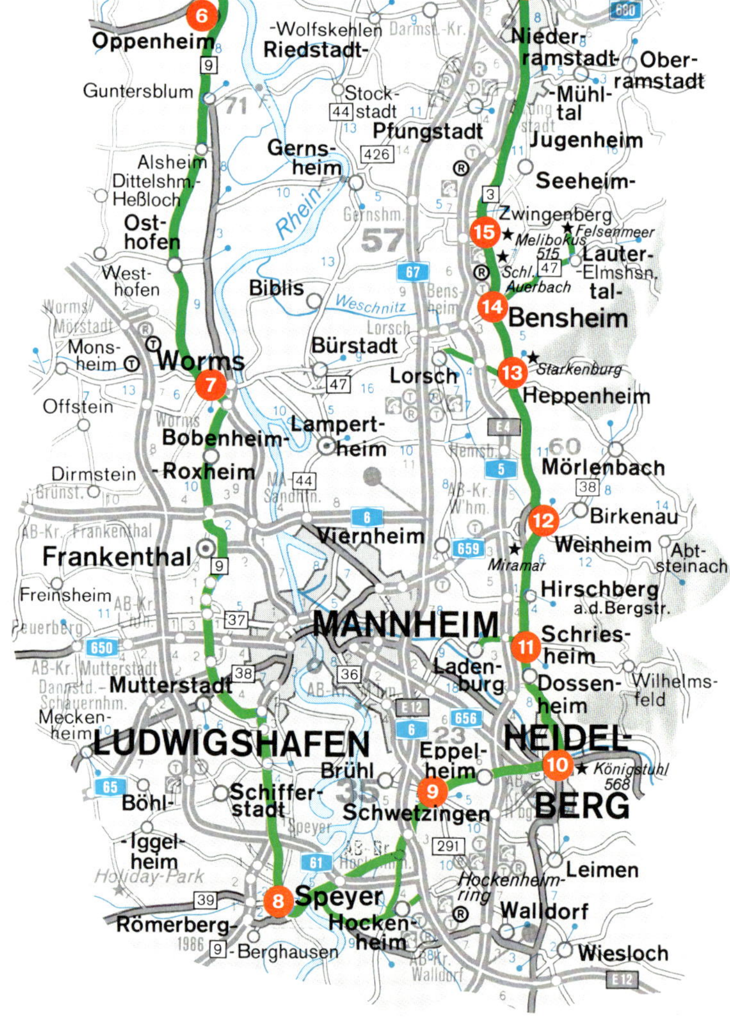

Madonna in St. Martin, Bingen

Mäuseturm und Burg Ehrenfels

❶ Sie beginnen Ihre Reise in der alten Römerstadt **Bingen,** bei der die Nahe in den Rhein mündet, der sich hier seinen Weg durchs Rheinische Schiefergebirge bahnt. Wahrzeichen von Bingen ist der auf einem Felsen im Rhein erbaute, gelb und rot leuchtende Mäuseturm, der einst

dem Erzbischof von Mainz als Zollturm diente. Der Sage nach soll dort der hartherzige Bischof Hatto zur Strafe für seine Grausamkeiten bei lebendigem Leib von Mäusen gefressen worden sein.
Einen Bummel durch die romantische Stadt am Zusammenfluß von Rhein und Nahe unternehmen Sie am bequemsten vom Parkplatz bei den Anlegestellen der Rheinschiffe aus. Eine Fußgängerunterführung erspart Ihnen das Warten an der häufig geschlossenen Bahnstrecke. Sie überqueren anschließend die Durchgangsstraße und sind schon in der Fußgängerzone. Empfehlenswert ist ein Aufstieg zur Burg Klopp, die von hier in knapp 10 Min. über etwa 100 Treppenstufen zu erreichen ist. Ihre Anfänge reichen bis in die Römerzeit zurück, aus der vermutlich auch der 52 m tiefe Brunnen im Burghof stammt. Anstelle des römischen Kastells und der zerstörten mittelalterlichen Burg stehen heute Gebäude, die von 1875–79 entstanden. Im Innern ist ein reichbestücktes Heimatmuseum untergebracht, das als ausgesprochene Rarität ein komplettes ärztliches Instrumentarium aus der Römerzeit enthält (von Ostern bis Mitte Oktober täglich außer Mo. geöffnet). Vom Burghof aus hat man einen herrlichen Blick über die Stadt, den Rhein und das gegenüberliegende Rheingaugebirge.
Beim Abstieg von der Burg lohnt sich ein Besuch der nahen Basilika St. Martin, die, 793 erstmals urkundlich erwähnt, Anfang des 15. Jh.s auf romanischen Grundmauern im gotischen Stil erbaut wurde. Dabei hat man die Krypta, einen Zentralraum mit neun Jochen und vier Stützen, sowie Teile der westlichen Türme von der Vorgängerin übernommen. Im Inneren zieht der nach schlimmen Kriegsschäden ausgezeichnet restaurierte Baldachinaltar den Blick auf sich. Sehenswert sind die kunstgeschichtlich bedeutsamen Tonplastiken der hl. Barbara und der hl. Katharina sowie die barocke Kanzel von 1681.
Naheaufwärts erreichen Sie nach etwa 300 m die ursprünglich von den Römern gegründete und nach ihrem ruhmreichen Heerführer benannte Drususbrücke, an deren Stelle um das Jahr 1000 eine neue, siebenbogige Brücke trat. Im ersten Pfeiler auf der rechten Seite verbirgt sich eine der ältesten Brückenkapellen Deutschlands.
Sie verlassen Bingen in Richtung Mainz. Vom Parkplatz am Rhein biegen Sie links ab und fahren am Bahnhof vorbei. Rechts oben auf dem Rochusberg grüßt weithin sichtbar die gleichnamige Kapelle, die im Mittelpunkt des in der zweiten Augusthälfte gefeierten Rochusfestes steht, an dem im Jahre 1814 Goethe teilnahm. Daran erinnert heute noch das vom Dichter gestiftete Gnadenbild, auf dem der heilige Rochus mit den Gesichtszügen Goethes dargestellt ist. Nach 2 km, bei der Einmündung in die Hauptstraße, folgen Sie dem weißen Wegweiser nach links, Richtung Gaulsheim. Die relativ steilen Berge treten jetzt zurück, die Landschaft wird flacher, zu beiden Seiten breiten sich ausgedehnte Obst- und Weingärten aus. Die schnurgerade Straße führt unter der Autobahn hindurch nach Ingelheim, wo am Ortsrand die B 41 überquert wird.

1 Abstecher von Bingen zur Rochuskapelle: Auf einer guten Fahrstraße, die am Bahnhof abbiegt, erreicht man in etwa 15 Automin. die 1666 während der Pest gestiftete Rochuskapelle, von der aus sich ein weiter Rundblick ins Rheintal und hinüber in den Rheingau und die rheinhessischen Gebiete eröffnet. Alljährlich am Sonntag nach dem 16. August findet hier eine Wallfahrt statt. Goethe hat das St.-Rochus-Fest von 1814 miterlebt und in dem Bericht »Aus einer Reise an Rhein, Main und Neckar 1814 und 1815« anschaulich geschildert.

1 Abstecher von Bingen nach Rüdesheim (s. a. S. 22): Sie können Ihren Wagen in Bingen stehen lassen, mit der Personenfähre nach Rüdesheim auf der anderen Rheinseite fahren und sich in den Trubel von Deutschlands berühmtester rheinischer Weinstadt stürzen. In der Brömserburg, Rheinstraße 2, lohnt ein Besuch im Rheingau- und Weinmuseum (täglich geöffnet). Die Sammlung vermittelt dem Besucher einen Überblick über 2000 Jahre Weinbau. Auch eine Fahrt mit der Seilbahn zum weithin sichtbaren Niederwalddenkmal von 1883 (Nationaldenkmal zur Erinnerung an die Gründung des wilhelminischen Kaiserreiches) ist bei gutem Wetter empfehlenswert.

Weinlokal in der Rüdesheimer Drosselgasse

Blick über die Rebflur auf Rüdesheim

Die wehrhafte Burgkirche in Oberingelheim

2 In **Ingelheim** soll Karl der Große geboren worden sein. Von der Kaiserpfalz blieb nur wenig erhalten. Im Ortsteil Oberingelheim sollten Sie die Burgkirche aus dem 14. und 15. Jh. besichtigen. Sie fahren am Ortsrand an der ersten Ampel rechts in Richtung Alzey (links geht es zum Bahnhof). Vorsicht: Der Wegweiser ist erst unmittelbar an der Ampel zu erkennen. Nach 2,2 km können Sie links am Restaurant »Korkenzieher« parken. Etwa 100 m gehen Sie zu Fuß zur befestigten Burgkirche, die inmitten des alten, von hohen Wehrmauern umgebenen Friedhofs liegt. Die spätgotische Kirche besitzt noch einen romanischen Turm. Im Inneren verdient das restaurierte Glasgemälde aus dem 15. Jh. Ihre Aufmerksamkeit ebenso wie die spätgotischen Rankenmalereien.

Fahren Sie nun die 2 km zurück bis zur Kreuzung beim Bahnhof und biegen Sie dann nach rechts ein. Die Beschilderung nach Mainz weist zwar knapp 100 m weiter nach links, doch lohnt es sich, geradeaus durch das alte Ingelheim mit seinen engen Sträßchen zu fahren. Sie können nach 2 km am Rathaus halten und sich im Städtischen Museum das Modell der ehemaligen Kaiserpfalz Karl des Großen ansehen (Öffnungszeiten beim Verkehrsamt in der Binger Straße 61 erfragen; dort erhalten Sie auch den Schlüssel für die »Aula Regia« und Informationsmaterial).

Von der Anlage selbst, die 1689 niederbrannte, sind nur noch wenige Reste erhalten. Obwohl die Rekonstruktion umstritten, ja in einigen Punkten unhaltbar ist, vermittelt sie doch einen hilfreichen Eindruck von der historischen Gesamtanlage.

Die Straße mündet nun wieder in die Hauptstraße Richtung Mainz ein. Auf einer Anhöhe passieren Sie ein als Gasthof eingerichtetes, gelbes Barockgebäude, von dem Sie eine herrliche Aussicht über den Rheingau und zum Taunus genießen können. Folgen Sie von hier aus den Wegweisern Richtung »Mainz Innenstadt« bzw. »Mainz Zentrum«. Wenn Sie kurz vor der Autobahn rechts abbiegen, erreichen Sie nach etwa 8 km auf einer autobahnähnlich ausgebauten Straße den Stadtkern von Mainz. Hier folgen Sie weiterhin der Beschilderung »Centrum« und stellen Ihren Wagen in einem der Parkhäuser in der Innenstadt oder an der Rheingoldhalle ab.

3 Ausgangspunkt Ihres Rundgangs durch die rheinland-pfälzische Landeshauptstadt **Mainz** ist der sechstürmige Dom St. Martin und St. Stephan, neben den Domen von Speyer und Worms das bedeutendste romanische Sakralbauwerk am Oberrhein. 975 begonnen, 1009 geweiht, am Tag der Weihe abgebrannt und 1036 wiederaufgebaut, wurde der Dom im Lauf der Jahrhunderte noch oft von Bränden und Zerstörungen heimgesucht, aber stets von neuem aufgebaut. Von zwei Domplätzen aus erleben Sie das mächtige Bauwerk völlig unterschiedlich: der Liebfrauenplatz zeigt Ihnen die Frontseite mit ihrer ganzen romanischen Strenge (beste Fotozeit vorm.); vom Marktplatz aus ist die Querseite mit allen Türmen sichtbar (bestes Licht spätnachm.).

Chagall-Fenster in der Mainzer Stephanskirche

Die Mainzer Gutenberg-Bibel: Meilenstein in der Geschichte der »Schwarzen Kunst«

Hier befindet sich auch der Eingang. Die historisch bedeutsamen Grabplastiken im Innern, die vom 13.–18. Jh. stammen, sind anschauliche Zeugnisse der Entwicklung der deutschen Bildhauerkunst von der Romanik bis zum Barock. Die feierliche Stille des halbdunklen Kirchenschiffs beeindruckt besonders im Kontrast zum lebendigen, lichtdurchfluteten Marktplatz. Im gotischen Kreuzgang und in den Kapitelräumen ist das Dom- und Diözesen-Museum mit dem Domschatz untergebracht (Mo.–Mi. u. Fr. ganztägig geöffnet, Sa. vorm.).
Auf dem Marktplatz, wo einige schönbemalte Häuser auffallen, sollten Sie sich den Brunnen genauer ansehen: Er stammt von 1526 und ist damit einer der ältesten und schönsten Renaissancebrunnen Deutschlands. Am Liebfrauenplatz 5 liegt das Gutenbergmuseum, das »Weltmuseum der Druckkunst« (Di.–Sa. geöffnet, So. nur vorm.). Besonders beeindrucken das 42zeilige Original des ersten, mit beweglichen Lettern gedruckten Buches, der Gutenberg-Bibel, die als technisch und ästhetisch hervorragende Arbeit des Mainzer Frühdrucks gilt, sowie eine funktionsfähige Nachbildung der Werkstatt Johannes Gutenbergs, in der heute noch wie vor 500 Jahren gegossen, gesetzt und gedruckt wird. Als Kontrast können Sie fast unmittelbar daneben die modernen elektronischen Setzmaschinen besichtigen.
Wenn Sie vom Liebfrauenplatz über den Markt zum nahen Gutenbergplatz gehen, dann sehen Sie das Standbild von Johannes Gutenberg, der um 1397 in Mainz geboren wurde und 1468 dort starb, und überschreiten gleichzeitig den 50. Grad nördlicher Breite, der im Pflaster kenntlich gemacht ist. Auf der rechten Seite steht das Theater, links im Hintergrund die Johanniskirche. Durch die Ludwigstraße erreichen Sie den von zwei prachtvollen Adelspalästen gezierten Schillerplatz. Der Osteiner Hof (1749) an der Stirnseite des Platzes ist ein besonders schmuckes Beispiel für die zahlreichen Mainzer Adelshöfe, von denen die meisten aus dem 18. Jh. stammen. Der 1967 auf dem Schillerplatz errichtete Fastnachtsbrunnen von Prof. Blasius Spreng, in dem die Mainzer Narren am Aschermittwoch ihre leeren Geldbeutel auswaschen, hat der berühmten Mainzer Fastnacht ein verspieltes Denkmal gesetzt. Sie gehen links am Osteiner Hof entlang zum Ballplatz und

Mainz, wie es singt und lacht …

Über ein Jahrtausend Baugeschichte: der Mainzer Dom

Das originelle Ortsschild von Nackenheim

steigen den Stefansberg hinauf. Dort steht am höchsten Punkt der Stadt St. Stephan, nach dem Dom die bedeutendste Kirche in Mainz. Sie wurde um 990 unter Erzbischof Willigis aus Holz errichtet und im frühen 14. Jh. als Steinbau erneuert. Diese älteste gotische Hallenkirche am Mittelrhein birgt einen sehenswerten Kirchenschatz. Den Ostchor schmücken neun Glasgemälde von Marc Chagall, die 1978–85 entstanden und die Versöhnung zwischen Juden und Christen symbolisieren.

Viele Straßen zwischen Dom, Rheinstraße und Großer Bleiche sind heute Fußgängerzone. Es herrscht ein reges geschäftiges Treiben, dazwischen verlocken Straßenlokale zum Verweilen. Der Besucher erhält den Eindruck einer großstädtischen und zugleich heiteren Atmosphäre, die zu einem Einkaufsbummel ohne Hektik und drangvolle Enge einlädt. In der Schusterstraße stoßen Sie auf die St.-Quintins-Kirche, die 815 gegründet und um 1300 neu gebaut wurde. An der Ecke Karmeliter-/Rheinstraße liegt die Karmeliterkirche von 1380 mit Fresken und schöner gotischer Ausstattung.

Obwohl erst im letzten Jahrhundert entstanden, ist die Christuskirche in der Kaiserstraße mit ihrer markanten Kuppel inzwischen zu einem weiteren Wahrzeichen von Mainz geworden. Im Kurfürstlichen Schloß an der Großen Bleiche, das aus dem 17. und 18. Jh. stammt, ist das Römisch-Germanische Zentralmuseum untergebracht (geöffnet täglich außer Mo.). Hier sind Funde aus der Steinzeit und aus der Römerstadt zu besichtigen. Aus dem Schloß wird zur Karnevalszeit die Sendung »Mainz, wie es singt und lacht« übertragen. Sehenswerte moderne Gebäude in Mainz sind die Rheingoldhalle und das Rathaus, die unmittelbar am Rand der Fußgängerzone zwischen Rheinstraße und Kai liegen.

Die Liebfrauenstraße führt nun weiter in Richtung Worms. Sie biegen von den Parkhäusern direkt auf die Rheinstraße ein, wobei der Dom auf der rechten, der Rhein auf der linken Seite liegt. Sie befinden sich jetzt auf der B 9, die halblinks in Richtung Worms abzweigt und an einer Eisenbahnlinie entlangführt.

Bei einem Fabrikgelände sehen Sie das blaue Autobahnschild. Folgen Sie hier dem gelben Wegweiser Mainz-Laubenheim nach rechts, nicht mehr der blau beschilderten Schnellstraße B 9. Gleich sind Sie nun wieder im Weinbaugebiet. Rechts ziehen sich weite Weinberge die sanften Hänge empor, links erstreckt sich eine Gartenlandschaft bis zum Rhein, den man in der Ferne erahnen kann. Es folgen typisch rheinische Orte wie Laubenheim oder Bodenheim. Viele Ortsschilder haben die Form eines Weinfasses. Zwischen den Dörfern stößt man immer wieder auf einzeln stehende, oft schloßähnliche Weingüter.

4 **Nackenheim**, das schon 751 erwähnt wird, ist einer dieser typischen alten Weinorte. Die erhöht stehende, barocke St.-Gereons-Kirche beherrscht das Dorfbild. Das kleine Rathaus stammt von 1751. Aus Nackenheim stammt der Dramatiker Carl Zuckmayer. Er wurde

Von der Mainzer Fastnacht erzählt dieser Brunnen mit seinen originellen Motiven und Figuren.

In Nierstein gedeihen weltberühmte Weine

1896 dort geboren, und sein erstes Erfolgsstück »Der fröhliche Weinberg« spielt in seiner Heimat. Menschen von einfacher und doch hintergründiger Art agieren in diesem Lustspiel, für das Zuckmayer in seinem Geburtsort viele Anregungen fand.
Hinter Nackenheim überqueren Sie die Eisenbahnlinie und biegen nun in die ausgebaute B 9 Richtung Nierstein und Oppenheim ein. Sie fahren jetzt unmittelbar am Rhein entlang, der hier den westlichen Rand der Oberrheinischen Tiefebene erreicht hat. Der Königsstuhl (176 m), im Jahr 1024 Schauplatz der Wahl König Konrads II., steigt rechts steil aus dem Tal empor; in dieser Landschaft lösen Weinberge die Weingärten ab.

5 Von fern prägen die mächtige Ortskirche und der unschöne Siloturm einer Fabrik die Silhouette des berühmten Weinortes **Nierstein.** Das Panorama am Rhein mit den schlanken Pappeln und Baumalleen mutet fast südlich an. In Nierstein mit der zweitgrößten Weinbaugemarkung Deutschlands reihen sich die Weingüter an engen Gassen. Die von Weinbergen umgebene Pfarr- und Bergkirche St. Kilian aus dem 18. Jh. steht auf den Fundamenten einer frühromanischen Basilika. Von wechselvollen, kriegerischen Zeiten zeugt auch die Friedhofsbefestigung mit romanischem und gotischem Portal. Dorthin zogen sich die Bewohner bei Angriffen zurück. Die mitten im Ort gelegene Martinskirche enthält sehenswerte Grabmäler und Umfassungsmauern, die vermutlich von einer Königspfalz Karls des Großen stammen.

6 **Oppenheim**, der Mittelpunkt des rheinischen Weinbaugebiets, wird als »Stadt der Gotik und des Weins« gerühmt. 765 wird Oppenheim zum erstenmal als Hofgut Karls des Großen erwähnt. Trotz häufiger Verwüstungen prägen noch immer historische Bauten das Stadtbild. Sie sollten die B 9 verlassen und nach rechts der weißen Beschilderung zur »Stadtmitte« folgen, die Sie durch kurvenreiche, enge Gassen zum Marktplatz hinaufführt. Um das Rathaus steht ein Kranz rheinfränkischer Fachwerkhäuser. Nach der Zerstörung Oppenheims während des Pfälzischen Erbfolgekrieges im Jahre 1689 durch den französischen General Mélac wurde das Rathaus als zweigiebeliges Gebäude wiederaufgebaut. Vom Marktplatz führen steile Gassen und Treppen zum mächtigen Bau der Katharinenkirche hinauf. Sie können vor den Eingangsstufen parken und stehen nun vor einer der bedeutendsten gotischen Kirchen am Rhein. Das Maßwerk der beiden farbigen »Oppenheimer Fensterrosen« an der nach Süden blickenden Schaufassade wird von Kunsthistorikern gerühmt. 200 m weiter befindet sich unterhalb der ehemaligen Burg Landskron ein Parkplatz an einer Ausflugsgaststätte, die einen weiten Blick über die Stadt und Rheinebene bis hin zum Odenwald bietet. Von dort aus erreichen Sie auf einem Waldweg in wenigen Minuten die Ruine der Reichsburg, die seit dem 17. Jh. den Namen Landskron trägt. Seit ihrer Zerstörung 1689 stehen nur noch einige Außenmauern. Die Stadt, in der damals nur

5 Abstecher von Nierstein über den Rhein: Zwei Erlebnisse erwarten Sie und vor allem Ihre Kinder, eine Fahrt mit der Rheinfähre und ein Besuch in einem Safariland. Zwischen Nierstein und Oppenheim biegen Sie links ab, Richtung Darmstadt, zur Autofähre, die halbstündlich verkehrt. Auf der anderen Rheinseite erreichen Sie in Richtung Groß-Gerau nach genau 8 km direkt an der Straße das Safariland mit afrikanischen Tieren, Streichelzoo, Ponys zum Reiten, Rutschbahnen, Go-Carts, Karussell und vielen Vergnügungseinrichtungen. Auf dem Gelände verkehrt auch ein Bähnchen.
Bei der Rückkehr zur Rheinfähre und auf Ihrer Weiterfahrt erblicken Sie in der Ferne das nächste Ziel, Oppenheim, dessen Stadtbild mit den vielen mittelalterlichen Türmen ein beeindruckendes Panorama bietet.

Unser Abstecher führt Sie zum Safariland bei Groß-Gerau

Blickfang in der weiten Rheinebene: die Katharinenkirche von Oppenheim

wenige Menschen überlebten, erholte sich nur langsam wieder. 1797 wurde Oppenheim französisch, 1816 kam es zu Hessen, 1948 zu Rheinland-Pfalz. Oppenheim ist der Sitz des deutschen Weinbaumuseums, das sich am Stadtausgang Richtung Worms vor der Einmündung in die Bundesstraße befindet (geöffnet Di.–So. nachm.). Die Liebfrauenstraße folgt nun weiter der B 9 durch flache Landschaften; der Rhein ist nicht mehr zu sehen. Im alten Weinort Guntersblum mit doppeltürmiger Pfarrkirche, mit Altem und Neuem Schloß, trennt sich die Liebfrauenstraße von der B 9 und biegt am »Gasthof zur Krone« halbrechts nach Alsheim ab. Zurück auf der Durchgangsstraße geht es weiter in Richtung Osthofen. Folgen Sie nicht den Schildern zur B 9, sondern fahren Sie geradeaus weiter. Kurz vor Herrnsheim biegen Sie bei einer Gabelung rechts Richtung Hochheim ab.

7 Die Straße führt direkt nach **Worms** (s. a. S. 130), das sich zunächst durch Hochhäuser ankündigt. Folgen Sie der vorfahrtsberechtigten Straße, überqueren Sie an deren Ende den Berliner Ring, und biegen Sie dann am Stoppschild rechts in die Peterstraße ein. Nun erreichen Sie das Rathaus und befinden sich gleichzeitig in unmittelbarer Nähe des Doms. Parkplätze stehen am Rathaus (Parkscheibe, 2 Std.) und im Parkhaus Köhlstraße zur Verfügung.

Worms zählt mit seiner über fünftausendjährigen Geschichte zu den ältesten Städten Deutschlands. Zunächst unter römischer Herrschaft, war es zu Zeiten der Völkerwanderung Hauptstadt des Burgunderreiches, das 436 von den Hunnen zerstört wurde. Kampf und Untergang der Burgunden besingt das Nibelungenlied, ein hochmittelalterliches Heldenepos eines namentlich nicht bekannten Dichters. Im Mittelalter entwickelte sich Worms zu einer der bedeutendsten Städte Deutschlands. Über 100 Reichstage fanden hier statt, darunter jener von 1521, auf dem Luther seine Schriften verteidigte (»Hier steh' ich, ich kann nicht anders! Gott helfe mir! Amen!«), wofür er kurz darauf mit der Reichsacht belegt wurde. Nach mehrfacher Zerstörung hatte die einst blühende Reichsstadt zu Beginn des 18. Jh.s jegliche Bedeutung verloren. Heute hat sich Worms dank seines Industriereichtums erholt und ist zugleich ein wichtiges Weinhandelszentrum. Bedeutendstes Bauwerk ist der Dom, neben denen von Mainz und Speyer der dritte romanische Kaiserdom am Rhein. Er wurde 1018 – noch vor seiner Vollendung – geweiht, 1110 und 1171 umgebaut. Durch das Kaiserportal zog 1048 Papst Leo IX. ein (er wurde hier gewählt), 1184 Kaiser Friedrich Barbarossa. Beachten Sie die spätgotischen Sandsteinreliefs mit dem Stammbaum Christi im nördlichen Seitenschiff. Besonders sehenswert ist der barocke Hochaltar von Balthasar Neumann. Worms hat im Lauf von Jahrtausenden glanzvolle Größe, aber auch leidvolle Niederlagen erlebt. Außer dem Dom sind nur wenige alte Bauwerke erhalten, einige wurden nach dem Zweiten Weltkrieg in der ursprünglichen Form wiederhergestellt. Die Innenstadt, die zu etwa 65 % den Bombenangriffen zum Opfer gefallen war, wurde nach 1945 neu auf-

Der Wormser Dom mit dem Hochaltar Balthasar Neumanns und Grabmalen im Kreuzgang

gebaut. Gegenüber dem Dom, direkt am Rathaus, steht die Dreifaltigkeitskirche, ein einschiffiger Barockbau, der nach dem Krieg im Inneren neu ausgestaltet wurde. Sehenswert sind Bildtafeln und das Steinmosaik, in dem Luthers Auftreten vor dem Reichstag dargestellt ist. An den Wormser Reichstag von 1521 erinnert auch das Lutherdenkmal auf dem gleichnamigen Platz. Durch Peterstraße und Römerstraße gelangt man in die Paulusstraße mit der Pauluskirche. Auffällig sind die orientalischen Kuppeln, die den beiden Rundtürmen aufgesetzt wurden. Es lohnt sich auch, die nach der Zerstörung durch die Nationalsozialisten 1961 wiederaufgebaute, noch aus romanischer Zeit stammende Synagoge an der unter Denkmalschutz stehenden Judengasse zu besuchen. Empfehlenswert ist ein Ausflug zur gotischen Liebfrauenkirche im Liebfrauenstift.
Sie liegt nördlich der Innenstadt und ist in einem Fußmarsch von 20 Min. zu erreichen. Die Weingärten rund um das Stift sind die Wiege der vor allem im Ausland bekannten »Liebfrauenmilch«, einem Typenwein aus den Rebsorten Riesling, Silvaner oder Müller-Thurgau. In dem Namen vermutet man eine Verballhornung des Wortes »Mönch« bzw. »Minch«. Nur Wein mit der Lagebezeichnung »Liebfrauenstift-Kirchenstück« stammt tatsächlich aus dem Wormser Stift.
Nach Speyer fahren Sie von Worms aus über die autobahnartig ausgebaute B 9 oder über ausgezeichnet beschilderte Autobahnabschnitte, lassen die Industriestädte Frankenthal und Ludwigshafen beiderseits liegen und erreichen nach 40 km die alte Kaiserstadt.

8 **Speyer** ist neben Mainz und Worms die dritte Kaiserstadt am Oberrhein mit romanischem Dom. Gleich Worms ist es eine alte Reichsstadt, in der über 50 Reichstage stattfanden. Am bekanntesten ist der von 1529, auf dem die evangelischen Stände und Fürsten eine »Protestation« gegen die reformationsfeindliche Haltung der Mehrheit der Reichstagsmitglieder überreichten. Hieraus leitet sich der Name »Protestanten« ab. Seit dem 7. Jh. ist Speyer Bischofssitz, und hier steht der eindrucksvollste und größte der drei oberrheinischen Dome. Beachten Sie die mit 133,5 m Länge und bis zu 55 m Breite monumentalen Ausmaße dieses Gebäudes. Die Türme sind bis zu 72 m hoch. Die kreuzförmige Basilika mit dreischiffigem Langhaus wurde 1030 von Kaiser Konrad II. gegründet und von Heinrich IV. und Heinrich V. bis 1125 noch einmal erweitert. Als erste große romanische Kirche erhielt der Dom von Speyer ein durchgehendes Gewölbe; was eine bahnbrechende architektonische Leistung darstellte. Bis 1689 blieb der Dom unzerstört, dann wurde er, wie die ganze Stadt, im Pfälzischen Erbfolgekrieg schwer beschädigt. Im 19. Jh. wurde das Innere ausgemalt, ab 1957 stellte man im Rahmen einer grundlegenden Restaurierung den ursprünglichen romanischen Charakter weitgehend wieder her.
Sie können in der Umgebung des Doms parken und betreten ihn durch das Hauptportal. Sehr eindrucksvoll sind die für einen romanischen

Der Dom von Speyer beherrscht das Stadtbild.

Wer in den Rhein fällt, hat verloren: Jedes Jahr findet in Worms Ende August/Anfang September das Fischerstechen statt.

8 *Abstecher von Speyer zum Hockenheimring: Motorsportfreunden ist ein Besuch des Motodroms bei Hockenheim zu empfehlen. Auf der vorgeschlagenen Strecke Richtung Schwetzingen biegen Sie 1 km nach der Rheinbrücke rechts ab in Richtung Hockenheim. Die Straße mündet in die B 36. Folgen Sie dann durch Hockenheim hindurch der ausgeschilderten Strecke zum Motodrom. Dieser 6,7 km lange Rundkurs gehört zu den schnellsten Rennstrecken der Welt. Auf den Tribünen finden 120 000 Zuschauer Platz. Wenn nicht gerade offizielle Rennen stattfinden, dient das Motodrom der Autoindustrie als Versuchsstrecke. Die Nordtribüne am Fahrerlager-Eingang ist auch an den freien Tagen – mit Genehmigung der Hockenheim-Ring-GmbH und gegen Gebühr – für Besucher offen. Folgen Sie auf der Weiterfahrt von Hockenheim aus der B 36 direkt nach Schwetzingen.*

Dom ungewöhnlich schlanken, hochstrebenden Säulen der riesigen Halle. Von den Seitenschiffen führen Treppen hinab zur romanischen Säulenkrypta. Sie blieb seit ihrem Bau vor 950 Jahren unverändert und wird heute als das wichtigste erhaltene Beispiel salischer Baukunst gewertet. Das fränkische Geschlecht der Salier stellte 1024–1125 die deutschen Kaiser. Sie sind in der Kaisergruft neben der Krypta beigesetzt: Konrad II. (1024–1039), Heinrich III. (1039–1056), Heinrich IV. (1056–1106) und Heinrich V. (1106–1125). Außerdem ruht hier der Habsburger König Rudolf I. (1280–1291). In der Kaiserhalle im Dom sehen Sie die 1858 aufgestellten Standbilder der in der Krypta beigesetzten Kaiser.

An der Großen Pfaffengasse nahe beim Dom liegt das Historische Museum der Pfalz, wo Reste der mittelalterlichen Domausstattung zu sehen sind und das als Spezialabteilung ein Weinmuseum unterhält (Museum und Dom sind täglich geöffnet).

Im Park hinter dem Dom steht als Rest der alten Stadtmauer das sog. Heidentürmchen von 1280. Von hier haben Sie einen besonders schönen Blick auf die Stirnseite des Doms. Auf dessen gegenüberliegender Seite beginnt die breite Maximilianstraße. An ihr liegen die Dreifaltigkeitskirche, eine der wenigen evangelischen Barockkirchen Deutschlands, das barocke Rathaus von 1712 und das ehemalige Kaufhaus von 1748. Am Ende der Straße erreichen Sie das »Altpörtel«, den Stadttorturm aus dem 13. Jh. Er erhielt im 16. Jh. eine Galerie, die Sie besteigen können, um einen Blick über Speyer zu werfen.

Sie verlassen Speyer, fahren an Dom und Museum vorbei, folgen den Autobahnschildern Richtung Heilbronn/Karlsruhe und überqueren den Rhein. Von der Brücke aus haben Sie links den schönsten Blick auf den Dom, der sich mit seinen mächtigen Türmen über den Wald der Rheinaue erhebt. Vor der Autobahn erkennen Sie links hoch über den Rheinwäldern einen Pylon, an dem an langen Seilen die neue Autobahnbrücke über den Rhein hängt.

Fahren Sie nun nicht auf die Autobahn, sondern bleiben Sie auf der fast gerade verlaufenden Straße. Sie biegt nach 3 km in die B 36 Richtung Schwetzingen ein.

Blick vom Marktplatz hinauf zum Heidelberger Schloß

9 Folgen Sie in **Schwetzingen** den Schildern Richtung Schloß. Sie werden zweimal nach links geführt und fahren dann direkt auf den Haupteingang zu. Vor der ehemaligen kurfürstlichen Sommerresidenz können Sie zu beiden Seiten parken. Die heutigen Gebäude des schon 1350 erwähnten Schlosses stammen von 1699–1715. Jedes Jahr im Juni werden im Rokokotheater internationale Musikfestspiele veranstaltet. Der Schwetzinger Schloßpark wird oft als »Deutschlands schönster Schloßgarten« bezeichnet. Die barocken Gartenkünstler gestalteten die Landschaft als architektonisches Kunstwerk und schufen damit eines der bedeutendsten Zeugnisse höfisch-absolutistischer Kultur. Diesen Park, der 1748–1780 angelegt wurde und in dem strenggegliederter französischer und aufgelockerter englischer Landschaftsgartenstil miteinander kontrastieren, sollten Sie sich unbedingt ansehen. Die gestaltete Natur, das prachtvolle Schloß sowie die Skulpturen und Bauten des Parks fügen sich zu einem harmonischen, barockem Naturempfinden entstammendem Ganzen. Besonders sehenswert sind das Naturtheater, die Tempel für Apollon und Minerva, das Badhaus sowie die Moschee (täglich geöffnet von April bis Oktober). Mehrmals wöchentlich werden Führungen durch Schloß und Garten veranstaltet. Auf der Weiterfahrt folgen Sie vom Schloß zunächst der B 36 Richtung Mannheim, zweigen aber dann noch innerhalb von Schwetzingen Richtung Heidelberg ab.

10 Wie kaum eine andere deutsche Stadt wurde **Heidelberg** (s. a. S. 166) von den Dichtern geliebt und besungen. Namen wie Goethe, Hölderlin, Eichendorff, Gottfried Keller, Jean Paul, Victor Hugo, Mark Twain, Victor von Scheffel und viele andere sind mit dieser Stadt verbunden. Nachdem der Straßenverkehr aus der Altstadt verbannt worden ist, strahlt Heidelberg jetzt erneut so viel Atmosphäre aus, daß auch nüchterne Gemüter davon berührt werden. Bis heute kann man sein Herz nicht nur in, sondern auch an Heidelberg verlieren.

Die Stadt wird urkundlich 1196 zum erstenmal erwähnt, doch reichen die Spuren der Besiedlung dieses Gebietes bis in die Jüngere Steinzeit zurück. In der Umgebung wurden die ältesten in Deutschland bekannten Skelettreste eines prähistorischen Menschen, des »homo heidelbergiensis«, gefunden, die über 500 000 Jahre alt sind. Die erste Burg wurde wahrscheinlich im 11. Jh. gegründet und im 13. Jh. neu erbaut. Ende des 17. Jh.s wurde Heidelberg im Pfälzischen Erbfolgekrieg zerstört; es erlangte seine Bedeutung erst wieder, als die Stadt 1803 zum Herzogtum Baden kam. Hochberühmt ist die 1386 gegründete Heidelberger Universität. Neben ihrer wissenschaftlichen Bedeutung war sie lange Zeit auch bekannt als ein Mekka fröhlichen Studententreibens. Die Amerikaner wählten das im Zweiten Weltkrieg unzerstört gebliebene Heidelberg 1945 zu ihrem deutschen Hauptquartier. Bis heute gehört die Stadt zu einem der beliebtesten Ziele für Amerikaner auf Europareise. Manchmal meint man, in den Straßen mehr Englisch als einheimische Mundart sprechen zu hören.

Im stilvollen Rahmen von Schloß und Park finden im Sommer die Schwetzinger Musikfestspiele statt.

Die Moschee im Schwetzinger Schloßpark: Ein Staffagenbau des 18. Jh.s

10 *Abstecher von Heidelberg zum Aussichtsturm und Märchengarten Königstuhl: Heidelberg liegt am Fuße des 568 m hohen Königstuhls. Sie können entweder mit dem Wagen den Wegweisern folgen und die etwa 5 km lange, steile Serpentinenstraße aufwärts fahren, oder Sie gelangen bequem mit der Bergbahn am Schloß vorbei hinauf (die Bergbahn verkehrt täglich alle 20 Min.). Vom Königstuhl aus liegen Heidelberg und die Rheinebene zu Ihren Füßen. Wenn Sie den Aussichtsturm besteigen, haben Sie darüber hinaus noch die waldreichen Höhen des Odenwaldes vor sich. In der Nähe der Endstation der Bergbahn liegt das Märchenparadies, ein Freizeitgarten für Kinder (im Sommerhalbjahr täglich geöffnet).*
Ein Bähnchen fährt durch den Garten, man kann auf einem schwebenden Drachen Karussell fahren, auf einem Luftbrett-Trampolin springen, kann ferngesteuerte Motorboote lenken und sich von beweglichen Märchenfiguren eine Geschichte erzählen lassen.

Unser Abstecher (s. S. 47) führt Sie von Heidelberg zum Märchengarten Königstuhl.

Fahren Sie in Richtung Innenstadt und versuchen Sie, in den Parkhäusern P 12 oder P 13 unmittelbar zu Füßen des Schlosses zu parken. Von hier erreichen Sie mit wenigen Schritten den Marktplatz mit dem Rathaus. Es erhielt ab 1701 in mehreren Ausbauphasen seine heutige Gestalt. Die Heiliggeistkirche an diesem Platz stammt aus dem 15. Jh. Die Verkaufsstände rund um die Kirche wurden schon damals erwähnt; heute wird dort viel auf amerikanischen Geschmack zugeschnittener Souvenirkitsch angeboten.

Im Gegensatz zu anderen Städten, die an den Wochenenden oft ausgestorben wirken, bewegt sich durch die Hauptstraße Heidelbergs Tag für Tag ein Strom von Touristen aus aller Welt. Man trifft auffallend viele junge Leute: immerhin ist fast jeder 10. Einwohner Heidelbergs Student. In vielen der alten Häuser entlang der Straße wurden Bier- und Weinlokale eingerichtet. Schräg gegenüber der Heiliggeistkirche beeindruckt das »Haus zum Ritter« aus dem Jahre 1592 mit seiner wohlgelungenen Renaissancefassade. Es überstand als einziges Bürgerhaus die Zerstörung Heidelbergs von 1689–93. Aus dem 18. Jh. stammt das Medersche Haus an der Kettengasse, ein reich dekoriertes Bürgerhaus mit Figuren der Madonna und Dreieinigkeit. Einige Schritte weiter, am Universitätsplatz, steht die 1712–28 erbaute Alte Universität, in deren erstem Stock sich die prächtige ehemalige Aula befindet. Im Rückgebäude an der Augustinergasse können Sie den 1788 eingerichteten Karzer mit seinen »Malereien« besichtigen. Hier sperrte man einst Studenten ein, die den Spruch vom fröhlichen Studentenleben allzu wörtlich genommen hatten. Achten Sie an der Einmündung der Theaterstraße in die Hauptstraße links auf das reichgeschmückte Portal des Wormser Hofs, rechts abwärts in der engen Schiffgasse auf das »Haus Raquet«, ein stattliches, barockes Bürgerhaus. An der Hauptstraße Nr. 97 passieren Sie das Palais Morass, in dem sich das Kurpfälzische Museum mit Plastiken und Gemälden vom 15.–20. Jh. befindet. Zu seinen Beständen gehört auch der lange verschollene »Zwölfbotenaltar« von Riemenschneider aus dem Jahre 1509. Erst 1948, als man die dicke Farbschicht darauf entfernte, erkannte man das Werk des berühmten Bildhauers. (Geöffnet täglich außer Mo.) Ebenfalls an der Hauptstraße liegen die Providenzkirche (1659–1661), die Anatomie von 1844 und das »Haus zum Riesen«, benannt nach dem übergroßen Standbild des Besitzers General von Venningen über dem Portal.

Vom Marktplatz erreichen Sie über den Fischmarkt die Karl-Theodor-Brücke, die sog. Alte Brücke. Bis ins 19. Jh. hinein war sie die einzige Neckarbrücke Heidelbergs. Die beiden barocken Tortürme erhielten beim Neubau 1786–88 Glockendächer. Von jenseits der Brücke genießen Sie den klassischen Blick auf Altstadt und Heidelberger Schloß. Das beste Licht zum Fotografieren bietet sich am Spätnachmittag. Wenn Sie viel Zeit haben, sollten Sie auch über den Philosophenweg bummeln, der sich am Heiligenberg entlangzieht. Von diesem

»Der Vaterlandsstädte Ländlichschönste« hat Hölderlin Heidelberg genannt.

Im Weinheimer Schloßpark steht diese herrliche Libanon-Zeder.

Halbhöhenpfad aus haben Sie das schönste Panorama mit Fluß, Altstadt und Schloß vor sich. Sie erreichen den ausgeschilderten Weg von der Brückenstraße (B 3) aus.

Zum Pflichtprogramm für Heidelberg gehört ein Besuch des Schlosses, das 80 m über der Altstadt liegt. Sie erreichen es entweder mit dem Wagen durch enge, mit dem Symbol des Schlosses bezeichnete Straßen (gebührenpflichtige Parkplätze), oder Sie fahren mit der Bergbahn hinter dem Kornmarkt (beim Parkplatz 12) zum Schloß hinauf.

Die Heidelberger Schloßanlage wird hauptsächlich von Renaissancebauten geprägt. Im Innenhof der ehemaligen kurfürstlichen Residenz finden jährlich im Juli und August Schloßspiele statt. Er wird von Befestigungswerken, Wirtschaftsgebäuden und Palästen in verschiedenen Stilarten umschlossen. Bedeutendste Leistung der deutschen Frührenaissance ist der Ottheinrichsbau (1556–1559); der Friedrichsbau (1601–1607) gehört zu den Höhepunkten der reiferen deutschen Renaissance. Bei einer Schloßführung (mehrmals täglich) erleben Sie die Friedrichsbau-Kapelle, den Königssaal und den Kaisersaal; außerdem können Sie das einzigartige Deutsche Apothekenmuseum mit alten Mörsern, Mühlen, Destillierkolben und geheimnisvollen Retorten besichtigen (April bis Oktober täglich, November bis März nur Sa. u. So. geöffnet). Das berühmte große Faß im Keller des Schlosses wurde 1751 gebaut und diente zur Aufnahme der Naturalsteuer, des »Weinzehnten«. Es ist 9 m lang und 8 m hoch und faßt ganz genau 221 726 Liter.

Die Bergstraße ist identisch mit der B 3 und führt über den Neckar Richtung Darmstadt und Weinheim. Beiderseits der Ausfallstraße von Heidelberg stehen viele Bürgerhäuser in Jugendstil und Klassizismus, also aus der Zeit um die Jahrhundertwende. Die Straße geht dann in eine Allee über, die von Villen mit Vorgärten gesäumt wird.

Gleich hinter der Stadt steigen rechts die Hänge des Odenwaldes auf. An seinem Rand führt die Bergstraße entlang, allerdings nicht mehr wie vor Jahrhunderten durch die alten Obst- und Weinbaudörfer. Diese liegen vielmehr etwas oberhalb der Straße und sind häufig von einer Ruine oder Burg überragt.

(11) **Schriesheim** ist ein Beispiel für ein solches Dorf mit engen, steilen Straßen und Gäßchen, alten, behäbigen Bauernhäusern und charakteristischen Toreinfahrten. Das Fachwerkrathaus wurde 1684 erbaut und später mit einem Torbogen und einer Durchfahrt versehen. Weiter geht es auf der B 3 in Richtung Weinheim.

(12) Folgen Sie am Ortseingang von **Weinheim** dem Schild »Schloßpark« und überqueren Sie dann nach rechts die Bahngleise. Vom Parkplatz am Schloßpark (2. Parkplatz ca. 100 m weiter) betreten Sie durch einen Torbogen das Schloß, das am höchsten Punkt der Neustadt liegt. Es besteht aus drei verschiedenen Bauteilen aus dem 16.–19. Jh. und beherbergt heute das Rathaus. Nach etwa 100 m abwärts sind Sie am Marktplatz, an dem die neuromanische Stadtpfarrkirche St. Laurentius

Die Ruine Strahlenburg über Schriesheim: eine der vielen Odenwaldburgen

(11) Abstecher von Schriesheim zum mittelalterlichen Ladenburg: 200 m nach dem Ortsende von Schriesheim Richtung Darmstadt zweigt von der B 3 links eine Straße Richtung Ladenburg und Mannheim ab. Nach 3 km sind Sie in Ladenburg (Wegweiser »Historischer Stadtkern«). Der Name der Stadt geht auf eine keltische Ansiedlung zurück und trug als römisches Lager den Namen Lopodunum. Das Stadtzentrum ist noch weitgehend mittelalterlich geprägt. Besonders sehenswert ist die zweitürmige gotische Basilika St. Gallus aus dem 13./14. Jh. mit einer Hallenkrypta aus dem 11. Jh. In der Sebastianskirche (Lustgartenstraße) sind Tier- und Fratzenreliefs erhalten. Viele Adelshöfe aus dem 15., 16. und 17. Jh. liegen in den umliegenden Gassen. Zu einem Bummel durch die historische Altstadt brauchen Sie kaum länger als ½ Std.

⓬ Abstecher
von Weinheim zur Freizeitanlage »Miramar«: Am Stadtrand von Weinheim, ab Zentrum mit weißen Wegweisern beschildert, liegt das Wasserparadies »Miramar«. Es ist eines der heute so beliebten Spaßbäder mit Wellenbad, Sprudelbad, Massagebädern, Saunaanlagen, Hotwhirl-Pools und einem Groß-solarium. Natürlich können Sie dort nicht nur baden, sondern in mehreren Restaurants auch essen und trinken (täglich geöffnet).

⓭ Abstecher
von Heppenheim zur Königshalle/Torhalle nach Lorsch (s. a. S. 131): Von der Ortsmitte Heppenheim aus erreichen Sie über die B 460 nach 5 km Lorsch. Folgen Sie in der Stadtmitte den Wegweisern zur »Königshalle«. Dort können Sie auch parken. In Lorsch wurde vor über 1200 Jahren ein Kloster gegründet, das zum geistigen und politischen Mittelpunkt des nach Karl d. Großen benannten Karolingischen Reichs wurde. Erhalten ist nur die Torhalle der ehemaligen Benediktinerabtei, die auch als Königshalle bezeichnet wird. Wahrscheinlich war sie bei der 774 in Anwesenheit Karls d. Großen gefeierten Weihe der Klosterkirche schon vollendet. Der Mosaikschmuck ist ebenso wie Wandmalereien im Innern ein Zeugnis der sog. Karolingischen Renaissance.

⓭ Abstecher
von Heppenheim zur Starkenburg: Am Ortsende von Heppenheim, Richtung Darmstadt, führt von der B 3 nach rechts ein enges, steiles und grob gepflastertes Sträßchen zur Starkenburg hinauf. Vom Parkplatz aus erreichen Sie die Burg in 5 Min. Von oben genießen Sie eine prächtige Aussicht über den Odenwald und die Rheinebene. Der Aussichtsturm ist an den Wochenenden nachm. geöffnet. Ein mit Nr. 1 bezeichneter Rundwanderweg (½ Std.) führt mäßig steigend vom Parkplatz zur Burg und zurück über einen Waldlehrpfad. Für zwei weitere Rundwege benötigt man 1½ bzw. 2½ Std. Sie sind mit Nr. 2 und Nr. 3 bezeichnet und auf Wegtafeln beschrieben.

von 1911–13 dominiert. Dieser den Fußgängern vorbehaltene, gepflasterte Platz lädt dazu ein, unter den riesigen Robinien in einem der vielen Straßenlokale (oft Weinwirtschaften) zu verweilen. Am unteren Ende des Platzes steht das alte Rathaus aus dem 16. Jh., dessen heutige Fassade aus dem 19. Jh. stammt. Hier beginnt die ebenfalls als Fußgängerzone ausgewiesene Hauptstraße, die in neuere Ortsteile und Geschäftsviertel führt. Jenseits der Hauptstraße, tief im Tal des Weschnitz-Baches, erstreckt sich das alte Gerberviertel mit Fachwerkhäusern des 16. und 17. Jh.s. Überragt wird Weinheim von der Burgruine Windeck (1 km östlich) aus dem 12.–15. Jh. und der Wachenburg, die Anfang dieses Jahrhunderts als verspätete Huldigung an die Romantik errichtet wurde. Das Pfalzgrafenschloß, Ausgangspunkt unseres Stadtbummels, liegt am Rande eines reizvollen Parks mit blühenden Büschen, mächtigen Bäumen und gepflegten Rasenflächen. Ihm schließt sich der berühmte Exotenwald mit Nadelhölzern aus allen Teilen der Erde an, unter denen sich auch 100jährige Mammutbäume befinden.

⓭ **Heppenheim** (s. a. S. 141), die Kreisstadt des hessischen Landkreises Bergstraße, kündigt sich mit Hochhäusern im Tal und der 295 m hoch gelegenen Ruine der Starkenburg an. Folgen Sie gleich am Stadtrand den Schildern zum »Historischen Marktplatz«, an dem Sie viele alte Fachwerkhäuser im Odenwälder Stil finden, darunter die Apotheke, wo der später berühmte Chemiker Justus von Liebig seine Studien begann. Er stellte u. a. so lange Versuche mit Knallsilber an, bis eines Tages die Mischung explodierte und ein Teil des Apothekendachs in die Luft flog. Seine pharmazeutische Lehrzeit war damit jäh beendet, aber nicht seine fruchtbare Arbeit als Forscher. Liebig hat sich beispielsweise durch die Begründung der Mineraldüngung um die landwirtschaftliche Produktion verdient gemacht.
Das Heppenheimer Glockenspiel im Rathausturm von 1693 erklingt um 12 Uhr. Oberhalb des Marktplatzes liegt die Pfarrkirche St. Peter, der sog. Dom der Bergstraße. Der mächtige Kuppelbau wurde 1904 an der Stelle einer älteren Kirche, von der ein romanischer Turm erhalten blieb, errichtet.

Heppenheim mit seiner Pfarrkirche St. Peter

⓮ Wenn Sie nach so vielen schmucken alten Städten an der Bergstraße nun auch einmal ein verschwiegenes Dorf sehen wollen, dann zweigen Sie am Ortseingang von **Bensheim** (s. a. S. 132) rechts ab Richtung Stadtmitte und folgen kurz darauf wieder rechts dem Wegweiser »Dorfidyll Zell«. Schon nach 2 km sind Sie mitten in diesem Straßendorf. Ein Bach fließt im oberen Teil von Zell offen neben der Straße, über Brücken erreicht man die einzelnen Häuser. Das Wasser des Bachs treibt ein offenes Mühlrad an, »Vetters Mühle«, wo heute eine Gartenwirtschaft steht.
Fahren Sie zurück auf die B 3 Richtung Bensheim. Im Ort erreichen Sie am Beginn der Fußgängerzone einige Parkplätze (weitere Parkmöglichkeiten etwa 100 m rechts). Von hier sehen Sie über die Mittelbrücke mit den Brückenfiguren St. Nepomuk und St. Franz Xaver zum Marktplatz, in dessen Hintergrund sich die doppeltürmige Stadtkirche erhebt. Der Frau von Bensheim, die 1644 der Sage nach die Stadt vor der Verwüstung durch die Franzosen gerettet haben soll, indem sie die bayerischen Truppen durch einen unterirdischen Stollen in die Stadt führte, wurde ein originelles Denkmal gesetzt. Nach etwa 2 km auf der B 3 Richtung Auerbach, dem größten Stadtteil von Bensheim, zeigt nach rechts ein Wegweiser zum **Fürstenlager.** Diese ehemalige Sommerresidenz hessischer Landgrafen, 1783 bis 1795 erbaut, gilt als eine der größten Sehenswürdigkeiten der Bergstraße. Durch die Bachgasse mit offen fließendem Bachlauf erreichen Sie den Parkplatz Fürstenlager. Von dort müssen Sie etwa 15 Min. durch den 25 ha großen, im Stil des englischen Landschaftsgartens gestalteten Park bergauf gehen und erreichen dann die Gebäude des Fürstenlagers. In unmittelbarer Nähe des Herrenhauses, das heute als Schloßhotel dient, entspringt eine Mineralquelle. In dem weitläufigen Park mit vielen exotischen Pflanzen wächst Europas höchster Mammutbaum mit über 50 m Höhe. Er steht in etwa 200 m Entfernung dem Herrenhaus gegenüber.
⓯ Am Fuß des Melibokus (515 m), der höchsten Erhebung des vorderen Odenwalds, liegt **Zwingenberg,** dessen mittelalterliches Stadtbild erhalten geblieben ist. Fahren Sie auf der B 3 an der Stadtmauer entlang und biegen Sie am »Löwen« nach rechts ein. Hier (oder jenseits der B 3 auf einem Zentralparkplatz) können Sie den Wagen abstellen und sind nach wenigen Schritten im Herzen der verwinkelten Altstadt. Über ihren Dächern strahlt zwischen mächtigen Bäumen die weiße Bergkirche von 1258 hervor. Eine Schrägtreppe führt direkt hinauf. Dort oben sind an den Resten der Stadtmauer noch einige hübsche Türmchen erhalten. Am Ortsrand von Zwingenberg gabelt sich die Bergstraße. Die B 3 führt teilweise als Schnellstraße nach Darmstadt. Sie biegen nach rechts ab und folgen dem Wegweiser »Alte Bergstraße«. Es folgen einige weitere typische Bergstraßendörfer, wie Alsbach, Jugenheim und Seeheim mit seinem historischen Fachwerkrathaus. Um es anzusehen, müssen Sie allerdings die Durchgangsstraße verlassen und nach rechts zum Ortskern abbiegen.

Fürstenlager bei Auerbach

⓮ *Abstecher von Bensheim zum Felsenmeer, einer erdgeschichtlichen Attraktion bei Reichenbach (s. a. S. 132): Sie fahren von Bensheim über die B 47 Richtung Michelstadt und erreichen nach 7 km Lautertal-Reichenbach, von wo nach links ein Wegweiser zum Felsenmeer zeigt. Schon nach wenigen Min. sind Sie an der Siegfrieds-Quelle am Fuß des Felsenmeeres. Hier beginnen drei Rundwanderwege, für die Sie ¾, 1½ bzw. 2 Std. brauchen. Von allen drei Wegen haben Sie einen guten Überblick auf die riesigen Ausmaße des Felsenmeeres mit seinen Tausenden von Granitbrocken. Auf der längsten Strecke kommen Sie direkt zu Natur- und Steindenkmälern und sehen noch Reste der Granitindustrie, die schon von den Römern hier betrieben wurde.*

⓮ *Abstecher von Bensheim zur Ruine von Schloß Auerbach und zum Melibokus: Auf einem steilen Bergkegel hoch über Auerbach liegt das gleichnamige Schloß aus dem 13. Jh. 1674 wurde es von den Franzosen erobert, denen man einen Geheimgang verraten hatte. Dieser Aussichtspunkt bietet einen herrlichen Blick über Rheinebene und Odenwald. Noch bessere Sicht haben Sie freilich vom Melibokus. Er ist mit 515 m der höchste Gipfel der Umgebung und wird von mehreren Sendetürmen und einem Aussichtsturm überragt.*
Sie erreichen das Auerbacher Schloß und den Melibokus über ein schmales Sträßchen, das von der B 3 Richtung Darmstadt scharf rechts abbiegt (Wegweiser) und sehr gut ausgebaut ist. Zur Ruine des Auerbacher Schlosses sind es 4 km, zum Melibokus weitere 5 km. Den Melibokus müssen Sie zuerst ansteuern; sonst erreichen Sie ihn wegen des Einbahnstraßensystems nicht mehr. Der Parkplatz des Auerbacher Schlosses liegt unmittelbar an der ehemaligen Zugbrücke (Ruine täglich außer Mo. geöffnet, Gaststätte für unbestimmte Zeit geschlossen, Aussichtsturm Melibokus mit Imbißstube täglich geöffnet).

Auf der Mathildenhöhe oberhalb Darmstadts steht in der Nähe der Künstlerkolonie diese russische Kapelle.

16 Folgen Sie in **Darmstadt** den Wegweisern Richtung Stadtzentrum und versuchen Sie, im Parkhaus am Luisenplatz unterzukommen, das sich unmittelbar unter dem Zentrum dieser südhessischen Industriestadt mit 140 000 Einwohnern befindet. Darmstadt gehört seit 1470 zu Hessen, Landgraf Georg I. erhob die vordem unbedeutende Siedlung zum Regierungssitz, und damit begann der Aufschwung der verkehrsgünstig gelegenen Stadt. Bis 1918 blieb sie Haupt- und Residenzstadt der hessischen Großherzöge. Beim Wiederaufbau nach den starken Zerstörungen des Zweiten Weltkrieges erstand das großzügige klassizistische Gepräge der Stadt, das sie im 19. Jh. erhalten hatte, neu in seiner alten Form. Die 33 m hohe Säule mit dem Spitznamen »Langer Ludwig« auf dem Luisenplatz wurde 1844 für den Großherzog Ludwig I. errichtet. Der Säulenschaft ist im Innern über eine Wendeltreppe begehbar. Der großzügig angelegte Platz ist heute Fußgängern, Stadtbussen und Straßenbahnen vorbehalten. Von hier aus sehen Sie schon das Schloß, das aus einer im 14. Jh. erbauten Wasserburg hervorging. Die gesamte spätere Renaissance- und Barockanlage wurde nach 1945 wiederaufgebaut. Sie sollten durch einen der Torbogen in das Innere des 1716 begonnenen, sog. Neuschlosses treten, wo mehrere still und streng wirkende Innenhöfe mit Arkaden aufeinanderfolgen. Auf dem Turm des Glockenbaus hängt Deutschlands ältestes Glockenspiel, das 1671 eingebaut wurde. Jede halbe Stunde erklingt hier eine Melodie, zuweilen gibt ein Glockenspielkünstler ein Konzert.

Im alten Renaissancerathaus vor dem Schloß finden heute Trauungen statt. Aus dem 15. bis 18. Jh. stammt die Stadtkirche gegenüber. Sehenswert ist hier die Fürstengruft mit Grabmälern hessischer Landgrafen. An den zumeist als Fußgängerzone ausgewiesenen Einkaufsstraßen rund um Luisenplatz und Schloß stehen durchweg neue Kaufhäuser. Dieses Geschäftszentrum ist werktags stark belebt, sonntags dagegen ziemlich ausgestorben – außer am ersten Juliwochenende, wenn das Darmstädter Heinerfest gefeiert wird. Es ist das Volksfest der Darmstädter, die auch »Heiner« genannt werden.

Das Großherzogliche Porzellanmuseum finden Sie im Prinz-Georg-Palais am Ende des Herrngartens, in der Schloßgartenstraße. Dort

Prinz-Georg-Palais in Darmstadt: das »Porzellanschlößchen«

sind kostbare Porzellane und Fayencen aus dem 18. und 19. Jh. ausgestellt, die jeden Liebhaber des weißen Goldes in Entzücken versetzen. Die Darmstädter nennen dieses Rokokoidyll deshalb »Porzellanschlößchen« (täglich außer Fr. geöffnet). Im Landesmuseum, Friedensplatz 1, befinden sich eine Gemäldegalerie, Skulpturen- und Graphik, sowie eine reichhaltige Jugendstilsammlung (täglich außer Mo. geöffnet).
Unsere Reise endet auf der Mathildenhöhe oberhalb der Stadt (ausgeschildert). In dieser Parkanlage gründete Großherzog Ernst Ludwig eine Künstlerkolonie, die 1901 als Ausstellung eröffnet und als Extrem damaliger progressiver Kultur zur europäischen Sensation wurde. Die Jugendstilbauten sind ein Dokument deutscher Kunstgeschichte, besonders der charakteristische Hochzeitsturm mit fünffachem Gewölbedach. Daneben steht die Russische Kapelle, die Zar Nikolaus II. 1899 seiner aus dem Hause Hessen-Darmstadt stammenden Gemahlin zu Ehren erbauen ließ.

Der Riesling hat noch einen langen Weg vor sich, bis er im Faß zur Ruhe kommt und schließlich auf Flaschen gezogen wird.

Lage Die Liebfrauenstraße verläuft von Bingen über Ingelheim, Mainz und Oppenheim nach Worms. Über Speyer erreichen Sie auf der östlichen Seite der Oberrheinischen Tiefebene die Bergstraße, die von Heidelberg nach Darmstadt führt.
Anfahrt Aus Richtung Köln über die A 61 Mönchengladbach/ Ludwigshafen, Ausfahrt Bingen.
Aus Richtung Frankfurt über die A 60, Ausfahrt Bingen-Kempten.
Aus Richtung München über die A 8 München/Stuttgart, weiter A 81 Stuttgart/Heilbronn bis AB-Kr. Weinsberg, weiter über die A 60 Heilbronn/Mannheim bis AB-Kr. Hockenheim, weiter über die A 61 Speyer/Koblenz, Ausfahrt Bingen.
Länge Ca. 200 km.
Beschilderung Keine.
Beste Reisezeit Frühjahr bis Herbst: Baumblüte an der Bergstraße Ende März/Anfang April, Rosenblüte im Juni, Weinlese und Weinfeste im September, Weinlese an der Liebfrauenstraße im Oktober.
Charakter und Landschaftsformen Beiderseits der Oberrheinischen Tiefebene, wo sich die ersten Berge aus der einst sumpfigen Niederung erheben, verlaufen die beiden Straßen: im Westen die Liebfrauen- und im Osten die Bergstraße.
Die Liebfrauenstraße führt zwischen Rhein und rheinhessischem Hügelland im nördlichen Teil durch Obst- und Weingärten, südlich von Mainz durch die ausgedehnten Weinbaugebiete Rheinhessens. Nur bei Bingen ragen einige steile Berge am beginnenden Rheindurchbruch empor, sonst ist die Landschaft sanft hügelig. Die reizvollste Strecke der Liebfrauenstraße verläuft bei Nierstein und Oppenheim direkt am Rhein entlang. Ab Speyer geht es dann quer durch die Rheinebene zur Bergstraße, die am westlichen Hang des Odenwalds entlangführt. Dank der windgeschützten Lage, des warmen und sonnenreichen Klimas und des guten Bodens wachsen die Pflanzen dort besser, und die Früchte reifen früher als in anderen deutschen Landschaften. Deshalb gedeihen dort sogar Mandeln und Feigen. Im Süden dominiert in zunehmendem Maße der Weinbau.
Die Burgen auf den Hängen und Bergkuppen bewachten einst diesen wichtigen Verkehrsweg, der schon von den Römern ausgebaut wurde.
Auskunft Für den westlichen Teil der Strecke:
Fremdenverkehrsverband e.V. Rheinland-Pfalz,
Löhrstraße 103–105, 5400 Koblenz.
Östlich des Rheins für den südlichen Teil bis Weinheim:
Landesfremdenverkehrsverband Baden-Württemberg e.V.,
Bussenstraße 23, 7000 Stuttgart 1.
Für den nördlichen Teil ab Heppenheim:
Fremdenverkehrsverband Bergstraße Odenwald,
Gräffstraße 5, 6148 Heppenheim
oder Hessischer Fremdenverkehrsverband,
Abraham-Lincoln-Straße 38–42, 6200 Wiesbaden.

Wahrzeichen im altfränkischen Stadtbild von Iphofen: das Rödelseer Tor

Außer Frankenweinen werden auch solche aus Baden (Neuweier), Südtirol (Sandbichler, St. Magdalena) und Portugal (Mateus Rosé) in Bocksbeutelflaschen abgefüllt.

Bocksbeutel, Klöster und Wälder

Als 1971 der »Naturpark Steigerwald e. V.« gegründet wurde, wählte man als Markenzeichen die drei Begriffe Wald – Wein – Romantik und vereinte sie in einem stilisierten Wappen. Es ist inzwischen zu einem weithin bekannten Symbol für das »grüne Herz Frankens« geworden. Die herrliche Mittelgebirgslandschaft mit ihren Höhenzügen, Tälern, Wiesen und kleinen Seen ist dicht bewaldet. Weinanbau gab es im Steigerwald schon vor dem Dreißigjährigen Krieg; heute findet man Rebhänge nur noch in den Randgebieten. Dafür handelt es sich aber durchweg um hervorragende Lagen. »Kräftig, würzig, erdig und herb«, so charakterisieren Kenner den Steigerwälder Frankenwein, der wegen der hervorragenden Bodenbeschaffenheit (Keuper), die ihn so prächtig gedeihen läßt, auch »Keuperwein« genannt wird. Auf Zeugen der reichen geschichtlichen und kulturellen Vergangenheit des Steigerwaldes stößt man immer wieder. Die Städtchen mit ihren Fachwerkhäusern, alten Marktplätzen, kopfsteingepflasterten Straßen, Befestigungsanlagen und oft hervorragend erhaltenen Stadttoren machen mitunter einen beinahe mittelalterlichen Eindruck. Nicht zuletzt die Zeugen gotischer Architektur und die Kostbarkeiten aus Barock und Rokoko stellen eine Fundgrube für den Kunstfreund dar.

1 *Abstecher*
von Haßfurt zur Wallfahrtskirche Maria Limbach und nach Zeil am Main: Sie verlassen den Ort auf der B 26 in Richtung Eltmann und befinden sich bald darauf in Zeil am Main, dem »südlichen Eingangstor zu den Haßbergen«. Neben den malerischen Fachwerkbauten ist besonders der Marktplatz mit dem stilvoll erneuerten Rathaus aus dem 16. Jh. sehenswert. Nördlich erhebt sich der 375 m hohe Kapellenberg mit der neuromanischen Kapelle von 1897, dem Nachfolgebau einer alten Wallfahrtsstätte. Fahren Sie nun über die südlich des Mains gelegene Ortschaft Sand und von dort in Richtung Eltmann, dann erreichen Sie schon nach kurzer Fahrt die Wallfahrtskirche Maria Limbach. Der einschiffige Rokokobau, der bereits klassizistische Züge trägt, wurde 1751–55 von Balthasar Neumann errichtet. Besonders schön sind die geschnitzten Beichtstühle, die Kanzel und die Orgel, die noch ganz im Zeichen des Rokoko stehen.

2 *Wandervorschlag*
Rundweg bei Unterschleichach: Auf Ihrer Fahrt von Eltmann nach Ebrach kommen Sie durch die Ortschaft Unterschleichach, die Ausgangspunkt einer interessanten Rundwanderung ist. Der Wegmarkierung »Eule« folgend, gehen Sie vom klassizistischen Dorfbrunnen durch die Flatschenbrunner Straße ortsauswärts. Bald gelangen Sie zur »Dachsbauhütte«, um die das Geschehen in Karlheinz Deschners Roman »Die Nacht steht um mein Haus« kreist. Der gesamte Wegverlauf vermittelt immer wieder lohnende Aussichten; besonders reizvoll ist der Blick von der Höhe hinab auf die zahlreichen Karpfenweiher im Aurachtal, wo noch Graureiher leben. Der Rundweg ist 4 km lang, die Gehzeit beträgt etwa 1 Std.

1 Sie beginnen Ihre Fahrt in der Stadt **Haßfurt**, die zwischen den südwestlichen Ausläufern der Haßberge und dem Nordrand des Steigerwaldes direkt am Main liegt. Das 10000-Einwohner-Städtchen, das zu den ältesten Orten des Haßgaues gehört, liegt an der B 26, rund 20 km östlich von Schweinfurt, und ist von allen Richtungen bequem zu erreichen. Haßfurt verfügt über zahlreiche Sehenswürdigkeiten, von denen Sie sich vor Beginn Ihrer Steigerwaldreise wenigstens einige ansehen sollten. An erster Stelle ist hier die berühmte Ritterkapelle aus dem 15. Jh. zu nennen. Sie erblicken den hochragenden gotischen Kirchenbau bereits von der B 26 aus, die im Stadtgebiet die Bezeichnung Zeiler Straße trägt. Biegen Sie südlich in die weiterführende Hauptstraße ein. Wenige Augenblicke später stoßen Sie auf den ehemaligen Turnierplatz, der heute »Obere Vorstadt« heißt (Parkmöglichkeiten vor der Kirche). Beachten sollten Sie die Tympana (Giebelfelder) über West- und Südportal sowie die schön gearbeiteten Grabsteine und Wappen im Innern der Kirche. Wenn Sie nach der Besichtigung der Ritterkapelle auf der Hauptstraße stadteinwärts fahren, erreichen Sie durch eines der hervorragend erhaltenen Stadttore den Marktplatz und das Rathaus (Giebel von 1514). In unmittelbarer Nähe steht die zweitürmige Stadtpfarrkirche. Im Innenraum der Kirche befinden sich Holzfiguren, die von Tilman Riemenschneider und seinen Schülern geschnitzt wurden. Vom Marktplatz aus überqueren Sie den Main und befinden sich bereits auf der Steigerwald-Höhenstraße.
Nach kurzer Fahrt kommen Sie zum südwestlich von Haßfurt gelegenen Kloster Mariaburghausen. Die ehemalige Zisterzienserinnenabtei befindet sich heute im Besitz der Universität Würzburg. Sehenswert ist die für diesen Orden typische, langgestreckte, einschiffige Kirche. Im Innern überdeckt die Nonnenempore eine dreischiffige Halle, die sog. Gruft. Die ehemaligen Klostergebäude machen einen verfallenen Eindruck. Durch die bewaldete Hügellandschaft des nördlichen Steigerwaldes fahren Sie weiter nach Unterschleichach. Dort zweigen Sie von der Richtung Ebrach führenden Straße links ab und gelangen in das 6 km entfernte Eltmann.
2 Hauptanziehungspunkt der in der Karolingerzeit am linken Mainufer entstandenen Frankensiedlung **Eltmann** ist der 313 m hohe, das Städtchen um 75 m überragende Hügel mit dem Rundturm der ehemaligen Feste Wallburg aus dem 13. Jh. Die Burg, einst geräumiges Amtsschloß des fürstbischöflichen Hochstiftes Würzburg, wurde 1777 abgebrochen, nur der Bergfried steht noch. Er gilt als Wahrzeichen Eltmanns sowie des nördlichen Steigerwaldes und bietet eine großartige Fernsicht zu den Haßbergen und bei klarer Witterung bis zur Rhön. Von Eltmann aus führen mehrere bequeme Fußwege zum Turm hin. Sie können die Anhöhe aber auch mit dem Auto über die Wallburgstraße erreichen. Die Wallburgstraße zweigt von der nach Burgebrach führenden Straße links ab; die Auffahrt dauert nur wenige Minuten (ausreichende Parkmöglichkeiten nahe beim Turm).

Das Treppenhaus der ehemaligen Zisterzienserabtei Ebrach: ein Werk Balthasar Neumanns

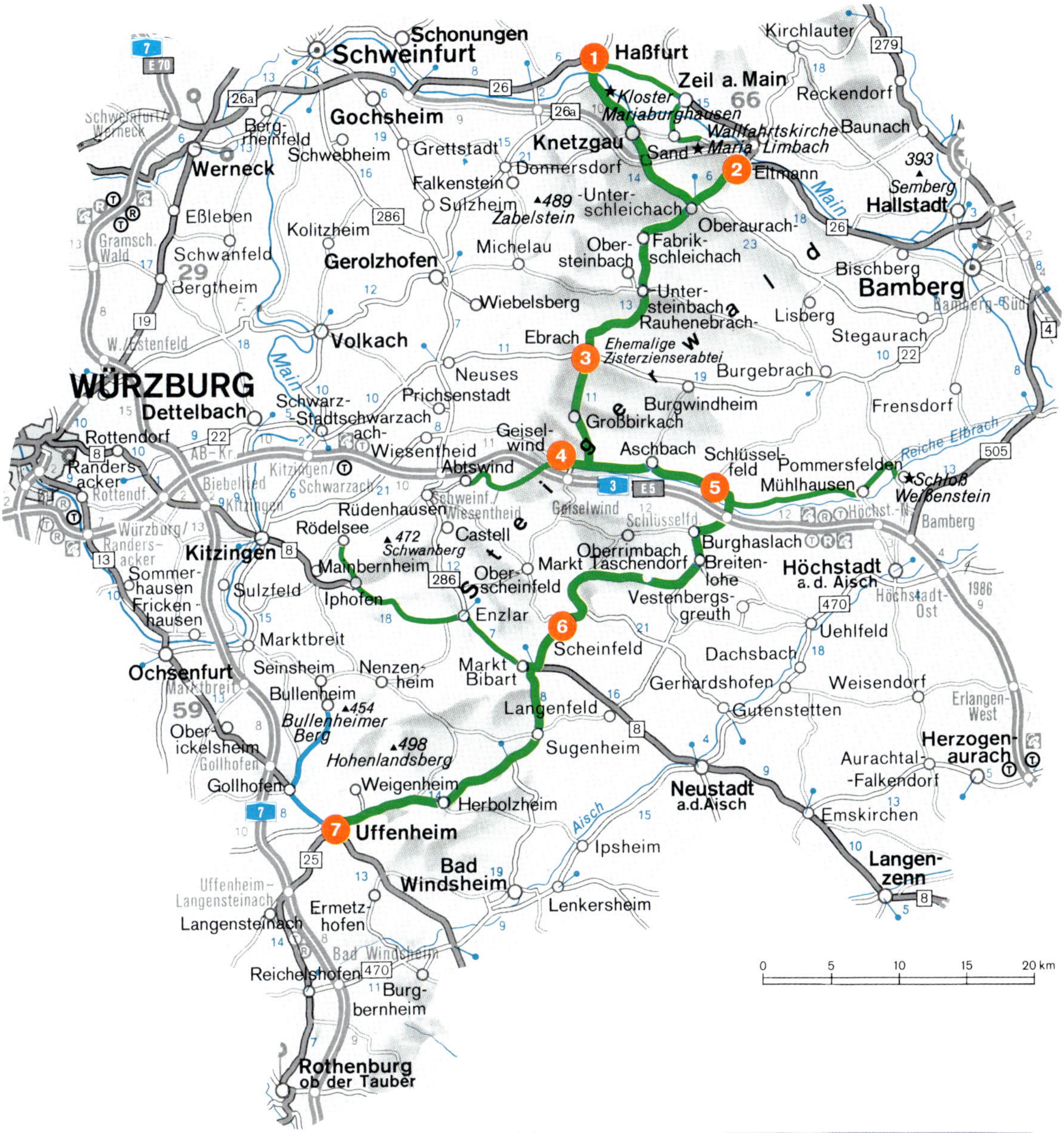

Von Eltmann fahren Sie auf derselben Strecke, auf der Sie gekommen sind, zurück nach Unterschleichach. Von hier geht es weiter nach **Fabrik-Schleichach**. Der berühmte fränkische Barockbaumeister Balthasar Neumann war der Erbauer der damals einzigen Glashütte des Steigerwaldes. Heute steht nur noch der »Mäuselturm«, der als Lager- und Packraum gedient hat. Sehenswert ist auch die klassizistische Kirche des Ortes mit einer hochbarocken Kreuzigungsgruppe. Achten Sie unterwegs auf Hinweisschilder, der Straßenverlauf ist ziemlich gewunden! Die Landschaft ist besonders abwechslungsreich, und ein halbes Dutzend Wanderparkplätze lädt zu reizvollen Rundwanderungen ein.

3 Der Marktflecken **Ebrach,** ein staatlich anerkannter Erholungsort, der als »Perle des Steigerwaldes« bezeichnet wird, besitzt mit der ehemaligen Zisterzienserabtei eines der hervorragendsten Baudenkmäler Frankens. Die Gebäude des im 19. Jh. säkularisierten Klosters dienen heute profanen Zwecken (in einem Komplex ist beispielsweise eine Justizvollzugsanstalt untergebracht). Die 1200–85 erbaute Kirche, eine dreischiffige, gewölbte Basilika, ist nach wie vor sehenswert. Der frühgotische Innenraum wurde 1773–91 von Materno Bossi in frühklassizistischem Stil umgestaltet. Besonders eindrucksvoll ist der aus Alabaster und Sandstein gearbeitete Bernhardus-Altar von 1626 im

Um die Ritterkapelle in Haßfurt ranken sich zahlreiche Legenden

nördlichen Querschiff. In der Klosteranlage sind lediglich noch das festliche Treppenhaus und der Kaisersaal, der mit seinen Deckengemälden und Plastiken einst der Prunkraum der Abtei war, zur Besichtigung frei (täglich geöffnet, Führungen, Anmeldung an der Pforte der Strafvollzugsanstalt).

4 *Abstecher von Geiselwind nach Abtswind: Beim westlichen Ortsausgang Geiselwinds biegen Sie von der nach Wiesentheid führenden Straße ab, überqueren die Autobahn und fahren über Rehweiler (sehenswerte Rokokokirche) nach Abtswind am Westrand des Steigerwaldes. Unterhalb des 463 m hohen Friedrichsberges (großartiger, leicht erreichbarer Aussichtspunkt) gedeihen berühmte fränkische Weinlagen; aber auch Heil- und Gewürzkräuterkulturen sind hier zu finden. Besuchenswert ist der 2 km lange Weinlehrpfad (Wegmarkierung »N« auf gelbem Grund), der bei einem Wanderparkplatz südöstlich des Ortes beginnt und schöne Fernblicke vermittelt (Aussichtspunkt »Frankenblick«).*

4 Durch eine offene, freie Landschaft, die von Wiesen und Feldern geprägt wird, fahren Sie nun südlich weiter nach **Geiselwind**, unmittelbar an der Autobahn Nürnberg/Würzburg gelegen. Kurz vor dem Ort passieren Sie das Städtchen Großbirkach, an dessen Westrand sich die sehenswerte Pfarrkirche erhebt, die ehemals Johannes dem Täufer geweiht war. Es ist eine alte, ottonische Taufkirche, deren Chorturm und Langhaus romanisch sind. Von einem Vorgängerbau hat sich ein kunstgeschichtlich bedeutendes Relief erhalten: Johannes der Täufer, der in der Hand eine Tafel mit dem Lamm Gottes hält, wird eingerahmt von zwei Bekehrten, die dem Heidentum abschwören. Die Steigerwaldhöhenstraße mündet 2 km östlich von Geiselwind in die parallel zur Autobahn verlaufende Straße Wiesentheid/Schlüsselfeld ein. Wenden Sie sich auf dieser nach rechts, so befinden Sie sich alsbald in dem schönen, alten Marktflecken mit seinen stattlichen Fachwerkhäusern und der im 12. Jh. begonnenen, im wesentlichen barock ausgestatteten Kirche. Am Ortseingang machen Hinweisschilder auf das »Freizeitland Geiselwind« aufmerksam. Es liegt knapp 1 km westlich des Ortes an der Straße nach Wiesentheid und bietet ein abwechslungsreiches Programm. Außer einem Pony-, Vogel- und Märchenpark sind auf dem ausgedehnten Gelände eine Schimpansen-Show, ein Streichelzoo, Karussels, eine Kleinbahn und mehrere Sportanlagen zu finden. Auch an Einkehrmöglichkeiten fehlt es nicht. Der Park ist in den Sommermonaten täglich geöffnet. Parallel zur Autobahn fahren Sie nun östlich nach Aschbach. Der Ort besitzt ein schlichtes Barockschloß mit geschmackvoll gestaltetem Park sowie eine gotische Pfarrkirche mit wertvollem Schnitzaltar.

5 *Abstecher von Schlüsselfeld nach Pommersfelden: Sie bleiben auf der nach Osten führenden Straße und erreichen nach ca. 20 Min. Pommersfelden. Auf einer Anhöhe erhebt sich Schloß Weißenstein, eines der schönsten Barockschlösser Bayerns (s. a. S. 79).*

5 Nach kurzer Fahrt gelangen Sie nach **Schlüsselfeld**, einem teilweise noch von Mauern umgebenen Städtchen. Im Stadtkern sind Bauten aus dem 14. Jh. erhalten. Zu den ältesten unter ihnen gehören die Befestigungsanlagen, das Amtshaus und die gotische Pfarrkirche mit barockem Hochaltar. Sehenswert sind ferner das Rathaus (18. Jh.) mit Resten des ehemaligen Prangers und die unter dem Einfluß von Balthasar Neumann 1724–25 gebaute Marienkapelle. Das ansprechende Kirchlein enthält eine Kopie des Gnadenbildes der obersteirischen Wallfahrtskirche Maria Zell und wird daher auch »Klein-Maria-Zell« genannt. Kurz hinter Schlüsselfeld macht die Steigerwald-Höhenstraße einen Knick nach Süden und überquert die Autobahn.

6 *Abstecher von Scheinfeld zu den Weinorten Iphofen und Rödelsee: Sie verlassen Scheinfeld und fahren*

6 Über Burghaslach, Breitenlohe und Markt Taschendorf erreichen Sie alsbald das vom Stammschloß der Fürsten von Schwarzenberg überragte Frankenstädtchen **Scheinfeld**. Die Landschaft im Süden des Steigerwaldes, wo Sie sich inzwischen befinden, ist von ganz anderem

Iphofen: Mainbernheimer Tor

Palisadenfestung im »Freizeitland Geiselwind«

Charakter als die des Nordens. Wälder sind hier selten, die Hügelflächen werden nur vereinzelt von höheren Erhebungen überragt. Das Städtchen schmiegt sich südwestlich an den Schloßberg und bietet mit seinen Fachwerkfassaden und dem alten Torturm einen malerischen Anblick. Die Pfarrkirche Mariae Himmelfahrt wurde in der zweiten Hälfte des 18. Jh.s nach Entwürfen des Würzburger Hofbaudirektors Johann Philipp Geigel in klassizistischer Manier erneuert. Die Innenausstattung des Bambergers Martin Mutschele ist noch Spätbarock. Hauptsehenswürdigkeit Scheinfelds ist das turm- und giebelreiche Renaissance-Schloß Schwarzenberg, das 1607 unter Leitung von Elisas Holl anstelle der abgebrannten mittelalterlichen Burg errichtet wurde.
Von Scheinfeld gelangen Sie in wenigen Minuten nach Markt Bibart, einer liebenswerten Ortschaft mit zahlreichen Fachwerkhäusern und kopfsteingepflasterten Straßen. Auf der Hauptstraße fahren Sie in Richtung Neustadt an der Aisch. Unmittelbar nach dem Ortsende biegen Sie rechts von der B 8 ab. Sie befinden sich nun auf der letzten, etwa 22 km langen Etappe der Steigerwaldhöhe, die Sie zügig bis Uffenheim, dem Endpunkt Ihrer Route, zurücklegen können. Wenn Sie zurückblicken, sehen Sie die Höhen des Steigerwaldes, während in Fahrtrichtung die Landschaft immer flacher und gleichförmiger wird. Reizvoll sind die kleinen Ortschaften, die Sie auf Ihrer Weiterfahrt durchqueren. Ab Herbolzheim beleben Weinhänge das Bild.
7 **Uffenheim** liegt etwa auf halbem Weg zwischen Würzburg und Ansbach an der B 13. Es ist ein ländliches Städtchen mit reichem bäuerlichem Hinterland (»Uffenheimer Gau«). Wie in fast allen größeren Orten des Steigerwaldes sind auch hier zahlreiche Fachwerkbauten zu finden. Zusammen mit den guterhaltenen Toren und Türmen der ehemaligen Befestigungsanlage aus dem 14. Jh. verleihen sie dem Städtchen einen Hauch von Romantik. In einer Bastion am Schloßplatz lohnt ein Besuch des Heimatmuseums (nur So. geöffnet). Ein städtebaulicher Glanzpunkt ist die Spitalkirche aus dem Spätbarock.
Je nachdem, wohin Sie nach Ihrer Durchquerung des Steigerwaldes gelangen wollen, fahren Sie nun entweder auf der B 13 nach Nordwesten zur Autobahn Würzburg/Kassel, mit der Möglichkeit, beim AB-Kr. Biebelried auf die Autobahn Nürnberg/Frankfurt überzuwechseln, oder Sie fahren südöstlich nach Ansbach, wo Sie Anschluß an die Autobahn Nürnberg/Heilbronn haben.

Lage Zwischen Würzburg und Schweinfurt im Westen und Nürnberg und Bamberg im Osten.
Anfahrt Auf der A 3 Frankfurt/Nürnberg bis Würzburg bzw. aus Richtung Stuttgart auf der A 81 ebenfalls bis Würzburg. Weiter auf der A 7 Würzburg/Hannover bis zur Ausfahrt Schweinfurt-Werneck und von hier auf der B 26 a/B 26 bis Haßfurt.
Länge Ca. 70 km.
Beschilderung Einheitliche Hinweisschilder »Steigerwald-Höhenstraße« in allen größeren Orten und bei unübersichtlichen Abzweigungen.
Beste Reisezeit Frühling bis Spätherbst.
Charakter und Landschaftsformen Der Steigerwald bildet die nördliche Fortsetzung der Frankenhöhe, von der er durch das Quellgebiet der Aisch getrennt ist. Im Westen besitzt er einen Steilanstieg, der nach Osten zu in eine anmutige, wellige Mittelgebirgslandschaft übergeht. Einzelne Erhebungen reichen bis knapp an die 500-Meter-Grenze heran. Die beiden höchsten Gipfel sind der Hohenlandsberg mit 498 m im Süden und der 489 m hohe Zabelstein im Norden. Im Osten ist der Steigerwald, in dem zahlreiche Bäche entspringen, von Mischwald bedeckt, der nach Westen zu in Laubwald übergeht und die ganze Kammhöhe begrünt. Im nördlichen Gebirgsteil sind die Wälder ausgedehnt und bedecken weite Flächen, während im Süden Wiesen und Felder das Landschaftsbild prägen. Zu den bekannten Weinorten am Westrand zählen Falkenstein, Michelau, Wiebelsberg, Abtswind, Castell, Iphofen und die Gegend um den Bullenheimer Berg.
Auskunft Gebietsausschuß Steigerwald, Rathaus, 8612 Ebrach.

über Markt Bibart auf der B 8 nach Iphofen. Das sehr gut erhaltene mittelalterliche Ortsbild gilt als Modell eines fränkischen Landstädtchens. Auch die Stadtmauer mit 3 Tortürmen steht teilweise noch. Überall im Ort bieten sich malerische Anblicke, so das Rödelseer Tor mit dem Zwinger oder der Markt mit dem Rathaus, dem Brunnen und im Hintergrund der Pfarrkirche St. Veit aus dem 15. Jh. Von Iphofen sind es nur 3 km bis zum Winzerdorf Rödelsee. Hier erhebt sich der 472 m hohe Schwanberg. Ein Aufstieg durch die Iphofener Weinberge lohnt sich, denn mit zunehmender Höhe erweitert sich der Blick über das Maintal bis zur Rhön.

7 *Wandervorschlag von Bullenheim zum Bullenheimer Berg: Etwa 8 km Luftlinie nördlich von Uffenheim erhebt sich der 454 m hohe Bullenheimer Berg, auf dem Reste einstiger Fliehburganlagen zu sehen sind. Ein 15 m hoher Aussichtsturm gewährt freie Sicht über den südlichen Steigerwald und das Mainviereck bis hin zur Rhön, dem Spessart, Odenwald und der Fränkischen Schweiz. Östlich davon erheben sich der 498 m hohe Schein- und der 481 m hohe Iffigheimer Berg, ebenfalls mit Aussichtsturm (»Andreas-Därr-Turm«). Nach Süden zu setzt sich der Höhenzug bis nahe Weigenheim fort und gipfelt im Hohenlandsberg (498 m). Auf der Kuppe erblicken Sie Wallreste einer mittelalterlichen Veste (1554 zerstört).*
In der Nähe sehen Sie noch das Bergschloß Vorder-Frankenberg und die Burgruine Hinter-Frankenberg. Alle diese Erhebungen sind von Wanderparkplätzen aus, die nahe den Ortschaften oder am Fuße der Berge angelegt wurden, in jeweils ca. 1 Std. bequem zu erreichen. Empfehlenswert ist die Höhenwanderung von Bullenheim über den Bullenheimer Berg und den Scheinberg zum Hohen Landsberg, mit Abstieg nach Weigenheim (Gehzeit etwa 4 Std.).

Eine glückliche Verbindung zwischen Architektur und Natur: der Hofgarten der Fürstbischöflichen Residenz in Würzburg

Stadtwappen von Würzburg

Zu Gast in Schlössern und Residenzen

Die Straße der Residenzen wurde vor einigen Jahrzehnten für Freunde deutscher Geschichte, Kunst und Kultur aus der Taufe gehoben, geriet aber später nahezu in Vergessenheit. Ein solches Schicksal hat diese abwechslungsreiche und streckenweise auch landschaftlich außerordentlich reizvolle Straße keinesfalls verdient. Vielmehr lohnt es sich durchaus, einen ganzen Urlaub für die Entdeckung dieser Route zu verwenden, die durch die drei bayerischen Regierungsbezirke Oberfranken, Oberpfalz und Niederbayern führt. Einige Reiseführer beschreiben verschiedene, voneinander abweichende Strecken. Wir haben im folgenden einen Routenverlauf erarbeitet, der die enge Wechselbeziehung zwischen der Landschaft und ihren Burgen und Schlössern erkennen läßt.

1 Aschaffenburg, (s. a. S. 34) »Tor zum Spessart« und Verbindung zwischen dem fränkischen und dem rhein-mainischen Wirtschafts- und Kulturkreis, liegt verkehrsgünstig am rechten Ufer des Mains. Den Auftakt bildet das älteste Gebäude der Stadt, die Stiftskirche St. Peter und Alexander (Parkmöglichkeit). Das Langhaus der bereits 974 urkundlich erwähnten Kirche, einer kreuzförmigen Pfeilerbasilika mit barock eingewölbter Decke und geradem Chorabschluß, stammt aus dem 12. Jh., der mächtige Turm entstand etwa 300 Jahre später. Das Innere der Kirche birgt eine Fülle bedeutender Kunstschätze, u. a. den Hochaltarbaldachin auf vier Marmorsäulen von Johann Michael Henle, den Magdalenen-Altar aus schwarzgrauem Marmor mit Alabasterfiguren des Aschaffenburger Künstlers Hans Juncker (frühes 17. Jh.), die »Beweinung Christi« von Matthias Grünewald (um 1520), mehrere Gemälde von Lucas Cranach, u. a. die »Auferstehung Christi«, und nicht zuletzt das überlebensgroße romanische Kruzifix mit originaler Bemalung aus dem frühen 12. Jh. In dem an die Kirche grenzenden ehemaligen Kapitelhaus mit dem stimmungsvollen romanischen Kreuzgang aus der ersten Hälfte des 13. Jh.s befindet sich das Stiftsmuseum mit vor- und frühgeschichtlichen Funden, gotischen und barocken Meßgewändern, einem Porzellankabinett, Altarbildern und Holzfiguren aus der Zeit um 1500 und vielen Raritäten wie z. B. dem

Die Schloßgasse in Aschaffenburg mit Blick auf die Muttergottes-Pfarrkirche

Stiftsmuseum in Aschaffenburg

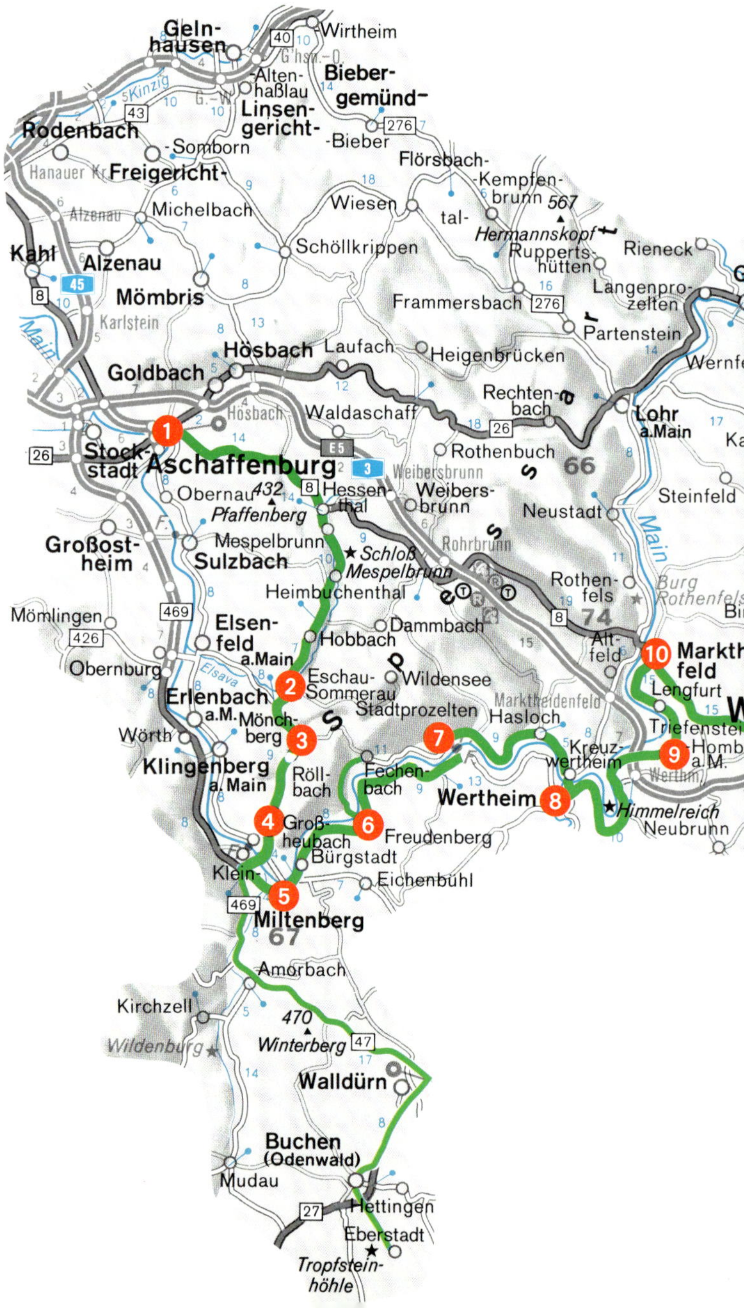

ältesten Schachbrett Deutschlands (Mitte April bis Mitte Oktober täglich außer Di. geöffnet).
Mainwärts folgt das moderne, 1957–58 von Dietz Brandi erbaute Rathaus mit Bildern aus der Geschichte der Stadt am Bronzeportal. Ihm gegenüber, an die Schloßgasse angrenzend, liegt ein Theater von 1810 mit schönen klassizistischen Zuschauerräumen. Es wurde von dem portugiesischen Architekten d'Herigoyen errichtet. An Fachwerkhäusern und dem alten Marstall (jetzt Steinmetzschule) vorbei kommt man durch die Schloßgasse zum Schloß Johannisburg, einem monumentalen, klar gegliederten Spätrenaissancebau aus rotem Sandstein mit vier mächtigen Ecktürmen. Das heutige Schloß wurde 1605–14 vom Straßburger Baumeister Georg Ridinger erbaut, von der alten, 1552 zerstörten Burg stammt noch der Bergfried inmitten des quadratischen Innenhofes. Das gegen Ende des Zweiten Weltkrieges fast völlig ausgebrannte Schloß wurde in jahrzehntelanger Arbeit wiederherge-

Anschluß
Karte Seite 71

Mönchberg im Spessart

❶ *Wandervorschlag*
Rundwanderung von Mespelbrunn aus: Vom Parkplatz südlich des Schlosses gehen Sie auf dem für Kfz gesperrten Weg rechts am Schloß vorbei und folgen der Markierung Nr. 3 durch den Lenkersgrund nach Nordosten. Durch Mischwald geht es mäßig bergan, und bald haben Sie die 458 m hohe Königshöhe erreicht. Sie ist zwar bewaldet, dennoch haben Sie vom Anstiegsweg und auch vom abwärts nach Hessenthal führenden Weg aus oftmals lohnende Ausblicke. Durch das reizvolle Elsavatal wandern Sie zurück nach Mespelbrunn. Benutzen Sie jedoch nicht die Straße, sondern den entlang des Flüßchens verlaufenden Talweg. Gehzeit etwa 2 Std., nur geringfügige Steigung.

stellt und weitgehend in seinen früheren Zustand versetzt. Besonders sehenswert ist die Schloßgalerie mit Werken von Lucas Cranach und bedeutenden Meistern des 17. und 18. Jh.s. Das Schloß kann täglich außer Mo. besichtigt werden.
Durch den Schloßgarten über der Mainterrasse gelangt man, vorbei am Kapuzinerkloster, zu dem am Steilhang zum Main liegenden Pompejanum, einer 1842–49 errichteten Nachbildung des in Pompeji ausgegrabenen Hauses des Castor und Pollux. Die botanischen Raritäten an dem sonnigen, windgeschützten Hang unterstreichen den südländischen Eindruck der Anlage. Von der Terrasse reicht der Blick auf Aschaffenburg und über das Maintal bis zum Spessart.
Jenseits des Mains, über die Willigisbrücke und die Kleine Schönbuschallee zu erreichen, liegt der Park Schönbusch, ein Ende des 18. Jh.s aus dem Nilkheimer Wäldchen gestalteter englischer Landschaftsgarten mit kleinen Seen, klassizistischem Schlößchen und Tempeln. Der Park, an dessen Gestaltung der Schwetzinger Hofgärtner Franz Ludwig Sckell entscheidend mitwirkte, bildet den Rahmen für die alljährlich im Sommer stattfindenden Schönbuschkonzerte.
Von der Sitftskirche aus fahren Sie am Freihofsplatz vorbei stadteinwärts in die Sandgasse, halten sich rechts und erreichen alsbald die Würzburger Straße.
Kurz vor der Einmündung der Sandgasse in die Würzburger Straße erblicken Sie rechts die Sandkirche (mittelalterlicher Turm, schöne Rokokoausstattung), während sich zur Linken die Garten- und Parkanlage Schöntal mit ihrem Magnolienhain und einer alten Kirchenruine ausbreitet. Sie verlassen Aschaffenburg auf der B 8 und erreichen nach 14 km die zu Mespelbrunn gehörende Ortschaft **Hessenthal**. Dort stehen drei Kirchen dicht beieinander: die gotische Wallfahrtskapelle mit einem angeblich wundertätigen Marienbild, eine spätgotische Begräbniskapelle von 1439 und ein Kirchenneubau von 1954–55, in dem sich so hervorragende Kunstwerke befinden wie die Tilman Riemenschneider zugeschriebene »Beweinung« und die 1519 von Hans Backoffen aus Mainz geschaffene Kreuzigungsgruppe.
In Hessenthal zweigen Sie von der B 8 südlich ab und besuchen das 3 km entfernte **Wasserschloß Mespelbrunn**, das mit seinen Gobelins und der Porzellansammlung ein eindrucksvolles Bild vom einstigen Prunk der Familie Echter von und zu Mespelbrunn gibt. Ihr bedeutendster Sproß war der 1545 geborene Fürstbischof Julius Echter, der Gründer der Würzburger Julius-Maximilians-Universität. Während der Nordtrakt des Schlosses mit den Festsälen von März bis November zu besichtigen ist, werden Süd- und Osttrakt von den heutigen Schloßherren, den Grafen von Ingelheim, bewohnt.
❷ Der offizielle Verlauf der Residenzenstraße folgt von Hessenthal bis Würzburg der B 8. Da diese Strecke nicht allzuviel zu bieten hat, sollten Sie jedoch Ihre Reise von Mespelbrunn in Richtung Süden durch das Elsavatal fortsetzen, wobei Sie typische Spessartdörfer mit alten Kirchen und schönen Fachwerkhäusern kennenlernen. Im Ferienort **Hobbach** lohnt eine Fahrtunterbrechung zur Besichtigung der Rokokokirche mit Altarbildern des Darmstädters Johann Conrad Seekatz. In dem nahe gelegenen Doppelort **Eschau-Sommerau** sollten

Das frühklassizistische Schlößchen zwischen See und Kanal im Park von Schönbusch

Sie sich das historische Fachwerk-Rathaus aus dem 13. Jh. mit dem mittelalterlichen Halseisen (Pranger) am Gebälk unter dem Erker ansehen. Im alten Spessartdorf Sommerau, das von Eschau nur durch einen Bachlauf getrennt ist, befindet sich das ehemalige Wasserschloß der Herren von Fechenbach aus dem 12. Jh. In der Schloßkirche befinden sich einige schöne Epitaphe der Fechenbacher. Der Schloßgraben wird von der Elsava gespeist, die bei Hessenthal entspringt und gegenüber von Obernburg in den Main mündet. Das Elsavatal, eines der landschaftlich reizvollsten Täler des Spessarts, erschließt den westlichen Teil dieses Mittelgebirges und den Südspessart.

3 Kurz hinter Eschau verlassen Sie das Elsavatal und fahren südöstlich in das nur wenige Kilometer entfernte **Mönchberg**. Dieser Erholungsort zwischen Maintal und Hochspessart besitzt eine der bedeutendsten Kirchen Mainfrankens. Das 1749–51 vom Miltenberger Baumeister Martin Schmitt erbaute Gotteshaus birgt in seinem Innern einen prunkvollen Hochaltar von Georg Dechant Wörth und Fresken des Aschaffenburger Malers Konrad Bechtold, die Szenen aus der St.-Wendelins-Legende darstellen. Sehenswert sind in Mönchberg auch die fränkischen Fachwerkhäuser und das Rathaus aus dem Jahr 1609.

Sie fahren weiter nach **Röllbach**, dem ehemaligen Sitz vieler fränkischer Geschlechter. Sehenswert ist die um 1503 erbaute Wallfahrtskirche Maria Schnee mit einem Marien-Brustbild von 1480 und Holzplastiken aus dem 17. und 18. Jh. Bemerkenswert sind auch die alten Marienfiguren in den Nischen zahlreicher Häuser.

4 In südlicher Richtung gelangen Sie nach **Großheubach**, einer Marktgemeinde rechts des Mains, am Fuße des 250 m hohen Engelbergs, auf dem sich das 1639 vollendete Franziskanerkloster erhebt. Großheubach ist nicht nur ein bekannter Wein- und Fremdenverkehrsort, sondern beherbergt auch rege Gewerbe- und Industriebetriebe. An dem 1612 errichteten Rathaus, einem Renaissance-Fachwerkbau, ist an der tragenden Kanzel des reichgeschnitzten Erkers die Halbfigur des Baumeisters dargestellt. Beliebtes Ausflugsziel ist der erwähnte Engelberg, auf den ein Prozessionsweg mit 612 Stufen und Kreuzwegstationen sowie eine Fahrstraße hinaufführen. Der Blick von der Höhe reicht weit in den Spessart hinein und bis zu den Bergen des Odenwaldes im Süden. Die Wallfahrtskirche St. Michael zeichnet sich aus durch die Gruftkapelle der Fürsten zu Löwenstein und ansprechende Figuren am Außenbau.

Am westlichen Mainufer, Großheubach direkt gegenüber, liegt **Kleinheubach**. Zwischen den beiden Orten verkehrt eine Autofähre, mainaufwärts führt etwas außerhalb auch eine Straßenbrücke über den Main. Größte Sehenswürdigkeit dieses Marktfleckens ist das 1723–32 errichtete Fürstlich-Löwensteinische Schloß, an dessen Bau so berühmte Künstler wie Louis Remy de la Fosse und Johann Dientzenhofer beteiligt waren. Da der größte Teil des Schlosses als Schulungs-

3 Wandervorschlag Rundwanderung von Mönchberg aus: Sie folgen der Markierung Nr. 4 und steigen von der Ortsmitte nach Nordosten durch Mischwald ziemlich steil aufwärts zum Rastplatz »Signalbuche«, 484 m. Von dem Buchenwald, der sich einstmals hier oben ausdehnte, ist nur ein einziger mächtiger Baum, die »Signalbuche«, übriggeblieben. Dem mit einem schwarzen Keiler gekennzeichneten Weg folgen Sie links zum »Vierlenstein«, einer wuchtigen, etwa 6 m hohen Felsgruppe, die der Sage nach aus der Steinzeit stammt. Auf dem mit einem Eichhörnchen markierten Weg wandern Sie westlich hinüber zur »Märchenwiese«. Sie überqueren diese und gelangen zur Waldmühle (Einkehrmöglichkeit). Von hier führen mehrere Wege südlich hinab nach Mönchberg (Wegweiser). Gehzeit 1½ bis 2 Std. Nur anfangs etwas steil, keine anstrengende Strecke.

Aschaffenburg: Schloß und Marktplatz

Romanische Pfeilerarkaden im Langhaus der Aschaffenburger Stiftskirche

stätte der Bundespost genutzt wird, ist eine Besichtigung nur begrenzt möglich. Zugänglich sind der 1728–29 dekorierte Marmorsaal (Hauptgemälde »Triumph der Tugend über das Laster« von Ambrosius Reith), der Speisesaal (allegorische Darstellung der Tageszeiten aus dem frühen 19. Jh.), der von Andreas Dittmann im 18. Jh. gestaltete Thronsaal und das Gobelinzimmer mit barocker Ausstattung. Die Schloßkapelle im Pavillon des Südflügels mit Spiegelgewölbe wurde 1871 neuromanisch umgestaltet. Der 1817–19 als Englischer Garten angelegte Park besitzt zwölf barocke Puttenfiguren. Gewächs- und Dienerschaftshaus sowie die Reitschule sind klassizistisch.

5 Sie fahren flußaufwärts weiter in das 3 km entfernte **Miltenberg** (s. a. S. 135), die weit über Deutschlands Grenzen hinaus bekannte »Perle des Maintales«. Eine Touristenattraktion bildet der Marktplatz mit seinen Fachwerkhäusern, über den Elly Heuss-Knapp, die Frau des ersten Bundespräsidenten, in ihrem Buch »Ausblick vom Münsterturm« schrieb: »Der Marktplatz mit dem Brunnen ist für mich das deutsche Mittelalter schlechthin.« Die bereits 1504 erwähnte Fürstenherberge »Zum Riesen« in der Hauptstraße, ein an drei Seiten freistehendes Fachwerkhaus, gilt als Deutschlands älteste Gaststätte. Überragt wird die Stadt von der um 1180 als kurmainzische Grenzfeste errichteten Mildenburg, die gegen das Bistum Würzburg Schutz bot. Zu ihren Besitzern gehörte auch Götz von Berlichingen, der im Bauernkrieg von hier aus seine acht Artikel für den Kurstaat Mainz verkündete. Vom Bergfried hat man einen großartigen Ausblick auf das Maintal und zum Spessart.

6 Für Ihre Weiterfahrt benutzen Sie bis über Wertheim hinaus die parallel zum Fluß verlaufende Maintalstraße, die zwischen Miltenberg und Wertheim mit der Nibelungenstraße identisch ist. Sie kommen zunächst nach **Bürgstadt**, bekannt durch seinen vorzüglichen Burgunder. Die Martinskapelle weist bedeutende Wandmalereien von 1593 auf. Nordöstlich auf dem Wannenberg finden Sie einen keltischen Ringwall mit der 1630 erbauten, inzwischen verfallenen Zentgrafenkapelle. Als nächstes passieren Sie die Landesgrenze nach Baden-Württemberg und gelangen nach kurzer Fahrt nach **Freudenberg**. Das

Schloß Mildenburg in Miltenberg

5 Abstecher von Miltenberg über Amorbach nach Walldürn: Sie verlassen Miltenberg in Richtung Kleinheubach, wo Sie auf die B 469 stoßen. Dieser folgen Sie in das 8 km südlich gelegene fränkische Barockstädtchen Amorbach. Die ehemalige Abteikirche entstand durch Umbau einer romanischen kreuzförmigen Basilika. Die Fresken im Innenraum stammen von dem Augsburger Matthias Günther, die Stukkaturen von den Wessobrunnern Johann Michael Feichtmayr (II) und Johann Georg Üblherr.
Auf der B 47, in die die B 469 kurz vor Amorbach einmündet, fahren Sie weiter in das 17 km entfernte Walldürn, dessen barocke Wallfahrtskirche (17./18. Jh.) »Zum Heiligen Blut« weithin bekannt ist. Walldürn und der 8 km südlich an der B 27 liegende Erholungsort Buchen (schöne Fachwerkhäuser, Barockrathaus von 1723, ein römischer Wachtturm als Überbleibsel des östlich vorbeiführenden Limes) sind die Hauptgemeinden des sog. »Madonnenländchens«, das seinen Namen den alten Mariensäulen und Bildstöcken verdankt, die an Häusern und auf Marktplätzen, an Waldrändern und Feldrainen anzutreffen sind. Ein liebenswertes Relikt aus der »guten alten Zeit« ist die während der Sommermonate sporadisch zwischen Walldürn und Buchen verkehrende »Pferdepost Madonnenländchen«, eine vierspännige Postkutsche mit Postillionen in Originaltracht. Bei Eberstadt, 7 km südöstlich von Buchen, entdeckte man 1971 bei einer Sprengung zufällig eine inzwischen zur Schauhöhle ausgebaute Tropfsteinhöhle (Hinweisschilder).

6 Wandervorschlag von Fechenbach durch das Fechenbachtal: Fahren Sie von Freudenberg aus über den Main nach Fechenbach (5 km); dort von der Ortsmitte talaufwärts, bis

mittelalterlich anmutende Städtchen mit seinem 1499–1505 erbauten Fachwerk-Rathaus wird vom 30 m hohen Bergfried der Freudenburg überragt, die Bischof Heinrich III. von Würzburg 1195 gegen Kurmainz errichtete und die 1631 von den Schweden zerstört wurde. Vom Palas existieren noch die Umfassungsmauern. Dagegen ist die Stadtbefestigung größtenteils noch erhalten. Im Osten vor der Stadt, nahe der Mainschleuse, liegt die romanische St.-Laurentius-Kapelle aus dem 13. Jh. mit frühgotischem Chor und barocker Innenausstattung. Der Kanzel von 1617 ist eine ähnliche Außenkanzel von 1665 zugeordnet. Auf dem ummauerten Friedhof, in dem die Kapelle liegt, befindet sich eine sehenswerte Kreuzigungsgruppe aus dem 18. Jh. Den Mäandern des Mains folgend, gelangen Sie über Gut Tremhof und die Wertheimer Stadtteile Mondfeld und Grünenwört schließlich nach Wertheim hinein.

7 In **Fechenbach** finden Sie ein 1750 erbautes Rokokoschloß (in Privatbesitz) und eine sehenswerte Barockkirche. Eine kurze Strecke weiter mainaufwärts steht links am Hang die im 17. Jh. zerstörte Burg Kollenberg. Hinter dem als Schifferdorf bekannten Dorfprozelten kommt das Städtchen **Stadtprozelten** ins Blickfeld, das von der Ruine der Feste Prozelten, die auch Henneburg heißt, überragt wird. Palas und Bergfried der vom Deutschherrenorden errichteten Burg stammen aus romanischer Zeit (12./13. Jh.), der westliche Wohnbau mit dem Wirtschaftsgebäude, der kleine Bergfried und die Ringmauer sind Zeugen der Gotik. In Stadtprozelten ist das 1520 erbaute Rathaus mit polygonalem Treppenturm und dem von zwei toskanischen Säulen gestützten Erker sehenswert. Erwähnt sei auch die ehemalige Spital- und heutige Pfarrkirche aus der zweiten Hälfte des 14. Jh.s, die zu den bedeutendsten gotischen Sakralbauten Mainfrankens zählt.

8 Von Stadtprozelten fahren Sie weiter nach **Wertheim** (s. a. S. 136). Das Stadtbild mit seinen zahlreichen Spitzgiebelbauten wird überragt von der Stiftskirche, einem ursprünglich romanischen Bau, der 1383–1419 zur dreischiffigen gotischen Pfeilerbasilika umgebaut wurde. Der Stiftskirche gegenüber steht die Kilianskapelle, ein spätgotischer Bau mit barockem Mansardendach. Sie diente von 1562 bis 1871 als Gymnasium und wurde Anfang des 20. Jh.s stilgerecht wiederhergestellt. Lohnend ist auch ein Besuch des Historischen Museums und des Glasmuseums (beide täglich außer Mo. geöffnet). Nördlich der Stiftskirche liegt der Rathausplatz mit dem Rathaus von 1561–62, dessen Treppenturm eine doppelte Wendeltreppe hat. Gegenüber erhebt sich der Fachwerkbau »Zu den vier Gekrönten«, in dem der »Historische Verein Alt-Wertheim« mit sehenswerter Trachtensammlung seinen Sitz hat. Vom Rathausplatz gelangt man zur Burgruine, die den Main um 80 m überragt. Obwohl die im 12. Jh. erbaute Burg 500 Jahre später größtenteils zerstört wurde, zählt die Ruine heute noch zu den bedeutenden Zeugen deutscher Wehrbaukunst. Zu den wenigen erhaltenen Bauteilen gehört der Bergfried, von wo man

Der Main bei Miltenberg

Sie links das Schwimmbad erblicken. Auf dem nach rechts abbiegenden Weg, der hier noch befahrbar ist, gelangen Sie am Waldrand (Parkmöglichkeiten) zu einer Madonnenfigur nebst Ruhebank. Der Markierung Blaues Kreuz folgend, steigen Sie nun gemächlich hinauf, von wo Sie das Fechenbachtal überblicken können. Nach ½ Std. Gehzeit kommen Sie an eine Weggabelung. Die markierte Route führt auf die andere Talseite hinüber, Sie aber folgen dem nun unbezeichneten Weg, bis Sie am Talschluß auf den quer verlaufenden Eselsweg (Hinweisschild) stoßen. Auf ihm wandern Sie zurück nach Fechenbach. Gehzeit etwa 2 Std., nur geringfügige Steigungen, unterwegs viele Ruhebänke.

8 Wandervorschlag von Kreuzwertheim ins »Himmelreich«: Ausgangspunkt ist die östliche Parkmauer des Schlosses (Parkmöglichkeiten). Durch Niederwald und Obstgärten wandern Sie, der Markierung »M« (= Mainwanderweg) folgend, an den Rebmauern der bekannten Lage »Kaffelstein« vorbei, in den Wald. Vor der Ringstraße des umzäunten Bungalowgeländes macht der Weg eine Rechtsbiegung und trifft im Tal auf den Wittwichsbach. Sie halten sich links und gelangen wenig später über den Bach hinweg zur Waldspitze, von wo es mäßig ansteigend zum Eichelberg hinaufgeht. Auf der aussichtsreichen Höhe mündet auch der mit »H« markierte Heuneweg, der Sie ins »Himmelreich« führt, wie das von einer engen Mainschleife gebildete halbinselförmige Gebiet genannt wird. Luftig-freie Wegpassagen wechseln mit lichten Birkenwäldern und kantigen Felswänden, bis Sie schließlich zum Main hinab gelangen. In nördlicher Richtung gehen Sie mainabwärts und erreichen an der Staustufe Eichel vorbei wieder Ihren Ausgangspunkt. Gehzeit etwa 2 Std., nicht anstrengend, nur unbedeutende Steigungen.

Heute nur noch malerische Vergangenheitszeugen: die trutzige Ringmauer, der Wehrturm und das Stadttor von Ochsenfurt am Main. Die linksmainische Furtsiedlung entwickelte sich zu einem der Hauptplätze des Würzburger Hochstifts südlich der Bischofsstadt.

eine großartige Aussicht auf Stadt, Main- und Taubertal genießt. Nahe beim Bergfried befindet sich die Burggaststätte.
Eine Brücke verbindet Wertheim mit dem auf der bayerischen Mainseite inmitten von Weinbergen gelegenen **Kreuzwertheim**, der Keimzelle des badischen Wertheim. Einstmals »Ort zum heiligen Kreuz« genannt, verdankt der ruhige Ferienort seinen Namen einem Steinkreuz aus dem Jahre 1009, das auf dem kleinen Marktplatz rechts der Durchgangsstraße steht. Dort erhebt sich auch die Pfarrkirche mit kostbarem gotischem Hochaltar. Links der Straße steht das 1736 erbaute Schloß, ein langgestreckter zweigeschossiger Bau mit im späten 18. Jh. angefügten Renaissancegiebeln. Es ist Wohnsitz der protestantischen Linie der Grafen zu Löwenstein-Wertheim-Freudenberg und kann daher nicht besichtigt werden.
Die kürzeste, aber landschaftlich wenig reizvolle Möglichkeit, nach Marktheidenfeld zu gelangen, ist die Fahrt über den Autobahnzubringer und über Altfeld (knapp 15 km). Fast doppelt so weit, dafür jedoch lohnend, ist die Fahrt am Main entlang, über Urphar, Bettingen, Homburg am Main und Lengfurt.

9 **Homburg am Main** ist ein bekannter Weinort mit den Frankenwein-Lagen »Kallmuth« und »Edelfrau«. Auf dem Gipfel des schroff abfallenden Bergkegels, an dessen Fuß die Ortschaft liegt, erhebt sich die teilweise gut erhaltene Burg mit bemerkenswerten Fachwerkbauten und dem runden Bergfried aus dem 12. und 13. Jh., dem im 18. Jh. das verjüngte achteckige Obergeschoß aufgesetzt wurde. In der Burkarduskapelle befindet sich ein Altar zu Ehren des Hl. Burkardus, der 754 auf der Burg starb. Nur wenige Kilometer von Homburg entfernt liegt **Lengfurt**. Auf dem Marktplatz steht der 1728 geschaffene reichverzierte Obelisk, auf dem die Dreifaltigkeitsgruppe in den Wolken thront. Die an ein Pestgelübde gemahnende Säule steht im Mittelpunkt der alljährlichen Sebastianifeiern. An einem Eckhaus am Marktplatz, in dem Napoleon 1812 übernachtete, erinnert ein Fresko an den Übergang der französischen Armee über den Main. Lengfurt gegenüber, am anderen Ufer des Mains, erhebt sich auf einer Anhöhe beim Markt Triefenstein das gleichnamige Kloster, ein 1102 gegründetes Augustiner-Chorherrenstift, das nach der Säkularisation in den Besitz der Grafen von Löwenstein-Wertheim-Freudenberg überging, die es in ein Schloß umwandelten. Die Klosterkirche, deren Innenausstattung zu den bedeutenden Werken des Klassizismus in Franken gehört, diente bis vor einigen Jahren profanen Zwecken, soll aber nach der Renovierung ihrer ursprünglichen Bestimmung wieder zugeführt werden.

10 Von Lengfurt sind es nur wenige Autominuten bis zu dem fränkischen Städtchen **Marktheidenfeld**, das aus einem Fischer- und Schifferdorf hervorgegangen ist. Schöne Fachwerkhäuser umrahmen den Marktplatz. Zu den Anziehungspunkten des Städtchens gehört das 1745 erbaute »Haus Flasch« in der Untertorgasse Nr. 6. Sehenswert ist im Innern ein Saal mit wertvollen Stukkaturen und Stofftapeten, die Szenen aus italienischen Komödien zeigen. Zu den bekanntesten Volks- und Heimatfesten Unterfrankens zählt die Marktheidenfelder Laurenzimeß, die alljährlich Mitte August stattfindet.

11 Knapp 30 km beträgt auf der B 8 die Entfernung von Marktheidenfeld nach **Würzburg** (s. S. 144). Sie passieren den hochgelegenen Würzburger Stadtteil Höchberg und fahren zwischen dem Käppele und der Festung Marienberg in die alte Bischofs- und Universitätsstadt hinunter, die mit ihren bedeutenden, überwiegend barocken Kunstdenkmälern geistiger und kultureller Mittelpunkt Frankens ist.
Sie verlassen Würzburg auf der Schweinfurter Straße, die jenseits der Stadtgrenze mit der B 19 identisch ist. Sie zweigt nahe dem Hauptbahnhof vom Berliner Platz ab. Über Estenfeld, wo Sie kurze Zeit später die Autobahn Ulm/Fulda unterqueren, sowie über Bergtheim und Eßleben fahren Sie zur 25 km von Würzburg entfernten Ortschaft **Werneck**. Am Ortsrand, in einem Park mit See, liegt das Schloß Werneck, die von Balthasar Neumann 1733–45 erbaute Sommerresidenz der Würzburger Fürstbischöfe. Heute ist hier ein Krankenhaus untergebracht, aber die eindrucksvolle bauliche Gliederung der Anlage ist geblieben. Die noch im ursprünglichen Zustand erhaltene Schloßkapelle ist für Besucher zugänglich. Sie verlassen nun die nach Norden führende B 19 und biegen rechts in die B 26 ein, auf der Sie nach 12 km Schweinfurt erreichen.

11 Abstecher von Werneck nach Bad Kissingen: Sie bleiben bis Oerlenbach auf der B 19. Nach 19 km zweigt links die B 286 nach Bad Kissingen ab, das Sie nach weiteren 9 km erreichen. Das an der Fränkischen Saale am Rande der Südrhön gelegene weltbekannte Heilbad verfügt über alle modernen Kureinrichtungen, konnte sich aber dennoch sein mittelalterliches Stadtbild bewahren. Dies rührt nicht zuletzt daher, daß die gesamte Altstadt zu einer autofreien Fußgängerzone umgestaltet wurde. Überragt wird die Stadt von der Ruine der aus dem 12. Jh. stammenden Burg Boden-

12 Die am Main zwischen Steigerwald, Rhön und Haßbergen gelegene Stadt **Schweinfurt** ist bekannt durch ihre Industriebetriebe, allen voran die Kugellager-, Freilaufnaben- und Motorenfabriken. Die bekannten Großunternehmen und die zahlreichen Mittelbetriebe beschäftigen zusammen insgesamt fast ebenso viele Arbeitnehmer wie Schweinfurt Einwohner hat! Vom Schweinfurter Stadtteil Oberndorf herkommend, biegen Sie nach Unterquerung der Bahnlinie rechts in die Ernst-Sachs-Straße ein und fahren stadteinwärts bis zum Marktplatz (ausreichende Parkmöglichkeiten). Die Straßen und Gassen westlich des Marktes wurden in den letzten Jahren zu einer modernen Fußgängerzone umgestaltet. Am Südrand des Marktplatzes steht das stattliche Rathaus aus der Frührenaissance (1570–72) mit dem daran anschließenden Neubau. Im Innern können Sie schöne Holzsäulen sehen und ein mächtiges Faß bestaunen. In der Mitte des Platzes erhebt sich das Friedrich-Rückert-Denkmal. Das Geburtshaus des Dichters (1788–1866) mit einer Gedenktafel befindet sich am Anfang der in den Marktplatz mündenden Rückertstraße. Nördlich des Marktes erreichen Sie den Martin-Luther-Platz mit der von mehreren Stilepochen geprägten St.-Johannis-Kirche. Im Innern beeindrucken die Barockkanzel von 1694 und der Hochaltar von 1783, eine ausgezeichnete Stuckmarmorarbeit von Materno Bossi. Ein Beispiel moderner Sakralbaukunst ist die 1953 eingeweihte St.-Kilians-Kirche an der Friedrich-Ebert-Straße. Das 250 m^2 große Chorfenster von Georg Meistermann ist das größte farbige Kirchenfenster Deutschlands. Bemerkenswert sind auch der Hochaltar, die Kanzel und der Taufstein.
Sie verlassen Schweinfurt über die Rückertstraße, die außerhalb der Stadt mit der B 26 Richtung Bamberg identisch ist. **Mainberg**, ein beliebter Ausflugs- und Weinort, liegt am Südrand des Grabfeldes. Sehenswert ist das aus dem 13. Jh. stammende Schloß, das während der letzten 200 Jahre mehrfach umgebaut wurde. Zu Füßen des zugänglichen, aussichtsreichen Bergfrieds steht ein Herkulesbrunnen von 1625. Der Hauptbau umschließt einen malerischen Innenhof. Unterhalb des Schlosses liegt das ehemalige Würzburger Amtshaus, ein um 1700 entstandener Barockbau.

13 Nach 2 km erreichen Sie die Ortschaft Schonungen, wo Sie von der B 26 links abzweigen und durch die von abwechslungsreichen Höhen und ausgedehnten Laubwäldern geprägte Landschaft in einer knappen halben Stunde nach **Hofheim** fahren. Reste der Stadtmauer und ihre Türme sind noch zu sehen. Völlig erhalten sind die drei Torhäuser des im Nassachtal gelegenen Städtchens am Rande des Naturparks Haßberge. Durch eines dieser Torhäuser gelangt man in den mittelalterlichen Stadtkern mit seinen vielen Fachwerkhäusern. Sehenswert ist die spätgotische, 1520 entstandene Pfarrkirche mit prächtigen Holzskulpturen der Spätgotik, darunter eine geschnitzte Kreuzigungsgruppe aus dem 15. Jh. Reizvoll ist die Umgebung Hofheims, insbesondere der sich mit einzelnen Erhebungen bis zu über 500 m aufschwingende

laube. Die wuchtigen Turmstümpfe der 1525 während des Bauernkrieges zerstörten Anlage sind besteigbar. Von oben bietet sich eine großartige Aussicht zur Rhön. Alljährlich findet am letzten Juliwochenende das historische Rakoczy-Fest, zu Ehren des ungarischen Freiheitskämpfers, mit Umzug, Festball und Feuerwerk statt. Um nach Schweinfurt zu gelangen, brauchen Sie nicht nach Werneck zurückzufahren. Sie biegen vielmehr bereits in Poppenhausen in die B 286 ein, auf der Sie kurze Zeit später Schweinfurt erreichen.

13 *Abstecher von der B 303 zur Ruine Altenstein: Etwa 1 km östlich des Kreuzungspunktes von B 303 und B 279 zweigt rechts ein Sträßchen zum 2 km entfernten Dorf Altenstein ab. Vor einigen Jahren war der in landschaftlich reizvoller Umgebung gelegene Ort Mittelpunkt zahlreicher Erdbewegungen, von denen noch heute Erdwellen und windschiefe*

Schloß Mainberg bei Schweinfurt

Bad Kissingen: Rakoczy-Fest

Heustadel auf Wiesen und Feldern zeugen. Mitten im Ort erhebt sich auf einem 15 m hohen Felsen die Ruine der Burg Altenstein, einer der größten Burgruinen Frankens. Meterdicke Mauerstümpfe, der Rest eines gewaltigen Bergfrieds, ein Tonnengewölbe und die selbst in ihren Resten noch architektonisch beachtliche gotische Burgkapelle künden von der einstigen Bedeutung der Anlage.

⓮ *Abstecher von Coburg über Mitwitz nach Kronach: Wenn Sie Coburg in südlicher Richtung verlassen, kommen Sie bald zur Abzweigung der B 303 nach Osten. In diese biegen Sie ein und gelangen nach kurzer Fahrzeit über Sonnefeld nach Mitwitz. Hier sollten Sie sich das mächtige Renaissance-Wasserschloß aus dem 15./16. Jh. ansehen. Im Innern befinden sich eine Waffensammlung und wertvolles Mobiliar. Ihr eigentliches Ziel ist aber die 11 km weiter östlich gelegene Stadt Kronach, über der sich im Norden die Festung Rosenberg erhebt. Sie wurde niemals bezwungen und ist noch vollständig erhalten. Mit ihren fünf Bastionen und der mächtigen Hauptburg ist sie eine der großartigsten Festungsanlagen Frankens. Ganzjährig finden täglich Führungen statt. In einem Teil der Anlage sind eine Jugendherberge und eine Gaststätte untergebracht, im ehemaligen Zeughaus aus dem 16. Jh. befindet sich das Heimatmuseum der Stadt. Kronach selbst, das auf einem Bergvorsprung am Zusammenfluß der drei Frankenwaldflüsse Haßlach, Kronach und Rodach liegt, besitzt einen mittelalterlichen Stadtkern mit Mauern und Toren, sehenswerten alten Fachwerkhäusern und einem Renaissance-Rathaus. In der Fränkischen Galerie der Festung Rosenberg (von April bis Dezember täglich außer Mo. geöffnet) hängen drei Originale von Lucas Cranach, der 1472 wahrscheinlich im Hause Marktplatz 1 zur Welt kam. An diesen größten Sohn der Stadt erinnert eine nach ihm benannte Straße. Lichtenfels, das nächste Ziel der Hauptroute, erreichen Sie am günstigsten auf der B 173, die entlang der Rodach nach Südwesten führt (24 km).*

Höhenzug im Nordosten. Hier steht die das Städtchen um 60 m überragende Bettenburg (nur von außen zu besichtigen).
Sie verlassen Hofheim in östlicher Richtung und fahren auf der hervorragend ausgebauten B 303 bis **Tambach**, das 8 km westlich von Coburg im Tambachtal, nahe der Grenze zur DDR, liegt. Am Ortsrand, unmittelbar an der B 303, steht das 1697–1700 von Leonhard Dientzenhofer erbaute dreiflügelige Schloß, die ehemalige Sommerresidenz der Langheimer Äbte. Zu dem heute von Alram Graf zu Ortenburg bewohnten Schloß gehört ein Wildpark, eine 50 ha große Wald- und Parklandschaft mit verschiedensten Wildarten, zahlreichen Kleintieren und Vögeln. Die Großraumgehege sind vielfach innen begehbar, außerdem wird das Gelände von mehreren Rundwanderwegen (1 bis 3 Std. Gehzeit) durchzogen. Der Wildpark ist ganzjährig geöffnet (Besucherparkplatz beim Eingang).

⓮ Sie setzen Ihre Fahrt auf der B 303 fort und befinden sich wenig später in **Coburg**, dem Mittelpunkt des aus dem fränkischen Hügelvorland sowie aus Thüringer und Frankenwald gebildeten reizvollen Coburger Landes. Die alte Stadt im Itztal war bis 1918 Residenz des Herzogtums Sachsen-Coburg-Gotha. Das mitunter noch mittelalterlich anmutende Stadtbild wird von der nie bezwungenen und deshalb noch vollständig erhaltenen Veste Coburg beherrscht.
An der Südostecke des Marktplatzes, der ein großes Viereck bildet, steht das 1578–80 erbaute Rathaus. Davor ergießen sich zwei steinerne Kastenbrunnen aus dem 17. Jh. In der Mitte erhebt sich das Denkmal des Prinzen Albert von Coburg (1819–61), des Gemahls der Königin Viktoria von England. Die Nordseite des Platzes nimmt das Stadthaus von 1597–99 ein, das einstmals als Regierungsgebäude den Namen »Cantzley« trug. Sehenswert sind seine schöne Renaissance-Hauptfassade, die beiden begiebelten Schmalseiten und das reichgeschmückte Portal. Im Westen und Osten des Marktes sowie in den angrenzenden Straßen finden sich mit Erkern, prächtigen Steinfiguren und Renaissance-Portalen geschmückte Bürgerhäuser. Südlich in der Ketschengasse steht auch das aus dem 12. Jh. stammende älteste Haus Coburgs, die Steinerne Kemenate. Wenige Schritte weiter gelangt man zur Moritzkirche aus dem 14./15. Jh. mit zwei ungleichen Türmen und einer bemerkenswerten Innenausstattung. Ein Gedenkstein erinnert daran, daß Dr. Martin Luther im Jahre 1530 in dieser Kirche gepredigt hat. Neben der Kirche steht das Gymnasium Casimirianum von 1605, das als Universität geplant war. In dem bedeutenden Renaissancebau mit Glockenturm und schönen Treppengiebeln von 1725 bis 1730 ging Goethes Vater zur Schule. Das im Zuge der Reformation säkularisierte Franziskanerkloster an der Rückertstraße/Steingasse östlich des Marktplatzes wurde als Baugrund für die Stadtresidenz Ehrenburg ausgewählt. Die 1542–47 errichtete Anlage wurde mehrfach umgestaltet, nach einem Brand im Jahre 1690 wiederaufgebaut und erhielt während einer neuerlichen Bauperiode zwischen 1804 und 1844 ihr heuti-

Wildpark Schloß Tambach

Anschluß Karte Seite 63

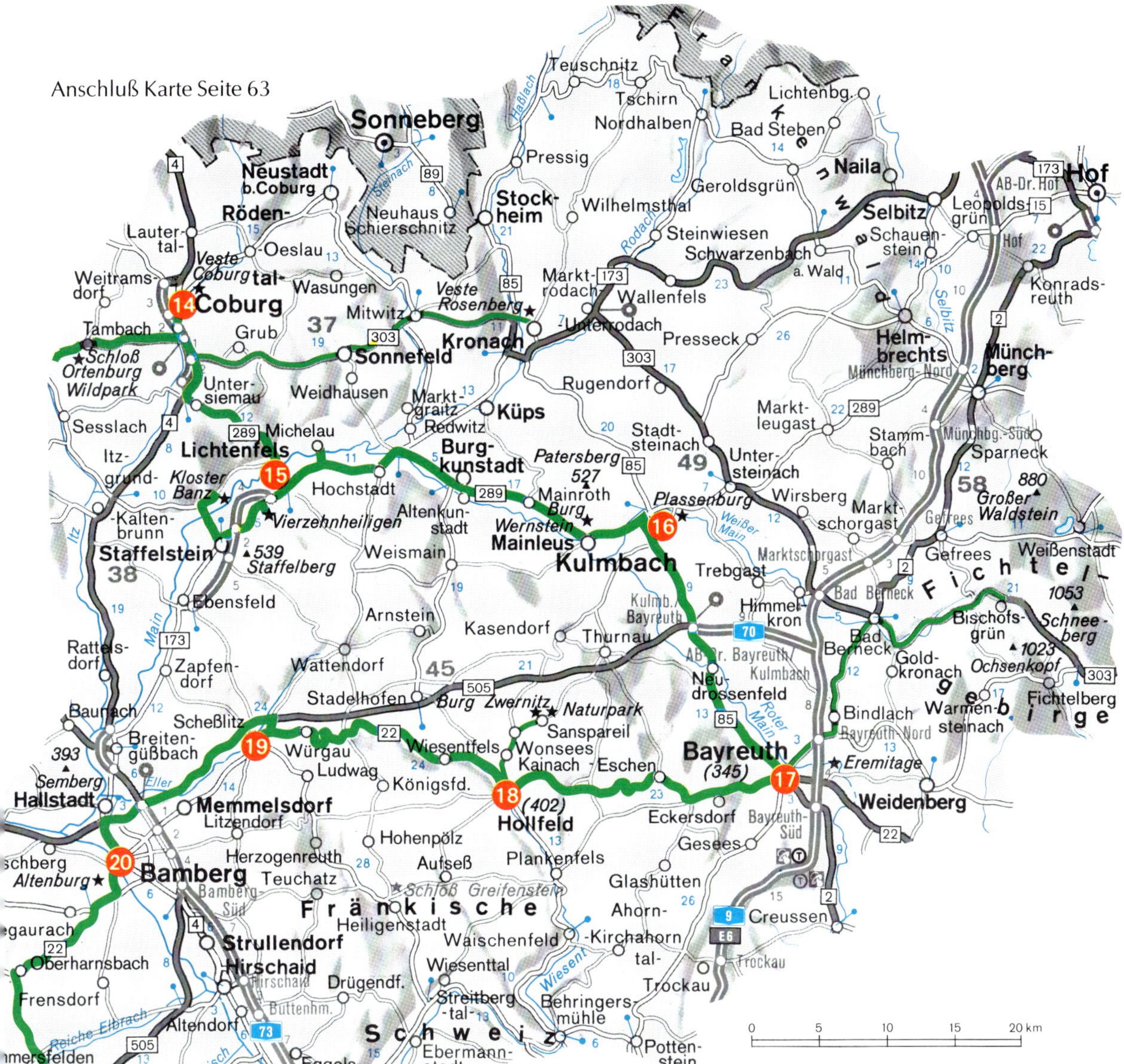

Anschluß Karte Seite 78

Zünftige bayerische Brotzeit

Der Gnadenaltar in Vierzehnheiligen konnte aufgrund der Chorverkürzung nicht in die Vierung gesetzt werden. So zog Neumann ihn ins Langhaus und kreiste ihn in ein großes Oval ein, auf das er die ganze Kirche ausrichtete.

ges Aussehen. Bis 1918 blieb Schloß Ehrenburg Stadtresidenz der Coburger Herzöge. Heute ist ein Teil des Schlosses mit Prunkräumen, Gemäldegalerie und Schloßkirche als Museum eingerichtet (ganzjährig täglich außer Mo. geöffnet). In den Flügeln an der Rückertstraße und Steingasse sowie im Mitteltrakt ist die Landesbibliothek Coburg mit mehr als 310000 Bänden wissenschaftlicher Literatur vom 15. Jh. bis heute untergebracht (ganzjährig werktags geöffnet).

Gleich einer Krone umgreift der Mauerkranz der Veste die Bergspitze über der Stadt. Deshalb wird die mächtige Anlage im Volksmund »Fränkische Krone« genannt. Mit ihrer dreifachen Ringmauer, ihren zwei Höfen und vier Basteien zählt sie zu den größten und schönsten Burgen Deutschlands. Um 1200 im Stil der Stauferburgen erbaut, erhielt die Veste nach einem Brand im Jahr 1500 in einer über 300 Jahre währenden Bauperiode ihr heutiges Aussehen. Von der ältesten Bausubstanz aus der Zeit um 1200 stammt noch das Unterteil des Blauen Turms, eines romanischen Buckelquaderbaus, der eine Art Vorburg darstellte. Bis 1918 war die Veste Coburg im Besitz des Herzogtums Sachsen-Coburg-Gotha, dann gelangte sie an den Staat Bayern. Heute beherbergt sie Kunstsammlungen von europäischem Rang, darunter eine Jagdwaffensammlung, Meisterwerke mittelalterlicher Plastik, der Malerei (z. B. Werke von Lucas Cranach d. Ä.) und des Kunsthandwerks. Im Kupferstichkabinett werden rund 300000 Blätter von 5000 Meistern verschiedener Schulen Europas aufbewahrt. Zu besichtigen sind auch der Rittersaal, die Lutherstube, die Rüstkammer, der Marstall, die herzoglichen Wohnräume, das Lucas-Cranach-Zimmer und der Fahnensaal. Beachten Sie die kostbaren Möbel, Uhren, Porzellane und silbernen Tafelgeräte. Die Veste ist ganzjährig zugänglich, die Kunstsammlungen und der Fürstenbau können täglich außer Mo. besichtigt werden. Die Auffahrt zur Veste erfolgt vom Schloßplatz über die Festungsstraße (Parkplätze unterhalb des Einganges); auf halbem Wege befindet sich das Naturwissenschaftliche Museum (täglich außer Mo. geöffnet). Ebenfalls vom Schloßplatz aus führt ein hübscher Fußweg zur Veste hinauf (Wegweiser; Gehzeit ½ Std.).

(15) Sie verlassen Coburg auf der B 4 in Richtung Süden und fahren an der Einmündung der B 303 vorbei bis Untersiemau. Sehenswert sind hier das Untere und Obere Schloß aus dem 14.–16. Jh. sowie die Johanniskirche von 1392. Nun biegen Sie in die B 289 ein und erreichen alsbald das schöne alte Frankenstädtchen **Lichtenfels** am Nordrand der Fränkischen Alb. Lichtenfels ist die Metropole der deutschen Korbwarenindustrie und ist auch Sitz der einzigen staatlichen Fachschule für Korbflechterei in Deutschland. Den Mittelpunkt des Städtchens am Obermain bildet der breite Marktplatz mit seinen stattlichen Bürgerhäusern und dem 1743 von Justus Heinrich Dientzenhofer erbauten barocken Rathaus. In der Nähe steht die spätgotische, barock ausgestattete Stadtpfarrkirche aus dem 14. Jh. mit ihrem charakteristischen Fünfspitzturm. 3,5 km südlich von Lichtenfels zweigt von der B 173 links die Straße nach **Vierzehnheiligen** ab. Die berühmteste Wallfahrtskirche Frankens ist alljährlich das Ziel von mehr als 100000 Pilgern und Kunstfreunden (in den Sommermonaten reger Besucherverkehr, wovon auch die vielen Souvenirlädchen am Parkplatz zeu-

Die Marktseite der »Cantzley« in Coburg

gen). Die zu Ehren der 14 Nothelfer, die der Legende nach wiederholt einem frommen Hirten erschienen waren, errichtete Kirche ist das Hauptwerk Balthasar Neumanns und seines Schülers Johann Michael Küchel. Weithin sichtbar erhebt sich diese vollkommene Schöpfung barocker Kirchenbaukunst, entstanden von 1742 bis 1772, über dem Maintal. Das Äußere der Basilika mit ihrer hohen zweitürmigen Fassade aus gelbem Eisensandstein ist klar gegliedert. Das in ovale Raumeinheiten aufgelöste Innere vermittelt den Eindruck ständiger Bewegung. Seinen Mittelpunkt bildet der von einem zierlichen Baldachin überdachte Gnadenaltar mit den 14 Nothelfern. Die Deckengemälde Giuseppe Appianis und die Stukkaturen, u.a. von Johann Michael Feichtmayr, verleihen dem Raum einen geradezu feierlichen Glanz.
Zurück auf der B 173, Richtung Staffelstein, erreichen Sie 5 km nördlich der Stadt (Hinweisschilder) Kloster **Banz** (auch hier in der Hauptsaison großer Besucherandrang). Die Gebäude liegen auf dem 421 m hohen südlichsten der Banzberge über dem Maintal und gehen auf eine Höhenburg aus dem 10. Jh. zurück. Von 1069 bis 1803 Benediktinerabtei, wurde die umfangreiche Anlage dann Schloß der Wittelsbacher, ging 1933 an die »Gemeinschaft von den heiligen Engeln« über und wurde inzwischen von der Hans-Seidel-Stiftung übernommen. Kirche und Konventsbau sind Werke der Brüder Dientzenhofer, die Torflügel stammen von Balthasar Neumann. Die Klosterkirche mit zwei hohen, kuppelgekrönten Türmen gehört zu den berühmtesten und meistbesuchten Sakralbauten Frankens. Ihre Innenausstattung steht der Wallfahrtskirche Vierzehnheiligen an Pracht nicht nach. Die Klostergebäude sind für die Öffentlichkeit gesperrt, mit Ausnahme der Terrasse (von dort genießen Sie einen herrlichen Blick nach Vierzehnheiligen und ins Maintal). Die Hänge des südlichen Banzberges sind eine bekannte Fundstätte von Fossilien.
Fahren Sie über das am Main gelegene Michelau mit seinem Korbmuseum (Bismarckstr. 4, ganzjährig geöffnet) in das 15 km östlich von Lichtenfels gelegene **Burgkunstadt**. Enge Gäßchen zwischen Fachwerkhäusern und malerische Winkel verleihen dem auf einem Sandsteinfelsen am rechten Ufer des Oberen Mains gelegenen Frankenstädtchen ein romantisches Gepräge. Beeindruckend ist der Gang auf der von Felsen und alten Mauern gesäumten steilen »Landstraße« von der unteren zur oberen Stadt. Hier oben befindet sich der geräumige Marktplatz mit seinen alten Fachwerkhäusern, der Pfarrkirche und dem hochgiebeligen Rathaus mit einer durch reiches Schnitzwerk geschmückten Fassade.
16 Auf der B 289, die südlich an Burgkunstadt vorbeiführt, gelangen Sie nach kurzer Fahrt nach Mainleus. 2 km nördlich davon steht die Burg Wernstein, ein prächtiger Renaissancebau aus dem 16. Jh. (Hinweisschild in Mainleus). Wenig später befinden Sie sich in **Kulmbach**, der von der Plassenburg überragten ehemaligen Markgrafenresidenz und weltbekannten Bierstadt. Neben den gut erhaltenen Teilen der alten Stadtbefestigung aus dem 12.–16. Jh. und der Plassenburg besitzt Kulmbach eine Vielzahl von Sehenswürdigkeiten, so am Marktplatz das mit einer schönen Rokokofassade versehene Rathaus von 1752 und nördlich davon die barocke Spitalkirche von 1738. Ausreichende

Vierzehnheiligen: Frankens berühmteste Wallfahrtskirche

85 000 Flaschen Bier werden stündlich in dieser Kulmbacher Brauerei abgefüllt.

16 Wandervorschlag von Kulmbach auf den Patersberg: Von Kulmbach-Priemershof (an der Mainbrücke in der Kronacher Straße Parkmöglichkeiten) gehen Sie den Mühlbach aufwärts nach Metzdorf (Wegzeichen 3). Parallel zur Markierung Rotes Kreuz führt der Weg nun vom Ortsrand nach links und weiter am Ufer des Mühlbachs bis Hofstätten. Durch den Wald geht es dann hinauf zum Aussichtsturm »Schaudichum« auf den 527 m hohen Patersberg, von dem man einen weiten Blick zum Frankenwald und über die Fränkische Schweiz hat. Nun steigen Sie südlich hinab nach Veitlahm und gehen weiter nach Wernstein (gut erhaltenes Schloß). Sie überqueren die nach Mainleus führende Straße, spazieren über die Felder, durchqueren den Weiler Schwarzholz und die Ortschaft Burghaig, steigen noch einmal ein wenig aufwärts, gelangen nach Petz-

mannsberg und schließlich zu Ihrem Ausgangspunkt zurück. Gehzeit etwa 2½ Std., außer dem eigentlichen Gipfelstück keine nennenswerten Steigungen.

Parkmöglichkeiten haben Sie auf zwei Großparkplätzen nordwestlich der Kulmbacher Innenstadt. Auch auf dem Marktplatz, zu dem Sie durch die Kloster- und Buchbindergasse gelangen, können Sie Ihr Auto abstellen.

Östlich der Altstadt erhebt sich auf einem steilen Felsrücken die Plassenburg, eine bedeutende Schöpfung der Renaissance. Die heutige Burg wurde 1559–85 unter der Oberleitung von Caspar Vischer, der auch am Bau des Heidelberger Schlosses beteiligt war, errichtet. Die Vorgängerburg aus dem 12. Jh. war während des bundesständischen Krieges im Jahre 1553 zusammen mit der Stadt zerstört worden. Heute beherbergt die Burg im Deutschen Zinnfigurenmuseum mit über 300000 Exponaten die größte Zinnfigurensammlung der Welt (täglich außer Mo. geöffnet). Außerdem befinden sich hier Schauräume der Renaissance- und der Barockzeit sowie eine umfangreiche naturwissenschaftliche Sammlung. Von der Petrikirche, einem spätgotischen Hallenbau von 1439 (Kirchenburg) im Osten der Altstadt, führt neben der Festungsbergstraße ein Fußweg (Wegweiser, etwa 20 Min.) zur Plassenburg. Vom Westrondell der Burg hat man einen großartigen Blick hinab auf die Stadt.

Das schon erwähnte Kulmbacher Bier erlangte Weltruf. Die 4 Brauereien der Stadt produzieren ausnahmslos gute Qualitäten wie den sog. Eisbock, das süffige Kloster-Schwarz-Bier und den Kulminator-Urtyp, das »stärkste Bier der Welt«. Neben einer Brautradition, die als die älteste Europas gilt, sind es insbesondere die kristallklaren Quellwasser aus Frankenwald und Fichtelgebirge und die heimische Gerste, die dem Bier Geschmack und Bekömmlichkeit verleihen. Alljährlich (Ende Juli/Anfang August) veranstalten die Kulmbacher eine neuntägige »Bierwoche« in der Altstadt, ein originelles Trinkfest mit Unterhaltung im großen Festzelt. Von der Innenstadt folgen Sie den Hinweisschildern »B 85/Bayreuth« in südöstlicher Richtung.

17 Abstecher von Bayreuth nach Bischofsgrün und auf den Ochsenkopf: Sie verlassen Bayreuth auf der B 2 in Richtung Autobahnanschlußstelle Bayreuth-Nord. Sie unterqueren die Autobahn und fahren über Bindlach nach Bad Berneck und auf der Fichtelgebirgsstraße (B 303) nach Bischofsgrün am Fuße des Ochsenkopfes (25 km). Näheres über die Orte an der Strecke und den Ochsenkopf finden Sie auf S. 114

17 **Bayreuth** liegt reizvoll zwischen den Ausläufern des Fichtelgebirges im Nordosten und Fränkischem Jura im Südwesten am Roten Main. Die ehemalige markgräfliche Residenzstadt erlangte Weltruhm durch den Komponisten Richard Wagner und die von ihm ins Leben gerufenen Festspiele, die seit 1876 allährlich stattfinden. In Bayreuth lebte von 1804 bis zu seinem Tode im Jahre 1825 Jean Paul, der große Satiriker der deutschen Romantik. Seit 1975 ist Bayreuth Universitätsstadt.

Den Charakter der Altstadt bestimmen die schlichten, nach strengen Formprinzipien geordneten Häuserzeilen ebenso wie die Prachtbauten des 18. Jh.s, in denen Formelemente französischer, italienischer und preußischer Herkunft zu klassizistisch-barocker Einheit verschmelzen. Von den zahlreichen Sehenswürdigkeiten Bayreuths sei allen voran das weltbekannte Festspielhaus auf dem Grünen Hügel genannt. Sie erreichen es, wenn Sie vom Hauptbahnhof über die Bürgerreuther Straße gehen. Alljährlich von Ende Juli bis Ende August werden in dem 1872–76 errichteten nüchternen Backsteinbau, der

Festspielhaus in Bayreuth

Kartentausch vor dem Festspielhaus

sich durch eine hervorragende Akustik auszeichnet, die Musikdramen Richard Wagners aufgeführt. Täglich finden Führungen durch das Haus statt, bei denen Sie Wissenswertes über das Leben des Komponisten und seine Werke erfahren. Durch die Bahnhofstraße stadteinwärts kommen Sie über den Hohenzollernring zum Luitpoldplatz, an dessen Ende Sie links in die Opernstraße einbiegen. Hier erblicken Sie links das 1745–48 nach Plänen des französischen Baumeisters Joseph Saint-Pierre erbaute Markgräfliche Opernhaus, das als eines der schönsten noch unversehrt erhaltenen Barocktheater der Welt gilt. Besonders bemerkenswert sind die Rokokofassade und die von dem Bologneser Giuseppe Galli-Bibiena und seinem Sohn Carlo geschaffene prachtvolle Innendekoration. Alljährlich im Mai/Juni findet im Bayreuther Opernhaus die »Fränkische Festwoche« statt. Beim Opernhaus mündet rechts die Maximilianstraße ein, auf der Sie in wenigen Minuten zum Alten Schloß (heute Finanzamt) gelangen. Der Barockbau mit seinem charakteristischen Achteckturm nach Plänen von Caspar Vischer wurde im 16. Jh. erbaut und im 17. Jh. nach französischem Vorbild verändert. Vor dem Schloß steht ein Denkmal König Maximilians II. Sie kehren zur Abzweigung der Opernstraße zurück, biegen nun rechts in die Ludwigstraße ein und erreichen nach wenigen Schritten links das Neue Schloß, das Joseph Saint-Pierre erbaute. Der Mittelrisalit ist mit Säulen, Balustrade und krönenden Figuren das einzig dekorative Element dieser in Saint-Pierres zurückhaltendem Stil gehaltenen Anlage. Das Innere des Schlosses mit seiner üppigen Rokokoausstattung und den Gobelinsälen beherbergt eine staatliche Gemäldegalerie mit Werken aus dem 17. bis 18. Jh. Hinter dem Schloß erstreckt sich der ausgedehnte Hofgarten mit dem originellen Storchenhaus am Eingang und lebendiger Wasserszenerie. Am Rande des Hofgartens (Richard-Wagner-Straße 48) steht die Villa Wahnfried, das 1873–74 erbaute Wohnhaus Richard Wagners, heute Wagner-Museum mit Briefen und Notenhandschriften, Bildnissen, Büsten und »Klingendes Museum« (Tonbandübertragungen von Wagner-Musik); täglich geöffnet. Links der Villa Wahnfried finden Sie das Jean-Paul-Museum (täglich geöffnet) mit Briefen des Dichters und Erstausgaben seiner Werke, wie der 1796 erschienenen humoristischen Idylle »Leben des Quintus Fixlein«. Im Hofgarten steht auch das Deutsche Freimaurermuseum, das im Haus der 1741 gegründeten Loge »Eleusis der Verschwiegenheit« eingerichtet wurde und mit Bibliothek, Gemälden, Porzellan, Abzeichen und Kleidungsstücken Aufschluß über die Tradition der Freimaurerei in Deutschland gibt. Das Neue Schloß ist täglich außer Mo. geöffnet. Das Stadtmuseum, z. Zt. in der Kanzleistraße 1, ist täglich geöffnet (u. a. Fayencen, Gläser, kulturhistorische Sammlung zur Stadtgeschichte; wechselnde Ausstellungen).
Die Eremitage, frühestes kontinentales Beispiel eines sentimentalen Landschaftsgartens, befindet sich 4 km östlich der Bayreuther Innenstadt jenseits der Autobahn (Stadtautobusverbindung, Wegweiser in

Bayreuth: das Neue Schloß

Blick vom Neuen Schloß der Eremitage in Bayreuth auf den gepflegten Park.

der Innenstadt). Zur Eremitage gehören das 1715–18 als Grotten- und Felsenbau erbaute Alte Schloß und das 1749–53 errichtete »Neue Schloß«, das Orangerie und Menagerie umfaßt. Beide sind in einen vom Roten Main umflossenen anmutigen Landschaftspark mit Wasserspielen, Grotten und einem Ruinentheater eingebettet.

18 Auf der Maximilianstraße fahren Sie stadtauswärts und gelangen zur B 22. Durch abwechslungsreiche Landschaft fahren Sie auf die Hochfläche des Fränkischen Jura, wo Sie nach 25 km das ehemals ummauerte, terrassenförmig angelegte Städtchen **Hollfeld** erreichen. Wahrzeichen des am Zusammenfluß von Wiesent und Kainach gelegenen Ortes ist der besteigbare Turm der St.-Gangolfs-Kirche, deren Baubeginn in der Romanik liegt. Sehenswert sind die Reste der ehemaligen Stadtbefestigung, zwei 40 m tiefe, überdachte Stadtbrunnen, das wappengeschmückte alte Rathaus und die von Johann Leonhard Dientzenhofer 1704 erbaute St.-Salvator-Kapelle in der Unterstadt. Die B 22 führt im Wiesenttal durch den Naturpark Fränkische Schweiz, durchquert die Orte Neidenstein, Freienfels und Wiesentfels mit den für diese Landschaft charakteristischen Felsformationen, auf denen romantische Burgruinen thronen. In Wiesentfels steht auf hohem Felsen ein guterhaltenes Schloß, zu dem eine alte Lindenallee führt. Kurz hinter Steinfeld steigt die Straße etwas steiler an und erreicht in Höhenhäusling mit 514 m ihren höchsten Punkt. Dann geht es in mehreren steilen Kehren, vorbei an der bei Kletterern beliebten Würgauer Wand, hinab nach Würgau und weiter nach Scheßlitz.

18 Wandervorschlag von Hollfeld zur Burg Zwernitz und zum Naturpark Sanspareil: Sie verlassen in Hollfeld die B 22 und fahren nördlich ins 3 km entfernte Kainach, wo Sie parken. Von der Ortsmitte folgen Sie dem Wegweiser nach Norden und steigen auf der Lindenallee, an herrlichen Säulenwacholderbüschen vorbei, hinauf zu einer alleinstehenden alten Pappel. Die Burg Zwernitz vor Augen, wandern Sie am alten Stadel rechts abwärts ins Pfaffental und erreichen die Ortschaft Wonsees. Bis hierher können Sie alternativ auch mit dem Wagen fahren. Vor dem Rathaus wenden Sie sich nach rechts, gehen zur Plötzmühle und durch den Taleinschnitt auf einem Feldweg hinauf zur Burg und nach Sanspareil, wohin von Wonsees aus auch eine öffentlich befahrbare Straße führt.

Das auf einer Hochfläche gelegene Dorf Sanspareil trug früher, ebenso wie die Burg über dem Ort, den Namen Zwernitz. 1744–46 wurde hier auf Wunsch und nach Plänen der Markgräfin Wilhelmine von Bayreuth unter Nutzung der natürlichen Gegebenheiten eines mit Felstrümmern durchsetzten Buchenwaldes ein Naturpark angelegt, der in Deutschland als ein sehr frühes Beispiel des romantischen Landschaftsgartens nahezu einzigartig ist. Die aus dem 12. Jh. stammende Burg wurde im 16. und 17. Jh. stark beschädigt, ist nach wiederholtem Aufbau aber heute teilweise bewohnbar. Vom Bergfried bietet sich eine weite Rundsicht (Gehzeit 1½ Std.).

19 **Scheßlitz**, im Ellertal am Nordwestabfall des Fränkischen Jura gelegen, ist ein ehemals fürstbischöflicher Sitz mit Fachwerkbauten und barockem Amts- und Zunfthaus. Sehenswert ist die aus dem 15.–17. Jh. stammende Stadtpfarrkirche mit reicher barocker Innenausstattung. Die reizvolle Umgebung des Städtchens, insbesondere die sich von Nord- nach Südosten erstreckende Fränkische Alb, bietet hervorragende Möglichkeiten zu Ausflügen und Wanderungen.

20 Kurz vor Scheßlitz mündet die B 22 in die zur Schnellstraße ausgebaute B 505 ein. Benutzen Sie diese für die 20 km lange Strecke nach **Bamberg.** Parken können Sie in der Tiefgarage Geyerswörthstraße. Von dort gelangen Sie in 5 Minuten zum Domplatz. Um ihn gruppieren sich einige der bedeutendsten Bauwerke der Stadt, allen voran der Kaiserdom. Die kreuzförmige Basilika mit zwei Chören und zwei Turmpaaren wurde im Hochmittelalter zwischen 1203 und 1237 im Geist der Stauferzeit erbaut. Dem äußerlich noch vom romanischen Vorgängerbau geprägten Langhaus schließen sich der ebenfalls romanische Ostbau und der frühgotische Westbau an. Der große Innenraum des Gotteshauses zeichnet sich durch Schlichtheit aus. 1652–56 im Barockstil umgestaltet, wurde er zwischen 1828 und 1835 wieder weitgehend dem ursprünglichen mittelalterlichen Aussehen angeglichen. Die Proportionen entsprechen dem romanischen Stil, Spitzbogen zeigen jedoch den Übergang zur Gotik an. Das Grabmal des zwei-

Mitten in der Regnitz erhebt sich das Bamberger Rathaus.

ten deutschen Papstes Clemens II. (gest. 1047) ist das einzige Papstgrab Deutschlands. Sehr schön sind das geschnitzte Chorgestühl aus dem 14. Jh. und der berühmte Schnitzaltar des Veit Stoß, den der Künstler 1523 als Siebzigjähriger eigenhändig vollendet hat. Die Gräber des Stifterpaars Kaiser Heinrich und Kunigunde sind von Tilman Riemenschneider gestaltet. Am nordwestlichen Chorpfeiler steht der berühmte »Bamberger Reiter«. Das vermutliche Werk des Meisters der gotischen Bauhütte stellt die ideale Verkörperung des staufischen Ritters dar. Bekannt ist auch die Figur des »Lachenden Engels«. Der kostbare Figurenschmuck der Adamspforte befindet sich im Diözesanmuseum. Reich verziert sind auch Marienpforte und Fürstenportal.
Südlich grenzen an den Dom die Nagelkapelle, der Kreuzgang von 1457 und das 1731 durch Balthasar Neumann erbaute Kapitelhaus, in dem sich heute das Diözesanmuseum mit dem Domschatz befindet. Westlich wird der Domplatz von der Alten Hofhaltung der Kaiser und Bischöfe begrenzt, in der jetzt das Historische Museum der Stadt mit kultur- und kunstgeschichtlichen Sammlungen untergebracht ist, u. a. enthält es Balthasar Neumanns Originalmodell für Vierzehnheiligen. Bemerkenswert sind die »Ratsstube«, ein Renaissancegiebelbau aus dem 16. Jh. mit Erkern, Treppenturm und »Reichem Tor« sowie der von spätgotischen Fachwerkhäusern und hölzernen Laubengängen aus dem 15. Jh. umstandene Innenhof. Den Norden und Osten des Domplatzes umschließt die Neue Residenz, ein wuchtiger, 1697–1703 durch Leonhard Dientzenhofer errichteter Barockbau. 70 kurfürstliche Gemächer vom Hochbarock bis zum Rokoko mit prunkvollen Stukkaturen Materno Bossis beherbergen die Staatliche Gemäldegalerie, die Staatsbibliothek mit mehr als 400000 Druckwerken (u. a. wertvolle Inkunabeln, Wiegendrucke aus dem 15. Jh.) und eine ostasiatische Kunstsammlung. Von der hohen Gartenbaukunst des Rokoko zeugt der Rosengarten hinter dem Hof der Neuen Residenz, in dem auch Springbrunnen, heitere Götterfiguren und schattige Laubengänge zu finden sind. Eine schmale Gasse zwischen Dom und Alter Hofhaltung führt am Dompfarrhof vorbei zu den mittelalterlichen Domherrenhöfen mit Wappentoren, Treppen, Wehrgängen und Erkern. (Das Diözesanmuseum ist täglich außer Mo. von Ostern bis Allerheiligen, die Museen in der Alten Hofhaltung sind von Mai bis Oktober täglich außer Mo. geöffnet.)
Westlich des Dombezirks steht in unmittelbarer Nähe des Franziskanerklosters die St.-Jakob-Kirche, eine romanische Säulenbasilika aus dem 11./12. Jh. mit spätgotischem Chor und barocker Schauseite von 1771. Nördlich davon erhebt sich der Michaelsberg mit der ehemaligen, 1015 gegründeten Benediktinerabtei (heute Bürgerspital). Von der bewirtschafteten Aussichtsterrasse aus genießt man einen herrlichen Rundblick über die Stadt und deren Umland. Die Benediktinerabtei und der Kaiserdom prägen die charakteristische Silhouette der Stadt.

20 *Abstecher von Bamberg zur Altenburg: Am Westrand von Bamberg, etwa 2 km vom Dom entfernt, thront auf dem höchsten der »Sieben Hügel« die Altenburg. Sie erreichen sie vom Dom aus über die steile, aber schattige Altenburger Straße. Die Burg war von 1251 bis zu ihrer Zerstörung im Markgrafenkrieg (1553) Bischofsresidenz. Erhalten sind noch Teile der äußeren Ringmauer und der 33 m hohe Bergfried, von dem aus sich ein großartiger Blick hinab auf Bamberg bietet. Anstelle des einstigen Palas ließ der Altenburgverein, in dessen Besitz sich die Burg seit 1818 befindet, ein Wirtschaftsgebäude errichten, in dem heute eine vielbesuchte Gaststätte untergebracht ist. An den Torbau des 16. Jh.s grenzt eine neugotische Kapelle mit Bildgrabsteinen aus der ehemaligen Dominikanerkirche. Rund um die Burg bieten sich viele Wandermöglichkeiten, z. B. ins romantische Aurachtal.*

Der Bamberger Reiter: angeblich eine Darstellung des hl. Stefan von Ungarn, Schwager Kaiser Heinrich II.

Der mittelalterliche Dom von Bamberg

Schloß Weißenstein südlich von Pommersfelden

Anschluß Karte Seite 71

Treppenhaus im Schloß Weißenstein

Malerisch verträumt mutet die Fischersiedlung »Klein-Venedig« am Ufer des linken Regnitzarmes zwischen der Unteren und der Markusbrücke an (von der Unteren Brücke aus besonders schön zu sehen).
Sie setzen Ihre Reise in Richtung Südwesten fort. Fahren Sie auf der B 22 etwa 10 km bis Oberharnsbach. Kurz nach dieser Ortschaft zweigt links eine wenig befahrene Landstraße ab, auf der Sie nach kurzer Zeit **Pommersfelden**, bekannt durch das Barockschloß Weißenstein, erreichen (Führungen von April bis Oktober, täglich außer Mo.). Der Palast wurde 1711–16 unter der Leitung von Johann Dientzenhofer als Sommerresidenz des Mainzer Kurfürsten und Bamberger Erzbischofs Franz von Schönborn erbaut. Neben dem monumentalen Treppenhaus lohnt die auf 19 Räume verteilte Galerie mit über 600 Gemälden einen Besuch. 3 km weiter südlich, kurz hinter der Ortschaft Limbach, wechseln Sie links auf die B 505 über, auf der Sie in wenigen Minuten die Autobahn Nürnberg/Würzburg erreichen. Nach 20 km kommen Sie zur Ausfahrt Frauenaurach, wo Sie die Autobahn wieder verlassen. Kurz darauf befinden Sie sich in **Herzogenaurach**, einem aufstrebenden Industriestädtchen mit schmucken alten Fachwerk- und Bürgerhäusern, Wehrtürmen aus dem 14. Jh. und einer gotischen, barocken ausgestatteten Pfarrkirche aus dem 15./16. Jh. Im Stadtzentrum biegen Sie kurz hinter dem Bahnhof links in eine die Aurach überquerende Nebenstraße ein und fahren über Veitsbronn nach Cadolzburg.
㉑ **Cadolzburg**, das »östliche Eingangstor zum Rangau«, besitzt am Marktplatz sehenswerte alte Fachwerkbauten. Nordwestlich des Ortes erhebt sich die stattliche Ruine der Festung Cadolzburg, einst eine fränkische Höhenburg mit mächtigem Mauerwerk. Zuvor im Besitz der Grafen von Abenberg, ging das Gebäude um die Wende des 13. Jh.s an das Geschlecht der fränkischen Zollern über, deren bedeutendste Burg sie bis ins 15. Jh. hinein blieb. Die Anlage erlitt im Zweiten Weltkrieg durch Luftangriffe schwere Beschädigungen, die in neuerer Zeit nur begrenzt behoben wurden. Wegen Einsturzgefahr einzelner Burgbezirke sind heute nur Teile der Anlage zugänglich. Auf der Anhöhe südwestlich des Ortes steht ein weithin sichtbarer, 25 m hoher Aussichtsturm (Autozufahrt, Hinweisschild), der einen prächtigen Blick auf das gesamte Nürnberger Umland bietet.

㉑ *Wandervorschlag von Cadolzburg durch das westlich gelegene Farrnbachtal: Sie parken in Cadolzburg und beginnen Ihre Wanderung vor dem Oberen Tor. Sie folgen der Markierung »Blauer Strich« bzw. der Markierung »Rotes Schrägkreuz« und gelangen vom Waldbeginn durch den ehema-*

Anschluß Karte Seite 88

ligen Felsenkeller zur »Valentin-Fürstenhöfer-Ruhebank«. Von hier führt der mit »Rotem Schrägkreuz« markierte Weg durch das Farrnbachtal über Stinzendorf und die Hammerschmiede nach Keidenzell (Einkehrmöglichkeit). Sie kehren entweder auf derselben Route zu Ihrem Ausgangspunkt zurück, oder Sie erkunden in dem von vielen Pfaden durchzogenen Wald im Süden einen eigenen Rückweg. Gehzeit ca. 3 Std., keine nennenswerten Steigungen.

23 *Abstecher von Ansbach nach Feuchtwangen (s. a. S. 150): Sie verlassen Ansbach auf der B 14, durchqueren das Altmühltal und erreichen nach 26 km Feuchtwangen. Die mittelalterliche Stadt wuchs als Siedlung einem Benediktinerkloster zu. Mittelpunkt ist der großräumige, von breit-stattlichen Bürgerhäusern umgebene Marktplatz. Eine Kostbarkeit mittelalterlicher Baukunst stellt der romanische Kreuzgang der ehemaligen Benediktinerabtei dar, in dem jährlich von Juni bis August die Kreuzgangfestspiele stattfinden. Über dem Westflügel des Kreuzgangs befinden sich im Fachwerkstock die Handwerkerstuben, die Einblick in die frühere Arbeitsweise der Zuckerbäcker, Zinngießer, Schuhmacher, Hafner, Färber und Weber geben (Sa. u. So. geöffnet, Öffnungszeiten werktags beim Verkehrsamt, Marktplatz 1, erfragen).*

Sie verlassen Cadolzburg in südlicher Richtung und fahren über **Ammerndorf** (hübsche alte Fachwerkbauten, darunter eine Mühle mit prachtvollem Schmuckgiebel aus Eichenholzfachwerk) und **Roßtal** zur nahen B 14. Roßtal ist ein malerischer Marktflecken mit Fachwerkhäusern, Torturm und Kirchenburg. Unter der Pfarrkirche liegt eine frühromanische Krypta aus dem 11. Jh.

22 Im Zentrum des verkehrsgünstig gelegenen Städtchens **Heilsbronn** (s. a. S. 175) befindet sich das ehemalige, 1132 von Bischof Otto I. von Bamberg gestiftete und bereits 1555 wieder aufgehobene Zisterzienserkloster. Die Klosterbauten wurden im 18. und 19. Jh. zum großen Teil abgetragen. Erhalten sind lediglich das spätromanische Refektorium mit vier Kreuzgewölben und die Münsterkirche, eine romanische Basilika von 1132–39, eine Sehenswürdigkeit ersten Ranges. Neben zahlreichen wertvollen Kunstwerken wie dem Vierzehn-Nothelfer-Altar enthält die Kirche eine große Anzahl von Rittergräbern, was ihr die Bezeichnung »Christliche Schlafstätte Frankens« eintrug.

23 Von Heilsbronn erreichen Sie auf der B 14 **Ansbach** (s. a. S. 150 u. 175), einen bedeutenden Verkehrsknotenpunkt im Rezattal, ehemalige markgräfliche Residenz und Zeugnis des fränkischen Rokoko. Durch die Nürnberger Straße, in die die B 14 am Stadtrand einmündet, kommen Sie zur Schloßstraße. Kurz darauf sehen Sie das 1705–49 vom Graubündner Gabriel de Gabrieli erbaute Markgrafenschloß, jetzt zum Teil Regierungssitz. Der Prunksaal, das Spiegelkabinett, die Wohnräume der markgräflichen Familie sowie Kachelsaal und Galerie sind erhalten und können, ebenso wie die wertvollen Sammlungen (Ansbacher Fayencen und Porzellan, Stukkaturen und Möbel) täglich besichtigt werden. In unmittelbarer Nähe des Schlosses steht die St.-Gumbertus-Kirche mit dem Wahrzeichen Ansbachs, den drei gotischen »Türmen ohne Dach«. Die ursprünglich romanische Kirche umfaßt einen gotischen Chor und ein barockes Langhaus. Die Schwanenritterkapelle enthält Epitaphe und Totenschilder des süddeutschen Zweiges dieses 1440 von Kurfürst Friedrich II. von Brandenburg gegründeten Ordens. Zugänglich ist die romanische Krypta aus dem 11. Jh., die Fürstengruft mit 25 Sarkophagen der markgräflichen Familie. Dem Schloß gegenüber erstrecken sich, zwischen der Fränkischen Rezat im Norden und der Bahnhofsstraße im Süden, Orangerie und Hofgarten mit der prächtigen, 250jährigen Lindenallee.

In der Nähe dieser Allee steht ein Gedenkstein für Kaspar Hauser, den Unbekannten, der 1828 als junger Mann von rätselhafter Herkunft in Nürnberg auftauchte und 1833 in Ansbach ermordet wurde. Kaspar Hauser selbst berichtete, daß er in völliger Isolierung aufgewachsen und zeitweise sogar in einem Kellerverlies festgehalten worden sei. Die Angaben des Findelkindes erregten lebhaftes Interesse bei Pädagogen und in der Öffentlichkeit. Er wurde Gegenstand gefühlvoller Anteilnahme und geriet durch die plötzliche Berührung mit der Zivilisation in eine schwere seelische Krise. Sein Vormund, Ritter von

Die Altstadt von Ansbach mit dem Herrieder Torturm

Feuerbach, sorgte dafür, daß er als Aktenkopist bei der Regierung in Ansbach angestellt wurde. Auf dem Weg zur Arbeit wurde er von einem Fremden erstochen. Da Feuerbach die These vertrat, Hauser sei in Wahrheit der 1812 geborene Sohn des badischen Großherzogs und von der rivalisierenden Luise Hochberg aus dem Weg geräumt worden, wurde die lebhafte Kontroverse um sein geheimnisvolles Schicksal fortgesetzt. Literatur und Film nahmen sich des Falles an, doch endgültige Klarheit darüber ist angesichts der Quellenlage nicht zu erwarten.

Neben sehenswerten Kirchen, kunstvollen Brunnen und historischen Höfen gibt es in Ansbach reizvolle barocke Straßenzüge mit behäbigen alten Bürgerhäusern, z. B. die Uzstraße, die nahe der St.-Gumbertus-Kirche vom Johann-Sebastian-Bach-Platz südlich abzweigt. Durch die hinter dem Markgrafenschloß verlaufende Promenade gelangen Sie zur Maximilianstraße, in die Sie links einbiegen und stadteinwärts zur B 13 fahren. Sie unterqueren die Autobahn Nürnberg/Heilbronn, umfahren die Ortschaft Triesdorf (sehenswert das »Weiße Schloß« von 1692 mit Park, einst Markgrafenschloß, heute Landwirtschaftsschule) und befinden sich kurz darauf in Merkendorf, einer mittelalterlich anmutenden Ortschaft mit hervorragend erhaltener Befestigung mit Toren und Türmen. 4 km nordöstlich liegt abseits der großen Verkehrswege **Wolframs-Eschenbach**, die mutmaßliche Geburtsstadt des Minnesängers und Parzivaldichters Wolfram von Eschenbach. Aus dem Besitz der Eschenbacher ging der Ort im Laufe des 13. Jh.s an den deutschen Orden über, woran heute noch das Deutschordensschloß und die Ordensvogtei erinnern. Unversehrte Befestigungsanlagen aus dem 14. und 15. Jh. mit Mauern, Toren, Türmen und Zwingern umschließen das mittelalterliche Stadtbild, das überragt wird vom buntglasierten Turmhelm des Liebfrauenmünsters aus dem 13. Jh. Überlieferungen aus dem 15. und 17. Jh. zufolge soll sich im Kircheninnern einst das Grab Wolframs von Eschenbach befunden haben.

24 Sie fahren zurück zur B 13 und weiter in das 11 km entfernte Städtchen **Gunzenhausen** an der Altmühl. Das Altmühltal ist in diesem Abschnitt noch breit und offen. Zahlreiche Zeugnisse weisen auf die geschichtsträchtige Vergangenheit der aufstrebenden Stadt hin, die bis in die Römerzeit zurückreicht. Im Heimatmuseum am Marktplatz wurden prähistorische Sammlungen zusammengetragen, und im Burgstallwald im Norden der Stadt sind Überreste römischer Wachttürme und Kastelle, Teile des 233 n. Chr. zerstörten Limes, zu finden. Sehenswert ist die im 15. Jh. erbaute Stadtpfarrkirche mit schönem gotischem Netzgewölbe und alten Grabstätten. Nahe der Kirche und am Altmühlufer sind Teile der ehemaligen Stadtbefestigung erhalten.

25 Durch ein flaches, landschaftlich weniger reizvolles Hügelland erreichen Sie auf der B 13 die Deutschordensstadt **Ellingen**, ein liebenswertes Barockstädtchen mit vielen stilistisch einheitlichen Bauten. Ein im 12. Jh. gegründetes Spital nordwestlich der Stadt kam 1216

Wolframs-Eschenbach mit Stadttor und Liebfrauenmünster – hier stand vielleicht die Wiege von Wolfram von Eschenbach.

Weihnachtsmotiv um 1490 aus dem Liebfrauenmünster in Wolframs-Eschenbach

Ellingen: Portal des ehemaligen Deutsch-Ordens-Schlosses

an den Deutschen Orden, der es zu einem 1774 vollendeten Schloß ausbaute. Sehenswert sind das bis zum 3. Stockwerk des Südflügels reichende, prunkvoll ausgemalte Treppenhaus und die zahlreichen prächtigen Repräsentationsräume mit zum Teil noch originaler Einrichtung. Maßgeblich an der Inneneinrichtung beteiligt waren Joseph Anton Roth und Michel d'Ixnard. Als Abschlußflügel wurde in das riesige Geviert die Schloßkirche eingefügt. Die Deckengemälde des ehemals gotischen, im 18. Jh. umgestalteten Gotteshauses stammen von Cosmas Damian Asam. Schloß und Kirche sind ganzjährig zu besichtigen. In der Stadt selbst sollten Sie sich das fast verschwenderisch geschmückte Rathaus ansehen. Es ist ein herrlicher Barockbau des Wiener Baumeisters Franz Joseph Roth, der der Stadt ihr barockes Gepräge gab. Das Rathaus wurde 1945 während eines Luftangriffs schwer beschädigt, aber nach Kriegsende in seiner alten Pracht wiederaufgebaut. Malerisch schließt es den schönen alten Straßenzug mit seinen behäbigen Bürgerhäusern ab, deren stattlichstes der Mitte des 18. Jh.s als Wohnhaus einer jüdischen Familie erbaute Gasthof »Römischer Kaiser« ist.

26 *Wandervorschlag von Weißenburg auf die Wülzburg: Auf einer 630 m hohen Anhöhe östlich der Stadt erhebt sich die Wülzburg, eine Festungsanlage, die auf ein wahrscheinlich von Karl dem Großen gegründetes Benediktinerkloster zurückgeht. Der Aufstieg beginnt am östlichen Stadtrand von Weißenburg von der Eichstädter Straße (B 13) aus (Parkmöglichkeiten). Der bei der Autobushaltestelle vor dem Haus Nr. 56 beginnende Wülzburger Weg verläuft erst ziemlich flach, führt aber im letzten Teil steil hinauf zur Festungsmauer. Gehzeit für Auf- und Abstieg etwa 1 Std. Bis ins 19. Jh. diente die Burg militärischen Zwecken. Heute wird sie als Altersheim genutzt. Mit 166 m Tiefe besitzt die Wülzburg einen der tiefsten von Menschenhand geschaffenen Brunnen. Am Eingang der Burganlage befindet sich eine Gastwirtschaft.*

26 Auf der B 2 fahren Sie südwärts nach **Weißenburg**, das landschaftlich reizvoll im Becken der Schwäbischen Rezat am Steilanstieg der Fränkischen Alb liegt. Sehenswert sind die Andreaskirche in der Altstadt und der noch geschlossene Ring der Stadtmauer mit zahlreichen Türmen, dem teilweise noch wassergefüllten Stadtgraben und den Grünanlagen (Rundgang ca. ½ Std.). Nahe dem Markt mit seinem dreigeschossigen spätgotischen Rathaus (15. Jh.) befindet sich das Ellinger Tor, eine der bekanntesten mittelalterlichen Toranlagen Deutschlands aus dem 14. Jh. mit einem malerischen, später hinzugefügten Vorwerk. In der Nähe des Bahnhofs entdeckte man 1890 die Grundmauern des römischen Auxiliarkastells Biriciais, das zur Verteidigungslinie des auf der Albhochfläche entlangziehenden Limes gehörte.

Es bleibt Ihnen überlassen, ob Sie für die Weiterreise nach Eichstätt die landschaftlich abwechslungsreiche Fahrt über die Fränkische Alb auf der B 13 wählen oder unserer Empfehlung folgen und auf der B 2 ins Altmühltal und über die Altmühltalstraße nach Eichstätt fahren. Diese Straße zweigt 2 km südöstlich von **Treuchtlingen** von der nach Donauwörth führenden B 2 links ab, und Sie sollten auch dieser kleinen Stadt am Ausgang des Möhrenbachtals einen kurzen Ausflug widmen. Überragt wird Treuchtlingen vom Schloßberg mit der Ruine der im 13. Jh. erbauten Burg, die Sitz der Ritter von Treuchtlingen und Mittelburg war. In dem 1575 erbauten Stadtschloß, einer Zweiflügelanlage mit überhöhendem Erkerturm, wurde 1594 der berühmte Reitergeneral des Dreißigjährigen Krieges, Gottfried Heinrich Graf von Pappenheim, geboren. Auf ihn bezieht sich der Ausspruch »Daran erkenn' ich meine Pappenheimer« aus Schillers Drama »Wallensteins Tod«. Dampflok-Fans werden sich zur 01-220 hingezogen fühlen, die

Von Nürnberg kommend betritt man Weißenburg durch das Ellinger Tor

Die Willibaldsburg bei Eichstätt wurde im 14. Jh. gegründet.

man auf Hochglanz poliert und als Museumslok an der Promenade aufgestellt hat. Einst zog sie jahrzehntelang Schnellzüge durch Treuchtlingen. Attraktiv ist der Sport- und Spielpark nahebei.
Die folgenden 36 km sind der landschaftlich schönste Teil der gesamten Reise. Die Altmühl, die bis Treuchtlingen ein breites und offenes Tal durchzieht, trifft hier auf die Frankenalb und schlängelt sich nun auf einer Strecke von 136 km durch ein malerisches, tiefes und von bizarren Jurafelsen flankiertes Tal mit stillen, romantischen Seitentälern und verträumten Städtchen und Ortschaften, bis sie bei Kelheim in die Donau mündet. Sie benutzen die dem windungsreichen Flußlauf folgende Straße jedoch nur bis Eichstätt, wo Sie das Altmühltal in Richtung Ingolstadt verlassen.
Die wichtigsten Orte seien hier nur kurz erwähnt: **Pappenheim** liegt in einer Altmühlschleife zu Füßen einer aus dem 11. Jh. stammenden Burgruine (vom Bergfried herrliche Aussicht über das Flußtal und den Jura). Wenig später sind Sie in **Solnhofen**, bekannt durch seine ausgedehnten Steinbrüche. Nirgends sonst kommt der lithographische Schiefer des obersten Weißjura in solcher Reinheit, Dichte und Mächtigkeit vor wie hier. Vorbei an der Abzweigung nach Mörnsheim, wo sich das größte natursteinverarbeitende Werk Bayerns befindet (viele prähistorische Versteinerungen, im Rathaus Urweltfunde- und Fossiliensammlung), fahren Sie nach **Dollnstein**. Die von einer turmbewehrten, gotischen Ringmauer umgebene Ortschaft liegt malerisch inmitten eines kleinen, felsumrahmten Kessels, in dem sich das Tal der Urdonau mit dem der Altmühl vereint. Nach weiteren 13 km erreichen Sie die alte Bischofsstadt Eichstätt, den Mittelpunkt des Altmühltals.
(27) **Eichstätt** ist die erste »südliche« Stadt an der Straße der Residenzen. Nicht nur die Landschaft hier erinnert von fern an Italien, auch auf den Plätzen und in den Bauten der Stadt spürt man diesen Hauch des Südens. Im ersten Augenblick ist Eichstätt verwirrend – nicht nur für den Autofahrer, der versuchen muß, auf irgendeinem der vielen Plätze sein Gefährt abzustellen. Verwirrend ist die Stadt auch für den, der es unternimmt, sie zu Fuß zu erkunden. Vielfältig ist der Wechsel zwischen Gassen und Plätzen. Kirchen sind allgegenwärtig, an jeder Ecke

Solnhofener Platten-Kalksteinbruch

(27) Wandervorschlag auf dem Tal- oder Höhenweg von Eichstätt nach Breitenfurt: Kurz vor Obereichstätt müssen Sie sich zwischen Tal- und Höhenweg entscheiden. Zunächst geht es per Auto über die Höhe des Blumenberges, mit dem Sie den Mariensteiner Felssporn überwinden. Vom Parkplatz vor der Barockfassade des Augustiner-Chorherrenstiftes Rebdorf wandern Sie in Richtung Eichstätt, am Mariensteiner Kloster vorbei. Gleich hinter der »Tafernwirtschaft« führt links der Rosenweg schnurgerade bergan in den Wald, auf die Höhe und westwärts in Richtung Obereichstätt. Hier beginnt, aussichts- und sonnenreich, der große Höhenbogen nach Schernfeld und über den Spitzelberg zum Breitenfurter Burgstein. Wer Lust hat, kann noch durch die Heidelandschaft zwischen Säulenwacholder und Kalkzinnen nach Dollnstein wandern. Über den Talweg, der am Fluß entlang von Obereichstätt nach Breitenfurt führt, lassen sich beide Wege zu einer lohnenden Rundwanderung verbinden. Gehzeit je nach Wegwahl 3 bis 4 Std.

Von den Kanal-Bauarbeiten verschont: Altmühltal bei Pappenheim

Das Altmühltal wird durch den Bau des Main-Donau-Kanals streckenweise stark verändert. Die Kritiker sprechen von einer Zerstörung der Landschaft auf Raten. 34 km des rund 200 km langen Tales sind vom Bau der künstlichen Wasserstraße betroffen.

prunkt ein Palais, auf jedem Platz plätschert ein Brunnen. Mittelpunkt der Stadt, auch geistig, ist der Willibaldsdom. Er ist der Nachfolger des Ur-Doms, den Eichstätts erster Bischof, Willibald, im 8. Jh. hier errichten ließ. Der heutige Bau stammt im wesentlichen aus der gotischen Zeit, die berühmtesten Ausstattungsstücke, der Pappenheimer Altar und das Willibaldsdenkmal, sind Werke der Renaissance. Eigenartig ist das angrenzende Mortuarium, eine gotische Halle mit Glasfenstern von Hans Holbein d. Ä., in der hohe geistliche Würdenträger bestattet sind. Darüber befindet sich das Diözesanmuseum. Weitere wichtige geistliche Bauten der Stadt sind das Benediktinerinnenkloster St. Walburg mit einer frühbarocken Kirche (1626–31) und die Jesuitenkirche von 1661. Unter den zahlreichen Plätzen der Stadt ragt der Residenzplatz hervor, einer der stilreinsten Barockplätze Deutschlands.

(28) Auf der B 13, die die Altmühlstraße nordwestlich des Zentrums von Eichstätt kreuzt, fahren Sie nach **Ingolstadt**. Mit diesem Namen verbindet sich in der Regel nur die Vorstellung von Erdölraffinerien, Industriebetrieben und Großkraftwerk.

Aus Eichstätt kommend, erreichen Sie das Ingolstädter Zentrum beim Hindenburgpark. Sie biegen links in die Nördliche Ringstraße ein und zweigen von dieser rechts ab in die Harderstraße, auf der Sie zur Stadtmitte gelangen. Parkmöglichkeiten finden Sie bei der Franziskanerkirche und in den umliegenden Seitenstraßen. Die Ende des 13. Jh.s erbaute Minoritenkirche birgt über 100 Grabplatten von Ingolstädter Geschlechtern aus dem 15.–18. Jh. Ihr gegenüber steht die Gnadentalkapelle der Franziskanerinnen von 1487 mit der »Landshuter Madonna« (um 1475) und der großartigen »Anna Selbdritt« (1513) von Hans Leinsberger. Ecke Konvikt- und Kreuzstraße befindet sich das 1425 begonnene Liebfrauenmünster, dessen Ausbau sich bis ins 16. Jh. hinzog. Das mit wertvollen Gemälden, Bildhauereien und einem prunkvollen Hauptaltar ausgestattete Münster ist eine der größten Hallenkirchen der deutschen Gotik, und die beiden über Eck gestellten, nicht vollendeten Türme sind in Deutschland einzigartig. Das 1525 von Hans Wertinger geschaffene Hochchorfenster gilt als eines der größten und schönsten Glasgemälde seiner Zeit. Die Bürgersaalkirche Sta. Maria Victoria an der Neubaustraße, der nördlichen Verlängerung der Konviktstraße, wurde 1732–35 vermutlich von den Brüdern Asam erbaut und ausgeschmückt. Besonders bemerkenswert in diesem unvergleichlichen Kabinettstück des phantasiereichen Rokoko ist das kolossale, 40 × 15 m große Deckengemälde »Ausbreitung des Christentums«.

Im Osten der Altstadt, nahe der Donau an der Schloßlände, steht das 1418–32 erbaute Neue Schloß, ein eindrucksvoller, dreigeschossiger Bau mit Flankentürmen, Burggraben und einem Torbau von 1558 mit Uhrturm von 1771. Die prächtigen spätgotischen Innenräume mit Netzwerkschmuck, kunstvollen Türsteinwänden und Schnitzdecken beherbergen heute das Bayerische Armeemuseum (täglich außer Mo.

Eichstätt: Gabrieli erbaute die Sommerresidenz im Fürstbischöflichen Garten.

Ingolstadt: Im Festungsbau »Kavalier Hepp« ist das Stadtmuseum untergebracht (täglich außer Mo. geöffnet).

geöffnet). An Stelle des heutigen Hindenburgparks verlief der Festungsgürtel der klassizistischen Festungsanlagen, die ab 1828 im Auftrag König Ludwigs I. errichtet wurden. Lediglich die drei künstlerisch gestalteten Haupttore sind noch erhalten, während die Außenforts und die Schanzen nach 1945 abgetragen wurden.
Sie verlassen Ingolstadt über die Östliche Ringstraße in Richtung Autobahn München/Nürnberg (Hinweisschilder), unterqueren diese am östlichen Stadtrand und fahren auf der B 16a über **Großmehring** (bemerkenswerte romanische Landkirche aus dem 13.Jh.) in das alte Markgrafenstädtchen **Vohburg** (Burgruine aus dem 13.–15. Jh. mit gut erhaltenem Bering; im Burghof die Pfarrkirche von 1697). Nach weiteren 6 km mündet die B 16a in die B 16 ein, und hier zweigen Sie links von der Bundesstraße ab und fahren über Münchsmünster und Schwaig nach **Neustadt an der Donau**. Die Reste der alten Stadtmauer mit Befestigungswällen und den drei Stadttürmen sind ebenso sehenswert wie das aus dem 15. Jh. stammende Rathaus mit seiner Giebelfassade und die Pfarrkirche St. Laurentius, eine dreischiffige Hallenkirche aus dem 15. Jh.
2,5 km nördlich liegt der Kurort **Bad Gögging**, ein schon zur Römerzeit bekanntes Schwefelheilbad mit zwei Quellen, deren Temperatur ständig 15 °C beträgt. Die romanische St.-Andreas-Kirche, ein schlichter Quaderbau aus dem 12. Jh. mit wuchtigem Turm, zeichnet sich durch ihr berühmtes Nordportal aus, das von zum Teil schwer deutbaren Skulpturen geziert wird. Man weiß, daß die dargestellten Figuren mit denen am Regensburger Schottentor in Verbindung stehen, rätselhaft aber bleibt, wie eine kleine Landkirche zu solch reichem Schmuck kommt.
(29) Fahren Sie entlang der Donau über Eining (altes Römerkastell/Ausgrabungen) nach **Weltenburg**. Der am Südufer der Donau gelegene Ausflugsort ist berühmt durch das gleichnamige Kloster, das älteste Bayerns, und den Donau-Durchbruch. Das angeblich bereits um 600 n. Chr. von Missionaren aus Luxeuil/Vogesen gegründete Kloster Weltenburg wurde um 760 Benediktinerabtei. Die heutige Klosterkirche St. Georg und St. Martin, 1718 geweihter Bau, gilt als Meisterwerk Asams. Die äußerlich unscheinbare Kirche mit schlankem Turm ist im Innern ein »Zauberstück raffinierter Kunst«, wie der Kunsthistoriker Georg Dehio schrieb. Das auf Leinwand gemalte Deckengemälde der Vorhalle stammt von Franz Asam, dem Sohn von Cosmas Damian, der die Deckenfresken in der Kuppel des ovalen Hauptraums und die übrigen bedeutenden Fresken der Kirche schuf. Die Plastiken des Hochaltars sind das Werk Egid Quirin Asams, des Bruders von Cosmas Damian. Oberhalb der Kirche steht auf den Fundamenten eines römischen Minerva-Tempels die aus dem 10./11. Jh. stammende Frauenbergkapelle. An beiden Ufern des Donau-Durchbruchs, an dem das Kloster liegt, ragen steile, zerklüftete Felswände fast 100 m hoch empor. Der Fluß ist an dieser Stelle nur 70 m breit und etwa 7 m tief.

Cosmas Damian aus München errichtete den Neubau des Klosters Weltenburg.

Unser Wandervorschlag führt vom Kloster Weltenburg zur Befreiungshalle bei Kelheim.

(29) *Wandervorschlag vom Kloster Weltenburg zur Befreiungshalle und zurück:*
Mit einem der Schiffe, die im Sommer verkehren, lassen Sie sich zum gegenüberliegenden Donauufer übersetzen. Sie folgen der Markierung Rotes Dreieck, gehen auf der Straße etwa 100 m bergauf, biegen rechts in den Wald ein und steigen auf schmalem Pfad steil empor zur »Langen Wand«. Von der Felskanzel bietet sich eine umfassende Aussicht. Zunächst geht es durch Mischwald, bis der Weg steil zum Donauuferweg abfällt. Vorbei am Klösterl (Höhlenkapelle und Gasthaus) spazieren Sie an der Donau entlang bis Kelheim. Sie überqueren den oberhalb der Schiffsanlegestelle gelegenen großen Parkplatz, wenden sich nach links und gehen am Schleiferturm (heute Kriegerdenkmal) vorbei, bis Sie auf den Weg zur Befreiungshalle stoßen (Wegweiser, Markierung rotes Rechteck). Sie kehren entweder auf demselben Weg zu Fuß zurück nach Weltenburg, oder Sie setzen mit dem Schiff über. Zwischen Weltenburg und Kelheim verkehren auch Autobusse. Hinweg etwa 1½ Std., mitunter starke Steigung und starkes Gefälle.

Am linken Ufer liegt malerisch das Klösterl, eine ehemalige Einsiedelei (heute Gastwirtschaft), von der ein Waldweg in ½ Std. zur Kelheimer Befreiungshalle führt. Vom Kloster Weltenburg aus kann man den Donau-Durchbruch in den Sommermonaten mit Schiff oder Kahn durchfahren – ein überaus eindrucksvolles Erlebnis!

30 5 km donauabwärts liegt an der Einmündung der Altmühl **Kelheim**, die ehemalige Residenzstadt bayerischer Herzöge. Die teilweise noch erhaltene Stadtbefestigung mit drei Türmen und ebenso vielen Stadttoren stammt aus dem 13./14. Jh. An die einstige Herzogresidenz erinnert das um 1150 erbaute und später mehrfach erweiterte Schloß der Wittelsbacher im Osten der Stadt (heute Landratsamt). Die Bürgerhäuser entsprechen mit ihren breiten Fassaden und niedrigen Giebeln der typischen Altmühltal-Bauweise. Auf dem Michelsberg erhebt sich das Wahrzeichen Kelheims, die Befreiungshalle. Zur Erinnerung an die Befreiungskriege ließ König Ludwig den mächtigen Prunkbau 1842–63 nach Plänen der Baumeister Friedrich Gärtner und Leo von Klenze errichten. Außen wird das Kuppelrund von 18 Kolossalfiguren germanischer Jungfrauen – Sinnbilder der deutschen Stämme – geschmückt. Innen schließen 34 aus weißem Marmor gefertigte Siegesgöttinnen (Anzahl der deutschen Staaten) den Ring um den spiegelnden Boden der Mitte, der die Inschrift trägt: »Möchten die Teutschen nie vergessen ...« Eine eiserne Wendeltreppe führt zur inneren Säulengalerie, von der man hinauf zur äußersten Galerie mit großartiger Fernsicht auf Donau und Altmühltal gelangt (ganzjährig geöffnet). Klenze war auch der Baumeister der unweit entfernt, bei Donaustauf, gelegenen Walhalla. Diese Nachahmung eines griechischen Tempels wurde als »Ruhmeshalle« mit Bildnisbüsten berühmter Deutscher errichtet.

30 Abstecher von Kelheim nach Schloß Prunn (täglich geöffnet): Knapp 16 km westlich von Kelheim thront auf einem senkrecht abfallenden Felsvorsprung fast 100 m über dem Fluß Schloß Prunn. Sie erreichen diesen Glanzpunkt des Altmühltals auf der Altmühltalstraße. Die im 11. Jh. errichtete, im 16./17. Jh. ausgebaute Burg hat sich durch glückliche Umstände nahezu unverändert bis auf unsere Zeit erhalten. Auf der Burg wurde eine Handschrift des Nibelungenliedes vom Ende des 14. Jh.s entdeckt, die in der Bayerischen Staatsbibliothek München aufbewahrt wird. Sehenswert sind die Innenräume mit teils originaler Ausstattung, mit Waffen und Folterwerkzeugen, sowie die barocke Schloßkapelle. Die Aussicht von der Burg ist sehr attraktiv, zum gemütlichen Verweilen lädt die romantische Burgschenke ein.

Nach dem Besuch Kelheims fahren Sie zurück zum rechten Donauufer und halten sich in östlicher Richtung, bis Sie nach wenigen Minuten auf die B 16 stoßen. Ihr folgen Sie bis **Bad Abbach**, einem nordöstlich gelegenen Kurort, dessen Schwefelquellen schon die Römer gegen rheumatische Erkrankungen anwandten. Der Ort breitet sich zu Füßen eines Hügels aus, auf dem ein zinnenbekrönter Bergfried an die ehemalige Heinrichsburg erinnert. Hier wurde laut Bericht des bayerischen Geschichtsschreibers Aventinus im Jahre 973 Kaiser Heinrich II. geboren. Sie passieren mehrere, in immer kürzeren Abständen aufeinanderfolgende Ortschaften, bis schließlich die Silhouette der Stadt Regensburg vor Ihnen auftaucht. Bleiben Sie auf der B 16, da Sie so am leichtesten das Stadtzentrum erreichen.

31 **Regensburg**, viertgrößte Stadt Bayerns, alte Bischofs- und seit 1967 Universitätsstadt, ist ein wichtiger Umschlaghafen am nördlichsten Punkt der Donau, in die hier der Regen und wenige Kilometer westlich die Naab einmünden. Das Bild des alten historischen Stadtkerns wird geprägt vom romanisch-gotischen Umriß mit zahlreichen sakralen und profanen Baudenkmälern, die fast ausnahmslos in ihrer ursprünglichen Form erhalten geblieben sind.

31 Abstecher von Regensburg durch das Naabtal nach Kallmünz: Sie fahren von Regensburg auf der B 8 bis Etterzhausen (kleine romanische Dorfkirche aus dem 12. Jh.). Hier zweigen Sie rechts ab und fahren

Unser Abstecher führt Sie nach Schloß Prunn.

Die grauen Wände des Donau-Durchbruchs ragen majestätisch aus den Waldungen heraus.

Ausgangspunkt für Ihren Stadtrundgang ist der Alte Kornmarkt südöstlich des Doms, wo es in der Regel auch ausreichende Parkmöglichkeiten gibt. Einst Mittelpunkt des römischen Kastells, gibt dieser Platz heute den Blick frei zum romanischen Niedermünster und über den Herzogshof hinweg zum gotischen Dom. Hinter den Fensterarkaden des Herzogshofs aus dem 12./13. Jh. befindet sich der spätgotische Herzogssaal mit kostbarer Wappendecke, der heute kulturellen Veranstaltungen dient. Ein Schwibbogen führt zum sog. Römerturm, der im Unterbau noch Mauerwerk aus karolingischer Zeit aufweist. Östlich schließt sich die barocke Fassade der Karmelitenkirche an. Im dazugehörigen Kloster wird seit mehr als 250 Jahren der berühmte »Karmelitergeist« hergestellt (Verkauf an der Pforte). Nördlich vom Alten Kornmarkt liegt das doppeltürmige Niedermünster, eine hochromanische, dreischiffige Basilika aus dem 12. Jh. (im 18. Jh. barockisiert), die einst zu einem reichsunmittelbaren adeligen Damenstift gehörte. Die 1720 umgebauten ehemaligen Stiftsgebäude sind heute bischöfliche Residenz.

Unmittelbar westlich vom Niedermünster gelangen Sie durch den Domgarten zum Domkreuzgang, den ein breiter Flur mit Grabsteinen aus fünf Jahrhunderten in zwei Hälften teilt. Ihm schließt sich die um 1150 als Begräbniskapelle errichtete, hochromanische Allerheiligenkapelle an. Die alte Dompfarrkirche St. Ulrich am Südrand des Domgartens stammt aus dem 13. Jh. Der Dom St. Peter, geschaffen nach dem Vorbild der Kathedralen von Troyes, Dijon und Straßburg, gilt als Hauptwerk der Gotik in Bayern. Er wurde um 1250 begonnen, aber erst 1525 vollendet. Gegenüber seiner Westfassade steht das »Haus an der Heuport«, eine von einem Regensburger Handelsherren im 14. Jh. erbaute Vierflügelanlage mit weiträumigem Innenhof und gewölbtem offenen Treppenhaus. Durch den Bischofshof, einst bischöfliche Residenz und heute Hotel, gelangen Sie zur »Porta Praetoria«, dem Nordtor des 179 n. Chr. vollendeten römischen Legionslagers und dem einzigen erhaltenen Hochbau aus der Römerzeit in Bayern. Nun gehen Sie durch die Straße »Unter den Schwibbögen« zur Goliathstraße, biegen rechts in die Brückenstraße ein und befinden sich wenig später an

durchs Naabtal nach Pielenhofen. Die ehemalige Zisterzienserinnen-Klosterkirche des Ortes stammt in ihrer jetzigen Form von 1719. Die Innenausstattung schuf der Wessobrunner Franz Schmuzer. Weiter führt die Fahrt über Duggendorf (schöne Barockkirche) und Heitzenhofen (Schloß mit Barockkapelle) nach Kallmünz (40 km ab Regensburg). Die von der stattlichen Burgruine auf steilem Jurafels überragte Marktgemeinde liegt idyllisch am Zusammenfluß von Vils und Naab. Letztere wird hier von einer noch auf das 16. Jh. zurückgehenden Steinbrücke überspannt. Die Vorgeschichte der Burg ist ungeklärt. Im 17. Jh. wurde die Anlage größtenteils von den Schweden zerstört. Erhalten sind Reste des gotischen Torbaues, die spätgotische Zwingmauer mit Rundturm, der runde Bergfried aus dem 13. Jh. und der stattliche Palas mit ansprechenden Fensterformen. Vom Burgberg aus hat man eine prächtige Aussicht.

»Steinerne Brücke« in Regensburg

Kallmünz an der Naab

der »Steinernen Brücke«. Dieses Meisterwerk mittelalterlicher Baukunst aus dem 12. Jh. überspannt mit 16 Bogen in 310 m Länge die Donau. Sie verlassen Regensburg über die B 15 (Autobahnzubringer) Richtung Anschlußstelle Regensburg-Ost. Sie unterqueren die Autobahn und fahren durch das ziemlich einförmige niederbayerische Hügelland von der Donau zur Isar. Die meisten Orte, die Sie auf dieser 70 km langen Strecke passieren, haben keine besonderen Sehenswürdigkeiten zu bieten. Eine Ausnahme bildet **Alteglofsheim** etwa 15 km südlich von Regensburg. Dieses relativ unscheinbare Dorf gruppiert sich um ein äußerlich schlichtes, aber innen prächtig ausgestattetes Schloß, das auf eine Burg des 14. Jh.s zurückgeht. Berühmte Künstler des Spätbarock und des Rokoko, unter ihnen Cosmas Damian Asam, schufen die glanzvollen Räume. In Hagelstadt zweigt links eine Straße nach **Aufhausen** ab (Hinweisschilder). Die dortige Wallfahrts-

Anschluß
Karte Seite 79

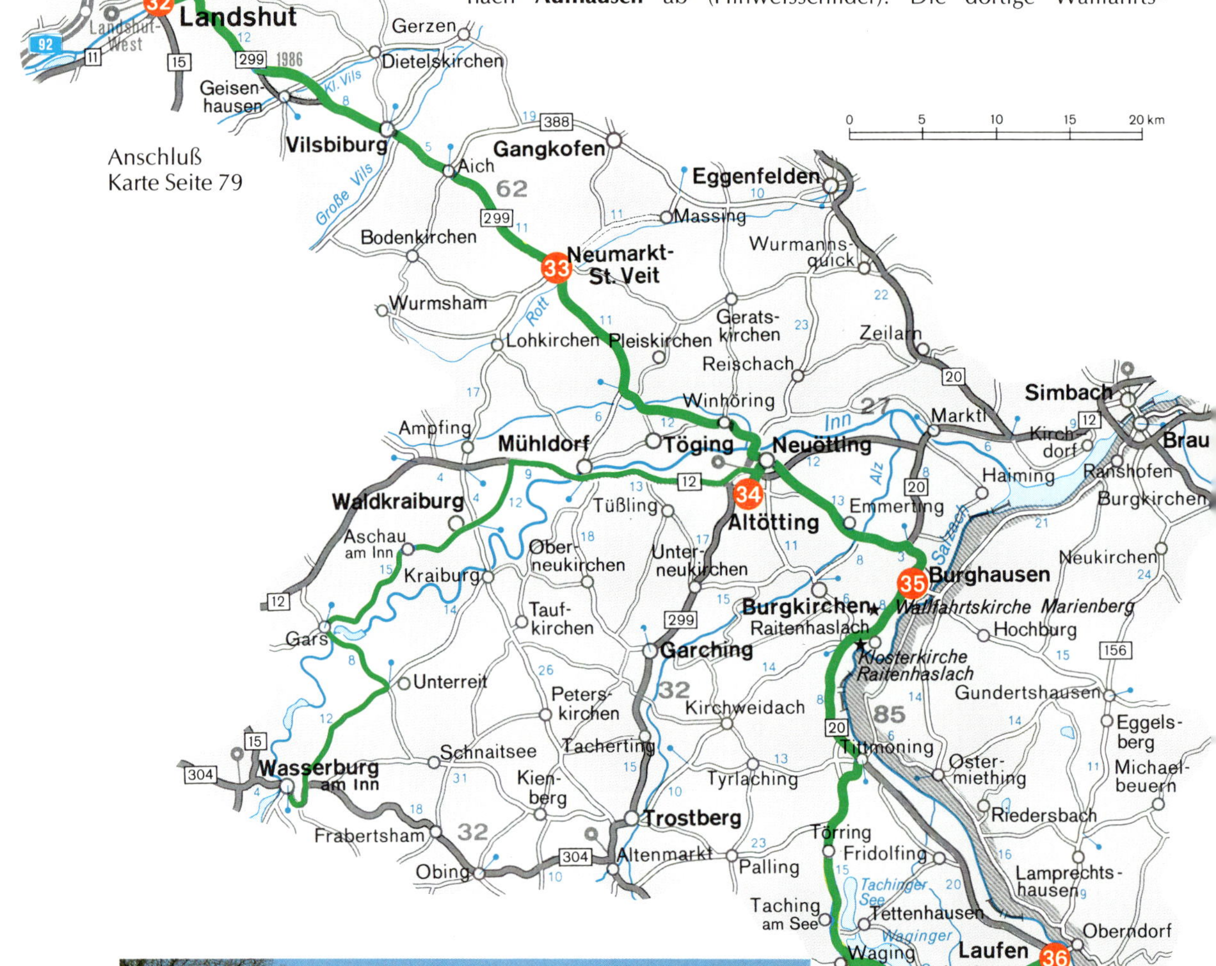

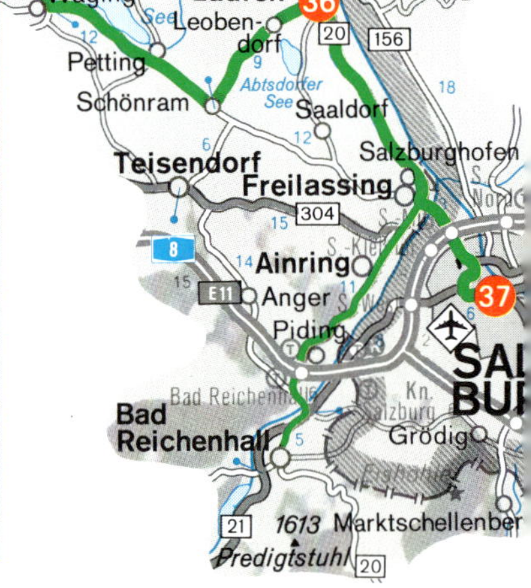

Burg Trausnitz in Landshut

und Stiftskirche Maria Schnee von 1736–51, ein herrliches Werk des Barockbaumeisters Johann Michael Fischer, verdient es, daß man ihretwegen den Umweg von etwa 16 km macht. Entlang der Großen Laaber gelangen Sie über Pfakofen zurück zur B 15, die Sie in Eggmühl erreichen.

Kurz vor Neufahrn biegen Sie links in die Straße Richtung Straubing ein und fahren in das 7 km entfernte **Mallersdorf-Pfaffenberg**. Der südliche Turm des heutigen Franziskanerinnenklosters und das Portal sind romanisch. Beide stammen aus dem 13. Jh. Der nördliche Turm kam erst im 17. Jh. hinzu, ist aber eine exakte Nachbildung des Vorgängers. Langhaus und Vorhalle sind frühklassizistisch. Den meisterhaften Hochaltar der prächtig ausgestatteten Kirche schuf Ignaz Günther.

32 Sie kehren auf gleicher Strecke zurück zur B 15 und fahren nach **Landshut**. Die alte Herzogsstadt mit ihrem fast 400jährigen Stadtkern wird überragt von zwei weithin sichtbaren Wahrzeichen, dem Münster St. Martin und der Burg Trausnitz. Beide liegen rechts der Isar, das Münster an dem breiten Straßenzug der »Altstadt«, die Burg 300 m weiter unweit vom Dreifaltigkeitsplatz. Der Landschaftscharakter zwischen Isar und Inn entspricht im wesentlichen dem zwischen Donau und Isar. Auch hier herrscht eine gewisse Einförmigkeit, die freilich unterbrochen wird von Flußtälern wie dem der Kleinen und Großen Vils, der Binz und der Rott. Die Orte auf der 58 km langen Strecke zwischen Landshut und Neuötting rechtfertigen nur im Einzelfall eine Fahrtunterbrechung. Als erstes ist hier **Vilsbiburg** zu nennen, das 19 km südöstlich von Landshut an der Großen Vils liegt. Der alte niederbayerische Ort bietet mit seinem sehenswerten Stadtplatz, umstanden von behäbigen Bürgerhäusern, mit dem Oberen Tor aus dem 15. Jh. und dem Spitalturm, ein belebtes Ortsbild. Östlich erhebt sich der Mariahilfberg mit neuromanischer Wallfahrtskirche.

33 **Neumarkt-St. Veit** ist ein idyllisches Städtchen im oberen Rottal. 1934 wurden die bis dahin selbständigen Orte Wolfsberg-St. Veit und Neumarkt, die beide auf das 13. Jh. zurückgehen, zusammengelegt und 1956 zur Stadt erhoben. Der langgestreckte, von Häusern im Inntalstil gesäumte Marktplatz wird von zwei Toren, dem Untertor aus dem 16. Jh. und dem barock veränderten Obertor, abgeschlossen. Jenseits der Rott liegt das ehemalige Benediktinerkloster St. Veit, dessen schöne Kirche unter Einbeziehung romanischer Bauteile im 15. Jh. entstand. Die barocke Turmhaube hat Johann Michael Fischer 1765 entworfen.

Sie überqueren den Inn und gelangen nach **Neuötting**, das auf dem Steilrand der Innterrasse am rechten Flußufer liegt und fast übergangslos mit dem benachbarten Altötting verbunden ist. Mittelpunkt ist der Stadtplatz, der aus der zum Markt erweiterten, in leichten Krümmungen verlaufenden Ludwigstraße gebildet wird. In den mit Laubengängen und Grabendächern verzierten Häusern finden sich teilweise Arkadenhöfe, von denen einige noch aus dem 15. Jh. stammen.

Die »Narrentreppe« im Fürstentrakt der Burg Trausnitz: Herzog Wilhelm V., ein Liebhaber der Commedia dell' arte, ließ bei seiner Hochzeit mit Renata von Lothringen (1578) eine italienische Schauspielertruppe auftreten. Vor ihrem Weggang wurden die Künstler an den Wänden dieser engen Schachttreppe in bewegten theatralischen Szenen verewigt.

Im Jahre 1475 fand die legendäre Landshuter Fürstenhochzeit statt: Der Bayernherzog Georg der Reiche vermählte sich mit der polnischen Königstochter Jadwiga. Das Andenken an diese pompöse Hochzeit feiert die Stadt jedes dritte Jahr im Juni/Juli mit glanzvollen Festspielen.

Landshut: Münster St. Martin

Beherrschendes Bauwerk ist die in dunkelroter Backsteingotik aufgeführte Pfarrkirche St. Nikolaus, deren Bauzeit mehr als 200 Jahre betrug (1410 bis 1623). Der helle dreischiffige Innenraum, dessen hohes Mittelschiff von schlanken Pfeilern getragen wird, enthält spätgotische Schnitzfiguren und Tafelgemälde aus dem letzten Jahrhundert.

34 **Altötting**, der bedeutendste Marienwallfahrtsort im deutschsprachigen Raum, wird alljährlich von einer halben Million Menschen besucht, die in Sonderzügen, Autobussen, Privatwagen oder gar zu Fuß anreisen. Mittelpunkt des schon um 780 als karolingische Pfalz erwähnten Ortes, der als eine der ältesten Kultstätten Europas gilt, ist der weite Kapellplatz um die von Akazien umstandene Gnadenkapelle. Sie besteht aus dem inneren Oktogon des 8. Jh.s und dem nach dem Aufblühen der Wallfahrt 1494 vorgebauten spätgotischen Langhaus. Um das Ganze wurde ein Bogengang gezogen, in dem jeder verfügbare Platz, ja selbst die schräge Decke, mit Votivtafeln bedeckt ist, die Marias Hilfe in vielfältigen Notlagen bezeugen. Außer dem Gnadenbild, der »Schwarzen Muttergottes« aus dem 14. Jh., enthält die Kapelle zahlreiche silberne Herzurnen. Das Herrscherhaus der Wittelsbacher bezeugte der Gnadenmutter seine tiefe Verehrung dadurch, daß es die Kapelle als Beisetzungsstätte des Herzens wählte. Südlich der Gnadenkapelle steht die 1511 vollendete Stifts- und Wallfahrtskirche St. Philipp und Jakob. Im Innern dieser dreischiffigen Hallenkirche ist neben dem Hauptportal in der rechten Emporenecke die Schrankuhr mit dem berühmten »Tod von Eching« (= Ötting) zu sehen, der in jeder Sekunde einmal seine Sense schwingt. Die Tür gegenüber dem Hauptportal führt in den ursprünglich romanischen, im 15. Jh. in spätgotischem Stil umgebauten Kreuzgang. Im Süden schließt sich die 1425 erbaute Tilly-Kapelle an, in der der Feldherr Graf Johann Tserclaes von Tilly 1653 seine letzte Ruhestätte fand. Am Kapellplatz, der Gnadenkapelle gegenüber, steht in der Häuserfront die 1593 erbaute und 1697 im Jesuitenbarock umgestaltete Kirche St. Magdalena, in der man sakrale Andenken wie z. B. Kreuze weihen lassen kann.

Altötting: Votivbilder in der Heiligen Kapelle

34 Abstecher von Alt- bzw. Neuötting nach Wasserburg am Inn: Wasserburg ist zwar über 60 km von Altötting entfernt, doch dafür ist dieser Abstecher einer der lohnendsten der ganzen Route. Allein die Fahrt auf der wenig frequentierten, kurvenreichen Nebenstraße zwischen Mühldorf und Wasserburg vermittelt stets wechselnde, anregende Eindrücke. Den Höhepunkt bildet zweifellos der Besuch der Stadt selbst. Von Altötting fahren Sie zuerst auf der B 12 in das 13 km westlich gelegene Mühldorf. Bereits hier ist der charakteristische Inn-Salzach-Stil erkennbar. Der Stadtplatz ist von eindrucksvoller Geschlossenheit. Kurz hinter der Stadt verlassen Sie die B 12 und folgen dem Hinweisschild nach Waldkraiburg (1950 gegründete »Industriestadt im Grünen«, erste Vertriebenengemeinde der Bundesrepublik). Über Gars gelangen Sie schließlich nach Wasserburg. Die Altstadt drängt sich auf einer Halbinsel zusammen, die durch eine Innschleife gebildet wird. Der Zugang führt von Westen her über einen Bergrücken, auf dem die alte Burg den Eingang zur Stadt schützt. Im Südosten führt eine malerische holzverkleidete Eisenbrücke zum rechten ansteigenden Flußufer. Die den Inn säumende Häuserfront links vom Brucktor gehört zu den meistfotografierten Ansichten bayerischer Städte. Stattliche Fassaden prangen über den anheimelnden Laubengängen

Wasserburg am Inn

35 Sie kehren nach Neuötting zurück und fahren nach **Burghausen**. Die Grenzstadt an der Salzach wird von der angeblich größten Burganlage Deutschlands überragt. Die Altstadt, ein Idyll unter den deutschen Städten, das z. B. der Dichter Adalbert Stifter begeistert pries, zieht sich im Bogen um den Burgberg herum, der zwischen seinem Steilhang und der Salzach zunächst nur einem einzigen Straßenzug Raum läßt, sich dann aber zu einem erstaunlich großzügigen Stadtplatz erweitert. Nach dem Zweiten Weltkrieg ist nördlich des Burgberges ein neues Viertel entstanden, das Alt-Burghausen sowohl an Fläche als auch an Einwohnerzahl erheblich übertrifft. Weithin sichtbar thront die Burg auf dem langgestreckten, schmalen Höhenrücken, der nach Osten zur Salzach und nach Westen zum Wöhrsee, einem zum Altwasser gewordenen Salzacharm, abfällt. Sie können für den Aufstieg entweder den steilen Burgpfad wählen, der vom Stadtplatz zur Hauptburg führt (etwa 10 Min. Gehzeit), oder die sanftere Steigung auf der Straße zum nördlichen Burgtor. Die Burg ist auch mit dem Auto zu erreichen, am Eingang gibt es große Parkplätze. Die Anlage ist ungefähr 1100 m lang und beiderseits durch Mauern und Türme gesichert. Bei der Besichtigung vom nördlichen Tor her durchschreiten Sie fünf »Abschnittsburgen« mit unterschiedlichen Bau- und Befestigungsweisen. Die einzelnen Burghöfe sind durch mächtige Tore und Brücken miteinander verbunden. Im Fürstentrakt steht im vordersten Hof die Elisabethkapelle, die älteste gotische Kirche Oberbayerns. Im eigentlichen Fürstenhaus ist heute eine Filialgalerie der Bayerischen Staatsgemäldesammlung untergebracht, und im Kemenatenbau zeigt das Städtische Museum seine Ausstellungen. Galerie, Museum und die original möblierten Gemächer im ersten Stock des Palas sind ganzjährig täglich geöffnet. Der fotogenste Blick bietet sich Ihnen vom jenseitigen österreichischen Salzachufer aus, am schönsten etwa auf halbem Wege zwischen alter und neuer Brücke. Sie verlassen Burghausen salzachaufwärts und erreichen alsbald zwei bedeutende Kunststätten, deren Besichtigung Sie auf keinen Fall versäumen sollten. Als erstes erblicken Sie rechts der Straße die farbenfrohe Rokoko-Wallfahrtskirche Marienberg aus dem 18. Jh., die sich mit ihrer zweitürmigen

des Marienplatzes. Hervorzuheben ist das Kernhaus (gegenüber dem hochgiebeligen Rathaus), dessen Front Johann Baptist Zimmermann prunkvoll stukkierte.

Burghausen an der Salzach

Karl-Theodor-Quelle im Quellenbau Bad Reichenhall: Sole-Förderpumpe von 1792

Front auf einem Hügel nahe der Salzach erhebt. Dieses hervorragende Zeugnis der Blütezeit des bayerischen Kirchenbaus quillt über von Formen und Farben. Ein Juwel des Spätbarock ist die ebenfalls in jubelnder Farbigkeit strahlende ehemalige Zisterzienserklosterkirche Raitenhaslach, die Sie kurz nach Maienberg links der Straße sehen. Die glanzvolle Dekoration des Innenraums spiegelt sich sowohl in den wie Kulissen des Ganges zum Hauptaltar wirkenden fünf Seitenaltären, als auch in den Stukkaturen von Martin Zick aus Kempten und in den großartigen Deckenfresken des Ottobeurer Künstlers Johann Zick, die das Leben des Zisterzienservaters Bernhard von Clairvaux darstellen.

Die schon im 8. Jh. genannte Salzachstadt **Tittmoning** hat hervorragend erhaltene Stadtmauern und einen breiten brunnengeschmückten Marktplatz. Die Burg, die anstelle einer zerstörten Befestigungsanlage aus dem 13. Jh. erbaut wurde, war zeitweise Sommersitz der Salzburger Fürstbischöfe.

Im sog. Prälatenstock ist das Heimatmuseum mit Modellen des Schmiedeeisen-Handwerks und Schützenscheiben untergebracht (von Mai bis Oktober täglich außer Do. um 14 Uhr Führungen). Vom Schloßberg genießt man eine großartige Aussicht auf die nicht allzu weit entfernte Alpenkette. Sie verlassen Tittmoning auf der B 20, biegen kurz darauf rechts ab und fahren auf der südlich verlaufenden Landstraße nach **Waging,** das unweit des gleichnamigen Sees liegt. Nicht selten erreicht das Wasser im Hochsommer eine Temperatur von 26 °C, was dem See den Ruf eingebracht hat, der wärmste Oberbayerns zu sein. Zusammen mit dem Tachinger See im Norden, von dem ihn ein Damm trennt, ist der Waginger See 12 km lang. Hier wird reger Wassersport betrieben.

36 Von Waging aus fahren Sie am See entlang nach Südosten und kommen nach Schönram, wo Sie von der nach Freilassing führenden Straße links abzweigen und über Leobendorf (unweit liegt südlich der schöne Abtsdorfer See) nach **Laufen** gelangen. Das in einer engen Salzachschleife gelegene Städtchen ist durch seine alten Bürgerhäuser mit Erkern, Laubengängen, Giebeln, verzierten Torbögen und Grabendächern weithin berühmt. Die Pfarr- und Stiftskirche Mariae

36 Abstecher von Freilassing nach Bad Reichenhall: Wenn Sie von Freilassing auf der B 20 entlang der Saalach nach Süden fahren, erreichen Sie über Piding die Kurstadt Bad Reichenhall. Funde lassen darauf schließen, daß die reichen Salzvorkommen der Gegend bereits zur Hallstattzeit ausgebeutet wurden. Auch die Römer betrieben einen schwunghaften Handel mit Reichenhaller Salz. Seit der Gründung des heutigen »Bayerischen Staatsbades« 1846 hat sich die Stadt zu einem bedeutenden Kurort entwickelt. Der historische Quellenbau in der Alten Saline mit seinem Pumpenwerk kann von April bis Oktober täglich, November bis März Di. und Do. nachm. besichtigt werden.

Ein Erlebnis ist die Fahrt mit der Kabinenseilbahn auf den 1613 m hohen Predigtstuhl. Bereits von der Bergbahnstation aus hat man eine großartige Aussicht. Von den zahlreichen Sehenswürdigkeiten der Kurstadt sei die im Nordosten gelegene Münsterkirche St. Zeno erwähnt. In dieser 1136–1208 erbauten romanischen Basilika befindet sich ein wertvolles Chorgestühl aus dem frühen 16. Jh. sowie eine zur gleichen Zeit entstandene kostbare Schnitzgruppe der Marienkrönung.

Schon im Mai erreicht der Waginger See eine Wassertemperatur von 21–22 °C.

Himmelfahrt aus dem 14. Jh. ist die älteste gotische Hallenkirche Süddeutschlands. Ihre fast gleichbreiten, durch Säulenreihen voneinander getrennten Schiffe sind unter einem hohen, das Stadtbild beherrschenden Satteldach vereint. Reizvoll zieht sich um die Kirche ein im 15. Jh. begonnener Arkadengang mit markanten Kreuzgewölben. Jenseits der Salzach liegt, mit Laufen durch eine Brücke verbunden, auf österreichischem Gebiet Oberndorf, wo das international bekannte Weihnachtslied »Stille Nacht, heilige Nacht« von Joseph Mohr (1818) gedichtet wurde. Für den letzten Teil Ihrer Fahrt benutzen Sie wieder die B 20, auf der Sie durch einige hübsche Dörfer zum 13 km entfernten **Freilassing** gelangen. Kurz zuvor passieren Sie Salzburghofen mit sehenswerter Pfarrkirche aus dem 17. Jh. Der Hochaltar aus verschiedenfarbigem Marmor stammt von Wolfgang Hagenauer, einem engen Freund der Familie Mozart. Freilassing hat in erster Linie als Grenzübergang nach Österreich Bedeutung. Die Nähe Salzburgs (beide Stadtzentren liegen nur 7 km voneinander entfernt) hat zur Folge, daß viele Besucher der Salzburger Festspiele hier Quartier nehmen. Es gibt günstige Bahn- und halbstündige Busverbindungen.

Schloß Mirabell in Salzburg: Blick auf die Feste Hohensalzburg

37 Der krönende Abschluß Ihrer Fahrt auf der Straße der Residenzen ist der Besuch der Festspielstadt **Salzburg**, Landeshauptstadt des gleichnamigen österreichischen Bundeslandes und eines der größten und bedeutendsten europäischen Kultur- und Fremdenverkehrszentren. Die malerischen Straßen und Gassen der Altstadt, die zahlreichen Kirchen, die stolze Feste Hohensalzburg und ringsum die großartige Gebirgslandschaft verleihen der alten Residenzstadt unvergleichlichen Reiz. Hinzu kommen das milde Klima und die vielen Bauten in italienischem Barock, die einen geradezu südländischen Akzent setzen. Der Dom und die zahlreichen anderen Kirchen, die Festung, das Festspielhaus, Mozarts Geburtshaus mit dem Mozart-Museum, Schloß Mirabell und viele weitere Stätten lohnen eine Besichtigung, worauf hier nur hingedeutet werden kann. Am Bahnhof und an den Hauptausfallstraßen befinden sich Informationskioske. Das Städtische Verkehrsbüro in der Auerspergstraße veranstaltet Stadtrundfahrten und Fremdenführungen. Zwei weitere Informationsadressen: Salzburg-Information, Mozartplatz 5; Landesreisebüro, Dreifaltigkeitsgasse 16.

Lage Die Straße durchzieht in oft wechselnder Richtung ganz Bayern von Aschaffenburg im Nordwesten bis Freilassing im äußersten Südosten. Zwischen Freudenberg und Wertheim verläuft sie einige Kilometer weit am baden-württembergischen Ufer des Mains.

Anfahrt Aschaffenburg, nur wenige Kilometer südöstlich von Frankfurt (A 3) gelegen, ist aus allen Richtungen über Autobahnen und Bundesstraßen bequem zu erreichen.

Länge Ca. 1000 km.

Beschilderung Keine.

Beste Reisezeit Wer sich auch an den schönen Landschaften erfreuen möchte, durch die unsere Route oftmals führt, sollte die schneefreien Jahreszeiten, vorzugsweise den späten Frühling (Baumblüte) oder den Herbst (großartige Fernsichten) als Reisezeit wählen.

Charakter Die Straße der Residenzen dient zwar in erster Linie dazu, möglichst schnell und unkompliziert von einer Residenz zur anderen zu gelangen. Sie ist jedoch keine reine »Ziele-Straße«, wie ihr Name vermuten läßt, sondern führt auch in einige reizvolle bayerische Mittelgebirgslandschaften, so den Spessart, die Haßberge sowie die Fränkische Schweiz und die Fränkische Alb. Faszinierende Naturregionen bieten schließlich die Berchtesgadener Alpen, an deren Nordostrand die Route endet.

Auskunft Es gibt keinen offiziellen Träger der Residenzenstraße; ggf. sind die Verkehrsämter der einzelnen Orte anzufragen.
(Fremdenverkehrsverband Ostbayern e. V., Landshuter Str. 13, 8400 Regensburg; Fremdenverkehrsverband Franken e. V.
Am Plärrer 14, 8500 Nürnberg 80)

Felsenkirche und Schloßruine von Idar-Oberstein

Form und Farbe der Edelsteine faszinieren seit jeher das menschliche Auge.

Schillernde Höhlen und funkelnde Steine

Einen Edelsteinrausch, etwa dem Goldrausch an der amerikanischen Westküste vergleichbar, hat es hier nie gegeben; dafür aber von jeher die harte und mühselige Arbeit des Handwerkers, der sägend, schleifend und polierend den begehrten Mineralien kunstvolle Gestalt verlieh.
Die Deutsche Edelsteinstraße führt Sie mitten hinein in das Geheimnis um diese »Abfallprodukte« vulkanischen Geschehens. Verborgene Schächte und Stollen, geheimgehaltene Fundstellen, alte Schleifmühlen in stillen Bachtälern oder hochmoderne Industriebetriebe in Idar-Oberstein entführen Sie in die Welt der edlen Steine und in eine vulkanisch geprägte Mittelgebirgslandschaft von bezauberndem Reiz. An zahlreichen Fundstellen, auf Äckern, in Höhlen und auf Halden, findet man heute gut 30 verschiedene Mineralien, die meist aus der Devonzeit (vor 350 Mio. Jahren) stammen, z. B. Rauchquarz, Achat, Amethyst, Bleiglanz, Zinkblende, Malachit und Kupferkies. In den Orten entlang der Deutschen Edelsteinstraße werden in größeren und kleineren Familienbetrieben Steine geschliffen und Schmuckstücke hergestellt. Neben den historischen Wasserschleifereien können Sie auch moderne Betriebe besichtigen.

❶ *Abstecher*
von Idar-Oberstein zum Steinkaulenbergwerk: Aus Richtung Idar-Oberstein kommend, biegen Sie zum Steinkaulenbergwerk am Ende der Hauptstraße nach links bergauf in die Saarstraße und nach etwa 250 m wieder links in den Weg »Im Säbel« ein (ausgeschildert bis zum Waldparkplatz). Steinkaule ist das mitteldeutsche Wort für Steingrube, -loch. Vom Parkplatz führt ein Teerweg in den Wald. Nach 200 m sehen Sie Schilder, die auf eine frei zugängliche Schürfstelle hinweisen, an der auch heute noch Achat, Amethyst, Jaspis und andere Edelsteine gefunden werden. Auf einem Waldweg, der nach links abgeht, erreichen Sie nach etwa 500 m die Schürfstelle und den Stollen »Richard Märker«. Im Besucherstollen »Eugen Morschhäuser« finden von Mitte März bis Mitte November täglich Führungen statt; sie dauern ca. 30 Min.

❶ *Abstecher*
von Idar-Oberstein zur Weiherschleife: Vom Deutschen Edelsteinmuseum führt der ausgeschilderte Weg zur 500 Jahre alten wasserbetriebenen Edelsteinschleiferei am Idarbach (Parkplatz). Die Schleifer arbeiten mit historischem Gerät, dem tonnenschweren Sandschleifstein und den Schleifenkippstühlen, auf denen der Handwerker bäuchlings die Steine formt. Hier werden dem Besucher die traditionellen Arbeitsgänge vorgeführt, die der Achat bei der Bearbeitung durchlaufen muß: Sägen, Aushöhlen, Schleifen und Polieren (werktags geöffnet, im Sommer auch Sa. und So.).

❶ *Abstecher*
von Idar-Oberstein zur Göttschieder Höhe: Sie fahren durch die Straße Am Schloßweiher, dann durch die Obersteinerstraße, die etwa 1,5 km über die Höhe führt, ein reizvolles Panorama ins Tal bietet und schließlich in die Göttschieder Straße einmündet. Über die leicht ansteigende Strecke kommen Sie an Äckern vorbei zum Flugplatz, wo Sie parken können. Wenn die Felder entlang der Straße brachliegen, ist das Sammeln der Edelsteine erlaubt.

❶ Die Fahrt entlang der Deutschen Edelsteinstraße beginnt in der an Nahe und Idarbach gelegenen Edelsteinmetropole **Idar-Oberstein.** Unser Weg in die Stadt durch das Nahetal ist wegen der steilen Felsen auf beiden Seiten sehr eng. Von Süden kommend, folgen Sie der Hauptstraße und biegen links in die Austraße ein. Hier und »Auf der Idar« können Sie Ihr Auto im Parkhaus abstellen.
Zum »Museum Idar-Oberstein« gehen Sie die Hauptstraße etwa 250 m zurück zur Hausnummer 436. Das Museum gewährt dem Besucher ersten Einblick in die Welt der Edelsteine. Heimische und ausländische Stücke werden in mehreren Sälen gezeigt. Nachbildungen der bedeutendsten Diamanten, eine Sammlung geschnittener Steine (Glyptothek) und die Präsentation neuester Techniken der Goldschmiedekunst vermitteln einen Eindruck von der funkelnden Welt der Edelsteine und deren kunstfertiger Verarbeitung (täglich geöffnet).
Vom Parkhaus fahren Sie zurück auf die Hauptstraße und biegen zur Burg und zur Felsenkirche in die Schloßstraße ein. Steil bergan geht es zu den Ruinenanlagen des Alten und Neuen Schlosses, die auf demselben Massiv liegen, in das die Felsenkirche so eingefügt ist, daß nur ihre Südseite freisteht. In der Nähe der Kirche können Sie in der Straße Am Schloßweiher parken. Von dort führt ein Fußweg durch den am Hang gelegenen Stadtwald zur 900 m entfernten Felsenkirche, zur Ruine des Alten Schlosses (500 m) und zum Neuen Schloß (300 m). Hier haben Sie eine gute Sicht auf das enge Gewirr der Stadt. Von der 1323 erbauten Burg Oberstein, die 1684 von den Franzosen zur Festung ausgebaut wurde, sind heute außer dem einst mächtigen Bergfried Reste des Wohnhauses und spätgotische sowie frühbarocke Erweiterungsbauten mit Erker erhalten. Vom 1192 erbauten Alten Schloß sind seit seiner Zerstörung im 17. Jh. nur noch Reste des Bergfrieds und Grundmauern des Palas zu sehen. Wahrzeichen Idar-Obersteins ist die Felsenkirche, die im 12. Jh. in die fast senkrecht aufsteigende Felswand gehauen wurde. Nach einem Felsabsturz wurde sie im Jahr 1742 in ihrer heutigen Form wiederaufgebaut. Ihr Inneres birgt ein fünfteiliges Altarbild, das um 1410 von einem Meister der Mainzer Schule geschaffen wurde.
Lukullische Genüsse bieten die Schwenk- und Grillbratenfeste (Spießbratenfest Ende Juni). Das Grillen wurde direkt aus Südamerika an die Nahe gebracht. Das einheimische Handwerk konnte um die Mitte des vorigen Jahrhunderts nicht mehr allen Schleifern Lebensunterhalt bieten, und manch einer suchte in Amerika sein Glück zu machen.
Vom Parkplatz Am Schloßweiher gelangen Sie auf dem Rückweg über die Schloßstraße wieder zur Hauptstraße, in die Sie rechts abbiegen, und nach etwa 1 km zur 22stöckigen »Diamant- und Edelsteinbörse« (Parkplatz). In den unteren Geschossen des Hochhauses liegt das Deutsche Edelstein-Museum; es zeigt geschliffene und ungeschliffene Edelsteine aus aller Welt (täglich geöffnet). Auf der B 41 fahren Sie weiter nach Fischbach (10 km).

In die Welt der Edelsteine führt das Museum Idar-Obersteins.

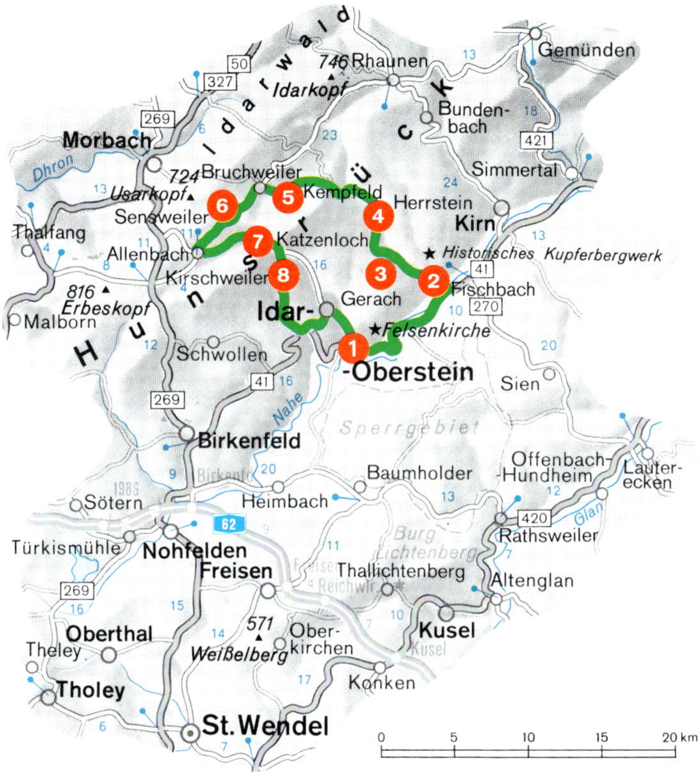

In den glitzernden Tiefen der Fischbacher Stollen werden auch die Gefahren des Bergbaus spürbar.

2 In **Fischbach** folgen Sie rechts dem Hinweisschild »Historisches Kupferbergwerk« Richtung Berschweiler. Nach etwa 1200 m gelangen Sie zum Schaubergwerk im Hosenberg, dem einzigen dieser Art in Europa. 1473 erstmals urkundlich erwähnt, zeigt die Anlage in riesigen, vollständig erhaltenen Hohlräumen die Technik mittelalterlichen Abbaus mit einfachem Gerät. Das Gestein in den Gängen ist kristallübersät. Smaragd- und türkisschimmernde Steine säumen den Weg (täglich von März bis Mitte November, im Winter an Wochenenden geöffnet, Schutzkleidung wird am Kiosk ausgegeben). Zurück auf die Landstraße in Richtung Niederwörresbach führt die Straße am Fischbach entlang durch ein enges Tal und vorbei an steilen, vulkanischen Felsen, die bald von devonischem Schiefer abgelöst werden.

3 Am Steinbruch »Juchem« biegen Sie links, dem Wegweiser folgend, nach **Gerach** ab und sehen nach der Abzweigung linker Hand die »historische Wasserschleife Gerach«. Eine Parkmöglichkeit finden Sie vor dem Betrieb (täglich geöffnet). Hier werden Edelsteine nach »historischer« Weise mit Wasserantrieb geschliffen. Gegenüber der Geracher Wasserschleife sehen Sie den Steinbruch Juchem, in dem auch heute noch Edelsteine gefunden werden.

3 Abstecher von Niederwörresbach zum »Steinernen Gästebuch«: Am Ortsende von Niederwörresbach fahren Sie links nach Herborn ab (ca. 3 km). Kurz vor Herborn erreichen Sie einen Wanderparkplatz mit dem Hinweisschild »Steinernes Gästebuch«. Beiderseits eines 2 km langen Waldweges sind große, von Ehrengästen ausgewählte und signierte Steine aufgestellt. Sie lesen z. B. die Namen von Dr. Bernhard Vogel, Klaus Schütz, Dietmar Schönherr, Conrad Ahlers u. a.

Schaubergwerk Fischbach: eine Exkursion ins Innere der Erde und in vergangene Zeiten

Das Wasserrad des früheren Hammerwerks in Katzenloch hat einen Durchmesser von 7,5 m.

4 Über Niederwörresbach erreichen Sie nach wenigen Kilometern die mittelalterliche Kleinstadt **Herrstein,** die seit 1428 Stadtrechte besitzt. Parkmöglichkeiten gibt es entlang der Hauptstraße vor dem historischen Stadtkern. Dort sehen Sie den 25 m hohen, spätgotischen »Uhrturm«, der ehemals zur Stadtmauer gehörte. Neben dem Turm ist das Heimatkundliche Museum untergebracht, das über die Stadtgeschichte informiert. Hinter der Uhrturmgasse finden Sie Fachwerkhäuser aus dem 17. und 18. Jh., die bis heute bewohnt sind. Über den ansteigenden Schloßweg gelangen Sie zu dem höhergelegenen Schloßplatz mit dem Rathausbrunnen. Der Platz ist von historischen Fachwerkbauten gesäumt. Vorbei am Pranger, gehen Sie die Stufen zum Schloß empor. Von ursprünglich vier spätgotischen Türmen sind zwei erhalten. In einem der beiden hat Johannes Bückler, der berühmte Schinderhannes, eingesessen. Carl Zuckmayer hat dem »edlen Räuber« ein Volksstück gewidmet und ihn als Verteidiger der Gerechtigkeit geschildert. Bückler war zunächst Gehilfe des Scharfrichters, seit 1800 führte er eine Straßenräuberbande im Hunsrück und Taunus an. Drei Jahre später wurde er in Mainz zusammen mit neunzehn Genossen zum Tode verurteilt und hingerichtet. Besuchen Sie auch die historische Schloßkirche, deren älteste Teile wahrscheinlich um das Jahr 1000 entstanden. Spätere Umbauten prägten den heute gotischen Stil.

In Herrsteins romantischen Gassen um den Schloßplatz gewinnt der Besucher einen plastischen Eindruck einer mittelalterlichen Stadt (Stadtführungen Mitte Mai bis Mitte Oktober, jeweils Do. ab Uhrturm). An der Edelsteinstraße in Richtung Kempfeld liegt bei der Abzweigung zur Asbacherhütte die »Historische Wasserschleife Biehl« (täglich geöffnet).

5 Am Ortsende von **Kempfeld** biegen Sie, den Hinweisschildern »Wildenburg« folgend, nach links ab und erreichen nach etwa 2 km die Höhe (680 m) mit der wiederaufgebauten Wildenburg (14. Jh.). Heute sind noch Reste des Ringwalls einer keltischen Fliehburg aus dem 5./4. Jh. v. Chr. in typischem Mauerwerk zu erkennen. Hinter der Burg beginnt der Aufstieg zum 20 m hohen Aussichtsturm auf einer vorspringenden Quarzitgruppe. Bei klarer Sicht haben Sie einen lohnenden Rundblick über den Soonwald und das Nahetal bis hin zum Pfälzer Wald. Bei der Wildenburg werden in einem Freigehege einheimische Tierarten gehalten (täglich geöffnet, vorm. Fütterung).

6 Von Kempfeld über Bruchweiler erreichen Sie **Sensweiler.** Im Ort folgen Sie dem Hinweisschild »Geologisches Freimuseum«. Ein schmaler Teerweg führt links abwärts in Richtung Wirschweiler. Nach etwa 1 km stoßen Sie rechts im Wald auf den Parkplatz. In einem bewaldeten Seitental erstreckt sich auf ca. 1 km Länge das Freimuseum. Die hier aufgestellten und beschrifteten Gesteinsquader geben einen Einblick in die vielfältigen geologischen Formationen des Landkreises Birkenfeld (Achat, Amethyst, Calcit, Steine und Konglo-

Aussichtsturm der Wildenburg bei Kempfeld

Schinderhannesturm in Herrstein

merate). Parallel zum Ausstellungsgebiet verläuft ein Trimmpfad. Über Wirschweiler, vorbei an einem Wanderparkplatz, fahren Sie weiter nach Allenbach. »In der Schied«, einer Straße links neben der Kirche, steht das ehemalige Jagdschlößchen der Grafen von Sponheim, ein Renaissancebau aus dem 15. Jh. und zugleich das älteste bewohnte Haus im Kreis Birkenfeld.

7 Weiter auf der B 422 erreichen Sie **Katzenloch.** Vom Wanderparkplatz am Ortseingang führt ein Rundwanderweg (2 km) zum Aussichtspunkt »Hohenfels« mit herrlichem Panorama. Am Sägewerk in Katzenloch biegen Sie rechts ab nach Kempfeld, dann nach etwa 500 m links zum Wasserwerk der Stadt Idar-Oberstein. Sie erreichen einen Wanderparkplatz, von dem aus ein Fußweg in ca. 1 Std. um den 1963–65 angelegten Stausee der Steinbachtalsperre führt.

8 Nach wenigen Kilometern erreichen Sie **Kirschweiler,** bekannt wegen seiner beiden Edelsteinbrunnen. Durch die Hauptstraße fahren Sie bis zur Ortsmitte und kommen links an einen mit bunten Edelsteinen besetzten Brunnen. Zum Bergkristallbrunnen biegen Sie von der Hauptstraße links in die Mühlwiesenstraße ein und sehen nach 100 m den Brunnen an der rechten Straßenseite. Die Deutsche Edelsteinstraße führt über Hettenrodt, Mackenrodt und den Idar-Obersteiner Stadtteil Algenrodt ins Zentrum der deutschen Edelsteinverarbeitung zurück.

Der Besucher kann sich selbst mit den Geheimnissen der Edelsteinschleifkunst vertraut machen. In den Hobbyschleifereien steht der Fachmann mit Rat und Tat zur Seite.

8 Wandervorschlag von Kirschweiler zum Ringkopf: In Kirschweiler biegen Sie von der Hauptstraße rechts in die Tampelstraße ein, überqueren die Kreuzung der Hofstraße und fahren nach rechts in die Brunnenstraße. Am Wanderparkplatz stellen Sie Ihr Fahrzeug ab und gehen auf einem mit K 2 markierten Fußweg am Abenteuerspielplatz vorbei durch den Kempfelder Forst zur Kirschweiler Festung, wo Sie die Reste eines keltischen Ringwalls besichtigen können (45 Min.). Vom Wanderparkplatz führt ein weiterer, etwa 4 km langer Weg durch den Wald zum 650 m hoch gelegenen Ringkopf, wo die Reste einer keltischen Fliehburg zu sehen sind.

Lage Im Hunsrück, bei Idar-Oberstein.
Anfahrt Über die A 48/A 1 in Richtung Saarbrücken, beim AB-Dreieck Nonnweiler auf die A 62 bis zur Abzweigung Nohfelden, dann über die B 41 nach Idar-Oberstein. – Über die A 6 (E 12) Ludwigshafen/Saarbrücken bis AB-Dreieck Landstuhl und weiter auf der A 62 wie oben.
Länge Ca. 50 km.
Beschilderung Gute Kennzeichnung, die auch auf abgelegene Orte hinweist; schwarz auf gelb gezeichnetes Edelsteinsymbol.
Beste Reisezeit Mai bis Oktober.
Charakter und Landschaftsformen In der waldreichen Mittelgebirgslandschaft des Hunsrück liegt, umgeben vom Idarwald im Nordwesten, dem Schwarzwälder Hochwald im Südwesten und dem Soonwald im Nordosten, die 48 km lange Deutsche Edelsteinstraße. Eingegraben in das Vulkangestein, bahnt sich die Nahe mit ihren zahlreichen kleinen Nebenflüßchen den Weg zur Mündung in den Rhein bei Bingen. Früher wurden mit Hilfe ihrer natürlichen Wasserenergie die Mühlen der Edelsteinschleifereien betrieben, die heute, bis auf wenige historische Schaustücke, auf Elektrizität umgestellt sind. Die steilen Abhänge der Täler bedecken Mischwälder aus Buche, Eiche, Fichte, Tanne und Kiefer. Auf den Hochebenen und in erweiterten Talsohlen werden Ackerbau und Viehzucht betrieben. Wirtschaftlich steht die gesamte Region aber ganz im Zeichen von Diamant und Edelstein. Durch Auffaltungen des Devongesteins (vor 350–300 Mio. Jahren) entstand an den südlichen Bruchstellen des Rheinischen Schiefergebirges lebhafte Vulkantätigkeit, die Porphyr und schroffe Porphyritfelsen schuf und um das heutige Idar-Oberstein Edelsteinlager (Achate) entstehen ließ. Rotliegendes und vulkanisches Ergußgestein auf Schiefer mit Metallvorkommen bestimmen das geologische Bild. Von dieser abwechslungsreichen Region gingen wesentliche Impulse für den deutschen und internationalen Bergbau aus. Im 15. und 16. Jh. wurden Gruben angelegt. Vermutlich gewannen aber auch die Römer hier schon den begehrten Achat. Die Diamant- und Edelsteinbörse des 22stöckigen Hochhauses in der Stadtmitte von Idar-Oberstein zählt zu den bedeutendsten Fachbörsen der Welt und ist Drehpunkt des internationalen Handels.
Auskunft Städt. Fremdenverkehrsamt Idar-Oberstein, Nahezentrum, Bahnhofstraße, 6580 Idar-Oberstein.
Verbandsgemeindeverwaltung, 6581 Herrstein/Nahe (guter Prospekt, u. a. mit allen Adressen der Edelsteinbetriebe, die besichtigt werden können).

Seit der Römerzeit beherrscht der Wein die Landschaft an der Deutschen Weinstraße. Gleisweiler, auf der Anhöhe die Anna-Kapelle, liegt auf Ihrer Fahrt zwischen Edenkoben und Annweiler.

Kühle Keller und sachkundige Pflege braucht der Rebensaft, um zu reifen.

Wo Meerspinne und Ungeheuer wachsen

Die Deutsche Weinstraße ist keine »Rennstrecke«. Dies gilt nicht nur, weil sie sich durch enge Winzerdörfer windet und kurvenreich durch Weinberge schlängelt, sondern auch, weil man unterwegs in jedem Ort zu einer Weinprobe anhalten könnte. In offenen Lauben am Straßenrand, in Probierstuben und zahllosen Weinlokalen werden milde, süffige Tropfen aus bekannten Lagen ausgeschenkt, die so originelle Namen tragen wie: Herrgottsacker, Ungeheuer, Musikantenbuckel, Honigsack, Saumagen, Meerspinne, Eselshaut, Mariengarten oder Mandelbart. Der Weinanbau bestimmt die Landschaft und den Lebensrhythmus der Bevölkerung, die vom Wein und für den Wein lebt. Und natürlich feiert man ihn auch: etwa mit dem größten Weinfest Deutschlands, dem Dürkheimer Wurstmarkt im September. In Neustadt wählt man die Deutsche Weinkönigin, in Bockenheim spricht angeblich Wahrheit aus dem Wein, wenn sich die pfälzischen Mundartdichter alljährlich zum Wettstreit treffen, in Deidesheim gibt es das Geißbockfest und in Freinsheim das Stadtmauerfest. Nehmen Sie sich Zeit für die Deutsche Weinstraße – und einen Fahrer, der lieber Mineralwasser und Fruchtsäfte trinkt als Wein.

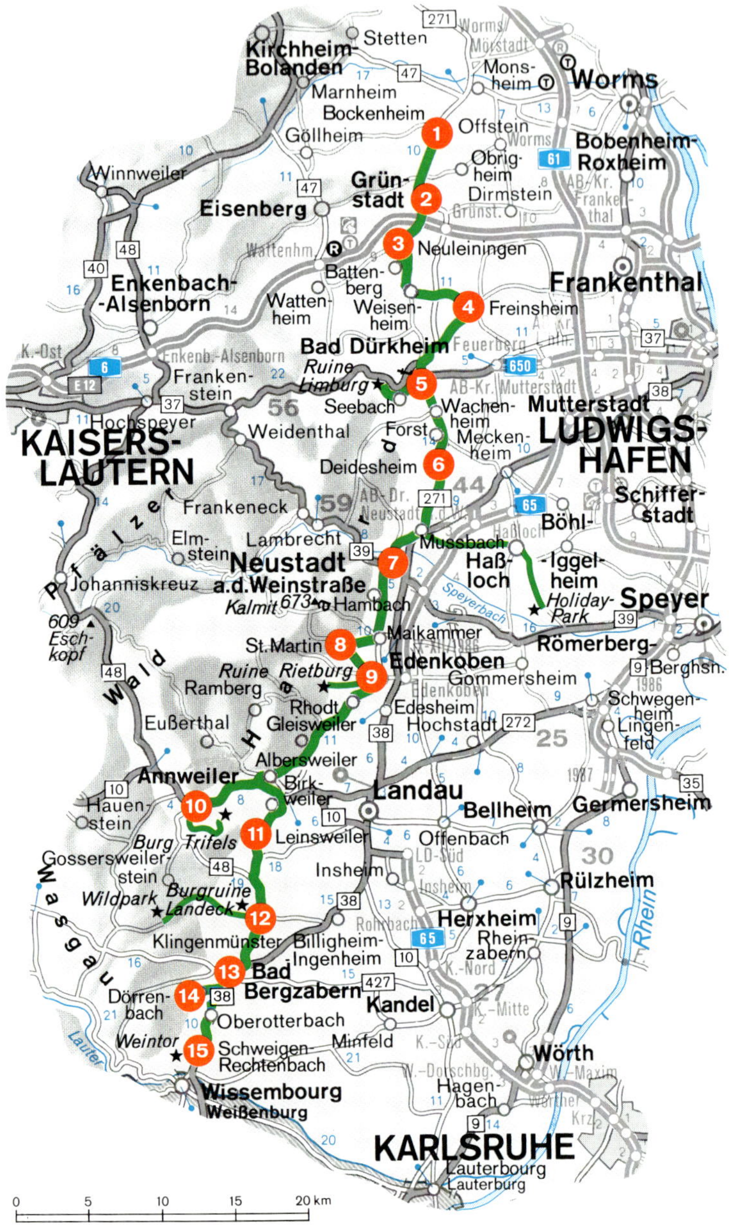

Alte Weinberganlage

1 Wo die sanften Wellen des Rheinhessischen Rebmeeres allmählich ins Hügelland am Fuß des Pfälzer Waldes übergehen, beginnt in **Bockenheim** die Deutsche Weinstraße. Die Route wurde bereits 1936 weitgehend ausgeschildert und nennt sich seither auch »älteste Bummelroute für Weinkenner«. Bockenheim wurde erstmals vor fast 2000 Jahren urkundlich erwähnt. Schon die Römer betrieben in dem milden Klima Weinanbau. Wie in den Dörfern und Städten an der Deutschen Weinstraße üblich, reiht sich auch in Bockenheim ein Winzerhaus ans andere. Charakteristisch sind große Tore, oft mit Rundbogen, die in die Innenhöfe führen, wo die Winzer früher gepreßt und gekeltert haben. Heute ist diese Aufgabe zumeist den Genossenschaftskellereien übertragen. Wie am südlichen Ende der Weinstraße in Schweigen-Rechtenbach, so war auch in Bockenheim ein Weintor vorgesehen, doch der Zweite Weltkrieg machte den Plan zunichte. Beim Weinfest am dritten Oktoberwochenende treffen sich in Bockenheim die Mundartdichter der Pfalz zum Gedicht- und Liederwettstreit.
Wer gerne auf geschichtlichen Spuren wandelt, sollte sich die Ruine Emichsburg (16. Jh.) anschauen. Das Tor mit doppelter Säulenrahmung ist relativ gut erhalten.

2 In Fahrtrichtung rechts der B 271 nähern sich allmählich die Ausläufer des Pfälzer Waldes. Sie erreichen **Grünstadt** und folgen nach rechts dem weißen Schild zur Stadtmitte. Der Ort hat sich den Charakter einer munteren Kleinstadt erhalten. Direkt vor der Fußgängerzone finden Sie Parkplätze. Gehen Sie durch die Hauptstraße nach rechts: Dort liegen die meisten Läden der Stadt. Auf dem Marktplatz wird jährlich am ersten Wochenende im Oktober ein traditionelles Weinfest, der Unterhaardter Weinwettstreit, gefeiert, bei dem früher die Winzer der Umgebung um den besten Wein wetteiferten. Von den beiden ehemaligen Schlössern der Grafen von Leiningen, dem Unteren und dem Oberen Hof, ist nur noch das Einfahrtstor des Oberen Hofes, eine besonders schöne Arbeit aus dem Jahre 1716, erhalten geblieben.

3 Vor der Ausfahrt von Grünstadt zeigt nach rechts ein Wegweiser nach **Neuleiningen.** Das mittelalterliche Städtchen auf der ersten Haardthöhe steht unter Denkmalschutz. Es ist von einer Stadtmauer umgeben und wird von der Ruine einer mächtigen Burg überragt. Unterhalb der Burgruine biegen Sie links ab Richtung »Burggraf« und parken dort. Schon nach wenigen Schritten in den engen, malerischen Gäßchen mit ihren schmalen Häuserfronten fühlen Sie sich ins Mittelalter zurückversetzt. Eines der wertvollsten Fachwerkhäuser aus dem 16. Jh. ist die Weinschenke »Zum Geesbock« (pfälzisch für Ziegenbock). »Geesbock« ist auch der Spitzname der Neuleininger, die im Mittelalter so arm waren, daß sie keine Kühe, sondern nur Ziegen halten konnten. An der höchsten Stelle des Ortes erhebt sich die Ruine der Burg der Grafen von Leiningen aus dem 13. Jh. Von hier aus haben Sie zum ersten Mal die weiten Flächen des rheinpfälzischen Weinbaugebietes unter sich, dessen Ausmaße Sie überraschen werden. Etwas unterhalb der Ruine liegt die gotische Kirche mit schönen Holzfiguren aus dem 15. Jh.

4 Bei der Weiterfahrt auf dieser Nebenstrecke biegen Sie in Weisenheim links ab und fahren über Herxheim durch Obstgärten zum 5 km entfernten Städtchen **Freinsheim;** dabei müssen Sie die B 271 kreuzen. Die alte Siedlung ist noch fast vollkommen von mächtigen Festungsmauern mit Türmen, Toren und Wehrgängen umgeben. Deshalb nennt man Freinsheim auch das »pfälzische Rothenburg« – und es ist tatsächlich kaum weniger stimmungsvoll und romantisch als die Stadt ob der Tauber. Sie kommen direkt auf das barocke Rathaus mit überdachter Freitreppe zu. Der Bau wurde 1720 begonnen, wegen Geldmangels mehrmals eingestellt und 1732 schließlich fertiggestellt. Gegenüber können Sie parken. Der mittelalterliche Stadtkern von Freinsheim wurde 1689 während des Pfälzischen Erbfolgekrieges zerstört, nur die Wehrmauer und einige Gewölbegänge blieben erhalten. Sie sollten den etwa 1 km langen, beschilderten Stadtmauerrundgang unternehmen, der Sie zu mehreren Tortürmen führt, die heute Weinprobierstuben beherbergen. Besonders eindrucksvoll ist das Eisentor

3 Abstecher von Neuleiningen zu den Battenberger Blitzröhren: 2 km südlich von Neuleiningen liegt der Weinort Battenberg (ausgeschildert). Etwa 300 m außerhalb des Ortes sehen Sie unter der Burgruine Battenberg senkrechte und schräge Gesteinsformationen in Röhrenform, die freilich nicht, wie der Name vermuten läßt, durch Blitzeinschlag entstanden sind. Die bis zu 2 m dicken und bräunlichen Felsgebilde sind vermutlich Erosionserscheinungen. Eisenhaltige Lösungen müssen in der Tertiärzeit in das Gestein eingedrungen sein und es teilweise gehärtet haben, während andere Stellen, die nicht mit Eisen in Berührung kamen, weich blieben und im Lauf der Zeit ausgewaschen wurden. Die Battenberger Blitzröhren sind als Naturdenkmal geschützt.

Fünf Jahrhunderte hat die Freinsheimer Stadtmauer überstanden.

Neuleiningen liegt zauberhaft auf einer Anhöhe.

Jede Traubensorte hat ihren eigenen Charakter. Der Riesling gilt als leicht, spritzig, frisch, als blumig, körperreich, fruchtig.

im Osten der Stadtmauer mit seinen wuchtigen Flankierungstürmen. In der früheren Oberamtsstadt sind prächtige Wohnbauten und Gewölbegassen aus der Zeit des Wiederaufbaus im 18. Jh. sehenswert, z. B. das sog. »Schlößchen«, das anstelle einer mittelalterlichen Wasserburg im klassizistischen Stil errichtet wurde. Historische Umzüge lokken alljährlich zu Pfingsten Tausende von Besuchern in das alte Städtchen. Noch reger ist der Ansturm beim Stadtmauerfest im Juli, wenn der Zauber der mittelalterlichen Festung zur Kulisse für die weinselige, ungezwungene Atmosphäre eines pfälzischen Festes wird. Fahren Sie von Freinsheim weiter Richtung Bad Dürkheim.

5 Vor **Bad Dürkheim** kommen Sie zuerst an den Salinen vorbei, wie heute die einstigen Gradierwerke genannt werden. Über langgezogene, überdachte Strohwände rieselt das mineral- und salzhaltige Wasser herab und verdunstet. Die Luft in der Nähe der Salinen ist immer etwas salz- und aerosolhaltig und fördert so die Heilung bei Erkrankungen der Atemwege. In Bad Dürkheim werden ferner Rheuma, Magen- und Darmbeschwerden behandelt. Kurz nach den Salinen erreichen Sie den Festplatz des Dürkheimer Wurstmarktes, wo jedes Jahr am zweiten und dritten Septemberwochenende in zahlreichen kleinen Weinzelten gefeiert wird. Wahrzeichen ist das Dürkheimer Riesenfaß mit einem Volumen von 1,7 Mio. Litern, in dem ein Wein- und Speiselokal eingerichtet ist. Aus Bad Dürkheim stammen so bekannte Weinlagen wie Michels- und Feuerberg, Hochmeß, Fronhof oder Nonnengarten. Die Gondelbahn, die vom Wurstmarktgelände aus zum Teufelstein führt, ist wegen eines Rechtsstreits auf unabsehbare Zeit außer Betrieb.

Fahren Sie jetzt nach links Richtung Stadtmitte, dort erreichen Sie den Schloßplatz, wo Sie links vor dem Kurhaus parken können (gebührenpflichtig). Weitere Parkplätze finden Sie am Marktplatz.

Das Spielkasino im Kurhaus ist täglich geöffnet. Wenn Sie Roulette oder Black Jack spielen oder zuschauen wollen, müssen Sie mindestens 21 Jahre alt sein. Außerdem ist formelle Kleidung vorgeschrieben. Ein schöner Spaziergang führt um das Kurhaus am Winzerdenkmal vorbei durch den Kurpark, der das Auge mit gepflegten Blumenrabatten und alten Bäumen erfreut. Seitwärts am Kurhaus beginnt eine Fußgängerzone mit eleganten Geschäften, die sich bis zum Marktplatz fortsetzt.

Jenseits des Schloßplatzes erhebt sich die Schloßkirche St. Johannis aus dem 14. Jh. mit ihrem neugotischen Turm. Rund um die Kirche erwartet Sie eine völlig veränderte Atmosphäre. Hier geht es stiller und gemessener zu als in den belebten Einkaufsstraßen. Bad Dürkheim war seit 1725 Residenz der Fürsten von Leiningen, deren Hofhaltung 1794 durch Zerstörung des Schlosses unterging. Ihre Grabkapelle mit prachtvollen Sandsteingrabmälern befindet sich in St. Johannis. Bemerkenswert in dieser Ende der 1970er Jahre renovierten gotischen Kirche sind neben den Kapitellen auch die modernen Glasmalereien.

600 Besuchern bietet die Gaststätte Platz, die in diesem Riesenfaß eingerichtet wurde.

In einem Weinzelt beim Dürkheimer Wurstmarkt

400 m hinter dem Marktplatz (von der Fußgängerzone her) zeigt rechts ein Wegweiser nach Seebach und zur Ruine der Benediktinerabtei Limburg. Seebach ist ein früheres Weindorf, das Sie nach 1,2 km erreichen. Am »Rebstöckel« biegen Sie halblinks zur ehemaligen Klosterkirche St. Laurentius ab. Von der Kirche aus dem 12. Jh. sind der romanische Vierungsturm und ein Chor erhalten. Gegenüber befindet sich das »Käsbüro«, eine Laubengaststätte, die im früheren Äbtissinnenhaus untergebracht ist und heute als Feinschmeckerlokal gilt. Auf dem Rückweg sollten Sie nach links abbiegen und die etwa 3 km entfernt auf einer Anhöhe im Wald gelegene Ruine des Klosters Limburg besuchen. Die ursprüngliche Salierburg wandelte Konrad II. 1025 wahrscheinlich anläßlich seiner Wahl zum König in eine Benediktinerabtei um. Die Klosterkirche war als Pendant zum Kaiserdom in Speyer konzipiert. Im 16. Jh. führte eine unerbittliche Fehde zwischen den Leininger Grafen und der Kurpfalz zum Verfall des Klosters. Doch auch als Ruine mit gotischen und romanischen Elementen ist das bauhistorisch bedeutsame Limburg noch sehr eindrucksvoll. In der Klosterschenke können Sie einkehren. Serenaden der Pfälzischen Philharmonie und Theateraufführungen in der Klosterruine bilden sommerliche Höhepunkte im kulturellen Leben von Bad Dürkheim.
Die Deutsche Weinstraße führt an den bewaldeten Hängen des Haardtgebirges entlang Richtung Neustadt. Sie kommen durch Wachenheim, bekannt für seine wohlschmeckenden Weinsorten und die berühmte Sektkellerei. Romantisch und stimmungsvoll wie Wachenheim ist auch Forst, der nächste Ort auf Ihrer Route. Hier sollten Sie von der Umgehungsstraße nach rechts abbiegen, durch die engen Straßen fahren und anhalten, um erneut den Zauber eines malerischen Weindorfes zu genießen. Hinter der Ortsgrenze treffen Sie wieder auf die B 271, die Deutsche Weinstraße, Richtung Süden.
6 In dem fast 1300 Jahre alten Städtchen **Deidesheim,** das 699 erstmals erwähnt wird, fahren Sie direkt auf den dreieckigen Marktplatz zu, wo Sie parken können. Prachtvolle Fachwerkhäuser aus dem 18. Jh , einige mit hübschen Erkern, umgeben den Platz. Wenn Sie sich links halten, erreichen Sie nach wenigen Schritten das bischöfli-

Die eindrucksvolle Ruine der frühromanischen Limburger Kloster-Kirche

6 Abstecher von Deidesheim zum Holiday-Park Haßloch: 5 km nach Deidesheim biegen Sie in Neustadt-Mussbach Richtung Schifferstadt-Haßloch ab. Nach 5 km erreichen Sie Haßloch, einen typischen Pfälzer Ort mit vielen Fachwerkhäusern und geschlossenem Ortsbild. Fahren Sie zunächst Richtung Speyer, bis Sie der erste Wegweiser zum Holiday-Park führt. Vorbei an einer Ponyfarm und einem Vogelschutzgebiet, erreichen Sie 13,5 km von Neustadt-Mussbach entfernt den Parkplatz. Der Holiday-Park, eine der großen Freizeit- und Unterhaltungsanlagen Deutschlands, bietet eine Liliputanerstadt, Kanäle mit Gondelfahrt, eine Flippershow im Delphinarium, ein Varietétheater mit internationalen Artisten, eine Hoch- und eine Kinderbahn, Streichelzoo, Autoskooter und viele andere Attraktionen. Sie sollten für einen Besuch schon einige Stunden einplanen (täglich geöffnet von Mitte März bis Ende Oktober).

Das Deidesheimer Rathaus mit seiner markanten Freitreppe

Mandelblüte und Weinlese geben Anlaß zu Festveranstaltungen in Neustadt.

che Speyerer Schloß. Nach Zerstörungen wurde es Anfang des 19. Jh.s teilweise wiederaufgebaut. Im ehemaligen Schloßgraben befindet sich heute eine gepflegte Grünanlage. Dort beginnt ein beschilderter Stadtrundgang zu den wichtigsten Sehenswürdigkeiten, für den Sie eine gute halbe Stunde brauchen. Die Pfarrkirche St. Ulrich aus dem 15. Jh. wurde im Orleanskrieg v. 1689 zerstört, aber bald wiederaufgebaut. Man erkennt sie an ihrem schiefen Turm. Sehenswert sind der Hochaltar und Reste spätgotischer Glasmalereien. Der historische Gasthof »Zur Kanne« geht auf eine Pilgerherberge von 1160 zurück. Einkehren können Sie auch gut im »Deidesheimer Hof«, direkt am Marktplatz. Besonders schön ist der Holzfaßkeller im Weingut Bassermann-Jordan, eine Sammlung alter Fässer, die man Ihnen auf Wunsch gerne zeigt. Im stimmungsvollen Städtchen Deidesheim und den heute eingemeindeten Nachbarorten feiert man im Jahreslauf fast ein Dutzend fröhlicher Weinfeste. Das berühmteste ist die Geißbockversteigerung am Pfingstdienstag, die seit 600 Jahren begangen wird und auf folgende Begebenheit zurückgeht: Als Abgeltung für Weiderechte mußte die benachbarte Tuchmacherstadt Lambrecht alljährlich einen »gut gehörnten und zur Zucht geeigneten Geißbock« unter feierlichem Zeremoniell abliefern. Die nachgespielte Versteigerung mit folkloristischem Programm zieht sich den ganzen Tag hin. Sie findet vor dem Rathaus mit seiner Doppeltreppe aus dem Jahre 1742 statt.

7 Durch den Teilort Mussbach fahren Sie zur Kreisstadt **Neustadt an der Weinstraße,** der mit 50000 Einwohnern größten Gemeinde an unserer Route, die sich zunächst einmal durch Hochhäuser ankündigt. Fahren Sie am Stadtbeginn nach rechts Richtung Zentrum und bleiben Sie auf dieser Strecke, bis Sie ein Haus mit Türmchen, die Kreissparkasse, erreichen. Dort können Sie parken und nach links mit wenigen Schritten zur Stadtmitte gelangen. Den nächsten Parkplatz und ein Parkhaus finden Sie 100 m weiter. Auch von dort gelangen Sie zu Fuß schnell in den Stadtkern. Der Stadtkern, teilweise Fußgängerzone mit vielen Geschäften, verbindet in harmonischer Weise alte und neue Bausubstanz. Das lebendige Städtchen ist alljährlich in der ersten Oktoberwoche Schauplatz eines der größten Winzerumzüge Deutsch-

7 Abstecher von Neustadt zum Hambacher Schloß: Am Stadtende von Neustadt Richtung Edenkoben zeigen nach rechts Schilder zum 4 km entfernten Hambacher Schloß. Vom Parkplatz aus haben Sie das wuchtig wirkende Bauwerk nach 200 m erreicht. Es wurde um das Jahr 1000 erbaut und 1688 im Pfälzischen Erbfolgekrieg zerstört. Das Schloß hat für die Geschichte der Deutschen Demokratie eine ganz besondere Bedeutung. Die Pfälzer waren von jeher ziemlich streitbar und wehrten sich gegen alle, die ihre Freiheit und Unabhängigkeit einschränken wollten. Als die Pfalz 1815 von Napoleon Bayern zugeschlagen wurde, mußte König Ludwig I. seinen neuen linksrheinischen Untertanen weit mehr Freiheiten gewähren als den Bayern. Der ehemalige bayerische Landkommissär Dr. P. J. Siebenpfeiffer setzte sich in seiner Zeitschrift »Rhein-Bayern« für weitere bürgerliche Rechte ein und wehrte sich entschieden gegen die 1830 eingeführte Pressezensur. Es kam zu Unruhen und Protesten gegen den Feudalismus. Am 27. Mai 1832 zogen nach damaligen Schätzungen 30000 Menschen, angeregt vom Geist der französischen Julirevolution, zum Hambacher Schloß. Zum ersten Mal unter schwarz-rot-goldener Fahne demonstrierten sie gemeinsam mit Delegationen aus anderen Ländern für Einheit, Freiheit und demokratische Rechte. Zur 150-Jahr-Feier dieses Ereignisses wurde im Mai 1982 das wiederauf-

Auf Ihrem Stadtrundgang durch Neustadt kommen Sie auch am »Elwedritsche-Brunnen« vorbei.

lands und der Wahl und Krönung gleich zweier Regentinnen: der Pfälzischen und der Deutschen Weinkönigin. Am Marktplatz stehen das Renaissance-Rathaus sowie die gotische Stiftskirche mit zwei verschieden gestalteten Türmen und grotesken Wasserspeiern am Chor. 1566 zogen die Reformierten in die Kirche ein, doch seit 1708 teilen sie sich den Bau mit der kath. Gemeinde. Das protestantische Langhaus und der kath. Chor sind durch eine Mauer voneinander getrennt. Im kath. Teil ist ein barocker Hochaltar sehenswert, im protestantischen Teil das geschnitzte Chorgestühl (15. Jh.) mit figürlichen Darstellungen der Stände. In den Marktplatz münden mehrere hübsche Gäßchen ein. Beachten Sie dort, als ein Beispiel von vielen, den eindrucksvollen Innenhof am Marktplatz Nr. 11 mit Umgang und kleinem Türmchen. Durch die Laustergasse Richtung Marstall kommen Sie an einen Bronzebrunnen mit seltsamen Figuren: Es sind Elwedritsche, pfälzische Fabelwesen, den Wolpertingern in Bayern vergleichbar. »Wir gehen Elwedritsche fangen« ist die in der Pfalz gebräuchliche Redewendung, wenn es gilt, jemandem einen Bären aufzubinden oder ihn hereinzulegen. Der Künstler Gernot Rumpf hat 1978 diesen neuen Anziehungspunkt von Neustadt geschaffen. Wenn Sie die Stadt verlassen, kommen Sie an einem schloßartigen Gebäude vorbei, dem Casimirianum, einer von Pfalzgraf Johann Casimir erbauten kalvinistisch-theologischen Hochschule aus dem 16. Jh. Fahren Sie nun zunächst Richtung Kaiserslautern, und folgen Sie dann dem Altstadtring nach links Richtung Landau, bis die Deutsche Weinstraße nach rechts Richtung Edenkoben abzweigt. Freunde alter Eisenbahnromantik sollten links am Bahnhof anhalten. Dort befindet sich ein Eisenbahnmuseum mit etwa einem Dutzend alter Dampfloks (So. geöffnet).

8 In Maikammer, wo man bereits vor 1700 Jahren Wein anbaute, zweigen Sie nach rechts ab Richtung **St. Martin,** zum wohl schönsten Dorf an der Deutschen Weinstraße. Malerische Winkel, alte Winzerhäuser, Tore und enge Gäßchen sowie übereinandergeschachtelte Dächer entzücken den Besucher auf Schritt und Tritt. Reben wachsen an den Hauswänden empor oder ranken in Bogen über den Straßen. An der Maikammerer Straße fesselt das »Schlößchen«, ein Bau der

gebaute Hambacher Schloß von Bundespräsident Karl Carstens eingeweiht und als »Wiege der deutschen Demokratie« gefeiert. Eine Dauerausstellung zeigt Dokumente der damaligen Freiheitsbewegung; außerdem finden wechselnde Kunstausstellungen statt. Das Schloß ist täglich geöffnet. Von der vorgelagerten Terrasse aus genießen Sie einen prächtigen Blick auf das Rebenmeer der Pfalz und über die Oberrheinische Tiefebene. Auf der Rückfahrt vom Schloß kommen Sie bei Diedesfeld wieder auf die beschilderte Deutsche Weinstraße, in die Sie nach rechts einbiegen.

Das Hambacher Schloß: ein Symbol demokratischen Bewußtseins

Spätrenaissance von 1587–1604 mit Straßengiebel, prächtigem Erker und schönem Innenhof. Am Treppenaufgang zur Pfarrkirche St. Martin von 1779, deren Chor und Turm von 1488 stammen, steht ein Barockstandbild des hl. Martin. Etwas oberhalb liegt die St.-Martinus-Kapelle aus dem 6. Jh. Wichtigstes Fest des Ortes ist das Martins-Spiel am 11. November, dem Namenstag des Heiligen. Über dem historischen Dorf erhebt sich am Hang die Kropsburg aus dem 13. Jh., eine der zahlreichen Burgen an der Weinstraße. Sie wurde 1689 zerstört, teilweise wiederaufgebaut und ist heute Sitz eines Weinhauses mit Restaurant. Von der Burgterrasse blicken Sie über die Weinhänge und die Rheinebene. Die Straße zur Kropsburg ist ausgeschildert.

9 Von St. Martin aus fahren Sie weiter in südlicher Richtung nach **Edenkoben,** einem schmucken Weinstädtchen mit schönen Winzerhöfen, wappengeschmückten Häusern und Torbogen. König Ludwig I. von Bayern (und Herrscher der Pfalz), der sich oberhalb von Edenkoben 1845–52 das Schloß »Villa Ludwigshöhe« nach Plänen von Friedrich Gärtner erbauen ließ, nannte Edenkobens Rebhügel »einen einzigartigen Garten Gottes«. Dort wachsen heute so bekannte Weine wie Heidegarten, Kirchberg, Blücherhöhe, Mühlberg, Heiligkreuz oder Bergel. Nach 2 km erreichen Sie das romantische Dorf Rhodt mit vielen Winzerhäusern aus dem 16.–18. Jh. mit Torbogen, schmiedeeisernen Handwerksschildern und in Stein gehauene Wappen. In vielen Torbogen stehen Feigenbäume. Reizvoll ist die Kastanienallee in der Theresienstraße, deren alte Bäume mit den rebenbewachsenen Winzerhäusern kontrastieren. Alljährlich an Pfingsten wird in der Allee das Kastanienblütenfest gefeiert. Die Deutsche Weinstraße führt jetzt teils direkt am Hang des Pfälzer Waldes entlang, teils etwas entfernt durch die vorgelagerten Hügel, aber immer durch Weingärten und malerische, wenn auch oft enge Winzerdörfer. Die Straße selbst ist streckenweise schmal und kurvenreich.

10 Bei Albersweiler fahren Sie rechts auf die B 10 Richtung **Annweiler** am Trifels. Schon vor der Stadt sehen Sie links oben die drei markanten, burggekrönten Felstürme aufragen. Solche Formationen sind charakteristisch für den südlichen Teil des Pfälzer Waldes, den

Annweiler mit den Burgen Trifels, Anebos und Münz

9 Abstecher
von Edenkoben zur Rietburg: Biegen Sie hinter Edenkoben rechts ab zur Rietburgbahn. An der Talstation nach 3,5 km kommen Sie zum vierflügeligen Schloß »Villa Ludwigshöhe«, der Sommerresidenz König Ludwigs I. von Bayern. Sehenswert sind prächtige Wand- und Deckenmalereien sowie Mosaikböden. Die Führungen dauern rund 30 Min. In einer ständigen Ausstellung wird der Nachlaß des Malers Max Slevogt gezeigt. Etwa 80 Arbeiten geben einen guten Überblick über die Entwicklung und das Wirken des bedeutenden deutschen Impressionisten (Mo. geschlossen). Gegenüber führt die einzige Sesselbahn an der Deutschen Weinstraße in 8 Min. zur Ruine Rietburg (550 m). Am Wildpark bei der Bergstation beginnt ein Rundwanderweg auf fast ebener Strecke (1¼ Std.). Neben der Zufahrtsstraße zur Sesselbahn, über die Sie auch wieder zurückkehren müssen, verläuft ein Weinlehrpfad. Hier sind auf Schildern die wichtigsten Weine der Pfalz beschrieben, und Sie sehen das Handwerkszeug der Winzer, beispielsweise eine nachgebaute Weinpresse, alte Fässer und Erntewagen. Wenn Sie den Lehrpfad abwärts gehen, brauchen Sie dazu etwa ½ Std.

10 Abstecher
von Annweiler zur Burg Trifels: Vom Marktplatz aus fahren Sie über die ausgeschilderte Straße zur Burg (6 km). Von einem Aussichtspunkt auf halber Höhe sehen Sie die mächtige Burg auf einem gegenüberliegenden Felsen. Vom Parkplatz (großes Restaurant und Kioske) steigen Sie in 15 bis 20 Min. zur Burg auf (Dezember geschlossen, sonst täglich außer Mo. geöffnet). Burg Trifels war schon 1081 Reichsburg und später ein Lieblingsaufenthalt des Kaisers Friedrich I. Barbarossa. Die Deutung des

Wasgau. Biegen Sie in Annweiler nach links zur Stadtmitte ab. Sie kommen direkt auf den Marktplatz mit seinen schönen Fachwerkhäusern, die nach den Zerstörungen im Zweiten Weltkrieg wiederaufgebaut oder instand gesetzt wurden. Annweiler, das wegen der hoch auf den Felsen thronenden Festung auch »Dreiburgenstadt« genannt wird, erhielt schon im 13. Jh. von Friedrich II. das Stadtrecht. Heute ist der staatlich anerkannte Luftkurort eines der pfälzischen Zentren des Fremdenverkehrs. Fahren Sie über die Neubaustrecke der B 10 zurück Richtung Landau-Karlsruhe und biegen Sie beim Kreuzungspunkt Birkweiler wieder auf die Deutsche Weinstraße Richtung Bad Bergzabern ein.

11 In **Leinsweiler** sollten Sie das Fachwerkrathaus mit seinen Arkaden betrachten. Davor ist ein recht origineller 400 Jahre alter Sandsteinbrunnen mit mehreren Trögen erhalten. Über dem Ort thront die mächtige Burgruine Neukastell. Darunter liegt das gleichnamige Hofgut (heute Hotel). Da hier der Maler Max Slevogt (1868–1932), einer der wichtigsten Vertreter des deutschen Impressionismus, seinen Sommersitz hatte, wird das Gut auch Slevogthof genannt. Der Maler fand in der Pfalz das Licht, die Stimmungen und die Atmosphäre wieder, die er bei Reisen nach Italien und Südfrankreich kennengelernt hatte und die ihn hier wie dort zu Bildern in leuchtenden Farben inspirierten. Kunsthistorisch interessierte Gäste können sich kleinen Führungen anschließen (an den Wochenenden zwischen Ostern und Ende Oktober, jeweils nach der Mittagszeit), bei denen Bilder aus dem Privatbesitz Slevogts gezeigt werden. Eine ständige Slevogt-Ausstellung ist in Schloß Ludwigshöhe (s. Abstecher 9) zu sehen.

12 In **Klingenmünster** bestand im Mittelalter eine Benediktinerabtei, von der noch Teile des Kreuzgangs, der Ringmauer und der Klosterkirche erhalten sind. Zum Schutz der Abtei wurde über dem Klingenbachtal die Burg Landeck errichtet. Wenn Sie ihre Ruine besichtigen wollen, biegen Sie vor Klingenmünster nach links in die B 48 ein und fahren am ausgedehnten Komplex der Pfalzklinik vorbei. Kurz darauf, noch vor Ortsbeginn, zweigt rechts ein beschilderter Fahrweg zur Burg Landeck ab. Nach 2 km durch schattige Kastanienwaldungen haben Sie die Ruine erreicht, von der Sie bis zum Schwarzwald und zum Odenwald sehen können; bei klarem Wetter erkennen Sie sogar das Straßburger Münster. Von der mittelalterlichen Burg, die 1689 im Pfälzischen Erbfolgekrieg zerstört wurde, ist der 23 m hohe Bergfried am besten erhalten. Sie können ihn besteigen und dort auch ein kleines Museum mit Funden der alten Burg und Zeichnungen über die frühere Anlage besichtigen (Ruine und Turm täglich außer Di. geöffnet). Am letzten Juniwochenende findet im Burghof das traditionelle Landeckfest mit Fanfarenzügen, Trachtengruppen und folkloristischen Darbietungen statt.

13 In **Bad Bergzabern,** das Sie wieder auf der B 48 Richtung Süden erreichen, folgen Sie dem Schild nach rechts Richtung Stadtmitte. Gleich darauf sind Sie am ehemaligen Herzoglichen Schloß mit seinen mächtigen Rundtürmen angelangt. Im 16. Jh. an Stelle einer älteren Burg errichtet, wurde der Bau 1720–25 instand gesetzt und erhielt seine heutige Form. Das Gebäude ist nur von außen zu besichtigen.

Namens ist zwar umstritten, doch wird er meist in die Worte »Drei« und »Fels« zerlegt. Tatsächlich besteht die Anlage aus drei verschiedenen, miteinander verbundenen Felsgipfeln. Die Doppelkapelle im mächtigen Bergfried war 1126–1273 Aufbewahrungsort für die Reichsinsignien: Reichsapfel und -schwert, Zepter und Kaisermantel. Heute sind Nachbildungen dort ausgestellt. Die Burg stammt in ihrer heutigen Form aus der Zeit vor und nach dem Zweiten Weltkrieg. Die alten Gebäude wurden jedoch nicht rekonstruiert. Vielmehr hat man die noch vorhandenen Bauteile lediglich in den Neubau mit einbezogen. Bei gutem Wetter, vor allem an Wochenenden, ist Ruine Trifels Ziel zahlreicher Ausflügler.

12 *Abstecher*
von Klingenmünster zum Wild- und Wanderpark Südliche Weinstraße: Durch ein enges, bewaldetes Tal erreichen Sie nach 7 km den Wild- und Wanderpark (ausgeschildert). Er steigt auf sanftem Hang etwa 80 m an. In zwei großen Freigehegen sind Rot- und Damwild sowie verschiedene exotische Hirscharten, außerdem Mufflons, Wildschweine und andere Tiere zu sehen. Geeignetes Futter können Sie am Kiosk beim Eingang kaufen. Zwei Rundwege führen durch den Park. Für den ersten, auf dem Sie den gesamten Wildpark sowie einen Pilz- und einen Waldlehrpfad kennenlernen, brauchen Sie 1 Std. Für Rundweg 2 benötigen Sie 30 Min.; hier lassen Sie die beiden Lehrpfade aus (täglich geöffnet).

Leinsweiler: Winzerdorf mit »südländischer« Atmosphäre

Thermalbad in Bad Bergzabern

Rathaus in Dörrenbach

Bei der Weiterfahrt erreichen Sie den Marktplatz, dessen Fachwerkhäuser mit hübschen Renaissance-Erkern und Innenhöfen charakteristisch für Bergzabern sind. Einen besonders schönen Erker finden Sie am Gasthaus »Zum Engel«. Seit 1875 ist Bad Bergzabern Kurort, seit 1975 Staatsbad des Landes Rheinland-Pfalz, Kneippheilbad und Heilklimatischer Kurort. Die neuen Kuranlagen liegen etwas abseits des reizvoll verwinkelten, alten Stadtkerns im sog. Kurtal. Dessen Zentrum bilden das Thermalbad und das Kurmittelhaus in einem weitläufigen Park. Behandelt werden u. a. Herz- und Kreislaufbeschwerden.

14 Von Bad Bergzabern fahren Sie Richtung »Deutsches Weintor« auf der Weinstraße (jetzt B 38) weiter. Kurz hinter dem Ortsende biegen Sie rechts zum 2 km entfernten **Dörrenbach** ab. In diesem idyllischen Weindörfchen reiht sich an der engen Hauptstraße ein prachtvolles Fachwerkhaus ans andere. Treppen, Erker, Vorbauten und viele Verzierungen entzücken auf Schritt und Tritt. Das Renaissance-Rathaus (1590/91), hinter dem es einige Parkplätze gibt, ist einer der schönsten Fachwerkbauten der Pfalz. Mit seinem reich gegliederten und geschnitzten Holzwerk ist das Rathaus kunstvoll als Prunkstück der Häuserzeile entworfen. Gegenüber liegt eine der wenigen erhaltenen Wehrkirchen des Mittelalters mit befestigtem Friedhof und vier um 1300 erbauten Rundtürmen. Fahren Sie zurück auf die B 38 und weiter nach Süden.

15 In **Schweigen-Rechtenbach,** kurz vor der französischen Grenze, endet die Deutsche Weinstraße; sie wird in Frankreich durch die Elsässische Weinstraße fortgesetzt. Diese Gegend bot vor 50 Jahren ein ganz anderes Bild als heute. Der Pfälzer Weinbau war im Niedergang begriffen, die Erträge deckten kaum das Existenzminimum der Winzerfamilien. Da setzten sich im Juli 1935 einige Männer aus Schweigen-Rechtenbach zusammen, beschlossen, die Deutsche Weinstraße zu schaffen und mit dem Etikett »gewachsen an der Deutschen Weinstraße« für ihre Lagen zu werben. Noch im August desselben Jahres stellte man hier am südlichen Beginn der Straße ein Holztor nach Art eines Triumphbogens auf. Als es ein Jahr später von einem Gewittersturm zertrümmert wurde, beschlossen die Männer der ersten Stunde,

15 Wandervorschlag von Schweigen-Rechtenbach über den Weinlehrpfad Schweigen: 500 m oberhalb des Deutschen Weintores wurde 1968 der erste deutsche Weinlehrpfad von einheimischen Winzern angelegt. Im Gegensatz zu vielen Lehrpfaden in anderen Weinbaugebieten werden hier Anbau, Ernte und Verarbeitung der Trauben nicht nur auf Tafeln erklärt, sondern auch mit originellen Darstellungen plastisch vorgeführt. Daneben gibt es Unterhaltsames und Skurriles wie eine Reblaus aus Wasserrohren und Metallabfällen oder als Illustration »selbstgezogenen Weins« die Darstellung eines Winzers, der sein Weinfaß auf einem Wagen hinterherzieht. Für die Wanderung über den Weinlehrpfad brauchen Sie 1 Std.

Wer Fachwerk liebt, sollte in Dörrenbach Halt machen.

Das Deutsche Weintor in Schweigen

ein massives Weintor zu bauen. Es wurde von August bis Oktober 1936 in Handarbeit von vielen freiwilligen Helfern errichtet. Nur wer die Entstehungsgeschichte dieses Tores in großer Notlage kennt, kann verstehen, warum die Menschen an der Weinstraße und speziell in Schweigen-Rechtenbach bis heute so stolz auf das Bauwerk sind.
Etwa 200 m nach dem Deutschen Weintor biegt links eine Straße Richtung Kandel, Wörth und Karlsruhe ab, über die Sie durch die Oberrheinische Tiefebene die A 65 erreichen.

Beim Winzerumzug in Neustadt (s. S. 106) werden gleich zwei Weinköniginnen gewählt, die Pfälzische und die Deutsche.

Lage Die Deutsche Weinstraße verläuft am Osthang der bewaldeten Höhen von Haardtgebirge und Wasgau. Die Route folgt einer vielbesungenen, historischen Landschaft am Mittelrhein und führt durch das größte deutsche Weinbaugebiet, die Pfalz.
Anfahrt Über die linksrheinische A 61 bis zur Ausfahrt Worms, dann über die B 47 bis Monsheim und dort in die B 271 Richtung Neustadt. In Bockenheim beginnt die Deutsche Weinstraße.
Länge Etwa 100 km.
Beschilderung Die Deutsche Weinstraße ist durchweg mit einer schwarzen Traube auf gelbem Grund gekennzeichnet.
Beste Reisezeit Mai bis Oktober. Besonders schön ist die Weinlese im Oktober. Von Mai bis September gibt es an fast jedem Wochenende Weinfeste entlang der Strecke. Entsprechend stark ist dann der Ausflugsverkehr auf den Straßen.
Charakter und Landschaftsformen Schmucke, oft über 1000 Jahre alte Winzerdörfer reihen sich entlang der Deutschen Weinstraße wie Perlen an einer Kette. Die Route führt durch die Rebenmeere der Pfalz, teils dicht am aufsteigenden Pfälzer Wald entlang, teils etwas weiter entfernt durch Hügelland. Auf nahezu jedem Berg an der Strecke sehen Sie eine Ruine, einen Aussichts- oder Sendeturm. Die Gebirgszüge von Haardt und Wasgau sind heute meist als Pfälzer Wald bekannt. Er ist das Bindeglied zwischen den linksrheinischen Gebirgen Eifel und Hunsrück im Norden und den Vogesen im Süden. Charakteristisch für diese wechselvolle Landschaft mit sanften Flächen, Bergmassen und Flußdurchbrüchen sind im Süden des Pfälzer Waldes abgeflachte Bergkegel, überragt von bizarren Felsgebilden aus rötlichem Sandstein. Unser Besuch auf dem Trifels gibt einen Eindruck von diesen Gesteinsformationen. Der größte Teil des Pfälzer Waldes wurde als Naturpark ausgewiesen und ist mit mehreren hundert Kilometern bezeichneter Rundwanderwege, mit Schutzhütten und Wanderparkplätzen ausgestattet. An den Ostabhängen des Pfälzer Berglandes, wie die Gegend auch genannt wird, verläuft die Deutsche Weinstraße durch das fast 20000 ha große Rebgelände der Rheinpfalz. Im milden, sonnigen Klima gedeihen die Trauben besonders gut. Auf den ersten Anhöhen des Pfälzer Waldes wachsen wilde Edelkastanien, die sonst fast nur in Südeuropa vorkommen. Auch Feigen, Mandeln, Aprikosen und vereinzelt sogar Zitronen blühen an den windgeschützten Osthängen des Gebirgszuges.
Die Deutsche Weinstraße zieht sich durch Dörfer und Städtchen mit engen Straßen, verwinkelten Gassen, alten Winzergehöften mit Torbögen und Innenhöfen. An Häusern und Mauern der hübschen Orte ranken Efeu und wilder Wein, auf den Fensterbänken stehen Blumenkästen, und über manche Straßen wölben sich grüne Rebbogen. Mit 19400 von insgesamt 100000 ha Anbaufläche in der Bundesrepublik Deutschland gilt die Rheinpfalz als das größte zusammenhängende Weinbaugebiet des Landes. Rund 12000 Betriebe beteiligen sich am Weinanbau, 2000 leben davon.
Auskunft Fremdenverkehrsverband Rheinland-Pfalz,
Löhrstraße 103, 5400 Koblenz.
Verein Mittelhaardt – Deutsche Weinstraße e.V.,
Weinstraße 32, 6705 Deidesheim (Nördlicher Bereich).
Südliche Weinstraße, Westbahnstraße 13, 6740 Landau.
Kreisverwaltung Bad Dürkheim,
Philipp-Faust-Straße 11, 6702 Bad Dürkheim

Der Große Arber ist mit 1450 m die höchste Erhebung des Bayerischen Waldes.

Böhmische Madonnen: Wallfahrts-erinnerungen bayerischer Pilger aus vergangener Zeit

Der Große Arber ist der Größte

Die Schönheit und Vielfalt der Landschaft des Oberpfälzer und des Bayerischen Waldes erschließt sich dem Autofahrer auf der Ostmarkstraße. Zusammen mit der Fichtelgebirgsstraße, deren Fortsetzung sie bildet, ist sie rund 275 km lang. Sie beginnt in Bad Berneck, nahe Bayreuth, durchzieht das gesamte Fichtelgebirge in östlicher Richtung bis Marktredwitz und wendet sich dann nach Südwesten, wo sie den westlichen, höheren Teil des Steinwaldes durchquert. Bei Erbendorf tritt sie in den Oberpfälzer Wald ein, und bei Cham erreicht sie dann den eigentlichen Bayerischen Wald. Der nun folgende letzte und wohl auch schönste Streckenabschnitt endet in der alten Bischofsstadt Passau, am Zusammenfluß von Donau, Inn und Ilz. Die Straße wird verhältnismäßig wenig befahren. So bietet sie als Panoramastraße durch eine Landschaft von großer Schönheit auch während der Fahrt schon Ruhe und Erholung. Zahlreiche Rast- und Wanderparkplätze entlang der gesamten Strecke laden zu Rundwanderungen ein. Viele Nebenstraßen erschließen darüber hinaus lohnende Ziele im Fichtelgebirge, im Oberpfälzer und im Bayerischen Wald.

❶ Wandervorschlag zum Prinz-Rupprecht-Turm: Von der Wandertafel am Kurhaus in Bad Berneck folgen Sie der Markierung »weißer Punkt auf blauem Grund« nach Norden zur Ortschaft Rimlas; weiter in Richtung Gothendorf und kurz vor dem Ort links hinauf zum Prinz-Rupprecht-Turm (596 m, umfassende Aussicht). Bis hierher 1½ Std. Auf dem Mainweg hinab nach Köslar, um den Köslarer Berg herum und südlich nach Gössenreuth. Nun östlich hinauf nach Micheldorf und über den Königstuhl zurück nach Bad Berneck. Gesamtgehzeit 3 Std.

❷ Abstecher von Bischofsgrün oder von Warmensteinach/Fleckl mit einem der beiden Sessellifte (ausgeschildert) auf den Ochsenkopf: Er war von alters her der eigentliche »Fichtelberg«, von Sagen umwoben. Berühmt sind die Felsen, die Wälder und die herrliche Aussicht vom Asenturm, dem 17 m hohen, massiven Aussichtsturm des Fichtelgebirgsvereins. Daneben steht seit 1958 der 186 m hohe Fernsehturm mit mehreren Aussichtsplattformen, dessen Spitze weithin sichtbar ist. Das Wahrzeichen des Berges, der in einen Felsen eingemeißelte Ochsenkopf, ist auf der nördlichen Felskuppe leicht zu finden. In nächster Nähe entspringen die Quellen von Weißmain und Fichtelnaab.

❸ Wandervorschlag von Silberhaus (ca. 5 km nach Fichtelberg) auf dem Höhenweg (Wegweiser) in 1 Std. nordwestlich zur Platte hinauf: Dieser 885 m hohe, südliche Teil des Schneeberges steigt zu einem nach Osten jäh abstürzenden, hohen Gipfel auf. Das als »Steinernes Meer« bezeichnete Trümmerfeld unmittelbar unterhalb des Gipfels besteht aus den Scherben einer in erdgeschichtlicher Vergangenheit emporgehobenen Steinmasse. Die Wetterfichten und Krummholzkiefern ergänzen das Bild der Hochregion des Fichtelgebirges. Abstieg in ½ Std. südwestlich hinab zur Fichtelgebirgsstraße (Wegweiser Fichtelberg) und auf der Straße knapp 2 km zurück nach Silberhaus.

❶ Das staatlich anerkannte **Bad Berneck** (Kneipp-Heilbad) liegt idyllisch in einem windgeschützten Tal am Westrand des Fichtelgebirges, an der Mündung der Ölschnitz in den Weißen Main. Die waldreichen Höhen in der unmittelbaren Umgebung Bad Bernecks bieten zahlreiche Möglichkeiten zu kurzen oder ausgedehnten Spaziergängen und Wanderungen, über die eine Wandertafel vor dem Kurhaus in der Rother Straße erschöpfend Auskunft gibt. Die größte Sehenswürdigkeit der Stadt ist die Ruine der Burg Berneck (Burgruine Wallenrode), die vom Marktplatz aus (Wegweiser) in einem gemütlichen halbstündigen Gang zu erreichen ist. Aber auch das Städtchen selbst hat mit seinen malerischen Fachwerkhäusern entlang verwinkelter Gäßchen, dem schönen Kurpark im Ölschnitztal und den Rothersberganlagen mit dem Dendrologischen Garten (exotische Bäume) manches zu bieten, was ein längeres Verweilen lohnend macht.
Sie fahren auf der B 303 ins Fichtelgebirge hinein. Die kurvenreiche und streckenweise ziemlich steile Straße führt oberhalb des Weißen Mains entlang, der, obwohl in den Sommermonaten nur ein zahmes Bächlein, ein tief eingeschnittenes und an manchen Stellen romantisches Tal bildet.
❷ **Bischofsgrün,** ein vielbesuchter Luftkurort und Wintersportplatz, liegt am Fuße des **Ochsenkopfes.** Dieser mit 1023 m zweithöchste Gipfel des Fichtelgebirges ist zweifellos der Hauptanziehungspunkt der Gegend. Außer zahlreichen Strecken- und Rundwanderwegen führt ein Doppelsessellift hinauf; als besondere Attraktion gilt eine 1000 m lange Sommerrodelbahn, die etwa in halber Höhe des Berges beginnt und mit zehn rasanten Steilkurven einen Höhenunterschied von 140 m überwindet. Die Lift-Talstation befindet sich im Bischofsgrüner Ortsteil Fröbershammer (Hinweisschild).
Da der 1053 m hohe Schneeberg 1945 zum militärischen Sperrgebiet erklärt worden ist, bildet heute der Ochsenkopf den für den Touristen reizvollsten Berg des Fichtelgebirges. Seinen Gipfel krönt der Asenturm, von dessen Aussichtsplattform man eine herrliche Rundsicht genießt. In unmittelbarer Nähe befinden sich der Fernsehturm und die Bergstationen der beiden Sessellifte (außer von Bischofsgrün führt auch vom Warmensteinacher Ortsteil Fleckl ein Doppelsessellift auf den Berg). Der Sage nach sollen auf dem Ochsenkopf Frau Venus gewohnt und die Venediger (Bergkobolde) ihr Unwesen getrieben haben. Wie in den meisten größeren Orten des Fichtelgebirges hat sich in Bischofsgrün nach 1945 die Gablonzer Glaswarenerzeugung angesiedelt. Allerdings war der Ort schon Jahrhunderte zuvor wegen seiner Glasmaler-Werkstätten berühmt. Der 1461 in Bischofsgrün geborene Veit Hirschvogel brachte es als Glasmaler in Nürnberg zu Ruhm und Ansehen; seine Werke schmücken dort u. a. die Kirche St. Sebald.
❸ Am markanten Schneeberg vorbei fahren Sie nun auf der B 303 weiter in östlicher Richtung und gelangen nach wenigen Kilometern zur Abzweigung der Straße nach **Fichtelberg.** Zusätzliche Straßen-

Der Ochsenkopf: ein Wanderparadies

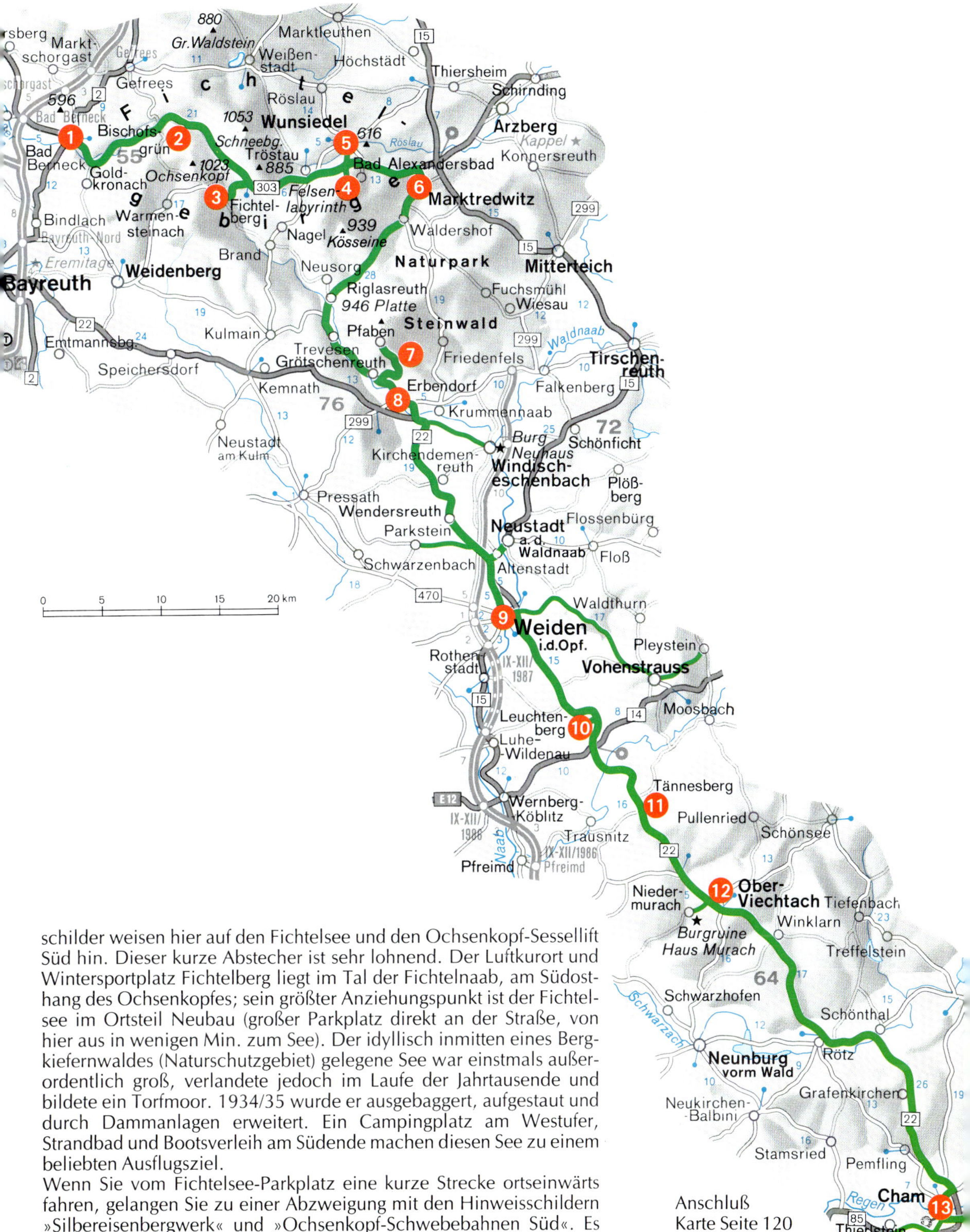

Anschluß
Karte Seite 120

schilder weisen hier auf den Fichtelsee und den Ochsenkopf-Sessellift Süd hin. Dieser kurze Abstecher ist sehr lohnend. Der Luftkurort und Wintersportplatz Fichtelberg liegt im Tal der Fichtelnaab, am Südosthang des Ochsenkopfes; sein größter Anziehungspunkt ist der Fichtelsee im Ortsteil Neubau (großer Parkplatz direkt an der Straße, von hier aus in wenigen Min. zum See). Der idyllisch inmitten eines Bergkiefernwaldes (Naturschutzgebiet) gelegene See war einstmals außerordentlich groß, verlandete jedoch im Laufe der Jahrtausende und bildete ein Torfmoor. 1934/35 wurde er ausgebaggert, aufgestaut und durch Dammanlagen erweitert. Ein Campingplatz am Westufer, Strandbad und Bootsverleih am Südende machen diesen See zu einem beliebten Ausflugsziel.
Wenn Sie vom Fichtelsee-Parkplatz eine kurze Strecke ortseinwärts fahren, gelangen Sie zu einer Abzweigung mit den Hinweisschildern »Silbereisenbergwerk« und »Ochsenkopf-Schwebebahnen Süd«. Es handelt sich um das mittelalterliche Bergwerk »Gleißinger Fels«, das heute Besuchern offensteht. Vom großen, entlang der Straße angelegten Parkplatz aus führt ein Weg in wenigen Minuten zum Bergwerkseingang, der im Wald liegt. Das Bergwerk ist täglich geöffnet. Es finden in der Hauptreisezeit Führungen statt, die einschließlich einer interessanten Tonbildschau ca. 1 Std. dauern.
Westlich vom Bergwerk teilt sich die Straße: Links geht es nach Warmensteinach, rechts nach Fleckl zum Ochsenkopf-Sessellift und wei-

4 Wandervorschlag durch das Felsenlabyrinth Luisenburg: Von den Parkplätzen an der Naturbühne vorbei zur Luisenburg-Labyrinth-Kasse. Nun auf dem gut begehbaren, durch Felsenschluchten und über viele Treppen führenden Wanderweg durch das Felsenlabyrinth und wieder zurück. Gesamtgehzeit etwa 1 Std., Markierung »Blauer Pfeil« (Aufstieg) und »Roter Pfeil« (Abstieg).

5 Wandervorschlag zum Katharinenberg: Bei Wunsiedel von der nach Bad Alexandersbad führenden Straße (Parkmöglichkeit unweit davon bei den Tennisplätzen) in 20 Min. östlich hinauf auf den Katharinenberg (616 m). Auf dem Gipfel, von dem man eine weite Aussicht hat, stehen die Ruinen der geschichtlich bedeutenden Katharinenkirche, einer ehemaligen Wallfahrtskirche, die aus dem 14. Jh. stammt und deren Turm noch gut erhalten ist. Unweit davon wurde ein Erholungszentrum Wunsiedels mit Sportteich und Jugendherberge geschaffen. Beim Abstieg wählt man denselben Weg wie beim Aufstieg.

ter westlich um den Ochsenkopf herum nach Bischofsgrün (lohnende Panoramastraße!).

Nach dem Ausflug in das Gebiet um Fichtelberg fahren Sie zurück zur B 303. In **Silberhaus,** einer Ausflugsgaststätte an der tiefsten Einsattelung der westlichen Gebirgsgruppe zwischen Platte und Hoher Matze, passieren Sie die Wasserscheide zwischen Elbe und Donau. Die Landschaft verliert ihren Talcharakter hier immer mehr und wird weiträumig und offen. Die Wälder treten in den Hintergrund, und die bedeutenden Höhenzüge werden von hügeligem Gelände abgelöst.

4 Wenige Kilometer hinter Tröstau, kurz vor Bad Alexandersbad, zweigt rechts die 1 km lange Zufahrtsstraße zum **Felsenlabyrinth Luisenburg** ab (am Eingang große Parkplätze). Das Naturschutzgebiet besteht aus einem Nadelhochwald, der von mächtigen Granitblöcken durchsetzt ist. Sie bilden ein Felsenchaos, das bald zum Durchschlüpfen in gebückter Stellung nötigt, bald nur schmale Spalten als Durchgang offenhält. Steile Wände wechseln mit tiefen Schluchten und kühlen Grotten, in denen das Leuchtmoos schimmert. Hinzu treten die grünen Moosdecken auf den Felsen, Farne in den Spalten und darüber ein Hochwald, dessen mächtige Bäume mit bizarren Luftwurzeln die Felsen umklammern. Ein Teil dieser romantischen Felsenszenerie dient als Naturbühne für die alljährlich von Juni bis August stattfindenden Luisenburg-Festspiele. Der überdachte Zuschauerraum gleicht einem Amphitheater und verfügt über knapp 1800 Sitzplätze.

5 Nördlich gegenüber der Luisenburg liegt im Röslautal die Kreisstadt **Wunsiedel,** der wirtschaftliche Mittelpunkt und Hauptort des Fichtelgebirges. Zu den Sehenswürdigkeiten der 10000-Einwohner-Stadt gehören neben mehreren Kirchen 20 Brunnen (seit 1767 findet jährlich am Samstag vor Johanni das traditionelle Brunnenfest statt) und das Jean-Paul-Geburtshaus. Jean Paul, eigentlich Johann Paul Friedrich Richter, ist Wunsiedels berühmtester Sohn. Der Dichter wurde am 21. 3. 1763 im einstigen Schulhaus neben der St.-Veits-Kirche geboren. Das Fichtelgebirgsmuseum (Spitalhof 1–2, täglich außer Mo. geöffnet) befindet sich im ehemaligen Spital, das in die Mitte des 16. Jh.s zurückreicht. Dokumente zur Geschichte des Gebirges, seiner Bewohner und seiner Trachten, eine Jean-Paul-Gedenksammlung, eine reichhaltige Mineraliensammlung u. v. m. machen einen Besuch empfehlenswert. Das Museum liegt unweit der B 303 (Hinweisschild).

6 An Bad Alexandersbad vorbei, einem staatlich anerkannten Heilbad und Luftkurort, kommen Sie schließlich nach **Marktredwitz.** Die Große Kreisstadt am Südostrand des Fichtelgebirges im Kösseinegrund ist ein wichtiger Verkehrsknotenpunkt mit vielseitiger Industrie. Die Umgebung der Stadt bietet viele Ausflugs- und Wandermöglichkeiten, insbesondere südöstlich im landschaftlich reizvollen nördlichen Steinwald. Sehenswert ist das alte Rathaus mit hübschem Renaissanceerker von 1591 in der langgestreckten Marktstraße. Erwähnt seien

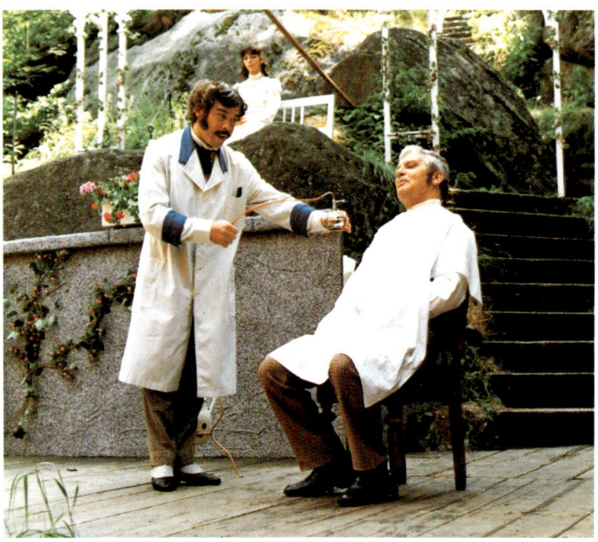

Szene einer Aufführung der Luisenburg-Festspiele Wunsiedel

Brunnenfest in Wunsiedel

ferner mehrere Kirchen, die Reste der alten Stadtbefestigung und das klassizistische Neue Rathaus mit dem Goethezimmer (Goethe hat hier 1822 einige Tage gewohnt). Besonders interessant ist zweifellos das Egerland-Museum im Egerland-Kulturhaus, W.-C.-Fikentscher-Straße 24. Neben einer Studienbücherei mit über 3000 Bänden enthält dieses Museum (Mi., Sa., So. geöffnet) eine zusammenfassende Darstellung der Geschichte, der Landschaft, des Brauchtums und der Trachten des Egerlandes.

7 In Marktredwitz verlassen Sie die Fichtelgebirgsstraße (die über Arzberg weiter bis Schirnding an der tschechoslowakischen Grenze führt) und folgen den Hinweisschildern **Naturpark Steinwald.** Der Steinwald ist ein dem Fichtelgebirge südöstlich vorgelagerter Bergzug, der südlich der Täler von Fichtelnaab und Waldnaab in den Oberpfälzer Wald übergeht. Der Hauptteil dieses mächtigen Granitstockes bildet einen Kamm. Seine höchste Erhebung, die 946 m hohe Platte, fällt nicht sehr auf. Charakteristisch für den Steinwald sind sein dichter Hochwald und zahlreiche, zumeist in den Wäldern versteckte pittoreske Felsbastionen, die ihm den Namen gaben. Erst in den letzten Jahren wurde das kleine Mittelgebirge als Wander- und Erholungsgebiet erschlossen. Neben Wanderparkplätzen, von denen markierte Rundwanderwege ausgehen, ist rund um die Platte nördlich von Erbendorf ein Waldlehrpfad mit Wildgehege angelegt worden.

Nachdem Sie die südlich an Marktredwitz angrenzende Marktstadt Waldershof durchfahren haben, führt die nun wenig befahrene Nebenstraße in südwestlicher Richtung durch die Waldershofer Senke. Die zuerst recht einförmige Landschaft nimmt schon bald wieder Mittelgebirgscharakter an, die bewaldeten Höhen rücken näher an die Straße heran, und die Wälder werden immer wieder von Felsgebilden überragt. Knapp 2 km südlich der Ortschaft Riglasreuth zweigen Sie nach links von der bisherigen Straße ab und wechseln auf ein noch schmaleres Sträßchen über, das Sie über Trevesen und Grötschenreuth nach Erbendorf bringen wird. Zuvor aber sollten Sie dem Naturpark noch einen Besuch abstatten; 2 km hinter Grötschenreuth sehen Sie bei einer Abzweigung das Hinweisschild »Naturpark Steinwald« und

7 Wandervorschlag zum Saubadfelsen: Vom Wanderparkplatz nördlich von Pfaben (in unmittelbarer Nähe das Wildgehege mit Mufflons, Hinweisschild) durch tiefen Hochwald und entlang reizvoller Felspartien in leichter Steigung zum aussichtsreichen Saubadfelsen (858 m) und weiter zum Rotwildgehege bei Waldhaus (Spielplatz). Nordöstlich weiter aufwärts zur Platte (946 m). Auf dem Gipfel wurde 1973 der Oberpfalzturm errichtet (hervorragende Rundsicht); nahe dabei finden Sie das Katzentrögel, 941 m, eine besteigbare Felspartie, ebenfalls mit schöner Aussicht. Rückkehr auf dem gleichen Weg bis Waldhaus, dann links zum Naturlehrpfad Unterer Saubadweg und auf diesem zurück zum Parkplatz. Gesamtgehzeit 2½ Std.

Große Felsen und enge Schluchten machen das Labyrinth Luisenburg zu einem attraktiven Ausflugsziel für groß und klein.

Buchstäblich aus einem Stück gegossen ist der eindrucksvolle Basaltkegel des Parksteins.

8 Abstecher zur Burg Neuhaus: Kurz hinter Erbendorf weicht man von der B 22 links ab nach Windischeschenbach (ca. 7 km). Im Stadtteil Neuhaus östlich der Waldnaab steht auf steilem Fels die Burg Neuhaus aus dem 13./14. Jh. Der viergeschossige Wohnbau, die Seitenflügel und der Wehrgang sind recht gut erhalten, ebenso der 23 m hohe Bergfried, der wegen seiner merkwürdigen Form »Butterfaß« genannt wird. Über Püllersreuth und Steinreuth können Sie zur B 22 zurückfahren.

eine große Übersichtstafel. Fahren Sie bis kurz vor Wetzldorf; hier beginnt das schmale und mitunter steile Sträßchen, das in den eigentlichen Naturpark hineinführt. Endpunkt ist ein Wanderparkplatz hinter **Pfaben,** von dem aus mehrere Wanderwege in den Steinwald hineinführen, u. a. auch zu dem erwähnten Wildgehege. Pfaben selbst ist ein kleiner Ferienort; seine Skilifte lassen erkennen, daß hier auch im Winter reger Betrieb herrscht.

8 Mit seinen Ortsteilen Grötschenreuth, Pfaben, Wäldern und Boxdorf – um nur die wichtigsten zu nennen –, die sich bis in den Steinwald hinein erstrecken, ist **Erbendorf** ein großartiger Ausgangspunkt für Wanderungen im höchsten, dem westlichen Teil des Steinwaldes. Nach Erbendorf erreichen Sie die B 22, auf der Sie nun bis Cham fahren. Jetzt beginnt die eigentliche Ostmarkstraße. (Ihre Bezeichnung verdankt sie dem »bayerischen Osten«, dem ungefähr zwischen Enns und Leitha gelegenen Gebiet, das von Karl dem Großen als Awarische Mark errichtet und 976 von Otto II. dem Babenberger Leopold verliehen wurde.) Ein hügeliges Gelände mit ausgedehnten Wiesen und Feldern, aber nur wenig Wald, prägt eine Zeitlang das Bild der Gegend. Zahlreiche Einzelgehöfte und kleine, altmodisch anmutende Dörfer verleihen der Strecke einen Hauch von Romantik. Von der Ortschaft Wendersreuth aus erblicken Sie rechter Hand, der Luftlinie nach etwa 3,5 km entfernt, den **Parkstein,** einen isoliert stehenden Basaltkegel, an dessen Hängen sich die gleichnamige Ortschaft emporzieht. Knapp 3 km danach zweigt die Straße nach Parkstein rechts ab (Hinweisschild); diesen hin und zurück knapp 10 km langen Ausflug sollten Sie sich auf keinen Fall entgehen lassen. An seiner Südseite zeigt der Bergkegel einen schönen Aufschluß im Basaltgestein: Die Lavamasse, die in feuerflüssigem Zustand in mächtigen Garben aus dem Erdinnern hervorgequollen ist, erstarrte zu fünfeckigen Säulen, die bis zu 1 m Länge erreichen. Auf der Höhe des zum größten Teil bewachsenen Berges steht ein Kirchlein, vor dem eine beachtenswerte Kreuzigungsgruppe aufgestellt ist; nahe dabei finden sich Reste der bereits im 11. Jh. erwähnten bedeutenden Burg. Der gleichnamige Markt und Ferienort schmiegt sich an den Bergkegel an und zieht sich an seinen Hängen empor. Ein großer Parkplatz befindet sich im oberen Teil der Ortschaft beim Gasthaus nahe der Mariengrotte. Zu dieser wie auch zum Bergkirchlein hinauf führen von hier aus Treppen.

Zurückgekehrt zur B 22, fahren Sie auf ihr weiter in Richtung Weiden; Sie erreichen zuerst **Altenstadt an der Waldnaab,** einen Stadtteil von **Neustadt an der Waldnaab;** das Flüßchen Waldnaab fließt zwischen den beiden Stadtteilen hindurch. Eine Sehenswürdigkeit ist der Marktplatz im Zentrum von Neustadt mit Giebelhäusern, die zum Teil noch aus dem 17. Jh. stammen. Das Alte Schloß mit seiner Arkadenfreitreppe und das 1720 beendete Neue Schloß schließen den Platz nach Osten ab. Gegenüber Altenstadt, direkt an der B 22, liegen mehrere kleine Seen mit Freibädern.

Unser Abstecher zum Kreuzberg führt über Pleystein mit seiner Wallfahrtskirche.

Mariengrotte bei Parkstein

9 4 km weiter südlich erreichen Sie die kreisfreie Stadt **Weiden;** parken können Sie im Zentrum (ausgeschildert). In diesem Wirtschafts-, Verkehrs- und Kulturzentrum der nördlichen Oberpfalz läßt die Altstadt eine typisch altbayerische Stadtanlage aus dem 13. Jh. erkennen. Ihr Mittelpunkt ist der breite Straßenmarkt (Oberer und Unterer Markt) mit einer Reihe von Bürgerhäusern aus dem 16./17. Jh., die zum Teil schöne Staffelgiebel aufweisen. In der Mitte steht das gotische Rathaus aus dem 16. Jh., an dem ein achteckiger Turm einen besonderen Akzent setzt. Das Stadtmuseum, Pfarrplatz 4, im Kulturzentrum (geöffnet Mo. bis Fr.) enthält eine Sammlung zur Kulturgeschichte der Stadt sowie eine Max-Reger-Sammlung. Der Komponist hat einen großen Teil seiner Jugend von 1874–1890 und von 1898–1901 in Weiden verbracht.

10 Sie verlassen die Altstadt Weidens in Richtung Osten, überqueren die Waldnaab und erreichen kurz darauf wieder die B 22. Die Landschaft unterscheidet sich jetzt kaum von der zwischen Erbendorf und Weiden. Die nächste Ortschaft, die wieder auf sich aufmerksam macht, ist **Leuchtenberg,** dessen Burgruine schon von weitem ins Auge fällt. Der hochgelegene Ort wird von der B 22 umfahren; Sie müssen deshalb abzweigen. Die Burgruine Leuchtenberg ist die bedeutendste Burganlage der Oberpfalz; sie war einst der Sitz eines Landgrafengeschlechtes. Die mehrmals zerstörte und immer wieder aufgebaute Anlage ist heute Eigentum des bayerischen Staates. Vom mächtigen Bergfried bieten sich großartige Ausblicke; sehenswert ist auch die 1888 erneuerte gotische Burgkapelle. Sie stammt wie die ganze innere Burg aus dem 14. Jh. Das Innere der Ruine wurde zu einem Freilichttheater umgestaltet, in dem alljährlich in den Sommermonaten Theateraufführungen, Konzerte und auch Festspiele veranstaltet werden (»Leuchtenberger Sommer«).

11 **Tännesberg,** ein Erholungsort oberhalb des Pfreimdtales, liegt malerisch am Hang seines Schloßberges. Den Schloßberg vor Augen, fahren Sie zum Parkplatz beim Café Schlößl und steigen von hier auf dem Stationenweg hinauf zu dem mit Basalttrümmern übersäten Gipfel. Der Berg hat seinen Namen von einer Burg, die im Dreißigjährigen Krieg zerstört worden ist. Die großartige Aussicht reicht weit über die Höhen des Oberpfälzer Waldes; bei klarer Sicht sind im Südosten sogar die Berge des Bayerischen Waldes auszumachen.

12 **Oberviechtach,** das »Städtchen im Grünen«, wird von der Burgruine Haus Murach überragt. 1661 wurde hier der legendäre Wunderarzt Dr. Eisenbart geboren, über dessen Leben und Wirken das Dr.-Eisenbart-Museum (in der Hauptreisezeit Di., Do., Sa., So. geöffnet) im alten Rathaus am Marktplatz informiert. Vor dem Postamt beim Bahnhof steht eine Tafel, die über die Wandermöglichkeiten in der näheren und weiteren Umgebung Auskunft gibt. Hier im südlichen Teil des Oberpfälzer Waldes ist die Landschaft mit aussichtsreichen Höhen, Burgruinen und Seen besonders abwechslungsreich.

Burg Leuchtenberg: ein Bollwerk in der Landschaft

9 *Abstecher zum Kreuzberg: Kurz nach der Waldnaab-Brücke in Weiden geht es links von der B 22 ab; man gelangt über Vohenstrauß (17 km) nach Pleystein (6 km). Hier bietet sich ein schöner Spaziergang auf den Kreuzberg an (¼ Std.). Der 36 m hohe Quarzfelsen mit Rosenquarz- und Amethyst-Einlagerungen liegt am östlichen Ortsrand und wird von der 1902 erbauten, weithin sichtbaren Wallfahrtskirche gekrönt. Daneben steht ein Salesianerkloster, das an die Stelle einer Burg der Herren von Leuchtenberg getreten ist. Im »Haus der Heimat« wird eine in Fachkreisen weitbekannte Stein- und Mineraliensammlung aufbewahrt. Auf gleicher Strecke gelangen Sie zur B 22 zurück; lohnender ist es aber, südlich zur B 14 und auf dieser an Vohenstrauß vorbei zur B 22 zu fahren, die bei Wieselrieth etwa 2 km südlich von Leuchtenberg erreicht wird.*

12 *Wandervorschlag nach Obermurach: Von der B 22 zum Oberviechtacher Ortsteil Obermurach. Von hier geht es in einem bequemen Spaziergang (¼ Std.) zur Burgruine Haus Murach, die auf einem 160 m hohen Granitfelsen liegt. Von der Burg, die seit dem Dreißigjährigen Krieg allmählich verfällt, sind noch Teile der Ringmauer und einige Gebäudereste erhalten, vor allem aber der 20 m hohe Bergfried, von dem sich eine weite Aussicht bietet.*

Störche zu Gast auf dem Straubinger Turm von Cham

Die B 22 führt oberhalb von Oberviechtach vorbei; man hat von ihr aus einen großartigen Überblick über das im Tal liegende Städtchen. Am Ferienort Winklarn vorbei mit seinen einladenden Badeseen passieren Sie nach kurzer Fahrzeit das Städtchen Rötz, das im Tal der Schwarzach inmitten bewaldeter Höhen liegt. Gegenüber dem Rathaus befindet sich eine Wandertafel, die über die zahlreichen, größtenteils beschilderten Wanderwege, besonders in Richtung Osten und Süden, erschöpfend Auskunft gibt.
Die nun folgende 26 km lange Strecke bis Cham ist ohne Höhepunkte. Aber die Landschaft, durch die Sie fahren, ist recht reizvoll. Interessant ist die Abstufung des Geländes linker Hand: Der Vordergrund ist hügelig, dahinter erheben sich dunkel bewaldete Höhen, auf denen teilweise Ortschaften gelegen sind. Ganz im Hintergrund, in den Sommermonaten nur schemenhaft zu erkennen, folgen die Höhen des Böhmerwaldes. Je mehr Sie sich Cham nähern, desto dichter ist die Landschaft besiedelt; die vielen kleinen Ortschaften gehen teilweise ineinander über.

⑬ Die schöne Kreisstadt **Cham** mit ihrem mittelalterlichen Stadtbild liegt im Tal des Regen, in der Further Senke, die von Regen und Cham gebildet wird und die den Oberpfälzer vom Bayerischen Wald trennt. Sehenswert ist der Marktplatz mit mehreren historischen Wohnhäusern, ferner die im Innern neubarocke Pfarrkirche St. Jakob mit Bauteilen aus dem 13. Jh. und die gut erhaltenen Teile der alten Stadtbefestigung mit dem wuchtigen viereckigen Straubinger Turm. Beim Großparkplatz Floßhafen am Regen steht eine Wandertafel, die die vielen Möglichkeiten zu Wanderungen und Spaziergängen in der außerordentlich reizvollen Umgebung des Städtchens aufzeigt. Sehr lohnend ist die Rundwanderung (ca. 2 Std.) westlich über Michelsdorf und am Naturschutzgebiet Röthelseeweiher vorbei nach **Thierlstein**. Der Weg ist ab Michelsdorf als Rundwanderung angelegt, d. h. er führt zum Ausgangspunkt zurück. Sie können auch von Cham auf der B 85 westlich bis zur Ortschaft Thierlstein fahren (ca. 6 km). Vom Parkplatz am »Pfahl« steigen Sie hinauf zum gut erhaltenen Schloß Thierlstein, das sich in Privatbesitz befindet. Ursprünglich im 9. Jh. als Grenzburg erbaut, wurde es im Laufe seiner Geschichte mehrmals zerstört und immer wieder aufgebaut.

Die Straße führt ab Cham zunächst unmittelbar am Regen entlang, der ein wildromantisches, tief in die Landschaft eingeschnittenes Tal bildet; Paddelboote und Kanus zeugen von seiner Beliebtheit bei Wassersportlern. Hinter Cham wird die B 85 nach etwa 13 km von der Straße Konzell/Kötzting gekreuzt; unmittelbar danach verläßt sie das Tal des Regen, das hier einen scharfen Knick nach Osten macht. Während die Ostmarkstraße nun auf direktem Weg zum etwa 15 km entfernten Viechtach führt, zweigen Sie links ab und fahren am Regen entlang in Richtung Kötzting. Sie durchqueren die Ortschaften Miltach (sehenswert ist das zweigeschossige Schloß, das im 18. Jh. an Stelle einer mittelalterlichen Burg erbaut wurde) und Kreuzbach (gegenüber am nördlichen Ufer liegt der Erholungsort Blaibach mit seinen typischen, aus dem 17. und 18. Jh. stammenden Waldlerhäusern) und gelangen wenig später zur Nordspitze des Blaibacher Sees.

⑭ Der **Blaibacher See** ist ein 5 km langer, idyllisch gelegener Stausee des Regen mit Bade- und Wassersportmöglichkeiten (Bootsverleih). Die Straße führt unmittelbar an einem Kraftwerk vorbei; Parkmöglichkeiten befinden sich sowohl an der Straße gegenüber dem Kraftwerk als auch kurz zuvor beim Badestrand mit Bootsverleih (Gasthaus).

⑮ Ihr nächstes Ziel ist **Kötzting,** das Sie schon nach kurzer Fahrzeit erreichen. Die Straße nach Viechtach zweigt zwar schon vor Kötzting rechts ab, Sie sollten aber einen Besuch dieses Erholungsortes im Tal des Weißen Regen nicht versäumen. Die Ortschaft liegt unweit der Einmündung dieses Flüßchens in den Schwarzen Regen und am Fuße des 1000 m hohen, langgestreckten Kaitersberges. Von den zahlreichen Sehenswürdigkeiten, die Sie im Geburtsort des Textdichters der »Waldermesse«, Eugen Hubrich (1885–1963), erwarten, seien

Blick auf Kötzting und den Kaitersberg

⑬ *Wandervorschlag zum Haidstein: In Chamerau, wenige Kilometer hinter Cham, von der B 85 ab und in Richtung Lederdorn, dann jedoch links nach Runding. Vom Dorfplatz folgen Sie dem Wegweiser nach Lufling und immer der Markierung »grünes Dreieck« nach hinauf zum Haidstein, einer auffallenden, 743 m hohen Bergkuppe. Auf dem Gipfel stehen ein Wallfahrtskirchlein und ein Forsthaus. Von der Burg, die 1486 zerstört wurde und auf der um 1200 Wolfram von Eschenbach weilte, legt die am Südosthang des Berges im Weiler Ried stehende, 1000jährige »Wolframslinde« Zeugnis ab. Ihr Umfang beträgt am Boden 16 m, in ihrem hohlen Stamm haben 20 Personen Platz. Ried ist von Lederdorn aus in wenigen Autominuten zu erreichen (Gehzeit hin und zurück 1½ Std.).*

⑮ *Wandervorschlag auf den Kaitersberg: Vom Bahnhof Zellertal in Kötzting folgen Sie der Markierung »grünes Dreieck« nach Reitenstein und östlich aufwärts zum 708 m hohen Weiler Reitenberg (Gasthaus, großartige Aussicht). Nun steigen Sie an den mächtigen Felsabstürzen des Pfarrerstuhls und an der Räuber-Heigl-Höhle vorbei steil aufwärts zum Kamm des Kaitersberges (1034 m). Von dort gehen Sie ein kurzes Stück über Felsen zurück zum 1000 m hohen Kreuzfelsen mit großartiger Aussicht auf Kötzting und zu den Höhen des Bayerischen Waldes. Kehren Sie auf dem gleichen Weg zurück oder gehen Sie südlich hinab nach Wölkersdorf (Wegweiser) und mit dem Bus nach Kötzting (Gehzeit 2 bis 3 Std., je nachdem, welchen Weg Sie gewählt haben).*

Der Kötztinger Pfingstritt: eine der ältesten und volkskundlich bedeutendsten Umrittsprozessionen Bayerns

nachstehend einige genannt: Im Zentrum steht die im 18. Jh. neuerbaute Pfarrkirche Mariae Himmelfahrt, eine ehemalige Kirchenburg, von der noch Wehrtürme und Wassergraben erhalten sind. Die St.-Veits-Kirche im Nordwesten des Ortes enthält eine spätgotische Anna-Selbdritt-Gruppe. Aber auch der schöne Stadtpark mit dem Ludwigsturm und dem Schwedenstein und die Wallfahrtskirche Weißenregen mit der originellen Fischerkanzel südwestlich des Ortes sind einen Besuch wert. Die herrliche, waldreiche Umgebung schließlich bietet reichlich Gelegenheit für Spaziergänge und Ausflüge. (Großartig ist die mehrtägige Höhenwanderung vom Kaitersberg über zehn Gipfel des Bayerischen Waldes bis hinüber zum Arber.)

Alljährlich findet der »Kötztinger Pfingstritt« statt, der auf das Jahr 1412 zurückgeht und die Liebhaber alten Brauchtums aus nah und fern herbeizieht. Auf ihren festlich geschmückten und aufgeputzten Pferden wallfahren die Bauern von Kötzting und Umgebung zu dem 1 ½ Std. entfernten Nikolauskirchlein zu Steinbühl. Den Bauern in ihren malerischen Trachten voran reitet der Pfarrer, in Reitstiefeln und Ornat, gefolgt vom Pfingstbräutigam mit seiner erwählten Pfingstbraut. Es ist ein bunter, farbenprächtiger Zug, der sich gemächlich durch das liebliche Zellertal bewegt.

Sie fahren nun weiter und folgen dem Hinweisschild »Viechtach – Höllensteinsee«. Die schmale Landstraße führt steil hinauf nach Wettzell. Dieser Streckenabschnitt ist seiner schönen Aus- und Tiefblicke wegen besonders reizvoll. 2 km hinter Wettzell zweigt rechts eine Straße ab, die über Höllenstein zur Nordspitze des Höllensteinsees führt. Er ist wie der Blaibacher See ein Stausee des Regen, mit einem Kraftwerk an seinem Nordende (Badestrand, Bootsverleih). Kurz danach passieren Sie die Ortschaft Lammerbach, wo sich der Besuch des Vogelparks empfiehlt (April bis Oktober täglich geöffnet).

16 Wandervorschlag bei Viechtach, vom Parkplatz an der B 85 hinauf zu den Quarzriffen des Großen Pfahls: An den einzelnen bizarren Felspartien entlang gehen Sie nach Engelsdorf und auf dem als Rundwanderweg angelegten Weg wieder zurück zum Ausgangspunkt (Gesamtgehzeit etwa 2 Std., Markierung »blaue 2«).

16 Der Luftkurort **Viechtach,** im Tal des Schwarzen Regen gelegen, ist ringsum von bewaldeten Bergen bis 1000 m Höhe umgeben. Besonders sehenswert sind das barocke Rathaus aus dem 17. Jh. am Stadtplatz nahe beim Bahnhof, in nächster Nachbarschaft das Kristallmuseum mit Kunstgalerie (im Sommer täglich, sonst von Di. bis Fr. geöffnet) und schließlich, südlich an den Bahnhofsplatz anschließend, der herrliche Dr.-Schellerer-Park (mit Kinderspielplatz) mit Blick auf das Regental und zu den bizarren Quarzfelsen des Großen und Kleinen Pfahls, dem Hauptanziehungspunkt der Gegend.

Der Pfahl ist eine der größten geologischen Merkwürdigkeiten Deutschlands. Er nimmt bei Schloß Thierlstein zwischen Roding und Cham seinen Anfang und zieht als helles, weißglänzendes Quarzfelsriff, das stellenweise deutlicher, anderswo weniger stark über die Umgebung hinausragt, fast gradlinig in einer Länge von über 100 km nach Südosten. Der schönste Teil des Quarzriffs ist der »Große Pfahl« zwischen Prackenbach und Viechtach, an dem die Ostmarkstraße entlangführt. Am westlichen Stadtrand von Viechtach erreichen die

Ein alter Brauch im Bayerischen Wald: Auf seinem Totenbrett wurde der Verstorbene zum Friedhof getragen, danach stellte man das Holz, schön bemalt, an seinem Lieblingsplatz auf.

Im Silberstollen bei Bodenmais wurde schon vor 500 Jahren Silber, Schwefel und Magnetkies unter Tage abgebaut.

schroffen und bizarren Felstürme Höhen von über 30 m und wirken aus der Nähe betrachtet geradezu alpin. Vom Parkplatz an der B 85 aus sind die Felsformationen in wenigen Min. zu erreichen. Seine höchste Erhebung erreicht der Pfahl südlich von Regen bei der Burgruine Weißenstein, die dort auf einem 40 m hohen Quarzriff thront. Interessant ist auch der »Kleine Pfahl«, der beim St.-Antonius-Kirchlein am Stadtrand von Viechtach südlich der B 85 beginnt und sich parallel zur Straße bis nach St. Englmar erstreckt.

Von Viechtach fahren Sie auf der B 85 weiter nach Südosten. Die teilweise recht beachtlichen Steigungen lassen erkennen, daß Sie sich immer mehr dem Zentrum und damit dem höchsten Teil des Bayerischen Waldes nähern. In der Ortschaft Hartmannsgrub kurz vor Patersdorf, knapp 10 km hinter Viechtach, zweigt links eine Straße ab, die über Böbrach nach Bodenmais und weiter in das Arbergebiet führt. Auf dieser Abzweigung verlassen Sie die in das 12 km entfernte Regen führende Ostmarkstraße und gelangen zunächst nach Teisnach am Zusammenfluß der Teisnach und des Schwarzen Regen. Die Straße steigt nun wieder ziemlich steil an und führt nach Böbrach, einen reizvoll an einem Südhang über dem Rottbachtal gelegenen Ferienort.

17 Bald darauf sind Sie in **Bodenmais,** einem der meistbesuchten Fremdenverkehrs- und Luftkurorte des Bayerischen Waldes, der landschaftlich großartig in einem Talkessel südlich des Arbermassives liegt. Der Ort, dessen Geschichte eng mit Silber- und Schwefelbergbau verknüpft ist, erfreut sich aber nicht nur als Fremdenverkehrsort großer Beliebtheit, sondern ist darüber hinaus auch durch seine zahlreichen Glasveredelungsbetriebe weithin bekannt. Auf Schritt und Tritt erblikken Sie deshalb Geschäfte mit Glaswaren; zudem haben Sie die Möglichkeit, außerordentlich preiswert direkt bei den Erzeugern einzukaufen (u. U. Zweite-Wahl-Artikel, Restprodukte, achten Sie auf die Hinweisschilder im Ort!). Schließlich seien auch noch die Bildhauerwerkstätten erwähnt, die ihre künstlerischen Erzeugnisse ebenfalls zum Kauf anbieten.

Im Südosten wird Bodenmais von der eindrucksvollen, doppelgipfeligen Erhebung der Bischofshaube überragt, die nicht nur ein Wahrzeichen des Ortes, sondern zweifellos auch einer seiner Hauptanziehungspunkte ist. Die charakteristische, auch als »Silberberg« bezeichnete Höhe ist in ihrem Innern von einem Silber- und Schwefelkiesbergwerk miniert, in dem vom 12. Jh. (urkundlich seit 1463) bis zum Jahre 1962 Bergbau betrieben wurde. Die Straße zum Großen Arber und nach Bayerisch Eisenstein führt am Silberberg vorbei (großer Parkplatz), und von ihr führt ein Sessellift auf den 955 m hohen Gipfel. Nahe der Bergstation befindet sich der Eingang zum Barbarastollen, dem größten Stollen des Berges, der während der Sommermonate täglich besichtigt werden kann (Führungen). Sehr lohnend ist die Weiterfahrt am Silberberg vorbei zum Großen Arbersee und zur Talstation des Arber-Sesselliftes (10 Min.).

17 Abstecher zum Großen Arber: Von Bodenmais auf der nach Lam bzw. Bayerisch Eisenstein führenden Straße (8 km) zum Großen Arbersee (großer Parkplatz, Gasthaus Arberseehaus und Bootsverleih). An den Hängen des Arber entlang weiter zur Talstation des Arber-Sesselliftes. Die Fahrt mit dem 920 m langen Lift, der einen Höhenunterschied von 320 m überwindet und unterhalb des Gipfels endet, dauert 10 Min. und ist sehr zu empfehlen. Der Große Arber ist mit 1456 m der höchste Berg des Bayerischen und Böhmerwaldes. Unterhalb des Gipfels steht das bewirtschaftete Unterkunftshaus des Bayerischen Waldvereins. Im Gipfelbereich gibt es zahlreiche Möglichkeiten zu Spaziergängen und kurzen Wanderungen.

Kein Stück gleicht haargenau dem andern: Glasgravur – ein individuelles Handwerk

Kraftwerk am Höllenstein-Stausee

⑱ Abstecher von Regen nach Weißenstein: Fahren Sie kurz hinter der Bahnlinie von der B 85 südlich ab nach Weißenstein (etwa 2 km). Vom Wanderparkplatz unterhalb der Ruine gelangt man auf einem kurzen Spaziergang hinauf zur Burgruine Weißenstein, die im Naturschutzgebiet »Pfahl« liegt. Sie bildet den Endpunkt des 60 km langen Pfahlwanderweges, der bei Thierlstein beginnt.

Ruine Weißenstein

Eine Seltenheit: der Luchs im Nationalpark

㉒ Abstecher am nördlichen Ortseingang Tittling rechts von der B 85 ab und in das 5 km entfernte Fürstenstein: Der zu Füßen des gleichnamigen Schlosses gelegene Ort wird als »Perle des Dreiburgenlandes« bezeichnet. Die Burg Fürstenstein brannte 1848 völlig nieder, wurde aber von Bischof Heinrich von Passau wieder aufgebaut und den »Englischen Fräulein« als Knaben-

⑱ Von Bodenmais folgen Sie der Straße in Richtung Zwiesel bzw. Regen, fahren in Langdorf nach Süden und befinden sich alsbald in **Regen** und damit wieder auf der eigentlichen Ostmarkstraße. Zu den bemerkenswertesten Sehenswürdigkeiten, die die im Tal des Schwarzen Regen gelegene reizvolle Kreisstadt zu bieten hat, gehören die schon erwähnte romantische Felsenburg Weißenstein auf dem Pfahl südlich der Stadt und der idyllisch gelegene Regener See im Nordosten. Sehenswert sind aber auch die behäbigen, zum Teil noch aus dem 17. Jh. stammenden Häuser, und die Bayerwald-Krippe mit ihren 150 handgeschnitzten Figuren (im Haus Ludwigsbrücke 3).

⑲ Auf der B 85, die Sie nun in Regen wieder erreichen, fahren Sie weiter zu dem 8 km entfernten **Rinchnach.** Der ruhige Ferienort wird von seiner berühmten Pfarrkirche überragt. Das herrliche barocke Bauwerk stammt in seiner jetzigen Form aus dem 18. Jh. und gehörte einst zu einem bereits 1019 gegründeten Kloster.

⑳ An Kirchdorf im Wald vorbei gelangen Sie nach **Schönberg.** Die Ostmarkstraße führt zwar südlich um den reizvoll gelegenen Erholungsort herum. Sie sollten aber den kurzen Ausflug auf keinen Fall versäumen. Der Marktplatz des Ortes vermittelt, ähnlich wie Wasserburg am Inn und Rosenheim in Oberbayern, einen fast italienisch anmutenden Anblick, reizvoll ist aber auch die waldreiche Umgebung des Ortes.

㉑ Kurz hinter Schönberg lohnt eine Fahrt nach Grafenau und in den **Nationalpark Bayerischer Wald.** Von Grafenau führen mehrere Straßen in den 12 000 ha großen Nationalpark, der 1970 eingerichtet wurde und damit der älteste Nationalpark der Bundesrepublik Deutschland ist. Er liegt innerhalb des größten und ursprünglichsten Waldgebietes Mitteleuropas am Rachel-Lusen-Gebirgsmassiv und findet auf tschechoslowakischer Seite seine Fortsetzung im Nationalpark Sumava (Böhmerwald) mit dem Maderer Hochwaldplateau. Bis ins 19. Jh. haben in diesem Gebiet noch Bären und Wölfe gelebt, und es ist geplant, die Fauna allmählich wieder in den früheren Zustand zurückzuführen. In einem 5 km^2 großen Schaugehege leben bereits wieder Wisente, Luchse, Fischotter, Wölfe und Hirsche, während Rot- und Rehwild und vieles andere Getier wie Füchse, Marder, Siebenschläfer, Igel und zahlreiche selten gewordene Vogelarten in freier Wildbahn anzutreffen sind. Das Wanderwegenetz, das den Nationalpark durchzieht, ist rund 160 km lang; die höchsten und bekanntesten Berggipfel sind der Kleine und Große Rachel (1399 bzw. 1453 m hoch) und der 1370 m hohe Lusen. Den besten Überblick über den Nationalpark erhält man am Informationshaus bei Neuschönau nordöstlich von Grafenau. Dort wie auch an den zahlreichen Rast- und Parkplätzen in den Randgebieten sind ausgezeichnete Übersichtstafeln aufgestellt. Was Sie vielleicht weniger bemerken: Da man das Umweltproblem »Saurer Regen« z. Z. weder national noch international im Griff hat, sterben die Bäche und Seen in dem größten bayerischen Schutzgebiet in alarmierendem Ausmaß; in Hochlagen wurde teilweise ein Säuerungsgrad gemessen, bei dem kein Fisch mehr überleben kann.

Zurück auf der B 85, erkennen Sie im Weiterfahren, daß Sie sich immer mehr den südöstlichen Randgebieten des Bayerischen Waldes und damit seinem Ende nähern. Die Landschaft wird zunehmend hügeliger, und die Ortschaften ziehen sich zu den Höhen hinauf, soweit diese nicht bewaldet sind. An der Abzweigung der Straße nach Grafenau und zum Nationalpark Bayerischer Wald vorbei fahren Sie weiter nach Tittling.

㉒ Im Herzen des Dreiburgenlandes am Südhang des Blümersberges liegt der alte Markt **Tittling.** Die Bezeichnung »Dreiburgenland« stammt von den drei Burgen Fürstenstein, Englburg und Saldenburg, die sich in diesem Gebiet erheben. Sehenswert ist das »Museumsdorf Bayerischer Wald«, auch »Dreiburgenland-Museum Rothau Mühle« genannt, das am Dreiburgensee an der Straße nach Thurmansbang liegt. Dieses von April bis Oktober geöffnete Museumsdorf zeigt die historischen Bauformen des Bayerischen Waldes und Niederbayerns aus dem 15. bis 19. Jh. Es handelt sich durchweg um vollständig möblierte und mit allen Gerätschaften ausgestattete Originalgebäude, die andernorts vor dem Verfall bzw. Abbruch gerettet und im Museumsdorf wieder aufgebaut wurden. Zu sehen sind u. a. die älteste Volksschule Deutschlands (1664) mit Marktschreiberwohnung und

Gefängnis, ein altes Dorfgasthaus (bewirtschaftet), eine voll funktionsfähige alte Mühle und ein Dorfkirchlein. Umfangreiche Sammlungen alten bäuerlichen Kulturgutes und komplette Werkstattausstattungen alter Handwerksberufe runden die Sehenswürdigkeiten des Museumsdorfes ab. Tittling selbst zieht sich eine Anhöhe hinauf, und man hat von den oberen Ortsteilen aus wundervolle Ausblicke über den südöstlichen Bayerischen Wald.
Die letzten etwa 20 km bis Passau können Sie getrost ohne Unterbrechung zurücklegen, da weder die Landschaft, durch die Sie nun fahren, Besonderheiten zu bieten hat, noch besuchenswerte Orte am Wege liegen. Dafür sollten Sie sich aber für die »Drei-Flüsse-Stadt« selbst Zeit nehmen, wenn Sie wenigstens einen Teil der zahlreichen Sehenswürdigkeiten besichtigen wollen.
23 Die Bezeichnung »Drei-Flüsse-Stadt« verdankt **Passau** seiner einzigartigen Lage am Zusammenfluß der Donau von Westen, des Inn von Süden und der Ilz von Norden. Die Altstadt, das eigentliche Passau, erstreckt sich auf einer felsigen Landzunge zwischen Donau und Inn, die anderen Stadtteile tragen die Bezeichnungen Innstadt und Ilzstadt. Im Südosten wird Passau von der Wallfahrtskirche Mariahilf überragt (großartige Aussicht!), im Norden von der Feste Oberhaus. Die Häuser der Altstadt wurden nach verheerenden Stadtbränden im 17. Jh., die viele wertvolle mittelalterliche Bauten zerstört haben, größtenteils im sogenannten Inn-Salzach-Stil erbaut, der ihnen einen südländisch anmutenden Charakter verleiht. Als südöstlichste Stadt Deutschlands ist Passau nicht nur ein bedeutendes Industrie- und Handelszentrum (Donau-Umschlagplatz und Ausgangspunkt der Donau-Personenschiffahrt), sondern auch ein kultureller Mittelpunkt mit den seit 1952 alljährlich stattfindenden »Europäischen Wochen« und der 1978 eröffneten, noch im Ausbau begriffenen Universität. Über die Sehenswürdigkeiten der Stadt unterrichtet Sie ein ausgezeichneter, beim Verkehrsamt in der Nibelungenhalle erhältlicher Stadtführer.
Nachstehend möchten wir Ihnen eine der zahlreichen Möglichkeiten, Passau kennenzulernen, vorstellen: Beginnen Sie Ihren Rundgang am Kleinen Exerzierplatz vor der Nibelungenhalle an der Neuburger

institut übergeben. Von den Mauern des Schlosses genießt man einen herrlichen Ausblick über die Donauebene und zu den Höhen des südlichen Bayerischen Waldes.

Grillplätze laden zum Verweilen und fröhlichen Schmaus ein.

Alte Keramik und Malereien: einige Kostproben aus dem reichhaltigen Schatz des Dreiburgenland-Museums in Tittling.

Seinen malerischen Gassen verdankt Passau den Beinamen »Das bayerische Venedig«.

Straße (Ausfallstraße in Richtung München). Der geräumige Platz bietet in der Regel ausreichende Parkmöglichkeiten, ansonsten wählen Sie das Parkhaus an der Nikolastraße, die vom nahe gelegenen Ludwigsplatz abzweigt. Der Kleine Exerzierplatz, unter dem ein 160 m langer Bahntunnel hindurchführt, war einst Klostergarten des Augustiner-Chorherrenstiftes, dessen Gebäude südlich des Platzes nach der Säkularisation lange Zeit als Kaserne dienten. Die St.-Nikola-Kirche um 1070 nahe dem Innufer, nach einem Erdbeben 1348 in gotischem Stil wiedererrichtet (im 18. Jh. barockisiert), dient seit 1960, nach über hundertjähriger Profanierung, wieder als Pfarrkirche. In der 1934/36 erbauten Nibelungenhalle, die 8000 Personen faßt, finden nahezu sämtliche Großveranstaltungen Ostbayerns statt. Alljährlich ist sie Mittelpunkt der Passauer Frühjahrsmesse.

Nach Überquerung des verkehrsreichen Ludwigsplatzes beginnt die Ludwigsstraße, Passaus Hauptgeschäftsstraße. Gleich am Anfang erblicken Sie rechts die Marianische Votivkirche aus dem 17. Jh. In der einmündenden Heiliggeistgasse sehen Sie das Heiliggeistspital, ein aus bürgerlichen Stiftungen entstandenes Altersheim, das heute noch Weinberge in der österreichischen Wachau besitzt. Durch die Ludwigsstraße gelangen Sie zum Rindermarkt, wo Sie rechter Hand St. Paul, die barocke Stadtpfarrkirche (17. Jh.), sehen, zu der eine breite Freitreppe emporführt. Schreiten Sie durch den Paulusbogen, einen Rest der Stadtmauer, der früher den einzigen Zugang zur Altstadt bildete, und gehen Sie rechts durch die schmale Luragogasse zum Domplatz, an dessen Ostseite sich der bereits im 8. Jh. urkundlich erwähnte Dom St. Stephan erhebt. Die heutige Ausstattung der dreischiffigen Basilika mit eingezogenem Querschiff und achteckiger Vierungskuppel stammt überwiegend aus dem 17./18. Jh. Das Innere birgt die größte Kirchenorgel der Welt (Orgelkonzerte Mo. bis Sa. um 12 Uhr mit anschließenden Domführungen). Neben dem Dom beeindrucken die barocken ehemaligen Domherrenhöfe, die den Domplatz umgeben (in der Mitte das Bronzestandbild von König Maximilian Joseph I. von 1824). Nun gehen Sie östlich durch die schmale Zengergasse und kommen – vorbei an der alten bischöflichen Residenz (heute

Alte Bischofsstadt Passau: wo Inn und Ilz in die Donau münden.

Landgericht) – zum stimmungsvollen, von barocken Patrizierhäusern umsäumten Residenzplatz mit dem Wittelsbacher Brunnen in seiner Mitte. Ein Prunkstück ist die Neue Bischöfliche Residenz aus dem 18. Jh. mit herrlicher Fassade, weiträumigem Rokokotreppenhaus und prachtvollen Repräsentationsräumen. Auf der Innbrückgasse gehen Sie unter den Gebäuden des alten Bischofspalastes hindurch zum Innbrücktor (13. Jh.) und zur Innpromenade mit dem frühklassizistischen Stadttheater von 1785. Auf ihr spazieren Sie aufwärts mit Blick zur gegenüberliegenden Innstadt und gelangen zur Innstraße, auf der Sie bald darauf die Innstegbrücke erreichen, eine 160 m lange Fußgänger-Hängebrücke, die die Nikolavorstadt mit der Innstadt verbindet.
Auf keinen Fall sollten Sie sich den Besuch des Dreiflußecks entgehen lassen, das man getrost als kleines Naturwunder bezeichnen darf. Von einem der Parkplätze in der Innstraße nahe der Marienbrücke gehen Sie die Innpromenade und den Innquai entlang und erreichen das Flußdreieck (knapp 1 km), den Sporn Passaus am Zusammenfluß von Inn, Donau und Ilz. Obwohl die Donau der wichtigste Strom des Dreiergespanns ist, wird sie vom Inn um fast 100 m Breite übertroffen (Breite der Donau 140 m, des Inns 230 m). Weil sich die Wasser der drei Flüsse nur langsam vermischen, kann man die unterschiedlichen Farben der drei Wasseradern deutlich erkennen: Das Wasser des kalkreichen Hochgebirgsflusses Inn ist milchiggrün, das Donauwasser wirkt dunkelgrün wie der Schwarzwald, dem es entspringt, während die kleine Ilz als Waldfluß moorbraunes Wasser führt. In Passau ist mit dem Endpunkt der Bayerischen Ostmarkstraße zugleich die österreichische Grenze erreicht.

Der Dom St. Stephan in Passau vereint romanische, spätgotische und barocke Elemente. Blickfang des Innenraumes sind die italienischen Stukkaturen und die größte Orgel der Welt.

Lage Zwischen Bayreuth und Passau im Südosten der Bundesrepublik Deutschland.
Anfahrt Über die A 9 München/Nürnberg/Hof, bzw. Berlin/Leipzig/Hof und A 6 Heilbronn/Nürnberg/Bayreuth, Ausfahrt Bad Berneck nördlich von Bayreuth.
Länge Ca. 275 km.
Beschilderung Keine.
Beste Reisezeit Herbst.
Charakter und Landschaftsformen Das Fichtelgebirge ist eine der eigenartigsten Gebirgslandschaften Deutschlands: Der Haupthöhenzug hat die Form eines nach Osten offenen Hufeisens, welches das Sechsämterländchen, eine fruchtbare Hochfläche mit dem alten Hauptort Wunsiedel, umschließt. Den besonderen Reiz dieses größtenteils von Fichtenwäldern bedeckten Gebirges machen die Granitblöcke, Felslabyrinthe und zyklopischen Steingärten aus. Die Täler sind streckenweise von hohen Felswänden eingeengt, erweitern sich an anderen Stellen wieder. Quarz und Porzellanerde zählen zu den ursprünglichen Vorkommen und ließen ein bedeutendes Zentrum für Glas und Porzellan entstehen.
Südlich setzt sich das Fichtelgebirge bis zur Donau hin im Oberpfälzer und Bayerischen Wald fort, einem mächtigen Waldgebirge, über das in seiner ganzen Länge (rund 230 km) die bayerisch-tschechoslowakische Grenze verläuft. Dichte Wälder überziehen die Höhen, Hänge und Talschaften des Gebirges, und nur wenige der höchsten Gipfel des Hauptkammes ragen aus den Buchen-, Tannen- und Fichtenwäldern heraus. Die meisten Höhen sind flachgewölbte Kuppen und Rücken, ruhige Linien prägen deshalb überwiegend den Charakter der Landschaft. Lediglich dort, wo die Gesteine des Grundgebirges zutage treten und durch Verwitterung von ihrer Sedimentdecke befreit wurden, sind die Gipfel felsig. Dort, wo die höchsten Erhebungen während der Eiszeit Firnkappen trugen, schürften Gletscher an den Hängen tiefe Kare aus. In ihnen liegen heute reizvolle Seen, wie die beiden Arberseen und der Rachelsee. Charakteristisch wirken aber auch die Hochmoore und Moorwälder, die von Krüppelfichten und Birken bestanden sind.
Auskunft Fremdenverkehrsverband Ostbayern e. V., Landshuter Str. 13, 8400 Regensburg.

Das alte Städtchen Miltenberg am Main: Pfarrkirche und Mildenburg vor der Kulisse des Odenwaldes

Denkmal in Worms: Hagen von Tronje mit dem Nibelungenschatz

Jagdszenen aus dem Odenwald

Wo der Sage nach einst Siegfried dem scheuen Reh und dem wilden Bären nachstellte und von dem grimmigen Hagen meuchlings ermordet wurde, da erstreckt sich eines der abwechslungsreichsten Waldgebirge Deutschlands, der Odenwald. Die Nibelungen- und Siegfriedstraße führt von der ehemaligen Burgundenhauptstadt Worms durch diese wenig bekannte Landschaft, zu alten Städtchen, glanzvollen Kirchen, geheimnisvollen Schlössern und Ruinen, durch schöne Täler und verschwiegene Wälder. Aus dem Rheintal steigt der Vordere Odenwald auf, eine Kette steiler, zusammenhängender Bergkuppen aus Granit und Porphyr. Dazwischen öffnen sich weite Talmulden, die Berghänge sind zumeist mit lichtem Mischwald bewachsen. Der Hintere Odenwald besteht aus einer ursprünglich flachen Buntsandsteinscholle, in der schluchtartige Täler liegen. Ausgedehnte Nadelwälder bedecken die langgestreckten Höhenzüge. Im Osten geht das Waldgebirge über ins Bauland, was soviel bedeutet wie Bauernland: Auf weiten, fruchtbaren Flächen wachsen Getreide und Kartoffeln. An den Hängen des Main- und des Taubertals, durch die unsere Route führt, gedeiht der charaktervolle Frankenwein.

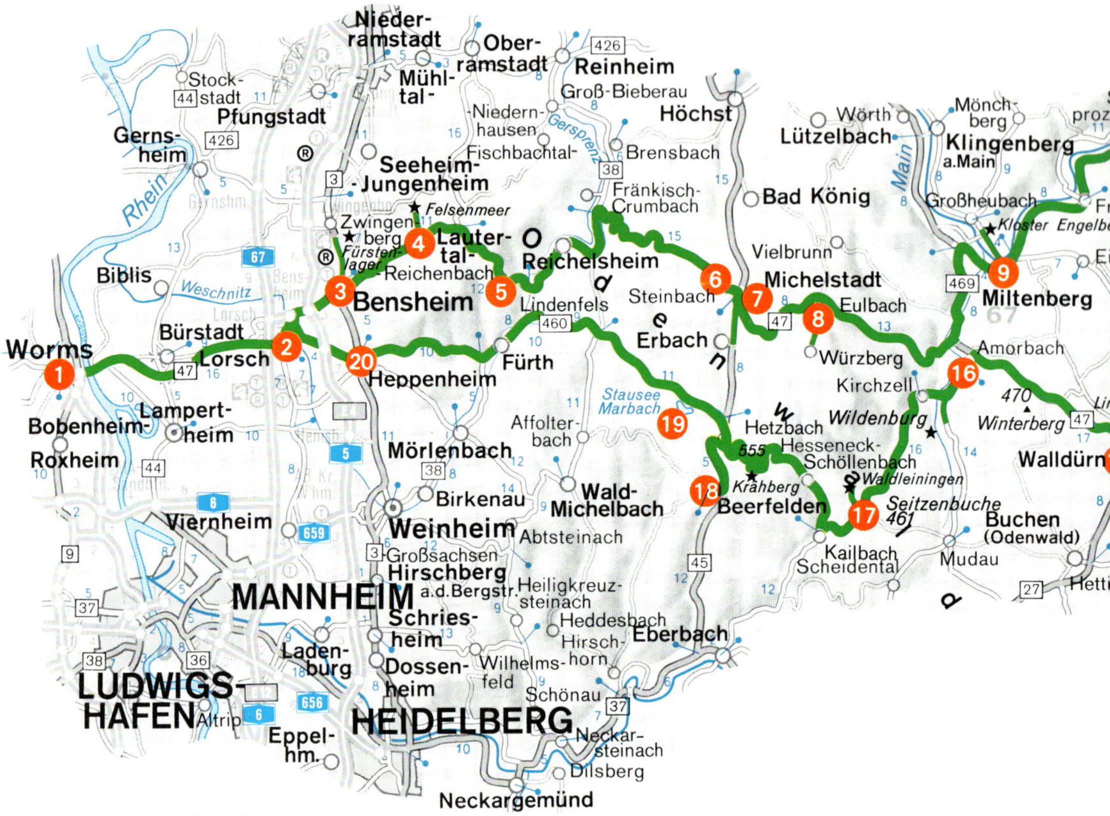

Dom zu Worms: Westchor

Lorsch: Königshalle

❶ Ausgangspunkt der Rundreise ist **Worms** (s. a. S. 44), die Hauptstadt des kurzlebigen Nibelungen- bzw. Burgundenreiches. Die Burgunden kamen während der Völkerwanderung um 400 von Bornholm und gründeten 405 ihr Reich, das 436 von den Hunnen zerstört wurde. Reste des Stammes sammelten sich danach am Genfer See und später im Bereich des heutigen Burgund.

»Uns ist in alten maeren wunders vil geseit / von heleden lobebaeren, von grozer arebeit / von freuden, hochgeziten, von weinen und von klagen / von kuener recken striten muget ir nu wunder hoeren sagen.«

So beginnt das Nibelungenlied in einer Fassung aus dem 13. Jh. Verschiedene Dichter aus dem Donauraum, nach einigen Quellen auch aus dem Kloster Lorsch, haben Ereignisse der Völkerwanderung, Sagen und Überlieferungen im frühen Mittelalter zum bedeutendsten mittelhochdeutschen Heldenepos zusammengewoben, dem Nibelungenlied. Es berichtet von Siegfried, der den Hort Nibelungs mit seinem Schwert erobert, dem Zwerg Alberich die Tarnkappe abgewonnen, einen Drachen besiegt und sich durch das Bad in seinem Blut unverwundbar gemacht hat. Er kommt nach Worms, wirbt um Kriemhild, die Schwester der Burgundenkönige Gunther, Gernot und Giselher, und wird erhört, nachdem er mit Hilfe der Tarnkappe die starke Brünhild, Königin von Island, überwunden und für Gunther zur Frau gewonnen hat. Doch sie entdeckt den Betrug und läßt Siegfried durch Gunthers Gefolgsmann Hagen bei der Jagd im Odenwald hinterrücks ermorden, nachdem sie die einzige verwundbare Stelle des Helden durch eine List erfahren hat. Kriemhild, der Hagen nicht nur den Mann getötet, sondern auch den Nibelungenschatz geraubt und im Rhein versenkt hat, heiratet den Hunnenkönig Etzel und lockt die Burgunden zu einem scheinbaren Versöhnungsfest an dessen Hof. Dort werden sie alle in einer blutigen Saalschlacht umgebracht. Kriemhild läßt selbst ihren Bruder Gunther töten und enthauptet Hagen mit Siegfrieds Schwert. Darauf wird sie von dem alten Hildebrand, Dietrich von Berns Waffenmeister, voll Zorn darüber, daß ein Held durch die Hand eines Weibes fiel, getötet.

Die Stadt Worms hat eine über fünftausendjährige, wechselvolle Geschichte. Größte Bedeutung erlangte sie, als Karl der Große sie zu

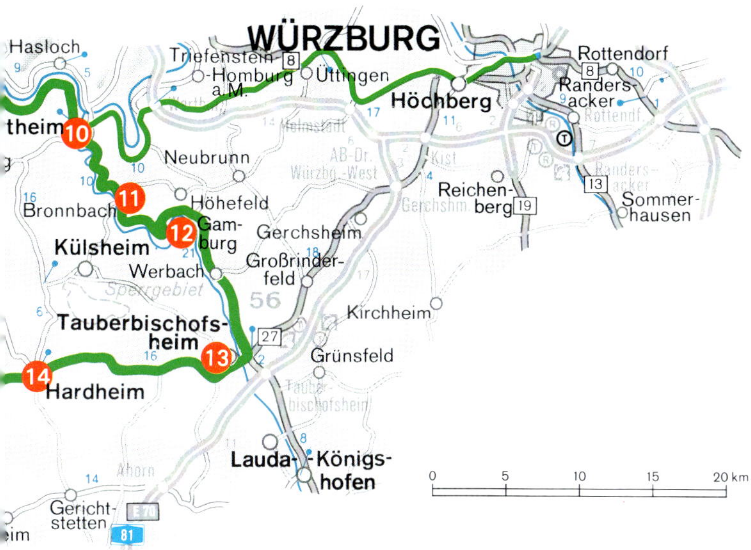

einem seiner bevorzugten Aufenthaltsorte wählte. 1018 wurde das wichtigste Bauwerk, der Dom, noch vor seiner Vollendung geweiht. In die doppelchörige, romanische Basilika wurden später gotische Kapellen und ein barocker Hochaltar von Balthasar Neumann eingefügt. In der Folgezeit fanden hier über 100 Reichstage statt. 1184 zog Kaiser Barbarossa durch das Kaiserportal ein. Mit seinen wuchtigen Türmen zählt der Dom heute zu den wichtigsten Zeugnissen romanischer Baukunst in Deutschland.

Viele Namen und Baudenkmäler erinnern auch im modernen, nach der Zerstörung durch den Zweiten Weltkrieg wiederaufgebauten Worms an die Nibelungensage: Etwa der Siegfriedbrunnen vor dem Dom am Marktplatz oder ein Sandsteinrelief, das am Eingang zu den Kulturinstituten Siegfrieds Einzug in Worms zeigt. Daneben hat auch Luthers Auftritt vor dem Wormser Reichstag 1521, wo er seine Glaubensthesen vertrat und seine Rede mit dem berühmten Satz »Hier stehe ich, ich kann nicht anders, Gott helfe mir. Amen!« abschloß, Spuren im Stadtbild hinterlassen. Das Lutherdenkmal auf dem Lutherplatz und die nach den Kriegszerstörungen neu ausgestaltete Dreifaltigkeitskirche am Rathaus erinnern an den Reformator. Auf den Spuren der Nibelungen sollten Sie vor der Ausfahrt von Worms noch zu den Rheinanlagen unterhalb der Nibelungenbrücke fahren. Dort zeigt ein Bronzedenkmal aus dem Jahr 1906 Hagen, der den Nibelungenschatz im Strom versenkt. Am Ufer wird alljährlich in der letzten August- und der ersten Septemberwoche das weit über die deutschen Grenzen bekannte Backfischfest mit Gesellentanz, Fischerstechen und Rheinillumination gefeiert. Über die Brücke verlassen Sie Worms auf der B 47, der »Nibelungenstraße«, Richtung Michelstadt.

❷ Wenn Sie den größten Teil der Oberrheinischen Tiefebene durchquert haben, zweigen Sie nach rechts ab zu einem Besuch in **Lorsch.** Folgen Sie den Wegweisern zur »Königshalle«, wo es auch Parkplätze gibt. Das schon 764 gegründete Kloster bekam durch Karl den Großen hohe Bedeutung. Es wurde zum geistigen und politischen Mittelpunkt des nach Karl benannten Karolingischen Reichs. Hier wurde in der sog. Karolingischen Renaissance die Kultur des werdenden Abendlandes maßgeblich mitgeprägt. Im Mittelalter verfiel das Kloster und wurde im 16. Jh. fast völlig zerstört. Erhalten ist lediglich die als »Königshalle« bekannte Torhalle (Ende 8. Jh.), ein einzigartiges Juwel mit reichem Schmuck. Vom Kloster selbst stehen nur noch ein Teil der Basilika, die Ringmauer und die Zehntscheuer. Auf dem Gelände sollen nach der Sage Siegfried und Kriemhilds Mutter Ute begraben sein. Das Rathaus gegenüber der Königshalle mit Fachwerkfront und schindelverkleidetem Turm gibt Ihnen einen ersten Eindruck des sogenannten Bergstraßenstils, dem Sie noch mehrmals begegnen werden, am eindrucksvollsten auf dem Heppenheimer Marktplatz.

Das Rathaus von Lorsch: schmucke Fassade im typischen Fachwerk dieser Region

Backfischfest in Worms: Mitwirkender im Festzug

Siegfriedquelle bei Reichenbach im Odenwald

Folgen Sie nun der B 47 weiter Richtung Michelstadt. Vor Ihnen steigt steil die Kuppenlinie des Vorderen Odenwaldes auf. Der höchste Berg ist der 515 m hohe Melibokus zu Ihrer Linken, auf dem ein Sender und ein kleiner Aussichtsturm stehen.

❸ In **Bensheim** (s. a. S. 51) biegen Sie nach links in die B 3 ein und folgen nach 100 m rechts dem weißen Schild zur Stadtmitte. Sie erreichen am Ende der Straße einen Parkplatz (gebührenpflichtig), von dem aus Sie mit wenigen Schritten ins Herz der Kleinstadt gelangen. Sie wird von schönen Fachwerkhäusern und alten Adelshöfen geprägt. Marktplatz und umliegende Straßen sind heute Fußgängerzone. Rechts vom Marktplatz stehen auf der Mittelbrücke die Figuren von St. Nepomuk und St. Franz Xaver.

Fahren Sie nun auf der B 47 weiter Richtung Michelstadt. Gleich am Ortsende erreichen Sie das schluchtartige Tal des Lauterbachs. Links oben erkennen Sie auf einem steilen Felsen Schloß Schönberg, heute ein Knappschaftskurheim.

❹ Nach **Lautertal-Reichenbach** steigt die Nibelungenstraße etwas steiler an und erreicht die freie Hochfläche. Von einem mit »Schöne Aussicht« bezeichneten Parkplatz überblicken Sie die Höhen und Täler des Odenwaldes, den man hier oft als Nibelungenland bezeichnet. Gegenüber dem Aussichtspunkt überragt die Ruine Lindenfels die Bäume.

❺ Im heilklimatischen Kurort **Lindenfels** sehen Sie in der Ortsmitte ein Schild »Krankenhaus«. Unmittelbar danach zweigt eine Straße rechts ab (Sperrzeichen für Omnibusse und Motorräder). Dort sollten Sie einbiegen. Am Ende der engen Straße mit ihren schmucken Fachwerkbauten finden Sie mit etwas Glück einen der wenigen Parkplätze. Hier beginnt der kurze Aufstieg zur Ruine Lindenfels. An ihrem Fuß liegt der kleine gepflegte Kurgarten. Die Burg stammt aus dem 12. Jh., verfiel im Anfang des 18. Jh.s, wurde aber 1887 und 1891 restauriert. In kaum 10 Min. sind Sie auf den Mauerumgang der Ruine gestiegen, von wo Sie einen prächtigen Blick über den Odenwald und das Tal der Weschnitz genießen. Unten in der Altstadt sehen Sie mehrere runde Türme, die Reste der Lindenfelser Stadtbefestigungsanlage von 1392.

❸ Abstecher von Bensheim zum Fürstenlager: Fahren Sie auf der B 3 Richtung Darmstadt und folgen Sie vor Auerbach rechts dem Wegweiser zum Fürstenlager. Durch einen Park kommen Sie zu der ehemaligen Sommerresidenz hessischer Grafen. Gegenüber dem Schloßhotel wächst Europas höchster Mammutbaum (50 m).

❹ Wandervorschlag bei Lautertal-Reichenbach durch das Felsenmeer: Folgen Sie in der Ortsmitte nach links dem weißen Schild »Felsenmeer«. Nach 1 km haben Sie den Parkplatz erreicht. Das Felsenmeer ist eine erdgeschichtliche Attraktion aus zahlreichen abgerundeten, sackähnlichen Felsblöcken. Sie entstanden durch die Verwitterung des Hornblendegranits; Grus und Kies wurden abgetragen, übrig blieben die Granitbrocken. Über hundert kleinere Felsenmeere gibt es im Vorderen Odenwald; hier am Felsberg ist das größte zu sehen.
Vom Parkplatz aus sind Sie gleich an der Siegfriedquelle. Hier soll nach der Nibelungensage der junge Held vom grimmigen Hagen erschlagen worden sein, doch gibt es im Odenwald noch mehrere Stellen, die diesen Ruhm für sich in Anspruch nehmen. An der Quelle beginnen drei Rundwanderungen:
Weg 1 ist der »Untere Felsenmeerweg«. Er steigt mäßig an und gibt einen guten Überblick auf das Felsenmeer und seine Ausmaße. Sie brauchen dazu ¾ Std.
Weg 2, der »Mittlere Felsenmeerweg«, führt ziemlich steil aufwärts und über die Felsen wieder zurück. Sie brauchen 1½ Std.
Weg 3 ist mit »Großer Felsenmeerweg« bezeichnet. Bei dieser anspruchsvollen Wanderung kommen Sie direkt zu den Natur- und Steindenkmälern. Sie sehen Reste der Granitindustrie, die schon von den Römern im 2. bis 4. Jh. betrieben wurde. Außerdem erleben Sie eine eindrucksvolle Landschaft. Sie brauchen 2 Std. für den Weg.

Bensheim an der Nibelungen- und an der Bergstraße gelegen: Fachwerkhäuser in der Altstadt

In engen Kurven führt die Strecke durch den Wald hinunter ins Tal der Gersprenz, deren Name – ebenso wie der von Weschnitz oder Mümling – keltischen Ursprungs ist. In Reichelsheim erkennen Sie links oben die Reste der Burg Reichenberg aus dem 14. Jh., in der zeitweilig Matthias Grünewald gewohnt hat. Heute ist dort ein Erholungsheim untergebracht. Durch das breite Tal der Gersprenz geht es nun weiter, bis die B 47 im Ortsteil gleichen Namens nach rechts Richtung Michelstadt abbiegt. Sie führt in Kurven zunächst auf eine bewaldete Hochfläche, dann wieder sanft abwärts in das Michelstädter Becken, das gleichzeitig mit dem Rheingraben während der Tertiärzeit absank. Bei der Talfahrt sehen Sie in der Ferne die für den Hinteren Odenwald typischen, langgezogenen und bewaldeten Bergrücken.

6 Im Michelstädter Ortsteil Steinbach folgen Sie dem weißen Schild **Schloß Fürstenau** und **Einhards-Basilika.** Sie können direkt vor dem Schloß parken. Vier mächtige Ecktürme schützen die ehemalige Wasserburg, die um 1300 entstand. 1588 wurde sie ausgebaut und zum Renaissanceschloß gestaltet. Durch einen Torbogen betreten Sie den Innenhof mit seiner stillen, eigentümlichen Atmosphäre. Bemerkenswert ist die 12 m hohe, mit einer kunstvollen Balustrade gekrönte Bogengalerie, die zwei Schloßflügel verbindet. Im Erdgeschoß können Sie eine Ausstellung von Großaufnahmen karolingischer Wandmalerei besuchen. Vom Schloßhof zeigt ein Wegweiser nach links zur 100 m entfernten Einhards-Basilika. Sie wurde 827 für Einhard, den Berater und Biographen Karls des Großen, erbaut und gilt neben der »Königshalle« in Lorsch als eines der ältesten Zeugnisse karolingischer Architektur. Weil die Reliquien der Hln. Petrus und Marcellinus hier angeblich keine Ruhe finden konnten, wurde die Basilika offiziell erst 1073 geweiht. Die Reliquien kamen später nach Seligenstadt. Täglich finden mehrmals Führungen statt.

7 Fahren Sie nun das Sträßchen an Schloß und Park vorbei, biegen Sie auf die B 45 rechts nach **Michelstadt** ein, und folgen Sie dort der weißen Beschilderung Richtung Stadtmitte. Suchen Sie sich möglichst bald einen Parkplatz; Sie erreichen den Stadtkern von überall mit wenigen Schritten.

Im Hof des Schlosses Fürstenau bei Michelstadt

Das Deutsche Elfenbeinmuseum in Erbach beherbergt Kleinodien europäischer, afrikanischer und asiatischer Schnitzkunst.

7 *Abstecher von Michelstadt zur Elfenbeinstadt Erbach: Über die B 45 erreichen Sie nach 2 km in Richtung Westen Erbach. An einer Ampel folgen Sie nach rechts dem Schild zum Marktplatz und zum Schloß. Dieses stammt in seinem Ursprung aus dem 12. Jh., der heutige Wohnbau wurde 1736 errichtet. Sehenswert sind die reichen Kunstsammlungen, Porzellane und eine große Jagdtrophäenschau. Die Grafen von Erbach haben 70 der schönsten Hirschgeweihe der Welt zusammengetragen, unter denen sich auch Abnormitäten befinden. Schloßführungen finden ständig statt. Rund um das Schloß und in den Nebenstraßen bieten zahlreiche Geschäfte Elfenbeinschmuck und -schnitzereien an. Dieses Handwerk wurde im 18. Jh. durch Graf Franz I. als zusätzliche Verdienstmöglichkeit in Erbach heimisch gemacht und hat sich bis heute erhalten. Einen eindrucksvollen Überblick über die Schnitzerei gewährt das Elfenbeinmuseum, das sich – vom Schloß ausgeschildert – jenseits der B 45 in der Festhalle befindet. Hier sehen Sie Beispiele der Odenwälder Elfenbeinkunst (täglich geöffnet; im Winter an einigen Sonntagen geschlossen).*

Michelstadt wird häufig als das Herz des Odenwaldes bezeichnet. Die Geschichte des Ortes reicht wohl bis in die Römerzeit zurück, als der Limes in der Nähe verlief. Wie wenige andere Gemeinden ist Michelstadt zu einem Inbegriff altdeutscher Kleinstadtromantik geworden. Besonders der Marktplatz strahlt so viel bezaubernden, märchenhaften Charme aus, daß dieses Städtchen Besucher aus der ganzen Welt anzieht. Weithin bekannt ist das Bild des kleinen, spätgotischen Rathauses von 1484, dessen Geschosse auf einer offenen Ständerhalle ruhen. Zwei Spitztürme schließen das steile Walmdach ein. In der offenen Halle steht eine alte Tuchpresse von 1560. Malerisch wirkt der Marktbrunnen mit dem heiligen Michael. An das Rathaus schließt sich die gotische Stadtkirche mit künstlerisch bedeutenden Grabmälern und einer kostbaren Kirchenbibliothek an. Sie ist geschlossen, weil wertvolle Kunstgegenstände abhanden gekommen sind, doch können Sie durch Glasscheiben einen Blick ins Innere werfen. Für Gruppen ab zehn Personen werden Führungen arrangiert. In den Quergassen, die vom Marktplatz abzweigen, sehen Sie noch Teile der Stadtmauer mit Wehrtürmen. Wie wohl in jeder vielbesuchten, alten Stadt gibt es in Michelstadt zahlreiche Schmuck- und Souvenirläden, in denen neben Gediegenem und dem hier typischen Elfenbeinschmuck auch mancher Kitsch angeboten wird.

8 *Abstecher von Eulbach zur Wildschweinfütterung bei Würzberg: Sie zweigen kurz vor dem Englischen Garten Eulbachs von der B 47 rechts ab Richtung Würzberg und durchqueren den langgezogenen Ort. Von dort ist die Wildschweinfütterung ausgeschildert. Die Straße verengt sich immer mehr und wird schließlich zum geschotterten Weg. Über einen Gitterrost, der die Wildschweine am Verlassen des riesigen Geheges hindert, erreichen Sie nach fast 10 km den Futterplatz. Unterwegs kommt ab und zu ein Tier ans Auto und bettelt. An der Futterstelle versammeln sich täglich zwischen 16 und 18 Uhr rund 300 Wildschweine aus den weitläufigen Wäldern der Fürsten von Leiningen. Aber auch schon einige Stunden vorher sind ein paar Dutzend Keiler, Bachen und Frischlinge da, die sich gern von Ihnen füttern lassen. Sie können dazu Mais kaufen; andere Lebensmittel dürfen aus Gesundheitsgründen nicht verfüttert werden. Die Tiere sind zwar durch Zäune von den Menschen getrennt, doch ist die Absperrung bewußt unvollständig. Sie können in die Gehege hineingehen, aber Sie sollten die Wildschweine nicht aus der Hand fressen lassen. Auch ist es nicht empfehlenswert, Frischlinge zu streicheln, weil die Bachen dies als Angriff verstehen und ihre Jungen verteidigen könnten.*

8 Die Nibelungenstraße folgt weiter der B 47 in Richtung Würzburg und führt auf den nächsten Höhenrücken, der von dichtem Nadelwald bewachsen ist. In einer Lichtung taucht das ehemalige gräflich-erbachsche Jagdschloß **Eulbach** auf. Hier hat Graf Franz I. zu Erbach-Erbach (1754–1823) einen Englischen Garten angelegt, dessen Besichtigung sich lohnt. Die auf der einstmals kahlen Hochfläche gepflanzten Bäume und Sträucher gediehen wider Erwarten gut, so daß die Vegetation in dem mit mehreren Teichen und einer künstlichen Ruine ausgestatteten Park sehr üppig wurde. Römische Baudenkmäler aus der Umgebung, beispielsweise Kastelltore und Gedenksteine des Limes, Obeliske und alte Grabmäler, ergänzen die Anlage. In mehreren Tiergehegen sind Wildschweine, Wisente, Damhirsche und Mufflons untergebracht, und in den Teichen tummeln sich seltene Wasservögel. Wenn Sie nachmittags hier sind, empfehlen wir den Abstecher zur Wildschweinfütterung bei Würzberg.
Die Straße führt nun abwärts ins Mudautal Richtung Amorbach, das einige Kilometer abseits der Nibelungenstraße liegt und auf der Rückfahrt über die Siegfriedstraße besucht wird. Auf einem steilen, bewaldeten Bergkegel, dem Gotthardsberg, sehen Sie die Ruine einer Kirche. Sie steht an der Stelle einer Stauferburg aus dem 12. Jh. und wurde 1956 wieder mit einem Dach versehen.
Sie biegen auf die B 469 Richtung Miltenberg ein. Das Tal weitet sich. Vor Ihnen werden auf einem Berg die hellen Gebäude von Kloster Engelberg erkennbar. Von der als Schnellstraße ausgebauten B 469 biegen Sie an einer großen Kreuzung rechts nach Miltenberg ab.

Das Gasthaus »Zum Riesen« in Miltenberg zählt zu den ältesten Lokalen Deutschlands.

9 Am Turm des Mainzer Tores von 1379 vorbei erreichen Sie die Kreisstadt **Miltenberg** (s. a. S. 66). An den Mainanlagen fahren Sie am Fluß entlang, bis ein Schild nach rechts zur Stadtmitte weist. Vor dem Rathaus können Sie parken. Gegenüber liegt die barocke Franziskanerkirche von 1667–87. Miltenberg ist jedoch viel älter: Es wurde schon 145 n. Chr. von den Römern gegründet. Gehen Sie vom Rathaus nach rechts durch die alte Hauptstraße, heute Fußgängerzone. In dichter Reihe steht dort ein hochgiebeliges Fachwerkhaus am anderen, darunter das Gasthaus »Zum Riesen«, das sich mit dem »Bären« in Freiburg um den Titel »Deutschlands ältestes Gasthaus« streitet. Es ist urkundlich schon Anfang des 16. Jh.s als Fürstenherberge belegt und gilt damit als das erste nachgewiesene »Nobelhotel«. Der heutige Bau stammt von 1590. Unter den illustren Namen seiner Besucher ragen Wallenstein, Prinz Eugen und König Gustav von Schweden besonders hervor. Etwas weiter auf der linken Seite steht das Alte Rathaus von 1379, ein Zeugnis aus der Blütezeit der Stadt. Es war im Mittelalter das einzige Kauf- und Stapelhaus zwischen Würzburg und Frankfurt.
Schließlich erreichen Sie den kleinen Marktplatz mit dem sog. Schnatterloch. Das ist ein Torturm, durch den Sie die am Hang liegende Mildenburg (13. Jh.) erreichen können. Die Anlage ist in Privatbesitz und kann nicht besichtigt werden. Eindrucksvoll sind am Marktplatz außer dem Panorama mit Burg und Fachwerkhäusern auch der Renaissancebrunnen von 1583 und die Pfarrkirche St. Jakobus mit ihren mächtigen Doppeltürmen. Sie stammt aus der Zeit um 1400. Hinter einer Säule, rechts hinter dem Eingang, sehen Sie einen wertvollen Marienaltar aus Alabaster von 1624. Am Würzburger Tor (1405) vorbei verlassen Sie Miltenberg und biegen gleich darauf links ab Richtung Wertheim. Die Straße folgt dem Main, der sich hier zwischen Spessart und Odenwald einen geschlungenen Durchbruch gegraben hat. Rechts oben am Hang erhebt sich über dem kleinen Städtchen Freudenberg eine Burgruine mit Bergfried von 1195. Jenseits des Flusses, oberhalb von Stadtprozelten, taucht links die mächtige Ruine Henneburg mit zwei Bergfrieden auf. An einer Schleuse vorbei erreichen Sie die Industrievororte von Wertheim.

9 Abstecher von Miltenberg zum Kloster Engelberg: Fahren Sie von Miltenberg über die Mainbrücke Richtung Erlenbach bis Großheubach, und folgen Sie in der Ortsmitte den Schildern nach rechts zum Kloster Engelberg, das Sie schon vor Miltenberg hoch oben am Hang liegen sahen (ca. 7 km). Das Sträßchen führt steil aufwärts durch einen Wald bis zum Parkplatz (gebührenpflichtig). Von dort erreichen Sie nach 100 m die Klosteranlage auf dem südlichsten Ausläufer des Spessarts. Die Klostergebäude wurden immer wieder erweitert. Von der großen Terrasse haben Sie einen prächtigen Blick hinunter zum Main und auf den gegenüberliegenden Odenwald. Im Inneren der Wallfahrtskirche sind drei Altäre sowie eine Kapelle mit Grabdenkmälern beachtenswert. Am Parkplatz beginnt ein bezeichneter Wanderweg zum knapp 3 km entfernten Felsenmeer. Eindrucksvollste Felsformation des Gebietes ist der Heunenstein, der einem riesigen Tisch ähnelt. Hier sollen der Sage nach die Heunen, urzeitliche Riesen, gelebt haben. Die Heunensäulen und -fässer in der Höhe sind Reste mittelalterlicher Steinmetzarbeiten.

Blick von der Burg auf Miltenberg am Main

Miltenberg: Einladendes Wirtshausschild

10 *Abstecher von Wertheim nach Würzburg, das 42 km entfernt mainaufwärts liegt: Die Fürstbischöfliche Residenz, 1720–1744 vom Baumeister Balthasar Neumann errichtet, gehört zu den bedeutendsten Profanbauten des deutschen Barock. Die Innenausstattung der im Zweiten Weltkrieg zerstörten und danach wiederaufgebauten Residenz war ausgelagert und blieb erhalten. Sehenswert sind auch Dom, Marienkapelle, Mainbrücke und die Festung Marienberg, in der Tilman Riemenschneider wegen seiner Parteinahme für die Bauern im Bauernkrieg 1525 eingekerkert war. Für den Abstecher nach Würzburg benötigen Sie einen Tag. (Folgen Sie gegebenenfalls unserem Stadtrundgang ab S. 144.)*

10 Auf der neuen, elegant geschwungenen Odenwaldbrücke überqueren Sie in **Wertheim** (s. a. S. 67) Bahnanlagen und die Tauber und fahren direkt auf den Altstadtkern mit einer mächtigen Ruine am Hang und einem runden spitzen Turm zu. Biegen Sie am Ende der Brücke nach rechts und sofort wieder nach links ab, dann können Sie an der Mainfront parken.

Durch das Maintor und die Maingasse betreten Sie die typisch fränkische Kleinstadt, eine alte Schiffer- und Fischersiedlung. Nach wenigen Schritten sind Sie am Marktplatz mit vielen Fachwerkhäusern angelangt. Einige sind recht originell, beispielsweise das »Haus der Ritter« von 1520. Unten kaum breiter als 3 m, erweitert es sich nach oben und hat sogar noch Platz für einen Erker. Eine auffallende Gruppe von Fachwerkhäusern mit Treppen und Giebeln sehen Sie rechts in der Münzgasse. Am Ende des Marktplatzes gehen Sie auf den gotischen Engelsbrunnen von 1574 zu. Links in einer Seitengasse steht das Rathaus von 1561 mit Treppenturm. Vor Ihnen erhebt sich der ab 1406 errichtete Glockenturm der Stiftskirche, die seit 1383 an der Stelle eines romanischen Gotteshauses entstand. Er hat zwei unterschiedliche Uhren: Zur Burg werden mit einem einzigen Zeiger nur die Stunden angezeigt; auf dem Zifferblatt für die Bürgerschaft, Richtung Marktplatz, kreisen ein Stunden- und ein Minutenzeiger. Im Chor der Kirche sind hinter dem Altar viele prachtvolle Grabmäler zu bewundern. Gegenüber der Stiftskirche liegt die spätgotische Kilianskapelle mit eigenwilligem doppeltem Walmdach. Sie wurde 1472 gebaut und beherbergt heute das Heimatmuseum. Neben der Kapelle beginnt der Aufstieg zur mächtigen Burgruine, von der die Altstadt überragt wird. Sie war einmal eine der größten Steinburgen Süddeutschlands mit zahlreichen Wohngebäuden und umfangreichen Wehranlagen. Auch als Ruine ist sie noch eindrucksvoll. Für den Aufstieg brauchen Sie ca. 20 Min.

Rechts hinter der Stiftskirche finden Sie das Glasmuseum. Ausgestellt sind Glasprodukte und Meßgeräte aller Art; neben modernen Erzeugnissen findet sich auch eine Sammlung antiker und mittelalterlicher Gläser (täglich außer Mo. geöffnet). Auf dem Rückweg sollten Sie zur Tauberbrücke gehen. Von hier sehen Sie die malerischen Fischerhäuser am Flußlauf. Der spitze, etwas schiefe Turm am Rand der Altstadt wurde um 1200 als Wachtturm errichtet und war Eckpunkt der früheren Stadtbefestigung. Damals gab es 18 solcher Türme.

Fahren Sie nun vom Parkplatz aus nach links Richtung Tauberbischofsheim entlang der Tauber, die ihr Bett tief in das Buntsandsteinplateau des Hinteren Odenwalds gegraben hat. Ihr Tal ist viel enger als das des Mains. Die Steilhänge sind bewaldet, an flacheren Stellen werden Wein und Obst angebaut.

11 Unmittelbar an der Straße liegt Kloster **Bronnbach,** eine der am besten erhaltenen zisterziensischen Klosteranlagen Baden-Württembergs. Bis zum Bau der Straße lag es in einem stillen, weltabgeschiede-

Den Gartensaal der Würzburger Residenz ziert ein prunkvolles Fresko des Barockmalers Johann Zick.

Steinfigur am Wertheimer Engelsbrunnen

nen Tal. Die gewölbte Pfeilerbasilika stammt von 1222, aus der Übergangszeit der Romanik zur Gotik. Später erhielt die Kirche barocke Altäre, geschwungene Säulen und ein Rokoko-Chorgestühl. Bei einer der ständig stattfindenden Führungen besuchen Sie auch den romanischen Kapitelsaal und den gotischen Kreuzgang. Ohne Führung darf die Kirche aus Sicherheitsgründen nicht mehr betreten werden, doch können Sie durch ein Gitter in das prachtvolle Innere blicken.

12 Bei der Weiterfahrt durch das romantische Taubertal taucht rechts auf einem Bergrücken die wuchtige **Gamburg** auf. Sie wurde im 12. Jh. erbaut, im 16. Jh. umgestaltet und gehört zu den wenigen mittelalterlichen Burgen, die während der Bauernkriege nicht der Zerstörung anheimfielen. Dies ist der Fürsprache des Ritters Götz von Berlichingen zu verdanken. Die Burg kann nicht besichtigt werden. Fahren Sie über die schmale Brücke in das Dorf Gamburg, das heute ein Teilort von Werbach ist. Dort finden Sie die Erklärung dafür, weshalb diese Landschaft »Madonnenländchen« genannt wird: Nicht nur an Kirchen, sondern auch an Straßenkreuzungen, auf Dorfplätzen und in den Nischen vieler Häuser sind Madonnenfiguren oder -bilder angebracht. Diese Sitte entstand während der Barockzeit ab etwa 1720 als Zeichen besonderer Marienverehrung; der Begriff »Madonnenländchen« wurde nach dem Zweiten Weltkrieg für die Landkreise Buchen und Tauberbischofsheim zur Fremdenverkehrswerbung geprägt.

13 Noch einmal fahren Sie durch einen fast schluchtartigen, kaum zersiedelten Talabschnitt, dann weitet sich die Landschaft und Sie erreichen **Tauberbischofsheim.** Zunächst sehen Sie Industrieansiedlungen und auf den Höhen Kasernen, doch bald können Sie die Altstadt an ihren zwei mächtigen Türmen erkennen. Der runde, der sog. Türmersturm, ziert das Kurmainzische Schloß, in dem heute ein Landschaftsmuseum untergebracht ist. Der viereckige gehört zur Stadtkirche St. Martin, die Anfang dieses Jahrhunderts erbaut wurde.

Fahren Sie nach rechts über die Tauber zur Stadtmitte und versuchen Sie, unmittelbar hinter der Brücke, links zu parken. Sie können aber auch im Halbkreis rechts die Altstadt umfahren und an der zweiten Querstraße nach links einbiegen. Auch dort gibt es Parkplätze. In beiden Fällen erreichen Sie mit wenigen Schritten durch die neue Fußgängerzone den Marktplatz. Hier stehen die Liobakirche von 1657, viele Fachwerkgebäude und einige prachtvolle Patrizierhäuser im Fränkischen Barock (18. Jh.). Der Marienaltar (1517) in der Stadtkirche St. Martin stammt aus Tilman Riemenschneiders Werkstatt und erinnert an Bilder von Albrecht Dürer. Wenn Sie von St. Martin am unmittelbar anschließenden Gebäude der Kreissparkasse vorbeigehen, stehen Sie am ältesten Bauwerk von Tauberbischofsheim: der ehemaligen Peterskapelle im alten Friedhof. Sie wurde im 12. Jh. gebaut, im 16. Jh. jedoch im Stil der nachlebenden Gotik verändert.

Wenn Sie zurückfahren über die Tauber, sich nach der Brücke rechts halten und kurz darauf links auf die B 27 Richtung Heidelberg, Mos-

Alte Weinpressen schmücken die Würzburger Kelterhalle.

Marktplatz in Wertheim

Blick auf den Türmersturm und das Kurmainzische Schloß in Tauberbischofsheim

Bibliothek im Kloster Amorbach

bach und Walldürn einbiegen, sind Sie auf der Siegfriedstraße, die zunächst auf das fruchtbare Bauland hinaufführt, den intensiv landwirtschaftlich genutzten Ausläufern des Odenwaldes.

14 Vor der Einfahrt nach **Hardheim** sehen Sie links etwas abseits der Straße an einem Weg zum Gerätedepot der Bundeswehr eine riesige Rakete. Sie wurde 1974 vom Deutschen Museum in München gebaut und als Dauerleihgabe der Stadt Hardheim zur Verfügung gestellt. Es handelt sich um ein 18 m hohes Modell der Europarakete im Maßstab 1:2, das an den Hardheimer Ingenieur Dr. Walter Hohmann (1880 bis 1945) erinnert. Er war als Leiter der Staatlichen Materialprüfstelle in Essen tätig und stellte in den 20er Jahren unter dem Titel »Erreichbarkeit der Himmelskörper« Berechnungen an, auf denen die moderne Weltraumfahrt bis heute basiert. Dies hat der Weltraumforscher Wernher von Braun der Stadt Hardheim in einer sechsseitigen, handschriftlichen Abhandlung bestätigt, die im Heimatmuseum (geöffnet nach Voranmeldung) gezeigt wird. Dort sind in einer ständigen Ausstellung auch Originale und Modelle von Satelliten sowie eine Dokumentation zur Geschichte der Weltraumfahrt zu sehen. In der Ortsmitte von Hardheim liegt rechts das Schloß von 1561 (heute Rathaus) mit zwei wuchtigen Rundtürmen und portalgeschmückter Eingangsfront. Ihnen gegenüber steht der »Schüttungsbau«, eine mächtige Kurmainzische Zehntscheuer aus dem 17. Jh., die jetzige Erftalhalle mit dem oben erwähnten Heimatmuseum.

15 Wandervorschlag bei Walldürn über den Limes-Wanderweg: Am Ortsende Richtung Amorbach zeigt nach rechts eine grüne Tafel zum »Limes«. Die beschilderte Strecke führt nach 2 km zu einem Waldparkplatz. Dort beginnt der Limes-Lehrpfad. Er verläuft ebenso schnurgerade wie der römische Grenzwall, der einst durch den Odenwald führte. Die Strecke ist hin und zurück 6 km lang. Rekonstruktionen der römischen Verteidigungsanlagen und 30 Textschilder und Karten informieren Sie über alles, was mit den römischen Grenzbefestigungen und dem Limes zusammenhängt. Es empfiehlt sich, auf diese Wanderung ein Vesperbrot mitzunehmen, da es auf dem gesamten Weg, der durch Wald und freies Gelände verläuft, keine Einkehrmöglichkeit gibt.

15 Vor **Walldürn** verlassen Sie die B 27 und biegen nach rechts zur Stadtmitte und dort wieder rechts auf die B 47 Richtung Amorbach ein. Jetzt fahren Sie direkt auf das Heimat- und Wallfahrtsmuseum zu, hinter dem es einige Parkplätze gibt. Sie stehen dort unmittelbar vor der berühmten Wallfahrtskirche zum Heiligen Blut. Hier begründete, der Überlieferung nach, 1330 der Priester Heinrich Otto durch ein Mißgeschick die fränkische Wallfahrt. Er hatte Meßwein verschüttet, der das Blut Christi symbolisiert. Mit einem weißen Tuch, das er später im Altarschrein versteckte, wischte er die Flecken fort. Als er den Vorfall auf dem Sterbebett beichtete, holte man das Tuch hervor und entdeckte darauf ein Blutwunder: in der Mitte erschien die Gestalt des

Hinter dem girlandengeschmückten Rathaus erhebt sich die Wallfahrtskirche von Walldürn.

Gekreuzigten, umgeben von zwölf Abbildern des Hauptes Christi. Spontan bildete sich zu der Kirche eine Wallfahrt, die in den folgenden Jahrzehnten Pilger aus immer weiterer Ferne anzog. Nach langjähriger Untersuchung wurde das Wunder vom damaligen Papst Eugen IV. im Jahr 1445 anerkannt. Das von den Gläubigen verehrte Tuch wird im linken Seitenaltar aufbewahrt, dessen Bilderschmuck die Geschichte der wunderbaren Begebenheit erzählt. Die heutige Säulenbasilika wurde 1698 bis 1728 im Barockstil gebaut. Sehenswert ist neben dem »Heilig-Blut-Altar« auch die Orgel.

Sie verlassen Walldürn auf der B 47, die von der Hochfläche des Baulandes nun in die Täler des Hinteren Odenwalds hinabführt. Vom Waldparkplatz »Besuchermühle« zur Linken können Sie nach 300 m zu Fuß die Mühle erreichen, an der noch ein altes Mühlrad klappert. Unterwegs informieren Tafeln über die Tiere und Pflanzen des Odenwaldes.

In Schneeberg biegen Sie nach rechts Richtung Miltenberg ab und fahren direkt auf eine mächtige Kirche mit einem Fresko des Christophorus zu. Das sehenswerte Gotteshaus hat zwei Schiffe: das ältere der Wallfahrtskirche von 1473–75 mit dem Gnadenbild der Maria in einer Seitenkapelle. Parallel und etwas erhöht wurde 1931 als zweites Schiff die neue Wallfahrtskirche dazugebaut.

16 Am Ortsanfang von **Amorbach** fahren Sie nach links und sofort wieder nach rechts Richtung Stadtmitte. Wo die Straße eine Linkskurve beschreibt, öffnet sich rechts der gepflasterte Marktplatz, auf dem Sie am besten parken. Vorn erhebt sich eine prachtvolle Mariensäule, im Hintergrund steht die barocke Pfarrkirche St. Gangolf und Sebastian von 1751–53.

Das wichtigste Bauwerk von Amorbach erreichen Sie in der Gegenrichtung nach 3 Min.: die im 18. Jh. neu erbaute Abteikirche mit romanischen Türmen der Vorgängerin aus dem 11. Jh. In diesem prunkvollen Gotteshaus beeindrucken die Deckengemälde von Matthäus Günther durch ihre perspektivische Wirkung. Auch die Orgel, mit 3000 Pfeifen, 63 Registern und dreimanualigem Spielbetrieb, eine der größten und klangvollsten in Europa, verdient Beachtung. Der sechs-

Harmonisch und licht: der Innenraum der Abteikirche von Amorbach

Ruine Wildenburg im Odenwald

16 Abstecher von Amorbach zur Wildenburg: Sie folgen zunächst der Siegfriedstraße in Richtung Eberbach und zweigen nach etwa 3 km links ab Richtung Buch. Von dort erreichen Sie nach 2 km den Wildenberg. Vom Parkplatz aus müssen Sie noch etwa 20 Min. zu Fuß gehen.

Die romantische Ruine Wildenburg verdankt Wolfram von Eschenbach den Beinamen »Gralsburg des Odenwaldes«. Wolfram, der vermutlich seinen »Parzival« zum größten Teil auf dieser Burg schrieb, nennt darin die Gralsburg »Munsalvaesche«, d.h. Wildenberg. Der staufische Prachtbau stammt aus dem 12. Jh. und wurde in den Bauernkriegen 1525 niedergebrannt. Goethe legt dem Bauernführer Götz von Berlichingen den entsetzten Ausruf in den Mund: »Ich sehe Miltenberg brennen!« Aber hier irrt der Dichter. Es sollte heißen: »Ich sehe Wildenberg brennen.«

Doch selbst als Ruine ist die Wildenburg sehenswert. Wenn Parzival im gleichnamigen Roman von seiner Burg sagt, daß im Rittersaal ein ungeheuer großes Feuer brannte, denkt man unwillkürlich an den riesigen Kamin der Wildenburg, der bis heute erhalten ist. Der ursprüngliche Stammsitz der Herren von Durne (Walldürn) wurde nach der Säkularisation den Fürsten Leiningen zugesprochen.

Die Burgruine ist ständig zugänglich, der Bergfried kann bei günstiger Witterung an Sonn- und Feiertagen bestiegen werden.

säulige Hochaltar, die Fresken im Langhaus und die Stukkaturen aus der Wessobrunner Schule sind Glanzpunkte barocker Kunst. Im Sommer werden in der Kirche regelmäßig Orgelkonzerte veranstaltet. Die im 8. Jh. gegründete Abtei Amorbach wurde 1803 säkularisiert. 3 Jahre residierten die Fürsten von Leiningen hier, deren Territorium 1816 an Bayern fiel. Die Abteikirche, die sehenswerte Bibliothek und der prächtige Grüne Saal in den ehemaligen Klostergebäuden sind täglich mit Führung zu besichtigen.

Sie verlassen Amorbach, indem Sie aus der Innenstadt auf derselben Straße zurückfahren, die Sie gekommen sind und am Vorfahrtsschild nach rechts Richtung Eberbach abbiegen. Vorbei an den ehemaligen Abteigebäuden erreichen Sie rasch ein kleines Wiesental, das im Verlauf zusehends einsamer und romantischer wird. Im einst abgeschiedenen Grenzgebiet von Bayern, Baden-Württemberg und Hessen beginnt nun die landschaftlich eindrucksvollste Strecke der Siegfriedstraße.

17 Abstecher von Seitzenbuche nach Waldleiningen: Von der Paßhöhe Seitzenbuche fahren Sie rechts durch einen herrlichen Buchenwald und erreichen nach 2,5 km das Jagdschloß Waldleiningen. Es beherbergt heute ein Sanatorium und kann nur vom höher gelegenen Parkplatz aus übersehen werden. Die neugotische Anlage im Stil englischer Landsitze entstand im 19. Jh., inmitten einer einsamen, waldreichen Berglandschaft.

17 Auf der ersten Paßhöhe, an der sog. **Seitzenbuche** (461 m), unterhielten die römischen Legionen am Odenwald-Limes eine Wachstation. Von der Paßhöhe fahren Sie nach links Richtung Eberbach. Steil und kurvenreich geht es hinunter ins Tal nach Kailbach. Dort biegen Sie scharf nach rechts ab Richtung Beerfelden und fahren nun in einem schmalen Tal der zweiten Paßhöhe zu. Nach kurvenreicher Auffahrt erreichen Sie den Krähberg, mit 555 m der höchste Punkt der Rundfahrt. Im Bergrestaurant können Sie rasten, bevor es in ebenso steilen Kurven wieder hinabgeht.

18 Am Ende der Talfahrt erreichen Sie Hetzbach. Eine Fahrt zur Mümlingquelle und zum Beerfelder Galgen lohnt sich. Fahren Sie von Hetzbach südlich über die B 45 nach **Beerfelden** und nach knapp 3 km rechts ab zur Ortsmitte. Dort entspringt an der rechten Straßenseite die Mümling. In 12 Röhren gefaßt, sprudelt die Quelle aus 7 Säulen. Von hier fließt die Mümling nach Norden und mündet vor Aschaffenburg in den Main.

Gleich hinter der Mümlingquelle weist ein Schild nach rechts zum »Galgen«, den Sie nach 2 km erreichen. Eine dichte Baumgruppe, auf der Höhe einer ansonsten freien Kuppe, umschließt den Platz mit dem »dreischläfrigen« Galgen aus dem 16. Jh., der besterhaltene dieser Art in Deutschland. Hier konnten drei Verurteilte gleichzeitig hingerichtet werden, die zuvor auf einem in den Boden eingelassenen Steinkreuz unter der großen Linde die Sterbesakramente empfingen. Zuletzt wurde 1804 eine Zigeunerin gehängt, die ein Huhn und zwei Brotlaibe gestohlen hatte. Werfen Sie auch einen Blick über die weiten, bewaldeten Höhen der Buntsandsteinflächen, die sich unter Ihnen ausdehnen.

Auf der B 45 folgen Sie nun ein kurzes Stück der Mümling und der Bahnlinie durch den Odenwald bis zum Himbächel-Viadukt. Dort zweigt die Siegfriedstraße nach links Richtung Worms ab.

Unser Abstecher von Seitzenbuche führt Sie zum Jagdschloß Waldleiningen.

19 Die Strecke führt am **Stausee Marbach** entlang, der 1978–82 als Hochwasserrückhaltebecken gebaut wurde, um das ganze Mümlingtal, besonders aber Erbach und Michelstadt, vor den häufigen Überschwemmungen zu schützen. Hier, im Einzugsbereich der Mümling, liegen 56 km^2 Niederschlagsfläche, und durch das Staubecken läßt sich die Hochwassergefahr um 40 Prozent vermindern.
Vom Parkplatz aus können Sie über den 18 m hohen und 80 m breiten Staudamm gehen und eine 3 km lange Rundwanderung am Ufer unternehmen. Auf der gegenüberliegenden Seite wurde ein Jugendzeltplatz angelegt. Zur Stromgewinnung ist der Stausee nicht groß genug, deshalb gibt es an seinem Damm auch keine Kraftwerksgebäude.
Durch eine Reihe kleiner Orte schlängelt sich die Siegfriedstraße auf die nächste Anhöhe hinauf und in einem engen Waldtal wieder hinunter zur Weschnitz. Erneut ändert sich der Landschaftscharakter: Im Vorderen Odenwald mit seinem Granitgestein sind die Täler weit und offen, nicht mehr schluchtartig wie im hinteren Teil des Waldgebirges. Die B 460 biegt nach dem Fremdenverkehrsort Fürth rechts ab Richtung Worms und Heppenheim. Ein letztes Mal geht es durch ein Waldtal aufwärts und dann durch einen Einschnitt hinunter zur Oberrheinischen Tiefebene. Die ersten Weinberge tauchen auf, bevor Sie Heppenheim erreichen.
20 In **Heppenheim** (s. a. S. 50) sehen Sie schon bei der Einfahrt die Türme des »Doms der Bergstraße«. Kurz danach zeigt ein Wegweiser nach links zum »Historischen Marktplatz«. Unmittelbar an diesem Schild biegen Sie scharf ein, durchfahren den Torbogen sowie eine enge Gasse und kommen direkt zum Rathaus von Heppenheim. Das Glockenspiel im Turm von 1693 erklingt täglich um 12 Uhr.
Fahren Sie nach der Besichtigung auf demselben Weg zurück auf die B 460. Diese überquert die B 3, die Bergstraße, und führt nun durch die Oberrheinische Tiefebene nach Worms, dem Ausgangs- und Endpunkt der Rundreise.

Sieben Wasserspeier führen das Quellwasser der Mümling in Beerfelden.
Oben: Marktplatz in Heppenheim mit Justus-von-Liebig-Apotheke, wo der später berühmte Chemiker Justus von Liebig 1817–1818 seine ersten Experimente anstellte.

Lage Die beiden Straßen verbinden sich zu einer Rundstrecke und führen von Worms am Rhein in West-Ost-Richtung quer durch den Odenwald.
Anfahrt Über die A 61 bis zur Ausfahrt Worms oder rechtsrheinisch über die A 67 bis Lorsch über die A 5 bis Bensheim und dann über die B 47 nach Worms. Aus Richtung Würzburg fahren Sie über die A 81 bis Tauberbischofsheim und steigen dort in unsere Rundstrecke ein.
Länge Ca. 300 km.
Beschilderung Keine.
Beste Reisezeit Mai bis Oktober.
Charakter und Landschaftsformen Die Strecke durchquert völlig unterschiedliche Landschaften. Der Fahrt durch die Rheinebene folgt der kuppenreiche, aus Granit und anderen Kristallinen aufgebaute Vordere Odenwald mit seinen Laubwäldern und sanften Tälern. Der Hintere Odenwald wird von langgezogenen Hochflächen mit dunklen Nadelwäldern und schluchtartigen Tälern geprägt. Im Osten, wo der Buntsandstein durch Muschelkalk abgelöst wird, liegt das landwirtschaftlich genutzte Bauland. Charakteristisch sind auch die weinbewachsenen Hänge von Main- und Taubertal. Die Rundfahrt führt auf dem Hin- und Rückweg durch all diese Landschaften. Der kaum industrialisierte, einst abgeschiedene Odenwald wirbt heute mit vielen Einrichtungen um den Touristen. Wildschweinfütterungen gehören zu den größten Attraktionen. Eine Besonderheit für Deutschland ist die Elfenbeinschnitzerei um Erbach.
Auskunft Fremdenverkehrsverband Odenwald, Bergstraße, Neckartal, Marktplatz 1, 6120 Michelstadt.
Fremdenverkehrsverband Neckarland-Schwaben e. V., Wollhausstraße 14, 7100 Heilbronn

Schloß Neuschwanstein mit Alpsee und Schwansee gegen die Tannheimer Berge

Benediktinermönche in einer Prozession

Vom Madonnen-ländchen zum Pfaffenwinkel

Wie die Perlen einer kostbaren Kette reihen sich die Glanzpunkte der Romantischen Straße aneinander – jede ein Schmuckstück für sich. Prächtige Residenzen und verträumte Städtchen, höfische Pracht und mittelalterliche Fachwerkromantik lösen einander ab. Vom Madonnenländchen zwischen Main und Tauber bis zum Pfaffenwinkel im Voralpenland führt die Reise; eine Schule deutscher Baukunst, die ein ganzes Jahrtausend umfaßt. In diesem Sinne ist auch der Name der Straße zu verstehen. Romantik bedeutet hier: Lebendig gebliebene Vergangenheit, erfahrbare Geschichte. Kirchen und Klöster, Burgen und Schlösser, trutzige Stadtmauern und anmutige Marktplätze erinnern an die Lebensweise früherer Generationen – an Glanz und Glück, aber auch an Not und Elend im Wechsel der Zeiten. Auch die Romantische Straße selbst besitzt ihre Geschichte. Sie folgt weitgehend den alten Heerstraßen, welche die Römer über die Alpen bis nach Augsburg und an den Limes führten und die im Mittelalter als Handelswege ausgebaut wurden. So gab es bereits im 16. Jahrhundert eine fortlaufende Straße von Würzburg über Augsburg durch die Voralpenlandschaft nach Füssen.

Ehrenhofgitter der Würzburger Residenz

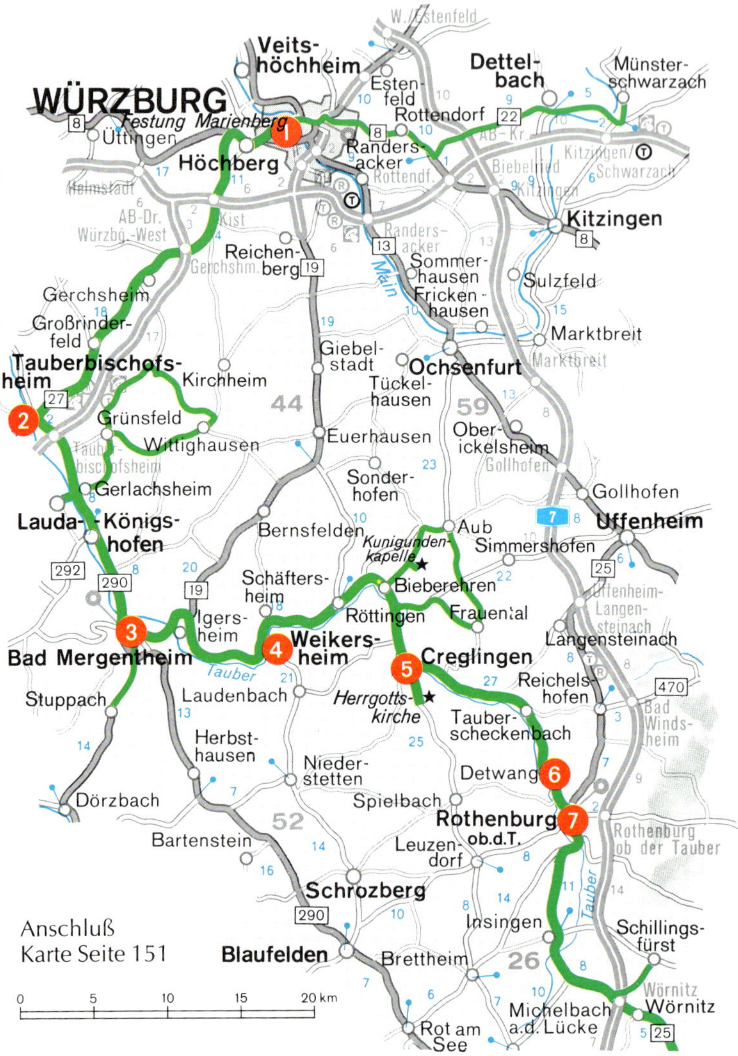

❶ *Abstecher von Würzburg über Dettelbach nach Münsterschwarzach (24 km): Sie fahren vom Würzburger Residenzplatz auf dem Rennweg nach Osten, kommen in die Rottendorfer Straße, die außerhalb des Stadtgebietes mit der B 8 identisch ist, und folgen ihr über Rottendorf bis zur Abzweigung der B 22. Dort biegen Sie links ein, überqueren alsbald die Autobahn Kassel/Heilbronn und befinden sich wenig später in Dettelbach am Main. Das bekannte Wallfahrts- und Weinstädtchen wird noch von 36 seiner einstmals 52 Wehrtürme überragt. Das Flüßchen Dettel halbiert den Stadtkern und fließt unter dem gotischen Rathaus (15. Jh.) hindurch. In die Terrassenmauer unterhalb der Pfarrkirche ist eine Eichenkelter eingelassen. Sie durchschreiten das Faltertor und*

❶ **Würzburg** bildet – sofern Sie die Romantische Straße von Nord nach Süd befahren – den glanzvollen Auftakt dieser Route. Wahrzeichen der Stadt ist die Festung Marienberg, die sich auf einer rebenbestandenen Anhöhe 110 m über dem Main erhebt. Von dort oben bietet sich ein prächtiger Blick über die jenseits des Flusses gelegene Altstadt und die angrenzenden Stadtteile.

Würzburg liegt klimatisch begünstigt in einer Talweitung des Mains. Vor rund 3000 Jahren, während der sog. Urnenfelder- und der Hallstattperiode, befand sich auf dem Marienberg bereits eine befestigte Höhensiedlung. Die eigentliche Stadtgeschichte begann jedoch im frühen Mittelalter, als die Mainlande ein Gebiet der fränkischen Staatskolonisation waren. Im Jahre 689 fand in Würzburg der heilige Kilian, ein iroschottischer Mönch, der als Missionsbischof ins Land gekommen war, mit zwei Gefährten den Märtyrertod. Seit 741 ist die Stadt Bischofssitz, seit 1582 besitzt sie eine Universität, 1814 kam sie endgültig zu Bayern. Heute bildet die rund 120 000 Einwohner zählende Stadt dank ihrer kulturellen Angebote und ihrer wirtschaftlichen Bedeutung den Mittelpunkt des mainfränkischen Raumes.

Ihren Weltruhm verdankt die Residenzstadt am Main vor allem zwei genialen Künstlern: dem Bildhauer Tilman Riemenschneider und dem Baumeister Balthasar Neumann. Mit seinen großartigen Schnitzwerken und seinen kraftvollen Steinskulpturen gilt Riemenschneider – Bürger, Stadtrat und 1520/21 sogar Bürgermeister Würzburgs – als Vollender der deutschen Spätgotik. 200 Jahre später verlieh Balthasar Neumann der Stadt mit seinen Barockbauten jenen festlichen Glanz, der die fränkische Metropole bis heute auszeichnet.

Beginnen Sie Ihre Stadtbesichtigung beim Käppele. Diese bezaubernd gelegene Wallfahrtskirche auf dem Nikolausberg (über die Ludwigsbrücke erreichbar) wurde 1747–50 nach den Plänen Balthasar Neumanns errichtet und gilt als eine der vollendetsten Schöpfungen deutscher Barockbaukunst. Eine doppelläufige Treppenanlage mit Kreuzwegstationen, deren lebensgroße Figuren Peter Wagner schuf, führt zu der Kirche hinauf. Wie das Käppele liegt die Festung Marienberg, der Hauptanziehungspunkt Würzburgs, links des Mains (über die Alte Mainbrücke erreichbar). Mit dem Wagen fahren Sie auf der stadtauswärts führenden Zeller Straße bis zur Höchberger Straße, in die Sie links einbiegen; dann bis zum Oberen Burgweg, auf dem Sie durch das Schönborn-Tor den Zeughaushof erreichen, wo es ausreichende Parkmöglichkeiten gibt. Ältester Teil der Anlage auf dem Marienberg ist die Marienkapelle aus dem frühen 8. Jh. Die Kernbauten der »Veste«, zu denen der Bergfried, der Rundturm, der Sonnenturm und die Ringmauer gehören, entstanden im 12. und 13. Jh. Ihr heutiges Aussehen erhielt sie im wesentlichen während des 17. und 18. Jh.s unter den Fürstbischöfen von Schönborn. Vom 13. bis ins 18. Jh. hinein residierten die Würzburger Bischöfe auf dem Marienberg. Dann diente die Anlage über ein Jahrhundert lang als Kaserne, später als Gefangenenlager und schließlich bis in die dreißiger Jahre unseres Jahrhunderts als Notunterkunft. Einer um diese Zeit begonnenen großangelegten Renovierung setzte das furchtbare Bombardement vom 16. März 1945, das die Stadt weitgehend verwüstete und auch große Teile der Festung zerstörte, ein vorläufiges Ende. Der Wiederaufbau nahm fast 30 Jahre in Anspruch. Heute bietet die Anlage im wesentlichen wieder das Bild, das sie im 18. Jh. zeigte.

Auf dem Zeughaushof befinden Sie sich bereits im inneren Bering. Die angrenzende Echterbastei und das barocke Zeughaus beherbergen heute das Mainfränkische Museum, das eine bedeutende Sammlung von Riemenschneider, Werke weiterer fränkischer Künstler, volkskundliche und vorgeschichtliche Sammlungen sowie – in der Kelterhalle – Zeugnisse fränkischer Weinkultur enthält (täglich geöffnet).

Vom Zeughaushof führt der Rundgang durch das östliche Echtertor in den Hof der Echterschen Vorburg mit der alten Pferdeschwemme. Den Hof der Hauptburg erreichen Sie über eine Brücke, die den tief abfallenden Halsgraben überspannt, und dann durch das wuchtige Scherenbergtor in der Ringmauer. Daneben erhebt sich der um 1600 umgebaute Kiliansturm. Der alte Bergfried, ein mächtiger Rundturm, bildet den Mittelpunkt des Hofes. Ihm gegenüber steht die von einer Kuppel überwölbte Marienkapelle, die als älteste deutsche Rundkirche gilt. In die 3,65 m starke Mauer sind sechs halbrunde Nischen und eine rechteckige Eingangsnische eingelassen. Um 1600 entstand das hübsche Brunnenhaus, das sich an den Chor anschließt. Es schützt den Brunnen, der schon in der Frühzeit der Burg angelegt wurde und dessen Schacht über 100 m in die Tiefe reicht.

kommen auf dem Wallfahrtsweg zur 1613 geweihten Kirche »Maria im Sande«. Sehenswert ist die prunkvolle Westfront mit reichgeschmücktem Giebel und Portalaufbau aus der Spätrenaissance. Zu der großartigen Innenausstattung gehören 24 farbige Votivbilder, deren Darstellungen Rettung aus Seenot, Wolfsgefahr und schwerer Krankheit schildern. Sie bleiben auf der B 22, fahren am Main entlang weiter nach Osten und erreichen schon nach wenigen Minuten jenseits des Flusses Münsterschwarzach. Erst 1913 zogen wieder Missions-Benediktiner an den Main und bauten von 1935 bis 1938 die heutige Abteikirche, einen Kubus von monumentaler Wucht, dessen vier Türme das Landschaftsbild beherrschen. Im Innern beeindruckt das romanisch inspirierte Gotteshaus durch seine 14 Seitenaltäre, die zum Hochaltar mit dem Heiland am Kreuz geleiten. Das Kloster lebt noch heute autark, unterhält ein Gymnasium, angesehene Handwerksstätten und eine weithin bekannte Landvolk-Schule. Über die Missionsarbeit des Klosters unterrichtet das Museum neben dem Torhaus (ganzjährig geöffnet). Rückfahrt auf derselben Strecke.

Residenz in Würzburg

Würzburg: Oberer Markt, Marienkapelle und Haus zum Falken

Würzburg: Marienfeste

Durch die Burggaststätte gelangen Sie über einen Treppenturm in den Burggraben. Unter Bäumen führt ein Weg um den Scherenbergring vor die Mauern des Fürstengrabens auf die Wallterrassen. Von hier wie auch vom Fürstengraben aus genießen Sie einen herrlichen Blick auf die Stadt und ihr Hinterland. Die Anlage ist ganzjährig frei zugänglich (Besichtigungen: Marienkapelle, Bergfried, Brunnenhaus, Echterzimmer, Wehrgang und Fürstengarten täglich außer Mo.).

Wer zum erstenmal nach Würzburg kommt, sollte auf jeden Fall einen Gang durch die Altstadt unternehmen (ca. 2 Std.). Unser Ausgangspunkt ist das Haus zum Falken, ein ehemaliges Gasthaus, dessen Fassade reich mit Rokoko-Stukkaturen und einem schmuckvollen Giebel verziert ist. Heute beherbergt es das Fremdenverkehrs- und Kulturamt sowie die Stadtbücherei. Sie erreichen es, vom Main herkommend, durch die Dom- und die Schönbornstraße (Parkmöglichkeiten am nahegelegenen Marktplatz). Die Marienkapelle aus dem 14. Jahrhundert, eine der schönsten gotischen Hallenkirchen Frankens, beherrscht das Bild des Marktplatzes. Von hier aus gehen Sie über den oberen Markt zum Bürgerspital an der Kreuzung Theater- und Semmelstraße, das ein eigenes Wein- und Speiselokal besitzt. Sehenswert ist hier der Hof, den ein stattlicher dreiflügeliger Arkadenbau umgibt. Im Straßengiebel befindet sich ein Glockenspiel, zu dessen Klängen täglich um 11, 13, 15 und 17 Uhr eine volkstümliche Kreuzbergwallfahrt erscheint. Der Weg führt nun nordwestlich durch die Theaterstraße zur Juliuspromenade mit dem gleichnamigen Spital, einem bedeutenden Zeugnis des frühen fränkischen Barocks. Rechts sehen Sie das ehemalige Kollegiatsstift St. Johannis im Haug mit Doppelturmfassade und mächtigem Kuppelbau. Entlang der Juliuspromenade gelangen Sie zum Alten Kranen unmittelbar am Main. Wenn Sie flußaufwärts weitergehen, bieten sich Ihnen stimmungsvolle Ausblicke auf die Festung und das Mainviertel am jenseitigen Ufer. Nach kurzer Zeit erreichen Sie die Alte Mainbrücke mit ihren zwölf überlebensgroßen Steinfiguren. Von der Brücke aus überblicken Sie die Schleusenanlage der Rhein-Main-Donau-Großschiffahrtsstraße. Mainaufwärts liegt unterhalb der Festung die ehemalige Klosterkirche St. Burkhard, deren Ursprünge in romanischer Zeit liegen. Im Hintergrund erheben sich die Türme des Käppele auf dem Nikolausberg.

Sie verlassen die Alte Mainbrücke stadteinwärts, vorbei am Vierröhrenbrunnen und dem Grafeneckart, dem turmbewehrten ältesten Gebäudeteil des Rathauses. Durch die Domstraße kommen Sie zum Dom St. Kilian. Der ursprünglich romanische Bau, der 1945 ausbrannte und 1946 teilweise einstürzte, ist in den sechziger Jahren neu errichtet worden. Unter den Grabmälern im Innern des Doms gehören die der Fürstbischöfe Rudolf von Scherenberg und Lorenz von Bibra – beide von Tilman Riemenschneider – zu den bedeutendsten. Nördlich des Doms erhebt sich das Neumünster mit der Kiliansgruft unter dem Kuppelraum. Neben der Kirche befindet sich das Lusamgärtchen mit den Überresten des ehemaligen Kreuzgangs – Begräbnisplatz der Stiftsherren und der Überlieferung nach auch letzte Ruhestätte des Minnesängers Walther von der Vogelweide. Dahinter steht in der Herrenstraße der ehemalige Domherrenhof Conti, der heute als Bischöfliches Palais dient. Vorbei am Ostchor des Doms mit der angebauten Schönbornkapelle und durch die Domerschulstraße mit mehreren Domherrenhöfen führt der Weg zur Alten Universität mit ihrem streng gegliederten Innenhof.

Von hier aus gehen Sie entlang der dekorativen Fassade des Priesterseminars zur ehemaligen Jesuitenkirche St. Michael, die jetzt als Seminar- und Universitätskirche dient. Rechts an der ehemaligen Benediktinerabtei St. Stephan vorbei, durch den südlichen Hofgarten oder entlang der Balthasar-Neumann-Promenade, erreichen Sie schließlich den weiten Residenzplatz mit seinem monumentalen Schloßbau, der sich in drei Blöcke mit 360 Sälen gliedert.

Als Abschluß Ihres Besuchs in Würzburg bildet die Besichtigung der Residenz der Fürstbischöfe – für die Sie sich Zeit nehmen sollten – noch einen letzten Höhepunkt. Die großzügige, 1720 bis 1744 errichtete Anlage gilt als vollendetes Beispiel deutscher Schloßbaukunst. Weithin berühmt sind das Treppenhaus Balthasar Neumanns mit den Deckenfresken von Giovanni Battista Tiepolo und der festlich-repräsentative Kaisersaal in seinem harmonischen Zusammenklang von

Würzburg: Blick von der Festung über die Stadt

Architektur, Malerei und Ausstattung. Der prachtvolle Gartensaal bildet den Durchgang zum Hofgarten, in dessen barocken Gittertoren, plastischen Gruppen und Putten festliche und heitere Motive miteinander wetteifern (ganzjährig täglich bis zum Einbruch der Dunkelheit frei zugänglich). In Schloß und Park findet seit 1922 alljährlich im Juni das Würzburger Mozartfest statt.

2 **Tauberbischofsheim,** unsere nächste Station an der Romantischen Straße, erreichen Sie auf der B 27. Sie verlassen Würzburg über die Ludwigsbrücke, fahren dann zwischen der Festung Marienberg und dem Käppele hinauf und durch den Wald nach Höchberg. Von hier aus sind es bis Tauberbischofsheim noch ca. 35 km. Weite, fruchtbare Ackerflächen, hin und wieder von einer Waldung unterbrochen, prägen das Bild der Landschaft.

Tauberbischofsheim liegt bereits auf baden-württembergischem Gebiet, im Main-Tauber-Kreis. Der Name Herrgottsland oder Madonnenländchen ist eine liebevolle Anspielung auf die unzähligen Bildstöcke am Wegrand, auf die alten Steinbrücken mit ihren Heiligenfiguren und die von den Häuserfassaden herunterlächelnden Madonnen.

Wenn Sie Tauberbischofsheim, die einstige Amtsresidenz der kurmainzischen Erzbischöfe, erreichen, biegen Sie rechts in die Würzburger Straße ein. Über die Tauberbrücke und die Hauptstraße gelangen Sie zum Marktplatz in der malerischen Altstadt mit ihren stattlichen Fachwerkhäusern, zum Beispiel der Sternapotheke und dem Haus Rincker. Sehenswert sind auch der barocke Reh-Hof am Marktplatz, das Barock-Palais Bögner aus dem Jahre 1746 und die neugotische Fassade des Rathauses. Schmuckstück des Marktplatzes ist die 1656 erbaute und 1735 im fränkischen Barock erweiterte Liobakirche, die einst zum Franziskanerkloster gehörte. Nördlich der Fußgängerzone, die vom Marktplatz bis zum Sonnenplatz reicht, steht die Stadtkirche St. Martin, kurz vor dem Ersten Weltkrieg im neugotischen Stil erbaut. Sie birgt zahlreiche mittelalterliche Kunstschätze. Die benachbarte Sebastianuskapelle stammt aus dem 15. Jh. Das kurmainzische Schloß, südlich der Fußgängerzone gelegen, gehört zu den Hauptanziehungspunkten Tauberbischofsheims. Es besteht aus einer Gruppe malerischer Fachwerkbauten und dem Türmersturm, einem Wahrzeichen der Stadt. Das Schloß beherbergt heute das Tauberfränkische Landschaftsmuseum mit heimatkundlichen, vor- und frühgeschichtlichen Sammlungen und sakralen Kunstschätzen (geöffnet Ostern bis Ende September täglich außer Mo.).

Auf der Weiterfahrt durch das liebliche Taubertal folgt die Romantische Straße der B 290. In Distelhausen lohnt sich ein Halt bei der schönen Pfarrkirche St. Markus mit der reichen Rokoko-Ausstattung eines Würzburger Meisters. Wenige Kilometer weiter erwartet Sie in Lauda-Gerlachsheim ein prunkvoller Barockbau: die Pfarrkirche Heiligkreuz, eine ehemalige Prämonstratenser-Klosterkirche mit markantem Turmpaar, hübschen Figurennischen an der effektvollen Fassade und präch-

2 Abstecher von Gerlachsheim nach Grünsfeld: In Gerlachsheim zweigen Sie in östlicher Richtung von der B 290 ab und beginnen eine etwa 25 km umfassende Rundfahrt. Sie folgen dem Hinweisschild nach Grünsfeld. Neben dem ansehnlichen Rathaus vom Ende des 16. Jh.s verdient dort die aus dem 14. bis 17. Jh. stammende Pfarrkirche St. Peter und Paul Ihre Aufmerksamkeit. Hier sind einige hervorragende Grabmäler zu sehen, darunter der Epitaph für die 1503 gestorbene Gräfin Dorothea von Wertheim, ein Werk Tilman Riemenschneiders.

2 km nördlich von Grünsfeld liegt Grünsfeldhausen mit seiner aus zwei achteckigen Bauten bestehenden romanischen Achatiuskapelle aus dem 12. Jh. Parallel zur Autobahn fahren Sie nordöstlich weiter nach Ilmspan. Sehenswert ist hier die 1766 von Johann Michael Fischer erbaute Pfarrkirche mit schönen Rokoko-Stukkaturen. In Ilmspan biegen Sie nach Südosten ab und befinden sich alsbald in Oberwittighausen. Auf einer Anhöhe erblicken Sie hier die Sigismundkapelle, einen romanischen Achteckbau. Über Zimmern mit seiner 1768 von Johann Michael Fischer erbauten Pfarrkirche und über Grünsfeld gelangen Sie zurück nach Gerlachsheim.

Das ehemalige Prämonstratenserkloster von Gerlachsheim bei Tauberbischofsheim

tiger Innenausstattung. Sehenswert sind in Gerlachsheim auch die vier Heiligenfiguren auf der Barockbrücke und die Freigruppe »Maria als Trösterin der Betrübten« von 1751, die in der Ortsmitte zu finden ist. Jenseits der B 290 erreichen Sie über die aus dem frühen 16. Jh. stammende Tauberbrücke das alte Lauda (heute mit Königshofen zu einer Stadt zusammengeschlossen). Barockbauten – darunter die hübsche Stadtkirche – und wohlgefügte Fachwerkhäuser bestimmen das Stadtbild. In der Hauptstraße 25 finden Sie in einem 1551 erbauten Weinbauernhaus das reich ausgestattete Heimatmuseum mit einer eichenen Kelter (geöffnet Mai bis Oktober sonn- und feiertags nachmittags oder nach Voranmeldung).

3 Abstecher von Bad Mergentheim nach Stuppach: Auf der B 19 in Richtung Künzelsau (Hinweisschild) fahren Sie südlich in das 6 km entfernte Stuppach. In der 1930 an die Pfarrkirche angebauten Kapelle finden Sie die »Stuppacher Madonna« (1517–19) von Matthias Grünewald, eine der bedeutendsten Schöpfungen der deutschen Malerei (täglich geöffnet). Das kostbare Kunstwerk war ursprünglich als Mittelteil des für die Aschaffenburger Stiftskirche bestimmten Maria-Schnee-Altars gedacht. Erst um 1900 gelang es, den Maler zu bestimmen.

3 **Bad Mergentheim,** 12 km südlich von Lauda an der B 290 gelegen, ist eine lebhafte kleine Kurstadt, die ihren Ruf als Heilbad den vor rund 150 Jahren entdeckten Solquellen verdankt. Das reizvolle historische Stadtbild zeugt von einer rühmlichen Vergangenheit und trägt zur Beliebtheit Bad Mergentheims bei. Zu den Hauptanziehungspunkten gehört das am Ostrand der Altstadt nahe der Tauber gelegene Deutschordensschloß. Es erinnert an die Hoch- und Deutschmeister des Deutschen Ordens, die von 1527–1806 in der Stadt residierten. Das Schloß entstand unter Einbeziehung einer älteren Wasserburg in der Zeit von 1565–74 nach Plänen von Balthasar Neumann. Der wuchtige Bläserturm, der Torturm mit vier Giebeln, Kuppel und Laterne sowie das mit Wappen und vier Säulenpaaren geschmückte Renaissance-Portal verleihen dem Äußeren sein imponierendes Bild. Im nordwestlichen Turm verdient die feingearbeitete Spindeltreppe besondere Beachtung. Ihre Decke wird von sieben gewundenen Säulen getragen. Mit ihrem reich skulptierten Blatt- und Rankenwerk ist diese Treppe ein Meisterwerk der Renaissance-Baukunst. Der einzige noch in seiner ursprünglichen Form erhaltene Raum des Schlosses, das heute das Deutschordensmuseum beherbergt, ist der Kapitelsaal (geöffnet täglich außer Mo.).

Die Schloßkirche, mit ihren schlanken Türmen und den herrlichen Fresken eine Perle der Barockbaukunst, entstand 1731–36 unter teilweiser Berücksichtigung der Pläne von Balthasar Neumann und François Cuvilliés aus München.

Auf dem Marktplatz, den Sie vom Schloß über die Burgstraße erreichen, steht neben dem 1564 erbauten Rathaus der Milchlingsbrunnen mit dem Standbild des Deutschmeisters Wolfgang Schutzbar, genannt Milchling. Ihm verdankte Mergentheim die Erhebung zur Residenz. Nördlich des Marktplatzes befindet sich die Stadtpfarrkirche St. Johannes, eine frühgotische Basilika aus der Zeit um 1300 mit schlankem, siebenstöckigem Turm. Die Marienkirche südöstlich des Marktplatzes mit langgestrecktem gotischem Chor aus dem 14. Jh. beherbergt den 1539 wahrscheinlich von Hans Vischer in Nürnberg geschaffenen, prachtvollen Bronze-Epitaph für den Deutschmeister Walther von Cronberg.

Der Milchlingsbrunnen in Bad Mergentheim

Creglingen: Alte Apotheke

Ab Bad Mergentheim folgt die Romantische Straße der B 19 in Richtung Rothenburg ob der Tauber. In Igersheim bietet sich von der Burgruine Neuhaus eine schöne Aussicht ins Taubertal.

4 **Weikersheim,** nur 11 km von Bad Mergentheim entfernt, hat sich in idyllischer Abgeschiedenheit den Charakter einer kleinfürstlichen Residenz bewahrt. Der rechteckige Marktplatz mit der spätgotischen Pfarrkirche, ein schlichter, dreischiffiger Hallenbau von 1419, mit dem hübschen Rokokobrunnen und den barocken Amtshäusern strahlt noch die standesherrliche Pracht des ehemaligen Stammsitzes derer von Hohenlohe aus. Am Ende des Marktplatzes führt der Weg zwischen den Zirkelhäusern zum Schloß der Grafen und späteren Fürsten von Hohenlohe. Der mächtige Renaissancebau entstand um 1600 aus einer mittelalterlichen Wasserburg, deren Bergfried noch heute das Schloß überragt. Prunkstück im Innern ist der Rittersaal mit einer mächtigen Kassettendecke, die am Dachstuhl aufgehängt ist. Die Dekkengemälde wie auch die Tierskulpturen an den Wänden illustrieren das Motiv der Jagd. Der Kamin an der Schmalseite ist ein Meisterwerk der fränkischen Renaissance. Auch die übrigen Räume des Schlosses sind weitgehend in ihrer ursprünglichen Ausstattung erhalten und demonstrieren mit ihren prachtvollen Möbeln und Kunstgegenständen höfische Wohnkultur des 17. und 18. Jh.s. Empfehlenswert ist ein Spaziergang durch den zauberhaften Schloßgarten mit seinen Wasserspielen, barocken Steinplastiken und den beiden Flügeln der Orangerie, zwischen denen sich ein Fernblick ins Taubertal bietet. Schloß und Park können täglich besichtigt werden. Von Juli bis September finden im Schloß die Internationalen Jugend-Musikwochen statt. Über Röttingen, ein hübsches Landstädtchen mit fast dreieckigem Marktplatz, und Bieberehren erreichen Sie Creglingen an der Mündung des Herrgottsbaches in die Tauber.

5 **Creglingen** verdankt seinen Ruhm dem Marienaltar Tilman Riemenschneiders in der Herrgottskapelle, die knapp 2 km außerhalb der Stadt im Herrgottstal liegt. Riemenschneider hat diesen Schnitzaltar, der mit dem Gesprenge etwa 10 m hoch ist, zu Beginn des 16. Jh.s geschaffen. Die vollplastischen Figuren des Schreins stellen die Himmelfahrt Marias dar, darüber wird die Krönung Marias gezeigt. Die Seitenflügel enthalten vier Reliefszenen aus dem Marienleben.

6 In **Detwang,** einer reizvoll gelegenen Dorfgemeinde, die heute zu Rothenburg ob der Tauber gehört, begegnen Sie einem weiteren Meisterwerk Riemenschneiders: dem Kreuzaltar in der Pfarrkirche. Er ist um 1515 entstanden und gilt als der letzte der großen Schnitzaltäre des Meisters. Die plastische Szene im Schrein zeigt die Kreuzigung Christi, die Flügelreliefs, an denen Gehilfen Riemenschneiders mitgearbeitet haben, veranschaulichen Christus am Ölberg und die Auferstehung. Der Kreuzigungsaltar war ursprünglich für die Michaelskapelle in Rothenburg ob der Tauber bestimmt, wurde aber nach dem Dreißigjährigen Krieg der Dorfkirche von Detwang überlassen.

4 *Abstecher*
von Bieberehren nach Aub: Sie fahren über Aub-Burgerroth am Gollachtal entlang zur Kunigunden-Kapelle mit ihrer Rokoko-Ausstattung. Über Aub-Baldersheim geht es in das altfränkische Städtchen Aub. Die dortige Pfarrkirche besitzt eine Kreuzigungsgruppe von Tilman Riemenschneider aus der Zeit um 1510. Über Waldmannshofen (schönes Wasserschloß von 1544 mit Feuerwehrmuseum; täglich geöffnet) und Frauental mit seiner ehemaligen Klosterkirche aus dem 13. Jh. fahren Sie entweder zurück nach Bieberehren oder weiter nach Creglingen (Gesamtstrecke etwa 20 km).

4 *Wandervorschlag*
von Weikersheim über die Höhen nördlich der Tauber: Vom Weikersheimer Ortsteil Schäftersheim wandern Sie von der Kirche aus südlich den Hang hinauf. Etwa 100 m über dem Taubertal geht es zum Wartturm (Wegweiser). Nun folgen Sie dem mit einem blauen Balken markierten Albvereinsweg nach Westen und kommen über den Winterberg zum Nordhang des Tauberberges. Fast schnurgerade führt der Weg weiter zum Weißenfeld. Um den Rotenberg und den Dickele herum gelangen Sie durch das Tal des Nassauer Baches zurück nach Schäftersheim. (Wegstrecke 9,5 km; wegen der Steigungen sollten Sie etwa 3 Stunden veranschlagen.)

Creglingen: Apostel am Marienaltar in der Herrgottskapelle

Schloßtor in Weikersheim

7 **Rothenburg ob der Tauber** (s. a. S. 174) gilt als der Inbegriff der mittelalterlichen deutschen Stadt und gehört zu den meistbesuchten Orten der Bundesrepublik. 1274 erhielt Rothenburg, das heute auf eine rund tausendjährige Geschichte zurückblicken kann, durch Rudolf von Habsburg die Rechte einer freien Reichsstadt. Etwa aus dieser Zeit stammt auch die Stadtmauer mit ihren Türmen und Toren, von der Rothenburg noch heute umschlossen wird. Man kann sie auf einer Länge von 2,5 km begehen und hat dabei einen großartigen Ausblick auf die Altstadt mit ihren Gassen und Winkeln (schöne Fotomotive). Ausgangspunkt für den Rundgang ist die Spitalbastei, knapp 200 m von der B 25 entfernt. Nördlich davon befindet sich am Ende der unteren Schmiedgasse das Plönlein, ein kleiner Platz, an dessen Südseite Sie einen malerischen alten Fachwerkbau mit Brunnen erblicken.

Vom Marktplatz im Zentrum aus sind alle Sehenswürdigkeiten der Stadt leicht erreichbar. Das Rathaus direkt am Markt besitzt einen gotischen (13. Jh.) und einen Renaissancetrakt (16. Jh.). Von seinem 55 m hohen Turm bietet sich eine herrliche Aussicht. Die ehemalige Ratstrinkstube am nördlichen Marktplatz besitzt als Attraktion eine Kunstuhr, die stündlich von 11 bis 15 Uhr sowie um 21 und 22 Uhr den »Meistertrunk« zeigt: Die Szene erinnert an den Altbürgermeister Nusch, der während des Dreißigjährigen Krieges die Stadt vor der Zerstörung rettete, indem er auf General Tillys Forderung einen Humpen Wein in einem Zug leerte.

In der Stadtpfarrkirche St. Jakob, einer schmalen, hohen dreischiffigen Basilika, befindet sich der berühmte »Heilig-Blut-Altar« Tilman Riemenschneiders, den der Meister 1505 fertigstellte. Die plastische Szene im aus Lindenholz geschnitzten Schrein zeigt das Abendmahl, auf den Reliefszenen der Flügel sind der Einzug in Jerusalem und Christus am Ölberg dargestellt. Neuesten Forschungen zufolge wird der Franziskus-Altar, der sich früher in der ehemaligen Franziskanerkirche befand, für ein Frühwerk Tilman Riemenschneiders gehalten. Im Gegensatz zum »Heilig-Blut-Altar« ist er farbig bemalt.

Man kann in Rothenburg noch vieles entdecken: Kunstschätze in den Kirchen oder im Reichsstadtmuseum (Klosterhof 51), geschichtsträchtiges im Historiengewölbe (Fritz-Hübscher-Straße 6) oder im Kriminal- und Foltermuseum (Burggasse 3). Patrizierhäuser säumen die Straßen, herrliche Brunnen wie der St.-Georgs-Brunnen am Marktplatz sind zu bewundern und wehrhafte Stadttore zu besichtigen.

Die Romantische Straße, von Rothenburg bis Augsburg mit der B 25 identisch, überquert nun südlich der Stadt die Tauber, verläuft dann etwa 2 km westlich des Flußtals nach Süden, kehrt hinter Insingen wieder ans andere Ufer zurück und steigt zur Frankenhöhe hinauf.

8 **Feuchtwangen,** ein altertümlich anmutendes Städtchen, ist die nächste Station unserer Reise. Den weiträumigen und doch geschlossen wirkenden Marktplatz in der Altstadt schmückt der barocke Röhrenbrunnen mit der Minerva, der Schutzpatronin des heimischen Handwerks. Über die vielen schönen Fachwerkbauten, die den Markt umgeben, erhebt sich die ehemalige Stiftskirche, deren Ursprung ins 8. Jh. zurückgeht. Der Hochaltar ist ein Werk Michael Wolgemuts, des Lehrers von Albrecht Dürer. An die Kirche schließt sich ein eindrucks-

Rothenburg ob der Tauber

7 *Abstecher von Rothenburg ob der Tauber nach Schillingsfürst: Kurz vor Wörnitz zweigen Sie links von der B 25 ab und befinden sich bald darauf im 4 km entfernten Schillingsfürst. Der mit 543 m höchstgelegene Ort der Frankenhöhe liegt auf einem Bergvorsprung, überragt vom Schloß Schillingsfürst. Das 1723–50 erbaute Schloß der Fürsten von Hohenlohe-Schillingsfürst ist eine spätbarocke Dreiflügelanlage mit Mitteltrakten, über denen sich das Hauptgesims in elegantem Halbrund aufwölbt. Die mit wertvollen Sammlungen von Möbeln, Porzellan, Jagdtrophäen, Waffen und Bildern ausgestatteten Innenräume bieten einen kompakten Überblick über die Geschichte des Zweiten Kaiserreiches (Sa. und So. geöffnet oder nach Voranmeldung). Weitere Sehenswürdigkeiten des Ortes sind der Kardinalsgarten mit einem Denkmal für Franz Liszt, der zeitweise hier wohnte. Auch der um 1700 erbaute Wasserturm mit hölzernem Getriebe verdient Ihre Beachtung. Schillingsfürst kann von Rothenburg aus auch direkt über Gebsattel und Diebach erreicht werden.*

8 *Abstecher von Feuchtwangen nach Ansbach (s. a. S. 80 u. 175). Für diese etwa 90 km lange Rundfahrt verlassen Sie Feuchtwangen auf der B 14 in nordöstlicher Richtung und folgen der Bundesstraße bis Neunstetten. Hier biegen Sie rechts in die Straße nach Herrieden ein, wo die ehemalige Abtei- und Stiftskirche aus dem 15. Jh. mit schöner barocker Innenausstattung aufwartet. Über die Straße nach Ansbach-Elpersdorf fahren Sie zurück zur B 14 und erreichen auf dieser wenig später das im Rezattal gelegene Ansbach. Die vom Barock geprägte Stadt hat ihre größte Sehenswürdigkeit in der Residenz, dem einstigen Sitz der Markgrafen (täglich außer Mo. geöffnet). Im Stadtzentrum sollten Sie sich die St.-Johannis-Kirche (15. Jh.) mit der markgräflichen Gruft ansehen sowie die* ehemalige Stiftskirche St. Gumbert (teilweise romanisch), die mit ihrer originellen Drei-Turm-Gruppe zum Wahrzeichen der Stadt wurde, ferner das Rathaus (17. Jh.) und das im 16. Jh. als Ständehaus erbaute Stadthaus. Von Ansbach aus folgen Sie der B 13 in südlicher Richtung bis Merkendorf und biegen dort nach Norden in das altertümliche Städtchen Wolframs-Eschenbach ein. In dem von spätmittelalterlichen Mauern und Türmen umgebenen Ort soll der Parzival-Dichter Wolfram von Eschenbach um 1170 geboren worden sein (s. a. S. 81). Über Merkendorf, Weidenbach und Bechenhofen fahren Sie zurück nach Feuchtwangen.

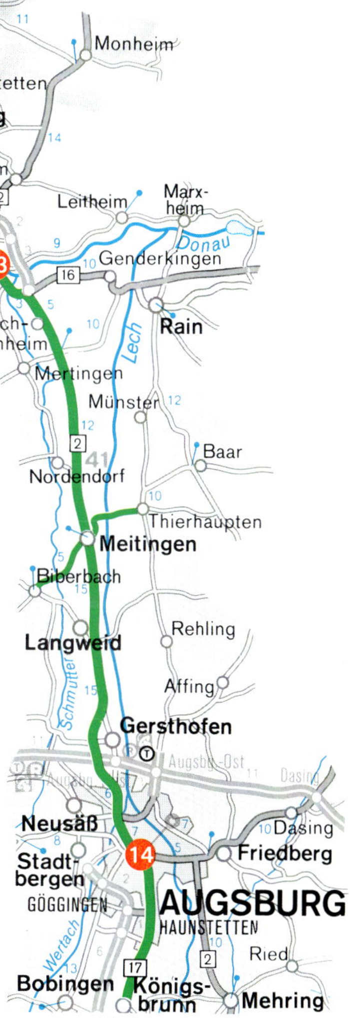

Anschluß Karte Seite 144

Anschluß Karte Seite 155

voller romanischer Kreuzgang an, der wahrscheinlich von Hirsauer Mönchen errichtet wurde. Hier finden alljährlich im Juli/August die Kreuzgangfestspiele statt. Am Kreuzgang hat das Heimatmuseum in den ehemaligen Mönchszellen sieben Handwerksstuben eingerichtet, die einen anschaulichen Überblick über das Handwerkswesen vermitteln (Führungen Sa. und So. oder nach Voranmeldung). Das Heimatmuseum selbst ist in der Museumsstraße (täglich geöffnet).

Kreuzgang in Feuchtwangen

9 *Wandervorschlag durch den Dinkelsbühler Stadtwald am östlichen Stadtrand: Sie verlassen das Zentrum durch das Wörnitztor, überqueren die Romantische Straße und fahren in gleicher Richtung zum Staufer Wall und auf diesem zum Wanderparkplatz am Rande des Stadtwaldes. Gehen Sie nun den Sportplatzweg (Markierung »2«) rechts entlang bis zur Ecke am Pflanzgarten. Dort wenden Sie sich wiederum nach rechts, überqueren nach 200 m den Schießwasenweg, gehen über das Brückchen »Am Sauweiher« und steigen links den Lehmgrubenweg empor. Nach etwa 1 km wandern Sie im Bogen links und kommen auf den Schießwasenweg zurück. Einige hundert Meter weiter sehen Sie linker Hand das Kneipp-Brünnele. Der Weg zweigt nun nach ungefähr 5 Min. Gehzeit links ab, führt bei der Gabelung rechts auf den Waldsaumweg und dann am alten Schießstand vorbei in gerader Linie durch schönen Mischwald zurück zum Ausgangspunkt (Wegstrecke etwa 5 km, Gehzeit ca. 1 Std.).*

Als die Schweden im 30jährigen Krieg die Stadt Dinkelsbühl bezwangen und sie zu vernichten drohten, versammelte die Kinderlore, die Kindergärtnerin, all ihre Schützlinge um sich und führte sie dem Oberbefehlshaber vor, der daraufhin gerührt die Stadt verschonte. Alljährlich Mitte Juli findet das historische Festspiel »Die Kinderzeche« statt.

9 Die einstige freie Reichsstadt **Dinkelsbühl** liegt nur 12 km südlich von Feuchtwangen. Das heute so idyllisch wirkende Städtchen war seit dem Mittelalter ein bedeutender Handelsplatz, geschützt von einer gut erhaltenen, mehrfach geknickten Stadtmauer. Von den vier Toren stammt das älteste, das Wörnitztor im Osten, zum Teil noch aus dem 13. Jh.

Den Marktplatz, Mittelpunkt der Gemeinde, erreichen Sie über die Wörnitz und den Mühlgraben, durch das Wörnitztor und vorbei am Löwenbrunnen auf dem Platz am Alten Rathaus. Am Markt steht die Stadtpfarrkirche St. Georg, die 1448–92 von Nikolaus Eseler von Alzey und seinem Sohn erbaut wurde. Die dreischiffige Hallenkirche mit umlaufenden Seitenschiffen und langgestrecktem, hohem Langhaus gilt als eine der gelungensten Schöpfungen der sog. deutschen Sondergotik. Gleich bei der Kirche befindet sich ein weiteres bedeutendes Baudenkmal: das um 1600 errichtete Deutsche Haus. Mit seinem dreigeschossigen Giebel und den geschnitzten Ständern ist es einer der schönsten Fachwerkbauten der Region. Zusammen mit fünf anderen Giebelhäusern – darunter die Schranne, die einst als Kornspeicher diente, und die ehemalige Ratstrinkstube – bildet es ein Ensemble von außerordentlichem Reiz. In der Dr.-Martin-Luther-Straße finden Sie das 1280 gestiftete Spital, das sein heutiges Aussehen im 15. und 16. Jh. erhielt. Gegenwärtig beherbergt es das Historische Museum (geöffnet März bis November täglich, Dezember bis Februar außer Mo.). Das Deutschordenshaus in der Föhrenberggasse, ein 1761–64 erbautes steinernes Palais im Barockstil (heute Behördensitz), fällt ein wenig aus dem Rahmen der überall wirksamen Fachwerkromantik. In seinem Hof befindet sich der Aufgang zur hübschen Rokokokapelle. Reizvoll sind der nahe dem Rothenburger Tor gelegene Stadtpark mit Weiher und die über 300 Gewässer die sich in der näheren Umgebung der Stadt befinden.

Die 31 km lange Strecke zwischen Dinkelsbühl und Nördlingen erscheint verhältnismäßig reizlos. Wir empfehlen Ihnen daher eine Alternativroute. Sie biegen südlich von Dinkelsbühl links von der B 25 ab (Richtung Wassertrüdingen – Gunzenhausen) und fahren auf dieser Straße bis Gerolfingen. Dort geht es links hinauf zum 689 m hohen Hesselberg. Seine langgestreckte, kahle Gestalt zwischen Frankenhöhe und Fränkischer Alb ist ein Wahrzeichen Frankens. Nahezu 100 Ortschaften kann man vom Gipfel aus überschauen, und bei klarer Sicht reicht der Blick sogar bis zu den Alpen. 1938 entdeckte man, daß hier um 1800 v. Chr. eine Bronzegießerwerkstatt betrieben wurde. Reste der einstmals gewaltigen Ringwallanlage zeugen von einer keltischen Fliehburg. Später thronte auf dem Berg ein römischer Limesturm.

Sie fahren nun wieder hinab nach Gerolfingen und dann weiter nach Wassertrüdingen. Die teilweise noch altertümlich anmutende Stadt zeichnet sich aus durch schöne Fachwerkhäuser, eine einstige Wasserburg und Reste mittelalterlicher Befestigungsanlagen. Von Wassertrüdingen aus geht es südlich, der Deutschen Ferienstraße Alpen – Ostsee Richtung Oettingen folgend, nach Auhausen. Dort lohnt sich ein Halt an der ehemaligen Benediktinerklosterkirche, die einen Marienaltar des Dürerschülers Hans Schäufelein von 1513 und ein reliefverziertes Sakramentshäuschen mit Renaissance-Aufbau aus dem Jahre 1512 birgt.

10 **Oettingen** ist eine hübsche Kleinstadt am Rande des Nördlinger Rieses. Unter den Fachwerkhäusern aus dem 15. bis 17. Jh. gehört das Rathaus von 1431 zu den kunstvollsten. Zu den wichtigsten Baudenkmälern der Stadt zählt das Neue Schloß, das im 17. und 18. Jh. als repräsentativer Herrensitz errichtet wurde. Im Innern sind Festsaal, Weißes Zimmer und Goldener Saal reich mit Stukkaturen und Fresken ausgestattet. Den Schloßhof schmückt ein schöner Marienbrunnen. Besuchen sollten Sie ebenfalls den im Stil eines englischen Landschaftsparks gestalteten Hofgarten und die Orangerie (Besichtigungsmöglichkeiten Sa. 14 Uhr oder nach Voranmeldung). Weitere Sehenswürdigkeiten Oettingens: die Gruftkapelle mit frühgotischem Chor und Turm, die Grablege der Fürsten zu Oettingen-Spielberg, ferner die gotische Pfarrkirche St. Jakob mit prächtigen barocken Fresken und Stukkaturen sowie die Wallfahrtskirche St. Sebastian, die 1467 anläßlich eines Blutwunders gestiftet wurde.

⑪ **Nördlingen** (s. a. S. 221) erreichen Sie auf der durch das Nördlinger Ries führenden B 466. Durch das Löpsinger Tor gelangen Sie in die Altstadt. Sie blickt auf eine lange Geschichte zurück, die auch das Stadtbild wesentlich geprägt hat. Das fruchtbare Ries ist ein uralter Siedlungsplatz. Bereits im 10. Jh. befand sich hier ein königliches Hofgut. 1215 wurde Nördlingen freie Reichsstadt und wuchs schon bald über den als Befestigungsanlage dienenden Alten Graben hinaus. So baute man im 14. Jh. einen größeren Mauerring mit Türmen und Basteien, der vollständig erhalten ist. Luftaufnahmen zeigen noch heute deutlich die beiden konzentrischen Ringe. Fast genau im Mittelpunkt der Stadt erhebt sich der 90 m hohe Daniel, wie der Turm der St. Georgskirche genannt wird. Strahlenförmig führen von dort die Straßen zu den fünf Toren im Mauerring.

Beherrschendes Bauwerk Nördlingens ist die mächtige Stadtpfarrkirche St. Georg, die 1427–1505 erbaut wurde und als eine der größten spätgotischen Hallenkirchen gilt. Im Innern sind der Hochaltar mit einer gotischen Kreuzigungsgruppe und das Sakramentshäuschen sehenswert. Der von einer Kupferhaube gekrönte Turm kann bestiegen werden (täglich von 8 Uhr morgens bis Sonnenuntergang).

Nahe der St. Georgskirche steht am Marktplatz das gotische Rathaus, das mit seinen Erkern, Türmchen und der wundervollen, gedeckten Freitreppe einen begeisternden Anblick bietet. In der Stube des Schwäbischen Bundes im zweiten Stock befindet sich ein Wandgemälde von Hans Leonhard Schäufelin, das die Enthauptung des Holofernes darstellt. Ebenfalls am Marktplatz befindet sich das Tanz- oder Brothaus, das 1442–44 als Treffpunkt der Nördlinger Bürger erbaut wurde. Gegenüber dem Rathaus ist im Leihhaus das Verkehrsamt untergebracht. Die Fassade schmückt ein im Jahre 1513 von St. Weyrer d. Ä. geschaffenes Standbild Kaiser Maximilians I.

An der Baldinger Straße, die zum Baldinger Tor im Nordwesten der Stadt führt, liegt das Spital zum Heiligen Geist. Die ausgedehnte Anlage mit ihren Wirtschaftsgebäuden, den Höfen und der alten Mühle geht auf eine Gründung des 13. Jh.s zurück. Die gotische Spitalkirche wurde im 16. Jh. erneuert. In der Vorderen Gerbergasse befin-

⑪ *Wandervorschlag von Bopfingen auf den Ipf: Auf der B 29 fahren Sie von Nördlingen aus westlich in das 12 km entfernte württembergische Bopfingen. Dort zweigen Sie nach Norden ab und fahren die alte Kirchheimer Straße hinauf bis zum Wanderparkplatz Ipf. Von hier aus wandern Sie in westlicher Richtung eine halbe Stunde lang die Lindenallee aufwärts zum Gipfelplateau. Einst stand auf dem 668 m hohen, freistehenden Bergkegel, dem am weitesten vorgeschobenen Zeugenberg der Ostalb, eine Burg. Kernstück der ehemaligen Befestigung des Berges ist die kleine, von mehreren vorgeschichtlichen Ringwällen umgebene Hochfläche. Das Erscheinungsbild dieses Berges ist außergewöhnlich. Vom Gipfelplateau genießt man einen großartigen Rundblick. Über der Senke des Sechtatales ist deutlich ein Gräberfeld mit rund 50 Hügeln zu erkennen – vermutlich die Begräbnisstätte der einstigen Ipfbewohner.*

Das Stadtbild Dinkelsbühls besticht durch seine Geschlossenheit, die seit dem 16. Jh. weitgehend unverändert geblieben ist.

det sich in einem der Spitalgebäude das Stadtmuseum, das mit seinen Funden die Entstehungsgeschichte des Nördlinger Rieses als Meteoritenkrater belegt (geöffnet täglich außer Mo., Dez. bis März geschlossen). Als Abschluß Ihres Besuches empfiehlt sich ein Rundgang um Nördlingen auf dem Wehrgang (Fotoapparat nicht vergessen!). Durch das Reimlinger Tor im Südosten führt die Romantische Straße auf der B 25 weiter in das 17 km entfernte Harburg.

⓬ *Abstecher von Harburg nach Wemding: 12 km nördlich von Harburg erreichen Sie über die am Rande der südlichen Frankenalb entlangführende Landstraße Wemding. Um das Rathaus von 1550, das eine herrlich geschnitzte Tür ziert, scharen sich stattliche Bürgerhäuser mit Renaissance- und Barockgiebeln. Zwei Seitenaltäre in der barocken Pfarrkirche St. Emmeram stammen von Dominicus Zimmermann. Auf einer Anhöhe über der Stadt steht die Wallfahrtskirche Maria Brünnlein, deren Rokoko-Dekorationen ein Werk Johann Baptist Zimmermanns sind, der auch das Fresko im Langhaus dieser äußerlich schlichten, aber reich ausgestatteten Kirche geschaffen hat. (Rückfahrt auf derselben Strecke.)*

⓬ **Harburg** ist ein Städtchen an der Wörnitz, die hier durch den Fränkischen Jura bricht. Eindrucksvoll thront über dem Fluß das wehrhafte Schloß Harburg, eine der größten und besterhaltenen Burganlagen Süddeutschlands. Aus dem Besitz der Staufer gelangte sie 1295 in den Besitz der Grafen von Oettingen, deren Nachkommen sie noch heute gehört. Die ältesten Bauteile, zu denen der Bergfried, der Palas, der Ziehbrunnen und die innere Mauer gehören, stammen aus dem 12. bis 13. Jh. Die Schloßkirche St. Michael entstand zum Teil ebenfalls noch in der Romanik, Chor und Krypta kamen im 14. Jh. hinzu. Der Fürstenbau und die Burgvogtei wurden im 16. Jh. errichtet. Die im Schloß befindliche Fürstlich Oettingen-Wallersteinsche Bibliothek und Kunstsammlung enthält u. a. illuminierte Handschriften des 8. bis 16. Jh.s, ein elfenbeinernes Kruzifix aus dem 12. Jh. sowie Arbeiten Tilman Riemenschneiders (März bis Okt. täglich geöffnet).

⓭ Die ehemalige freie Reichsstadt **Donauwörth** liegt an der Mündung der Wörnitz in die Donau. Sie bleiben zunächst auf der B 25, die Donauwörth östlich umgeht. Am Aussichtsparkplatz oberhalb der Stadt (herrlicher Blick!) verlassen Sie dann die Bundesstraße und kommen über Nürnberger Straße, Berger Allee, Berger Vorstadt und Pflegstraße ins Stadtinnere. Die meisten Sehenswürdigkeiten finden Sie direkt an der Reichsstraße oder in ihrer unmittelbaren Umgebung.
Zu den schönsten und geschichtsträchtigsten Bauten der Stadt gehört das Fuggerhaus, ein von der Augsburger Kaufmannsfamilie Fugger 1539 im Stil der Renaissance erbautes Stadtschloß mit hohen Zinnengiebeln. Hier waren 1632 Gustav Adolf von Schweden und 1711 Kaiser Karl VI. zu Gast. Auch im ehemaligen Deutschordensschloß in der Spitalgasse, das Ende des 18. Jh.s ein klassizistisches Aussehen erhielt, ereignete sich Historisches: hier wurde 1696 das berühmte Hoch- und Deutschmeisterregiment gegründet. Beachtenswert sind ferner das Rathaus, der Stadtzoll und das Baudrexelhaus mit kunstvollem Fachwerk sowie Riedertor und Färbertor, beide Überreste der mittelalterlichen Stadtbefestigung. In der Heilig-Kreuz-Straße liegt das ehemalige Benediktinerkloster Heilig Kreuz, dessen Gebäude aus dem 17. und 18. Jh. stammen. Neben der barocken Klosterkirche von 1717–20 befindet sich ein stimmungsvoller Kreuzgang mit schönen Stuckarbeiten. Wiederum an der Reichsstraße finden Sie die Stadtpfarrkirche Mariä Himmelfahrt, einen spätgotischen Backsteinbau aus dem 15. Jh., der eindrucksvolle Fresken und ein feingearbeitetes Sakramentshäuschen, beides aus der Zeit um 1500, birgt.

Schloß Harburg: Modell der allmählichen Umwandlung einer wehrhaften Burg zum Repräsentationspalast

Riedertor in Donauwörth

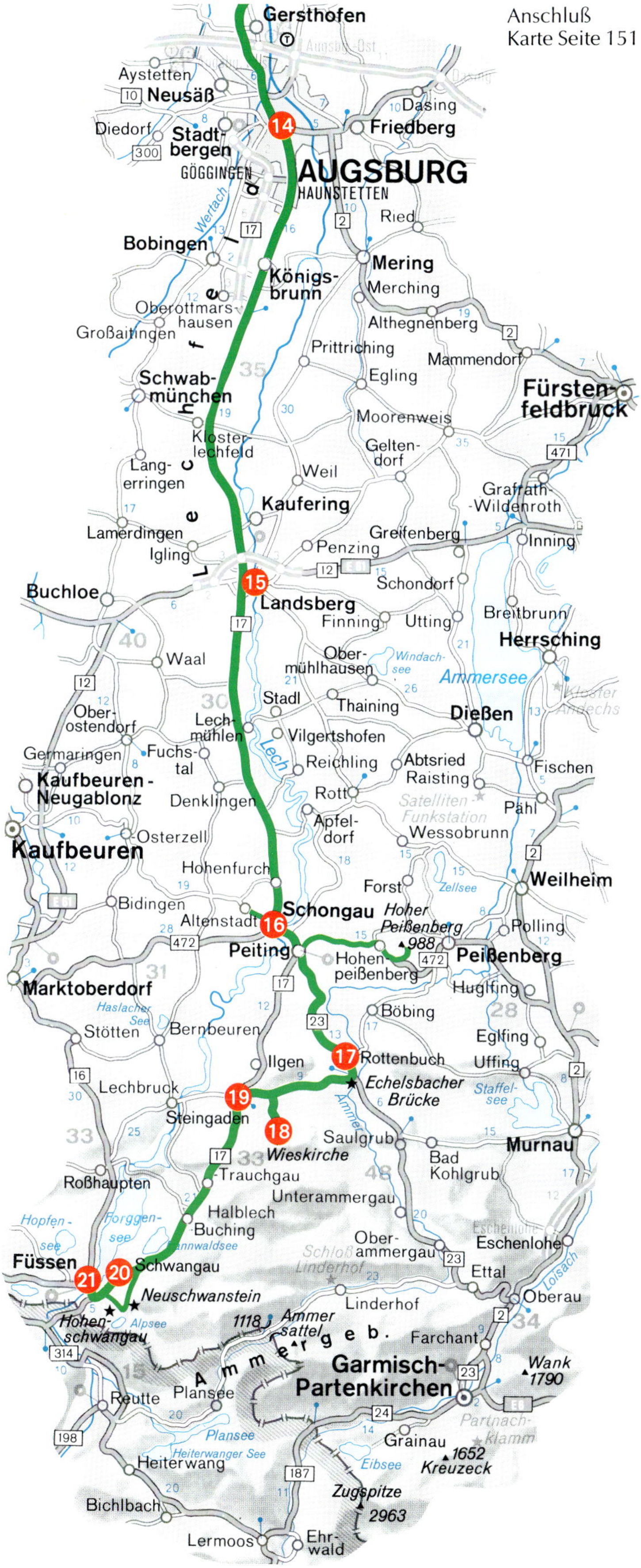

Anschluß Karte Seite 151

Voralpen-Landschaft bei Füssen im Allgäu

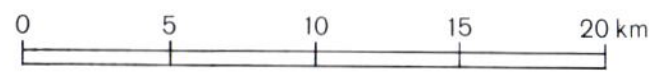

Käseherstellung im Allgäu: Mindestens 3 Monate muß der Emmentaler lagern, bis er ausgereift ist.

Den Fünfgratturm in Augsburg krönt ein Spitzhelm, um den sich vier kleinere Türmchen gruppieren. Im Volksmund wird der alte Wehrturm aus dem 16. Jh. auch »Fünf-Fingerles-Turm« genannt.

Sie verlassen Donauwörth über die Augsburger und Rainer Straße in Richtung Süden und fahren auf der B 2 durch das Lechtal. In Meitingen bieten sich zwei Möglichkeiten für kurze Ausflüge: einmal 5 km nordöstlich nach Thierhaupten (Hinweisschild) zu der romanischen, barock ausgestatteten Kirche des ehemaligen Benediktinerklosters; dann 5 km südwestlich nach Biberbach zur Wallfahrtskirche Heilig Kreuz (1684–94) mit dem »Herrgöttle von Biberbach«, einem Holzkruzifix aus dem frühen 13. Jh.

14 **Augsburg** gehörte über Jahrhunderte zu den führenden Städten Süddeutschlands und ist heute mit über 250000 Einwohnern die drittgrößte Stadt Bayerns. Ihr Ursprung reicht bis in die Zeit der Römer zurück: Im Jahre 15 v. Chr. errichtete der Feldherr Drusus an der Mündung der Wertach in den Lech ein Heerlager, aus dem sich rund 50 Jahre später eine Stadt entwickelte, die den Namen Augusta Vindelicorum erhielt und zur Provinzhauptstadt Rätiens wurde. Nachdem sich die Augsburger im Jahre 1276 die Rechte einer Reichsstadt erstritten hatten, gewann die Bürgerschaft zunehmend an Einfluß. Die kulturelle und wirtschaftliche Blütezeit der Stadt begann im 15. Jh., als Augsburg zu einem Zentrum des Handels mit Italien und mit dem Orient wurde und sich als erste Stadt Deutschlands dem Geist der Renaissance öffnete. Diese Glanzzeit, die bis zum Dreißigjährigen Krieg andauerte, hat das Bild Augsburgs nachhaltig geprägt. Noch heute spürt der Besucher auf der Maximiliansstraße, der breiten Prachtstraße im Süden des Zentrums, ungeachtet der Zerstörungen des 2. Weltkrieges, einen Hauch der einstigen Größe, zu der nicht nur die mächtigen Kaufmannsfamilien beigetragen haben, sondern auch das blühende Handwerk und die Künste. Neben bedeutenden Künstlern wie Hans Holbein d. Ä. und Hans Burgkmair, die in Augsburg lebten, muß vor allem Elias Holl genannt werden, der hier als Stadtbaumeister einige der schönsten Gebäude geschaffen hat.

Vom Dom St. Maria, dessen Baubeginn ins 9. Jh. zurückreicht, sind der romanische Westchor, Querschiff und Krypta sowie Langhaus und Osttürme in ihrer ursprünglichen Gestalt erhalten geblieben. Die Bronzetürflügel am südlichen Seitenschiffportal tragen 35 Relieftafeln, die aus der Mitte des 11. Jh.s stammen.

Über den Hohen Weg und die Karolinenstraße erreichen Sie den Ludwigsplatz mit dem Augustusbrunnen. An der Ostseite des Platzes erhebt sich der 78 m hohe Perlachturm, das Wahrzeichen Augsburgs. Er wurde 1614–16 von Elias Holl ausgebaut, stammt aber bereits aus dem 12. Jh. Von seiner Höhe bietet sich ein schöner Blick über die Stadt. Neben dem Turm beherrscht die herrlich proportionierte Renaissance-Fassade des Rathauses den Platz. Dieses Meisterwerk Elias Holls wurde 1615–20 als der wohl seiner Zeit größte Rathausbau Deutschlands errichtet.

Südlich des Rathauses beginnt die breite Maximilianstraße, einst Weinmarkt, auf der Herkules- und Merkurbrunnen besondere Akzente

Die Fuggerei in der Jakobervorstadt ist mit ihren Toren ein Städtchen für sich.

setzen. Auf der rechten Straßenseite finden Sie hier das Fuggerhaus, das 1512–15 als Stadtpalais der berühmten Kaufmannsfamilie erbaut wurde. Sehenswert ist der innerhalb des Komplexes gelegene Damenhof mit seinen eleganten Säulenarkaden. Wenig später erreichen Sie auf derselben Straßenseite das Schaezler-Palais, den 1765–67 errichteten, prächtigsten aller barocken Profanbauten Augsburgs. In seinen Räumen sind die Staatsgalerie mit Werken altdeutscher Maler aus Schwaben und Franken und die Deutsche Barockgalerie untergebracht (geöffnet täglich außer Mo.).
Die Maximilianstraße endet am Ulrichsplatz, hinter dem sich majestätisch auf dem höchsten Punkt der Stadt die ehemalige Benediktinerstiftskirche St. Ulrich und Afra erhebt. Sie wurde im Jahre 1500 geweiht. Der hohe schlanke Turm – einer der ersten Kirchtürme mit Zwiebelhaube – wurde zum Vorbild für oberschwäbische und bayerische Kirchenbaumeister. In der Kapelle der Krypta befindet sich der Sarkophag des heiligen Ulrich, der als Bischof im 10. Jh. Augsburg vor den Ungarn rettete.
Etwas abseits der Maximilianstraße liegen weitere empfehlenswerte Besichtigungspunkte. In der Dominikanergasse befindet sich die frühere Dominikanerkirche, eine zweischiffige Halle aus dem 16. Jh., die heute das Römische Museum beherbergt (geöffnet täglich außer Mo.). Das von Elias Holl erbaute Zeughaus liegt hinter dem Fuggerhaus am Zeugplatz. Das Maximilianmuseum in der Philippine-Welser-Straße, in zwei miteinander verbundenen Renaissance-Bürgerhäusern untergebracht, enthält eine schöne Sammlung regionalen Kunsthandwerks und stadtgeschichtliche Ausstellungen (geöffnet täglich außer Mo.). In der Annastraße steht die St.-Anna-Kirche aus dem 14./15. Jh. mit der Fuggerkapelle und einem idyllischen Kreuzgang. In der Frauentorstraße befindet sich das Geburtshaus Leopold Mozarts (täglich außer Mo. geöffnet).
Eine Attraktion Augsburgs ist die östlich des Rathauses gelegene Fuggerei, die erste Sozialsiedlung der Welt. Sie wurde 1516 bis 1519 von Jakob Fugger dem Reichen gestiftet und wird noch heute von bedürftigen Augsburger Bürgern für eine Jahresmiete von 1,72 DM bewohnt.

Augsburg: Rathaus und Perlachturm

Augsburg: Kreuzgang in der Karmeliten-Klosterkirche St. Anna

Landsberg am Lech: Bayertor

An der Ostseite der Innenstadt sind die Befestigungsanlagen mit ihren Toren und Türmen noch weitgehend erhalten. Das Rote Tor im Süden ist wiederum ein Werk Elias Holls. Von dort zieht sich die Mauer nach Norden bis zum Jakobertor. Entlang dem Stadtgraben erreicht man von hier aus den Oblatterwall-Turm.

Die Romantische Straße folgt ab Augsburg der B 17, die Sie über die Haunstetter Straße erreichen. Am Naturschutzgebiet Siebentischwald vorbei führt der Weg durch das Lechfeld, auf dem im Jahre 955 die Schlacht gegen die Ungarn stattfand. Ca. 10 km vor Landsberg liegt zur Rechten Klosterlechfeld mit seiner von Elias Holl im Jahre 1603 geschaffenen Wallfahrtskirche.

15 **Landsberg am Lech,** eine Gründung Heinrichs des Löwen, verdankt seinen während des Mittelalters erworbenen Reichtum dem Salzhandel. Manches aus dieser Glanzzeit der Stadt ist bis heute erhalten geblieben – so etwa die Stadtmauer aus dem 13. bis 15. Jh. mit ihren imposanten Rundtürmen und Toren.

Sie erreichen den Hauptplatz, Ausgangspunkt Ihrer Stadtbesichtigung, über die Katharinenstraße, in die Sie von der B 17 am Danziger Platz links einbiegen. Am Hauptplatz steht das 1699–1702 erbaute Alte Rathaus; die reichen Stukkaturen seiner Fassade hat möglicherweise Dominicus Zimmermann geschaffen, der 1749 für fünf Jahre zum Bürgermeister der Stadt gewählt wurde. Diesem großen Barock-Baumeister verdankt Landsberg ferner die hübsche kleine Kirche des ehemaligen Ursulinerinnen-Klosters, die Johanniskirche mit einer lebhaft gegliederten Fassade und die Stukkaturen in der Sakristei der ehemaligen Jesuiten-Klosterkirche Heiligkreuz. Zu den wichtigsten Bauwerken Landsbergs zählt die spätgotische Stadtpfarrkirche Mariä Himmelfahrt aus dem 15. Jh. Auch an ihrer Ausstattung hat Dominicus Zimmermann mitgewirkt. Der Rosenkranzaltar stammt von seiner Hand.

Zurück auf der B 17, fahren Sie in südlicher Richtung weiter. Am Römerkessel bietet ein barockes Gasthaus aus dem 18. Jh. eine verlokkende Einkehrmöglichkeit. 5 km vor Schongau lohnt sich in Hohenfurch noch einmal ein Halt: Die Kirche Mariä Himmelfahrt, an deren gotischen Turm ein barockes Langhaus angebaut wurde, erfreut das Auge mit bunten Stukkaturen und hübschen Fresken.

16 **Schongau** liegt weithin sichtbar auf einem sanft geschwungenen Bergrücken. Der ursprüngliche Brückenkopf der Wittelsbacher am linken Lechufer wurde im 14. Jh. zu einer wichtigen Station an der von Italien nach Augsburg führenden Handelsstraße. An diese Zeit erinnert noch der alte Mauerring mit seinem Wehrgang. Das Ballenhaus von 1515, das später als Rathaus diente, war einst das Lagerhaus für die hier umgeschlagenen Handelsgüter. Es steht frei in der Mitte der Marktstraße, die die Altstadt von Nord nach Süd durchzieht und sich an diesem Punkt zum Straßenmarkt verbreitert.

In Sichtweite finden Sie die Stadtpfarrkirche Mariä Himmelfahrt. Turm und Chor des ursprünglich gotischen Baus waren 1667 eingestürzt, in

16 Abstecher von Schongau auf den Hohenpeißenberg: Fahren Sie auf der Romantischen Straße bis Peiting. Bei der ersten Ampel biegen Sie links in die B 472 ein und erreichen nach 7 km Hohenpeißenberg, das am Südhang des gleichnamigen Voralpenberges liegt. Ein steiles, kurvenreiches Sträßchen führt vom Ort (Hinweisschild) hinauf auf den Gipfel des weithin sichtbaren, berühmten Aussichtsberges, der seine Umgebung um mehr als 400 m überragt. Man überblickt vom Gipfel aus elf Seen und nahezu die gesamte Kette der Bayerischen Alpen. Nicht von ungefähr wird der Hohenpeißenberg daher auch als »Bayerischer Rigi« bezeichnet!

Bis zum Beginn des 16. Jh.s war der schmale, nach Norden und Süden hin steil abfallende Rükken des Bergkegels unbewohnt. 1514 wurde mit dem Bau einer Wallfahrtskapelle begonnen, die aber erst 1747 ihre gegenwärtige Form und Ausstattung erhielt. Die an die Kapelle angebaute Kirche Mariä Himmelfahrt und das Herrenhaus wurden 1615 bis

Klosterkirche Rottenbuch: der Innenraum erstrahlt im festlichen Rokokogewand.

den folgenden sieben Jahren jedoch wiederaufgebaut worden. 1748 erhielt die Kirche durch einen Umbau ihre heutige Saalform. Die Pläne entwarf Dominicus Zimmermann, der auch die Stukkaturen im Chor schuf. Die wundervollen Deckenfresken, in denen Maria verherrlicht wird, stammen von Matthäus Günther. In der benachbarten Spitalkirche, die 1720–25 entstand, sind sieben stattliche Altäre zu bewundern. Von Schongau aus empfiehlt sich ein kleiner Ausflug ins 3 km nordwestlich gelegene Altenstadt. Hier thront auf einem Hügel die Michaelskirche. Die Gewölbe-Basilika aus dem frühen 13. Jh. mit dem eindrucksvollen Kruzifix »Der Große Gott von Altenstadt« gilt als eine der bedeutendsten romanischen Kirchen Oberbayerns.

17 **Rottenbuch** ist unsere nächste Station an der Romantischen Straße. Von Altenstadt fahren Sie zurück nach Schongau, überqueren auf der B 17 den Lech und biegen in Peiting in die B 23 ein. Nach 10 km erreichen Sie Rottenbuch, wo die Augustiner-Chorherren im 11. Jh. über dem Ammertal ein Kloster gründeten. Die gotische Stiftskirche Mariä Geburt, auf den Fundamenten einer romanischen Vorgängerin errichtet, wurde 1737–42 in heiter-festlichem Rokokostil ausgeschmückt. Der Baumeister Joseph Schmuzer, der Stukkateur Franz Xaver Schmuzer und der Maler Matthäus Günther, der die strahlend schönen Fresken schuf, waren an dem Werk beteiligt. Die spätgotische sitzende »Madonna, dem Kind eine Birne reichend«, in einem der Seitenaltäre, ist eine 1483 dem Blutenburger Meister zugeschriebene Arbeit.

Sie fahren nun weiter auf der B 23 in Richtung Süden und biegen nach 3 km vor der Echelsbacher Brücke, die das Ammertal in 75 m Höhe überspannt, rechts in die Straße nach Steingaden ein. Nach weiteren 8 km zweigt links ein Sträßchen zur Wieskirche ab.

18 **Wies** nennt der Volksmund diese Kirche, die einsam auf einer weiten Waldwiese gegenüber der dunklen Kette der Trauchgauer Berge liegt. Ihr offizieller Name lautet »Wallfahrtskirche zum Gegeißelten Herrn auf der Wies«. Die Wallfahrer, für die sie gebaut wurde, pilgerten zum hölzernen Bildnis des gegeißelten Heilands, dem der Überlieferung nach im Jahre 1739 Tränen über die Wangen gelaufen waren. Die Wiesbäuerin hat das Wunder bezeugt.

1745 begann Dominicus Zimmermann mit dem Bau der Kirche. Das Äußere fügt sich mit den auf- und absteigenden Formen des Daches harmonisch in das Landschaftsbild ein. Der Grundriß zeigt im Westen eine halbrunde Vorhalle, durch die man den ovalen Mittelraum betritt. An diesen schließt sich der längliche Chor mit der Sakristei an. Im Osten ist dem Turm als flacher, hufeisenförmiger Bau das Pfarrhaus angegliedert.

Das Innere der Kirche wird derzeit renoviert, es überwältigt den Besucher durch seinen Farbenreichtum, seine Formenvielfalt und das Fluten des Lichts. Die aufstrebenden Säulenpaare tragen das Deckengewölbe und leiten den Blick hinauf zu den auflodernden Formen des Kuppelrahmens und zu dem Fresko, das die eigentlich relativ flache

1619 durch das Kloster Rottenbuch errichtet. Die Kirche enthält beachtliche Schnitzereien und ein prächtiges Deckengemälde von Matthäus Günther. Ein Denkmal an der Außenwand erinnert an den Treueschwur der oberländischen Bauern, die 1525 das Ansinnen der schwäbischen Rebellen zur Teilnahme am Aufstand zurückwiesen und ihrem Landesfürsten Treue und Gehorsam gelobten.

1781 wurde auf dem Hohenpeißenberg das heute noch existierende Observatorium als erste deutsche Berg-Wetterstation eröffnet. In neuerer Zeit gesellten sich Sendeanlagen des Bayerischen Rundfunks dazu. Nahe der erwähnten Doppelkirche befindet sich ein ganzjährig geöffnetes Gasthaus. Im Winter ist der Hohenpeißenberg ein beliebtes Skigebiet mit mehreren Schleppliften.

Wallfahrtskirche Wies bei Steingaden

Decke wie durch Zauberhand zu einer mächtigen Kuppel weitet. Die Malereien und das Deckenfresko im Chor schuf Johann Baptist Zimmermann, der Bruder des Baumeisters Dominicus Zimmermann. In ihrer einmaligen Raumkonzeption und in der vollkommenen Harmonie von Architektur, Stukkatur und Malerei ist die Wieskirche die volkstümlichste Schöpfung des Rokoko.

Von der Wieskirche aus fahren Sie zur Hauptstraße zurück, in die Sie links Richtung Steingaden einbiegen.

19 **Steingaden** besitzt mit der Kirche des ehemaligen Prämonstratenserklosters einen der bedeutendsten Sakralbauten des Voralpenraumes. Von außen zeigt er sich noch heute so, wie die Kirche im Jahre 1176 geweiht wurde: als dreischiffige romanische Basilika mit zwei gedrungenen Türmen. Die Satteldächer stammen allerdings aus dem 16. Jh. Das Innere der Kirche wurde nachträglich mit üppigen Barockdekorationen ausgestattet: der Chor in der vergleichsweise kühlen Manier des 17. Jh.s, das Langhaus um 1740 im überschwenglichen Stil Franz Xaver Schmuzers. Teile des Kreuzgangs aus dem 13. Jh. sind ebenfalls erhalten. In der Johanniskapelle, einem spätromanischen Zentralbau, befindet sich das Grab des Baumeisters Dominicus Zimmermann.

Die Romantische Straße folgt nun wieder der B 17, auf der Sie kurz hinter dem Bannwaldsee Schwangau erreichen.

20 **Schwangau** verdankt seinen Ruhm den beiden Königsschlössern Hohenschwangau und Neuschwanstein.

Schloß Hohenschwangau, dekorativ mitten in die bewaldete Berglandschaft gebettet, war ursprünglich eine mittelalterliche Burg. Nach den Zerstörungen, die die Festung in den Napoleonischen Kriegen erfuhr, ließ Kronprinz Maximilian von Bayern die Anlage 1833 als neugotisches Schloß wieder aufbauen. Der Festsaal im zweiten Obergeschoß ist mit Fresken nach Entwürfen Moritz von Schwinds ausgestattet, die Szenen aus dem Sagenkreis um Dietrich von Bern darstellen. In der Schloßkapelle befindet sich ein hervorragender gotischer Flügelaltar. An die Südseite des Schlosses schließt sich ein schöner Park an. Von hier aus bietet sich eine wundervolle Aussicht auf den Alpsee (das Schloß ist täglich geöffnet).

Schloß Neuschwanstein, auf einem steilen Felsen an Stelle einer mittelalterlichen Burg errichtet, ist nur über einen Fußweg erreichbar. In diesem Traumschloß nach dem Vorbild der Wartburg hat Ludwig II. seiner Sehnsucht nach der Welt des Mittelalters in romantisierter Form Gestalt verliehen. Mit seinen phantastischen Türmen und Zinnen der Romanik nachempfunden, wirkt das weiße Schloß wie eine märchenhafte Theaterdekoration – und tatsächlich stammt der Entwurf von dem Theatermaler Christian Jank. Als Ludwig II. 1886 starb, war das 1869 begonnene Schloß noch unvollendet – Bergfried und Kapelle wurden nicht mehr ausgeführt. Im Innern sind der im byzantinischen Stil gehaltene Thronsaal und der Sängersaal mit Wandbildern aus der Parzivalsage besonders hervorzuheben (das Schloß ist täglich geöffnet).

Kreuzgang im Kloster Steingaden

Hohenschwangau über dem Alpsee

Füssen am Lech vor dem Panorama der Allgäuer Alpen

Von Schwangau ist es nur noch ein Katzensprung bis nach Füssen, dem Endpunkt der Romantischen Straße.

21 **Füssen** (s. a. S. 275), ein romantisches Kurstädtchen zwischen Schlössern, Bergen und Seen, hat seinen Ursprung wahrscheinlich in der Römerzeit. Durch ihre günstige Lage an der Alpen-Handelsstraße gewann die Stadt im Mittelalter Wohlstand und Bedeutung.

Den Augsburger-Tor-Platz im alten Ortskern erreichen Sie, den Lech überquerend, auf der Sebastianstraße. Durch die Fußgängerzone Reichenstraße kommen Sie zum Hohen Schloß. Auf den Grundfesten einer mittelalterlichen Burg entstand die jetzige Anlage um 1500 als Sommerresidenz der Augsburger Bischöfe. Im 17. Jh. erhielt das Schloß eine neue Innenausstattung. Der schönste Raum ist der um 1500 eingerichtete Rittersaal mit seiner herrlich geschnitzten Kassettendecke.

Etwas unterhalb des Schlosses liegt das ehemalige Benediktinerkloster St. Mang. In der noch erhaltenen Krypta der Kirche, die vermutlich aus dem 9. Jh. stammt, ruhten einst die Gebeine des heiligen Magnus, auf den die Gründung des Klosters zurückgeht. 1950 wurden hier Fresken mit Darstellungen der Heiligen Magnus und Gallus entdeckt, deren Entstehung von Kunsthistorikern um das Jahr 1000 angegeben werden, und damit die ältesten in Süddeutschland sein dürften. Die heutige Kirche und die Klosterbauten wurden zu Beginn des 18. Jh.s unter teilweiser Einbeziehung der früheren Anlage von Johann Jakob Herkomer errichtet. Auch der romanische Turm der Kirche blieb weitgehend erhalten.

Die Klostergebäude dienen heute verschiedenen Zwecken. Außer dem mit einem schönen Deckenfresko geschmückten Bibliotheksaal ist hier das Heimatmuseum untergebracht, das u. a. eine Instrumentensammlung der berühmten Füssener Geigenbaumeister besitzt (Führungen Mai bis Oktober täglich 11 Uhr außer sonn- und feiertags, November bis April nur Mi.). Zu den eindrucksvollsten Räumen des Klosters zählt der Fürstensaal mit Stukkaturen von Andrea Maini. Das ehemalige Refektorium dient wechselnden Kunstausstellungen. An der Lechbrücke nahe dem Kloster liegt die barocke Spitalkirche, deren bemalte Fassade einen volkstümlich originellen Akzent setzt.

Lage Zwischen Würzburg im Norden und Füssen im Süden, im äußersten Westen Bayerns; mehrfach wird die Grenze nach Baden-Württemberg überschritten.
Anfahrt Von Osten und Westen auf der A 3 Nürnberg–Frankfurt, von Norden über die A 7 aus Richtung Fulda, von Süden über die A 81 aus Richtung Singen–Stuttgart und über die A 7 aus Richtung Kempten – Ulm.
Länge Ca. 370 km. Durch die vielen lohnenden Abstecher und möglichen Umwege läßt sich die Strecke wesentlich verlängern.
Beschilderung Sehr großzügige und übersichtliche Ausschilderung: »Romantische Straße«, allerdings nicht durchweg mit einheitlichem Symbol gekennzeichnet.
Beste Reisezeit Dem Charakter der Straße als »Ziele-Strecke« entsprechend, ist ihre Benutzung ganzjährig möglich; zu empfehlen sind jedoch besonders die schneefreien Monate.
Charakter und Landschaftsformen Die Romantische Straße gehört nicht zu den Routen, die vorwiegend um ihrer landschaftlichen Reize willen befahren werden. Sie dient vielmehr in erster Linie dazu, möglichst schnell von einer Sehenswürdigkeit zur anderen zu gelangen. Diesem Zweck Rechnung tragend, führt sie – mit Ausnahme der Strecke zwischen Bad Mergentheim und Rothenburg ob der Tauber – ausschließlich über relativ verkehrsreiche Bundesstraßen. Die Romantische Straße eignet sich also nicht zum gemütlichen Bummeln oder »Autowandern«, sondern sollte zügig befahren werden.
Auskunft Arbeitsgemeinschaft »Romantische Straße«,
Touristik-Information, Fremdenverkehrsamt, Marktplatz 1,
8803 Rothenburg ob der Tauber.

21 *Wandervorschläge rund um Füssen: Beginnen Sie die Erkundung der reizvollen Umgebung Füssens mit den Baumgartenanlagen. Sie erreichen sie in nur 5 bis 10 Min. auf zwei Wegen, die zwischen Stadtpfarrkirche und Hohem Schloß durch die Stadtmauer führen (Wegweiser). Die schönen, parkartigen Anlagen bieten reizvolle Ausblicke auf das Voralpenland und seine Seen.*
Zu den Ziegelberganlagen mit ihren zahlreichen Ruhebänken und der überraschend umfassenden Fernsicht auf die Füssener Berge und auf den Forggensee gelangen Sie von der Augsburger Straße über den Ziegelbergweg (Wegweiser). Der Aufstieg dauert nur wenige Minuten.
Etwas weiter ist es von der Ortsmitte bis zum Lechfall. Den wilden Durchbruch des Lechs mit seinem rauschenden Wasserfall erreichen Sie in 20 Min. auf der Tiroler Straße oder – empfehlenswerter – auf verschiedenen Fußwegen von Bad Faulenbach aus (je nach Wegwahl 15 bis 30 Min.). Über die Lechklamm führt der König-Max-Steg, der einen malerischen Ausblick gewährt. Nach der Legende soll St. Mang, der Apostel des Allgäus, auf der Flucht vor heidnischen Widersachern an dieser Stelle mit einem gewaltigen Satz über die brodelnde Lechklamm gesprungen sein. Hierbei hat sein Fuß einen deutlich sichtbaren Abdruck, den sog. St.-Magnus-Tritt, im Felsen hinterlassen.
Besuchenswert ist auch der 953 m hohe Kalvarienberg (Aussicht) südlich des Lechs. Der Weg führt vom rechten Lechufer an der Frau-am-Berg-Kirche vorbei aufwärts (Gehzeit von der Ortsmitte ca. 30 Min.).

Auf steiler Bergnase thront die Ruine Hornberg in malerischer Lage über dem Neckartal. Der mächtige Bergfried, ältester Bauteil der Anlage, wurde von den Berlichingern wehrhaft ausgebaut.

Im Burgmuseum von Hornberg steht diese Götz von Berlichingen zugeschriebene Rüstung.

Von Weibertreu und Minnesang

Historische Stätten und reizvolle Landschaftsbilder machen die Burgenstraße zu einer anziehenden und abwechslungsreichen Strecke. Der Glanz vergangener Zeiten bestimmt vielfach noch heute die Ortschaften: Heidelberg, Schwetzingen und Mannheim wurden durch die Prunksucht und hemmungslose Bauleidenschaft der pfälzischen Kurfürsten, aber auch von deren Stilgefühl und Kunstsinn geprägt. Die Pfalz in Bad Wimpfen erinnert wie die Nürnberger Burg an die deutschen Kaiser. Auf Hornberg, hoch über dem Neckar, hauste einst Götz von Berlichingen. Wirtschaftlicher Aufschwung und Macht des mittelalterlichen Bürgertums sind heute noch in Städten wie Nürnberg, Heilbronn und Rothenburg ob der Tauber erkennbar. Wechselvoll wie die Geschichte ist auch die Landschaft. In vielen Windungen schlängelt sich der Neckar durch den Odenwald; wie ruhig wirken dagegen die weiten Rebflächen um Heilbronn und Weinsberg! Endlos scheint sich die Hohenloher Ebene zu erstrecken, in die Jagst und Kocher ihre anmutigen Täler gegraben haben. Es folgt die wellige Frankenhöhe, die gegen Osten, auf Nürnberg zu, immer sanfter wird.

❶ Wandervorschlag in Mannheim zur Reißinsel: Fahren Sie von der Stadtmitte aus Richtung Neckarau. Hinter der Bahnüberführung geht es halbrechts in die Speyrer Straße, die direkt auf das Naturschutzgebiet hinführt. Die Reißinsel und der vorgelagerte Waldpark bilden eine herrliche Naturoase inmitten der Industrielandschaft zwischen Mannheim und Ludwigshafen. Ein Waldlehrpfad und verschiedene Rundwege, 4 bis 7 km lang, sind ausgeschildert. Besonders ansprechend ist der Weg am Rheinufer. 2 km kann man am Fluß entlanggehen und dabei den lebhaften Schiffsverkehr beobachten.

❶ Am Ausgangsort der Burgenstraße, in **Mannheim,** sind weder die Festung Friedrichsburg noch die Burg Eichelsheim erhalten. Zwar war der hochwassersichere Kiesrücken zwischen Rhein und Neckar schon im Mittelalter besiedelt und durch Feste und Zollstation geschützt, aber 1622 fiel die Stadt einem Angriff der katholischen Liga unter General Tilly zum Opfer. Nach dem Wiederaufbau zerstörten französische Truppen sie 1689 erneut. Im 18. Jh., als Burgen nicht mehr uneinnehmbar waren und Kurfürst Carl Philipp von der Pfalz seinen Regierungssitz von Heidelberg nach Mannheim verlegte, wurde an Stelle der Friedrichsburg das Residenzschloß errichtet. Fünf Baumeister planten und arbeiteten von 1720 bis 1760 an der mächtigen Anlage, die mit 500 m Frontlänge, 400 Räumen und 2200 Fenstern zu den größten Barockschlössern Europas zählt. Im Zweiten Weltkrieg wurde das seit dem späten 19. Jh. zur Industriestadt gewachsene Mannheim fast völlig zerstört, und auch das Schloß erlitt schwere Schäden. Nach dem Wiederaufbau (bis 1962) wurden Amtsgericht und Universität darin untergebracht. Einige Räume im Mittelbau, so der Rittersaal, das Treppenhaus mit dem anhand von Fotografien nachgebildeten Deckengemälde von Cosmas Damian Asam und das Bibliothekskabinett der Kurfürstin Elisabeth Auguste im Westflügel, können besichtigt werden.

Einen Rundgang durch die von Kurfürst Friedrich IV. schachbrettartig angelegte Innenstadt beginnen Sie am besten am 1885–86 erbauten Wasserturm, dem Wahrzeichen Mannheims. Von der Autobahn kommend, fahren Sie über die Reichskanzler-Müller-Straße bis zum Kaiserring, der am Turm vorbeiführt. Parken können Sie kurz dahinter in einem der gut ausgeschilderten Parkhäuser der Innenstadt. Der Friedrichsplatz am Wasserturm ist eine reizvolle Jugendstilanlage, die zum Verweilen einlädt. Ein Besuch in der angrenzenden Städtischen Kunsthalle (Moltkestraße 9) lohnt sich. Das von außen recht eigenwillig wirkende Jugendstilgebäude (1907 nach Plänen von Hermann Billing erbaut) gilt als bahnbrechende Leistung im Galeriebau. Innen sind hervorragende Gemälde und eine Skulpturensammlung des 19. und 20. Jh.s ausgestellt (täglich geöffnet, außer Mo. und Fr. vorm.).

Durch die Fußgängerzone, Heidelberger Straße, gelangen Sie ins Zentrum. Der Fremde muß sich an die Zahlen-Buchstaben-Kombinationen erst gewöhnen, die hier Häuserblocks bezeichnen und die Straßennamen größtenteils ersetzen. G 1 ist beispielsweise der Marktplatz, und zum danebenliegenden Block F 1 gehört der interessante, durch einen Turm verbundene Doppelbau des Alten Rathauses und der Unteren Pfarrkirche (1700–23). Ähnlich gebaut ist die wenige Schritte entfernte Konkordienkirche im Block R 2. Über Paradeplatz O 1 kommen Sie zum Dalberghaus mit seiner eindrucksvollen Fassade (N 3). Von hier empfiehlt sich ein Gang zum Reißmuseum im ehemaligen Zeughaus (C 5) mit völkerkundlichen, kunstgeschichtlichen und kunsthandwerklichen Sammlungen, insbesondere Fayencen und Por-

Die Mannheimer Jesuitenkirche erinnert mit ihrer zweitürmigen Fassade an die Jesuitenkirchen Roms.

Rittersaal im Kurfürstlichen Residenzschloß Mannheim

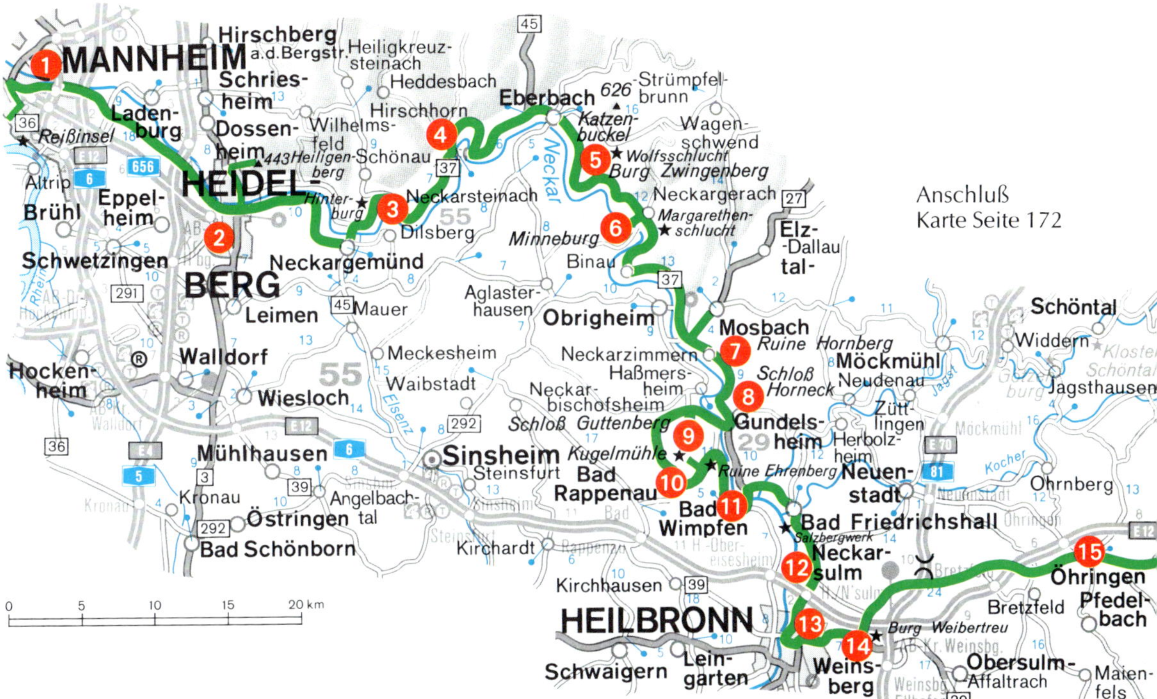

zellane (täglich außer Mo. geöffnet). Wenn Sie vom Reißmuseum zwischen C 4 und B 4 durchgehen, kommen Sie zum Schillerplatz. Dort stand bis zum Zweiten Weltkrieg das alte Nationaltheater, in dem 1782 Schillers »Räuber« uraufgeführt wurden. Heute ist hier ein kleiner Park angelegt, von dem Sie einen hervorragenden Blick auf die Westfront der Jesuitenkirche haben. Sie zählt zu den bedeutendsten Barockbauten Süddeutschlands. Besonders sehenswert sind die schmiedeeisernen Portale und die architektonische Klarheit des Innenraums, dessen Ausstattung größtenteils im Zweiten Weltkrieg für immer vernichtet wurde. Hinter der Kirche steht die Sternwarte mit einem interessanten Achteckturm (18. Jh.). Ein würdiger Abschluß Ihres Ganges durch die Innenstadt ist eine Schloßbesichtigung, die vom Zentralbau am Ehrenhof ausgeht. Führungen finden im Sommer täglich außer Mo., im Winter nur Sa. und So. statt.
Mit dem Auto erreichen Sie vom Friedrichsring aus, rechts vorbei am neuen Nationaltheater, den Luisenpark. Das Gartenschaugelände von 1975 ist inzwischen zu einer grünen Erholungsoase für die Mannheimer geworden. Hier steht auch der Fernmeldeturm mit seinem 120 m

Marktplatz in Mannheim vor dem Doppelbau des Alten Rathauses und der unteren Pfarrkirche

hohen Drehrestaurant. Im Herzogenriedpark auf der gegenüberliegenden Neckarseite, ebenfalls Gartenschaugelände von 1975, bildet die Multihalle den Mittelpunkt; sie ist ein vielbestauntes Beispiel modernster Architektur. Wie eine große Schale überdeckt das aus Lattenhölzern und Kunststoffolie konstruierte Dach eine Fläche von 7600 m^2.
Richtung Heidelberg verlassen Sie Mannheim über die Augusta-Anlage, die am Friedrichsplatz beginnt und am Friedensplatz endet. Dort müssen Sie sich entscheiden, ob Sie über die Autobahn oder die Bundesstraße fahren wollen. Die Fahrt über die A 656 bis Heidelberg ist mit ca. 15 Min. erheblich schneller als die über die B 37, die jedoch abwechslungsreicher ist, weil Sie einige Ortschaften passieren.

❷ Wandervorschlag in Heidelberg über den Philosophenweg: Wer die Stadt kennenlernen will, wie sie die Romantiker Clemens Brentano und Achim von Arnim, Friedrich Hölderlin und Victor von Scheffel besonders gerne beschrieben und besungen haben, sollte unbedingt einen gemütlichen Spaziergang auf diesem Weg am Hang des Heiligenberges machen. Die Schaupromenade, die am Philosophengärtchen und der Eichendorffanlage vorbeiführt, beginnt auf der rechten Neckarseite kurz hinter der Theodor-Heuss-Brücke. Von dem langsam ansteigenden Weg, an dem zahlreiche Ruhebänke aufgestellt wurden, können Sie das vielgepriesene Panorama von Heidelberg mit der Alten Brücke und dem Schloß genießen. Wenn Sie nicht ganz zum Heiligenberg hinaufgehen möchten, empfiehlt es sich, den Rückweg durch die Hirschgasse und über das Stauwehr zum Karlstor zu wählen. Sie brauchen für die ganze Strecke ca. 1 Std.

❷ In **Heidelberg** (s. a. S. 47) empfiehlt es sich, zuerst den Bahnhof aufzusuchen, den Sie vom Autobahnende oder von der B 37 aus leicht erreichen (rechts halten). Im Informationspavillon am Bahnhofsvorplatz erhalten Sie Prospekte mit nützlichen Hinweisen für Ihren Aufenthalt in der Stadt. Vor allem sollten Sie sich ein Bild von den Parkmöglichkeiten im Zentrum machen. Die eingeengte Lage der Altstadt zwischen Odenwaldhang und Neckar bedingt eine für Fremde recht unübersichtliche Verkehrsführung. Fußgängerzonen, viele Einbahnstraßen und lange Tunnels erschweren die Orientierung. Stellen Sie Ihr Fahrzeug also möglichst auf einem der vielen Parkplätze im Zentrum ab. Ein Gang durch die idyllische, aber immer sehr belebte Heidelberger Innenstadt ist ohnehin einer Autofahrt vorzuziehen.
Die über 1 km lange Fußgängerzone in der Hauptstraße eignet sich besonders gut zum Bummeln. Moderne Geschäfte neben alten Tante-Emma-Läden, vornehme Restaurants neben gemütlichen Studentenkneipen und eine Vielzahl historischer Gebäude sorgen für reichlich Abwechslung im Straßenbild. Sie können – je nachdem, wo Sie das Auto abgestellt haben – Ihren Spaziergang am Kornmarkt unterhalb des Schlosses oder von der Sophienstraße bei der Theodor-Heuss-Brücke aus beginnen.
Den Marktplatz im Zentrum der Altstadt beherrscht die Heiliggeistkirche (täglich geöffnet). In die Nischen der Außenwände schmiegen sich Kioske – ein malerisches Bild. Innen war einst die berühmte »Bibliotheca Palatina« untergebracht. General Tilly hat sie nach der Eroberung Heidelbergs auf nicht weniger als 500 Wagen nach Rom bringen lassen und dem Papst überlassen, nur kleine Teile der Bestände kamen später wieder nach Heidelberg zurück. Vom Fischmarkt an der Nordseite der Heiliggeistkirche aus können Sie einen Abstecher über die Alte Neckarbrücke (Karl-Theodor-Brücke) machen. Von dort aus läßt sich das Schloß besonders gut fotografieren. Das »Haus zum Ritter«, der Kirche gegenüber, wird wegen seiner stark gegliederten Renaissancefassade bewundert. Schmunzeln können Sie über die Sprüche, mit denen Studenten die Wände des ehemaligen Karzers bekritzelten (Eingang an der Rückseite der Alten Universität, werktags geöffnet). Die 1386 gegründete Heidelberger Universität ist

Apothekenmuseum im Heidelberger Schloß

Heidelberg: Karzer der Alten Universität

übrigens die drittälteste deutschsprachige Hochschule nach Wien und Prag. In der Altstadt sind heute hauptsächlich die Geisteswissenschaften untergebracht, während die anderen Studiengänge aus Platzgründen in den Vorort Neuenheim verlegt wurden.
Hauptanziehungspunkt für die 2,5 Mio. Besucher, die jährlich nach Heidelberg kommen, ist das vielbesungene, von den Romantikern des 19. Jh.s verherrlichte Schloß. Sie erreichen es entweder zu Fuß vom Marktplatz aus in 20 Min. oder mit der Bergbahn, die zum Königstuhl führt und am Schloß hält. Mit dem Auto können Sie von der Friedrich-Ebert-Anlage aus kurz vor dem Eingang des Schloßbergtunnels zum Schloß hinauffahren, die Zahl der Parkplätze ist jedoch sehr begrenzt.
Während in der Stadt Wissenschaft und Handel betrieben wurden, lenkten im Schloß die Herrscher die politischen Geschicke der Pfalz. Bis 1720 residierten dort die pfälzischen Kurfürsten, die in der Renaissance eine besonders große Bauleidenschaft entwickelten. Aus dieser Zeit stammen die interessantesten Teile des Schlosses. Hervorzuheben sind die Innenhoffassade des Ottheinrichsbaus am Westflügel und der wieder instandgesetzte Friedrichsbau gegenüber dem Torturm, die beide als hervorragende Beispiele deutscher Renaissancebaukunst gelten.
Das Schloß überstand zwar den Dreißigjährigen Krieg fast unbeschädigt, wurde aber im Pfälzischen Erbfolgekrieg gleich zweimal gesprengt (1689 und 1693). Danach verfiel die Anlage und blieb Ruine, auch wenn man im 19. und 20. Jh. mehrere Anläufe zum Wiederaufbau machte. Im Keller neben dem Friedrichsbau steht das vielbestaunte »Heidelberger Faß«, das im 18. Jh. zur Aufbewahrung des Weinzehnten gezimmert wurde. Es faßt 221 726 Liter.
Von den Schloßterrassen aus können Sie auf Alt-Heidelberg hinunterschauen und den Blick ins Rheintal schweifen lassen. Bei gutem Wetter empfiehlt sich ein Spaziergang durch den Schloßpark. Sehr interessant ist das Apothekenmuseum im Untergeschoß des Ottheinrichsbaus (täglich geöffnet, im Winter nur Sa. und So.).
Von Heidelberg aus führt die Burgenstraße in den Odenwald. Der Neckar hat sich hier in großen Mäandern ein enges Tal durch das Sand-

(2) Abstecher
von Heidelberg zum Heiligenberg: Fahren Sie von der Altstadt aus über die Theodor-Heuss-Brücke nach Handschuhsheim. Von der Ortsmitte an ist der Fahrweg ausgeschildert. Oben erreichen Sie zuerst die Grundmauern des romanischen Stephansklosters, aus dessen Steinen der Turm neben der Ruine gebaut wurde. Von dort aus haben Sie eine gute Sicht auf Heidelberg und das Schloß. Beim Wanderparkplatz etwas weiter bergan beginnt ein breiter Fußweg, der zum höchsten Punkt des Heiligenberges führt. Auf halber Strecke passiert man ein großes Amphitheater, das während des Dritten Reiches als Volksweihestätte gebaut wurde. Auf dem Gipfel stehen inmitten einer noch gut erkennbaren keltischen Ringwallanlage die Reste der St.-Michaelis-Basilika. Sie gehörte zu einem traditionsreichen Kloster, in dem bis ins 16. Jh. hinein Mönche lebten.

Blick vom Kornmarkt mit der Marienstatue auf das Heidelberger Schloß

steingebirge geschaffen. Schmale Landzungen und steile Prallhänge boten ideale Standorte für die zahlreichen Burgen. Wenn Sie in Heidelberg über die Theodor-Heuss-Brücke auf das rechte Neckarufer wechseln, fahren Sie bis Neckargemünd auf einer schöneren und verkehrsärmeren Strecke als auf der offiziellen Burgenstraße (B 37).

3 Schon nach wenigen Kilometern flußaufwärts, kurz vor der Vierburgenstadt **Neckarsteinach,** sehen Sie links am steilen Berghang, wie an Felsen klebend, das sog. Schwalbennest, die äußerste Bastion der Burganlage Schadeck. Daneben gehören noch die weit auseinanderliegenden Teile Hinterburg, Mittelburg und Vorderburg zur Gesamtanlage der Herren von Steinach. Die Burganlage sollte dem Heidelberger Hofstaat als Fluchtstätte dienen; dank ihrer guten Befestigung und hervorragenden Lage hielt sie sogar im Dreißigjährigen Krieg einem Angriff Tillys stand. Hoch oben auf der Landzunge gegenüber Neckarsteinach liegt Dilsberg, das Sie am leichtesten von Neckargemünd aus erreichen.

3 Abstecher von Neckarsteinach zur Hinterburg und zum Schwalbennest der Burganlage Schadeck: Kurz vor dem Ortseingang von Neckarsteinach ist links an der B 37 ein Parkplatz, von dem aus gut markierte Wege zu den Burgen hinaufführen (ca. 20 Min.). Ein herrlicher Blick ins Neckartal belohnt den Aufstieg.

4 Die **Burg Hirschhorn** liegt über dem gleichnamigen Ort 8 km hinter Neckarsteinach. Besonders vom Bergfried aus bietet sie einen weiten Blick über das Neckartal. Um hinauf zu gelangen, müssen Sie im Ort Richtung Beerfelden fahren und kurz nach dem Ortsschild rechts abbiegen. In der Burg sind ein Restaurant und ein Hotel untergebracht. Im Vorort Ersheim auf der anderen Neckarseite verdient eine gotische Friedhofskapelle mit schönem Netzrippengewölbe und Wandmalereien aus dem 14. Jh. Ihre Aufmerksamkeit.

5 Weiter auf der B 37 am Ort Eberbach vorbei, der in den vergangenen Jahrhunderten durch den Holzhandel mit den großen Städten neckar- und rheinabwärts wirtschaftliche Bedeutung erlangte, kommen Sie zur **Burg Zwingenberg** (geöffnet von Mai bis September Di., Fr. und So. jeweils nachm.). Die aus Oberer und Unterer Burg bestehende Anlage ist dank umfangreicher Restaurierungen im 19. Jh. eine der besterhaltenen Burgen im Neckartal. Wichtige Teile, wie Bergfried und Schildmauer der wehrhaften Anlage, stammen noch aus dem 13. Jh., alles übrige reicht weitgehend bis in das 16. Jh. zurück. Die Zufahrt ist von der B 37 aus möglich.

5 Wandervorschlag von Zwingenberg in die Wolfsschlucht: Die bekannteste der zahlreichen engen Schluchten (sogenannten Klingen), die durch kleine Neckarzuflüsse in den weichen Sandstein des Odenwalds gegraben wurden, endet gleich unterhalb der Burg Zwingenberg. Der Talweg führt vom Café Wolfsschlucht an der B 37 in die Klinge hinein. Sie können aber auch von der Burg aus in die Schlucht hinuntersteigen. Wenn Sie vor dem Eingang der Burg nach rechts, an mächtigen Sandsteinwänden vorbei, zu ihrer Rückfront gehen, finden Sie dort einen Weg hinab.
Die Schlucht (ca. 1 km lang), in die selten ein Sonnenstrahl dringt, wirkt düster und unheimlich. Man kann sich durchaus vorstellen, daß sie für den gleichnamigen Ort, der in Carl Maria von Webers »Freischütz« eine wichtige Rolle spielt, Pate gestanden hat.

Burg Zwingenberg ist ein Beispiel gotischer Burgenarchitektur: Typisch für die Stauferzeit ist das Buckelquaderwerk aus rotem Sandstein.

❻ Bei Neckargerach liegen hoch über dem Fluß die stattlichen Reste der sagenumwobenen **Minneburg.** Bergfried und Schildmauer gehören vermutlich dem 13. Jh. an, die übrigen Teile der seit dem 17. Jh. als Ruine dastehenden Anlage sind jünger. Um sie zu besichtigen, fahren Sie über die Neckarbrücke; anschließend geht es noch ca. 20 Min. zu Fuß hinauf.
Nach der Ortschaft Binau – sie liegt auf einer schmalen Landzunge, die umfahren wird – sehen Sie rechts über dem Neckar das Kernkraftwerk Obrigheim. Kurz darauf mündet die B 27 in die B 37; an dieser Kreuzung biegen Sie links ab Richtung Walldürn und erreichen Mosbach. Der Ort lohnt den kleinen Umweg wegen seiner vielen Fachwerkbauten, die am Marktplatz ein sehenswertes Ensemble bilden. Bemerkenswert ist auch die spätgotische Stadtkirche St. Juliana.
❼ Um wieder auf die Burgenstraße zu gelangen, müssen Sie zurück zu der oben genannten Kreuzung und auf der jetzt als B 27 weiterführenden Bundesstraße Richtung Süden fahren. Schon bald sehen Sie in der Ferne den Bergfried der **Ruine Hornberg** auftauchen. In der Burg verbrachte Götz von Berlichingen viele Jahre und starb dort als 82jähriger. 16 Jahre lang stand der »Ritter mit der eisernen Hand« nach einem bewegten Leben auf seiner Burg unter Hausarrest. Wegen seiner führenden Rolle auf seiten der aufständischen Bauern im Bauernkrieg von 1525 durfte er die Markung der Burg nicht verlassen und kein Pferd besteigen. Ein kleines Museum und ein Sprechtheater mit lebensgroßen Puppen erinnern an Götz und seine Zeit. Sie können durch das Weinberggelände zur Burg hinauffahren, indem Sie in Neckarzimmern kurz hinter der Kirche links über den Bahnkörper abbiegen. In der Ruine, die bewirtschaftet ist, gibt es auch Parkgelegenheiten. Sie ist von April bis Oktober täglich zu besichtigen.
Zwischen Mosbach und Gundelsheim verändert sich die Landschaft zusehends. Das Neckartal wird breiter und öffnet sich rechts zum Kraichgau, links zum Bauland und zur Hohenloher Ebene.
❽ Das **Schloß Horneck** bei Gundelsheim, das zweitgrößte der Neckarschlösser, war einst Sitz der Deutschmeister des Deutschen Ordens. Heute gehört es der Landsmannschaft der Siebenbürger Sachsen, die dort ein Altersheim eingerichtet hat. Besichtigen kann man ein kleines Museum, das Zeugnisse der Gundelsheimer Stadtgeschichte, vor allem aber eine volkstümliche Sammlung mit Kulturgütern der Siebenbürger Sachsen enthält (Di. bis Fr. nachm., Sa. und So. auch vorm. geöffnet).
In Gundelsheim empfiehlt es sich, die Burgenstraße für wenige Kilometer zu verlassen. Überqueren Sie statt dessen den Neckar und fahren Sie über das Schloß Guttenberg nach Bad Rappenau und weiter nach Bad Wimpfen.
❾ Die ehemalige Stauferburg **Schloß Guttenberg** über Neckarmühlbach sieht man schon von Gundelsheim aus wuchtig in der Landschaft stehen. Sie ist eines der wenigen Beispiele mittelalterlicher Wohn- und

❻ *Wandervorschlag von Neckargerach in die Margarethenschlucht: Von den geologischen und geographischen Gegebenheiten her ist sie der Wolfsschlucht sehr ähnlich, gilt aber als schöner. Sie stellen Ihr Auto am Bahnhof von Neckargerach ab und überqueren den Gleiskörper auf der Fußgängerbrücke. Danach müssen Sie sich rechts halten und ca. 500 m entlang der Neubausiedlung bis zum Waldrand gehen. Von dort erreichen Sie auf einem breiten, teilweise ummauerten Weg nach ca. 20 Min. das Naturschutzgebiet Margarethenschlucht. Der Weg ist zum Teil durch ein weißes Kreuz gekennzeichnet.*

Ritterrüstung im Guttenberger Burgmuseum

Kirchstraße in Neckarsteinach

Blick von Burg Hirschhorn über die Neckarschleife zum Odenwald

Wehrbaukunst, die alle Kriege der letzten Jahrhunderte fast unbeschädigt überstanden haben. Schätze aus der langen Burggeschichte sehen Sie im Museum, das u. a. zwei spätgotische Altäre beherbergt, die früher in der Burgkapelle standen. Außerdem sind im Schloß eine Greifvogelwarte und die Burgschenke untergebracht. Museum, Greifvogelwarte und Burgschenke sind von Mitte März bis Mitte November täglich geöffnet.

⑩ Wandervorschlag von der Kugelmühle bei Bad Rappenau zum Schloß Guttenberg (Gehzeit 2½ bis 3 Std., Burgschenke und Schloß Mitte März bis Mitte Oktober täglich geöffnet): Wenn Sie von Bad Rappenau kommend bei Zimmerhof links abbiegen, erreichen Sie einen Parkplatz direkt am Mühlbachtalsee (Plantafel).

⑩ Direkt vom Schloß Guttenberg aus erreichen Sie über ein schmales Sträßchen, das samstags und sonntags in dieser Richtung nur als Einbahnstraße benutzt werden darf, die Hauptstrecke vom Neckartal nach **Bad Rappenau.** In dem bekannten Kurort ist vor allem das kleine Wasserschloß aus dem 17. Jh. sehenswert. Heute dient es als Rathaus. Von Bad Rappenau aus können Sie auf direkter Route in wenigen Minuten Bad Wimpfen erreichen. Interessanter ist aber die Strecke über den Weiler Zimmerhof, die Ruine Ehrenberg mit dem über 50 m hohen, gedrungenen Bergfried und über Heinsheim mit einer aus dem 16.–18. Jh. stammenden Vorburg des Schlosses Ehrenberg, in der heute ein Hotel betrieben wird. Die Ruine Ehrenberg selbst darf man wegen Einsturzgefahr leider nicht besichtigen.

⑪ Abstecher in Bad Friedrichshall-Kochendorf zum Steinsalzbergwerk (zwischen Bad Wimpfen und Neckarsulm): Die Südwestdeutsche Salzwerke AG bietet Ihnen die Möglichkeit zur Einfahrt in ein Bergwerk, das noch in Betrieb ist.
180 m weit wird der Besucher mit dem Schachtaufzug in die Tiefe gefahren, wo er dann auf einem Rundgang Geschichte und Technik des Steinsalzabbaus kennenlernt. Neben Musterstationen, die geologische Voraussetzungen des Bergbaus und technische Verfahren erläutern, wird auch eine Multivisionsschau über den Salzabbau vorgeführt.
Der Bergwerksschacht liegt direkt an der B 27. Sie müssen jedoch schon vor Kochendorf die Bundesstraße verlassen und Richtung Ortsmitte fahren. Von dort an ist der Weg ausgeschildert. Die Einfahrt ist von Mitte Mai bis Mitte Oktober Mo. bis Fr. nachm., Sa. und So. ganztägig möglich.

⑪ Ein Höhepunkt an der Burgenstraße ist **Bad Wimpfen.** Von Bad Rappenau oder Heinsheim kommend, erreichen Sie zuerst den Stadtteil Wimpfen am Berg, den Sie von der normalen Route, vom Neckartal aus, als eindrucksvolle Silhouette vor sich sehen. Wimpfen im Tal, das am Neckar liegt, ist der historisch ältere Stadtteil. Hier hatten schon die Römer um 100 n. Chr. ein Kastell und eine Brücke über den Fluß gebaut. Heute ist weder von diesen, noch von den mittelalterlichen Befestigungen etwas übriggeblieben. Die Aufmerksamkeit des Besuchers konzentriert sich auf die Stiftskirche St. Peter und Paul. Eine frühromanische Klosterkirche stand schon um das Jahr 1000 an dieser Stelle; von ihr zeugt noch die karge Westfassade mit den beiden achteckigen Türmen. Vermutlich verdanken wir sie dem Umstand, daß beim Bau der neuen gotischen Kirche (ab 1270) das Geld ausging, und man sich Abriß und Erneuerung des Westteils nicht mehr leisten konnte. Der Gegensatz zwischen romanischen und gotischen Teilen verleiht dem Bauwerk heute einen besonderen Reiz. Reich geschmückt ist die Südfassade des Querhauses mit dem Hauptportal. Das angrenzende Kloster wurde 1947 wieder von Benediktinermönchen bezogen, die nach dem Krieg von Grüssau in Schlesien hierher kamen.

Enge Sträßchen und winkelige Gassen mit vielen Gotik- und Renaissance-Wohnhäusern prägen den idyllischen Charakter von Wimpfen am Berg. Sie werden überragt von den mächtigen Türmen der ehemaligen Kaiserpfalz. Zwischen dem »Roten Turm« im Osten und dem »Blauen Turm« im Westen erstreckte sich eine 25 m breite und 89 m lange Anlage, die vermutlich Kaiser Friedrich I. Barbarossa Ende des 12. Jh.s gegründet hat. Die Stauferkaiser bevorzugten Wimpfen stets

Bad Wimpfen: Salzgasse und Blauer Turm

als Aufenthaltsort bei ihren Regierungsgeschäften. Neben den beiden Türmen, die zugänglich sind, haben sich von der Gesamtanlage Teile der Nordwand mit einer bemerkenswerten Arkadenfensterfront des ehemaligen Wohntraktes (Palas) sowie die Pfalzkapelle und das »Steinhaus« erhalten. Auf Ihrem Gang durch die Stadt (ein Rundweg vom Rathaus aus ist durch das Wappenzeichen Adler mit Schlüssel im Schnabel ausgeschildert) sollten Sie auch die Stadtpfarrkirche besuchen, eine gotische Hallenkirche mit sehenswertem Inventar wie Glasgemälden aus dem 13. Jh., gotischen Wandmalereien und Bildhauerarbeiten.

12 Über das auf der anderen Neckarseite gelegene Bad Friedrichshall, wo bis heute in 200 m Tiefe Steinsalz abgebaut wird, kommen Sie auf der B 27 nach **Neckarsulm.** Die durch Motorrad- und Automobilindustrie bekannt gewordene Gemeinde hat einen ansehnlichen Stadtkern mit zahlreichen alten Steinhäusern und Fachwerkbauten. Hervorzuheben ist das Deutschordensschloß, ein zweigliedriger, spätgotischer Bau mit Staffelgiebeln.

12 Abstecher
in Neckarsulm zum Zweiradmuseum im Deutschordensschloß: Der Weg ist von der Stadtmitte aus gut beschildert. Draisinen, Hochräder, Velozipede, Tandems, Daimlers erstes Motorrad und modernste Weltrekordmaschinen bekommt der Besucher dieses wohl einmaligen Museums zu sehen. Die Entwicklung des Fahrrades wird von den Anfängen im Jahre 1817 bis in unsere Zeit dokumentiert. Das Museum ist täglich geöffnet.

13 Vorbei am Wartberg mit seinem auffälligen Aussichtsturm erreichen Sie **Heilbronn,** die betriebsame Stadt am Neckar, die seit alters her vom Weinanbau geprägt ist. 550 ha Anbaufläche im Stadtgebiet machen sie zu einer der größten Weinbaugemeinden in Deutschland. Gleich wichtig für die Stadt sind aber auch Handel und Industrie. Der Neckarhafen von Heilbronn ist ein wichtiger Umschlagplatz der Binnenschiffahrt. Parken Sie am besten an der Harmonie (Konzerthalle); dort sind Sie in der Nähe des Marktplatzes und der Kilianskirche.

Vom schönen, alten Stadtbild ist nach einem verheerenden Bombenangriff (1944) nicht mehr viel übriggeblieben.

Wieder instandgesetzt wurde die Kilianskirche, deren Westturm die stattliche Höhe von 62 m hat. Bis zum First wurde er in gotischem Stil erbaut, dann folgen eine Reihe immer weiter zurückspringender Achtecke, die sich laternenartig staffeln. Auf der Turmspitze steht das »Männle« – ein Landsknecht mit einem Wappen in der Hand.

Der große Hochaltar im Kirchenchor ist eine Schnitzarbeit von Hans Seyffer aus dem Jahre 1498. Den Marktplatz von Heilbronn beherrscht das Rathaus mit der prunkvollen Maßwerkbrüstung, den Altantreppen und einer sehenswerten Kunstuhr von Isaak Habrecht. An der Westseite des Marktplatzes steht das »Käthchenhaus«. Hier wohnte die Bürgermeisterstochter Lisette Kornacher, die das Vorbild zu Heinrich von Kleists »Käthchen von Heilbronn« gewesen sein soll. Wenn Sie durch die großzügig angelegte Fußgängerzone hinter der Kilianskirche gehen, kommen Sie zum Deutschhof mit seinem stadt- und kunstgeschichtlichen Museum (Mo. geschlossen).

14 Ausgedehnte Rebanlagen säumen die Straße zwischen Heilbronn und **Weinsberg,** das Sie über die B 39 Richtung Öhringen erreichen. Schon die Römer siedelten hier, wie ein 1906 freigelegtes Badehaus beweist. Berühmt wurde Weinsberg durch seine Burg, die »Weiber-

14 Abstecher
von Weinsberg auf die Burg Weibertreu: Sie fahren durch Weinsberg auf der Hauptstraße

Die Pfeilerpaare im Wohntrakt der Kaiserpfalz von Bad Wimpfen

Kunstuhr am Heilbronner Rathaus

Anschluß
Karte Seite 165

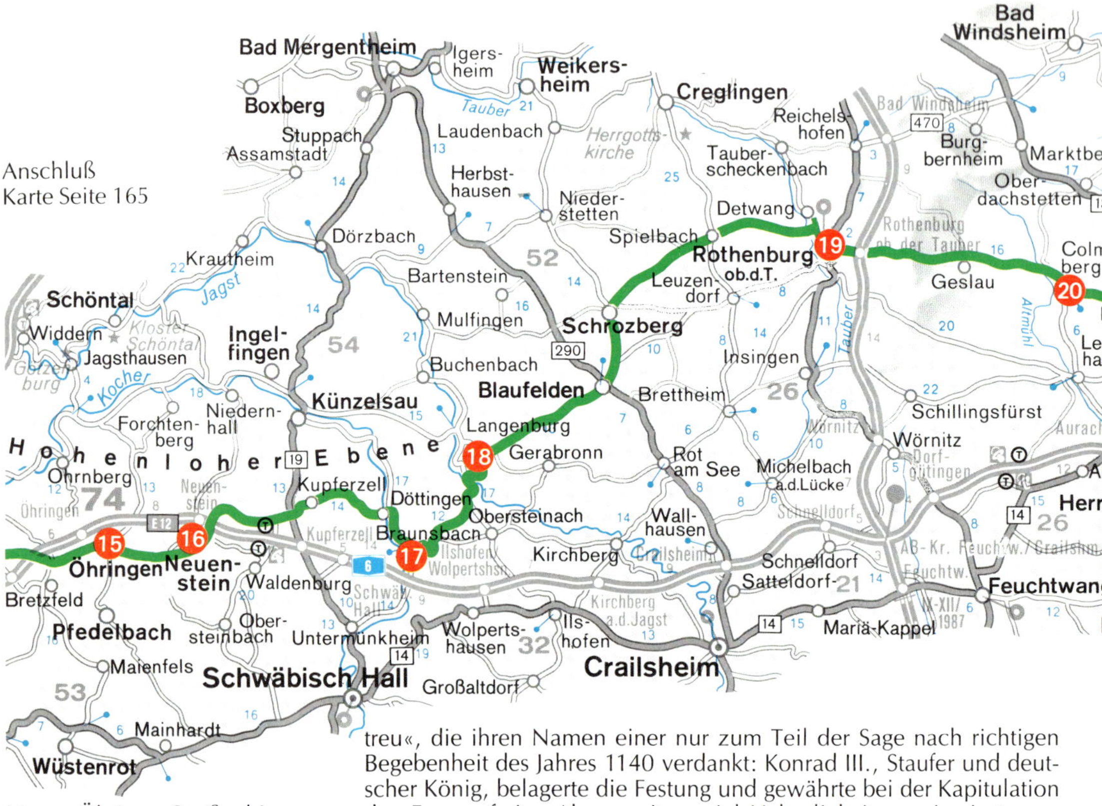

bis zur Öhringer Straße, biegen dort links ab und kommen am Justinus-Kerner-Haus vorbei zum Parkplatz vor der Johanneskirche. Der steile Weg von hier durch die Weinberge zur Ruine lohnt schon wegen des prächtigen Rundblicks, der sich von der Burg bietet (Gehzeit ca. 10 Min.). Von der 1525 zerstörten Burg stehen noch Reste der gewaltigen Ringmauer und mehrerer Türme. Justinus Kerner, Arzt und Dichter, der von 1812–1862 in Weinsberg lebte, ist mit vielen der bedeutenden Schriftsteller und Philosophen, deren Namen in die Mauersteine graviert sind, zur Weibertreu aufgestiegen. Ihm gelang es auch, durch seinen unermüdlichen Einsatz, das völlige Abtragen der Ruine zu verhindern. Die Anlage ist täglich bis zum Einbruch der Dunkelheit geöffnet.

treu«, die ihren Namen einer nur zum Teil der Sage nach richtigen Begebenheit des Jahres 1140 verdankt: Konrad III., Staufer und deutscher König, belagerte die Festung und gewährte bei der Kapitulation den Frauen freien Abzug mit so viel Habseligkeiten, wie sie tragen könnten. Konrad mag sich gewundert haben, als die Frauen ihre Männer huckepack heraustrugen. Sein Wort aber hat er gehalten. So berichtet es zumindest der Dichter Justinus Kerner in seiner Ballade »Die Weiber von Weinsberg«.

Die Burgenstraße zweigt nun links von der B 39 ab und führt unter der A 6 und der A 81 hindurch in die Hohenloher Ebene.

15 In **Öhringen** sind Sie bereits im ehemaligen Herrschaftsbereich der Fürsten von Hohenlohe angelangt, die den Ort seit 1250 in Besitz hatten. Vom Marktplatz aus (in dessen Nähe Sie am besten parken) erreichen Sie über einen schönen kleinen Kreuzgang den Chor der spätromanischen Stiftskirche St. Peter und Paul. Dort stehen die aufwendigen Grabmäler einiger Fürsten von Hohenlohe. Der Hochaltar ist eine hervorragende Schnitzarbeit der oberrheinischen oder fränkischen

Das Renaissance-Schloß Langenburg auf dem »Langen Berg« über der Jagst

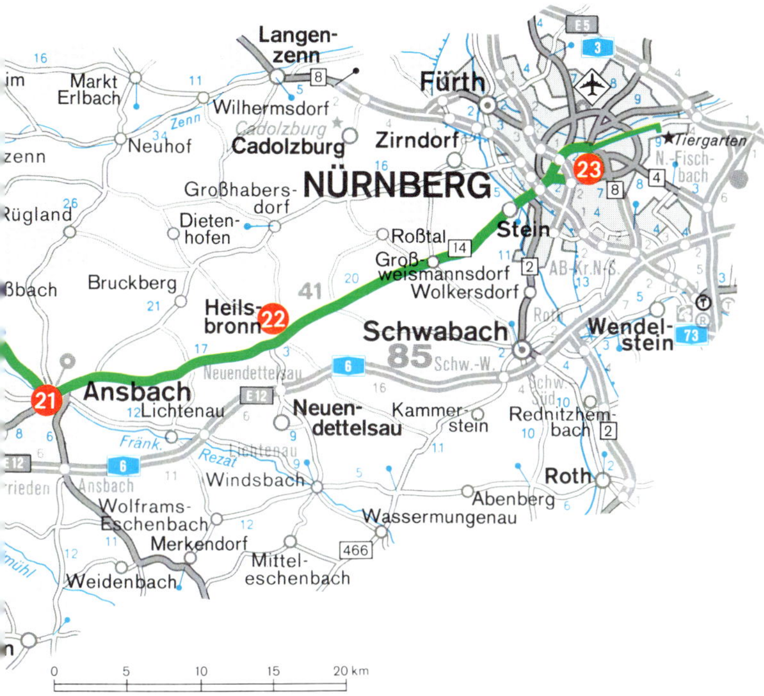

Öhringen: Marktplatz mit Stiftskirche

Schule (um 1500). Beim Öhringer Schloß (17.–19. Jh.), ebenfalls am Marktplatz, liegt ein ausgedehnter Park, in dem man sehr schön spazierengehen kann.

16 Als sich das Haus der Fürsten von Hohenlohe im 16. Jh. in die Linien Hohenlohe-Waldenburg und Hohenlohe-Neuenstein aufgespalten hatte, bauten sich letztere in **Neuenstein** eine aufwendige Residenz. Nach dem Aussterben dieser Linie beherbergte das Schloß verschiedene Wohltätigkeitseinrichtungen wie Waisenhaus, Arbeitshaus und Altersheim. 1906–1913 wurde es, architektonisch nicht unbedingt geglückt, umgebaut. Heute sind eine ansehnliche Kunst- und Kunstgewerbesammlung und das Hohenlohe-Archiv darin untergebracht. Interessant ist auch die riesige mittelalterliche Küche. Führungen finden im Sommer täglich außer Mo. statt, im Winter ist das Schloß geschlossen. Vorbei an Waldenburg, das rechter Hand wirkungsvoll auf einem in die Hohenloher Ebene ragenden Sporn des schwäbischen Keuperberglandes liegt, fahren Sie über Kupferzell (A 6 kreuzen bis zur Einmündung in die B 19, dort links abbiegen) den Tälern von Kocher und Jagst entgegen. Unvermittelt geht es aus der Ebene durch die waldreichen Hänge zu den Flüssen hinab.

17 Von Kupferzell aus fahren Sie über Rüblingen, vorbei an der Ruine Bachenstein, über Döttingen nach **Braunsbach,** das sehr reizvoll am Kocher liegt. Von dort sehen Sie im Süden den gewaltigen Viadukt der A 6, die hier in 180 m Höhe das Tal überquert.

18 Landschaftlich bezaubernd ist das Jagsttal, in das Sie über Orlach und Nesselbach gelangen. Der Ausblick, den man von der Steige kurz vor Bächlingen auf **Langenburg** mit seinem Schloß hat, ist einen kurzen Aufenthalt dort wert. Prunkstück des Langenburger Schlosses ist der Renaissance-Innenhof. Von außen wirkt das Bauwerk mit den massiven Rundtürmen imponierend. Innen sind einige Schauräume und Ausstellungsstücke aus der langen Geschichte der Hohenloher zu sehen. Im Marstallgebäude neben dem Schloß ist ein Automobilmuseum untergebracht, wo Sie vom Vorkriegsmodell bis zum Formel-I-Rennwagen die luxuriösesten, seltsamsten, kleinsten und schnellsten Fahrzeuge bewundern können. Das Schloß ist von Ostern bis Mitte Oktober täglich zu besichtigen, das Museum ist außerdem im Winter So. nachm. geöffnet. Von Langenburg fahren Sie weiter nach Blaufelden und biegen kurz hinter dem Ort links ab Richtung Schrozberg. Hier können Sie das aus dem 18. Jh. stammende Schloß Bartenstein mit einem wappengeschmückten Dreiecksgiebel besichtigen.

Schloß Neuenstein

17 Wandervorschlag von Braunsbach ins Kochertal oder zur Hohenloher Ebene: Am Ortsende Richtung Langenburg biegen Sie, dem Hinweisschild Schaalhof folgend, links ab und kommen nach 1 km zu einem versteckt gelegenen Wanderparkplatz. Von hier aus können Sie herrliche Spaziergänge und Wanderungen durch die Hangwälder hinunter ins Kochertal oder hinauf zur Hohenloher Ebene machen. Am Parkplatz befindet sich zur Orientierung ein Schaukasten mit Karte, die entsprechende Wegmarkierungen enthält.

⑲ *Abstecher von Rothenburg nach Detwang: Wenn Sie vom Ort aus Richtung Bad Mergentheim fahren, gelangen Sie wenige Kilometer tauberabwärts nach Detwang. Der Ort ist bekannt durch die uralte St.-Peter-und-Paul-Kirche, in der ein Altar von Tilman Riemenschneider steht. Dieser Heilig-Kreuz-Altar wurde von dem Meister ursprünglich für die Michaelskapelle in Rothenburg geschaffen. Damit er überhaupt in dem Kirchlein aufgestellt werden konnte, mußte der Mittelteil beträchtlich verkürzt werden. Doch dem bestechenden Realismus und der ungewöhnlichen Ausdruckskraft, die Riemenschneider seinen Figuren verliehen hat, tut dies keinen Abbruch.*

⑲ Anschließend fahren Sie auf direktem Weg über Untereichenrot, Spielbach und Schwarzenbronn nach **Rothenburg ob der Tauber** (s. a. S. 150), das wie ein Denkmal des Mittelalters auf einem Plateau hoch über der Tauber liegt. Die Stadt wird von einer vollständig erhaltenen Wehrmauer aus dem 14. Jh. umschlossen. Mit ihren zahlreichen, künstlerisch wertvollen Bauwerken und den verwinkelten Gassen und Plätzen stellt sie eine besondere Attraktion für Touristen aus aller Welt dar. Bevor Sie sich in die Schar der Schaulustigen mischen, die natürlich an den Wochenenden besonders groß ist, lassen Sie am besten das Auto außerhalb der Mauern stehen und beginnen den Stadtrundgang am Spital- oder am Rödertor. Je nachdem, wieviel Zeit Sie zur Verfügung haben, können Sie sich einfach von Straße zu Straße treiben lassen, oder Sie besorgen sich bei der Touristeninformation am Marktplatz einen Stadtplan.
Sie überschauen die Stadt am besten vom 50 m hohen Rathausturm, aber auch von dem langen Wehrgang haben Sie einen weiten Blick über die Dächer. Besichtigen sollten Sie auf jeden Fall die gotische Jakobskirche, die im Westchor hinter der Orgel Tilman Riemenschneiders »Heilig-Blut-Altar« in der gleichnamigen Kapelle beherbergt.
Das Rathaus ist ein Doppelbau von ungewöhnlich einheitlicher Gesamtwirkung, obwohl die beiden Teile aus verschiedenen Epochen stammen. Dem Marktplatz zugewandt ist der Renaissance-Trakt, dahinter erhebt sich der gotische Bau mit dem Turm. Die Kunstuhr an der Ratsherrentrinkstube, ebenfalls am Marktplatz, zeigt stündlich um 11, 12, 13, 14, 15 sowie um 21 und 22 Uhr den »Meistertrunk« des Bürgermeisters Nusch. Es handelt sich dabei um die Nachgestaltung einer Szene aus dem Dreißigjährigen Krieg. Nuschs ungewöhnlich langer und tiefer Willkommensschluck erfüllte die Bedingung des siegreichen Belagerers Tilly, der versprochen hatte, auf eine Brandschatzung der Stadt zu verzichten, wenn einer der Ratsherren einen Humpen Wein (3¼ l) in einem Zuge leere.
Vom ehemaligen Burgplatz aus, wo heute ein kleiner Park angelegt ist, können Sie ins Taubertal hinabblicken. Sie sehen dort auch das eigenartige Topplerschlößchen, eine Art Wohnturm, den sich Rothenburgs bedeutendster Bürgermeister im Mittelalter, Heinrich Toppler, hier errichten ließ. Er hat Ende des 14. Jh.s viel für die wirtschaftliche und politische Macht Rothenburgs getan. Tragischerweise mußte er dennoch 1408 im Gefängnis der Stadt sterben, weil der Rat seinem politischen Verhältnis zum Kaiser mißtraute. Eine grausige Dokumentation der Rechts- und Strafmethoden im Mittelalter und in der frühen Neuzeit kann man im Kriminalmuseum sehen. Es ist unweit der viel bewunderten und oft gemalten Straßengabelung am Plönlein, in der Burggasse 3, untergebracht (täglich geöffnet, im Winter nur nachm.).
Im Handwerkerhaus am alten Stadtgraben bekommen Sie einen guten Eindruck von den Lebensumständen einer Handwerkerfamilie im Mittelalter (täglich geöffnet, im Sommer auch abends).
⑳ Auf der Weiterfahrt Richtung Ansbach lohnt sich nach ca. 20 km ein kurzer Aufenthalt in **Colmberg,** um die gleichnamige Burg zu besuchen. In der Ortschaft biegen Sie links Richtung Berndorf ab und erreichen am Ortsende die Burgsteige.

Rothenburg ob der Tauber: Zwei Turmhäuschen flankieren das Rödertor an der Schwelle zur Altstadt.

Topplerschlößchen: erbaut zur Überwachung der Tauber-Mühlen

Nicht nur die schöne Aussicht ins Altmühltal, sondern auch die gemütliche Burggaststätte lockt zahlreiche Besucher hierher. Hinter der Burg wurde ein großer Wildpark angelegt. Er beherbergt vor allem Damwild, aber auch Bären, Mufflons u. a. m.

21 **Ansbach** (s. a. S. 80 u. 150) liegt vielleicht zu sehr im Bannkreis von Nürnberg und Rothenburg, als daß es die großen Touristenströme anlocken könnte. Doch die Stadt, die von 1456 bis 1791 Residenz der Markgrafen von Ansbach und Bayreuth war, hat aus dieser Zeit zahlreiche sehenswerte Bauten. Wie in anderen alten Städten mangelt es auch hier an Parkplätzen; wenn Sie aber an der Maximilianstraße oder an der Promenade Ihren Wagen abstellen, befinden Sie sich zentral zwischen Altstadt, Residenz, Hofgarten und Neuen Anlagen.

Das von außen eher schlichte Residenzschloß, heute Sitz der Bezirksregierung von Mittelfranken, ist im Innern mit seinen zahlreichen Prunkräumen und der Ansbacher Fayencesammlung unerwartet reizvoll. Täglich werden mehrere Führungen angeboten. In der Altstadt zieht zwischen Herrenrieder Tor und Fränkischer Rezat die dreitürmige Westfront der Kirche St. Gumbertus den Blick auf sich. Ihre Türme sind im 16. Jh. entstanden, in einer Zeit, der Ansbach noch zahlreiche weitere charakteristische Bauten verdankt. Unter dem Chor der Gumbertuskirche befindet sich heute die Gruft von 25 Markgrafen und -gräfinnen des 17. und 18. Jh.s. Sie wurden erst vor wenigen Jahren aus der benachbarten Johanneskirche hierher verlegt. Die Gruft ist im Sommer Fr., Sa., So. zugänglich, im Winter nur vorm. jeweils Fr., Sa., So. Im 18. Jh., der zweiten großen Bauepoche der Stadt, entstanden ganze Straßenzüge, denen Ansbach auch den Namen »Stadt des Fränkischen Rokoko« verdankt: So die Neuen Anlagen um den Karlsplatz, die als ganz besondere städtebauliche Leistung des 18. Jh.s gelten, aber auch die 102 m lange Orangerie im Hofgarten und das Langhaus von St. Gumbertus. Im Sommer finden jedes Jahr Ende Juni/ Anfang Juli die Ansbacher Rokoko-Festspiele statt.

Nach der Stadt- und Schloßbesichtigung können Sie sich im Hofgarten, einem weitläufigen und schönen Parkgelände, erholen. Hier wurde 1833 der geheimnisumwitterte Kaspar Hauser ermordet. Ein Gedenkstein erinnert an seinen Tod (s. a. S. 80).

22 Ziemlich genau in der Mitte zwischen Ansbach und Nürnberg, direkt an der B 14, liegt **Heilsbronn** (s. a. S. 80), das Sie wegen der ehemaligen Zisterzienserkirche besuchen sollten. Die romanische Basilika entstand im 12. Jh. und ist in der Substanz erhalten. Der Chor und das südliche Seitenschiff wurden allerdings im gotischen Stil umgebaut. Eine besondere Sehenswürdigkeit sind die Grabmonumente in der Kirche. In Heilsbronn wurden vom 13. bis ins 18. Jh. die Burg- und Markgrafen von Nürnberg beigesetzt. Ein besonders schönes Beispiel deutscher Renaissancearbeit ist das Wandgrab der Markgrafen Friedrich und Georg, das sich im südlichen Seitenschiff befindet. In den Sommermonaten ist die Kirche täglich geöffnet.

Heilsbronn: Grabmonumente in der romanischen Basilika

Ansbach: Rokokofestspiele im Hofgarten

Der »Adler« im Nürnberger Verkehrsmuseum

23 Abstecher in Nürnberg zum Verkehrsmuseum (Lessingstr. 6, unweit vom Bahnhof): Es wurde 1899 als erstes seiner Art in Deutschland gegründet, also genau 64 Jahre nachdem zwischen Nürnberg und Fürth die erste Eisenbahnlinie eröffnet wurde. An dieses Ereignis erinnert ein eigener Raum im Museum, in dem eine Nachbildung jenes ersten Zuges zu sehen ist. Eisenbahnfreunde werden besonders an den zahlreichen Dampflokomotiven Freude haben, die sie hier im Original bewundern können. Neben diesen »Dinosauriern der Schiene« sind auch Prunkwagen von König Ludwig II. von Bayern und von Reichskanzler Bismarck aufgestellt. Die Postabteilung umfaßt u. a. eine riesige Briefmarkensammlung. (Das Museum ist täglich geöffnet.)

23 Abstecher in Nürnberg zum Germanischen Nationalmuseum: Das Museum liegt am Kornmarkt, 5 Min. von der Lorenzkirche entfernt, und ist täglich außer Mo. geöffnet. Vor- und frühgeschichtliche Fundstücke, Kunsthandwerk, vom mittelalterlichen Kleinod bis zum Haushaltsgerät, Spielzeug, Waffen und Musikinstrumente sind ausgestellt, ebenso aber auch Werke der deutschen Malerei und Bildhauerei von den Anfängen bis zur Gegenwart. Kein anderes Museum bietet einen so umfassenden Einblick in die kulturelle Entwicklung des deutschsprachigen Raums.

23 **Nürnberg,** die 1050 erstmals genannte Stadt an der Pegnitz, ist Endpunkt der Burgenstraße und nimmt, zumindest was die Geschichte anbelangt, unter den deutschen Städten eine herausragende Stellung ein; war es doch vom späten Mittelalter bis weit in die Neuzeit eine mächtige Handels- und Gewerbestadt, die in Kultur und Politik eine bedeutende Rolle spielte. Ungeachtet aller modernen Errungenschaften sind es heute noch die architektonischen Zeugnisse aus der großen Vergangenheit Nürnbergs, die den Besucher besonders faszinieren. Fast möchte man es nicht glauben, daß die Altstadt nach dem Zweiten Weltkrieg zu 92% zerstört war. Vieles wurde wiederaufgebaut oder renoviert. So entstand eine eigenartige Mischung aus Alt und Neu, wobei das Alte prägend wirkte. Ob auf der Kaiserburg, in den drei bedeutenden Kirchen oder an den Befestigungsmauern mit den markanten Türmen: Das Mittelalter ist allgegenwärtig.

Auch wenn Sie Nürnberg zum erstenmal besuchen, brauchen Sie sich wenig Sorgen über die Orientierungsmöglichkeiten zu machen, denn die Verkehrsführung im Innenstadtbereich ist übersichtlich, und die Parkmöglichkeiten sind gut ausgeschildert. Fahren Sie Richtung Stadtmitte und wählen Sie das Parkhaus am Hauptmarkt als günstigen Ausgangspunkt für einen Rundgang durch die Altstadt. In knapp 10 Min. gelangen Sie von hier aus zur Burg; es sei denn, Sie besuchen vorher das Spielzeugmuseum (täglich außer Mo. geöffnet) oder schauen ins wiederhergestellte Dürerhaus beim Tiergärtner Tor hinein (Mo. geschlossen). In einem Lokal am Platz davor, der als einer der schönsten der Stadt gilt, gibt's das herzhafte Rauchbier.

Die Burg hatte in der Reichsgeschichte bis in die Neuzeit hinein größte Bedeutung. Alle deutschen Könige haben hier von 1050 bis ins 16. Jh. hinein Reichstage abgehalten. Nürnberg wurde dadurch heimliche Hauptstadt des Reiches. Repräsentative Räume des Palas und die zweistöckige staufische Kaiserkapelle sind erhalten oder wurden rekonstruiert. Führungen durch die Burg finden täglich statt. Lohnend ist der Besuch schon wegen der umfassenden Aussicht, die man von dort aus auf die Altstadt und bis weit hinaus in die Vorstädte hat.

Durch die Bergstraße kommen Sie von der Burg in die Stadt zurück. Am Stadtmuseum (im Fembohaus) vorbei geht es zum Renaissance-Rathaus, wo Sie im Keller schauerliche Lochgefängnisse und Folterkammern aus dem Mittelalter sehen können. Sie sind im Sommer täglich geöffnet. Zur Erholung empfehlen wir, in einer der zahlreichen Bratwurstküchen die Original Nürnberger Bratwürste zu probieren. Die Sebalduskirche, dem Rathaus gegenüber, ist dem Schutzpatron der Stadt geweiht. Das aus Bronze gegossene Sebaldusgrabmal des Erzgießers Peter Vischer und die Kreuzigungsgruppe des Bildhauers Veit Stoß im Innern sind hervorragende Arbeiten der beiden neben Albrecht Dürer berühmtesten bildenden Künstler Nürnbergs.

Der weltberühmte Christkindlesmarkt findet in der Vorweihnachtszeit auf dem Hauptmarkt statt. Der schöne Brunnen mit seinem Glücksring

Glitzernder Weihnachtsschmuck auf dem Nürnberger Christkindlesmarkt

und die Frauenkirche mit ihrer reichgeschmückten Fassade geben ihm eine großartige Kulisse. Die Figurenuhr an der Frauenkirche zeigt jeden Tag um 12 Uhr, wie die sieben Kurfürsten dem Kaiser devot ihre Huldigung entgegenbringen. Das entsprach wohl bei den Nürnberger Reichstagen eher dem Wunschdenken des Kaisers als der Wirklichkeit.

Nürnbergs dritte Prachtkirche, St. Lorenz, liegt auf der anderen Seite der Pegnitz. Über die Museums- oder die Fleischbrücke gelangen Sie durch die Fußgänger- und Einkaufszone zuerst an die klar gegliederte Westfassade dieser hochgotischen Kathedrale. Prunkstücke im Innern sind das Sakramentshäuschen von Adam Krafft (1493) und der an einer Kette im Chor hängende »Englische Gruß« (auch »Engelsgruß« genannt) von Veit Stoß (1517).

Durch die Pfannenschmiedgasse und über den Hallplatz erreichen Sie das 1853 »dem gesamten Volk gewidmete« Germanische Nationalmuseum am Kornmarkt. Weiter durch die Kartäusergasse kommen Sie zur Stadtmauer, die noch gut erhalten oder restauriert ist. Ein Spaziergang entlang dieser trutzhaften Verteidigungsanlage, die Nürnberg Jahrhunderte lang vor feindlicher Erstürmung bewahrt hat, lohnt sich. Die mächtigen runden Bastionstürme mit 18 m Durchmesser und 40 m Höhe sind zu Wahrzeichen der Stadt geworden. Im Nürnberger Handwerkerhof beim Königstor wird die Geschichte des Handwerks zur lebendigen Gegenwart: In den Fachwerkhäuschen der engen Gassen sehen Sie u. a. Puppenmacher, Lebkuchenbäcker, Münzpräger, Zinngießer, Töpfer, Glasmaler und Korbmacher bei der Arbeit. Ihre Erzeugnisse werden zum Kauf angeboten (von Ostern bis Weihnachten täglich außer So. geöffnet).

Wenn Sie länger in Nürnberg bleiben wollen, sollten Sie sich einen Konzertbesuch in der Meistersingerhalle nicht entgehen lassen. Auskünfte darüber sowie über weitere kulturelle Veranstaltungen erhalten Sie bei den Touristinformationen am Bahnhof und am Hauptmarkt.

Lage Der westlichste Punkt ist Mannheim, das noch in der Rheinebene liegt; im Osten endet die Strecke in Nürnberg, vor dem Aufstieg zur Fränkischen Alb.
Anfahrt Auf der A 5 von Frankfurt bis AB-Kreuz Weinheim, dort über die A 659 zum Viernheimer Kreuz, dann weiter auf der A 67; oder über die A 67 bis AB-Kreuz Mannheim. Von Karlsruhe und Stuttgart über die A 5 bis AB-Kreuz Heidelberg, dort über die A 656 bis AB-Kreuz Mannheim; oder über die A 6, ebenfalls bis AB-Kreuz Mannheim. Am AB-Kreuz Mannheim jeweils die Ausfahrt Mannheim benutzen.
Länge Ca. 290 km.
Beschilderung Das Symbol mit stilisierten Zinnen und der Inschrift »Burgenstraße« erscheint so selten, daß es zur ständigen Orientierung nicht ausreicht.
Beste Reisezeit Ostern bis Mitte Oktober. Die Fahrt lohnt sich aber wegen der vielen Museen und sehenswerten Bauwerke auch im Winter.
Charakter und Landschaftsformen Von der Rheinebene kommen Sie bei Heidelberg in den Odenwald. Der Neckar hat sich durch das Sandsteingebirge in vielen Windungen ein Tal geschaffen, das dem Reisenden ein besonderes Landschaftserlebnis bietet. Hinter Mosbach weitet sich das Tal, man kommt in das Gebiet des Muschelkalks mit seinen leicht hügeligen Landschaften. Ganz flach ist die Hohenloher Ebene, die Sie bei Öhringen erreichen. Südlich sind noch die Ausläufer des schwäbischen Keuper-Berglandes zu sehen, auf denen, weit in die Ebene vorgeschoben, der Luftkurort Waldenburg liegt. Jagst und Kocher sorgen mit ihren Tälern für eine abwechslungsreiche Fahrt durch das flache Land. Östlich der Tauber beginnt bei Rothenburg die wellige Frankenhöhe, die bei Ansbach und Nürnberg langsam wieder zur Ebene hin abfällt.
Auskunft Arbeitsgemeinschaft »Die Burgenstraße«, Rathaus, 7100 Heilbronn.

Nürnberg: Albrecht-Dürer-Haus

23 Abstecher in Nürnberg zum Tierpark: Sie erreichen das am Rand der Stadt auf dem Schmausenbuck gelegene Gelände vom Hauptbahnhof aus am Wöhrder See vorbei Richtung Mögeldorf. Vom Stadtteil Mögeldorf geht es zum Schmausenbuck hinauf. (Fahrzeit vom Zentrum etwa 20 Min.) Der Zoo wurde in einem herrlichen Parkgelände mit alten Steinbrüchen, Waldwiesen und großen Weihern angelegt. In dieser schönen Umgebung scheinen sich auch die Tiere wohl zu fühlen; die Zuchterfolge können sich sehen lassen. Vielleicht haben Sie Glück, und die Eisbären ziehen gerade eines ihrer drolligen Jungen auf. In den Kinderstuben des Zoos sind kleine Gorillas, Orang-Utans, Nilpferde und Giraffen zu sehen. Besonderer Anziehungspunkt ist das Delphinarium, in dem auch Vorstellungen gegeben werden. (Der Tierpark ist täglich bis Sonnenuntergang geöffnet.)

Klima und Boden bestimmen die Qualität der Trauben. Der Boden muß einen guten Wasserhaushalt haben und die Sonnenwärme speichern können.

Oberbergen beim Totenkopf: Rebland-Umlegung und Flurbereinigung

Reben – so weit das Auge schaut

Zwischen der Oberrheinischen Tiefebene und dem Schwarzwaldaufstieg erstreckt sich ein reichgegliedertes Hügelland, in dem feurige Weine gedeihen. Denn dort gibt es nicht nur geeignete Böden für die Reben, sondern im Schutz von Schwarzwald und Vogesen auch ein ideales Klima für den Weinbau. Und das wird noch unterstützt von den warmen Luftströmungen, die vom Mittelmeer herkommen. Auf kurvenreichen, landschaftlich eindrucksvollen Nebenstrecken schlängelt sich die vielfach verästelte Badische Weinstraße durch hübsche Winzerdörfer und alte Städte, in denen die Lebensfreude auch für den Durchreisenden spürbar wird. Wenn Sie gute Weine schätzen, dann kennen Sie die Namen vieler Orte von den Spitzenerzeugnissen des Badischen Weinanbaus her. Am häufigsten scheint die Sonne am Kaiserstuhl, einem geologisch und biologisch hochinteressanten Vulkanbergland, das inmitten der Rheinebene aufragt. Dort finden Sie auch die meisten Weinschenken. Wenn Sie die vollmundigen Tropfen probieren und genießen wollen, sollten Sie natürlich nicht selbst chauffieren. Die Badische Weinstraße ist freilich auch für das Auge eine beeindruckende Strecke. Schon vor mehr als tausend Jahren entstanden dort Ansiedlungen, von denen viele ihr altertümliches Bild bewahrt haben.

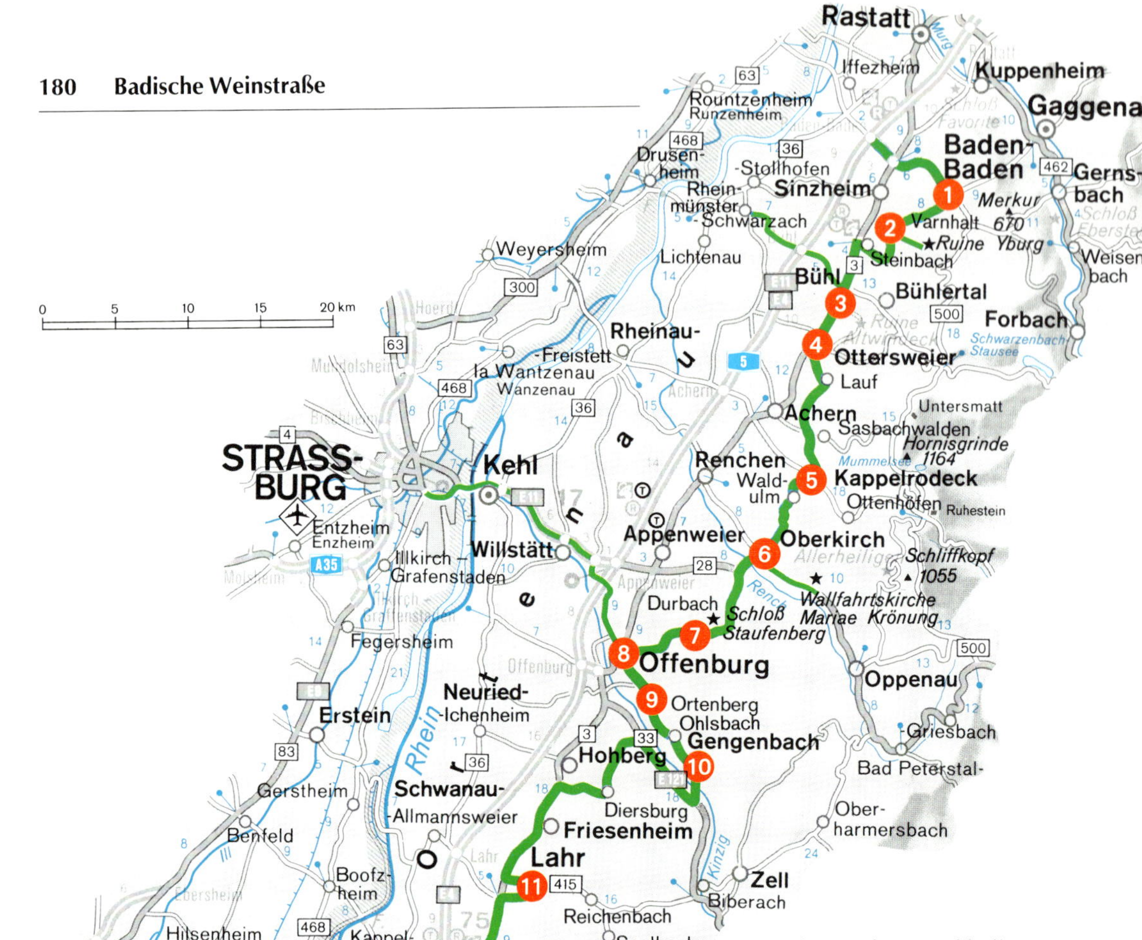
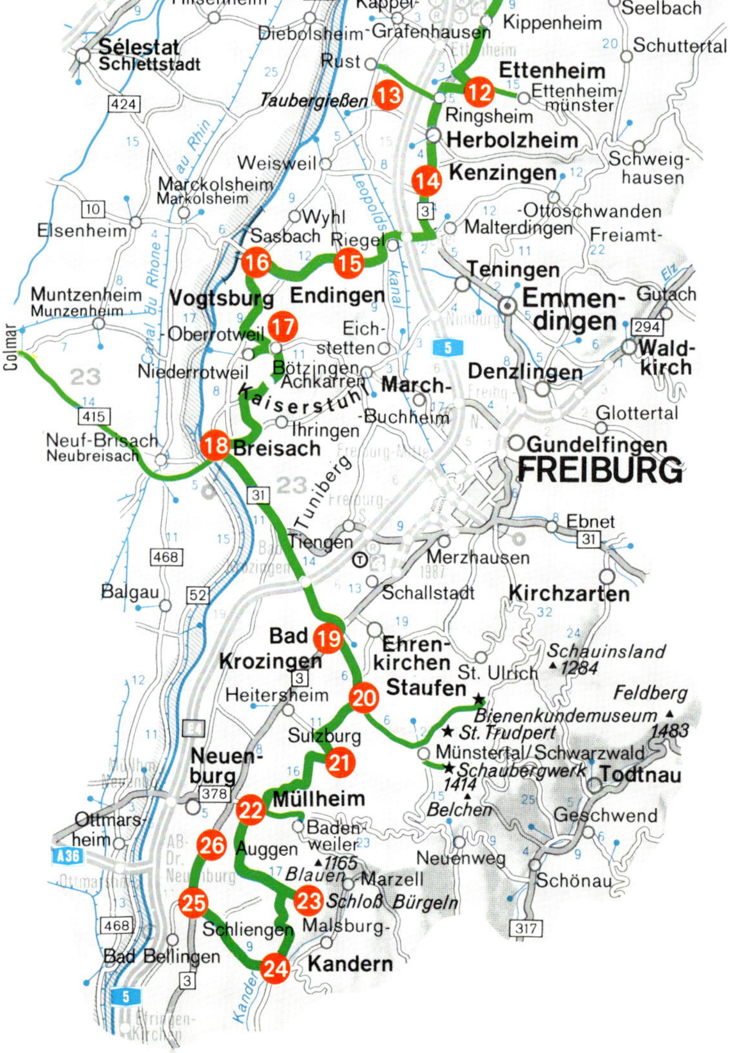

Baden-Baden: Trinkhalle

Baden-Baden, Stiftskirche: Grab des Markgrafen Ludwig Wilhelm

1 Die Badische Weinstraße beginnt in **Baden-Baden** (s. a. S. 194). Von der Autobahn fahren Sie Richtung Zentrum und folgen der Schwarzwald-Hochstraße bis zu der Fontäne, die rechts vor dem Haus des Kurgastes sprudelt. Dort liegt der Augustaplatz, unter dem sich ein Parkhaus befindet.
Gehen Sie von dort einige Schritte in die Richtung, aus der Sie kamen, bis zum Leopoldsplatz. Beiderseits der Straßen und rund um den heute verkehrsreichen Platz stehen viele prächtige klassizistische Häuser aus dem 19. Jh., als Baden-Baden Europas Sommerresidenz war. Bis vor dem Ersten Weltkrieg traf sich in der noch heute glanzvollen Kurstadt die große Welt. Durch die alleeartige Sophienstraße und dann nach links Richtung Rathaus kommen Sie zum Friedrichsbad von 1869–77 mit üppig ausgestalteten Badetempeln nach römischem Vorbild. Genau an dieser Stelle betrieben die Römer im 1. bis 3. Jh. weitläufige Thermenanlagen. Ihre Ruinen im Untergeschoß können Sie täglich besichtigen. Die moderne Thermalbadekur (gegen Rheuma, Bewegungsstörungen, Erschöpfung) findet heute größtenteils in der neugebauten Caracalla-Therme (täglich geöffnet) statt. Grundlage für den Kurbetrieb sind die Kochsalzquellen (58–68 °C); sie kommen aus einer Tiefe von 1200 bis 1800 m. Oberhalb des Friedrichsbades liegen am Marktplatz das Rathaus von 1632, die gotische Stiftskirche St. Peter und Paul und darüber das Neue Schloß. Dieser Stadtteil unterscheidet sich mit seiner altertümlichen, stillen Atmosphäre völlig vom mondänen Flair der Prachtstraßen und der Hotels am Flüßchen Oos. Nur wenige Schritte vom linken Oosufer entfernt finden Sie jenseits des Augustaplatzes das Kurhaus. Es wurde 1821–24 von Friedrich Weinbrenner mit korinthischen Säulen und prunkvollen Sälen erbaut. Das Kasino im Kurhaus, das 1838 als erste Spielbank in Deutschland gegründet wurde, kann täglich von 9.30–12 Uhr besichtigt werden, ab 14 Uhr können Sie dort Roulette, Black Jack oder Baccarat spielen, wenn Sie über 21 sind. Jackett und Krawatte – bzw. entsprechende Garderobe für die Dame – sind vorgeschrieben. Gegenüber dem Kurhaus sind in den Kolonnaden elegante Geschäfte untergebracht, links steht das Mitte des vorigen Jh.s im Stil des Spätbarocks erbaute Theater.

Baden-Baden: die Stadtkirche am Augustaplatz

2 Sie verlassen Baden-Baden Richtung Schwarzwald-Hochstraße und biegen nach etwa 500 m rechts Richtung Rebland ab. Die modernen Gebäude des Südwestfunks können Sie auf einer Anhöhe zur Linken kurz erkennen. Zunächst durch einen Wald ansteigend, dann mit 12 % Gefälle wieder talwärts strebend, führt die Straße nach **Varnhalt.** Der inmitten von Weinbergen gelegene Ortsteil von Baden-Baden ist ein typisches Weindorf mit Lagen wie Klosterbergfelsen, Steingrübler oder Sonnenberg. Varnhalt teilt mit den Orten Neuweier, Steinbach und Umweg das verbriefte Recht, den Wein in Bocksbeutelflaschen abzufüllen. Das ist sonst nur bei Frankenwein erlaubt. Die Badische Weinstraße führt weiter Richtung Neuweier, dort biegen Sie rechts ab nach Steinbach und im Ort wieder links Richtung Bühl.

2 Abstecher von Varnhalt zur Yburg: Fahren Sie in Baden-Baden-Varnhalt nach links und folgen Sie den weißen Schildern zur Yburg. Über steile, teilweise enge Sträßchen, durch Rebenhänge und später durch Wald erreichen Sie nach 4,5 km den Parkplatz unmittelbar am Burgtor. Weithin sichtbares Symbol des Reblandes ist die Ruine Yburg, die auf einem steilen Bergkegel steht, auf dem schon zur Römerzeit ein Stützpunkt bestand. Die Yburg wurde um 1200 als Ritterburg erbaut und 1689 zerstört. Die Burg wird bei klarem Wetter auch wegen der Aussicht über Schwarzwald und Rheinebene besucht. In dem Namen Yburg steckt althochdeutsch iwa, was Eibe bedeutet. Burg und Burgrestaurant sind Di. geschlossen. Der Rückweg führt über das »Waldhaus Batschari«.

Unser Abstecher führt Sie von Varnhalt zur Yburg.

❸ *Abstecher von Bühl nach Rheinmünster: Fahren Sie etwa 1 km zurück auf der B 3 in Richtung Baden-Baden, und biegen Sie dann links ab nach Rheinmünster. Nach 10,5 km haben Sie das romanische Benediktinerkloster in Rheinmünster-Schwarzbach erreicht, das 748 gegründet wurde. Die heutige Säulenbasilika stammt von 1224; 1967–69 wurde sie in ihren ursprünglichen Zustand zurückversetzt. Sehenswert sind die mit romanischen Bildhauerarbeiten ausgestatteten Kapitelle der Säulen.*

Vor dem Antrieb muß der Schnitt des Rebstocks erfolgen, damit Traubenzahl und -größe in einem ausgewogenen Verhältnis zum Wachstum stehen.

❸ Auf der B 3 erreichen Sie **Bühl,** den 1283 erstmals erwähnten Marktort. Direkt an der Hauptstraße steht rechts das Rathaus mit einem spätgotischen, achteckigen Turm. Biegen Sie unmittelbar davor an der Ampel rechts ab, dann finden Sie mühelos Parkplätze. Sie stehen nun vor der neugotischen Kirche mit ihrem durchbrochenen Turmhelm. Auch die Innenausstattung der Kirche wurde in gotischem Stil geschaffen. Bis zu ihrer Errichtung im Jahre 1877 diente das Rathaus, dessen Bau auf den der ehemaligen Kirche St. Peter und Paul von 1514–24 zurückgeht, 353 Jahre lang zugleich als Gotteshaus. Bühl ist Umschlagplatz der bekannten Bühler Frühzwetschgen, die ab Juli auf den Markt kommen. Am zweiten Septemberwochenende wird das Bühler Zwetschgenfest, ein traditionsreiches Heimat- und Trachtenfest, gefeiert.

❹ Bis zum nächsten Ort, **Ottersweier,** bleiben Sie auf der B 3 und biegen am Ortseingang nach links ab Richtung Lauf. Unmittelbar an der Abzweigung sollten Sie einen Blick in die Wallfahrtskirche Maria-Linden werfen. Das geschnitzte Gnadenbild einer sitzenden Madonna stammt aus der Zeit um 1320; dem Chor von 1484 wurde 1760 das Langhaus hinzugefügt.

Während die Verkehrsadern B 3 und A 5 weiter fast geradlinig durch die Oberrheinische Tiefebene verlaufen, schlängelt sich die Badische Weinstraße jetzt längere Zeit durch das Hügelland am Schwarzwaldaufstieg. Zwischen den vielen Bächen und Flüssen, die aus dem Gebirge dem Rhein zustreben, müssen Sie immer wieder auf kurvenreichen, oft steilen und engen, aber nur kurzen und wenig befahrenen Paßstraßen einen Höhenzug überwinden. Die Landschaft ist außerordentlich reizvoll und bietet an nahezu jeder Biegung neue, abwechslungsreiche Ausblicke. Dieses unter dem Namen Ortenau bekannte Gebiet wurde von Mönchen und Nonnen früh besiedelt. Zwischen Schwarzwald und Rheinebene liegt eine ganze Anzahl alter Wallfahrtskirchen; an einigen der schönsten führt die Straße vorbei.

In Lauf biegen Sie Richtung Achern ab und fahren bei Ober-Sasbach an einem schloßähnlichen Gebäude in einem Park vorbei. Es handelt sich um ein Franziskanerinnenkloster, das jedoch nicht besichtigt werden kann. Kurz danach geht es links ab nach Sasbachwalden. Durch ein hübsches Wiesental erreichen Sie eine Hauptverkehrsstraße, in die Sie nach links einbiegen, um 100 m weiter rechts nach Kappelrodeck abzuzweigen. Kurvenreich und steil geht es nun bergauf und bergab, an Weingärten vorbei, ins nächste Tal.

❺ In **Kappelrodeck** kommen Sie an einer Papierfabrik vorbei, überqueren die Straße und sehen nun links über sich das Wahrzeichen des Ortes, die Burg Rodeck. Die auf das 11. Jh. zurückgehende Festung wurde mehrmals zerstört und wiederaufgebaut. Die heutige Anlage stammt von 1879. Ihren besonderen Reiz erhält die Burg, zu der eine steile Straße hinaufführt, durch die majestätische Lage über den Weinbergen.

Badische Fasnet in Offenburg

Gerberviertel in Straßburg

Folgen Sie nun den Wegweisern nach Waldulm, wo Sie links nach Oberkirch abbiegen. Wieder erleben Sie das reizvolle Bergauf und Bergab und Sie fahren nun durch hübsche Weindörfer mit ihren vielen schmucken Weinlokalen.

6 **Oberkirch,** in einer weiten, von Obst- und Weingärten eingefaßten Talöffnung der Rench gelegen, hat sich zu einer recht lebendigen und verkehrsreichen Stadt entwickelt. In Gaisbach bei Oberkirch lebte Johann Jakob Christoffel von Grimmelshausen, der Verfasser des 1669 erschienenen Schlüsselromans über den Dreißigjährigen Krieg, »Der Abentheurliche Simplicissimus Teutsch«. Grimmelshausen war ab 1649 Verwalter der Schauenburgischen Güter, später, seit 1665, betrieb er in Gaisbach ein kleines Gasthaus. Fahren Sie nun ein Stück auf der B 28 in Richtung Straßburg und biegen Sie außerhalb der Stadt nach Überquerung der Rench links in Richtung Durbach ab.

7 Vor **Durbach** zeigt nach steiler Abfahrt von der Paßhöhe ein weißes Schild nach rechts zum Schloß Staufenberg. Ein ganz enges Sträßchen führt durch Weinberge 1,5 km zum Parkplatz unterhalb der Burg. Von hier müssen Sie noch etwa 150 m zu Fuß gehen. Das alte, etwas verschlafen wirkende Schlößchen wurde im 11. Jh. von Otto von Hohenstaufen gebaut und nach mehrmaliger Beschädigung im frühen 19. Jh. erneuert. Aus dieser Zeit stammen die heutigen Gebäude. Von hier aus gab Markgraf Karl-Friedrich von Baden den Anstoß zum badischen Qualitätsweinbau. An den Hängen zum Schloß reifen die Trauben des markgräflich-badischen Weingutes. Sie können den Wein im Schloßkeller probieren und täglich, auch an Sonntagen, kaufen. Zum Beladen dürfen Sie mit dem Auto in den Schloßhof fahren. Durbach ist ein anmutiges Straßendorf, über den Bach an der Straße führen zahlreiche blumengeschmückte Brücken. Zur Rast lädt u. a. das Gasthaus »Ritter«, ein gemütliches Weinlokal und Restaurant ein.

8 Folgen Sie nun der beschilderten Badischen Weinstraße nach **Offenburg** und fahren Sie dort Richtung Stadtmitte. Über ein Einbahnstraßensystem werden Sie zur Hauptstraße geleitet; wo diese sich zum Marktplatz weitet, finden Sie Parkplätze. Mehrere Brunnen und Säulen prägen den Platz, an dem rechts das Rathaus und der einstige Amts-

Blick aufs Straßburger Münster

6 Abstecher von Oberkirch zur Wallfahrtskirche Mariae Krönung: Fahren Sie über die B 28 Richtung Freudenstadt, dann haben Sie nach 3 km die Wallfahrtskirche in Lautenbach erreicht. Mariae Krönung, die 1488 geweiht wurde, ist eine der wenigen gotischen Kirchen in dieser Landschaft, die in ihrem ursprünglichen Zustand erhalten blieben. Der Chor ist durch einen Lettner vom Kirchenschiff getrennt. Der geschnitzte Choraltar (um 1496), ein Flügelschrein, zeigt Maria, Jesus, den Apostel Johannes und Johannes den Täufer. Die Auslegung der Flügeltafeln des Altars bereitet den Kunsthistorikern bis heute Kopfzerbrechen. Man versucht immer noch, die Mitwirkung Matthias Grünewalds nachzuweisen.

8 Abstecher von Offenburg nach Straßburg: Die Stadt mit dem weltberühmten gotischen Münster und mit erhaltenen Teilen der früheren romanischen Kathedrale liegt nur 30 km von Offenburg entfernt. Sie fahren entlang der B 33 und der B 28 über die französische Grenze nach Straßburg. Dort folgen Sie den Wegweisern »Cathédrale«. Künstlerisch besonders bedeutend sind am Münster die Fensterrose der Westfassade mit 15 m Durchmesser, die 38 m hohe Vorhalle, mehrere Portale, die Kapelle Saint-Laurent und zahlreiche Skulpturen. In der Nähe sind prächtige alte Häuser zu sehen. Der Dreiflügelbau der Grande Boucherie stammt von 1585. Am alten Zollhaus befindet sich der Rabenhof (Cour de Corbeau), in dem eine ehemalige Posthalterei aus dem 16. Jh. erhalten ist. Zahlreiche Museen Straßburgs enthalten bedeutende Kunstwerke aus dem Elsaß. Das Museé de L'Œuvre Notre Dame gegenüber dem Münster, an der Place du Château, enthält die wichtigste Sammlung der Kunstwerke aus dem Straßburger Münster (April bis September täglich geöffnet, Oktober bis März täglich außer Di.).

hof der Landvogtei Ortenau, das heutige Landratsamt, stehen, beides Barockbauten aus dem 18. Jh. Gegenüber dem Rathaus beginnt der Fischmarkt, die heutige Fußgängerzone. Die Madonna mit Kind an der Fassade der St.-Andreas-Kirche stammt von 1350. In den Straßen rund um Offenburgs Zentrum mischt sich unter viele alte Häuser auch mancher moderne Kaufhausbau, der das Ortsbild stört.
Am Rathaus vorbei durch Korn-, Gärtner- und Kreuzstraße erreichen Sie nach etwa 200 m die barocke Kirche zum Heiligen Kreuz. Versäumen Sie nicht, um sie herumzugehen: gegenüber der Chorseite liegt in einem Park Offenburgs wertvollstes Kunstwerk, der Ölberg. Die figurenreiche Steinplastik in einem gotischen Nischenbau stammt von 1524. Fahren Sie weiter über den Marktplatz und biegen Sie am Ende der Hauptstraße nach links ab Richtung Gengenbach.

9 Oberhalb von **Ortenberg** erhebt sich das prachtvolle Schloß, nach dem die Ortenau benannt wurde, die wiederum auf die alte Gaugrafschaft Mortenau zurückgeht. Das Schloß kontrastiert mit den üblichen Residenzen und Befestigungsanlagen am Schwarzwaldrand, weil es nach der Zerstörung von 1678 im 19. Jh. im englisch-neugotischen Burgenstil, dem sog. Windsorstil, wiederaufgebaut wurde. Das Schloß gilt heute als eine der schönsten Jugendherbergen Deutschlands.

10 **Gengenbach** gehört zu den Höhepunkten unserer Reise entlang der Badischen Weinstraße. Wegen ihres unverfälschten historischen Stadtbildes erhielt die ehemalige Freie Reichsstadt den Beinamen »Rothenburg der Ortenau«. Wo am Anfang des altertümlichen Zentrums die Hauptstraße in einer Rechtskurve ausweicht, fahren Sie geradeaus in die Stadt. Dort können Sie parken. Der Ursprung Gengenbachs geht auf die Gründung des Benediktinerklosters im Jahre 725 zurück. Der Marktbrunnen von 1582 trägt als Symbol für die Reichsunmittelbarkeit ein Standbild, das einen Mann mit Helm und Harnisch zeigt. Vom Brunnen aus verlaufen nach drei Seiten Straßen, die zu den Stadttoren führen. Zwei dieser Tore sind erhalten: das Kinzigtor mit einem pyramidenartigen Glockentürmchen (14. Jh.) und das Obertor mit originellem Turmhelm (13. Jh.). Das Rathaus gegenüber dem Brunnen stammt aus der Zeit zwischen spätem Barock und beginnendem Klassizismus. Kurz vor dem Obertor öffnet sich der Klosterhof mit der ehemaligen Klosterkirche. An die dreischiffige romanische Basilika wurde später ein Barockturm gesetzt, der für die Bauten der Gegend richtungsweisend wurde. Die Bürgerhäuser der Innenstadt, größtenteils Fachwerkbauten, strahlen nicht so sehr mittelalterliche Strenge, als vielmehr barocke Lebensfreude und Gemütlichkeit aus. Dazu tragen die vielen Lokale und Weinkeller bei, teilweise mit offenen Innenhöfen, wie etwa die Weinstube Frei. Urtümlich ist auch die Gaststätte der Winzergenossenschaft in der Hauptstraße. Schauen Sie bei ihrem Gang durch das Städtchen auch in die hübschen Nebenstraßen.
Eine neuere Errungenschaft Gengenbachs ist das Narrenmuseum im Niggelturm gleich rechts bei der Einfahrt in die Stadt. Es ist im Sommer-

Ehemals Reichsburg und Sitz des Landvogts der Ortenau: Schloß Ortenberg

Auf der Säule des Marktbrunnens von Gengenbach thront die Figur eines Geharnischten als Wappenträger.

halbjahr Sa. und So. geöffnet und zeigt eine Auswahl von Masken der schwäbisch-alemannischen Fasnet.
Durch das Kinzigtor verlassen Sie Gengenbach, überqueren Bahnlinie und Fluß und biegen unmittelbar hinter der Brücke scharf rechts ein. Folgen Sie nun den Schildern zur Autobahn und fahren Sie auf der B 33 Richtung Offenburg. Nach 4 km biegen Sie von der Bundesstraße links ab nach Diersburg und Zunsweier. Über diese alten Weinorte erreichen Sie bei Schopfheim die B 3 in Richtung Lahr.
11 In **Lahr** biegen Sie an der ersten Ampel nach links ab zur Stadtmitte und fahren jetzt immer geradeaus. Prächtige alte Häuser aus dem Spätbarock, aus Rokoko, Klassizismus und Biedermeier säumen die Straßen. Zur Linken taucht das Alte Rathaus auf, das mit seinen Arkaden in die Straße hineinragt. Versuchen Sie, davor oder gleich dahinter einen Parkplatz zu finden. Besonders eindrucksvoll an dem Bau von 1608 ist die Freitreppe mit spätgotischem Maßwerkgeländer. Gegenüber beginnt die Fußgängerzone mit vielen Geschäften. An ihrem Ende erreichen Sie den Storchenturm, den Rest einer Burg, die um 1220 erbaut wurde. Wenige Schritte vom Alten Rathaus entfernt steht in der Kaiserstraße, durch die Sie gekommen sind, das Haus Stoesser-Fischer. Es stammt von 1780 und dokumentiert den Einfluß der Straßburger Architektur auf Lahr.
Bei der Weiterfahrt durch die Friedrichstraße biegen Sie zunächst nach rechts ab Richtung Straßburg und Ichenheim. Sie fahren nun direkt auf die Stiftskirche zu. Sie geht auf das 13. Jh. zurück, wurde aber im 14. Jh. weitgehend umgestaltet. Auf dem Friedhof daneben ist ein Steinkruzifix von 1569 sehenswert. Folgen Sie weiter den Schildern Richtung Straßburg und Autobahn, bis Sie nach etwa 2 km wieder auf die B 3 Richtung Freiburg einbiegen. Bei der Fahrt durch Kippenheim sollten Sie einen Blick nach links auf das Alte Rathaus von 1610 mit zwei prächtigen Erkern werfen.
12 In **Ettenheim** steht der gesamte alte Stadtkern unter Denkmalschutz. Sie fahren von der B 3 ab, folgen den Wegweisern zur Stadtmitte und erreichen die Altstadt durch ein Stadttor. Halten Sie sich zunächst links Richtung Verkehrsbüro und biegen Sie dann sofort nach

12 Abstecher von Ettenheim nach Ettenheimmünster, das 4 km entfernt in einem stillen Seitental des Schwarzwaldes liegt: Sie müssen in Ettenheim durch das Tor zurückfahren, durch das Sie gekommen sind, und dann nach rechts abbiegen. Die barocke Wallfahrtskirche mit schönen Altären wurde Ende des 17. Jh.s zu Ehren des hl. Landolin an der Stelle erbaut, wo die Einsiedelei von Irlands Königssohn Landolin gestanden haben soll. Der Missionar wurde 640 auf Befehl eines heidnischen Grafen enthauptet. Daraufhin soll an dieser Stelle die Quelle entsprungen sein, die in einer kleinen Kapelle außerhalb der Wallfahrtskirche munter aus vier Rohren sprudelt. Berühmt ist der Klang der von Johann Andreas Silbermann gebauten Orgel aus dem 18. Jh.

Keine Regel ohne Ausnahme: So ist es den Badenern offiziell gestattet, Trauben von rotem Spätburgunder und weißem Ruländer zu »Badisch Rotgold« zu mischen.

rechts in die Ittikostraße ein. Dort können Sie vor dem barocken Rathaus parken. Überragt wird Ettenheim von der erhöht liegenden, spätbarocken Stadtkirche mit ihrem eindrucksvollen Fassadenschmuck und ihren Deckengemälden. Im Chor befindet sich das Grab des Straßburger Fürstbischofs Rohan, der 1803 in Ettenheim im Exil gestorben ist. Bei der Ausfahrt halten Sie sich links so kommen Sie dann wieder auf die B 3 Richtung Freiburg.

13 Abstecher zum Europapark Rust, der 5 km von Ringsheim entfernt liegt (ausgeschildert) und eine Miniaturausgabe von Disneyland darstellt. Wenn Sie sich diesen Abstecher vornehmen, müssen Sie mindestens einige Stunden einplanen. Sie können sich auch einen ganzen Tag hier aufhalten. Zu den Attraktionen gehören eine Wildwasserbahn, eine Delphinschau, eine Einschienenhochbahn, Schweizer Bob-Bahn, holländisches Dorf, Märchenland und Märchenbahn, Berg- und Tal-Bahn, Wasserkaskaden, Magic-Studio, elektronische Vogelschau und vieles andere. Der Park ist von April bis Oktober täglich geöffnet.

13 Bei Ringsheim, dem nächsten Ort, beginnt das Naturschutzgebiet **Taubergießen,** eine 1600 ha große Rheinauenlandschaft. Durch die Rheinkorrektur zu Anfang unseres Jahrhunderts entstanden einzigartige Wald- und Wiesengebiete mit ungewöhnlichem Blumenreichtum: Allein 22 Orchideenarten wachsen dort wild. 104 der 687 hier vertretenen Arten gelten als gefährdet. Viele Pflanzen, die in Baden-Württemberg heimisch sind, kommen dort vor. Das Gebiet gehört größtenteils der französischen Gemeinde Rhinau. Vor einiger Zeit gelang es, eine Vereinbarung zum Schutz des Taubergießen zu treffen. Darin werden Bannwälder ausgewiesen, die sich selbst überlassen bleiben, Schonwälder mit gemäßigter Forstbewirtschaftung und Wiesen, die zum Schutz der Orchideen erst sehr spät gemäht werden.

Bei der Fahrt durch Herbolzheim sollten Sie auf die Bürgerhäuser am Straßenrand achten, die zum Teil aus dem 16.–18. Jh. stammen und unter Denkmalschutz stehen. Das Innere der Barockkirche von 1754 ist reich an Stuckarbeiten, Altären und Deckengemälden.

14 Sie erreichen nun **Kenzingen,** eine Gründung der Zähringer. Dieses schwäbisch-alemannische Grafengeschlecht aus dem Breisgau hat seit dem 10. Jh. eine ganze Reihe von Städten gegründet, darunter auch Freiburg und Bern. Später wurden die Zähringer in dieser Hinsicht von den Staufern übertroffen. Kenzingen besitzt den besterhaltenen Kreuzgrundriß aller Zähringerstädte. Zum denkmalgeschützten Stadtkern gehören neben mehreren Bürgerhäusern des 18. und 19. Jh.s das Rathaus aus der Mitte des 16. Jh.s mit Staffelgiebel, sehenswertem Innenhof und Treppenturm. Typisch für die Zähringer sind auch die Brunnen. Die Stadtpfarrkirche St. Laurentius, deren mächtige Doppeltürme weithin sichtbar sind, stammt aus der Zeit um 1300. Erhalten sind vom ursprünglichen Bau noch Krypta, Chor und Fresken.

Hinter dem Rathaus ist die ständige Ausstellung des Verbandes oberrheinischer Narrenzünfte zu sehen. Dort sind über 200 Narrengruppen in ihren phantasievollen Gewändern – »Häs« genannt – und kunstvoll geschnitzte Holzlarven zusammengetragen. Das Museum ist von Mai bis Oktober an Sonn- und Feiertagen sowie Di., Do. und Sa. geöffnet, von Ende Oktober bis Ende April nur sonn- und feiertags.

Die Badische Weinstraße folgt bis Malterdingen der B 3. Dort müssen Sie nach rechts Richtung Autobahn abbiegen, diese unterqueren Sie und sehen nun vor sich den Kaiserstuhl, einen vulkanischen Gebirgsklotz, der unvermittelt aus der Ebene aufsteigt. Den Ort Riegel umfahren Sie auf der Umgehungsstraße Richtung Endingen.

Europapark Rust: Monzapiste

Vom Aussterben bedrohte Tiere wie der Eisvogel sind im Altrheingebiet Taubergießen noch häufig anzutreffen.

⑮ In **Endingen,** einer hübschen Stadt am Nordrand des Kaiserstuhls, öffnet sich am zweiten Brunnen in der Hauptstraße nach links der Marktplatz. Er wird vom hohen Staffelgiebel des 1617 erbauten Kornhauses beherrscht. Das alte Weinstädtchen war einstmals Freie Reichsstadt. Aus dieser Zeit stammen viele schöne Brunnen, das Alte Rathaus von 1527 mit farbigen Glaswappen auf den Fensterscheiben und das Neue Rathaus, das um 1775 im Rokokostil erbaut wurde. Am anderen Ende des Marktplatzes steht die Martinskirche, eine Wallfahrtskirche mit dem Gnadenbild der weinenden Mutter Gottes. Der Chor und das Sakramentshäuschen an der Chorwand stammen noch aus der Spätgotik. Bei der Weiterfahrt kommen Sie durch das Königschaffhausener Tor, es ist das letzte von einstmals vier Stadttoren.
⑯ In Königschaffhausen biegen Sie rechts Richtung **Sasbach** ab. Über den Obst- und Weinplantagen am Fuß des Kaiserstuhls sehen Sie einen massiven Felsblock, die Limburg.
Durch die Weinberge am Kaiserstuhl, der links emporragt, geht es nun weiter Richtung Breisach. In Burkheim zweigt die Badische Weinstraße nach links ab. Vor sich sehen Sie den von zwei Sendetürmen überragten höchsten Kaiserstuhlgipfel, den 557 m hohen Totenkopf. Führte die Strecke bisher im Halbkreis um den Kaiserstuhl herum, so fahren Sie jetzt mitten hinein in diesen Vulkanbergstock.
Die Lößhänge, auf denen vermutlich schon die Römer Wein angebaut haben, wurden in den letzten Jahrzehnten durch Flurbereinigungen empfindlich verändert. Fast überall entstanden großflächige künstliche Terrassen, auf denen maschinelle Rebenpflege möglich ist. Viele typische Trockenbiotope mit reichhaltiger Tier- und Pflanzenwelt wurden durch den Terrassenbau ebenso beeinträchtigt wie das Landschaftsbild.
⑰ In **Vogtsburg** folgen Sie noch vor der Einfahrt in den Ortsteil Oberrotweil dem Wegweiser nach rechts bis Niederrotweil. Dort steht die ursprünglich romanische Kirche St. Michael, deren heutiger Bau aus dem 14. Jh. stammt. Neben einigen freigelegten Fresken beeindruckt der spätgotische dreiflüglige Altar (um 1520), eine Glanzleistung deutscher Bildschnitzkunst. Er ist ebenso wie der berühmte Breisacher

Gemütliche Weinlokale und Restaurants gibt's in jedem Städtchen an der Badischen Weinstraße.

⑯ Wandervorschlag bei Sasbach über den wissenschaftlichen Lehrpfad am Kaiserstuhl: Der Lehrpfad beginnt am Parkplatz Rheinübergang in Sasbach und erschließt das Naturschutzgebiet Limberg und seine Umgebung. Auf 90 Schautafeln erhalten Sie unterwegs einen umfassenden Einblick in die geologischen und kulturgeschichtlichen Besonderheiten des Gebiets. Außerdem erfahren Sie Wissenswertes über Geschichte, Naturschutz und Landschaftspflege, Forstwirtschaft, Wein- und Obstanbau, aber auch über den Ausbau des Rheins und über die Wasserwirtschaft sowie über Pflanzen und Tiere an den Altrheinarmen. Der Weg ist 6,2 km lang und erfordert gut 2 Std. Eine ausgeschilderte Abkürzung erspart Ihnen 1,4 km und damit etwa ½ Std. Vom Limberg genießen Sie mehrere prächtige Ausblicke über den Breisgau, zu den Vogesen und zum vulkanischen Kaiserstuhl, der vor etwa 15 Mio. Jahren entstanden ist. Damals drangen basaltartige Magmamassen aus dem tief eingebrochenen oberrheinischen Graben.

Niederrotweil: Schnitzaltar in St. Michael

Breisacher Münster

Altar nur mit H. L. signiert. Thema des Hochaltars ist wie in Breisach die Krönung Marias.

Fahren Sie jetzt zurück zum Ortsteil Oberrotweil und dort zunächst Richtung Freiburg. Oberrotweil ist ein typisches Kaiserstühler Weindorf mit geduckten Häusern beiderseits der Straße und einer großen Anzahl von Weingütern und -lokalen. In vielen Orten am Kaiserstuhl sind außerhalb der alten Ortskerne neue Genossenschaftskellereien entstanden, wo Weinproben und Kellerbesichtigungen an Werktagen, nach Anmeldung auch sonntags, möglich sind.

Am Ortsende von Oberrotweil zweigt die Badische Weinstraße nach rechts ab. Ihr folgen Sie und fahren jetzt durch ein besonders hübsches Tal des Kaiserstuhls. In den typischen Hohlwegen, die in den Löß geschlagen wurden, schlängelt sich die Straße durch Weinberge und gibt immer wieder den Blick auf die Höhen des Kaiserstuhls frei, die teilweise bewaldet, teils als botanisch höchst interessante Trockenrasen erhalten sind. Dort sind die meisten Bienenarten und Orchideen Deutschlands zu finden. Im alten Kern des Ortsteils Achkarren steht eine mehrere hundert Jahre alte Weinpresse. Das Weinmuseum (ausgeschildert) in der Schloßstraße ist von April bis Oktober täglich geöffnet. An der Stelle, wo 1683 die Zehntrotte stand, steht heute ein altes Gasthaus. Der Name besagt, daß früher jeder Bürger hier seinen Wein unter Aufsicht auspressen und den zehnten Teil abliefern mußte.

Südlich von Vogtsburg-Achkarren kommen Sie wieder an den Rand des Kaiserstuhls und fahren zunächst in Richtung Ihringen, der größten Weinbaugemeinde am Kaiserstuhl. Sie erreichen eine vorfahrtsberechtigte Straße und biegen nach dem Stoppschild nach rechts ab Richtung Breisach.

18 Sie verlassen nun die Weingärten und fahren durch Getreide- und Maisfelder auf **Breisach** (s. a. S. 256) zu. Die Türme des Münsters St. Stephan sehen Sie schon von weitem. Folgen Sie der Beschilderung zur Ortsmitte, die Sie durchqueren, dann geht es nach rechts zum Münster hinauf. Es liegt auf einer Anhöhe über dem Rhein, stammt aus dem 13.–15. Jh. und wurde durch den nur mit M. L. signierten Hochaltar berühmt, ein Werk des Künstlers, den Sie schon in Vogtsburg-Niederrotweil bewundern konnten. Das Werk, das höchstwahrscheinlich aus der Zeit von 1523–26 stammt, kann gotische Elemente nicht leugnen, wenngleich Ornamente und Linienführung fast barocke Züge tragen. Höhepunkt des Altars ist die Gruppe im Mittelschrein: Maria, flankiert von Gottvater und Jesus, erhält die Krone des Lebens, über dieser schwebt die Taube des Geistes. Sehenswert in Breisach ist auch das Rheintor, ein imposantes Festungstor.

Sie verlassen nun den Ort, folgen den Schildern Richtung Autobahn und fahren auf der B 31 durch die Rheinebene nach Bad Krozingen. Links hinter sich können Sie noch einmal den Kaiserstuhl erkennen, halblinks vor Ihnen liegt der Tuniberg, ebenfalls ein berühmtes Weinbaugebiet.

18 Abstecher von Breisach nach Colmar: Die Stadt am jenseitigen Rheinufer (französischer Zoll) liegt 23 km von Breisach entfernt. Folgen Sie den Schildern zum Museum Unterlinden, wo Sie auch parken können (im Sommer täglich geöffnet, im Winter Di. geschlossen). In diesem ehemaligen Dominikanerinnenkloster aus dem 13. Jh. befindet sich das Hauptwerk von Matthias Grünewald: die Tafeln des 1510–15 gemalten Isenheimer Altars. Er wird von Kunstkennern als großartigster malerischer Ausdruck der deutschen Spätgotik bezeichnet. Besonders bekannt sind die Bildtafeln mit der Kreuzigung Christi in düsteren grünbraunen Farben, das Auferstehungsbild und die Versuchung des Einsiedlers Antonius. Auch die anderen Kunstwerke in der ehemaligen Klosterkapelle, besonders der Schnitzaltar von Martin Schongauer und die Passionstafeln von Caspar Isenmann, sind sehenswert. Vom Museum aus sollten Sie zur Rue des Têtes gehen, wo ein Renaissancebau von 1609 zu bewundern ist. Beachtenswerte Glasmalereien gibt es in der Dominikanerkirche an der Rue des Serroriers. Das berühmteste Gemälde von Martin Schongauer, die »Madonna im Rosenhag« (1483), können Sie in der nahen Kirche St. Martin bewundern.

Unser Abstecher führt Sie über den Rhein nach Colmar.

⑲ **Bad Krozingen** mit seinen kohlensäurehaltigen Thermalquellen empfiehlt sich zur Behandlung von Herzkrankheiten und Rheuma. Die Kuranlage mit einem neuen Thermalbewegungsbad und verschiedene Kliniken erstrecken sich in einem weiten Wald- und Parkgebiet außerhalb der Stadt. Am südlichen Ortsrand liegt das aus dem 16. Jh. stammende Schloß.

⑳ In Bad Krozingen überqueren Sie die B 3 und folgen den Wegweisern nach **Staufen,** das sich durch eine mächtige Burgruine auf einem von Weinbergen bedeckten Bergkegel ankündigt. Bei der Ortseinfahrt überqueren Sie eine Hauptstraße und folgen den Wegweisern Richtung Stadtmitte. Sogleich sind Sie nun auf dem historischen Marktplatz, wo Sie am Brunnen nach rechts abbiegen und dann 80 m weiter links Parkplätze finden. Die Innenstadt hat ihren mittelalterlichen Charakter bis heute erhalten. Beiderseits der Straße fließen Schwarzwaldbäche in offenen Gräben, und aus vielen alten Brunnen sprudelt klares Wasser. Das Rathaus stammt von 1546; die spätgotische Stadtkirche St. Martin (1485) enthält ein sehenswertes Kruzifix des Meisters Sixt von Staufen.

Staufen ist die Heimat des Dr. Faustus. Der Sage nach stand er mit dem Teufel im Bund, der ihn angeblich 1539 aus dem »Löwen« am Markt in die Hölle entführte. Daran erinnern martialische Darstellungen an dem Gasthaus. In Wirklichkeit war Dr. Faustus einer der Alchimisten des ausgehenden Mittelalters. Er wurde vom damals regierenden Freiherrn Anton von Staufen in Dienst genommen, der tief verschuldet war und hoffte, Dr. Faustus könne für ihn Gold machen. Bei einem dieser alchimistischen Versuche muß tief in der Nacht eine Retorte explodiert sein, wobei der vermeintliche Goldmacher ums Leben kam. Die nächtliche Explosion, der Lärm und der fürchterliche Gestank sprachen sich bald im ganzen Land herum, und es galt als ausgemacht, daß ein böser Geist Faustus umgebracht hätte. Diese Geschichte wurde von Generation zu Generation weitererzählt und lieferte den Stoff für Goethes »Faust« sowie andere Werke der Weltliteratur.

㉑ Bei der Ausfahrt von Staufen halten Sie sich zunächst eine kurze Strecke talaufwärts und biegen dann in Richtung Sulzburg ab. Jetzt fahren Sie direkt am Rand des Südschwarzwaldes und zweigen von der Neubaustrecke über eine Schleife nach **Sulzburg** ab. Durch ein enges Stadttor erreichen Sie den Marktplatz mit seinen schmucken Fachwerkhäusern. Aus ottonischer Zeit stammt die 993 geweihte Pfarrkirche St. Cyriacus. Sulzburg erhielt schon 1283 Stadtrechte und führt das älteste deutsche Wappen mit Bergbaudarstellung. In der ehemaligen Stadtkirche am Marktplatz ist das neue Landesbergbau-Museum untergebracht. Zu sehen sind Ausstellungsstücke und Dokumentationen über den Bergbau von der Steinzeit bis zur Gegenwart. Das Museum ist nachm. außer Mo. geöffnet. Aus der Zeit von 1527–33, als der Markgraf Ernst von Baden in Sulzburg residierte, ist der Ostflügel eines Schlosses erhalten, der heute als Rathaus dient.

Schnapsbrennerei: Vergorene Maische wird so lange in Rohr-Brennkesseln erhitzt, bis der Alkohol restlos destilliert ist.

⑳ Abstecher von Staufen ins Münstertal zum Kloster St. Trudpert, zum Bienenkundemuseum und zum Schaubergwerk Teufelsgrund: Bei der Einfahrt in dieses Tal von Staufen aus sehen Sie vor sich die Kuppen des Südschwarzwaldes, zwischen denen das große und das kleine Münstertal in das Gebirge hineinführen. Nach 7 km erreichen Sie die Klosterkirche von St. Trudpert mit ihrem Zwiebelturm. Das Kloster soll im 7. Jh. von irischen Missionaren gegründet worden sein. Die heutige Barockkirche wurde 1712–16 zum Teil von Peter Thumb erbaut, von dem auch die Stiftsbibliothek in St. Gallen und die Wallfahrtskirche Birnau am Bodensee stammen. Sehenswert sind die barocken Stuckarbeiten, die Fresken und Reliefgemälde im Innern der Kirche.

3 km oberhalb von St. Trudpert liegt das in Deutschland einzigartige Bienenkundemuseum (Mi., Sa. und So. nachm. geöffnet). Zum Besucherbergwerk zweigen Sie bei der Rückfahrt Richtung Staufen an der Kurverwaltung links ins kleine Münstertal ab und folgen nach 1,5 km den weißen Wegweisern in ein schmales Seitental. Nach 2 km haben Sie den Parkplatz direkt am Stolleneingang erreicht. Das alte Silberbergwerk war wahrscheinlich schon im 8. Jh., mit Sicherheit aber im 11. Jh. in Betrieb; mit dem hier gewonnenen Edelmetall wurde der Bau des Freiburger Münsters finanziert. Vom 16. Jh. an ging der Silberertrag zurück, später wurden bis ins 20. Jh. Blei, Schwerspat, Flußspat und Quarz abgebaut. Im Innern des Schaubergwerks ist eine Mineralienausstellung zusammengetragen, außerdem kann man ehemalige Fördermaschinen und einen Förderschacht besichtigen. Das Bergwerk ist in der Hauptsaison jeden Nachmittag außer Mo. geöffnet, bis Mitte Juni und ab Mitte September nur Di., Do., Sa. und So. Ebenfalls im kleinen Münstertal, 2 km hinter der Abzweigung zum Schaubergwerk, wird direkt an der Straße ein Kohlenmeiler betrieben.

22 Abstecher von Müllheim nach Badenweiler. Das Thermalbad liegt 5 km oberhalb von Müllheim am Schwarzwaldhang in reizvoller Halbhöhenlage. Im sehenswerten Kurgebiet ist für Besucher Autofahrverbot. Am bequemsten erreichen Sie den Ortskern vom Parkplatz West aus, zu dem Sie im Ortsteil Niederweiler nach rechts abbiegen müssen.
Schon die Römer kannten Badenweiler; im Kurpark können Sie die Reste der römischen Baderuine besichtigen. Viel interessanter ist jedoch das neue Kurhaus, das sich in landschaftsbezogenen Terrassen am Hang zur Burgruine hinaufzieht. Es wurde 1972 eröffnet. 1982 folgte das neue Thermalbad, das sich als gläserner Rundbau wie eine mächtige Baumkrone in den Kurpark mit seinem alten Baumbestand einfügt. An klaren Tagen empfiehlt es sich, den Abstecher um 10 km bis zum Blauen zu verlängern. Von diesem Hausberg Badenweilers aus genießen Sie in 1165 m Höhe einen herrlichen Blick über das Rheintal zu den Vogesen und zu den Alpengipfeln im Berner Oberland.
Nach dem Besuch Badenweilers brauchen Sie zur Weiterfahrt nicht mehr nach Müllheim zurückzukehren. Folgen Sie vielmehr bei der Abfahrt ins Tal vom Parkplatz aus den Wegweisern Richtung Kandern bis zur Abzweigung nach Schloß Bürgeln.

22 **Müllheim,** ein Zusammenschluß verschiedener, früher selbständiger Weindörfer, bietet das Bild einer ländlichen und dennoch lebendigen, aufgeschlossenen Stadt im Zentrum des hügeligen Markgräfler Landes. Folgen Sie den Wegweisern Richtung Bürgerhaus, dann kommen Sie direkt in die Stadtmitte. In mehreren Winzergenossenschaften und Weingütern können Sie in stimmungsvoller Umgebung Weinproben genießen und dabei auch Weinkeller mit alten, geschnitzten Fässern besichtigen. Das Stadthaus in Müllheim beweist, daß moderne Zweckbauten nicht unbedingt aus Beton bestehen müssen: Es liegt in einem Park an der Stadtausfahrt rechts und verbindet mit seiner Holzkonstruktion eine landschaftsbezogene Bauweise mit praktischer Zweckmäßigkeit. Eine der größten Veranstaltungen im Markgräfler Land ist der Müllheimer Weinmarkt im April. Bei der Weiterfahrt folgen Sie dem Wegweiser Richtung Kandern. Durch den Ortsteil Vögisheim und anschließend durch Weinberge und herrliche Buchenwälder führen kurvenreiche Straßen über die Hügel des Markgräfler Landes.

23 Hinter dem Ortsteil Feldberg zweigt am grünen Ortsschild von Schallsingen die Straße links ab zum Schloß **Bürgeln.** Sie überqueren die vorfahrtsberechtigte Straße von Badenweiler nach Kandern und haben nach 2 km den Parkplatz am Schloß Bürgeln erreicht. Von dort sind Sie in knapp 5 Min. am Schloß. In den Zimmern und Korridoren des zierlichen Rokokobaus von 1762 sind die reichverzierten Stuckdecken und Porträts bekannter Persönlichkeiten aus dem 18. Jh. sehenswert. Die Ausstattung der Kapelle stammt aus der Mitte des 17. Jh.s. Schloß und Burggaststätte sind täglich außer Di. geöffnet.

24 Kehren Sie zur Hauptstraße zurück und fahren Sie nach Süden, dann erreichen Sie die Brezel- und Töpferstadt **Kandern.** Seit Jahrhunderten bekannt und beliebt sind die Kanderner Brezeln, die heute in die ganze Welt verschickt werden. Aus dem Hafner- und Zieglerhandwerk des 16. Jh.s hat sich in jüngster Zeit die künstlerische Keramik entwickelt. In Kunstsammlungen des In- und Auslandes sind Arbeiten aus Kandern zu finden. Das neu eingerichtete Heimat- und Keramikmuseum zeigt Werke zeitgenössischer Künstler, die teilweise in Kandern leben (Mi. und So. geöffnet).
Fahren Sie bei der Einfahrt nach rechts zum alten Ortskern, bis Sie zum Verkehrsamt gelangen, das in einem Arkadenhaus untergebracht ist. Hier öffnet sich nach rechts der Marktplatz. Im Verkehrsamt erfahren Sie, welche Töpferbetriebe gerade zu besichtigen sind. Talaufwärts in einem kleinen Park wurde zur Erinnerung an das ausgestorbene Küferhandwerk ein 10 m hoher Daubenturm errichtet. Dauben nennt man die Bretter, aus denen Fässer zusammengesetzt werden. An mehreren Sommersonntagen verkehrt ab Kandern ein historischer Dampfzug, das »Chanderli«, mit Lokomotive und Wagen aus der Zeit der Jahrhundertwende. Gepflegt essen können Sie in Kandern u. a. im historischen Gasthaus »Weserei«, wo sich der Einfluß der französischen und der Schweizer Küche deutlich bemerkbar macht.

Badenweiler: Kurhaus und Burgruine

Wasserschloß Entenstein bei Schliengen

㉕ Fahren Sie durch Kandern und folgen Sie den Wegweisern nach **Schliengen.** In dem langgezogenen Ort liegt an der Straße links das Rathaus im alten Wasserschloß Entenstein. Das Schlößchen ist um 1400 entstanden und geht in seiner jetzigen Bausubstanz auf das 16. Jh. zurück. 1977 wurde es als Wasserschloß wiederhergestellt und mit einem schönen, gepflegten Park umgeben.
㉖ Über die B 3 Richtung Freiburg/Mülheim erreichen Sie **Auggen.** Schon 752 wird dieses schmucke Weindorf erwähnt, in dem seit über einem Jahrtausend Wein angebaut wird. Am neugestalteten Ortskern rechts der B 3 kündet ein bemaltes Faß von den beiden Weinlagen in Auggen: Letten und Schäf. Letten nennt man die Südlagen, Schäf das übrige Weingebiet. Den Unterschied können Sie bei einer Weinprobe, etwa in der »Krone«, die eigene Weine ausschenkt, feststellen.

Auf diesem alten Faß einer Schliengener Weinkellerei prangt neben der handgeschnitzten Kirche St. Leodgar folgender Spruch:
Si lüte z'Schlienge druf und druf
je, un s'hört ebe doch nit uf.
Sel brucht me gar, wenns dundere soll,
un s'lütet eim no d'Ohre voll.

Lage Die Badische Weinstraße zieht sich durch die Weinbaugebiete zwischen Schwarzwald und Oberrheinischer Tiefebene von Baden-Baden bis fast zur Schweizer Grenze.
Anfahrt Auf der A 5 Karlsruhe/Basel bis zur Ausfahrt Baden-Baden und von dort zur Stadtmitte.
Länge Ca. 250 km.
Beschilderung Die Badische Weinstraße ist streckenweise mit grünen Wegweisern oder mit quadratischen, weißgrundigen Schildern gekennzeichnet. Symbol ist eine Traube mit dem gold-rot-goldenen badischen Wappen. Viele Nebenstrecken und Stichstraßen tragen ebenfalls dieses Zeichen.
Beste Reisezeit Mai bis Oktober. Im September finden in vielen Orten Weinfeste statt.
Charakter und Landschaftsformen Hügelig, teilweise sogar steil sind die Weinbaugebiete am Westabhang des Schwarzwaldes: das Rebland bei Baden-Baden, die nach der Ortenburg benannte Ortenau und das Markgräflerland, das Land der Markgrafen von Baden. Immer wieder sehen Sie auf den ersten Schwarzwaldhöhen Burgen und Ruinen, am Weg liegen Städte, Klöster und Wallfahrtskirchen. Eine geologische Besonderheit ist der Kaiserstuhl inmitten der Oberrheinischen Tiefebene. Aus dem zwischen Schwarzwald und Vogesen tief eingebrochenen Rheingraben drangen vor etwa 15 Mio. Jahren basaltartige Lavamassen an die Oberfläche, die seither langsam zu Lößstaub verwittern. Typisch für diese Region sind die runden Kuppen und tiefen Hohlwege, die jedoch leider größtenteils der Flurbereinigung zum Opfer fielen. Das für Deutschland extrem warme und trockene Klima und der Lößboden lassen nicht nur schwere, vollmundige Weine gedeihen, sondern boten bisher auch einer einmaligen Tier- und Pflanzenwelt Lebensraum. Dazu gehören viele Hummel- und Bienenarten, Falter-, Grab- und Wegwespen sowie Schmetterlinge, darunter der Wolfsmilchschwärmer mit seiner farbenprächtigen Raupe. Grund für diesen Artenreichtum ist das warme Klima, das vielen sonst im Mittelmeerraum lebenden Tieren sogar noch bessere Lebensmöglichkeiten bietet als dort: Die sommerliche Dürre läßt im Süden die Vegetation vertrocknen und das Nahrungsangebot zusammenschrumpfen. Am Kaiserstuhl gibt es dagegen den ganzen Sommer genügend Blütennahrung. Dazu gehören Orchideen, die nur der Fachmann findet – beispielsweise Bocks-Riemenzunge, Ohnsporn, Pyramidenspitzorchis, Mückenhändelwurz und unter den Knabenkräutern sogar das äußerst seltene Affenknabenkraut. Im Spätherbst blühen verschiedene Enzianarten. Gefährdet wurde dieses Ökosystem durch die tiefgreifende Flurbereinigung in den siebziger Jahren. Aus Steilhängen und scheinbar »toten« Flächen wurde eine künstliche Terrassenlandschaft, in der man die Weinstöcke zur rationellen Bearbeitung in Reih und Glied anpflanzte – gut für den Weinertrag, weniger gut für die Natur.
Auskunft Fremdenverkehrsverband Schwarzwald, Bertoldstraße 45, 7800 Freiburg.
Auskunft über Wein: Wein-Werbezentrale Badischer Winzergenossschaften, Kesslerstr. 5, 7500 Karlsruhe 21

Wie die Schwarzwälder einst gelebt und gewirtschaftet haben, wird im Freilichtmuseum Vogtsbauernhof dargestellt.

Ein Plätzchen zum Wohlfühlen: rekonstruierter Eßwinkel eines Schwarzwaldhauses

Weite Höhen – tiefe Schluchten

Noch Anfang dieses Jahrhunderts waren die Höhenzüge zwischen Baden-Baden und Freudenstadt fast unerschlossen. Nur einige Paßstraßen führten aus dem Murgtal in die Gartenlandschaft am Oberrhein. Dann wurde 1930 die Schwarzwald-Hochstraße als eine der ersten Touristenstraßen Deutschlands eröffnet. Heute gehört sie zu den bekanntesten ihrer Art. Seit ihrem Ausbau nach dem Zweiten Weltkrieg erschließt diese Strecke die dunklen Waldhochflächen des Nordschwarzwaldes zwischen tief eingeschnittenen Tälern. 800 bis 1000 m hoch windet sich die Straße, vorbei an Kurhäusern und geheimnisvollen Karseen. Sie führt über Hochflächen mit einsamen Waldgebieten und gibt zeitweise den Blick auf die Rheinebene frei bis zu den Vogesen und nach Osten bis zur Schwäbischen Alb. Die Schwarzwald-Tälerstraße folgt den alten Verkehrswegen an den Flüssen Murg und Kinzig. Flößer transportierten einst die mächtigen Schwarzwaldtannen auf dem Wasser zum Rhein und weiter bis nach Holland. Klöster und mittelalterliche Städte zeugen von der Besiedelung des Waldgebirges. An der Strecke wechseln tiefe Schluchten und bizarre Felsformationen mit lieblichen Talabschnitten; sie bilden eindrucksvolle Kontraste zu den geschwungenen Höhenzügen.

❶ Abstecher von Baden-Baden mit der Bergbahn zum Merkur: Vom Parkhaus Augustaplatz fahren Sie Richtung Schwarzwald-Hochstraße. Nach 500 m zeigt an einer Ampel ein weißer Wegweiser links zur Merkurbergbahn, die auf den 700 m hohen Hausberg von Baden-Baden fährt. Die Talstation erreichen Sie nach 2 km, die Bahn verkehrt alle 15 Min.

Französischer Barock im Roten Saal der Spielbank

❶ Sie beginnen die Rundreise in **Baden-Baden** (s. a. S. 181) und folgen von der Autobahnabfahrt an den Wegweisern in Richtung »Zentrum« und zur B 500 der Schwarzwald-Hochstraße. Wenn rechts die Doppeltürme der klassizistischen Stadtkirche auftauchen, haben Sie den Augustaplatz erreicht, wo Sie Ihr Auto in einer Tiefgarage abstellen können. Von dort aus empfiehlt es sich, einen Rundgang durch Baden-Baden zu machen.

Schon die Römer schätzten den Ort wegen der heilkräftigen, 69 °C heißen Quellen. Im Mittelalter residierten die Markgrafen von Baden hier. Der Name der Stadt geht auf die Teilung des Markgrafenhauses (1535) in die Linien Baden-Baden und Baden-Durlach zurück. Der Aufstieg zum Weltbad begann Anfang des 19. Jh.s, als der von Napoleon zum Großherzog von Baden ernannte Markgraf die Stadt zur Sommerresidenz wählte. Im 19. und noch bis ins 20. Jh. hinein trafen sich dort die gekrönten Häupter der ganzen Welt. Baden-Baden wurde sozusagen Sommerhauptstadt Europas. Bis heute treffen Sie auf Schritt und Tritt Spuren des damaligen Glanzes. Am Flüßchen Oos und an den umgebenden Hängen entstanden Paläste, Villen und prunkvolle Hotels, z. B. das »Haus des Kurgastes« unmittelbar über der Tiefgarage am Augustaplatz. Daneben steht das moderne Kongreßhaus.

Wenn Sie vom Augustaplatz am »Haus des Kurgastes« vorbei in den Kurpark gehen, kommen Sie in die Lichtentaler Allee. Sie wurde vor 300 Jahren mit exotischen Bäumen und Sträuchern, blühenden Büschen und farbenfrohen Blumenrabatten angelegt und führt mehrere Kilometer an der Oos entlang. Über die Allee erreichen Sie die Kunsthalle, in der bedeutende Ausstellungen stattfinden, und das im Pariser Barockstil erbaute Theater. Weiter an der Oos entlang kommen Sie zum Kurhaus, das 1821–22 der Baumeister Weinbrenner im klassizistischen Stil mit korinthischen Säulen errichtete. Darin befindet sich das elegante Spielkasino, das täglich vormittags besichtigt werden kann. Einmal in der Woche können Sie sich die Spiele erklären lassen. Wenn Sie selber Roulette, Baccara oder Black Jack spielen wollen, dann haben Sie dazu nachmittags ab 14 Uhr Gelegenheit, sofern Sie über 21 Jahre alt und formell gekleidet sind. Elegante Geschäfte finden

Von kühler Vornehmheit: die klassizistische Front der Spielbank in Baden-Baden

Ein Begriff im Pferdesport: Iffezheim bei Baden-Baden

Sie nicht nur in den Kolonnaden am Kurhaus, sondern auch in der Fußgängerzone und in den Hauptstraßen der Stadt.
Gehen Sie nun an den prächtigen Hotels an der Oos vorbei über eine der Brücken zum Leopoldsplatz und von dort durch die Sophienstraße bergauf. Auch hier säumen viele vornehme Häuser die Straße. Folgen Sie dem Wegweiser zum Rathaus nach links. Sie kommen zunächst zum Friedrichsbad, das 1869–77 nach dem Muster eines Römerbades erbaut und 1981 vollständig renoviert wurde. Viele der üppig ausgestalteten Badetempel sind bis heute in Betrieb. Neben verschiedenen Bewegungskuren bietet Baden-Baden vor allem Behandlungen gegen Rheuma, Bewegungsstörungen aller Art, Erschöpfungszustände, Herz-Kreislauf- und Stoffwechselerkrankungen. Die Ruinen der Römerbäder aus dem 1. bis 3. Jh. liegen unter dem Friedrichsbad. Deutlich kann man die antiken Thermalheizungsanlagen unter dem Boden, Schwitzbad und Badebecken erkennen (täglich geöffnet).
Nach links durch die Steinstraße kommen Sie zum Marktplatz, nach rechts über Treppen zum Römerplatz. Auf dem Marktplatz stehen das dreistöckige Rathaus von 1632, 1809 von Weinbrenner umgestaltet, und die gotische Pfarrkirche St. Peter und Paul. Im Innern sind die

Der Rote Fingerhut, schön, aber giftig, enthält einen unentbehrlichen Wirkstoff zur Behandlung von Herzerkrankungen.

Grabmäler zahlreicher Markgrafen sowie ein überlebensgroßes, 5,60 m hohes spätgotisches Sandsteinkruzifix aus dem Jahre 1467 sehenswert. Von der Kirche führen Treppen zum Neuen Schloß Niederbaden hinauf. Ende des 14. Jh.s erstmals urkundlich erwähnt, erhielt es unter Markgraf Philipp II. bis 1576 im wesentlichen seine heutige Gestalt. Die Mühe des Aufstiegs wird durch eine prachtvolle Rundsicht von der Terrasse aus belohnt. Unten sehen Sie die 1985 eröffnete Caracalla-Therme (täglich geöffnet).

Von Baden-Baden aus folgen Sie bis Freudenstadt der mit »B 500« oder »Schwarzwald-Hochstraße« beschilderten Strecke. Sie führt vom Parkhaus aus nach rechts weiter. Wenn Sie das elegante Leben des einstigen Weltbades für kurze Zeit mit der Stille eines mittelalterlichen Klosters vertauschen wollen, dann sollten Sie dem 3 km von der Stadtmitte entfernten Zisterzienserinnenkloster Lichtental einen Besuch abstatten. Es liegt direkt an der Durchgangsstraße. Im Innenhof stehen die turmlose gotische Kirche (1248), die Fürstenkapelle von 1288 mit Gräbern der badischen Markgrafen und ein Marienbrunnen von 1602. Weiter geht es auf der neu ausgebauten Straße. Sie ist teilweise recht steil und kurvenreich und erreicht eine Höhe von über 1000 m. Schon bei der Bergfahrt können Sie an freien Stellen immer wieder weit über die geschwungenen Höhen des Nordschwarzwaldes blicken. Durch den Straßenbau sind steile Böschungen oder Buntsandsteinbrüche entstanden, auf denen Ginster und Lupinen wachsen. Auch der streng geschützte Fingerhut fühlt sich hier wohl.

2 Nach etwa 8 km kurvenreicher Bergfahrt erreicht man **Bühlerhöhe,** ein in 750 m Höhe über dem Bühlertal gelegenes Refugium mit Sanatorien in bester Lage, nicht für Pauschaltouristen, mehr etwas für Einzelgänger, die sich ihren eigenen Schwarzwald suchen. Auf dem hochragenden roten Marienfelsen wurde 1960 eine kleine Kirche eingeweiht, deren Lage über dem Tal sehr eindrucksvoll ist. Sehenswert im Inneren sind die Glasfenster des Freiburger Künstlers Hans Baumhauer, der hier die Heilsgeschichte aus der Perspektive Marias dargestellt hat. Schon über 2000 Paare haben in dieser romantischen Kirche den Bund fürs Leben geschlossen.

Die Schwarzwald-Hochstraße hat nun ihre Kammlage erreicht. Häufig führt sie durch dichte Wälder unterhalb der Scheitelhöhe des langen Höhenzugs. Entlang der Straße wurden zu beiden Seiten viele Parkplätze angelegt. Die Aussichtspunkte auf der Talseite sind beschildert. Die Oberrheinische Tiefebene und die Seitentäler verschwimmen leider oft im Dunst, der sich aufgrund des beträchtlichen Temperaturunterschiedes (5°–10 °C) zwischen Tal und Schwarzwald-Hochstraße bildet. Wo alte Paßstraßen den Kamm überqueren, sind aus ehemaligen Schutzhütten Höhenhotels geworden, beispielsweise die Kurhäuser Sand, Hundseck oder Unterstmatt. An mehreren Stellen wurde mit breiten Waldschneisen für Lifte und Abfahrten dem Wintersport Tribut gezollt.

»Hochzeitskirche« auf der Bühlerhöhe

Häufig noch in freier Wildbahn: Rotwild

In einer Kurve taucht über dem Wald plötzlich ein steil in den Himmel ragender Finger auf: der Sendeturm auf der Hornisgrinde (»Grinde« = kahler Rücken). Sie ist mit 1164 m die höchste Erhebung im Nordschwarzwald. Auf diesem langgezogenen Tafelberg stehen ein Aussichtsturm, die Sendeeinrichtungen des Südwestfunks und mehrere Sender für zivile und militärische Zwecke.

3 Am Fuß der Hornisgrinde erreichen Sie den **Mummelsee** und das in 1036 m Höhe unmittelbar am Ufer gelegene Hotel gleichen Namens. Kommt man an einem Wochenende und sieht die vielen geparkten Fahrzeuge und die zahllosen Boote auf dem Wasser, dann glaubt man kaum, daß sich um dieses fast kreisrunde, schwarze Auge schaurige Sagen ranken. Wie bei einigen anderen Seen in der Umgebung handelt es sich hier um einen Karsee in einer runden Gletschermulde, der in der letzten Eiszeit, vor 12000 bis 18000 Jahren, entstanden ist (»Mummel« ist eine volkstümliche Bezeichnung für die gelbe Teichrose. »Mümmeln« werden aber auch die der Sage nach den See bevölkernden Wassernixen genannt). Wegen des hohen Mineralgehalts leben in diesen Gewässern keine Fische. Dagegen glaubte man in früheren Jahrhunderten, Wassergeister seien in dem 240 m langen, 195 m breiten und 18 m tiefen See zu Hause. Zu allen Zeiten hat der bis zum Bau der Schwarzwald-Hochstraße nur schwer zugängliche See die Phantasie der Menschen angeregt. Wenn einst in der Stille der Wälder leichte Wellen an die Steine am Ufer schlugen, dann meinte der einsame Wanderer, die Stimmen von Nixen und Unholden zu hören. Im Volksglauben hieß es: Wer einen Stein ins Wasser wirft, löst Gewitter und schlimme Unwetter aus und wird selbst in die Tiefe gezogen. Besonders die Dichter der ausklingenden Romantik wurden vom Zauber des Sees angesprochen. Eduard Mörike schuf mit seiner Ballade »Die Geister am Mummelsee« ein schaurig-schönes Werk vom nächtlichen Totentanz der Nixen und Mümmlein für den Herrn des Sees. Heute ist von dieser Romantik angesichts des oft starken Besucherandrangs nicht mehr viel zu spüren. Wenn Sie die noch ursprüngliche Atmosphäre eines Karsees erleben wollen, dann sollten Sie einen Ausflug vom Ruhestein zum Wildsee oder von Schapbach zum Glaswaldsee

Der sagenumwobene Mummelsee ist zu einem Hauptanziehungspunkt des Schwarzwaldes geworden.

unternehmen. Rechts vom Parkplatz Mummelsee wurde 1969–71 die St.-Michaels-Kapelle gebaut. Ihr schlanker, 27 m hoher Turm und die Raumgestaltung mit bunten Glas-Betonfenstern des Künstlers Emil Wachter aus Karlsruhe sind sehr eindrucksvoll.

4 Die Schwarzwald-Hochstraße führt nun etwas steiler abwärts in einen Sattel, durch den die Paßstraße von Achern nach Baiersbronn verläuft. Nun sind Sie am **Ruhestein.** Dieser Name zeugt ebenso wie einige Kilometer später die Bezeichnung »Zuflucht« davon, wie schwierig die Überquerung dieses Gebirgszugs einst war.

Vom Paßeinschnitt Ruhestein geht es wieder hinauf zu weiteren Höhenhotels, zu Sommer- und Wintersportzielen, vorbei am 1055 m hohen Schliffkopf und am Hotel »Zuflucht«. Dichte Hochwälder und freie Hochflächen wechseln einander ab.

Bei der Alexanderschanze mündet die Schwarzwald-Hochstraße in die B 28 von Straßburg nach Freudenstadt. Vorbei am Ort Kniebis geht es nun hinab nach Freudenstadt.

5 Bei der Einfahrt nach **Freudenstadt** (s. a. S. 211) sehen Sie rechts das neue Kurmittelhaus und Bewegungsbad. Folgen Sie zunächst der Straße Richtung Karlsruhe und Stuttgart, dann erreichen Sie den großen, fast quadratischen Marktplatz im Herzen der Stadt. Hier sollten Sie parken und einen Bummel durch Freudenstadt unternehmen.

Die Gründung der Stadt (1599) geht auf Herzog Friedrich von Württemberg zurück, der die Stadtanlage für aus Österreich vertriebene Protestanten entwerfen ließ. Im Silberbergbau fanden die Ansiedler Beschäftigung.

In der freundlichen Kurstadt fallen sofort die Arkaden an den Häusern um den Marktplatz und in den umliegenden Straßen auf. Dort finden Sie viele elegante Geschäfte, Cafés und Restaurants. Der Marktplatz von etwa 220 × 215 m mit dem Stadthaus im Zentrum ist Mittelpunkt der mühlenbrettähnlich angelegten Innenstadt, die nach der fast völligen Zerstörung im Zweiten Weltkrieg nach 1945 wiederaufgebaut wurde. Bemerkenswert ist die 1950 wieder instandgesetzte Stadtkirche von 1601–08: Zwei Schiffe mit je einem stattlichen Turm an den Schmalseiten stoßen im rechten Winkel aufeinander. Im Innenraum der Kirche ist in einer Vitrine ein romanisches Lesepult aus dem Jahre 1140 ausgestellt. Erhalten blieb auch ein Taufstein aus dem 12. Jh. Vor dem Ausgang sind eindrucksvolle Fotos von Freudenstadt vor der Zerstörung zu sehen. Der heilklimatische Kurort, Sommererholungs- und Wintersportplatz liegt auf einem unbewaldeten Hochplateau in rund 800 m Höhe. Im Westen der Stadt Richtung Kniebis schließt sich der Stadtwald mit dem Kurgebiet an.

Von den Höhen des Nordschwarzwaldes führt die Route nun hinab in die tiefen Täler der Kinzig und später der Murg, durch die sich die Schwarzwald-Tälerstraße schlängelt.

Vom Marktplatz in Freudenstadt fahren Sie zunächst wieder zurück und biegen am Kurhaus links Richtung Alpirsbach-Freiburg in die

Rathaus und Marktplatz in Freudenstadt

4 *Abstecher vom Ruhestein zur Klosterruine Allerheiligen: Vom Ruhestein zweigt rechts eine Straße nach Allerheiligen ab. Über eine kurvenreiche Strecke mit mehreren Aussichtspunkten erreichen Sie die romantisch in dichten Wald eingebettete Ruine des 1196 gegründeten Klosters. Zu sehen sind noch einige Außenmauern und gotische Bogen sowie kleine Türmchen. Das Kloster wurde 1803 aufgehoben und sollte in eine Strafanstalt umgewandelt werden, doch zwei Tage nach der Säkularisation schlug der Blitz ein, und die Gebäude brannten aus.*

4 *Wandervorschlag vom Ruhestein zum romantischen Wildsee: Vom Sattel am Berggasthaus Ruhestein führt eine Seilbahn in 5 Min. von 913 m auf 1026 m Höhe. Dort oben beginnt ein 1 km langer, ebener Weg durch ein Hochmoorgebiet zum Wildsee. Stellenweise haben sich auf der freien Hochfläche, über die oft orkanartige Stürme brausen, nur Kriechföhren entwickeln können. Der Wanderweg durchquert ein sogenanntes »Bannwaldgebiet«, also ein Areal, das forstwirtschaftlich in keiner Form genutzt werden darf. Ein Baum, der stürzt, bleibt liegen. Lediglich die Wege werden instandgehalten. Wissenschaftler untersuchen in dieser Zone, welche Entwicklung der Wald ohne menschlichen Einfluß nimmt. Nach einer knappen Viertelstunde stehen Sie plötzlich an einem Steilhang, der etwa 400 m tief in ein trichterförmiges Kar zum Wildsee abfällt, dessen tiefschwarzer Wasserspiegel heraufglänzt. Am Weg sehen Sie die Urnengrabstätte von Dr. Julius Euting (1839–1913), auch »Vater des Ruhesteins« genannt, der sich um die Erschließung des Ruhesteingebiets verdient gemacht hat. Wenn Sie mit der Sesselbahn hinauffahren und nach der Wanderung zu Fuß zum Ruhestein zurückgehen, brauchen Sie 1 Std. Fahren Sie auch mit der Sesselbahn zurück, genügen etwa 35–40 Min.*

B 294 ein. Dieser Bundesstraße folgen Sie nun und zweigen auf ihr im Wald oberhalb von Freudenstadt nach rechts Richtung Alpirsbach ab.
6 Am Ende des Waldes erreichen Sie den Luftkurort **Loßburg,** einen locker bebauten Sommer- und Winterferienort auf einer weiten Anhöhe. Wo im Ortskern die B 294 eine scharfe Rechtskurve beschreibt, liegt links an der Straße ein kleines Sandsteingebäude, der ehemalige Kornspeicher. Er beherbergt heute das Schwarzwaldmuseum mit Trachten, ländlichem Gerät und sakralen Gegenständen aus der Umgebung (Öffnungszeiten bei der Kurverwaltung erfragen). Parkplätze gibt es vor dem Museum.
Die Straße führt nun im Tal der Kinzig, die bei Loßburg entspringt und bei Offenburg in den Rhein mündet, an einzelnen Gehöften und Weilern vorbei. Die Hofbesitzer bieten heutzutage oft naturverbundenen Familien Ferienaufenthalte. Weiter die Straße entlang kommen Sie in das enge, tiefe und waldreiche Kinzigtal.
7 Nach einer Eisenbahnunterführung erreichen Sie **Alpirsbach.** Direkt unterhalb der weithin sichtbaren Klosterkirche führen zwei Straßen nach rechts über die Eisenbahnlinie und zu Parkplätzen vor dem ehemaligen Kloster.
Die Ende des 11. Jh.s erbaute romanische Säulenbasilika blieb ungewöhnlich rein im Stil der Hirsauer Benediktinerreform erhalten. Im 15. Jh. wurden lediglich ein gotischer Chor und ein Kreuzgang angebaut, der im Sommerhalbjahr den Rahmen für stimmungsvolle Konzerte bildet. Malereien in den Altarnischen, ein Löwenkopf-Türklopfer und Reliefs sind romanischen Ursprungs, gotische Einflüsse zeigt die Orgelempore. Versäumen Sie nicht, außen um den Bau herumzugehen. Vom gepflegten Kurgarten aus liegt die Stirnseite der Kirche mit dem gotischen Chor und dem romanischen Turm besonders schön vor Ihnen. Einige Schritte entfernt im schmucken Städtchen sollten Sie das Rathaus von 1566 auf steinernen Arkaden beachten.
Das extrem weiche Wasser aus dieser Gegend kommt der Klosterbrauerei zugute, deren Produkte Sie in den Gaststätten am Ort genießen können.
Die noch nicht überall breit ausgebaute Schwarzwald-Tälerstraße führt nun weiter durch das enge Kinzigtal. Mehrmals kreuzen Sie Fluß und Eisenbahnlinie.
8 Sie erreichen **Schenkenzell** zu Füßen der alten Schenkenburg aus dem 13. Jh. Die Burgruine auf einer Anhöhe umfahren Sie im Halbkreis.
In einem verschwiegenen Seitental liegt 4 km von Schenkenzell entfernt das ehemalige Klarissenkloster Wittichen. Biegen Sie in Schenkenzell nach rechts in das Tal der Kleinen Kinzig ab, um das 1324 gegründete Kloster zu erreichen. In der Barockkirche sind die bemalte Holzdecke, die Kanzel aus dem frühen 18. Jh. und eine Prozessionstafel der Bergleute sowie der Hochaltar und der Klosterschatz mit wertvollen Meßgewändern sehenswert.

Eine Schwarzwälderin am Spinnrad weist den Weg zum Museum in Loßburg.

Eine Kutschfahrt ist nur eines der vielen Freizeitangebote an unserer Straße.

Eine Messe im Kloster Wittichen bei Schenkenzell: Besonders schön ist die Harmonie der drei Barockaltäre.

9 Am Zusammenfluß von Schiltach und Kinzig liegt der Luftkurort **Schiltach.** Ein dreieckiger steiler Marktplatz mit altem Kopfsteinpflaster öffnet sich unmittelbar links an der Hauptstraße, wo alte Häuser mit Arkaden dicht an die B 294 herantreten. Parkmöglichkeiten sind hier vorhanden. In Bildern und kurzen Texten wird auf der Fassade des Rathauses von 1593 die Stadtgeschichte dargestellt. Am eindrucksvollsten ist der Teufel von Schiltach, der die Stadt gemäß einer alten Sage in Brand steckte.
Schiltach wurde im Laufe der Jahrhunderte mehrfach durch Brände verheert. Der Stadtkern mit den historischen Fachwerkbauten steht unter Denkmalschutz.

10 Das Kinzigtal verengt sich jetzt noch einmal und wird vor **Wolfach** wieder weiter. Dort sollten Sie nach links über eine neue Brücke Richtung Freiburg fahren. Dann sind Sie schnell auf dem langgestreckten, von alten Häusern umrahmten Marktplatz, wo Sie parken können. Das Rathaus wurde nach einem Brand 1892 im Renaissancestil wieder aufgebaut. Die Giebelbemalung stammt von 1934 und 1961. Am Ende des Marktplatzes führt die Straße durch das Untertor aus dem 13. Jh., zu dessen beiden Seiten liegt die vierflügelige Anlage des Fürstenberger Schlosses, eines Barockbaus von 1631. Sehenswert ist vor allem der rechte Hof mit einem Wappentor. Schloß und Stadt, Mittelpunkt zwischen Straßburg und Rottweil, wurden immer wieder von Kriegen und Katastrophen heimgesucht. Vor der Weiterfahrt auf der Rundtour sollten Sie unbedingt einen Abstecher zum Freilichtmuseum Vogtsbauernhof machen, den Sie durch das Untertor erreichen.

10 Abstecher von Wolfach zum Freilichtmuseum Vogtsbauernhof: Wenn Sie etwas über Lebensweise, Arbeitswelt und Wohnkultur der Schwarzwälder erfahren wollen, dann sollten Sie unbedingt das Schwarzwälder Freilichtmuseum Vogtsbauernhof anschauen (tgl. geöffnet von April bis Oktober). Dazu fahren Sie von Wolfach durch das Tor Richtung Offenburg und biegen nach 4 km bei Hausach links ab. Von dort ist der 2 km entfernte Vogtsbauernhof ausgeschildert. In diesem Freilichtmuseum sind Originalbauernhäuser aufgestellt, die an ihrem ursprünglichen Standort abgebaut und hertransportiert wurden. Zu sehen sind ein Gutacher Haus (dort finden Sie auch den berühmten Schwarzwälder Bollenhut, der zur Tracht der Frauen und Mädchen gehört und ursprünglich aus dem Gutachtal stammt, ein Hochschwarzwaldhaus, ein Heidenhaus – alle drei typische Eindachhöfe aus dem 16. und 17. Jh. Ausgestattet sind die Häuser mit dem ursprünglichen Hausrat und Wirtschaftsgerät. In weiteren Gebäuden sehen Sie eine alte Sägemühle, eine Hammerschmiede und einen Kohlenmeiler. Nachgebaut wurden ein Hotzenhaus aus dem Hotzenwald (im Südschwarzwald) und ein Schauinslandhaus aus der Freiburger Gegend.
In einem Waldmuseum wird auf Schautafeln, alten Stichen und mit Hilfe von Originalwerkzeugen gezeigt, wie die Holzfäller im Schwarzwald in vergangenen Jahrhunderten gearbeitet haben und welche Gegenstände aus Holz hergestellt wurden. Besonders eindrucksvoll ist das Modell eines Rieswegs, einer der künstlichen Abfahrtsstrecken, auf dem früher schwere Stämme aus den Bergen ins Tal gerollt wurden.

11 Zurück über die Kinzigbrücke und dann nach links Richtung Schapbach-Oberwolfach erreichen Sie nun das **Tal der Wolf,** auch Schapbachtal genannt. War das Kinzigtal oft schroff, so erleben Sie hier ein liebliches Schwarzwaldtal, eines der schönsten der ganzen Region. Rechts und links sehen Sie immer wieder kleine Ansiedlungen, einzelne Häuser und Gehöfte im Schwarzwaldstil. Die alte Strohbedeckung, wie sie am Vogtsbauernhof noch existiert, ist aus Kosten- und Feuerschutzgründen zwar längst dem schwarzen Ziegeldach gewichen, doch hat das die Charakteristik des Baustils nicht beeinträchtigt. Statt der oft dunkel bewaldeten, steilen Hänge des Kinzigtales ziehen sich im Wolftal beiderseits sanfte grüne Matten die Berge hinauf. Einst war dieses Tal sehr einsam, die Bewohner ernährten sich mühsam von Land- und Forstwirtschaft. Heute dominiert der Fremdenverkehr. Überall sind in schmucken Häusern und Gasthöfen Zimmer zu vermieten. Um die gastronomischen Spezialitäten kennenzulernen, legen Sie am besten einen Wandertag ein und lassen Ihr Auto stehen. Ein Vesper mit Hausmacher-Wurst und Schwarzwälder Rauchfleisch oder eine Kaffeestunde mit Schwarzwälder Kirschtorte sollten Sie nicht versäumen. Eine Gaumenfreude sind auch die verschiedenen »Obstwässerle«, die hier großenteils noch privat gebrannt werden.

Bauernstube mit Kachelofen im Freilichtmuseum Vogtsbauernhof

12 Der einzige größere Ort im Tal ist **Schapbach,** schon von weitem durch seine barocke Dorfkirche aus dem Jahr 1668 zu erkennen. Wenn Sie einen Blick ins Innere werfen wollen, müssen Sie rechts über die Wolf fahren; Sie erreichen dann nach 100 m die Kirche. Auf der Weiterfahrt beim Ortsteil »Vor Seebach« ist ein Abstecher zum Glaswaldsee möglich. Das Tal wird enger, die Straße kurvenreicher. Sie zweigen bei Bad Rippoldsau nach rechts Richtung Freudenstadt ab. Nun geht es steil und kurvenreich hinauf bis zum Freudenstädter Ortsteil Zwieselberg und dann weiter durch den Freudenstädter Parkwald, durch den sich mehrere hundert Kilometer Wander- und Kurwege ziehen. Liegewiesen und Waldhütten, aus denen sich die Gäste Liegestühle holen können, sind wichtige Voraussetzungen für die Kur im Heilklima gegen Erschöpfungszustände, Herz- und Kreislaufkrankheiten. In Freudenstadt kommen Sie wieder am neuen Kurmittelhaus vorbei und fahren bis zum Marktplatz. Von dort zweigt die Schwarzwald-Tälerstraße links ab in Richtung Baiersbronn-Rastatt über die B 462.

13 Wieder geht es abwärts in das Tal der Murg, die bei **Baiersbronn** (s. a. S. 212) vom westlich gelegenen Ruhestein herkommt. Die größte Fremdenverkehrsgemeinde Baden-Württembergs mit mehreren Teilorten in den Seitentälern hat, abgesehen von wenigen größeren Hotels, das Aussehen einer geruhsamen kleinen Schwarzwaldstadt bewahrt.

14 Der Baiersbronner Ortsteil **Klosterreichenbach** (s. a. S. 212) liegt direkt an der Straße. Interessant sind die Ende des 11. Jh.s erbaute Kirche mit ihren Doppeltürmen und die kleine Klosteranlage, die auf eine Hirsauer Gründung zurückgeht. Der Klosterhof auf der anderen Straßenseite ist aus den alten Wirtschaftsgebäuden entstanden.
Steil, oft schluchtartig fallen jetzt zu beiden Seiten der Murg die Hänge ab. Felstürme, Steilwände und mächtige, runde Granitbrocken im Flußbett zeugen von der Eiszeit, in der das Tal ausgefräst wurde. Seit Jahrhunderten ist das Murgtal Verkehrsweg vom Rhein in den Nordschwarzwald. So bildeten sich überall dort, wo es Platz gab, kleine Ansiedlungen. An der Straße wurde lange Zeit gebaut; seit wenigen Jahren ist die kurvenreiche, aber breite Bundesstraße mit Brücken,

Lieblich und heiter: das Tal der Wolf

12 *Abstecher von Schapbach zum Glaswaldsee: 3 km hinter Schapbach zeigt vom Teilort »Vor Seebach« aus ein grüner Wegweiser nach links zum Glaswaldsee. Durch ein wildromantisches Seitental geht es auf einem kleinen, engen Sträßchen mit gelegentlichen Ausweichstellen steil aufwärts. Fahren Sie langsam, da Sie ein entgegenkommendes Fahrzeug erst spät sehen und nicht überall ausweichen können. Hübsche Schwarzwaldhäuser mit Blumenschmuck an den Balkonen fallen ins Auge. Man kann sich vorstellen, wie einsam es dort einst war. Nach 4 km sind Sie am Parkplatz. Von dort erreichen Sie den verschwiegenen Glaswaldsee zu Fuß nach 1 km. Um die 90 m Höhenunterschied vom 790 m hohen Parkplatz bis zum 880 m hohen See zu überwinden, müssen Sie etwa 20 Min. kräftig steigen. Gehen Sie an der ersten Abzweigung nach links, und folgen Sie dann den Schildern zum Glaswaldsee. Für die Mühe des Aufstiegs werden Sie durch den Anblick des geheimnisvoll wirkenden, fast kreisrunden Karsees reich entschädigt. Die Hänge des steilen Trichters sind mit dunklem Wald bewachsen. Das Gewässer hat einen Abfluß, der durch eine alte Sandsteinmauer befestigt ist. Auf einem Trampelpfad können Sie um den See herumgehen. Weil er nur mit gewissen Mühen zu erreichen ist, treffen Sie dort nie viele Menschen. Für den Rückweg zum Parkplatz brauchen Sie bergab kaum länger als 10 Min.*

Klosterreichenbach

Ortsumgehungen und Tunnels fast fertiggestellt. Viele Teilstücke der früheren Strecke wurden zu Parkplätzen umgestaltet und lassen erahnen, wie mühsam sich die Trasse in früheren Jahren durch das enge Tal wand.

15 Abstecher von Raumünzach zur Schwarzenbachtalsperre: Bei Raumünzach zweigt nach links eine Straße zur Schwarzenbachtalsperre ab. 3,5 km geht es steil und kurvenreich aufwärts, dann haben Sie die 65 m hohe und 380 m lange Sperrmauer erreicht. Sie wurde 1922–26 erbaut und staut den Schwarzenbach zu einem 2,2 km langen See. Als Naherholungsziel für Surfer und Schwimmer ist der See an den Wochenenden stark frequentiert, während der Woche jedoch ruhig. Im Sommer kommen oft Schulklassen mit Omnibussen, um dieses Zeugnis der industriellen Erschließung des Schwarzwaldes zu besichtigen. Das Nutzgefälle vom Stausee zu den Turbinen im Krafthaus im Murgtal beträgt 340 m.

Forbacher Holzbrücke

Schloß Eberstein

15 Bei **Raumünzach** lohnt ein Ausflug zur Schwarzenbachtalsperre, der größten im Schwarzwald. Kurz nach der Abzweigung zur Talsperre kommen links die Druckrohre vom Schwarzenbachstausee mit einem Höhenunterschied von 340 m herab. Am nahen Parkplatz ist in einem geschnitzten Panorama die gesamte Anlage der Badenwerke erläutert (diesen Parkplatz dürfen Sie jedoch nur anfahren, wenn Sie aus der Gegenrichtung talaufwärts kommen). Die beträchtlichen Höhenunterschiede werden seit Jahrzehnten von den Badenwerken zur Energiegewinnung ausgenützt. Stausee an der Murg und hoch oben im Schwarzenbachtal bilden das Herz der Gesamtanlage, von der Sie einen See und das Turbinenhaus vor Forbach von der Straße aus sehen können.

16 In **Forbach** ist eine überdachte Holzbrücke nach dem Vorbild von 1776 in den 50er Jahren unseres Jh.s wiederaufgebaut worden. Sie sehen sie bei der Fahrt über einen Viadukt am Stadtende rechts unten im Tal. Wenn Sie hinter dem Viadukt am Bahnhof rechts abbiegen, können Sie bis zur Holzbrücke hinunterfahren. Nun macht sich allmählich das milde Rheinklima bemerkbar. Immer häufiger weichen die Wälder an den Hängen Obstgärten und sogar Weinbergen.

17 Schon vor **Gernsbach** sehen Sie hoch über einem steilen Weinberg Schloß Eberstein. Gernsbach ist Sitz der im 14. Jh. gegründeten »Murgschifferschaft«. Sie fahren Richtung Stadtmitte über die Murg (Einbahnstraßensystem). Gleich nach der Brücke erreichen Sie halbrechts den Marktplatz mit hübschen Fachwerkhäusern und dem frühbarocken Rathaus von 1617. Bevor Sie erneut die Murg überqueren, können Sie nach rechts einen Ausflug zum 2 km entfernten Schloß Eberstein unternehmen, das auf einem nach drei Seiten steil abfallenden Felsen liegt (April bis September täglich außer Di. geöffnet). Vom Terrassenrestaurant hoch über dem Tal haben Sie einen herrlichen Blick auf Weißenbach und Gernsbach.

Gleich nach Gernsbach weitet sich in Richtung Rastatt das Tal. Die bisher steilen Hänge weichen sanftgewellten Hügeln. Die B 462 führt als Umgehungsstraße um die Industriestadt Gaggenau herum. Links in einem Park liegt das neu erbaute Thermalbad von Gaggenau: Bad Rotenfels. Die bisher so wilde und ungestüme Murg fließt nun begradigt und gezähmt rechts neben der Straße. Traditionsreiche Firmen, die sich mit und aus der Murgtalflößerei entwickelt haben, sind hier in Jahrzehnten zu beachtlichen Unternehmen herangewachsen. Der Holzreichtum des Schwarzwaldes und die Murg als Verkehrsweg brachten schon vor Jahrhunderten Wohlstand durch die Flößerei und den Handel. Holz-, Papier- und später Metallindustrie siedelten sich an günstig gelegenen Standorten in dem engen Tal an.

Hinter Gaggenau biegen Sie an einer Ampel von der B 462 nach links Richtung Kuppenheim ab und folgen dort den Wegweisern nach Rastatt.

18 Kurz vor Rastatt, etwa 1 km nach dem Ort Kuppenheim, zweigt auf freier Strecke links eine Straße nach Ebersteinburg ab. Das kleine weiße Schild zum **Schloß Favorite** ist kaum zu erkennen. Sie erreichen das Barockschlößchen, wenn Sie am Ende des Ortsteils Förch scharf nach links abbiegen. Das abseits gelegene Lustschloß mit Eremitage und 4 Kavaliershäusern wurde 1710–12 von Michael Ludwig Rohrer als Sommerresidenz der Markgräfin Sibylla Augusta von Baden, der Witwe des »Türkenlouis«, gebaut. Es liegt inmitten eines gepflegten Parks mit altem Baumbestand, der als einer der frühesten Landschaftsgärten Südwestdeutschlands gilt. Im Inneren sind der kostbar ausgestattete Speisesaal, die Prunkküche und viele herrliche Kleinkunstgegenstände zu sehen, darunter Straßburger Fayencen, Delfter Porzellanarbeiten und Gläser böhmischer Künstler. Versäumen Sie auch nicht, um das Schloß herumzugehen: Auf der Vorderseite führt eine doppelte Freitreppe vom ersten Stock hinab in den Park (von Mai bis November täglich außer Mo. geöffnet).

19 Zurück auf der Schwarzwald-Tälerstraße erreichen Sie vorbei an einem futuristischen Verwaltungsgebäude **Rastatt.** Wegweiser führen Sie in die Stadtmitte. Rechts taucht das Schloß auf. Hier können Sie

parken und durch die Fußgängerzone zur Vorderfront des einzigen unzerstört erhaltenen Barockschlosses am Oberrhein gehen. Es wurde 1697–1705 von dem italienischen Baumeister Rossi für Markgraf Ludwig-Wilhelm, den »Türkenlouis«, erbaut und läßt sich mit italienischen und französischen Palästen dieser Zeit vergleichen. Die Decken über den Innentreppen sind oval geöffnet und geben den Blick zu den Obergeschossen frei. Das Deckengemälde von Giuseppe Roli im Ahnensaal zeigt die Aufnahme des Herkules in den Olymp.
Sehenswert im Schloß ist die Erinnerungsstätte für die Freiheitsbewegung in der Deutschen Geschichte. Dieses »Freiheitsmuseum« entstand auf Anregung des früheren Bundespräsidenten Gustav Heinemann und informiert über die Freiheitskämpfe 1789–90 und 1848–49. Es ist im Mittelbau untergebracht. 1849 mußten die Revolutionäre in Rastatt ihre letzte Stellung angesichts der Übermacht der Fürsten aufgeben. Im Wehrgeschichtlichen Museum im rechten Seitenflügel des Schlosses rollt die Militärgeschichte vom Mittelalter bis zum 20. Jh. vor dem Auge des Besuchers ab (beide Museen sind täglich außer Mo. geöffnet).
200 m gegenüber der Frontseite des Schlosses liegt der barocke Marktplatz mit dem Rathaus auf der einen und der Stadtkirche St. Alexander auf der anderen Seite. Die Ausstattung im Innern ist für eine barocke Kirche betont nüchtern und neigt zum Klassizismus. Verspielte Barockbrunnen auf dem Marktplatz, hinter dem Rathaus und hinter der Kirche sind ebenfalls sehenswert.
Zur Autobahneinfahrt von Rastatt fahren Sie zunächst in die Richtung, aus der Sie gekommen sind, und folgen dann den Schildern zur Autobahn.

Spiegelsaal im Schloß Favorite: Lebensgefühl und Kunstschaffen des Barock kommen hier trefflich zum Ausdruck.

Lage Zwischen Rastatt und Baden-Baden im Norden und dem Kinzigtal im Süden. Westlich wird das Gebiet durch den Abfall des Schwarzwaldes zum Rheintal und im Osten von den Höhenzügen zwischen Enz-, Nagold- und Murgtal begrenzt.
Anfahrt Auf der A 5 Karlsruhe/Basel bis zur Ausfahrt Baden-Baden.
Länge Beide Strecken ca. 200 km.
Beschilderung Die Schwarzwald-Hochstraße (B 500) ist von der Autobahn bis Freudenstadt durchgehend beschildert. Die Schwarzwald-Tälerstraße ist nicht beschildert.
Beste Reisezeit Mai bis Oktober
Fingerhutblüte Juni/Juli, Heidelbeerernte August/September. Wintersportler finden auf der Schwarzwald-Hochstraße zahlreiche Skilifte (oft mit Flutlichtanlagen) und markierte Langlaufloipen vor.
Charakter und Landschaftsformen Die Hochflächen des Nordschwarzwaldes werden von einer mächtigen Buntsandsteinplatte gebildet. Charakteristisch sind flache Höhenzüge, in die Flüsse schluchtartige Täler bis in das Grundgestein (Granit und Gneis) gefressen haben. An den Hängen und auf den Höhen dominieren die etwas düster wirkenden Tannen- und Fichtenwälder, denen der Schwarzwald seinen Namen verdankt. Farn und Fingerhut, Heidelbeeren, Himbeeren und Tollkirschen bereichern den Nadelwald. Die heutige Waldstruktur ist die Folge der Monokultur der letzten Jahrhunderte: Für die Glasindustrie und zur Gewinnung von Baumaterial wurden große Teile des Gebirges raubbauartig abgeholzt. Aus Mangel an Holz und Energie mußte die Glasverhüttung schließlich eingestellt werden. Die brachliegenden Flächen forstete man dann mit raschwüchsigen Nadelbäumen wieder auf.
Am Rand des Schwarzwaldes bei Baden-Baden und Rastatt gedeihen im milden Klima verschiedene Obst- und Weinsorten. Die Gärten und Plantagen ziehen sich bis in die Täler hinein.
Auskunft Gebietsgemeinschaft Nördlicher Schwarzwald, Marktplatz 1, 7530 Pforzheim.
Landesfremdenverkehrsverband Baden-Württemberg, Bussenstraße 23, 7000 Stuttgart 1.

Schwarzwälder Spezialitäten: Zu Rauchfleisch, Schinken, Wurst und Holzofenbrot werden Badischer Wein und Obstschnaps gereicht.

Von bewaldeter Höhe öffnet sich ein weiter Blick ins Tal.

Durch idyllisch gelegene Täler zu heißen Quellen

Das Bergmassiv des Nordschwarzwaldes, in das sich die Flüsse Enz, Nagold und Alb tief eingegraben haben, beginnt bei der »Goldstadt« Pforzheim und steigt zum fast 1000 m hohen Kniebis bei Freudenstadt auf. Durch die Täler schlängelt sich die kurvenreiche Schwarzwald-Bäderstraße. Diese Ferienroute führt durch viele alte Städte mit sehenswerten Ortskernen, die meist von schmucken Fachwerkhäusern geprägt sind. In den einst abgeschiedenen Tälern wurden im frühen Mittelalter zahlreiche Klöster gegründet. Thermen und Mineralquellen dringen aus den Tiefen des Gebirges hervor; dank ihrer Heilkraft entstanden berühmte Badeorte, in denen heute noch viele kranke Menschen Hilfe finden.
Auf der Schwarzwald-Bäderstraße erleben Sie den waldreichen Nordschwarzwald von seiner schönsten Seite. Die Route führt von den besiedelten Unterläufen der Flüsse über fast unbewohnte Strecken hinauf zu freien Hochplateaus. An sonnenbeschienenen Böschungen wachsen gelbblühende Besenginsterstauden und blaue Lupinen. Im Dunkel der Wälder gedeihen riesige Farne, reifen Heidelbeeren, und häufig trifft man den unter Naturschutz stehenden, giftigen Fingerhut an.

Wirtschaftshof im Kloster Maulbronn

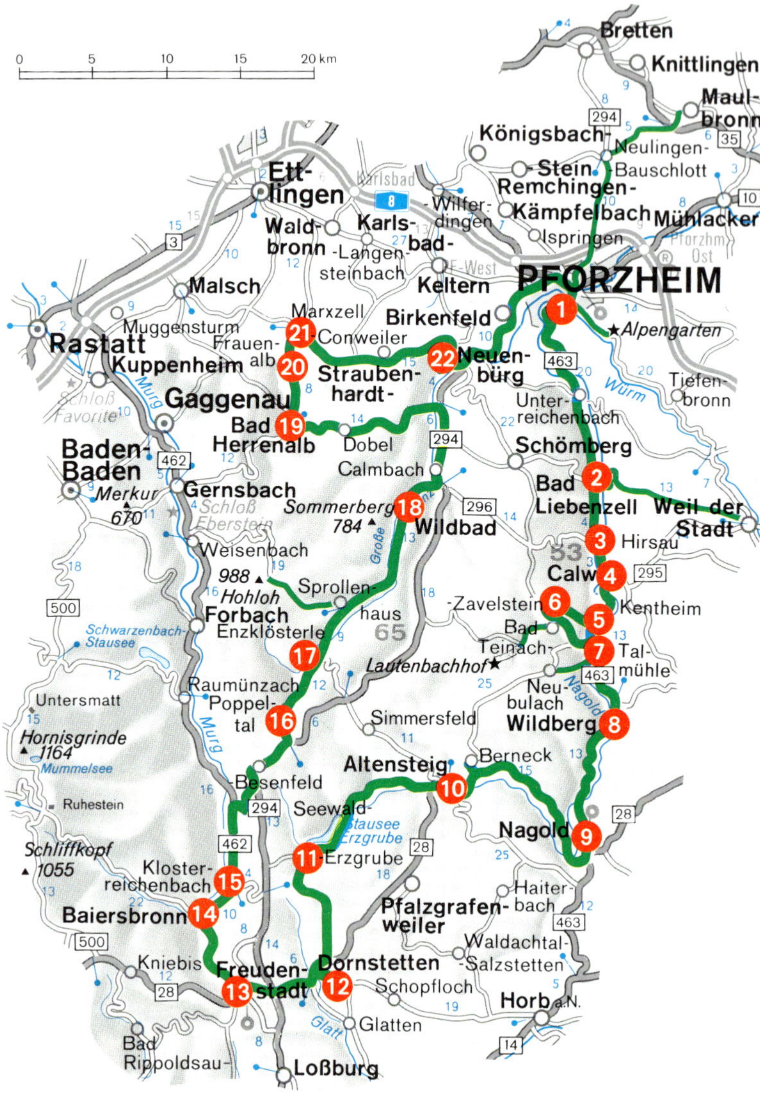

❶ *Abstecher*
von Pforzheim zum Alpengarten: Kurz vor dem Ortsende von Pforzheim Richtung Calw zweigen Sie links nach Tiefenbronn/ Weil der Stadt ab und biegen ca. 4 km danach am Ortsschild von Würm links ein zum etwa 2,5 ha großen Alpengarten. Im Mittelpunkt der Gartenschau mit ihren über 100 000 Pflanzenarten stehen Rhododendren, Alpenrosen, Azaleen und Zwergnadelgehölze. Sie können dort auch Pflanzen kaufen (Frühjahr bis Herbst täglich geöffnet).

❶ *Abstecher*
von Pforzheim zum Zisterzienserkloster Maulbronn: Über die B 294 fahren Sie von Pforzheim Richtung Bretten und biegen bei Bauschlott rechts nach Maulbronn ab (17 km). Die mittelalterliche Klosteranlage aus dem 12. Jh. hat sich bis heute fast unversehrt erhalten. Die schlichte Schönheit der vom asketischen Stil des Ordens geprägten Gebäude ist faszinierend. Zentrum des geistigen und religiösen Lebens waren die Klosterkirche – ohne Turm, wie es die Bauvorschrift der Mönche verlangte – und der Kreuzgang mit seiner berühmten Brunnenkapelle. An dem dreischaligen Brunnen führten die Mönche ihre Waschungen gemäß den Ordensregeln durch. Vom Kreuzgang kommen Sie auch in die Refektorien (Speisesäle). Im Herrenrefektorium sehen Sie die eigenartige Gewölbearchitektur der Zisterzienser besonders gut. Das Innere der Kirche mit seinen wuchtigen Arkaden, die Hauptschiff und Seitenschiffe der

❶ Ausgangspunkt für unsere Rundfahrt auf der Schwarzwald-Bäderstraße ist die hügelige Stadt **Pforzheim.** Sie liegt am Zusammenfluß von Enz, Nagold und Würm und ist ein Zentrum der deutschen Schmuck-, Silberwaren- und Uhrenindustrie, was ihr auch den Beinamen »Goldstadt« eingetragen hat. Wenn Sie von der Autobahnausfahrt Pforzheim-Ost kommen, folgen Sie den Wegweisern Richtung Stadtmitte und fahren durch die östliche Karl-Friedrich-Straße bis zur Umgehung der Fußgängerzone, dort biegen Sie links Richtung Calw und kurz darauf wieder rechts Richtung Zentrum/Reuchlinhaus ab. Am Zentral-Parkhaus sind Sie unmittelbar im Bereich der Hauptgeschäftsstraßen um den Leopoldplatz mit zahlreichen Schmuckgeschäften. Mit seinen über 100 000 Einwohnern präsentiert sich Pforzheim als moderne Großstadt, die nach der fast völligen Zerstörung im Zweiten Weltkrieg ganz neu aufgebaut wurde. Vollkommen restauriert wurde die teils spätromanische, teils frühgotische Schloß- und Stiftskirche St. Michael, in der sich die Grablege der Markgrafen von Zähringen-Baden befindet: Ein Besuch lohnt sich wegen der kunstvollen Skulpturen. Die Kirche liegt etwa 200 m vom Leopoldplatz entfernt Richtung Hauptbahnhof. An der Fußgängerzone steht das neue Rathaus, das mit einem Glockenspiel ausgestattet ist. Ein neuzeitliches Wahrzeichen Pforzheims ist die 1964–1968 erbaute Stadtkirche am Lindenplatz mit einem 76 m hohen Turm; die Aussichtsplattform, von der Sie die Stadt gut überschauen können, erreichen Sie mit einem Aufzug. Wer sich für

moderne Architektur interessiert, sollte sich außerdem im Stadtteil Arlinger die 1953 von Egon Eiermann erbaute zeltförmige Matthäuskirche ansehen.
Wenn Sie auf dem Weg zur Schwarzwald-Bäderstraße Richtung Calw vom Parkhaus links durch die Goethestraße fahren, sollten Sie in der Jahnstraße am Pforzheimer Kulturzentrum, dem sog. Reuchlinhaus, halten, das nach dem berühmten, in der Stadt geborenen Humanisten Johannes Reuchlin (1455–1522) benannt wurde (Parkplätze befinden sich gegenüber). Das Schmuckmuseum, das u.a. hier eingerichtet wurde, ist einmalig in der Welt; Schmuckstücke aus vier Jahrtausenden sind im Original ausgestellt, ferner werden laufend beachtliche Sonderschauen veranstaltet (täglich außer Mo. geöffnet). Gegenüber dem Reuchlinhaus können Sie die Edelsteinausstellung Schütt besuchen (Goldschmiedeschulstraße 6).
Sie verlassen Pforzheim auf der B 463 Richtung Calw und erreichen rasch das landschaftlich schöne Tal der Nagold. Ihm folgen Sie fast bis zum Ursprung des Flusses, der sich ein enges, vielfach gewundenes Tal in den Buntsandstein gegraben hat. Oft ist die Talsohle so schmal, daß Straße und Eisenbahnlinie kaum noch Platz nebeneinander finden.
2 Nach 20 km erweitert sich bei **Bad Liebenzell** das Tal. Dort wurden schon 1403 am Ursprung warmer Quellen Badehäuser gebaut. Heute ist Bad Liebenzell ein bekanntes Heilbad, das bei Rheuma, Bewegungsstörungen, Erkrankungen der Blutgefäße, Erschöpfungszuständen und Kreislaufstörungen aufgesucht wird. Im neuen Paracelsusbad am rechten Ufer der Nagold haben Sie auch ohne ärztliche Bescheinigung Zutritt und können sich in mehreren Thermalbewegungsbecken, die als Hallen- und Freibäder eingerichtet sind, entspannen.
Auf halber Höhe über der Stadt erhebt sich der mächtige Turm der Burgruine Liebenzell, einst Sitz der Grafen von Calw, die in den letzten Jahrzehnten von Jugendlichen aus ganz Europa zum »Forum Burg Liebenzell« ausgebaut und als Jugendherberge eingerichtet wurde.
3 Weiter auf der B 463 kommen Sie nach **Hirsau,** Teil der Kreisstadt Calw-Hirsau. Hier fahren Sie an der Einmündung der B 296 nach rechts und parken 100 m weiter links gegenüber den Klosteranlagen. Die 830 gegründete, 96 m lange und über 22 m breite Benediktinerabtei wurde vom 11. Jh. an in Deutschland zum Ausgangspunkt der von Cluny in Frankreich ausgehenden Erneuerungsbewegung, in deren Verlauf sich die Klöster des Ordens von den weltlichen Herrschern lossagten und unmittelbar dem Papst unterstellten (Hirsauer Reform). Äußeres Zeichen der Reformbewegung war der unter Abt Wilhelm eingeführte strenge Baustil, als dessen Wahrzeichen noch der romanische »Eulenturm«, einer der Zwillingstürme der ehemaligen Klosterkirche, besteht. Sonst haben nur die Grundmauern des Gebäudes die Zeiten überdauert. Sehenswert sind noch Reste eines gotischen Kreuzganges (1425–94) sowie die 1508–16 erbaute Marienkapelle

Die Heilkraft der Thermalquellen, hier Bad Liebenzell, führt zu beachtlichen Kurerfolgen.

Basilika trennen, ist klar gegliedert. Eine wuchtige Schranke grenzt die Laienkirche (Langhaus) vom Chor ab, wo der Gottesdienst der Mönche stattfand. Die heutige Ausstattung der Kirche ist größtenteils spätgotisch, wie das steinerne Kruzifix des Laienaltars (1473) und das Chorgestühl mit seinen reichen Schnitzereien (um 1470). Auch das Prachtfenster an der Ostwand wurde erst Ende des 14. Jh.s eingebaut. Das Kloster, nach der Reformation in eine Klosterschule umgewandelt, beherbergt heute ein evangelisch-theologisches Seminar. Friedrich Hölderlin ist wohl der berühmteste Schüler Maulbronns.

2 *Abstecher von Bad Liebenzell nach Weil der Stadt: Fahren Sie am Bahnhof Bad Liebenzell vorbei aus dem Nagoldtal auf die Kalkhochflächen des Hecken- und Schlehengäus hinauf zum 13 km entfernten Weil der Stadt. Eine Ringmauer mit runden Wehrtürmen umschließt die Stadt, in der 1571 der Astronom Johannes Kepler geboren wurde (gest. 1630). Er hat mit den drei nach ihm benannten Gesetzen erstmals die Planetenbahnen erklärt und beschrieben. Im Keplermuseum (Keplergasse 2) verdeutlicht die Stadt den Lebensweg ihres größten Sohnes (täglich geöffnet, von Oktober bis Mai nur jeden 1. und 3. So. im Monat).*
Auch der schwäbische Theologe und Reformator Württembergs, Johannes Brenz, stammt aus Weil der Stadt.
Stattliche Bürgerhäuser säumen den prächtigen Marktplatz der ehemaligen Reichsstadt. Von der Stadtbefestigung sind noch große Teile erhalten, die mit ihren zahlreichen Türmen zum malerischen Stadtbild beitragen. Bedeutendstes Bauwerk ist die Pfarrkirche St. Peter und Paul, ein monumentaler Quaderbau des ausgehenden 15. Jh.s, dessen Inneres von einem barocken Hochaltar geprägt wird. Sehenswert ist auch das dreigeschossige Sakramentshaus von 1611 im Chor.

Vor dem Kreuzgang des Klosters Hirsau ließ Ludwig, Herzog von Württemberg, sich im 16. Jh. ein Jagdschloß errichten. Über die Umfassungsmauern des ehemaligen Spätrenaissancebaus ragt diese prächtige Ulme, die durch ein Gedicht Ludwig Uhlands berühmt geworden ist.

des Martin von Urach, in deren Obergeschoß sich die Klosterbibliothek befand. Heute ist dort ein Museum mit Fundstücken und Inventarteilen aus dem Kloster eingerichtet (Besichtigung nur nach Voranmeldung für Gruppen von 8–10 Personen).
1586–92 erbauten Georg Beer, Heinrich Schickardt und Hans Braun innerhalb der Klosteranlagen ein herzogliches Jagdschloß im Stuttgarter Renaissancestil. Schloß und Kloster wurden 1692 von dem französischen General Mélac zerstört und später weitgehend abgetragen. Ludwig Uhland besang die mächtige Ulme, die auch heute noch ihre Krone über die Fassade der Schloßruine wölbt:

»Zu Hirsau in den Trümmern
Da wiegt ein Ulmenbaum
Frischgrünend seine Krone
Hoch überm Giebelsaum.

Er wurzelt tief im Grunde
Vom alten Klosterbau.
Er wölbt sich statt des Daches
Hinaus ins Himmelblau.

Weil des Gemäuers Enge
Ihm Luft und Sonne nahm,
So trieb's ihn hoch und höher,
Bis er zum Lichte kam.

Es ragen die vier Wände,
Als ob sie nur bestimmt,
Den kühnen Wuchs zu schirmen,
Der zu den Wolken klimmt.«

Kloster und Jagdschloßruine bilden jedes Jahr im Sommer eine stimmungsvolle Kulisse für Freilichtspiele (Auskünfte im Verkehrsamt Calw). Unmittelbar am Parkplatz gegenüber dem Kloster beginnt ein Waldlehrpfad, auf dem Sie nach etwa 10 Min. einen Wildpark mit Schwarzwild und Hirschen erreichen.
Von der Ruine gesehen, steht auf der anderen Seite der Nagold die Urzelle des Hirsauer Klosters, die 1071 geweihte und 1584 bis auf den erhaltenen Rumpfbau demolierte St.-Aurelius-Kirche. Auch die Klostergebäude waren nach dem Umzug der Mönche und der Reliquien in die St.-Peter-und-Paul-Kirche abgebrochen worden. 1954 wurde diese sog. »steinerne Scheune« restauriert. Es kam ein eindrucksvoller romanischer Kirchenraum zum Vorschein. Arbeiten moderner Künstler sind der Altar und der Reliquienschrein des heiligen Aurelius (Otto Herbert Hajek) sowie die Glasfenster (Wilhelm Geyer).
4 Sie fahren über die B 296 auf die B 463, die ein Stück mit der B 296 identisch ist, und erreichen **Calw.** Etwa 300 m nach dem Ortsschild sollten Sie rechts über die Brücke zur Stadtmitte fahren und auf dem Marktplatz oder im nahen Parkhaus ihr Fahrzeug abstellen. »Die schönste Stadt von allen, die ich kenne, ist Calw«, schrieb etwas lokalpatriotisch Hermann Hesse, der hier 1877 geboren wurde. Sein Geburtshaus sowie die Gedenkstätte im Heimatmuseum (Bischofstraße 48) erinnern an den großen Sohn der Stadt (Mitte April bis Mitte Oktober So. vorm. geöffnet, Gedenkstätte außerdem Di. bis Sa. nachm.). Unter den Arkaden des Rathauses am Marktplatz mit seinen zwei Brunnen und vielen spitzgiebeligen Fachwerkhäusern, die mei-

Das verträumte Calw war einst eine bedeutende Handelsstadt.

Besucherstollen im ehemaligen Silberbergwerk Neubulach

sten aus dem 17. und 18. Jh., boten einst Bäcker und Metzger ihre Ware feil. Der Marktplatz ist von winkeligen Gassen mit alten Häusern umgeben. Wenige Schritte entfernt befindet sich die historische Nagoldbrücke aus dem Jahr 1400. Bei der Brücke legt heute noch ein Gerber seine Felle zum Trocknen auf der Mauer am Fluß aus.

5 Fahren Sie nun zurück zur Durchgangsstraße und weiter über die B 463 Richtung Nagold. 2,5 km nach dem Ortsende von Calw erreichen Sie kurz hinter einer Eisenbahnbrücke links ein unscheinbares Kirchlein, das zu den ältesten im Nordschwarzwald gehört. Die ehemalige St.-Candius-Kapelle in **Kentheim** gilt als Reichenauer Gründung, gehörte seit 1075 zu Hirsau und war im 12. Jh. mit einem Nonnenkloster verbunden. Die Nordwand ist mit sehenswerten Wandmalereien des späten 13. Jh.s zur Geschichte Christi geschmückt.

6 Kurz hinter Kentheim verlassen Sie die B 463 und fahren nach rechts aus dem Tal hinauf Richtung **Zavelstein.** Schon bei der Auffahrt sehen Sie den mächtigen Bergfried der Burg. Bis zur Gemeindereform 1975 war Zavelstein mit seiner seit dem 12. Jh. auf einer Bergnase gelegenen Burg die kleinste Stadt Deutschlands. Das mittelalterliche »Städtle«, zu dem ein geschnitzter Wegweiser an der Straße hinführt, besteht aus einer einzigen Straße. Vom Turm der Burgruine aus haben Sie einen großartigen Blick über die waldbedeckten Berge des Nordschwarzwaldes. Mitte März bis Anfang April bietet sich dem Besucher ein einmaliges Blumenbild: Die Wiesen rund um Zavelstein verwandeln sich durch Millionen blühende wilde Krokusse in violett-blaue Teppiche und stehen deshalb unter Naturschutz.
Von Zavelstein fahren Sie hinab nach Bad Teinach, einem bekannten Badeort gegen Herz- und Kreislaufkrankheiten. Bei der Weiterfahrt Richtung Nagold fällt auf, daß die Mauern an der gut ausgebauten Straße nicht aus Beton, sondern aus naturbehauenem Buntsandstein, wie er für den Nordschwarzwald typisch ist, errichtet wurden.

7 Wenige Kilometer hinter Bad Teinach erreichen Sie den Weiler **Talmühle** (grünes Ortsschild). Es empfiehlt sich, von hier aus einen Ausflug zum **Silberbergwerk Neubulach** zu machen. Anschließend fahren Sie zurück auf die Hauptstraße.

Bei Ihrem Rundgang durch die Klosteranlagen in Hirsau kommen Sie auch an diesem Dreischalenbrunnen vorbei.

6 Wandervorschlag
von Bad Teinach zum Schwarzwaldhaus Lautenbachhof: Fahren Sie von Bad Teinach Richtung Oberkollwangen-Neuweiler; nach dem Verkehrszeichen »Wasserschutzgebiet« können Sie rechts parken. Ein Holzwegweiser führt Sie von dort zum Lautenbachhof (ca. 1 Std.). Am Lautenbachhof, der Nachbildung eines alten Schwarzwaldhauses, wurde ein Wildgehege für Rehe eingerichtet.

7 Abstecher
von Talmühle zum historischen Silberbergwerk Neubulach: Fahren Sie von Talmühle rechts über die Brücke Richtung Seitzental und durch den Weiler, der aus wenigen Häusern besteht. Am Ortsende führt Sie ein Wegweiser zum »Besucherbergwerk«. Über ein kurvenreiches Sträßchen bergauf erreichen Sie nach 2,5 km einen Parkplatz. Von hier aus geht es noch 400 m zu Fuß bergab zum historischen Silberbergwerk. Der Silberbergbau wurde im 11. Jh. von den Staufern begonnen und hatte seine Blütezeit im 13. und 14. Jh. In den insgesamt etwa 25 km langen Stollen wurden im Lauf der Jahrhunderte 35 Tonnen Silber und 7500 Tonnen Kupfer gewonnen. 1924 stellte man den Bergbau wegen Unrentabilität endgültig ein. Heute sind noch etwa 400 m begehbar (Anfang April bis Ende Oktober täglich geöffnet). Regelmäßige Führungen beginnen am Kiosk. Weil die Luft im Berginnern völlig staub- und pollenfrei ist, wurde im Bergwerk eine Therapiestation für Asthmakranke eingerichtet. Ein Bergbau- und Mineralienmuseum befindet sich in der Vogtei Neubulach (Öffnungszeiten wie Silberbergwerk).

In Wildberg, das bis 1828 Gerichtsort der Schäferzunft war, wird noch heute der »Schäferlauf« abgehalten, bei dem die Teilnehmer sich auch im »Preishüten« messen müssen.

8 **Wildberg** ist bekannt durch das älteste Heimatfest des Nordschwarzwaldes, den Wildberger Schäferlauf, der seit 1723 fast jedes zweite Jahr (jetzt 1984, 1986 usw.) am dritten Julisonntag stattfindet. Die über 700 Jahre alte, befestigte Stadt liegt exponiert auf einem Talsporn und entfaltet schon an der Brücke am Ortsbeginn ihre volle Schönheit. Unmittelbar hinter der Brücke weist ein geschnitzter Wegweiser nach rechts zur Oberstadt, in der das Rathaus, ein Holzbau aus dem Jahre 1480, der Marktbrunnen mit dem Standbild des Herzogs Christoph von Württemberg von 1554 und die Reste einer Burgruine sehenswert sind. Im Tal am Fluß liegt der Fruchtkasten des ehemaligen Dominikanerinnenklosters, in dem eine heimatgeschichtliche Sammlung untergebracht ist. Bei der Weiterfahrt erleben Sie Wildberg zuerst von der vorderen, dann von der rückwärtigen Seite, denn Sie fahren im Tal um den langgezogenen Bergrücken herum, auf dem die alte Stadt liegt.

9 Von Wildberg kommen Sie, immer noch auf der B 463, über eine kurvenreiche, aber schöne Strecke nach **Nagold.** Die Stadt besitzt zahlreiche alte Fachwerkhäuser, so z. B. die »Alte Post« aus dem Jahr 1669 mit einem prächtigen Wirtshausschild. Direkt an der Durchgangsstraße liegen das alte Rathaus und eine kleine Fußgängerzone. Sehenswert ist die Friedhofskirche (früher St. Remigius und Nikolaus). Das Fundament und Teile des Chorbogens stammen noch aus römischer Zeit, der größte Teil des Baus datiert allerdings aus dem 10. und 12. Jh. Sehr interessant sind die Wandmalereien im Innern, die um 1300 entstanden und zur Ausbildung des »Nagolder Stils« beitrugen. Ein Wahrzeichen der Stadt ist der Bogenviadukt, auf dem die B 28 die Nagold überquert. Er wurde zwischen 1920 und 1930 fertiggestellt. In der Stadtmitte von Nagold zweigt die Schwarzwald-Bäderstraße nach Westen auf die B 28 ab und führt weiter flußaufwärts Richtung Altensteig. Rechts oben sehen Sie die von einem Turm überragte Ruine Hohennagold. Die Burg stammt aus dem 13. Jh. und wurde im Dreißigjährigen Krieg zerstört.

10 *Abstecher von Altensteig nach Berneck: 1 km vor Altensteig biegen Sie an der Tankstelle rechts von der B 28 ab und erreichen den reizvoll auf einem abfallenden Hügelkamm gelegenen Ort Berneck. Das weithin sichtbare Schloß besitzt noch eine wuchtige, 28 m hohe Schildmauer aus dem 13. Jh. Das Gebäude selbst wurde 1846 auf den Grundmauern eines älteren Baus errichtet.*

10 Das Bild der Altstadt von **Altensteig** mit zahlreichen schönen Fachwerkbauten, die terrassenartig am Hang angeordnet sind, ist berühmt. Überragt wird der Ort von der spätgotischen Burg mit Fachwerk außen und eindrucksvollen Schnitzereien innen. Es ist empfehlenswert, bei der ersten Ampel nach rechts über die Brücke zu fahren und dort das Auto stehenzulassen. Zu Fuß gelangen Sie dann durch die idyllische Altstadt in 10 Min. zur Burg. Sehenswert ist auch die 1775 fertiggestellte Stadtpfarrkirche mit ihrer großzügigen Empore.
Am Ortsende von Altensteig empfiehlt es sich, statt auf der offiziellen Route der Schwarzwald-Bäderstraße Richtung Freudenstadt zu fahren, die Nebenstrecke nach Besenfeld/Erzgrube zu benutzen. Sie lernen dann den unberührtesten Teil des Nagoldtales kennen. Die nur streckenweise gut ausgebaute, kurvenreiche Straße führt an ehemaligen Mühlen, an Forellenteichen und Talauen vorbei.

Altensteig: Eng verschachtelt türmen sich die altertümlichen Häuser am Hang über der Nagold. Oben thronen Burg und Stadtpfarrkirche.

11 Nach 9 km erreichen Sie den 3 km langen Stausee Erzgrube mit der **Nagoldtalsperre.** Sie wurde gebaut, weil Unwetter im Quellbereich der Nagold häufig zu katastrophalen Überschwemmungen im Tal geführt hatten. Als Rückhaltebecken bei Hochwasser geplant und bewährt, dient der Stausee heute auch der Stromgewinnung; außerdem schätzen ihn Freizeitsportler als Segel- und Surfrevier.
Am Ende des Sees, gegenüber dem Kiosk »Seeschenke«, biegen Sie nun scharf links ab, Richtung Kälberbronn-Hallwangen. Die Straße steigt zunächst steil bergan, später führt sie eben und fast gerade durch herrliche Hochwälder. Hier, im »Weiler Wald«, unweit der Walddörfer Herzogsweiler, Edelweiler und Kälberbronn, wachsen die höchsten Tannen des Nordschwarzwaldes: die fast 50 m hohen und 200 Jahre alten »Großen Tannen«.
Folgen Sie der Straße und biegen Sie bei Hallwangen in die B 28 Richtung Freudenstadt ein.
12 **Dornstetten,** die älteste Stadt auf den Höhen des nördlichen Schwarzwaldes mit historischer Altstadt und mittelalterlichem Marktplatz, liegt 2 km neben der B 28. Sie zweigen von der Bundesstraße nach links Richtung Dornstetten/Tübingen ab und folgen dem Schild »Stadtmitte-Marktplatz«. Das Rathaus stammt aus dem Jahr 1680. Auch viele der Wohnhäuser am Markt wurden im 17. oder 18. Jh. erbaut. Auf dem Platz steht ein schöner Brunnen mit Ritterstandbild (1509). Lohnend ist auch ein Besuch des Heimatmuseums, dort finden u. a. Vorführungen an alten Handwerksgeräten statt (Mi. und So. nachm., Sa. vorm. geöffnet).
Zurück geht es auf die B 28, die nun auf der Hochfläche des Nordschwarzwaldes Richtung Freudenstadt führt. Waren Sie bisher im tief eingeschnittenen Nagoldtal, so erreichen Sie jetzt die weiten, im Lauf der Jahrhunderte gerodeten Hochflächen, auf denen heute Viehzucht und Fremdenverkehr die wichtigsten Erwerbsquellen bilden.
13 Vor Ihnen taucht am Hang schon **Freudenstadt** auf (s. a. S. 198). Kurz vor dem Ortseingang führt die Straße unter einem mächtigen, 1962 fertiggestellten Eisenbahnviadukt hindurch (ca. 48 m Höhe über Grund). Als Ansiedelung für vertriebene Protestanten aus Österreich gründete Herzog Friedrich von Württemberg 1599 Freudenstadt und ließ Heinrich Schickardt die erste regelmäßige Stadtanlage nach dem Vorbild italienischer Renaissancestädte nördlich der Alpen konzipieren. Nur ein Teil der Pläne wurde jedoch verwirklicht. Angeordnet wie ein Mühlebrett, wurden je drei parallele Häuserzeilen um einen fast quadratischen, 220 × 215 m großen Marktplatz gezogen. Die dem Platz zugewandten Häuser sind im Erdgeschoß durchweg mit Arkaden versehen, wodurch das Bild der langen Gebäudefronten aufgelockert wird. Zentral auf dem Platz sollte das fürstliche Schloß stehen, das jedoch nie gebaut worden ist, weil der Stadtgründer 1608 starb. Ende des 19. Jh.s entwickelte sich Freudenstadt unter dem Bürgermeister Hartranft zu einem weltbekannten heilklimatischen Kurort. Bis heute

Die Nagoldtalsperre bei Seewald-Erzgrube bietet nur hier im oberen Teil Bademöglichkeit. An sonnigen Sommerwochenenden tanzen unzählige bunte Segel über die flirrende Wasserfläche.

Marktplatz in Dornstetten

Stadtkirche in Freudenstadt

Die Sommer-Bobbahn im Poppeltal gehört mit 900 m Talfahrt zu den längsten der Bundesrepublik.

hat die Stadt von ihrer Anziehungskraft auf Erholungs- und Heilungssuchende nichts verloren. Von der totalen Zerstörung im Zweiten Weltkrieg bemerkt man fast nichts mehr, da der Ort 1949 bis 1954 im alten Stil wiederaufgebaut worden ist. Allerdings stehen die Häuser des innersten Gevierts heute mit ihrer Traufseite zum Platz, während es ursprünglich die Giebelseite war.

Wenn Sie nach Freudenstadt hineinfahren, steuern Sie am besten gleich den großen Marktplatz an, wo es genügend Parkplätze gibt. Die Stadtkirche an der südwestlichen Ecke des Platzes wird Ihnen sicher gleich auffallen. Das von Heinrich Schickardt entworfene Gebäude (1601–08) wurde über Eck gebaut; dadurch ist das Langhaus in der Mitte um 90° abgewinkelt. An beiden Enden steht jeweils ein wuchtiger Turm. Im Innern sind ein geschnitztes und gefaßtes Lesepult aus dem 12. Jh. und ein Kruzifix aus dem frühen 16. Jh. sehenswert. Auch das Taufbecken mit seinen steinernen Reliefbildern sollten Sie sich anschauen, es stammt aus dem 12. Jh.

In den Straßen um den Marktplatz mit zahlreichen eleganten Geschäften läßt sich die typische Kurstadtatmosphäre genießen. Mit einem Kurbähnle können Sie vom Marktplatz in den Parkwald fahren und dort auf insgesamt ca. 200 km langen, fast ebenen Wegen schöne Spaziergänge in bester Schwarzwaldluft machen. Wer Lust auf ein erfrischendes Bad hat, sollte ins neue Kurmittelhaus am Ortsende Richtung Kniebis fahren; dort gibt es beispielsweise ein Fichtennadelbewegungsbad.

In Freudenstadt fahren Sie vom Marktplatz aus auf der B 462 Richtung Karlsruhe weiter.

14 Nach 7 km erreichen Sie **Baiersbronn** (s. a. S. 201), das sich aus einem halben Dutzend Teilgemeinden zusammensetzt und der waldreichste Fremdenverkehrsort Baden-Württembergs ist. Mit 25 000 Gästebetten, 40 Hotelschwimmbädern, fünf geheizten Freibädern und allen nur denkbaren Einrichtungen für den Erholungsuchenden kann Baiersbronn die meisten Übernachtungen in dieser Region verzeichnen. Die Teilgemeinden haben trotzdem bis heute den Charakter offener und eigenständiger Ferienorte bewahrt.

Wenn Sie 50 m nach der Überquerung des schienengleichen Bahnübergangs am Ortseingang links abbiegen, erreichen Sie die Talstation eines Sessellifts, mit dem Sie bequem auf die Höhen um Stöckerkopf und Gruberkopf fahren können. Dort oben finden Sie schöne Wanderwege (ausgeschildert) und einige gute Aussichtspunkte. Die Sesselbahn ist im Winter auch für Skifahrer in Betrieb, die hier bei Flutlicht bis spät abends fahren können. (Im Sommer läuft die Sesselbahn bei gutem Wetter täglich.) Aus Baiersbronn stammt Christian Ferdinand Oechsle, Erfinder der Mostwaage, mit der man den Zuckergehalt von Traubenmost feststellen kann. Oechslegrade geben Auskunft über die zu erwartende Qualität und den Alkoholgehalt des Weines.

Der Luftkurort und Wintersportplatz Baiersbronn, am Zusammenfluß von Murg und Forbach, ist ein Paradies für Familienferien.

15 **Klosterreichenbach** (s. a. S. 201), heute ein Teilort von Baiersbronn, war die erste »Filial«-Gründung des Hirsauer Abtes Wilhelm. Das ehemalige Benediktinerkloster wurde Ende des 11. Jh.s erbaut. Den Baustil der Hirsauer Gründungen, den die Ruinen des Mutterklosters nur erahnen lassen, kann man an den erhaltenen Gebäuden Klosterreichenbachs studieren. Natürlich sind die Dimensionen hier erheblich kleiner als im Mutterhaus. Neben der Kirche St. Gregor ist auch der gegenüberliegende mittelalterliche Klosterhof sehenswert.

Folgen Sie von Klosterreichenbach aus der B 462 talabwärts. Etwa 3 km nach dem Ortsteil Röt biegt die Schwarzwald-Bäderstraße rechts in Richtung Besenfeld/Wildbad ab und steigt zunächst steil, aber gut ausgebaut auf die Hochfläche des Nordschwarzwaldes. Dort mündet sie in die B 294 Richtung Wildbad und Pforzheim. Sie passieren nach Besenfeld den Weiler Urnagold am Ursprung der Nagold, wo eine wuchtige Wehrkirche von 1228 zu sehen ist.

16 Kurz nach Urnagold biegen Sie im Wald von der B 294 links ab, Richtung Wildbad. Im Quellgebiet der Enz geht es nun gemächlich abwärts durch den Hochwald bis nach **Poppeltal.** Links in einer Waldschneise glitzert das silberne Band einer Riesenrutschbahn (großer Parkplatz). Sie gehört mit 1500 m Berg- und Talfahrt zu den längsten Bahnen dieser Art in Deutschland. Ein Lift schleppt die Einer- und Zweierbobs auf den Seekopf, von wo aus sie durch fünf gewaltige Steilkurven talabwärts sausen. Jeder Bobfahrer kann seine Geschwindig-

keit selbst bestimmen. Bei Regen und Nässe ist die Bahn gesperrt, Kinder unter acht Jahren dürfen nur in Begleitung Erwachsener fahren. Zu Fuß ca. 10 Min. von der Rutschbahn entfernt, schmiegt sich der Flößersee malerisch zwischen große Tannen (beschildert). Noch vor wenigen Jahrzehnten diente er zur Wasserregulation für die Flößerei und half mit, die gewaltigen Stämme aus dem Schwarzwald bis nach Holland zu transportieren.

17 Die Hauptstraße folgt nun dem Tal der jungen Enz abwärts in Richtung **Enzklösterle,** das sich vom Flößerdorf zu einem vielbesuchten Fremdenverkehrsort inmitten eines großen Naturparks entwickelt hat. Zwei der vielen Freizeiteinrichtungen sollten Sie unbedingt besuchen: den Kohlenmeiler und den Rotwildpark.

Zum Kohlenmeiler fahren Sie 500 m nach dem Ortsschild Poppeltal an einer Omnibushaltestelle links ins Rohnbachtal und folgen zunächst dem Wegweiser in Richtung »Wanderheim«, später dem in Richtung »Kohlmeiler«. Nach 1,5 km erreichen Sie den Parkplatz. Von hier aus sind noch 350 m fast ebener Fußweg bis zu einer Hütte mit Waldgrillplatz zurückzulegen. Dahinter liegt auf einer Waldwiese der Demonstrationsmeiler. Eine Lehrtafel erklärt, wie Holzkohle hergestellt wurde. In den Sommermonaten wird außerdem ein echter Meiler unterhalten, der je nach Stand der Produktion gerade qualmt, aufgebaut oder auseinandergenommen wird. Beim Gang zur Kohlplatte erleben Sie die typische Schwarzwaldvegetation unter den hohen Fichten: üppiges Heidelbeer- und Farngebüsch.

Der Rotwildpark liegt im nächsten Seitental. Auf der Hauptstraße fahren Sie jetzt talabwärts zur Ortsmitte von Enzklösterle. Am Schwarzwaldhof biegen Sie links ab über eine Brücke und folgen zunächst dem großen weißen Wegweiser »Skilift«, anschließend dem kleinen Wegweiser »Rotwildpark«. Nach 1 km erreichen Sie den Parkplatz. Hier beginnt ein Waldlehrpfad, wo auf zahlreichen Tafeln typische Schwarzwaldpflanzen erklärt werden. Der Weg ist etwa 1,5 km lang und führt um das Rotwildgehege herum, in dem prächtige Hirsche gehalten werden. Der Rundgang dauert ca. ½ Std.

Nach diesen kurzen Ausflügen folgen Sie wieder der Hauptstraße, die immer an der Großen Enz entlangführt, Richtung Wildbad.

18 Ohne die heißen Quellen von **Wildbad** wäre gewiß niemand auf die Idee gekommen, im engsten Teil des Tales eine Stadt zu bauen. Der Sage nach entdeckte ein Jäger die Thermen, als er einem verletzten Eber folgte und sah, wie dieser seine Wunden im warmen Wasser badete (daher auch der Name). Heute ist Wildbad ein angesehenes Heilbad gegen Rheuma, Wirbelsäulenschäden und Lähmungen.

Direkt an der Durchgangsstraße liegt rechts der rote Sandsteinbau des von Thouret erbauten Graf-Eberhards-Bades (1836–47) mit bemerkenswerter Jugendstilausstattung, daneben das moderne Neue Eberhardsbad (1977), das in Terrassen an den Hang gebaut ist. Hier stehen einige Parkplätze zur Verfügung. Auf der anderen Seite der Enz (Ach-

Von Enzklösterle aus werden in den Sommermonaten Exkursionen zu diesem Kohlenmeiler veranstaltet.

17 *Abstecher von Enzklösterle zum fast 1000 m hohen Hohloh: 3 km nach dem Ortsende von Enzklösterle beim Wildbader Ortsteil Sprollenhaus biegt links eine Straße Richtung Baden-Baden/Kaltenbronn ab. Sie steigt aus dem hier 550 m hohen Enztal zum 857 m hoch gelegenen Ort Kaltenbronn auf, den Sie nach 6 km erreichen. Die großen Parkplätze sind vor allem für den Wintersportbetrieb bestimmt. Sie sollten Kaltenbronn passieren und auf dem ersten Parkplatz rechts nach dem Ort parken. Hier sind Sie am Ausgangspunkt vieler Rundwanderungen angelangt, von denen zwei besonders empfehlenswert sind: Der Wanderweg Nr. 5 führt zum Naturschutzgebiet Hohlohsee und zur höchsten Erhebung des Gebiets, dem 988 m hohen Hohloh. Wenn Sie den Kaiser-Wilhelm-Turm besteigen, der immer geöffnet ist, befinden Sie sich sogar mehr als 1000 m über dem Meeresspiegel. Der Rundweg ist 3,6 km lang. Rundwanderweg Nr. 7 führt an einem Hirschgehege vorbei zum Naturschutzgebiet Wild- und Hornsee und zu mehreren Schutzhütten (ca. 6 km). In diesem Hochmoor gedeihen äußerst seltene Pflanzen, beispielsweise der fleischfressende Sonnentau, er blüht im Juli und August und wird 10–20 cm hoch. Die rötlichen Knöpfchendrüsen der Blätter locken mit wasserhellen Leimtropfen Insekten an, die daran kleben bleiben. Die gestielten Drüsen umschließen die Beute und scheiden ein Verdauungssekret aus, das die Nährstoffe des Insektenkörpers auflöst, so daß sie von der Pflanze aufgenommen werden können. Man darf die Wege in dem Naturschutzgebiet nicht verlassen. Scheuen Sie nicht vor einem Besuch bei trübem Wetter zurück, denn an schönen Tagen lockt das Gebiet oft große Besuchermassen an.*

18 *Abstecher von Wildbad auf den Sommerberg mit der Bergbahn: Neben der Kurverwaltung Wildbad auf der linken Enzseite liegt die Talstation der Wildbader Bergbahn, die halbstündlich verkehrt und auf den ca. 800 m hohen Sommerberg hinaufführt. Schon die Auf- und Abfahrt sind ein Erlebnis: Wildbad liegt im eingeschnittenen Enztal tief unter Ihnen. Der Sommerberg, auf dem mehrere Restaurants und Cafés Sie erwarten, ist der Ausgangspunkt eines weit ausgedehnten Wanderwegenetzes mit Rundwegen zwischen 30 Min. und 6 Std. Übrigens befinden Sie sich hier auf demselben Höhenrücken wie beim Abstecher 17 nach Kaltenbronn: Von dort können Sie in ca. 6 Std. ohne Steigung zum Sommerberg gehen. Im Winter ist die Hochfläche ein beliebtes Skiwander- und Langlaufgebiet.*

»Thermal-Hallenbewegungs- und Freibad« in Wildbad

tung: Einbahnstraßensystem) liegen das König-Karls-Bad (1895) und das neue Thermalbewegungsbad, dessen wabenförmige Konstruktion (1965) im modernen Thermal- und Hallenbadbau bahnbrechend wirkte. Am Fluß beginnen die Kuranlagen, die sich weit an der Enz entlangziehen. Läden und Gaststätten unterschiedlichster Art prägen das Stadtbild von Wildbad und laden zu einem Bummel durch die Straßen ein. Talabwärts Richtung Pforzheim verläßt die Schwarzwald-Bäderstraße 2 km nach dem Wildbader Ortsteil Höfen das Enztal und führt über einen Paß beim Heuberg ins Albtal. Nach bewaldeter Auffahrt erreichen Sie an der höchsten Stelle der Straße inmitten einer freien Hochfläche den Luftkurort Dobel (720 m). Dann geht es wieder steil abwärts zum Thermalbad und heilklimatischen Kurort Bad Herrenalb.

19 In **Bad Herrenalb** finden Sie unmittelbar hinter dem schmucken Hotel Post vor der Straßeneinmündung links einen Parkplatz. Von hier aus können Sie bequem einen Rundgang machen. Der Durchgang an der Kurverwaltung führt zum ehemaligen, 1149 gegründeten Zisterzienserkloster, wo auf einem romanischen Torbogen eine kräftige Kiefer wurzelt. Von der Klosterkirche ist noch die Ruine der stattlichen Paradiesvorhalle (12. Jh.) zu sehen. Der zweijochige Chor stammt laut Inschrift aus dem Jahr 1428. An seiner Nordwand befindet sich das Grabdenkmal des Grafen Bernhard von Baden († 1431), der allerdings nicht hier, sondern in Pforzheim begraben ist. Turm und Langhaus der heutigen Kirche stammen aus dem 18. Jh.
Gepflegte Kuranlagen und alte Häuserfassaden wechseln entlang dem Flüßchen Alb miteinander ab. Talabwärts links in einem Park endet das Bähnchen von Karlsruhe. An der Station wurde die historische Wartehalle des ehemaligen Bahnhofs von Baden-Baden aus dem Jahr 1895 im Original wiederaufgebaut. Bei der Ausfahrt von Herrenalb Richtung Karlsruhe liegt in dem weitläufigen Park auf der linken Seite das neue Thermalbad. Die heißen Quellen wurden erst 1964 durch Bohrungen erschlossen.

20 5 km talabwärts kommen Sie nach **Frauenalb** mit seinem im 12. Jh. gegründeten Benediktinerinnenkloster. Der Grundstein für die doppeltürmige Kirche wurde 1727–33 nach Plänen von Peter Thumb erbaut. 1803 säkularisiert, brannte die Kirche 1853 ab. Nur die beiden Türme und die Außenmauern stehen noch, die Ruine darf nicht betreten werden. In den Klostergebäuden ist heute noch ein Erholungsheim untergebracht.

21 In **Marxzell** führt die Schwarzwald-Bäderstraße direkt am Ortsbeginn rechts wieder aus dem Albtal heraus. Unmittelbar an der Abzweigung weisen alte Mühlräder, Lokomotiven, Straßenbahnzüge und alte technische Geräte auf ein ungewöhnliches Museum hin: das Fahrzeugmuseum, das man zu Ehren des Erfinders Karl Benz (1844–1929) einrichtete. Karl Benz wurde in Karlsruhe geboren; seine ersten Fahrzeuge hat er in Mannheim konstruiert. Für die Sammlung wurden vor allem alte Fahrzeuge, aber auch andere technische Erzeugnisse der jüngsten Vergangenheit, vom elektrischen Klavier bis zur Plattenkamera, zusammengetragen. Ein Besuch des Museums weckt bei älteren Besuchern häufig nostalgische Erinnerungen an ihre Jugendzeit.

Bad Herrenalb: Heilbad und heilklimatischer Kurort im Schnittpunkt von sieben Schwarzwaldtälern

Hier können sie ihren Kindern oder Enkeln vieles zeigen, was für sie selbst einmal Alltag war (täglich geöffnet).
Von Marxzell fahren Sie aus dem Albtal hinauf über Straubenhardt Richtung Neuenbürg/Pforzheim. Sie kommen wieder auf die Hochfläche zwischen Nagold- und Enztal, die hier wegen der vielen Obstgärten, Felder und Wiesen weniger herb wirkt als bei Dornstetten.
22 Unmittelbar am Ortsbeginn von **Neuenbürg** biegen Sie rechts ab in Richtung Stadtmitte und erreichen den Marktplatz (Parkmöglichkeit). Die hufeisenförmige Stadt liegt an der Enz, die hier eine weite Schleife um den Schloßberg zieht. Ein Tunnel durch den Berg befreit die Stadt vom Durchgangsverkehr der B 294. Sehenswert ist die etwas erhöht beim Friedhof stehende Schloßkirche St. Georg, ein frühgotischer Bau mit einem Freskenzyklus aus dem 14. Jh. Vom Schloß, das auf dem Bergrücken hoch über der Stadt steht, haben sich der mittelalterliche Bering (Mantelmauer) und große Teile eines sehenswerten Renaissancebaus erhalten. Unmittelbar dahinter steht das sog. »Alte Schloß«, eine romantische Ruine aus dem Mittelalter.
Wenn Sie von Neuenbürg weiterfahren, müssen Sie sich bereits am Marktplatz scharf links Richtung Pforzheim einordnen. Sie laufen sonst Gefahr, auf die B 294 Richtung Wildbad/Freudenstadt zu kommen. Hinter Neuenbürg erleben Sie noch ein letztes Stück des tief eingeschnittenen Enztales, wo die steilen Hangwälder bis zum Fluß reichen. Bei Birkenfeld verändert sich die Landschaft ganz unvermittelt. Die dunklen Wälder bleiben zurück, das Tal öffnet sich weit. Vor Ihnen liegt nun Pforzheim. An der ersten größeren Kreuzung mit Ampelregelung sehen Sie links oben einen grün bewachsenen Kegel, den Trümmerberg aus Pforzheimer Bombenschutt, der nach dem Zweiten Weltkrieg angelegt wurde. Falls Sie Pforzheim nicht zu Beginn der Rundreise besichtigt haben, sollten Sie jetzt das moderne Stadtzentrum und das Schmuckmuseum besuchen oder sich für einen der lohnenden Ausflüge zum Wildpark, zum Alpengarten oder nach Maulbronn entscheiden.

Das Weidenröschen bevorzugt schattige, kühle Plätze. Auch nach der Blüte wirkt dieses Nachtkerzengewächs noch dekorativ.

Lage Im nördlichen Schwarzwald zwischen Pforzheim und Freudenstadt.
Anfahrt Auf der A 8 über Karlsruhe oder Stuttgart bis zur Ausfahrt Pforzheim-Ost, von dort Richtung Pforzheim-Stadtmitte.
Länge Ca. 210 km.
Beschilderung Mit Nixe, aber nicht überall deutlich.
Beste Reisezeit Von Mai bis Oktober. Die Ginster- und Lupinenblüte erreicht im Juni ihren Höhepunkt. Die berühmte Krokusblüte bei Zavelstein ist in den Monaten März und April.
Zahlreiche Langlaufloipen, Skihänge und Rodelbahnen machen den Nordschwarzwald auch für Wintersportler attraktiv.
Charakter und Landschaftsformen In das waldreiche Buntsandsteinmassiv des nördlichen Schwarzwaldes haben die Flüsse Enz, Nagold und Alb mit ihren Zuflüssen tiefe Täler eingegraben. An den Hängen reicht der Wald oft bis zum Flußbett. Wo sich die Täler weiten, konnten Ortschaften entstehen. Auf den Hochflächen wurde der Wald gerodet. Hier liegen viele Dörfer, die heute als Fremdenverkehrsorte beliebt sind. Eine ganze Reihe von heißen und mineralhaltigen Quellen, die in den Tälern entspringen, werden in mehreren Heilbädern medizinisch genutzt. Die Schwarzwald-Bäderstraße führt vom Zusammenfluß von Nagold und Enz bei Pforzheim durch die Täler bis ins Quellgebiet beider Flüsse auf dem ca. 800 m hohen Hochplateau von Freudenstadt. Man fährt durch die dominierenden Fichten- und Tannenwälder und über freie Hochflächen. Heidelbeeren, Farne und Fingerhut in den Forsten, gelbblühender Besenginster und blaue Lupinen an den Straßen sind die charakteristischen Pflanzen des Nordschwarzwaldes. Die Täler von Nagold und Enz sind im Oberlauf kaum besiedelt.
Auskunft Gebietsgemeinschaft Nördlicher Schwarzwald, Marktplatz 1, 7530 Pforzheim.

Wie aus dem Fels herausgewachsen, thront die Ruine der Burg Reußenstein am Albrand über dem Neidlinger Tal.

»Ikarus« über der Schwäbischen Alb

Paradies aus Karst und Kalk

Vor Millionen Jahren rauchten und spuckten hier die Vulkane, und es gab sogar Besuch aus dem Weltall: Ein überdimensionaler Meteorit riß die Erde auf, und so entstanden das Nördlinger Ries und das Steinheimer Becken. Heute zeigt die Schwäbische Alb dem Besucher ein freundlicheres Gesicht. Stolze Burgen und romantische, weit über die Ebene schauende Kirchen bestimmen das Bild der Landschaft. Man denke nur an Balthasar Neumanns letztes Werk, die Klosterkirche von Neresheim. Zur Schwäbischen Alb gehören weite Hochflächen, lichte Laubwälder und karge Wacholderheiden ebenso wie geheimnisvolle Höhlen und Berge, die den Blick zum Schwarzwald und bei besonders klarem Wetter bis auf die Alpen freigeben. Traditionsreiche Städte wechseln mit verträumten Dörfern. Die Fahrt geht durch eindrucksvolle Landschaften, Erholungs- und Freizeitgebiete, vorbei an historischen und geologischen Sehenswürdigkeiten. Die Schwäbische Alb ist offen für die Erwartungen ihrer Besucher. Die Glanzpunkte sind dem Albfahrer durch ein dichtes Netz von Wanderparkplätzen und Wanderwegen erschlossen.

❶ *Abstecher von Aalen zum geologischen Lehrpfad: Sie fahren von der Stadtmitte durch die Stuttgarter Straße am Rathaus vorbei und kurz danach links Richtung Ulm. Vom Verteilerkreis unter der B 29 geht es in die Langertstraße, die direkt zum Anfang des Lehrpfads am Waldrand führt. Die Schwäbische Alb ist als jüngstes deutsches Mittelgebirge für Geologen eine hochinteressante Landschaft. Sie ist aus sauber geschichteten Sedimentgesteinen aufgebaut, weist zahlreiche vulkanische Erscheinungen auf und bildet Deutschlands größtes Karstgebiet. Bei Aalen treten alle drei Hauptschichten des Jura zutage: Der Schwarze Jura (Lias), der Braune Jura (Dogger) und der Weiße Jura (Malm).*
Um dem Wanderer die geologischen Besonderheiten in dieser Gegend zu erschließen, wurde der geologische Pfad Aalen als erste derartige Einrichtung in Deutschland geschaffen. Der Weg führt auf 2 km Länge durch alle Schichten des Braunen und Weißen Jura. Hinweistafeln geben Aufschluß, nennen die Leitfossilien der Schichten und weisen auf geologische Besonderheiten am Weg hin, die der Laie normalerweise nicht beachtet. Für einen gemütlichen Spaziergang auf dem Pfad müssen Sie sich etwa 1 Std. Zeit nehmen. Die Strecke beginnt am Südrand der Stadt und endet am Aalbäumlesturm, von dem Sie weit über die Ostalb blicken können.

❶ Wenn Sie von Westen nach Osten reisen, beginnt die Schwäbische Albstraße in **Aalen,** das mit seinen 63 000 Einwohnern zu den größten und wichtigsten Städten der Alb gehört. Schon die Römer unterhielten dort in den Jahren 150 bis 250 nach Chr. ein sog. Auxiliarkastell, eine Hilfsburg. In dieser Befestigung, die damals zu den größten nördlich der Alpen gehörte, waren 1000 Mann einer Reitereinheit stationiert. Die Stadt Aalen selbst ist eine Gründung der Staufer aus den Jahren 1241–46. Wenn Sie auf der B 29 von Stuttgart kommen, fahren Sie in die Stadtmitte bis zum großen, modernen Betonbau des Neuen Rathauses. In der Nähe gibt es in der Stuttgarter und in der Friedrichstraße mehrere Parkgelegenheiten. Die Altstadt von Aalen beginnt gleich hinter dem Rathaus mit dem langgezogenen Marktplatz, der Teil einer ausgedehnten Fußgängerzone ist. Am Markt steht das Alte Rathaus, ein Fachwerkbau des 17. Jh.s. Im Türmchen auf dem Dach sehen Sie den »Spion von Aalen«, das Wahrzeichen der Stadt. Er war ein biederer Schneidermeister, den die Reichsstädter dem heranrükkenden Feind als Kundschafter entgegenschickten. Das Schneiderlein

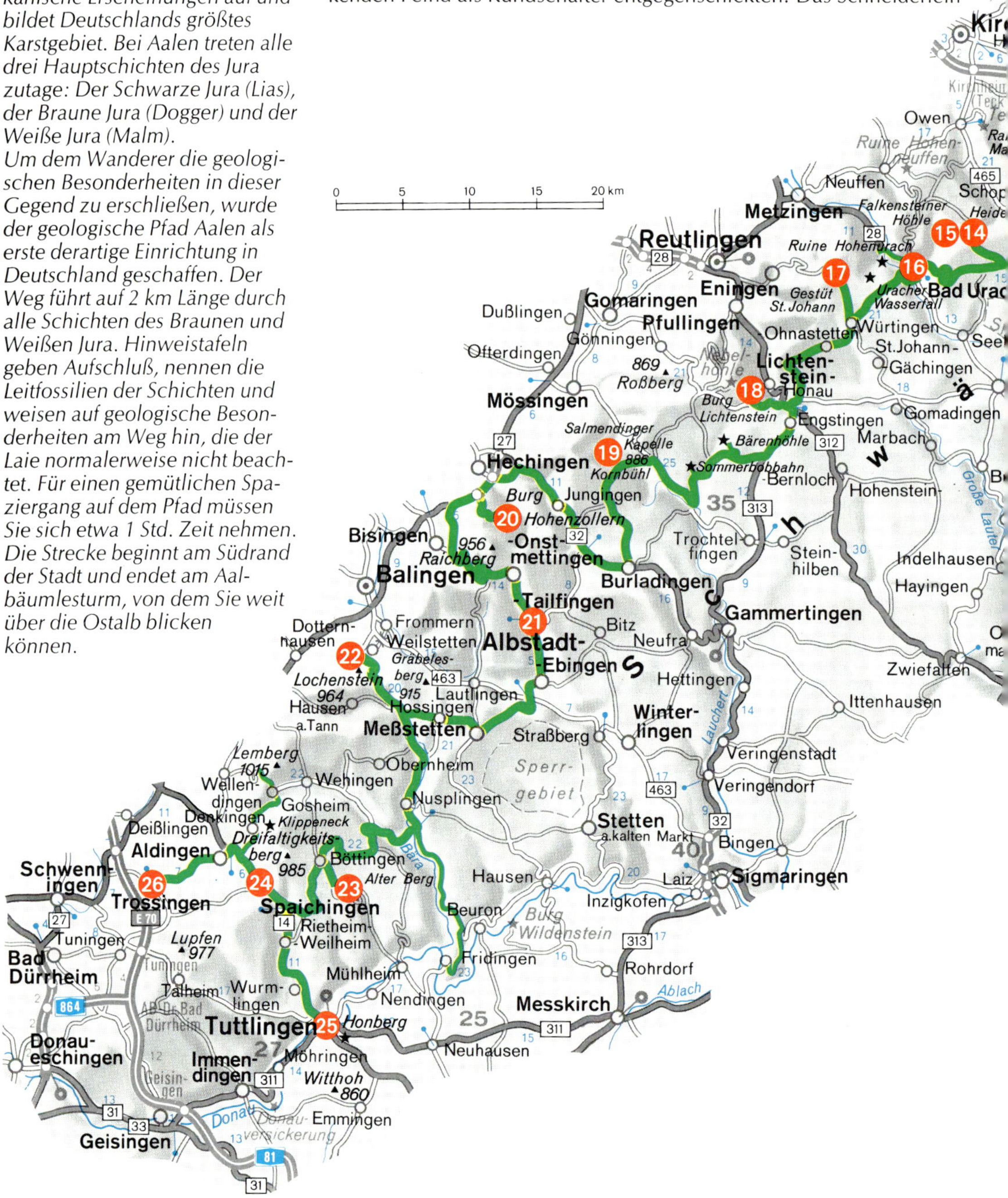

stellte sich den Gegnern mit den Worten vor: »Grüß Gott, ich bin der Spion von Aalen und soll schauen, wie stark ihr seid.« So viel Offenheit rührte die Feinde. Sie lachten herzlich, und die Fehde wurde durch Verhandlungen beigelegt. Im Alten Rathaus befindet sich ein geologisch-paläontologisches Museum. Es ist hervorragend gestaltet und vermittelt auf mehreren Etagen Wissenswertes über die Entwicklungsgeschichte der Schwäbischen Alb. Zahlreiche versteinerte Tiere und Pflanzen sind hier ausgestellt (täglich außer Mo. geöffnet). Dem Alten Rathaus gegenüber liegt das Heimat- und Schubartmuseum. Der schwäbische Dichter Christian Friedrich Daniel Schubart (1739–91), der durch seine Auseinandersetzungen mit Herzog Carl Eugen von Württemberg und seine lange Haft auf dem Hohenasperg in die Geschichte eingegangen ist, war in Obersontheim bei Aalen beheimatet. Neben der Schubart-Gedächtnisausstellung besitzt das Museum vor allem eine wertvolle Porzellan- und Fayencensammlung (Mo. geschlossen). An die römische Vergangenheit erinnert das Limes-Museum in der St.-Johann-Straße Nr. 5. Es liegt auf dem Gelände des ehemaligen Kastells, von dem noch Teile eines Lagertores zu sehen sind, es bewahrt römische Funde aus der Umgebung auf. Daneben sind interessante Modelle und Luftaufnahmen zu sehen. Vom Rathaus fahren Sie durch die Friedrichstraße zur Friedhofstraße (Rich-

Das Limes-Museum in Aalen vermittelt eine anschauliche Vorstellung vom ehemaligen römischen Grenzwall.

tung Krankenhaus), biegen dort links ab und kommen kurz danach zur St.-Johann-Straße mit dem Limes-Museum (Mo. geschlossen).
Von Aalen führt ein Teil der offiziellen Albstraße nach Heidenheim, wo sie mit einem von Nördlingen kommenden Zweig zusammentrifft. Die Strecke zwischen Aalen und Nördlingen ist jedoch landschaftlich und kulturhistorisch so interessant, daß man sie keinesfalls auslassen sollte. Sie erreichen auf dieser Route zuerst Wasseralfingen, das heute verwaltungsmäßig zu Aalen gehört. Die Stadt ist eng mit den Schwäbischen Hüttenwerken verbunden, deren große Hallen und Anlagen sich beiderseits der Straße nach Bopfingen reihen. Die Firma war einst das größte Hüttenwerk Württembergs. Sie entstand im 16. Jh. und verdankt ihre Bedeutung den Erzfunden im Braunen Jura des Kochertals. Die Gruben werden zwar schon lange nicht mehr ausgebeutet, aber Wasseralfingen ist ein Zentrum der Metallverarbeitung geblieben.

2 Sie fahren auf der B 29 weiter in östlicher Richtung. Bei **Lauchheim** liegt rechts auf der Höhe die Kapfenburg, ehemals Domizil der Deutschordensritter. Im 16. und 18. Jh. wurde die mittelalterliche Burg zum Schloß umgebaut. Heute dient es als Domäne des Landes Baden-Württemberg und ist Besuchern teilweise zugänglich. Von der Burggaststätte aus haben Sie eine weite Sicht über die Schwäbische Alb und ihr Vorland. Wenn Sie zur Burg hinauffahren möchten, finden Sie den Weg ab Lauchheim ausgeschildert.
Die Wacholderheiden, die sich wenige Kilometer hinter Lauchheim an den Hängen des Käsbühls und des Sachsenbergs links der Straße hinziehen, sind typisch für die Schwäbische Alb. Bald liegt einer der imposantesten Albberge vor Ihnen: der kahle Kegel des Ipf bei Bopfingen. Besonders bei guter Fernsicht sollten Sie sich die Zeit nehmen hinaufzusteigen.

3 **Bopfingen** war früher eine der kleinsten Reichsstädte. Es besitzt ein Rathaus aus dem 16. Jh. mit schönem Giebel und Treppenturm. Auch der alte Pranger ist erhalten. Nahe beim Rathaus im Zentrum steht die Stadtkirche St. Blasius. Sie birgt neben anderen wertvollen Ausstattungsstücken einen schönen Hochaltar aus dem 15. Jh. Vom Flochberg, dem Hausberg Bopfingens, der südöstlich des alten Ortskerns liegt und von einer mächtigen Ruine gekrönt wird, haben Sie eine gute Sicht auf die Stadt und hinüber zum Ipf, dem Wahrzeichen der ganzen Region. Die Burg diente einst den Staufern als Festung gegen die Welfen; im Dreißigjährigen Krieg wurde sie von den Schweden zerstört. Zum Flochberg kommen Sie von der Stadtmitte aus über den Ortsteil Schloßberg (ausgeschildert). Den letzten Teil des Anstiegs (ca. 10 Min.) müssen Sie zu Fuß zurücklegen. Von Bopfingen fahren Sie weiter auf der B 29 Richtung Nördlingen und erreichen bei Trochtelfingen das Nördlinger Ries, ein fast kreisrundes Becken mit einem Durchmesser von 25 km. Die Riesfläche liegt 430 m ü. d. M. und ist von einer 150 bis 200 m hohen, teilweise wallartigen Hügelkette umgeben. Erst vor wenigen Jahren konnte durch Untersuchungen der Kristallstruktur

3 *Abstecher von Bopfingen zum Schloß Baldern: Über Oberndorf, das am Fuße des Ipf liegt, kommen Sie zum etwa 7 km nördlich gelegenen Ort Baldern. Schloß Baldern, das weithin sichtbar das Dorf überragt, lohnt einen Besuch. Die ehemalige Festung wurde im 18. Jh. von dem Baumeister Gabriele Gabrieli zur Barockresidenz für die Grafen von Oettingen-Baldern umgestaltet. In reinem Spätbarock zeigt sich die Schloßkapelle. Der Kaisersaal im Fürstenbau sowie die Wohnräume sind wegen ihrer Stukkaturen sehenswert. Aus den Sammlungen, die im Schloß aufbewahrt werden, ragt die Waffenschau (16.–18. Jh.) heraus; sie ist eine der wertvollsten im süddeutschen Raum (im Sommerhalbjahr täglich außer Mo. geöffnet; Führungen).*

3 *Wandervorschlag von Bopfingen auf den Ipf: Durch den Ort Oberndorf können Sie direkt zum westlichen Anstieg des Ipf fahren. Den Gipfel erreichen Sie in ca. ½ Std. Der Weg führt steil über den heideartigen, mit kargem Gras bewachsenen Hang. Vereinzelt wachsen hier Wacholderbüsche, und im Frühjahr blühen die Küchenschellen. Diese blauvioletten Verwandten der Anemone stehen unter Natur-*

Nördlingens Stadtmauer aus dem frühen 14. Jh. ist nahezu vollständig erhalten.

am Gestein nachgewiesen werden, daß es sich beim Nördlinger Ries um den Krater eines Meteoriteneinschlags handelt. Diese Naturkatastrophe muß vor ca. 14,5 Millionen Jahren stattgefunden haben; der Riesmeteorit hatte einen Durchmesser von etwa 500–900 m. Beim Aufschlag wurde eine ungeheure Energiemenge frei. Es herrschten Temperaturen bis 38000 °C. Das Gestein schmolz, stieg als Dampfwolke auf oder wurde aus dem Krater herausgeschleudert. Ergußgestein, das von diesem Ereignis herrührt, findet man oft am Rand des Rieses; man nennt es Suevit. In dem riesigen Krater bildete sich zunächst ein See mit reicher Fauna und Flora, der nach und nach von den Zuflüssen mit Gesteinsschutt aufgefüllt wurde, so daß die heutige Ebene entstand. Da es auf dem Mond vergleichbare Einschlagkrater gibt, führten die amerikanischen Astronauten der Apollo-Flüge im Nördlinger Ries ein geologisches Feldtraining durch.

schutz. Vom Gipfel können Sie die gigantischen Erdbewegungen, die auf dem Ipf in der Hallstattzeit und früher zu Befestigungszwecken durchgeführt wurden, bewundern. Besonders imposant sind der mächtige Ringwall um das Gipfelplateau und die Terrassierung an der Südflanke des Berges.

4 Die größte Gemeinde im Ries ist **Nördlingen** (s. a. S. 153), das schon zu Bayern gehört. Der mittelalterliche, runde Stadtkern ist hervorragend erhalten. Auf der rundum begehbaren Wehrmauer mit ihren fünf Toren und elf Türmen bieten sich Ihnen malerische Ausblicke über die Dachlandschaft der Altstadt. Parkmöglichkeiten finden Sie um die zentral stehende St.-Georgs-Kirche, deren wuchtiger Turm, »Daniel« genannt, mit seinen 89 m das Wahrzeichen der Stadt ist. Man kann ihn besteigen und überblickt an klaren Tagen von hier aus das ganze Ries. St. Georg ist eine spätgotische Hallenkirche aus dem 15. Jh., als deren berühmtestes Ausstattungsstück der Hochaltar gilt. Die barockgewandelte Arbeit (1683) hat die gotischen Skulpturen des Vorgängeraltars wieder einbezogen. Die steinerne Kanzel ist eine meisterhafte Bildhauerarbeit der Spätgotik (1499). Interessant sind die zahlreichen Epitaphe und Grabplatten an den Wänden. Am Marktplatz, der sich im Norden an die Kirche anschließt, fallen das Rathaus und das Tanzhaus (15. Jh.) ins Auge. An der Marktfront schmückt eine Figur des Kaisers Maximilian aus dem 16. Jh. das Tanzhaus. Das Rathaus ihm gegenüber entstand zwischen dem 14. und 17. Jh. Berühmt ist die überdachte Freitreppe an der Ostseite. Direkt darunter befand sich das Stadtgefängnis.

4 Abstecher von Nördlingen zu den Ofnethöhlen: Wenige Kilometer hinter Nördlingen Richtung Neresheim sehen Sie rechts der Straße einen Jurahügel (großer Steinbruch). In seinem oberen Teil liegen die Ofnethöhlen, in denen man archäologisch interessante Funde machte. Sie wurden in der Altsteinzeit für rituelle Schädelbestattungen benutzt. Den Parkplatz unterhalb der Höhlen erreichen Sie von der B 466 auf einem schmalen Sträßchen (ausgeschildert).

In der Luftaufnahme tritt der runde Grundriß der Stadt Nördlingen deutlich hervor.

Vom Marktplatz lohnt sich ein kleiner Spaziergang über den Tändelmarkt und durch die Nonnengasse ins Gerberviertel, wo am kanalisierten Lauf des Flüßchens Eger einige unverfälschte Gerberhäuser stehen. Gleich daneben liegt das ehemalige Heilig-Geist-Spital. In der Anlage des frühen 13. Jh.s ist das Stadtmuseum mit stadt- und kunstgeschichtlichen Sammlungen untergebracht (geöffnet täglich außer Mo., Dez. bis März geschlossen). Durch Nördlingen können Sie auch ohne bestimmtes Ziel bummeln. Beinahe jede Straße und Gasse der Altstadt besitzt noch heute schöne Gebäudeensembles, die an die Glanzzeit der schwäbischen Reichsstadt im Mittelalter erinnern.

5 Auf der B 466 fahren Sie von Nördlingen nach **Neresheim.** Schon von weitem sieht man das berühmte Benediktinerkloster auf einer Anhöhe liegen. Sie durchqueren den Ort, halten sich am Ortsende links Richtung Dischingen und können direkt zum Kloster hinauffahren. Kurz vor dem Eingang finden Sie einen großen Parkplatz.

1747 betraute Abt Aurelius Braisch den berühmten Baumeister Balthasar Neumann mit dem Neubau der Klosterkirche; sie sollte das baufällige romanische Münster ersetzen. Neumann erlebte die Fertigstellung des nur langsam voranschreitenden Baus nicht mehr; er starb im Jahre 1753, die Kirche aber wurde erst 1792 geweiht. Sein genialer Plan ist jedoch bis auf wenige Änderungen durchgeführt worden, und Neumann hat mit der Neresheimer Kirche einen der schönsten sakralen Barockräume Europas hinterlassen. Bestechend wirken Leichtigkeit und Gelöstheit des lichtdurchfluteten Raumgebildes. Freipfeilerpaare scheinen die mächtige Mittelkuppel mühelos zu tragen und lassen sie gleichsam über der Vierungsrotunde schweben. Chor und Langhaus mit je zwei Jochen werden durch die zentrale Vierung, der sich nur leicht ausgesetzte Querschiffe anschließen, verbunden und zu einem homogenen Raumgebilde verschmolzen. Ihren Höhepunkt erreicht die barocke Kompositions- und Illusionskunst in den Deckenfresken des Tiroler Malers Martin Knoller. Bei den Stuckarbeiten schimmert dagegen schon klassizistische Kühle durch. Die Renovierung der Neresheimer Klosterkirche von 1965 bis 1975 liefert ein eindrucksvolles Beispiel für die Leistung der Restauratoren und Ingenieure, die hier ein unersetzliches Bauwerk für die Nachwelt erhalten konnten. Das Kloster ist seit 1920 wieder von Benediktinern bewohnt (tägliche Führungen).

6 Von Neresheim, das mitten im Härtsfeld, einer kargen, aber landschaftlich reizvollen Alblandschaft liegt, geht es weiter auf der B 466 nach **Heidenheim.** Die Stadt ist mit ihren 50000 Einwohnern wirtschaftliches und kulturelles Zentrum eines großen Einzugsbereichs auf der Ostalb. Der betriebsame Ort mit zahlreichen großen Industriefirmen wirkt im Tal der Brenz fast etwas eingezwängt. Eindrucksvoll erhebt sich das Schloß Hellenstein auf einem 70 m hohen Felsen über der Altstadt. Von Neresheim kommend fahren Sie, auf einer weitgeschwungenen, Brenz und Eisenbahn überspannenden Brücke, zur Schnaitheimer Straße, die ins Stadtzentrum führt. Parkmöglichkeiten

Quelltopf der Brenz in Königsbronn

Auf dem Härtsfeld prangt die Neresheimer Klosterkirche St. Ulrich und Afra mit den vortrefflich restaurierten Fresken Martin Knollers.

gibt es beim Rathaus, einem großen modernen Betonbau, und beim Konzerthaus in der Erchenstraße. Von beiden Stellen aus können Sie einen Spaziergang durch den Stadtkern mit seinen Fußgängerzonen machen. Echte Altstadtatmosphäre finden Sie noch in der Hinteren Gasse, die parallel zur Hauptstraße verläuft. Wenn Sie am Ende der Hauptstraße in die Straße »Im Flügel« einbiegen, erreichen Sie über eine Treppe und einen schmalen Pfad in 10 Min. das Schloß. Der Weg führt Sie an der »Heidenschmiede« vorbei, einem von einem überhängenden Felsen geschützten Wohnplatz der Altsteinzeit. Wie die ausgegrabenen Reste beweisen, wurden hier vor 80000 Jahren große Mengen von Steinwerkzeugen hergestellt.
Vom Schloß aus haben Sie einen weiten Ausblick über die ganze Stadt. Der Gebäudekomplex umfaßt noch einige mittelalterliche Mauerreste, stammt jedoch zum größten Teil aus dem 16. Jh. In der Kapelle und in Räumen des Obergeschosses ist ein bedeutendes Museum mit reichen Beständen an vorgeschichtlichen Funden (u. a. aus der »Heidenschmiede«) sowie heimatkundlichen und botanischen Ausstellungsstücken untergebracht (von April bis Oktober täglich außer Mo. geöffnet). In der Nähe des Schlosses hat man einen ausgedehnten Freizeitpark mit Wildgehegen, Waldspielplatz und einem Streichelzoo für Kinder angelegt. Mit dem Auto können Sie das Schloß entweder über die Erchenstraße, die Schützenstraße und das Katzental oder über die Wilhelmstraße und die Schloßhausstraße erreichen. Von Heidenheim aus führt die Schwäbische Albstraße sowohl in Richtung Sontheim/ Steinheim als auch in Richtung Aalen. Wenn Sie eine Wiederholung bestimmter Streckenteile vermeiden wollen, dann fahren Sie am besten zuerst nach Königsbronn und von dort über Zang nach Steinheim.

7 In **Königsbronn** lohnt der Brenztopf einen Besuch. Sie biegen nach dem Bahnhof von der B 19 links über die Gleise ab. Wenn Sie dann immer geradeaus fahren, kommen Sie zum Königsbronner Rathaus mit seiner sehenswerten Rokokofassade. Rechts daneben liegt, etwas versteckt, der Brenz-Quelltopf. Die mittlere Ausschüttung beträgt 400 l pro Sekunde. Das sind täglich 34,56 Mio. l. Es gibt in den Alb-

Burg Hellenstein, landschaftlich reizvoll über Heidenheim gelegen, blickt auf eine wechselvolle Geschichte zurück.

Das Optische Museum in Oberkochen zeigt außer historischen Mikroskopen auch Brillen, Fernrohre, Kameras und moderne optische Instrumente.

7 Abstecher von Königsbronn ins Optische Museum Oberkochen: In Oberkochen ist seit dem Zweiten Weltkrieg die Firma Carl Zeiss ansässig. Sie hat dem Ort Weltruf im Bereich der optischen Industrie verschafft und bietet mit dem Optischen Museum der Zeiss-Werke auch eine museale Attraktion: Es ist das einzige seiner Art in der Bundesrepublik Deutschland und zeigt einen informativen Querschnitt optischer Instrumente aus allen Kulturepochen. Dazu gehören beispielsweise eine große Brillensammlung, aber auch Napoleons Fernrohr und die von den amerikanischen Astronauten auf dem Mond benutzten optischen Geräte. Das Museum befindet sich auf dem Gelände des Unternehmens in der Leitzstraße 54 (täglich außer Sa. geöffnet).

tälern zahlreiche Karstquellen dieser Art; die meisten haben allerdings eine geringere Ausschüttung. Das auf der Hochfläche versickernde Wasser tritt am Fuße der Alb wieder zutage, nachdem es die weitläufigen Höhlen und Spalten des Karstgebirges durchflossen hat. Nur an Sonntagen ist das Torbogenmuseum in Königsbronn geöffnet. Es zeigt u. a. Materialien, Werkzeuge, Trachten und Kunstgüsse, die den früher im Ort ansässigen Erzabbau- und Hüttenbetrieb dokumentieren.

8 Von Königsbronn fahren Sie Richtung Zang/Bartholomä durch den Albuch, eine waldreiche Ostalblandschaft. Wenige Kilometer hinter Zang geht es links ab nach **Steinheim.** Der Ort liegt im gleichnamigen Becken, einer Landschaft, die wie das Nördlinger Ries durch einen Meteoriteneinschlag entstanden ist. Da beide Ereignisse etwa im gleichen Zeitraum stattgefunden haben, ist anzunehmen, daß sich ein Meteorit kurz vor dem Aufprall in zwei verschieden große Stücke spaltete. Der kleinere Teil sprengte das Steinheimer Becken aus der Erde, dessen Durchmesser ca. 5 km beträgt und in dessen Zentrum sich der »Steinhirt« befindet, ein Hügel, der den Geologen viele Rätsel aufgibt. Er bildete sich vermutlich durch den Gegendruck der getroffenen Gesteinsschichten; außerdem ist Gesteinsschutt nach innen gefallen. Vom »Steinhirt« aus können Sie das ganze Becken und den Ort Steinheim überblicken. Wenn Sie Richtung Sontheim durch die Stadt fahren, finden Sie am Ortsende beim Friedhof einen großen Parkplatz. Von hier aus können Sie auf einem schmalen Weg, vorbei an einer offenen Sandgrube, den höchsten Punkt des Steinhirts zu Fuß erreichen. Der sog. Schneckensand in der Sandgrube besteht hauptsächlich aus fossilen Schneckenhäusern, die von einem großen Süßwassersee stammen, der nach dem Meteoriteneinschlag vorübergehend im Becken entstanden war.

9 Von Sontheim aus fahren Sie über die B 466 nach Söhnstetten und weiter nach Böhmenkirch. Nördlich von **Söhnstetten** liegt das Mauertal. Von herrlichen Wacholderheiden eingerahmt, bietet es hervorragende Spazier- und Wandermöglichkeiten. Im Ort müssen Sie von der Bundesstraße nach links abbiegen und an der Kirche vorbei zum Taleingang fahren.

Bei Böhmenkirch-Steinenkirch führt die Straße steil hinab ins Roggental, ein Albtal, das sich wie viele andere am Nordrand des Gebirges mit schroffen Flanken tief eingegraben hat. Monumental wirken die mächtigen weißen Kalkfelsen, die hoch über die Hangwälder hinausragen und der Landschaft einen fast heroischen Zug verleihen.

10 Über Eybach kommen Sie nach **Geislingen** an der Steige. Die Eisenbahn (Stuttgart–Ulm) muß hier über eine lange Steilstrecke, die 1850 fertiggestellt wurde, auf die Hochfläche der Alb steigen. Geislingen hat 27 000 Einwohner und zahlreiche große Industriebetriebe, deren bekanntester die Württembergische Metallwarenfabrik (WMF) ist. Sie hat hier ihren Stammsitz. Um ins Zentrum zu kommen, fahren Sie am Bahnhof vorbei Richtung Ulm bis zur Rosenstraße. Dort kön-

8 *Abstecher von Steinheim zum Felsenmeer: Wenn Sie von Zang kommen, biegen Sie an der Einmündung in die Straße nach Steinheim rechts Richtung Bartholomä ab. 1 km nach der Einmündung erreichen Sie den Gasthof Wental, von dessen großem Parkplatz es nur wenige Schritte bis zum Felsenmeer sind. Die urtümliche Landschaft mit den bizarren Steingebilden entstand in einer Zeit, als hier noch ein Fluß durchs Wental zum Steinheimer Becken strömte. Er hat die Felsen herausgespült, die aus hartem Dolomitgestein bestehen. In 10 Min. spazieren Sie bequem durch das ganze Felsenmeer, das oft auch Steinernes Meer genannt wird. Am Ausgang, wo der Weg wieder ins freie Feld führt, wurden mehrere Grillplätze angelegt.*

8 *Wandervorschlag von Steinheim auf dem geologischen Pfad durch das Steinheimer Becken: Vom Meteorkratermuseum in Steinheim-Sontheim führt ein 6 oder 9 km langer Wanderweg, der mit zahlreichen Hinweistafeln versehen ist, durch die geologisch hochinteressante Landschaft des Steinheimer Beckens. Dieser Meteoritenkrater wurde in den vergangenen Jahren intensiv, u. a. auch durch Tiefenbohrungen, erforscht. Auf verständliche Art und Weise werden dem interessierten Laien die Erkenntnisse aus diesen Forschungsarbeiten auf Tafeln am Rand der Wanderstrecke mitgeteilt. Im Meteorkratermuseum können Sie sich auf die Wanderung einstimmen. Dort sind neben bedeutenden paläontologischen Funden aus dem Steinheimer Becken Karten, Fotos und Aufrisse, die Struktur und Entstehung des Beckens erklären, ausgestellt. Der Weg zum Museum ist ab Steinheim ausgeschildert (täglich geöffnet).*

Der Elefantenbrunnen: ein liebenswerter Blickfang in Geislingens Fußgängerzone

nen Sie Ihr Auto an der Stadtkirche oder im Parkhaus Sonne-Center abstellen und durch die Altstadt bummeln. Geislingen ist eine mittelalterliche Gründung der Grafen von Helfenstein, die in einer Burg hoch über der Stadt am Albrand residierten. Ruinenreste und der als Vorwerk gebaute Ödenturm auf der gegenüberliegenden Höhe sind noch zu sehen.
Die Stadtkirche, eine spätgotische Pfeilerbasilika, birgt einen wertvollen Flügelaltar. Das Chorgestühl hat Jörg Sürlin aus Ulm im frühen 16. Jh. geschnitzt. Von der Kirche aus gehen Sie durch die Fußgängerzone in der Hauptstraße. Gebäude, die besonders ins Auge fallen, sind hier der »Zoll«, ein Fachwerkbau aus dem 15. Jh., und das »Alte Rathaus«, dessen Erdgeschoß aus der gleichen Zeit stammt. Die oberen Stockwerke kamen erst im 19. Jh. hinzu. Eine ganz neue Sehenswürdigkeit zwischen diesen beiden Häusern ist der phantasievolle Elefantenbrunnen. In der Verlängerung der Hauptstraße treffen Sie auf den »Alten Bau«, ein großes Fachwerkhaus, das früher als Kornspeicher diente. Heute ist es das Domizil des Heimatmuseums (im Sommer Mi., Sa. und So. geöffnet). Dort werden neben volkskundlichen, stadtgeschichtlichen und archäologischen Funden, als Besonderheit, Zeugnisse der früher in Geislingen beheimateten Elfenbeinschnitzkunst gezeigt.
Ab Geislingen führt die Albstraße durch die abwechslungsreiche Landschaft des jungen Filstals. Beiderseits der Strecke ragen die Tafelberge des nördlichen Albrands mit ihren steilen Kalkfelsen empor. Bad Überkingen und Bad Ditzenbach sind beliebte Heilbäder und Urlaubsorte.
11 Bei **Deggingen** sehen Sie am Talrand, schon etwas erhöht, die Wallfahrtskirche Ave Maria aus dem frühen 18. Jh. Sie erreichen das schön gelegene Marienheiligtum, wenn Sie in Deggingen von der Bundesstraße links abbiegen und durch die Ortsmitte an den Ostrand des Dorfes fahren (ausgeschildert). Die Kirche besitzt ein prächtiges Altarwerk, dessen zwei Nebenaltäre mit Gemälden des Malers Martin van Valkenborch geschmückt sind. Etwas weiter oben im Wald liegt die ursprüngliche Marienkapelle, zu der Sie auf einem Fußweg in ca. 10 Min. gelangen.

11 Abstecher von Deggingen zum Albtrauf: Biegen Sie am Ortsende von Bad Ditzenbach links ab, und fahren Sie den steilen Talhang hinauf zur Schonterhöhe; von dort weiter zum Weiler Berneck, wo Sie das Auto abstellen können und in wenigen Minuten zum Albtrauf gelangen. Hier, am nördlichen Ende, fällt die Schwäbische Alb steil ab. Von der Buschelkapelle, die Sie auf dem Weg Nr. 7 (liegendes rotes Y) in etwa 10 Min. erreichen, haben Sie einen reizvollen Blick auf Deggingen und die gegenüberliegenden Tafelberge der Alb.

Bizarre Felsformationen und leuchtendes Farbenspiel im Wechsel der Jahreszeiten bei Geislingen an der Steige

Weithin blinken Kalkbrüche aus den Hangwäldern des Jura.

Im Randecker Maar

⓬ Abstecher von Neidlingen zum Museum Hauff (Urweltfunde) in Holzmaden: Auf der Fahrt von Neidlingen zum Randecker Maar biegen Sie nicht nach Hepsisau ab, sondern fahren weiter über Weilheim nach Holzmaden; im Ort ist der Weg zum Museum ausgeschildert. Dr. Bernhard Hauff war Pionier bei der Ausgrabung und der Präparierung von Zeugen urgeschichtlichen Lebens im Jurameer. Besonders die hier ausgegrabenen Saurier sind weltberühmt geworden (täglich außer Mo. geöffnet).

⓭ Abstecher vom Römerstein zur Laichinger Tiefenhöhle: Fahren Sie über Donnstetten, Westerheim nach Laichingen (ca. 12 km). Im Ort halten Sie sich Richtung Sontheim/Suppingen. Am Ortsende von Laichingen geht es links ab zur Höhle (ausgeschildert). »Ein geologisches Röntgenbild der Schwäbischen Alb« wird die Laichinger Höhle von Experten genannt. Das stark verzweigte System von Gängen, Schächten und Spalten reicht bis in eine Tiefe von 100 m. Ein Teil der Höhle ist durch Treppen, Wege und Gänge für den Besucher zugänglich gemacht. Man bekommt hier ein eindrucksvolles Bild vom »Innenleben« der Schwäbischen Alb. Im Rasthaus beim Eingang ist ein Höhlenmuseum eingerichtet, wo neben geologisch interessanten Schaustücken auch eine Sammlung von Höhlentieren, u.a. verschiedene Fledermausarten, zu sehen sind. Von Ostern bis Ende September sind Höhle und Museum täglich geöffnet.

Kurz nach Gosbach unterqueren Sie die A 8 (Stuttgart–München), die ab hier den letzten Anstieg zur Albhochfläche überwindet und am Lämmerbuckel die Wasserscheide zwischen Rhein und Donau berührt.
Nach der in einem engen Albtal gelegenen Gemeinde Wiesensteig führt die Albstraße nach Westerheim auf die Hochfläche. Abwechslungsreicher ist die Fahrt von Wiesensteig nach Neidlingen, das in einem Parallelta liegt, und von dort weiter über Hepsisau auf die Hochfläche. Auf der Strecke Wiesensteig/Neidlingen biegen Sie, kurz nachdem Sie die Hochfläche (Bläsiberg) erreicht haben, links ab Richtung Schopfloch. Nach 2 km erreichen Sie einen großen Wanderparkplatz. Von hier aus können Sie in ca. 10 Min. zum Reußenstein gehen. Die herrlich gelegene Burg auf der Spitze eines Albfelsens wurde im späten Mittelalter als Sitz der Reuße von Reußenstein gebaut. Noch heute ist die mächtige Ruine mit dem quadratischen, wuchtigen Bergfried und dem großen Palas, dem ehemaligen Wohntrakt, ebenso eindrucksvoll wie die Aussicht ins Tal und auf die Stadt Neidlingen hinab. Bei der Burg befindet sich ein Spiel- und Grillplatz.
Vom Parkplatz am Reußenstein fahren Sie wieder zum Bläsiberg zurück und biegen links ab nach Neidlingen und Hepsisau.
⓬ Bei der Bergfahrt von Hepsisau Richtung Schopfloch kommen Sie durch das **Randecker Maar,** einen nach Norden geöffneten runden Kessel vulkanischen Ursprungs. In der Tertiärzeit (vor 35 Millionen Jahren) herrschte im Gebiet des Jura reger Vulkanismus, dessen geologische Auswirkungen an vielen Stellen der Alb zu finden sind. Im Randecker Maar, dessen Zentrum aus Tuffgestein besteht, existierte früher ein Kratersee, der später durch die Erosion des Albnordrands entleert wurde. 1 km weiter sehen Sie rechts von der Straße, etwas abseits, das Schopflocher Moor. Für ein Karstgebiet, in dem alles Oberflächenwasser versickert, ist dies eine ganz ungewöhnliche Erscheinung. Auch dieses Moor ist auf den tertiären Vulkanismus zurückzuführen; der Mooruntergrund wird vom wasserundurchlässigen Gestein eines ehemaligen Vulkanschlots gebildet. Bitte beachten Sie, daß sowohl das Randecker Maar als auch das Schopflocher Moor Naturschutzgebiete sind!
Nach Schopfloch, wo Sie kurz hinter der Ortschaft eine herrliche Sicht ins Lenninger Tal haben, erreichen Sie bei der Schlatterhöhe (Gastwirtschaft) die B 465.
⓭ Biegen Sie links Richtung Römerstein/Böhringen ab. Nach ca. 1 km kommen Sie zu einem Parkplatz, von dem aus der kürzeste Aufstieg zum 874 m hohen **Römerstein** möglich ist. Der Weg geht zunächst 0,5 km leicht ansteigend in den Wald hinein, biegt dann scharf rechts ab und eine steile Stichstraße hoch, die direkt auf den Aussichtsturm zuführt (Gehzeit 20 Min.). Neben dem Turm sind eine große Spielwiese und ein Grillplatz.
Nach Böhringen biegen Sie von der B 28 rechts Richtung Grabenstetten ab.

Einblick in die Geheimnisse des Erdinnern erlaubt die Falkensteiner Höhle bei Bad Urach.

⑭ Kurz vor der Ortschaft kommen Sie zu einem Parkplatz, der unmittelbar am **Heidengraben** liegt, einer mächtigen Befestigungsanlage der Kelten aus dem letzten vorchristlichen Jahrhundert. Der auch heute noch ansehnliche Wall und der Graben trennten ein 1500 ha großes Gebiet wie eine Halbinsel von der Albhochfläche ab und bildeten so ein glänzend geschütztes Oppidum (Fliehburg). Die Albhochfläche liegt ca. 400 m über dem Vorland und ist wegen der steil abfallenden Berghänge nur schwer zugänglich.

⑮ Wenn Sie vom Parkplatz Richtung Westen über den Wall gehen, kommen Sie am Waldrand zu einem Weg (liegendes rotes Y), der zur **Falkensteiner Höhle** hinabführt. Sie wurde durch den Roman »Rulaman« von David Friedrich Weinland bekannt, der das Leben der steinzeitlichen Höhlenbewohner auf der Schwäbischen Alb schildert. Eine Gedenktafel am Eingang erinnert an den Verfasser. Mit entsprechender Beleuchtung (starke Taschenlampe) können Sie ca. 160 m weit in die Höhle bis zu einem unterirdischen See vordringen. Vorsicht ist jedoch geboten!

Sie kehren nun entweder zur B 28 zurück oder fahren über Grabenstetten nach Bad Urach.

⑯ **Bad Urach** war im 15. Jh. für einige Jahrzehnte Residenz der Grafen von Württemberg. Danach erlebte es eine lange Blüte als Handelsstadt, die vor allem durch die Tuchmacherei zu Wohlstand kam. Heute präsentiert sich Bad Urach am liebsten als Luftkurort mit einem modernen Heil- und Thermalbad. Der seit 1970/71 rege Kurbetrieb hat Spuren hinterlassen. Die Neuzeit ist durch große Betonbadeanlagen im Nordwesten der Stadt vertreten. Doch der alte Stadtkern hat viel von seiner Ursprünglichkeit und Gemütlichkeit bewahrt. Die ältesten Gebäude sind das ehemalige Residenzschloß, die Amanduskirche und das Rathaus.

Sie fahren am besten zum Marktplatz und versuchen dort zu parken. Weitere Parkplätze gibt es beim Bahnhof und hinter der Amanduskirche, die Sie erreichen, wenn Sie sich nach dem Marktplatz links halten.

Der Marktplatz ist von eindrucksvollen alten Fachwerkbauten umgeben, darunter das repräsentative Rathaus aus dem Jahre 1562. Beachtung verdient auch der vom Grafen Eberhard im Bart gestiftete gotische Marktbrunnen. Über die Kirchstraße gelangen Sie zur Stadtkirche, der ehemaligen Stiftskirche St. Amandus. In der spätgotischen Basilika finden Sie unter anderen kostbaren Ausstattungsstücken den geschnitzten Betstuhl des Grafen Eberhard, der 1445 in Bad Urach geboren wurde. Aus Stein gehauen sind Kanzel und Taufstein, die beide aus dem frühen 16. Jh. stammen. Neben der Kirche steht das alte Residenzschloß, ein Fachwerkbau des 15. Jh.s. Im Inneren sind einige Räume sehenswert, z. B. die Dürnitz (Gesinderaum) im Erdgeschoß und der Goldene Saal im zweiten Obergeschoß. Im Schloß befindet sich auch eine Zweigstelle des Württembergischen Landesmuseums mit einer interessanten kulturgeschichtlichen Sammlung (im Sommer täglich, sonst täglich außer Mo. geöffnet). In ungeraden Jahren findet Anfang Juli der Uracher Schäferlauf, eines der größten und traditionsreichsten Volksfeste der Schwäbischen Alb, statt.

Den Goldenen Saal im Uracher Schloß ziert Palmenschmuck, das Lieblingsmotiv seines Erbauers Graf Eberhard im Bart.

Uracher Wasserfall

⑯ Wandervorschlag von Bad Urach zum Uracher Wasserfall und zur Ruine Hohenurach: Am Ortsende von Bad Urach Richtung Metzingen biegen Sie von der B 28 am Schild »Uracher Wasserfall« nach links ab und kommen auf einen großen Wanderparkplatz. Von hier geht es in ½ Std. über gut markierte Wege zum Uracher Wasserfall. 37 m fällt das Wasser frei herab; dann stürzt es weiter 50 m über Kalktuffterrassen ins Tal. Bei starker Wasserführung ist das ein eindrucksvolles Naturschauspiel. Wenn Sie rechts am Wasserfall vorbei aufsteigen, kommen Sie noch unterhalb des Albtraufs zum Pfaffensteigle (rotes Dreieck, Weg Nr. 22), das zur Festung Hohenurach führt. Bis zum Kreuz, an dem sechs Waldwege zusammentreffen, steigt der Weg zur Ruine langsam an, danach wird er allerdings sehr steil. Die Festung Hohenurach, die zunächst im Besitz der Grafen von Urach war, ging noch im 13. Jh. an das Haus Württemberg über. Im 16. Jh. diente der mächtige Bau als Staatsgefängnis. Im 18. Jh. ließ Herzog Karl Eugen die Burg größtenteils abtragen. Von den Mauern und Bastionen herab genießen Sie eine umfassende Sicht auf Bad Urach und seine Umgebung. Der Rückweg führt wieder zum Kreuz und von dort weiter über das Dettinger Steigle (ausgeschildert). Nach der scharfen Linkskehre geht eine Abkürzung, die direkt zum Parkplatz führt, rechts ab durch den Wald (Gehzeit ca. 2 Std.).

⑱ Abstecher von Erpfingen zur Bärenhöhle und zur Sommerbobbahn: Auf der Straße Lichtenstein/Erpfingen geht 2 km nach der Abzweigung von der B 313 rechts ein Fahrweg zur Bärenhöhle ab. Die wohl meistbesuchte Höhle auf der Schwäbischen Alb ist nicht nur wegen der Tropfsteingebilde bekannt, sondern auch wegen der Funde zahlreicher Bärenknochen. Einige Skelett-Rekonstruktionen können Sie in der Höhle besichtigen, die allerdings nur im Rahmen einer Führung betreten werden darf (im Sommer täglich, im Winter nur So.). Über der Höhle ist ein großer Freizeit- und Märchenpark für Kinder aufgebaut. An schönen Wochenenden ist das Gebiet um die Bärenhöhle sehr überlaufen. Ein weiterer Abstecher führt zur Sommerbobbahn bei Erpfingen: Im Melchinger Tal ist an einem Wiesenhang eine Bobbahn aus Edelstahlhalbröhren gebaut worden. Mit einem Skilift werden Sie samt Schlitten zum Start gebracht und können dann in rasanter Fahrt auf Einer- oder Zweierschlitten zu Tal sausen. Die Bahn ist im Sommer täglich in Betrieb, jedoch nicht bei Regen oder Nässe.

⑰ Ab Bad Urach fahren Sie ein kurzes Stück Richtung Ulm ins Seeburger Tal und biegen dann nach rechts ab zu dem kurvenreichen Anstieg nach Bleichstetten und Würtingen. Beide Gemeinden gehören heute zu einer Ortsgemeinschaft, auf die der Name der Domäne und des Gestüts **St. Johann** übertragen wurde. Seine Zucht und die jährlich im August stattfindenden Reitturniere genießen einen guten Ruf. Sie erreichen das Gestüt, wenn Sie von der Ortsmitte Würtingen nach rechts in eine 4 km lange Landstraße einbiegen. Während der Sommermonate werden auch Pferdeschauen veranstaltet. Informationen darüber bekommen Sie beim Gemeinderat in Würtingen (Schulstraße 1).

⑱ Über St. Johann-Ohnastetten gelangen Sie weiter nach Holzelfingen. Schon von fern sehen Sie die **Burg Lichtenstein,** eines der beliebtesten Ausflugsziele auf der Schwäbischen Alb. Nicht weit hinter Holzelfingen kommen Sie zur B 312/313, die Sie überqueren, und erreichen wenige Kilometer später den Parkplatz an der Burg. Die hoch oben auf einem Kalkfelsen gelegene Festung war in früheren Zeiten uneinnehmbar. 1802 wurde sie zum größten Teil abgerissen und später durch einen Neubau im Stil der Burgenromantik des 19. Jh.s ersetzt. Die einzigartige Lage der Burg auf dem steilen Felsen über dem Echaztal veranlaßte den schwäbischen Romantiker Wilhelm Hauff, sie zum Mittelpunkt seines 1826 erschienenen Romans »Lichtenstein« zu machen. Die »romantische Sage aus der württembergischen Geschichte« wurde ein Bestseller des 19. Jh.s und machte den markanten Felsen über dem Ort Honau weithin berühmt. Graf Wilhelm von Württemberg ließ daraufhin das Schloß 1840–42 wieder aufbauen; dabei regte ihn die Beschreibung des Romans dazu an, den relativ kleinen Bau mit dem charakteristischen, zinnenbewehrten Turm als Sinnbild der mittelalterlichen Burg zu gestalten. Wenn Sie vor dem Eingang nach rechts zum Albtrauf gehen, gelangen Sie zu einer geologischen Pyramide, die mit Versteinerungen, den Jurapetrefakten, besetzt ist, an denen sich der Gesteinsaufbau der Alb erkennen läßt. Auf einer Felskanzel steht die Büste Wilhelm Hauffs, der zu »seinem Schloß« hinüberblickt. Wenige hundert Meter weiter erheben sich auf einem anderen Felsen die Reste der ältesten Burg Lichtenstein. Im Schloß ist heute eine Sammlung von Waffen, mittelalterlichem Gebrauchsgut und zum Teil wertvollen Kunstgegenständen untergebracht (Führungen Mi., Sa. und So. nachm., im Winter nach Vereinbarung).

Auf der B 313 fahren Sie vom Lichtenstein weiter Richtung Süden und biegen hinter Groß-Engstingen rechts nach Erpfingen ab. Der nächste Ort ist Stetten. Von dort können Sie direkt nach Burladingen weiterfahren oder einen kleinen, landschaftlich aber sehr lohnenden Umweg über Melchingen und Salmendingen machen.

⑲ Die eindrucksvollste Stelle an dieser Strecke ist der **Kornbühl** (886 m) mit der Salmendinger Kapelle etwa 1 km nach dem Ort Salmendingen. Aus flachem Gelände erhebt sich der Berg als ebenmäßiger Kegel. Seine Flanken sind größtenteils dicht von Wacholder-

Als »deutsche Ritterburg im edelsten Stil des Mittelalters« geplant: Burg Lichtenstein aus dem 19. Jh.

Tropfsteinbildungen in der Erpfinger Bärenhöhle

büschen bewachsen. Ansonsten ist die Vegetation karg und heideartig. Im Spätsommer blühen hier zahllose Enziane. Vom Parkplatz an der Straße brauchen Sie ca. 15 Min. bis zur Kapelle hinauf. Die weite Aussicht über die Albhochfläche, die dank der Verschiedenfarbigkeit und der Felderabgrenzungen wie eine große Grafik wirkt, läßt den steilen Aufstieg schnell vergessen.

Vom Kornbühl können Sie über Ringingen und Burladingen wieder auf die offizielle Route der Albstraße fahren, die von Hausen im Killertal nach Albstadt-Tailfingen führt.

20 Verlockend ist es aber auch, über Killer und Jungingen Richtung Hechingen zu fahren, um die **Burg Hohenzollern** zu besuchen. Auf der B 32 geht es durch das Killertal bis zur Einmündung in die B 27, von dort weiter auf dem autobahnartig ausgebauten Teilstück der Bundesstraße Richtung Rottweil. Hechingen lassen Sie rechts liegen und fahren an der Ausfahrt Brielhof/Ziegelbach von der Bundesstraße auf eine schmale, kurvenreiche Straße zum Hohenzollern (ausgeschildert). Etwa 20 Gehmin. unterhalb der Burg ist ein großer Besucherparkplatz. Die Straße führt zwar weiter bis zum Burgeingang, ist aber für den Verkehr gesperrt. Der direkte Weg durch die Hangwälder zur Burg ist gut ausgebaut, aber recht steil. Wer es bequemer haben will, kann über die Serpentinen der Burgstraße hinaufgehen.

Die Hohenzollernburg gleicht mit ihren zahlreichen zinnenbewehrten Türmen und Türmchen eher einem Märchenschloß als einem kraftstrotzenden, mittelalterlichen Bollwerk. Die Lage auf einem kegelförmigen Zeugenberg der Schwäbischen Alb ist einzigartig. Es verwundert nicht, daß der Hohenzollern in den Sommermonaten die Besucher wie kaum ein anderes Ausflugsziel auf der Schwäbischen Alb anzieht. Die Burg erhielt im 19. Jh. ihre heutige Gestalt, als man sie, vom romantischen Zeitgeist geleitet, auf den Resten mehrerer Vorgängerbauten errichtete. Vermutlich stand an dieser gut zu verteidigenden Stelle schon in der ersten Hälfte des 11. Jh.s eine Festung. Sie wurde das Stammhaus der Grafen von Zollern, aus deren fränkischer Linie das preußische Königshaus und damit ab 1871 auch die deutschen Kaiser hervorgingen. Einige der berühmten Zollern haben auf der Burg

Friedrich Wilhelm IV., der Romantiker auf dem preußischen Thron, veranlaßte im 19. Jh. den romantisierenden Umbau der Burg Hohenzollern.

Bürgerturm in Albstadt-Ebingen

ihre letzte Ruhestätte gefunden. Auch der Sarkophag Friedrichs des Großen wurde zusammen mit dem seines Vaters, Friedrich Wilhelm I. von Preußen, in den letzten Tagen des Zweiten Weltkriegs von Berlin hierher gebracht. In den Prunkräumen der Burg befindet sich heute ein Museum, das mit kulturgeschichtlich interessanten Dokumenten aus dem Besitz des preußischen Königshauses ausgestattet ist (täglich geöffnet, Führungen).

Vom Hohenzollern fahren Sie wieder zurück und kurz nach der Brücke über die B 27 links in Richtung Zimmern. Weiter über Thanheim und Onstmettingen erreichen Sie das südöstlich gelegene Tailfingen-Albstadt.

21 Die Gemeinde **Albstadt** entstand erst 1975 beim verwaltungsmäßigen Zusammenschluß von Ebingen und Tailfingen sowie einiger kleinerer Orte der Umgebung. Heute bilden sie gemeinsam eine Stadt von 50000 Einwohnern. In der Ortsmitte von Tailfingen, das Sie zuerst erreichen, halten Sie sich links und gelangen durch die Goethestraße und die Konrad-Adenauer-Straße nach ca. 4,5 km ins Zentrum von Ebingen. Parkmöglichkeiten finden Sie dort am Kirchengraben und am Beginn der Bahnhofstraße. Da die Verkehrssituation etwas unübersichtlich ist, empfiehlt es sich, bei der Informationsstelle im Rathaus einen Stadt- und Umgebungsplan (kostenlos) zu holen.

Textilherstellung und Feinmechanik haben auf der Westalb eine alte Tradition. Einige hier ansässige Firmen dieser Branchen genießen Weltruf. Auch Albstadt wird von der Industrie stark geprägt. Die Umgebung ist landschaftlich äußerst reizvoll. Dem Natur- und Wanderfreund bietet die Alb hier, wo sie allmählich zu ihren höchsten Erhebungen ansteigt, auch bei einem längeren Aufenthalt viel Abwechslung. Dafür sorgen zahlreiche Wanderwege, Waldlehrpfade, Orchideenvorkommen, geologische Aufschlüsse und viele Aussichtsberge. Besonders stolz sind die Albstädter auf ihr modernes Bad- und Freizeitzentrum »Badkap«. Sie erreichen es von der Stadtmitte Ebingen aus über die Lautlinger Straße Richtung Balingen. Sehr empfehlenswert ist ein Besuch in der Städtischen Galerie Albstadt, die u. a. Grafiken der Brücke-Künstler und eine hervorragende Sammlung mit Landschaftsgemälden von der Schwäbischen Alb zeigt. Das Museum am Kirchengraben 11 ist täglich außer Mo. geöffnet.

Wenn Sie Albstadt verlassen, führt die Strecke bei Meßstetten auf die Hochfläche.

22 Von **Hossingen** erreichen Sie über Tieringen und weiter Richtung Balingen in 10 Min. den **Lochenstein.** Er ist einer der beliebtesten und bekanntesten Aussichtsberge der Alb, der besonders an klaren Herbsttagen einen kleinen Umweg lohnt. Vom großen Parkplatz an der Südseite des Berges führt ein schmaler Serpentinenpfad steil hinauf. Oben geht der Weg über den leicht ansteigenden Bergrücken bis an die felsige Nordkante, wo man einen einmaligen Rundblick genießt. Vom Parkplatz bis zum Gipfel brauchen Sie ca. 20 Min.

22 *Wandervorschlag von Hossingen zur Hossinger Leiter und zum Gräbelesberg: In Hossingen zweigen Sie von der Hauptstraße nach links ab durch das Dorf. Etwa 200 m nach der Kirche, an der Sie rechts vorbeifahren, geht ein schmales Sträßchen nach rechts über die Felder. Dort beginnt der Weg zur Hossinger Leiter, die Sie in ca. 10 Min. erreichen. Nur an wenigen Stellen der Alb wirken die Kalkfelsen des Traufs so schroff wie hier. Über Stege und Eisentreppen gelangen Sie an den Fuß der Felsen, die 60 m senkrecht aufsteigen und hoch über den Hangwald hinausragen. Von den Felsen gehen Sie wieder zum Einstieg zurück und rechts einen steilen Anstieg aufwärts, der in einen Weg (Nr. 3) übergeht, auf dem Sie in ca. 40 Min. den Gräbelesberg erreichen. Nach Hossingen geht es auf einem größtenteils asphaltierten Feldweg zurück (rote Raute und liegendes rotes Y). Dauer der Rundwanderung ca. 1½ Std.*

Frühling auf der Schwäbischen Alb bei Hossingen

Hinter Hossingen geht es hinab ins Bäratal, das zu den anmutigsten Tälern der Schwäbischen Alb gehört. Die Bära fließt nach Süden, wo sie in die Donau mündet. Wem die Zeit zur Verfügung steht, nach Fridingen weiterzufahren, der sollte sich diese reizvolle Flußlandschaft nicht entgehen lassen. Bei Fridingen erreichen Sie die Donau, die von dort bis Sigmaringen ein tiefes Tal mit bizarren Felsformationen durchfließt. Dieser Abschnitt gilt als der schönste auf dem fast 3000 km langen Weg des Stromes zum Schwarzen Meer. Die Route der Albstraße führt kurz nach Nusplingen aus dem Bäratal hinaus und über Egesheim, Königsheim nach Böttingen. Hier geht es bald nach dem Ortsende hinter einer scharfen Kehre links ab Richtung Mahlstetten.

23 Auf diesem Teilstück erreichen Sie 400 m nach der Abzweigung einen Parkplatz, der am Fuße des »**Alten Bergs**« liegt. Nur noch selten trifft man eine solch typische Alblandschaft an wie hier. Der flache Kegel des Kalvarienbergs dient als Schafweide, auf der zwischen oft sonderbar geformten Wacholderbüschen zahllose Silberdisteln und dunkelblaue Enziane (sämtliche unter Naturschutz!) gedeihen. Für einen Spaziergang an den Kreuzwegstationen vorbei zur Kapelle auf der Bergspitze brauchen Sie 10 Min. Von oben sieht man im Westen den Dreifaltigkeitsberg mit seiner Wallfahrtskirche, und bei klarer Sicht sind im Süden sogar die schneeglitzernden Gipfel der Alpen zu erkennen.

24 Wenige Kilometer hinter Böttingen erreichen Sie **Spaichingen.** Der Ort liegt am Fuße des Dreifaltigkeitsbergs, eines beliebten Ziels für Naturfreunde und Wallfahrer. Von Spaichingen aus können Sie auf einer kurvenreichen Steige in ca. 10 Min. auf den Berg fahren. Die 600 m lange und 200 m breite Gipfelfläche wurde schon von den Kelten als Fliehburg benutzt; davon zeugen heute noch Wallanlagen. Seit dem Mittelalter ist die Anhöhe ein beliebtes Wallfahrtsziel, das bis in unserer Zeit seine Anziehungskraft nicht verloren hat. Bei klarem Wetter hat man von dem 985 m hohen Gipfel eine weite Sicht über die Westalb. Auf einem breiten Wanderweg erreichen Sie – am Albtrauf entlang – in etwa 45 Min. das Klippeneck, das nordöstlich des Dreifal-

Die Werkstatt des Geigenbauers Jehle in Albstadt-Lautlingen

Auf den kalkreichen Böden der Alb gedeiht die Silberdistel, die zum Wahrzeichen der Schwäbischen Albstraße geworden ist.

24 Wandervorschlag von Spaichingen auf den Lemberg: Die höchste Erhebung der Schwäbischen Alb ist mit 1015 m der Lemberg. Von dort überschauen Sie einen weiten Teil der Westalb und viele der hohen Albberge, die sich um den Lemberg gruppieren. (Die kleine Hütte am Fuß des Aussichtsturmes ist an Sonn- und Feiertagen meistens bewirtschaftet.) Von Spaichingen aus fahren Sie über Denkingen nach Gosheim; dort geht es in der Ortsmitte Richtung Wilfingen/Wellendingen. 1 km hinter Gosheim liegt rechts der Straße ein Wanderparkplatz, von dem Sie in ca. ½ Std. auf den Lemberg steigen (Weg Nr. 2, rotes Dreieck, steiler Anstieg). Für den Abstieg empfiehlt sich eine Route über den Osthang des Berges. Auf einem steilen Waldweg gelangen Sie in 10 Min. zu einem großen Wegkreuz; von dort geht es fast eben um den Berg herum zum Ausgangspunkt zurück (Weg Nr. 1). Unterwegs können Sie einen kleinen Abstecher (ca. 400 m) zur Wunderfichte machen (ausgeschildert). Aus einem Stamm wachsen in 2 m Höhe fünf große Wipfel heraus, wodurch der Baum wie ein riesiger Leuchter wirkt. Für die gesamte Wanderung müssen Sie 1½ Std. ansetzen.

Auf der Alb gibt es heute noch Schäfer mit großen Wanderherden.

tigkeitsbergs liegt. Dort findet sich ein großes Segelfliegerzentrum; an Wochenenden und bei gutem Wetter herrscht reger Flugbetrieb. Sie können das Klippeneck übrigens auch von Denkingen aus mit dem Auto erreichen. Bei Spaichingen teilt sich die Albstraße in zwei Routen. Die eine endet südlich in Tuttlingen, die andere führt in nordwestlicher Richtung nach Trossingen.

25 **Tuttlingen** ist das Verwaltungszentrum eines großen Kreises, der weite Teile der Westalb umfaßt. In der stark von der Industrie geprägten Stadt spielt vor allem die Herstellung feinmechanischer und medizinischer Geräte eine dominierende Rolle. Ins Zentrum gelangen Sie über einen großen Verteilerring, auf den Sie geleitet werden, wenn Sie von Spaichingen her kommen. Vom Ring aus müssen Sie durch die Bahnhofstraße fahren. Parkmöglichkeiten finden Sie am ehesten in der Weimarer Straße, die parallel zur Bahnhofstraße entlang der Donau verläuft.

Durch einen Großbrand im Jahre 1803 wurde die Altstadt vollkommen zerstört. Das kunsthistorisch interessanteste Gebäude Tuttlingens, die Stadtkirche in der Bahnhofstraße, ist deshalb auch noch nicht sehr alt. Sie gilt als eines der bemerkenswertesten Baudenkmäler des Jugendstils im süddeutschen Raum. Ihre heutige Form erhielt sie 1902–03.

Der Hausberg von Tuttlingen ist der Honberg, ein beliebtes Ausflugs- und Spaziergebiet. Einst trug er eine mächtige Burg, von der sich jedoch nur spärliche Reste erhalten haben. Die Ruine bietet einen umfassenden Blick auf den Stadtkern von Tuttlingen. Sie können mit dem Auto auf den Honberg fahren, wenn Sie von der Oberen Hauptstraße am Ende des Friedhofs nach links abbiegen und das steile Sträßchen hinauffahren.

26 Um nach **Trossingen** zu gelangen, fahren Sie von Spaichingen aus ein kurzes Stück auf der B 14, dann biegen Sie bei Aldingen Richtung Westen ab. Durch die industrielle Herstellung von Musikinstrumenten, die auf Mathias Hohners Gründung der Akkordeonfabrik basiert, erlangte Trossingen Weltbedeutung. Die Musik spielt im Leben der Stadt, die die Bundesakademie für Jugendmusik und eine Musikhochschule beherbergt, eine große Rolle. Das Heimatmuseum am Markt-

Musik- und Industriestadt Tuttlingen

platz zeigt historische Instrumente, u.a. ist die Entwicklungsgeschichte der Mundharmonika an Beispielen dargestellt. Bekannt wurde Trossingen in der Fachwelt auch durch den Fund des Skeletts des »Plateosaurus trossingensis«, eines Sauriers, der vor 200 Millionen Jahren auf der Alb gelebt hat. Dessen Abguß ist ebenfalls im Heimatmuseum zu finden (jeden 2. und 4. So. im Monat geöffnet).

Ammoniten heißen die zu Beginn der Jurazeit auftretenden und am Ende der Kreidezeit ausgestorbenen fossilen Kopffüßer. Hier die Versteinerung eines Ammoniten-Kalkgehäuses.

Lage Der 200 km lange und ca. 40 km breite Gebirgszug der Schwäbischen Alb ist im Nordosten durch das Nördlinger Ries begrenzt, im Südwesten durch den Oberrhein, die Wutach und den Hegau. Im Norden flankieren Neckarland und Schwäbischer Wald die Alb, im Süden sind es die Donau und das Alpenvorland.
Anfahrt Von Stuttgart über die B 29 durch das Remstal nach Aalen. Von Norden auf der B 290 über Crailsheim und Ellwangen. Von Süden über Ulm und Heidenheim auf der B 19 oder der A 7. Von Augsburg aus über Donauwörth auf der B 25. Die A 8 Stuttgart/München überquert die Schwäbische Alb; bei der Ausfahrt Mühlhausen haben Sie Anschluß an die Schwäbische Albstraße nach Osten und Westen.
Länge Etwa 380 km.
Beschilderung Die Strecke ist durchgehend sehr gut ausgeschildert; Symbol ist eine Silberdistel auf blaugrauem Untergrund. An einigen Stellen weicht die hier beschriebene Route jedoch von der offiziellen Streckenführung ab.
Beste Reisezeit Sommer und Herbst. Für den Skilangläufer ist die Alb auch im Winter verlockend.
Charakter und Landschaftsformen Die Schwäbische Alb ist aus Sedimentgesteinen aufgebaut, und zwar aus Ablagerungen des Jurameers, das vor ca. 150 Millionen Jahren große Teile des heutigen Europa bedeckte. Dieses Meer war reich an Leben; davon zeugen die zahlreichen Versteinerungen, die auf der Alb gefunden werden. Man unterscheidet drei große, übereinanderlagernde Schichten des Juragesteins. Von unten nach oben folgen: der Schwarze Jura (Lias), der Braune Jura (Dogger) und der Weiße Jura (Malm). Die Erdformation Jura dauerte 45 Millionen Jahre.
Die höchste Erhebung im Osten, der Ipf, erreicht 668 m; der Lemberg im Westen steigt dagegen auf 1015 m an. Wenn Sie von Norden kommen, ragt die Alb wie eine zerklüftete Mauer vor Ihnen auf, während im Süden das Alpenvorland fast unmerklich in die Alb übergeht. Am Nordrand, dem sogenannten Albtrauf, ragt die Hochfläche ca. 400 m über das Vorland hinaus. Die Flüsse haben sich daher im Norden tief in das Gestein eingegraben. Mancherorts wurden ganze Berge durch die Abtragung freigestellt. Man nennt sie Zeugenberge, weil sie »bezeugen«, daß das Gebirge früher weiter nach Norden reichte. Zu ihnen gehören der Ipf, die drei Kaiserberge (Staufen, Rechberg, Stuifen) und der Hohenzollern. Neben diesen »Zeugen« gibt es ähnlich geformte Kegelberge am Nordrand, die auf den regen Vulkanismus im Tertiär zurückzuführen sind und wegen der Härte des Ergußgesteins im Vulkanschlot der Abtragung widerstanden. Dazu zählt die Limburg bei Weilheim.
Im Tertiär begann die Schwäbische Alb zu verkarsten: Wasser drang durch Risse in der Oberfläche ein und löste dabei das Gestein auf, so daß nach und nach weite Spalten und Klüfte entstanden, durch die fast das ganze Oberflächenwasser versickerte. Heute fließt es durch unterirdische Höhlensysteme. Die Hochfläche der Alb wurde extrem wasserarm, ganze Flußläufe verschwanden, und so bildeten sich charakteristische Trockentäler heraus. Die Vegetation paßte sich den klimatischen Gegebenheiten an, doch erst der Mensch schuf die mit Wacholderbüschen und Silberdisteln durchsetzte Heidelandschaft mit ihren ausgedehnten Schafweiden.
Auskunft Gebietsgemeinschaft Schwäbische Alb, Verkehrsverein, An der Neckarbrücke, 7400 Tübingen.
Geschäftsstelle im Rathaus, 7325 Bad Boll.
Schwäbischer Albverein, Hauptgeschäftsstelle, Hospitalstraße 21 B, 7000 Stuttgart 1.

Bad Wurzach, Neues Schloß: Das Fresko im Treppenhaus zeigt die Verklärung des Herkules.

Loreto-Kapelle bei Wolfegg

Ein Stück Himmel auf Erden

Die Pracht des Barock studieren und zugleich die Natur genießen zu können – das ist an der Oberschwäbischen Barockstraße wie selten sonst möglich. Die Kirchen und Klöster zwischen Donau und Bodensee haben weitgehend ihre ursprüngliche Gestalt bewahrt, vielleicht, weil sie immer noch in wenig besiedelter Landschaft stehen. Nicht nur der Kunstgenuß ist dadurch vollkommen, sondern auch Entspannung und Erholung auf dem grünen Plan, im Wald und am Ufer von Flüssen und Seen geben wieder neue Kraft für die jeweils nächste Station auf der Fahrt ins Barockzeitalter. Nicht allein den Kirchen, Klöstern und Schlössern verdankt Oberschwaben seinen kulturellen Reichtum. Städte wie Ravensburg, Wangen, Isny oder Memmingen, die frühen bürgerlichen Wohlstand vergegenwärtigen, ja selbst die Dörfer am Weg haben dem Besucher Bauwerke in Hülle und Fülle zu bieten. Auch die Natur hat Oberschwaben reich bedacht. Zwischen Viehweiden und Wäldern gibt es unberührte Landstriche: die selten gewordenen Moore, die Seen und ihre Schilfgürtel mit so mancher zoologischen oder botanischen Rarität.

❶ *Abstecher zum Ulmer Brotmuseum: Von der Stadtmitte fahren Sie durch die Zinglerstraße Richtung Ravensburg/Friedrichshafen (B 30/B 311). In Höhe der Haßlerstraße biegen Sie links ab und kommen durch die Schadstraße zum Museum in der Fürsteneckerstraße 14. Diese einzigartige Privatsammlung umfaßt über 9000 Objekte, die alle mit der Geschichte des Brotes, seiner Herstellung und Verwendung zusammenhängen. Zahlreich vertreten sind vor allem Handwerksgeräte der Bäcker und Müller, Nachbildungen von Backöfen, aber auch kunstvolle Brotformen, die meist religiöse oder volkskundliche Bedeutung haben (täglich außer Sa. geöffnet).*

Im Vierjahres-Rhythmus findet das Ulmer Fischerstechen statt.

Ulm: astronomische Rathaus-Uhr

❶ Das Münster, Wahrzeichen von **Ulm**, weist dem Reisenden schon von weitem den Weg ins Stadtzentrum. Der gewaltige Bau läßt alles in seiner Umgebung winzig erscheinen. Er ist ein steinernes Zeugnis der wirtschaftlichen Blüte der freien Reichsstadt im Mittelalter. Nicht nur den höchsten Turm wollten die Ulmer haben, sondern überhaupt eine Kirche, die an Größe ihresgleichen sucht. Wie in ein Futteral paßt hiesigen Redewendungen zufolge das Straßburger Münster in das von Ulm hinein. Die Kirche faßt 29000 Menschen, also etwa doppelt so viele wie Ulm während der (ersten) Bauzeit von 1377 bis 1533 durchschnittlich Einwohner hatte. Im 16. Jh. konnte der Bau wegen der politischen und religiösen Verhältnisse nicht zu Ende geführt werden. Wenn Mörike das Münster noch 1833 einen »schauerlichen Block« nannte, hatte das seinen Grund: So charakteristische Teile wie die drei Turmhelme, die vielen Filialtürmchen und die Strebebögen wurden erst im Laufe des 19. Jh.s ergänzt. Ins Innere der Kirche gelangen Sie vom Münsterplatz (Parkplatz) durch das Westportal unter dem 161 m hohen Turm. Aus dem reichen Portalschmuck ragt der Schmerzensmann heraus, eine 1429 von Hans Multscher geschaffene spätgotische Steinplastik, deren Original heute im Münster steht. Eindrucksvoll ist die Dynamik des Innenraums; das Mittelschiff scheint in fast unendliche Höhen zu streben. Die Wirkung des Inventars liegt dagegen mehr im Detail. So verdient das kunstvolle Chorgestühl Beachtung, das Jörg Syrlin d. Ä. von 1469–71 geschnitzt hat. Kostbarkeiten sind auch das 26 m hohe Sakramentshaus links vom Chorbogen und die Chorfenster aus dem 15. Jh. Vom Münsterturm herab, den Leute mit guter Kondition besteigen können, überschauen Sie die Stadt. Von oben fällt besonders das ausladende Dach des Neuen Baus südwestlich vom Münster auf. Ende des 16. Jh.s gebaut, diente er früher als Kornmagazin. Das um 1370 errichtete Rathaus kehrt seine Schauseite dem Marktplatz zu. Wenn Sie vom Markt durch die Kronengasse gehen, kommen Sie zum Schwörhaus. Hier verliest der Bürgermeister jedes Jahr am Schwörmontag den Schwörbrief, der den Wortlaut einer Verfassungsvereinbarung wiedergibt, die 1397 zwischen Patriziern und Zünften getroffen wurde. Damals hatte sich die Stadt durch den Handel

Blick von der Donau auf das Ulmer Münster, den mit 161,60 m höchsten Kirchturm der Erde.

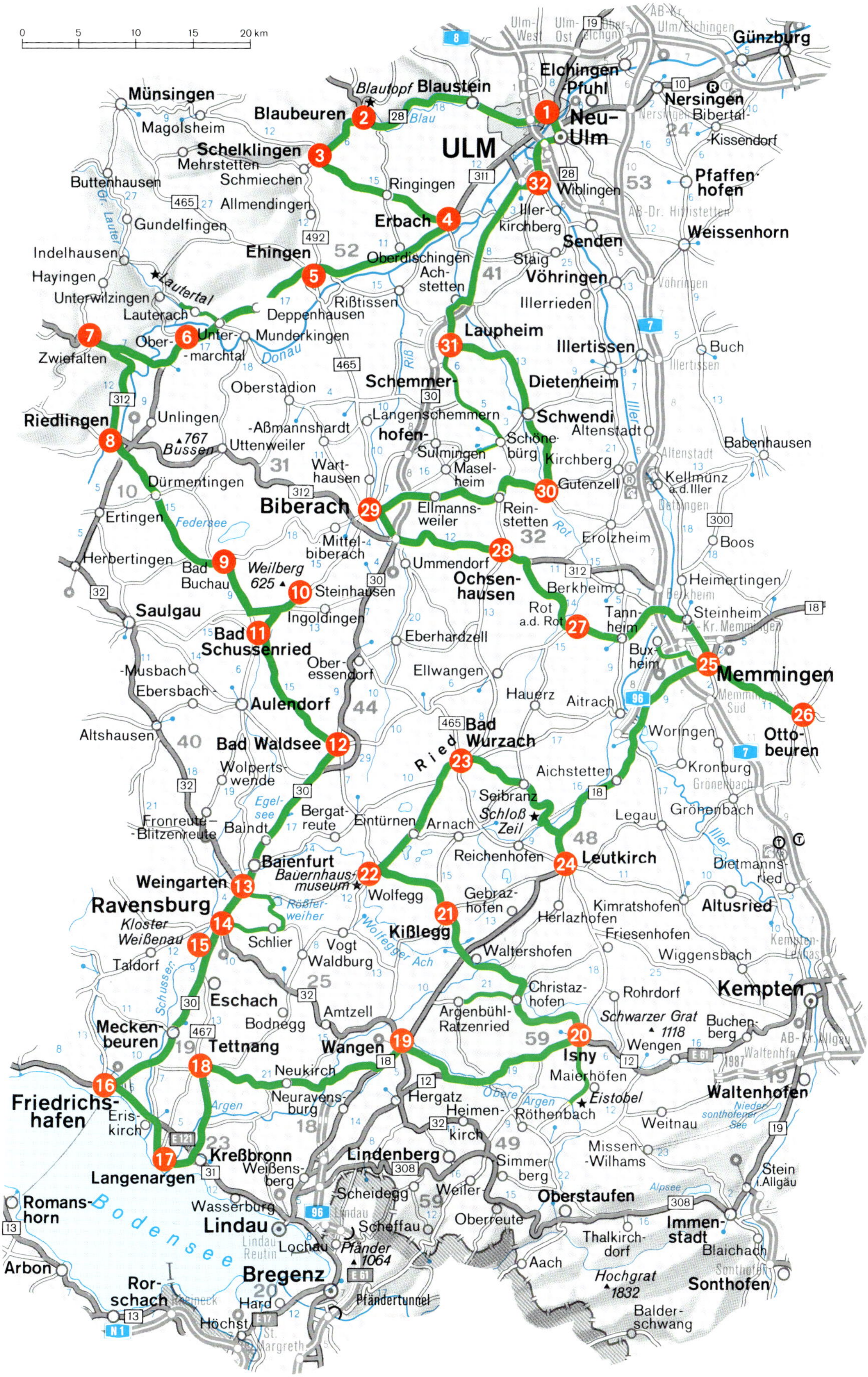
0 5 10 15 20 km
Ulm-West
Ulm-Ost
Elchingen
Günzburg
Blautopf
Blaustein
Münsingen
Magolsheim
Blaubeuren
Blau
ULM
Neu-Ulm
Pfuhl
Nersingen
Bibertal-Kissendorf
Schelklingen
Mehrstetten
Schmiechen
Buttenhausen
Ringingen
Wiblingen
Pfaffenhofen
Allmendingen
Gundelfingen
Erbach
Iller-kirchberg
Weissenhorn
Senden
Indelhausen
Ehingen
Oberdischingen
Staig
Hayingen
Lautertal
Achstetten
Vöhringen
Unterwilzingen
Lauterach
Rißtissen
Deppenhausen
Illerrieden
Zwiefalten
Ober-
Unter-marchtal
Munderkingen
Donau
Laupheim
Illertissen
Buch
Oberstadion
Schemmerhofen
Dietenheim
Riedlingen
Unlingen
Aßmannshardt
Langenschemmern
Schwendi
Altenstadt
Bussen 767
Uttenweiler
Schönebürg
Sulmingen
Babenhausen
Kirchberg
Wart-hausen
Masel-heim
Kellmünz a.d. Iller
Dürmentingen
Gutenzell
Ertingen
Biberach
Ellmanns-weiler
Rein-stetten
Federsee
Mittel-biberach
Erolzheim
Boos
Herbertingen
Bad Buchau
Weilberg 625
Ummendorf
Ochsen-hausen
Heimertingen
Steinhausen
Rot a.d. Rot
Berkheim
Saulgau
Bad Schussenried
Ingoldingen
Tann-heim
Steinheim
Eberhardzell
Bux-heim
Mußbach
Ober-essendorf
Ellwangen
Memmingen
Ebersbach
Aulendorf
Hauerz
Aitrach
Altshausen
Bad Waldsee
Bad Wurzach
Woringen
Otto-beuren
Ried
Wolperts-wende
Aichstetten
Kronburg
Seibranz
Egel-see
Bergat-reute
Schloß Zeil
Legau
Grönenbach
Fronreute-Blitzenreute
Baindt
Eintürnen
Arnach
Baienfurt
Reichenhofen
Leutkirch
Iller
Bauernhaus-museum
Dietmanns-ried
Weingarten
Wolfegg
Gebraz-hofen
Ravensburg
Kimratshofen
Altusried
Rößler-weiher
Herlazhofen
Kloster Weißenau
Kißlegg
Schlier
Friesenhofen
Vogt
Waldburg
Wolfegger Ach
Waltershofen
Wiggensbach
Taldorf
Schussen
Eschach
Christaz-hofen
Rohrdorf
Kempten
Argenbühl-Ratzenried
Schwarzer Grat 1118
Bodnegg
Amtzell
Mecken-beuren
Tettnang
Wangen
Isny
Wengen
Buchen-berg
Maierhöfen
Neukirch
Neuravens-burg
Hergatz
Obere Argen
Eistobel
Waltenhofen
Friedrichs-hafen
Eris-kirch
Argen
Heimen-kirch
Röthenbach
Weitnau
Kreßbronn
Lindenberg
Simmer-berg
Missen-Wilhams
Langenargen
Weißens-berg
Scheidegg
Weiler
Stein i. Allgäu
Romans-horn
Bodensee
Wasserburg
Oberstaufen
Alpsee
Lindau
Scheffau
Oberreute
Immen-stadt
Arbon
Lochau
Pfänder 1064
Thalkirch-dorf
Blaichach
Ror-schach
Bregenz
Aach
Hochgrat 1832
Sonthofen
Hard
Pfändertunnel
Balder-schwang
Höchst
St. Margrethen

mit ganz Europa, und zwar hauptsächlich durch den Export von Stoffen, große finanzielle und politische Eigenständigkeit verschafft, die den Mitbestimmungswillen der Zünfte stärkte. Heute wird dieses im Juli stattfindende Volksfest alle 4 Jahre mit dem traditionellen Fischerstechen auf der Donau verbunden.
Hinter dem Schwörhaus beginnt das malerische Fischer- und Gerberviertel mit seinen zahlreichen Fachwerkbauten aus dem 16. und 17. Jh. Unter ihnen befindet sich auch das »Schiefe Haus«, dem der Betrachter die statischen Voraussetzungen der Standfestigkeit kaum zutrauen mag, das aber heute noch bewohnt ist.
Wenn Sie vom Fischerviertel aus auf der alten Stadtbefestigung donauabwärts gehen, erreichen Sie, vorbei am Metzgerturm, dem »Schiefen Turm« von Ulm, die Adlerbastei. Hier ist eine Gedenktafel für Albrecht Ludwig Berblinger angebracht, der als Schneider von Ulm bekannt wurde. Der erste Segel- und Drachenflieger der Welt versuchte 1811 ungefähr an dieser Stelle dem König von Württemberg mit einem Flug über die Donau seine Künste zu demonstrieren. Vermutlich wegen der fehlenden Thermik über dem kalten Fluß mißlang der Versuch, und er stürzte ins Wasser. Ein anderer »Flieger«, der Ulmer Spatz, hat der Sage nach Jahrhunderte früher den Erbauern des Münsters gezeigt, daß man lange und sperrige Gegenstände am besten der Länge nach durch eine enge Pforte bugsiert. Als sie den Vogel nachahmten, soll es den Ulmern erheblich leichter gefallen sein, das Material für das Gerüst heranzuschaffen. Auf dem Münsterdach setzte man dem Spatzen zum Dank ein Denkmal. An klugen und historischen Persönlichkeiten hat es in Ulm nie gemangelt. Albert Einstein ist dort geboren, und auch die Geschwister Scholl kamen in Ulm zur Welt. Max Eyth, der schwäbische Erfinder und Autor, lebte und starb in der Stadt. Sehr zu empfehlen ist ein Besuch im Ulmer Museum mit seinen reichen Sammlungen, zu denen auch Meisterwerke oberschwäbischer Kunst gehören, wie z. B. Arbeiten von Hans Multscher, Jörg Syrlin, Martin Schaffner und Bartholomäus Zeitblom. Das Museum finden Sie im Kiechelhaus der Neuen Straße 92–96 (täglich außer Mo. geöffnet). Die Silhouette der Stadt mit dem Münster ist vom rechten Donauufer aus besonders fotogen; von der Innenstadt erreichen Sie es über die Neue Straße und die Herdbrücke.

2 Wandervorschlag von Blaubeuren auf die Blaubeurer Alb: Vom Blautopf führt ein steiler Pfad in Serpentinen auf den Blaufelsen, von dem Sie auf Blaubeuren und das Kloster hinunterblicken (Gehzeit ca. 15 Min.). Unterwegs müssen Sie die Steige nach Sonderbuch überqueren. Vom Blaufelsen kommen Sie in wenigen Min. auf die Albhochfläche (Markierung schwarzes Dreieck). Dort gehen Sie den Albtrauf entlang, der seinen Namen vom hinabrinnenden Regenwasser hat, und erreichen nach 1,5 km einen großen Grill- und Spielplatz. Das nahegelegene Segelfliegervereinsheim ist an Wochenenden bewirtschaftet. Weiter am Albtrauf entlang kommen Sie, vorbei an einer Kriegergedenkstätte, zum Rusenschloß, einer mächtigen Ruine über dem Blautal. Von hier geht es wieder ins Tal hinab. Den Fluß überqueren Sie beim Eisenbahnviadukt und kehren über den Rucken, einen großen Umlaufberg der Urdonau mitten in Blaubeuren, zum Blautopf zurück. Gehzeit etwa 2½ Std.

2 Von Ulm aus führt die Barockstraße auf der B 28 entlang der Blau nach **Blaubeuren**. Das reizvolle Tal mit seinen zahlreichen Kalksteinbrüchen und den schroffen Jurafelsen ist typisch für die Schwäbische Alb. Im Talkessel von Blaubeuren ragen aus steilen Hangwäldern bizarr geformte Felsen hervor. Ein markanter Felskoloß steht mitten im Ort, das Klötzle Blei. Es erinnert an Eduard Mörikes Märchen von der schönen Lau. Diese arme Wasserfrau wurde von ihrem Mann aus der Donau in den Blautopf verbannt, weil sie nur tote Kinder gebar. Einem Hirtenjungen, den die Lau wegen seiner vorlauten Reden in ihre Gemächer auf dem Grund des Blautopfs riß, gelang die Flucht aus dem

Ehemalige Benediktiner-Klosterkirche Blaubeuren

Gefängnis. Dabei stahl er ein schweres Säckchen, von dem er meinte, es enthielte Gold. Als er nach langen Irrgängen wieder hoch über dem Städtchen Blaubeuren das Tageslicht erblickte, untersuchte er gleich das Säckchen, fand aber nichts anderes als ein Stück Blei. Voller Wut und Enttäuschung schleuderte er es in den Blautopf hinab. Daß der kleine Bleiklotz dank eines Krakenzahns, der darin steckte, magische Kräfte hatte, konnte der Junge nicht wissen. Aber der Kinderspruch:

's leit a Klötzle Blei glei bei Blaubeura
glei bei Blaubeura leit a Klötzle Blei

hat seitdem seine Gültigkeit.
Ein steinernes Bildnis der schönen Lau steht heute direkt am Quelltopf. Der Blautopf ist eine der größten Quellen Deutschlands (2200 l/s). Wasser, das durch die verkarstete Oberfläche der Schwäbischen Alb sickert, tritt hier wieder zutage. Seine blaue Färbung erklärt sich daraus, daß der Kalkgehalt mit einem bestimmten Lichtbrechungswinkel zusammenwirkt. Wenn die Wasserführung besonders hoch ist, wie es nach starken Regenfällen oder während der Schneeschmelze häufig vorkommt, ist der Blautopf ockergelb oder grünlich gefärbt. Unmittelbar am Quelltopf ist eine rekonstruierte Hammerschmiede zu besichtigen, die durch ein großes Wasserrad betrieben wird (im Sommer täglich geöffnet, im Winter nur Sa. und So.). Hirsauer Mönche haben das Kloster im 11. Jh. gegründet. 1534 wurde es während der Reformation aufgelöst, später mit einem theologischen Seminar belegt. Heute beherbergt es ein altsprachliches Gymnasium. Durch den schlichten Kreuzgang kommen Sie in den Chor der Klosterkirche, der vom Hauptschiff durch den Turm abgetrennt ist. Hier steht der berühmte Blaubeurer Hochaltar, ein spätgotisches Meisterwerk. Es handelt sich um einen sog. Wandelaltar, dessen Seitenflügel man umklappen kann, wodurch sich das Altarbild entsprechend den Feiertagen des Kirchenjahres verändern läßt. Vermutlich wirkten der Maler Bartholomäus Zeitblom und der Holzschnitzer Gregor Erhart bei der Gestaltung des großartigen Werkes entscheidend mit. Beachten Sie auch das Chorgestühl, eine phantasievolle Schnitzarbeit von Jörg Syrlin d. J. Zum Hochaltar haben Sie täglich Zugang, im Winter an den Wochentagen, nachmittags. Das Blaubeurer Heimatmuseum im ehemaligen Badhaus der Mönche ist im Sommer täglich geöffnet, im Winter nach Vereinbarung.
In einigen der zahlreichen Jurahöhlen um Blaubeuren wurden wissenschaftlich bedeutende Funde aus der Vorgeschichte, vor allem aus der älteren Steinzeit, geborgen. Im Urgeschichtlichen Museum, das in der Karlsstraße 21, unweit des Rathauses, untergebracht ist, sind einige von ihnen ausgestellt (täglich außer Mo. geöffnet).
3 Wenn Sie Blaubeuren auf der B 492 in südlicher Richtung verlassen, kommen Sie nach **Schelklingen**. Einige wichtige Funde vorgeschichtlicher Besiedlung, teilweise 40000 bis 50000 Jahre alt, sind im dortigen Heimatmuseum zu sehen; ebenso Funde aus einem großen alemannischen Gräberfeld, das in der Stadt entdeckt wurde; mittelal-

Paradies der künstlichen Vögel: Auf der Schwäbischen Alb gibt es rund 50 Start- und Landeplätze für Segelflieger.

Chorgestühl in der Klosterkirche Blaubeuren

Die rekonstruierte Hammerschmiede am Quelltopf der Blau: Die Sichttiefe des Blautopfs beträgt fast 20 m.

terliche Gebrauchsgegenstände, hauptsächlich von der Burg Hohenschelklingen, sowie bäuerliche Geräte und Töpferwaren ergänzen die Exponate. Das Museum in der Marktstraße 17 ist mittwochs und jeden ersten Sonntag im Monat geöffnet. Im Friedhof unweit des Museums steht die 1300 erbaute St.-Afra-Kapelle mit einem bedeutenden Zyklus hochgotischer Malerei.

4 Über Ringingen kommen Sie nach **Erbach**. Hoch über der Donau stehen Schloß und Kirche dicht nebeneinander, und mit dem Gotteshaus kann Ihr Studium des oberschwäbischen Barock beginnen. Das Schloß, ein mächtiger Doppelgiebelbau mit runden Ecktürmen, wurde im 16. Jh. gebaut. Das Schloßmuseum ist an Sonn- und Feiertagen geöffnet. Sie sehen bei der Weiterfahrt in Richtung Ehingen rechts der B 311 Oberdischingen, einst das Zentrum oberschwäbischer Kriminaljustiz. Franz Ludwig Schenk von Castell, im Volksmund Malefizschenk genannt, weil er den Räubern der Gegend das Handwerk legte, hatte hier seinen Sitz. In der Gewalt des Schenken mußte so mancher den Weg zum Galgenberg einschlagen.

5 Drei Kirchtürme prägen die Silhouette von **Ehingen**. Im Osten liegt die barocke Konviktskirche mit ihrem für den süddeutschen Raum sehr ungewöhnlichen Zentralbau. Hervorragende barocke Ausstattung finden Sie auch in der Liebfrauenkirche im Westen der Stadt. Mit spitzem Turm steht in der Ortsmitte die Pfarrkirche St. Blasius. Am Viehmarkt ragt das hochgiebelige Fachwerkhaus des Heilig-Geist-Spitals auf; dort ist heute das Museum der Stadt Ehingen untergebracht (Mi., Fr. und Sa. geöffnet), eine Sammlung sakraler und profaner Skulpturen (u. a. Arbeiten der Ulmer Schule aus spätgotischer Zeit).

6 Weiter in südwestlicher Richtung auf der B 311 kommen Sie von Ehingen nach **Obermarchtal**. Seinen Ruhm verdankt der Ort seiner gut erhaltenen und gepflegten barocken Klosteranlage. Wenn Sie durch den Torbau gegangen sind und vor der großen, wohlgegliederten Anlage mit Kirche und Konventsgebäude stehen, bietet sich Ihnen ein erhebender Anblick. Die zweitürmige Klosterkirche St. Peter und Paul hat einen saalartigen Innenraum. Chor und Langhaus sind dreijochig und nur durch ein schmales, kaum ausgesetztes Querschiff getrennt. Die Deckenstukkaturen aus der Wessobrunner Schule beleben das Kircheninnere mit Rankenwerk, Lorbeerstäben, Laub- und Muschelwerk und Puttenköpfen. Neben den verschiedenen Barockaltären verdient das schöne Gitterwerk vor dem Chor Beachtung. Das Kloster wurde 1802 aufgelöst; heute befindet es sich jedoch wieder im Besitz des Bistums Rottenburg. Ohne Führung darf man nur den Raum unter der Orgelempore betreten, von dem aus man einen recht guten Überblick gewinnt (Führungen nach Bedarf).

6 Wandervorschlag von Untermarchtal durchs Lautertal: Von der B 311 biegen Sie bei Untermarchtal Richtung Lauterach ab. Etwa 3 km hinter Lauterach erreichen Sie die Laufenmühle, die bereits in dem für seine landschaftliche Schönheit berühmten Lautertal liegt. Sie können von hier aus 10 km weit am Flußufer entlang bis Indelhausen durch die herrliche Tallandschaft wandern. Wem dies zu weit ist, der kann im 3 km entfernten Unterwilzingen umkehren oder einen lohnenden Spaziergang ins Wolfstal machen, das bei der Laufenmühle nach Norden abzweigt. Dort ist auch ein Waldlehrpfad angelegt.

7 Wenige Kilometer nach Obermarchtal biegen Sie von der B 311 ab und erreichen über Zwiefaltendorf **Zwiefalten**, an der B 312 gelegen. In reizvoller Alblandschaft steht dort eines der glanzvollsten Sakralbauwerke des 18. Jh.s und des oberschwäbischen Barock. Bis zur Auf-

Über diesen Holzsteg führt Sie unser Wandervorschlag von Bad Buchau zum Federsee.

Die Wimsener Höhle 3 km nördlich von Zwiefalten

lösung des Klosters im Jahre 1802 bestand im Achtal eine Benediktinerabtei, die im 11. Jh. gegründet und von Hirsauer Mönchen bewohnt worden war. Als Höhepunkt der langen Klostergeschichte ist sicher der Um- und Neubau der Abteikirche anzusehen, der im Jahre 1766 abgeschlossen war. In der damals vollendeten Gestalt steht die Kirche vor Ihnen: Eindrucksvoll ist die Westfassade mit dem Portal. Konvex wölbt sich der Mittelbau dem Besucher entgegen. Zwei mächtige Säulenpaare verbinden den kühn geschwungenen Giebel mit der Erde. Die beiden Zwiebeltürme über dem Chor treten angesichts dieser Abgeklärtheit der Linienführung in den Hintergrund. Im Innern der Kirche beeindruckt die barocke Formenfülle: Je vier Seitenkapellen, die sich leicht zur Mittelachse vorwölben und durch Doppelsäulen voneinander getrennt werden, säumen den Weg durchs Langhaus zum Chor. Eine überkuppelte Vierung trennt ihn vom Hauptschiff. Die Querschiffe sind nur angedeutet und lenken den Blick von der beherrschenden Längsachse ab. Im Chor dominiert der bis zur Decke reichende Hochaltar. Die Kanzel ist ein typisches Werk barocken Gestaltungswillens. Der Münchner Meister Johann Michael Fischer hat diesen Bau entworfen und 1741–65 ausgeführt. Die Stuckarbeiten wurden von Johann Michael Feichtmayr aus Augsburg geleitet; die Freskenmalerei lag in den Händen von Franz Joseph Spiegler aus Wangen im Allgäu. Ein lohnender Blick auf die Gesamtanlage des Klosters bietet sich von einer Anhöhe, die Sie auf der Straße Richtung Wimsener Höhle bzw. Großenzugen erreichen.

Riedlingen an der Donau

8 Nach **Riedlingen** fahren Sie auf der B 312 zurück, vorbei an der Einmündung von Obermarchtal. Der Ort hat sein mittelalterliches Aussehen großenteils bewahren können. Tore, Wehrmauern und Fachwerkbauten prägen das Bild der terrassenartig angelegten Altstadt. In der Pfarrkirche St. Georg sind spätgotische Schnitzarbeiten zu sehen.

9 Von Riedlingen aus fahren Sie südöstlich über Dürmentingen nach **Bad Buchau** am Federsee, das seinen Ruf als Kurort den aus der Feuchtlandschaft gewonnenen Moorbädern verdankt. Der See, mit seinem Ried ein interessantes Naturschutzgebiet, verlandet allmählich. Zudem wurde er im 18. und 19. Jh. abgesenkt, um zusätzliche landwirtschaftliche Nutzflächen zu gewinnen. Doch der Versuch schlug fehl, da sich auf dem schweren Boden kein Ackerbau betreiben ließ. Die heutige Stadt Buchau liegt auf dem Boden einer vorgeschichtlichen Siedlung. Das Federseemuseum zeigt eine bedeutende Sammlung vorgeschichtlicher Ausgrabungsfunde, die in den Moorgebieten gemacht wurden (April bis Mitte Oktober täglich geöffnet, im Winter nur Mi. nachm.). Die ehemalige Damenstiftskirche St. Cornelius und St. Cyprian geht auf eine Klosterkirche des 8. Jh.s zurück. Die Pläne für die 1773 begonnene Renovierung der alten Anlage lieferte der französische Architekt Michel d'Ixnard, von dem eine Reihe bedeutender Bauten in Südwestdeutschland stammen. Die für die Schule d'Ixnards

9 Wandervorschlag von Bad Buchau zum Federsee: Beim Federseemuseum, wo Sie parken können, beginnt ein Weg, der durch den Schilfgürtel zum offenen Teil des Sees führt. Nur von erhöhten Stellen am Ufer kann man die Wasserfläche noch sehen. Auf Pfählen, die in den Moorgrund getrieben sind, wurde deshalb ein ca. 1,5 km langer Holzsteg durchs Schilf angelegt. Er führt zu einer Aussichtsplattform, von der man den See und die Uferregionen überblicken kann. Besonders schöne Stimmungen bieten der Sonnenuntergang und die frühen Abendstunden. An der Plattform können Sie ein Boot mieten, und mit einem Fernglas können Sie sicher einige der hier ansässigen, zum Teil seltenen Vogelarten beobachten.

Johann Josef Christian schnitzte das kunstvolle Chorgestühl der Klosterkirche Zwiefalten

typische frühklassizistische Ausstattung von St. Cornelius und St. Cyprian kontrastiert mit dem Überschwang des Oberschwäbischen Barock.

⑩ Abstecher zum Weilberg bei Steinhausen: Direkt bei der Ortschaft liegt der bewaldete Weilberg, von dem Sie eine schöne Aussicht auf das Dorf und die Wallfahrtskirche Steinhausen haben. Sie fahren von der Kirche durch die Bergstraße Richtung Norden. 200 m nach dem Ortsende geht ein Schotterweg ab und führt nach etwa 300 m zum Aussichtspunkt. Ein Grillplatz mit Bänken lädt zu längerem Verweilen ein. Den Fotofreund wird freilich die Hochspannungsleitung zwischen Weilberg und Ortschaft stören.

⑩ Durch weite, ebene Moorlandschaft geht es von Bad Buchau weiter nach Bad Schussenried.

Bevor Sie den Ort erreichen, macht die Barockstraße einen lohnenden Umweg über **Steinhausen**. Dort steht die als »schönste Dorfkirche der Welt« bezeichnete Wallfahrts- und Pfarrkirche St. Peter und Paul. Der Abt des Schussenrieder Prämonstratenserklosters ließ sie von 1728–33 errichten, um den ständig zunehmenden Strom der Pilger zum Gnadenbild der Muttergottes »auf der Saul« ein würdiges Wallfahrtsziel zu geben. Der Abt mußte freilich kurz nach der Weihe abdanken, da die Baukosten den Voranschlag um das Sechsfache überschritten. Der Nachwelt jedoch hat er durch das Werk der Brüder Dominikus und Johann Baptist Zimmermann eine Kirche von seltener Geschlossenheit und origineller Raumgestaltung hinterlassen. Im Innern entstand ein Zentralbau in der Form eines doppelten Längsovals. Dieser Grundriß ist einfach und neuartig zugleich. Die hohe Kuppel wird durch zehn freistehende Pfeiler gestützt. Das Oval wiederholt sich im äußeren Baukörper, dort allerdings von den Armen einer Kreuzform durchbrochen, die nach Ost/West und Süd/Nord zeigt. Der Chor mit dem Gnadenbild ist ebenfalls oval gestaltet. Die Dekoration erfolgte in reichem Wessobrunner Stuck. Das Deckenfresko stellt den Eingang Marias in den Garten des Paradieses dar. Die Naturszenen überwiegen: Täuschend lebensecht gestaltete heimische Blumen und Kleintiere können Sie im Stuck des oberen Fensterkranzes entdecken.

⑪ **Bad Schussenried** ist nur wenige Kilometer von Steinhausen entfernt. Der Weg zum ehemaligen Prämonstratenserkloster (1183), heute psychiatrisches Landeskrankenhaus, ist beschildert. Berühmtester Teil des Neuen Klosters aus der zweiten Hälfte des 17. Jh.s ist der Bibliothekssaal im zweiten Obergeschoß, eine große raumschöpferische Leistung des Barock. Er ist durch die Pforte des psychiatrischen Landeskrankenhauses zu erreichen (täglich geöffnet). Der zweigeschossige Raum mit Empore und reichhaltiger Stukkatur wurde 1754–61 nach

Anmutig ins Landschaftsbild eingefügt: Die Wallfahrtskirche von Steinhausen

Plänen von Dominikus Zimmermann ausgebaut. Auf die Türen der hellblauen Schränke sind die Rücken der Bücher gemalt, die bis zur Säkularisation hier aufbewahrt wurden. Neben der Pforte des Krankenhauses steht die ehemalige Kloster- und jetzige Pfarrkirche St. Magnus, in der Sie auf einem Deckengemälde von Johannes Zick aus dem Jahre 1745 das Leben und Sterben des Ordensheiligen Norbert sehen. Die mittelalterliche Pfeilerbasilika wurde im 17. und 18. Jh. barock umgestaltet. Das geschnitzte Chorgestühl stammt aus dem frühen 18. Jh.

12 Von Bad Schussenried fahren Sie durch eine typisch oberschwäbische, hügelige Moränenlandschaft mit Weihern und großflächigen Wäldern nach **Bad Waldsee**. Das bekannte Moorheilbad liegt malerisch zwischen Stadt- und Schloßsee. Die Fehden zwischen der Einwohnerschaft und den Truchsessen von Waldburg, denen das Gebiet im Mittelalter gehörte, sind Hauptkapitel in der Geschichte der Stadt. Wohl mehr aus Trotz denn aus Notwendigkeit bauten sich die Waldseer im 15. Jh. – damals eine arme Gemeinde von 500 Seelen – ein Rathaus, das mit seinem prunkhaften Schaugiebel zu den schönsten Profanbauten in Oberschwaben zählt. Auch das Schloß der ehemaligen Stadtherren steht noch; früher eine Wasserburg, wurde es im 18. Jh. völlig umgebaut (nicht zugänglich). Der Schloßgarten dient heute als Kurpark. Neben dem Rathaus dominieren im Stadtbild der neugotische Bau des Heilig-Geist-Spitals, das ehemalige Kornhaus, heute Städt. Museum (So. geöffnet), und schließlich das Wurzacher Tor, ein Überbleibsel der ehemaligen Stadtbefestigung. In der Stiftskirche St. Peter fällt links neben dem Chor eine außerordentlich schöne, spätgotische Grabplatte für Truchseß Georg I. von Waldburg auf. Er war ein Vorfahre des 1488 in Waldsee geborenen Georg III., der als Bauernjörg in die Geschichte einging, weil er 1525 den Bauernaufstand in Süddeutschland niedergeschlagen hat. Zum Abschluß eines Stadtrundgangs sollten Sie nicht versäumen, einen Spaziergang über die idyllische Promenade entlang dem Stadtsee zu machen. Im Sommer werden regelmäßig einstündige Stadtführungen angeboten. Informationen darüber bekommen Sie beim Verkehrsamt im Rathaus.

12 Abstecher von Bad Waldsee zum Egelsee: Sie kommen auf der B 30 Richtung Weingarten durch den Altdorfer Wald. Mitten darin liegt, direkt an der Bundesstraße, der Egelsee, ein idyllisches Gewässer mit Schilfufern und Seerosenkolonien. An heißen Tagen bietet der See gestreßten Autofahrern Abkühlung, denn innerhalb bestimmter Grenzen ist am Nordufer das Baden erlaubt. Stellen Sie den Wagen auf einem Waldparkplatz auf der anderen Straßenseite ab.

13 Von Bad Waldsee führt die Oberschwäbische Barockstraße auf der B 30 in südwestlicher Richtung durch den ausgedehnten Altdorfer Wald nach **Weingarten**. Dort finden Sie den größten barocken Sakralbau nördlich der Alpen. Die Kirche des Benediktinerklosters St. Martin von Tours und St. Oswald steht auf einer Anhöhe und ist schon von weitem zu sehen. Sie hat eine Länge von über 100 m und eine 65 m hohe Vierungskuppel. Die Zufahrt durch die Stadt ist ausgeschildert (Richtung PH Weingarten oder Akademie).

Bereits im Mittelalter bestand in Weingarten eine reiche Benediktinerabtei, die kulturell einen bedeutenden Rang im süddeutschen Raum einnahm. Berühmt ist z. B. die hier entstandene Weingartener Liederhandschrift. Den Mittelpunkt des Klosters bildete eine 117 m lange, romanische Basilika. Ende des 17. Jh.s reifte der Plan heran, sie durch

13 Abstecher von Weingarten zum Badesee Rößlerweiher: Fahren Sie in Richtung Wolfegg. Die Straße führt bergauf an einem militärischen Sicherheitsbezirk vorbei. Etwa 1,5 km nach dem Ortsende geht rechts eine schmale Straße ab, in die Sie einbiegen müssen. Auf dem Wegweiser sind ca. 10 Ortsnamen angegeben, u. a. Rößler, Gessenried, Katzheim. Nach 1 km biegen Sie nach links zum Rößlerweiher ab (ausgeschildert) und kommen nach wenigen Metern an die Liegewiese mit Grillgelegenheit. Der See ist mit 600 m Länge und 200 m Breite recht groß. Wenn Sie von hier aus nach Ravensburg weiterfahren wollen, empfiehlt es sich, die landschaftlich sehr schöne Strecke Richtung Süden über Schlier zu wählen. Vorsicht! Die Straße ist schmal und kurvenreich. Sie wird auch viel von landwirtschaftlichen Fahrzeugen benutzt.

Bibliotheksaal im Kloster Bad Schussenried

einen Neubau zu ersetzen, der zwischen 1717 und 1724 ausgeführt wurde. Der umgebende Komplex konnte allerdings bis zur Auflösung des Klosters 1803 nicht ganz fertiggestellt werden. Von der Stadt geht es über eine Treppe hinauf zur Westseite. Charakteristisch an der Schaufassade ist der stark vorgewölbte Mittelteil, der von zwei spitzhelmigen Türmen flankiert wird. In dem durch seine Größe und die mächtige Vierungskuppel monumental wirkenden Innenraum bestechen die leuchtenden Farben und üppigen Formen der Deckengemälde von Cosmas Damian Asam. Zu den besonders wertvollen Stükken des Inventars gehören das Chorgestühl von Joseph Anton Feichtmayr und das filigrane Chorgitter mit seiner verblüffenden perspektivischen Wirkung. Berühmt für ihren Klang ist die Orgel an der Westseite von Joseph Gabler aus Ochsenhausen, die mit 76 Registern und 7042 Pfeifen zu den größten Deutschlands zählt.

(14) Wandervorschlag von Ravensburg durch Höll- und Krebstobel: Westlich der Stadt haben die zur Schussen fließenden Wasserläufe tiefe Tobel (enge Schluchten) in den lockeren Moränenuntergrund gegraben. So ist eine abwechslungsreiche Landschaft entstanden. Fahren Sie ein kurzes Stück auf der B 33 Richtung Meersburg. Am Ortsende, sobald Sie Eisenbahn und Schussen überquert haben, nehmen Sie die zweite Abzweigung nach rechts. Nach dem Abbiegen müssen Sie sich gleich links halten und kommen dann auf ein schmales Sträßchen, das zur Waldschenke Höll führt. Kurz vor der Gaststätte steht rechts am Weg eine Übersichtstafel mit den Wandermöglichkeiten im Gebiet von Höll- und Krebstobel. Je nach Lust und Ausdauer können Sie längere oder kürzere Touren durch das urtümliche Gebiet auswählen. Parkplätze finden Sie kurz nach der Abzweigung zur Gaststätte am Beginn des Hölltobels.

(14) Die Städte Weingarten und **Ravensburg** sind zwar heute zusammengewachsen, dennoch bieten sie dem Besucher einen interessanten Gegensatz: Herrscht in Weingarten der durch das Kloster bestimmte barocke Baustil vor, so besticht Ravensburg durch seine gut erhaltene Bausubstanz aus dem 14. und 15. Jh. Die Altstadt darf nur von Anliegern befahren werden; deshalb empfiehlt es sich, das ausgeschilderte Parkhaus am Untertor zu benutzen und von dort aus einen Rundgang zu unternehmen. Durch die Bachstraße kommen Sie zum Marienplatz, der sich wie eine breite Straße quer durch das Zentrum erstreckt. An seiner Nordseite steht der Grüne Turm, ein Beispiel der zahlreichen Tore und Türme der ehemaligen Stadtbefestigung aus dem 13. und 14. Jh., die sich in Ravensburg erhalten haben. Das Frauentor hat seinen Namen von der benachbarten Pfarrkirche Unserer Lieben Frau, deren Chor wertvolle Glasfenster aus dem 15. Jh. birgt. Zentral am Marienplatz steht das Waaghaus mit dem Blaserturm, d. h. der Turm des Stadtwächters, dessen Hornsignale einst von hier aus Uhrzeit und Unglücksfälle anzeigten. Dem Waaghaus gegenüber steht das gotische Rathaus; nahebei das Lederhaus mit Resten der ehemaligen Renaissancebemalung. Wenn Sie vom Rathaus die Marktstraße hinaufgehen, gelangen Sie zum ältesten Stadtzugang, dem Obertor. Dicht daneben der Weiße Turm, der sog. Mehlsack. Dieser Turm diente den Ravensburgern zur Kontrolle der Veitsburg, die bis ins 17. Jh. den Landvögten und damit den politischen Gegnern der freien Reichsstadt gehörte. Den Namen des Turms prägte der Volksmund wegen der runden Form und des weißen Verputzes. Die Veitsburg, die früher »Ravenspurc« hieß, wurde im 17. Jh. bei einem Brand vernichtet. Auf den Resten der Anlage erbaute man im 18. Jh. das »Schlößle«, das man von der Stadt aus mit seinem Treppengiebel und dem kleinen Türmchen sehen kann. Im Heimatmuseum »Vogthaus« (Charlottenstraße 36) sind einige historische Wohnräume rekonstruiert; außerdem zeigt es eine Sammlung deutscher Plastik vom 14. bis zum 18. Jh. (Di. bis Sa. nachm. und So. geöffnet).

Das Montfort-Schlößchen bei Langenargen

Ravensburg: Marienplatz und Grüner Turm

⑮ Noch im Ortsbereich von Ravensburg leitet die Beschilderung der Barockstraße zum **Kloster Weißenau**, das seinen Namen der Kuttenfarbe seiner Mönche verdankt. Von der ehemaligen Prämonstratenserabtei ist vor allem die Kirche St. Peter und Paul, die Franz Beer von 1717–24 erbaut hat, sehenswert. Der Innenraum ist deutlich vom vorarlbergischen Barockschema Beers geprägt. Dies zeigt sich besonders in den stark betonten, stuckverzierten Jochbögen. Der Chor blieb von einem vorhergehenden Bau erhalten und ist deshalb im Verhältnis zur Gesamtkonzeption recht schmal. Beachten Sie die feinen Stuckarbeiten des Wessobrunners Franz Schmuzer, das virtuos geschnitzte Chorgestühl und den Hochaltar der Spätrenaissance.

⑯ Über Meckenbeuren, als Haltestelle im Lied von der schwäbischen Eisenbahn vielbesungen, kommen Sie nach **Friedrichshafen** (s. a. S. 266) am Bodensee. Wenn Sie am Marktplatz parken, befinden Sie sich nahe beim Neuen Rathaus (Adenauerplatz 1) mit dem Städtischen Bodensee- und dem Zeppelinmuseum. Ersteres bietet einen beachtlichen Querschnitt durch die bildende Kunst im schwäbischen Bodenseeraum von der Gotik bis zur Gegenwart. Das Zeppelinmuseum ist dem berühmten Grafen gewidmet, der hier am See in schwimmenden Hallen seine »fliegenden Zigarren« gebaut hat und bei Friedrichshafen die ersten Testflüge unternahm (täglich außer Mo., Juni bis September auch Mo. geöffnet). Im Stadtteil Schnetzenhausen befindet sich das Oberschwäbische Schulmuseum (So. nachm., Mitte Juni bis Mitte September täglich außer Mo. geöffnet). Vom Hafen aus können Sie am Seeufer einen schönen Spaziergang zur Schloßkirche machen, deren weiße Zwiebeltürme als Wahrzeichen von Friedrichshafen weit über den See leuchten. Innen beeindrucken besonders die Stuckverzierungen der Decke. Ursprünglich von der berühmten Wessobrunner Stukkatorenfamilie Schmuzer geschaffen, mußten sie nach dem Zweiten Weltkrieg grundlegend renoviert werden.

⑰ Auf der B 31 fahren Sie südöstlich über Eriskirch (Wallfahrtskirche mit gotischen Fresken und Glasfenstern) nach **Langenargen** (s. a. S. 266). Auf einer Halbinsel liegt das im maurischen Stil neu erbaute Montfort-Schlößchen, ein beliebtes Motiv für Fotofreunde.

Chorgitter vor dem Hochaltar der Klosterkirche von Weingarten

⑯ Wandervorschlag von Friedrichshafen zum Wald- und Naturlehrpfad im Seewald: Zwischen Friedrichshafen und Eriskirch liegt in recht flachem Gelände der Seewald. Er ist durch einen gut ausgebauten Naturlehrpfad mit dem Eriskircher Ried verbunden. Der Pfad bietet Gelegenheit, verschiedene für das Bodenseegebiet typische Naturlandschaften wie Ried und Auwald kennenzulernen. Von Meckenbeuren her erreichen Sie den Seewald über den Friedrichshafener Stadtteil St. Georgen. Nach dem Ortsschild biegen Sie bei der ersten Gelegenheit von der B 30 nach links ab und fahren immer geradeaus bis zum Waldrand. Dort befindet sich ein Parkplatz mit einer leider nicht sehr übersichtlichen Plantafel. Wenn Sie zwischen Gaswerk und Kinderspielplatz hindurchgehen und sich dann halbrechts halten, stoßen Sie nach etwa 500 m auf den Lehrpfad. Auch auf der B 31 Richtung Eriskirch können Sie zum Naturlehrpfad gelangen. Hier müssen Sie auf die kleine Abzweigung nach rechts zum Don-Bosco-Heim achten. Der Lehrpfad verläuft zwischen See und Heim.

Schloßkirche in Friedrichshafen

Wenn Sie in den Vormittagsstunden bei sonnigem Wetter nach Langenargen kommen, steht es besonders gut im Licht. Ein Besuch im Museum (Marktplatz 20) lohnt sich bei jedem Wetter. Dort werden Gemälde von Künstlern aus der Region gezeigt, zu denen Maler wie Franz Anton Maulbertsch oder Hans Purrmann gehören (Mai bis September täglich außer Mo. geöffnet).

18 Von Langenargen führt Sie die Strecke noch ein Stück am See entlang bis Kreßbronn, wo Sie die B 31 überqueren. Dann geht es in Richtung Norden durch ein ausgedehntes Waldgebiet nach **Tettnang**. Der Ort mit seinen 15 000 Einwohnern ist heute ein wichtiges Zentrum des Spargel-, Obst- und Hopfenanbaus am Bodensee. Das Stadtbild wird von den baulichen Hinterlassenschaften der Grafen von Montfort geprägt, die hier von 1260 bis 1780 residierten. Prunkstück ist das Neue Schloß, eine stattliche Vierflügelanlage mit markanten Ecktürmen. Die Pilastergliederung der Fassaden und das Mansardendach sind die wesentlichen äußeren Gestaltungselemente. Im Innern finden Sie einige Räume mit Stuckarbeiten, die Joseph Anton Feichtmayr nach einem Brand im Jahre 1755 ausführte. Führungen durch das Schloßmuseum, in dem auch Kunstwerke aus dem Besitz der Montforts gezeigt werden, finden von April bis Oktober täglich statt. Fotofreunde bekommen das attraktive Bauwerk am günstigsten spätnachm. vom Schloßgarten aus ins Bild.

Schulstraße und Montfortstraße begrenzen den Ortskern von Tettnang. Beide führen parallel vom Neuen Schloß zum älteren Torschloß mit dem Torgebäude, durch das Sie von Langenargen her in die Altstadt hineinfahren.

19 Durch hügelige Landschaft, die von den ausgedehnten Hopfenfeldern des Tettnanger Anbaugebiets bestimmt wird, kommen Sie auf einer kurvenreichen Strecke über Neukirch nach **Wangen**. Der Ort war im Mittelalter freie Reichsstadt und vor allem durch die Tuchmacherei und den damit verbundenen Handel recht wohlhabend. Von der mittelalterlichen Stadt sind wesentliche Teile noch erhalten; deshalb wurde der Ortskern unter Ensemble-Denkmalschutz gestellt. Von Tettnang her kommen Sie durch die Lindauer Straße direkt auf das Lindauer oder St.-Martins-Tor zu, das mit prächtigen, geschmiedeten Wasserspeiern geschmückt ist. Es empfiehlt sich, in der Nähe des Tores zu parken (z. B. in der Bahnhofsstraße hinter dem alten Friedhof) und von hier aus den Stadtrundgang zu beginnen. Durch die Paradiesstraße kommen Sie vom Martinstor zum Marktplatz, der von der spätgotischen St.-Martins-Kirche und dem barocken Rathaus beherrscht wird. Durch ein schmales Tor beim Rathaus gelangen Sie in die Unterstadt; dieser tiefer gelegene Teil Wangens wird von zahlreichen alten Bürger- und Handwerkerhäusern geprägt. Sie können vom Marktplatz auch durch die Herrenstraße, vorbei an stattlichen alten Wirtshäusern und spätgotischen Treppengiebeln, zum Frauentor gehen, dessen bemalter Renaissanceturm die Herrenstraße abschließt. Vom Marien-

Schloß Tettnang: ein quadratischer Vierflügelbau mit Erkertürmen und gebrochenen Dächern

Unser Wandervorschlag führt Sie durchs Naturschutzgebiet Eistobel.

brunnen, etwa in der Mitte der Herrenstraße, kommen Sie durch die Schmiedstraße zur Eselsmühle. Sie liegt bereits in der Unterstadt und beherbergt heute das Heimat- und Käsereimuseum (April bis Oktober, Di., Mi., Fr. und So. geöffnet). Ein weiteres markantes Gebäude ist das 1602 errichtete Kornhaus. Für einen Stadtrundgang in Wangen sollten Sie wenigstens 45 Min. veranschlagen. Mehr Zeit brauchen Sie, wenn Sie in der Altdeutschen Weinstube zum Kornhaus (Bindstraße 29, Di. Ruhetag) oder beim Fiedelisbäck (Sa. und So. geschlossen), wo es warmen Leberkäs mit frischen schwäbischen Brezeln gibt, einkehren möchten.

20 Von Wangen fahren Sie zunächst durch das Tal der Oberen Argen nach **Isny**. Auf halbem Weg sehen Sie rechts oben am Hang, zwischen Fichten ein wenig versteckt, Schloß Syrgenstein, einen alten schwäbischen Herrschaftssitz (nicht zu besichtigen). Kurz danach führt die Straße aus dem Flußtal hinaus und durch eine Landschaft, in der Hügel mit weiten Moorwiesen wechseln, in die ehemalige freie Reichsstadt Isny. Sie gelangte wie Wangen im Mittelalter durch die Tuchmacherei zu Wohlstand. Bürgerhäuser, die zum großen Teil nach dem Dreißigjährigen Krieg entstanden sind, prägen das Stadtbild. Die gut erhaltene Befestigungsanlage macht einen Rundgang sehr lohnend. Große Teile des Wehrgangs sind noch begehbar. Recht störend für den Besucher ist der starke Durchgangsverkehr, der direkt durch den alten Ortskern geleitet wird. Zentral liegt der Marktplatz mit dem Rathaus und dem hohen, schlanken Blaserturm aus dem 16. Jh., der sich neben dem früheren Lagerhaus der Tuchhändler, dem Hallgebäude, emporreckt. Vom Marktplatz kommen Sie über die Wassertorstraße zum gleichnamigen Torturm. In der Nikolaikirche befindet sich über der Sakristei die Predigerbibliothek, ein mit gotischen Fresken geschmückter Raum, in dem noch 1800 alte Hand- und Druckschriften, die teilweise aus dem 12. Jh. stammen, ausgestellt sind. Nur wenige Schritte sind es von hier zur ehemaligen Benediktinerkirche St. Jakob und Georg, einem herrlichen Hallenbau mit feinen Rokokostukkaturen. Dem gleichen Stil begegnen Sie im Refektorium des Klosters, das täglich besichtigt werden kann.

Sie fahren von Isny weiter über Neutrauchburg und Christazhofen in Richtung Kißlegg. Die Straße führt durch eine hügelige Weidelandschaft, die ein Hauptgebiet der Allgäuer Milchwirtschaft ist.

21 **Kißlegg** ist ein Zentrum dieser Region, das ungeachtet seines dörflichen Charakters neben einer sehenswerten Barockkirche zwei Schlösser aufzuweisen hat. Im Schloß der Fürsten von Waldburg-Wolfegg, das aus dem 16. Jh. stammt und am südlichen Ortsrand liegt. Zum Baden lockt der Zellersee und der Obersee mit angeschlossenem Warmbadebecken. Mitten im Ort steht das Schloß der Fürsten von Waldburg-Zeil (18. Jh.). Besonders bemerkenswert ist das schöne Treppenhaus mit Figuren (Sibyllen) von Joseph Anton Feichtmayr. Die von Johann Georg Fischer erbaute Pfarrkirche St. Gallus bietet im

Zwischen Wangen und Isny liegt das Schlößchen Syrgenstein.

20 *Abstecher*
von Isny nach Ratzenried: Auf der Fahrt nach Kißlegg kommen Sie von Christazhofen nach Ratzenried. Dort gibt es zwei ehemalige Herrensitze der Familie Humpis von Ravensburg. Unmittelbar beim Dorf steht ein Schloß, das im 16. Jh. errichtet, später aber immer wieder umgebaut wurde. Die eindrucksvolle Ruine der etwas älteren Burg Ratzenried liegt auf einem Plateau oberhalb der Ortschaft. Die Reste des von den Schweden im Dreißigjährigen Krieg zerstörten Baus beeindrucken vor allem durch die herrliche Lage hoch über dem großen Schloßweiher. (Sie erreichen die Ruine zu Fuß in etwa 20 Min.)

20 *Wandervorschlag*
von Isny durch den Eistobel: Von Wangen herkommend, verlassen Sie die B 12 am Ortseingang Isny, biegen rechts nach Maierhöfen ab und fahren von dort weiter Richtung Grünenbach. Nach 2,5 km erreichen Sie das tiefe Tal der Oberen Argen. Auf der gegenüberliegenden Seite, am Ende der Brücke, gibt es genügend Parkplätze. Von hier geht es auch in den Eistobel hinab, der seinen Namen den mächtigen Eisfällen verdankt, die sich im Winter an den Hängen bilden. Auch im Sommer bietet die Argen hier ein besonderes Naturschauspiel: Sie stürzt sich auf einer 2 km langen Strecke über Felsbarrieren, zwängt sich durch enge Nagelfluhwände und bildet in Gletscherwannen klare Tümpel. Der Pfad durch die Schlucht hat fast alpinen Charakter, ist aber mit Treppen, Leitern und Halteseilen gut gesichert. Zurück zum Parkplatz führt der Weg über ein Wiesengelände auf der linken Talseite, das Sie vom Stausee am Ende des Tobels aus über den steilen Talhang erreichen. Dauer der Wanderung ca. 2 Std.

Innern mit dem eigenartigen Tonnengewölbe im Langhaus und dem lichtdurchfluteten Chorteil eine architektonisch interessante Lösung zur Einbeziehung älterer Gebäudereste.

22 **Schloß Wolfegg** und die ehemalige Stifts- und Schloßkirche St. Katharinen liegen landschaftlich exponiert auf einem Höhenrücken über dem Tal der Wolfegger Ach. Das Schloß ist ein schlichter, ebenmäßiger Vierflügelbau mit Ecktürmen. Im Rittersaal (52 × 14,9 m) verkörpern 24 in Holz und Gips gearbeitete Ahnenstandbilder der Truchsesse von Waldburg das Ideal des kriegerischen, ans Burleske grenzenden Barockhelden (das Schloß ist leider nicht mehr zu besichtigen). Einen hervorragend gegliederten Barock-Innenraum bietet die ehemalige Schloßkirche, wie die Kißlegger Pfarrkirche ein Werk des Füssener Baumeisters Johann Georg Fischer. Der 1742 geweihte Bau weist besonders einheitliche Fresken der Wessobrunner Schule aus dem frühen Rokoko auf. In einem Nebengebäude des Schlosses von Wolfegg ist ein Automobilmuseum untergebracht, in dem Sie einen Gang durch die Geschichte des Autos machen können. Das älteste der 135 Fahrzeuge stammt aus dem Jahr 1897. Neben Autos sind auch alte Traktoren und Motorräder ausgestellt (April bis Oktober täglich geöffnet, im Winter nur am So.).

22 Abstecher von Wolfegg zum Bauernhausmuseum: Vom Schloßberg müssen Sie ins Tal der Wolfegger Ach hinabfahren; dort ist der Weg zu dem Freilichtmuseum ausgeschildert. Sie sehen hier eindrucksvolle Beispiele ländlicher Bauformen Oberschwabens der letzten 400 Jahre, u. a. ein Fischerhaus und ein Kolonialwarenlädle, außerdem volkskundliche Sammlungen (von April bis Oktober täglich außer Mo. geöffnet, in der Hauptsaison auch Mo. geöffnet).

Wenn Sie von Wolfegg Richtung Rötenbach fahren, liegt kurz hinter dem Ortsende linker Hand auf einem Moränenhügel die Loreto-Kapelle. Sie entstand im 17. Jh. (nach dem italienischen Vorbild bei Ancona), als sich die »Liebe Frau von Loreto« im oberschwäbischen Raum besonderer Verehrung erfreute. Von der Kapelle aus haben Sie eine schöne Sicht, die bei klarem Wetter bis zu den Alpen reicht.

23 Von Wolfegg geht es über Eintürnen, wo die Landschaft plötzlich sehr eben wird, nach **Bad Wurzach**. Die Stadt liegt am Rande eines ausgedehnten Moorgebiets, dem unter Naturschutz stehenden Wurzacher Ried, und ist eines der bekannten oberschwäbischen Moorheilbäder. Im Stadtzentrum springt das Neue Schloß ins Auge. Der stattliche Bau wurde ab 1723 auf Initiative des Grafen Ernst Jakob gebaut. Besonders wertvoll und sehenswert ist das kunstvolle Treppenhaus im Mittelbau der Dreiflügelanlage. Die Pfarrkirche St. Verena wurde in den Jahren 1775–77 errichtet und ist stilistisch an d'Ixnards klassizistische Bauten angelehnt.

*23 Wandervorschlag von Bad Wurzach ins Wurzacher Ried: Die Kurverwaltung (Mühltorstraße 1) hat einige Rundwanderungen im Ried ausgeschildert und gibt auch Kartenmaterial dafür aus. Besonders schön sind die Wege Nr. 1 und Nr. 8.
Weg 1 beginnt am Riedsee, den Sie vom Hallen- und Moorfreibad in der Ortsrandstraße 1 aus über den Birkenweg und dann entlang dem Achkanal erreichen. Die Wanderung führt in westlicher Richtung und macht eine große Schleife durch das Ziegelbacher Ried (Weglänge 8 km). Weg 8 führt durch die ausgedehnten Riedgebiete nordöstlich von Bad Wurzach, u. a. durch die Naturschutzgebiete des Alberser und des Haidgauer Rieds. Der Weg beginnt am Kurpark hinter dem Schloß. Ihr Auto können Sie in der Parkstraße hinter dem Schloß abstellen. Die Riedwanderungen sind nach ausgiebigen Regenfällen bisweilen problematisch. Gutes, wasserfestes Schuhwerk ist auf jeden Fall erforderlich.*

Von Bad Wurzach führt eine Linie der Oberschwäbischen Barockstraße Richtung Nordosten nach Rot an der Rot. Das ehemalige Kloster sollte man bei der Reise keinesfalls auslassen. Da es jedoch auch von der Strecke Memmingen/Biberach aus gut zu erreichen ist, empfiehlt es sich, von Bad Wurzach auf der südöstlich verlaufenden Route nach Leutkirch zu fahren. Die interessantere und landschaftlich schönere Strecke dorthin führt allerdings nicht, wie in Bad Wurzach ausgeschildert, über die B 465, sondern über Seibranz, wo im Wald versteckt das letzte von Mönchen bewohnte Kartäuserkloster der Bundesrepublik liegt. Besucher haben keinen Zutritt, man kann sich aber über das

Schloß Wolfegg mit der etwas abseits gelegenen Schloßkirche

Ordensleben im offenen Kloster Buxheim bei Memmingen informieren. Dort ist ein Museum der Kartäuser eingerichtet. Zu einem kurzen Aufenthalt lädt das herrlich gelegene Schloß Zeil ein. Hoch über der Leutkircher Heide steht der mächtige Vierflügelbau mit runden Ecktürmen auf einem Bergrücken. Von der Ostseite sehen Sie weit über das umliegende Allgäu. Empfehlenswert ist ein Gang durch die Gärten und um die Anlage (20 Min.). Das Schloß ist im Besitz der Fürsten von Waldburg-Zeil und nicht zur Besichtigung freigegeben.

24 Vom Schloß Zeil aus erreichen Sie in wenigen Min. **Leutkirch**, eine der vormals freien Reichsstädte Oberschwabens. Der Ort hat seinen alten Kern bewahrt. Das Rathaus im Zentrum ist ein ansehnlicher Bau aus dem 18. Jh. mit Stuckdekorationen im Innern. Auch das Kornhaus am Marktplatz und stattliche Bürgerhäuser erinnern an die Jahrhunderte wirtschaftlicher Blüte der Stadt. Vom Bering ist der Bocksturm hinter dem Rathaus übriggeblieben, der mit seinem Satteldach und dem kleinen Glockenreiter als Wahrzeichen Leutkirchs gilt. Parkplätze sind in der Innenstadt nur in begrenztem Umfang vorhanden (hinter dem Rathaus). Als Zentrum eines großen ländlichen Einzugsgebiets ist der Ort an Werktagen sehr belebt.

25 Auf der B 18 kommen Sie von Leutkirch aus nach **Memmingen**. Wenn Sie die landschaftlich etwas eintönige Strecke zügig durchfahren wollen, empfiehlt es sich, ab Aitrach den Autobahnzubringer zu benutzen. Über das Memminger AB-Kreuz kommen Sie dann durch die Buxheimer und die Zangmeister-Straße ins Zentrum. Durch das Westertor gelangen Sie in die Altstadt mit ihren zahlreichen alten Türmen und Kirchen sowie stattlichen Bürger- und Zunfthäusern. Für einen Rundgang sollten Sie sich mindestens 1 Std. Zeit nehmen. Das Fahrzeug können Sie auf dem Marktplatz, kurz hinter dem Westertor, abstellen. Größere Parkplätze finden Sie auch auf dem Weinmarkt, dem Hallhof und an der Salzstraße. Diese erreichen Sie, wenn Sie sich vor dem Marktplatz rechts halten und über den Roßmarkt zur Maximilianstraße fahren. Das Rathaus am Markt, ein würdevoller, monumentaler Bau aus dem 16. Jh., strahlt noch etwas von der Macht und dem Reichtum der ehemaligen freien Reichsstadt aus. Dank der guten

Beim traditionellen Memminger Volksfest, dem Fischertag, wird in jedem Juli der Stadtbach ausgefischt.

25 Abstecher von Memmingen ins ehemalige Kartäuserkloster Buxheim: Sie fahren von der Stadtmitte die Buxacher Straße Richtung Westen, biegen am Ebertring rechts und nach ca. 500 m links in die Buxheimer Straße ab. 400 Jahre, von 1402 bis zur Auflösung 1803, bestand in Buxheim ein Kloster des Kartäuserordens. Fasten, Schweigen und ein Leben in Einsamkeit sind die Grundsätze des Kartäusermönchs, der innerhalb seines Klosters wie ein Eremit haust. In der ehemaligen Kartause Buxheim ist heute ein Museum eingerichtet, das guten Einblick in die Lebensweise des Ordens bietet. Eine Zelle mit ihrem kargen Inventar ist im ursprünglichen Stil rekonstruiert; außerdem sehen Sie viele Exponate zur Geschichte des Ordens. Kunsthistorische Kostbarkeiten bieten Kirche und Kreuzgang des Klosters. Das Chorgestühl wurde erst vor wenigen Jahren aus England zurückerworben, wohin es nach der Säkularisation verkauft worden war. Ein Prunkstück des Rokoko und ein Meisterwerk von Dominikus Zimmermann ist die Annakapelle am Kreuzgang. Sehenswert ist auch die Buxheimer Pfarrkirche, ein Frühwerk Zimmermanns. Im nördlichen Seitenaltar steht eine wertvolle gotische Madonna aus Ton. Die überlebensgroße Figur wurde in einem Stück gebrannt.

Klosterkirche Ottobeuren: Die Baldachinform des Hochaltars ist Blickfang und Raumakzent zugleich.

Lage am Kreuzungspunkt zweier Fernstraßen entwickelte sich Memmingen im Mittelalter zu einer bedeutenden Handels- und Handwerkerstadt. Davon zeugt auch noch das Steuerhaus am Marktplatz (1495) mit seiner bemalten Arkadenfront. Früher beherbergte es zahlreiche Läden und Lagerräume. Über die Fußgängerzone, die am Marktplatz beginnt, kommen Sie zu einem baulichen Unikum, dem Siebendächerhaus in der Lindentorstraße. Der attraktive Fachwerkbau war einst das Haus der Gerber. Zurück über den Schrannenplatz und die Kempter Straße gelangen Sie zum Kempter Tor, das 1393 fertiggestellt wurde und eines von fünf noch erhaltenen Toren des mittelalterlichen Befestigungsrings ist. Vom Schrannenplatz können Sie am idyllischen Stadtbach, der schon um das Jahr 800 angelegt wurde, entlanggehen. Lohnend vor allem wegen der zahlreichen schönen Bürgerhäuser ist ein Abstecher über den Weinmarkt und die Maximilianstraße und über Salz- und Kalchstraße zurück zum Markt. Die Martinskirche, nur wenige Schritte westlich vom Marktplatz, birgt neben einem äußerst eindrucksvollen Chorgestühl bedeutende Wandmalereien, u.a. von Bernhard Strigel, dem berühmten Maler der Vorrenaissance, dessen Heimatstadt Memmingen war.

26 **Ottobeuren** sollten Sie auf Ihrer Fahrt entlang der Barockstraße nicht auslassen, denn dort befindet sich eine der schönsten Klosteranlagen Deutschlands. Verlassen Sie Memmingen über die Augsburger (Verlängerung der Kalchstraße) und die Benninger Straße Richtung Ottobeuren. Beinahe unwirklich thront das riesige Münster mit seinen beiden 82 m hohen Fronttürmen über dem etwas tiefer gelegenen Marktplatz der Stadt. Winzig klein wirken die Häuser im Verhältnis zu der monumentalen Kirche, die von Johann Michael Fischer fertiggestellt und 1766 geweiht wurde. Die stark konvex gewölbte Westfassade, die von Pilastern flankiert wird, verbindet sich mit den etwas zurückgesetzten Türmen zu einem harmonischen Gesamtwerk. Die seitlichen Fassaden und die Dachlandschaft geben schon Hinweise auf die Gestaltung des Innenraums. Betonte, am Ende abgerundete Flügel des Querschiffs und eine große Vierungskuppel setzen wichtige Akzente in der großzügig erdachten Raumfolge. In strahlender Farbigkeit sind die Deckengewölbe ausgemalt. Der Raumeindruck wird maßgeblich von dem filigranen, formenreichen Rocaillestuck (Muschelwerk) Johann Michael (II) Feichtmayrs geprägt. Beachtenswert sind der Hochaltar und das reich mit Schnitzwerk ausgestattete Gestühl im Mönchschor. Die Orgeln über dem Chorgestühl sind sehr wertvolle Instrumente, die von Karl Riepp (1710–75), einem der bedeutendsten Orgelbauer seiner Zeit, geschaffen wurden. Die Orgel über dem Haupteingang wurde 1957 von Steinmeyer gebaut. Es werden regelmäßig Orgelkonzerte abgehalten (nähere Informationen bekommen Sie beim Verkehrsamt am Marktplatz). Das Querschiff rechts neben dem Chor ist mit den Konventsgebäuden verbunden. Unter den barocken Repräsentationsräumen ragen der Kaiser-, der Theater- und der Bibliothekssaal hervor.

Auf sanfter Erhebung über dem Günz-Tal thront das Kloster Ottobeuren.

Im Museum ist eine reiche Sammlung von Malerei, Bildhauerei und Möbeln untergebracht. Die Ausstellungsräume, die Sie auch über die Klosterpforte erreichen, sind täglich geöffnet.

27 Von Memmingen aus führt die Barockstraße ein kurzes Stück auf der B 19 nach Norden Richtung Ulm und biegt dann bei Steinheim nach Westen ab. Über Tannheim kommen Sie nach **Rot an der Rot**. Dort präsentiert sich dem Reisenden das ehemalige Prämonstratenserkloster schon von weitem als prachtvoller Bau. Die Kirche ist zweitürmig wie die von Ottobeuren. Die Konventsgebäude bekommen durch zahlreiche Türme, Giebel und Erker einen schloßähnlichen Charakter. Die heutige Kirche wurde Ende des 18. Jh.s errichtet. Der damalige Abt übernahm selbst die Bauleitung, war aber damit offensichtlich überfordert, so daß der Barockmaler und Architekt Januarius Zick eingreifen mußte, um die drohende Einsturzgefahr zu verhüten. Er ist auch für die hervorragend gelungene Innenausstattung verantwortlich; die Deckenfresken hat er selbst geschaffen. Sehenswert ist die Sakristei links vom Chor mit schön geschnitzten Wandschränken. 1803, nicht lange nach der Fertigstellung des Baus, wurde das Kloster aufgelöst. Heute ist ein Jugendheim darin untergebracht.

28 Nur ein paar Kilometer sind es von Rot an der Rot bis nach **Ochsenhausen**, Standort eines weiteren bekannten Klosters in Oberschwaben. Es wurde 1093 gegründet. Benediktinermönche aus St. Blasien brachten es rasch zu wirtschaftlicher und kultureller Blüte. 1491 wurde es reichsunmittelbar und erhielt damit den Status einer Reichsabtei. Heute ist in den Konventsgebäuden eine Schule untergebracht, die Räume können innerhalb einer Führung von Mo. bis Fr. vorm. besichtigt werden. Interessant ist neben dem klassizistischen Bibliothekssaal vor allem die spätbarocke Sternwarte, die einzige noch erhaltene mit einer drehbaren Sternwarte-Kuppel

Die ehemalige Klosterkirche, an der die feingegliederte Barockfassade auffällt, hat einen langgezogenen Innenraum, der noch die spätgotische Basilika erkennen läßt. Sie wurde bei der Barockisierung von 1725–32 nur wenig verändert. Der Raum wirkt durch die Verbindung beider Stilarten besonders faszinierend.

29 Die große Kreisstadt **Biberach an der Riß** erreichen Sie von Ochsenhausen aus auf der B 312. Ab Ringschnait können Sie statt dessen die etwas kürzere, aber weniger gut ausgebaute Landstraße benutzen. Wie andere Städte Oberschwabens kam auch Biberach bereits im Mittelalter durch Tuchmacherei und Handel zum Wohlstand, der sich in der Stadtstruktur noch heute widerspiegelt. Davon zeugen nicht nur einzelne stattliche Bauten, sondern die gesamte Anlage der Altstadt dokumentiert den früheren Reichtum. Dem modernen Verkehr bereitet Biberach allerdings erhebliche Schwierigkeiten. Versuchen Sie, Ihr Fahrzeug auf dem zentral gelegenen Marktplatz abzustellen. Den Weg dorthin weist der massige Turm der Martinskirche. Die große gotische Basilika wurde Mitte des 18. Jh.s im Innern barockisiert. Am Markt-

Rot an der Rot: das älteste Prämonstratenserkloster Schwabens

Ochsenhausen: Mariensäule, Klostergebäude und ehemalige Benediktinerklosterkirche St. Georg

Altes Rathaus in Rot an der Rot, heute Oberes Tor

Marktbrunnen in Biberach an der Riß

platz, den die Giebelseiten stattlicher Bürgerhäuser säumen, steht auch das – immerhin schon 400 Jahre alte – Neue Rathaus; dahinter das Alte Rathaus aus dem 15. Jh. Beide Bauten sind respektable Fachwerkhäuser. Wenn Sie zwischen den Rathäusern und der Martinskirche hindurchgehen, kommen Sie zum Heilig-Geist-Spital, in dem heute die Städtischen Sammlungen untergebracht sind. Eine Abteilung des Museums ist den Arbeiten des in Biberach geborenen Malers Anton Braith (1836–1905) und denen seines Freundes Christian Mali gewidmet. Neben Malerei und Plastik zeigt das Museum auch archäologische, geologische sowie botanische Fundstücke und Präparate (täglich außer Mo. geöffnet).

Dem Südflügel des Heilig-Geist-Spitals gegenüber steht die alte Stadtmetzig, das 1650 zum Komödienhaus umgebaute Schlachthaus. Unter der Leitung von Christoph Martin Wieland, der in Biberach zur Welt kam, wurden hier um 1760–70 erstmals Shakespeare-Stücke in deutscher Sprache aufgeführt.

Über den Viehmarkt und die Karpfengasse kommen Sie zum Holzmarkt mit Wohnhäusern aus dem 16. Jh. An der modernen Stadthalle vorbei gelangen Sie über Treppen zum Weißen Turm, einer Bastion der ehemaligen Biberacher Befestigung, zu der auch die nahegelegene Hochwacht und der Gigelturm gehörten. Von dort oben haben Sie eine gute Aussicht auf die Altstadt. Über die sog. »Biberstaffeln« kommen Sie in die Webergasse. Von da aus gelangen Sie zum Marktplatz zurück, wenn Sie auf den Turm der Martinskirche zuhalten. Sollten Sie eine Woche vor den Schul-Sommerferien nach Biberach kommen, so erleben Sie die Stadt im Festgewand; dann wird hier das traditionsreiche, weitbekannte Schützenfest gefeiert.

30 Über die Ortschaften Mettenberg, Ellmannsweiler und Reinstetten führt die Barockstraße jetzt östlich nach **Gutenzell**. Hier wurde 1238 ein bedeutendes Kloster der Zisterzienserinnen gegründet. Die Gebäude wurden bedauerlicherweise im 19. Jh. bis auf einen Flügel abgetragen. Erhalten hat sich aber die dreischiffige Klosterkirche. Ihre reiche Ausstattung wurde unter der Leitung von Dominikus Zimmermann geschaffen, dessen Tochter hier Konventsmitglied und später Reichsäbtissin war. Beherrschendes Element in dem sehr licht und elegant wirkenden Innenraum ist das farbenfrohe Deckenfresko des Augsburger Malers Johann Georg Dieffenbrunner, der bei den Ausstattungsarbeiten von Franz Xaver Feichtmayr und Ignaz Finsterwalder unterstützt wurde.

31 Wandervorschlag von Laupheim durch den Heggbacher Wald: Fahren Sie südöstlich nach Schönebürg. Im Ort biegen Sie Richtung Maselheim ab und kommen nach etwa 2,5 km zu einem Waldparkplatz. Von hier aus können Sie Wanderungen und Spaziergänge durch das weite, hügelige Gelände des Heggbacher Waldes machen. Am Parkplatz finden Sie eine Kartentafel mit Vorschlagswegen. Etwa 300 m vom Parkplatz waldeinwärts liegt der Untere Weiher, ein idyllischer kleiner See, in dem das Baden erlaubt ist.

31 Mehrere Schlösser zeugen in **Laupheim** von ruhmreicher Vergangenheit. Weit ins Mittelalter reicht die Geschichte der »Gartenstadt« an der Rottum zurück, als die Ritterfamilie von Ellerbach auf vielen Schlachtfeldern Europas kämpfte und dafür mit der Ortschaft belehnt wurde, die sich unter ihrer Herrschaft zu einem wirtschaftlichen und regionalen Zentrum entwickelte. Den Kern des Schlosses Großlaupheim, das auf einer leichten Anhöhe über der Stadt liegt, bildet ein im

Klosterbibliothek Wiblingen: allegorische Figurengruppen verdeutlichen Antike und Christliche Wissenschaften

16. Jh. errichtetes Steinhaus; daneben befindet sich die Amtsvogtei, einst auch als Witwensitz genutzt. Mitte des 18. Jh.s kam die Baugruppe des Neuen Schlosses mit den damals üblichen Mansardendächern hinzu. Im vorgelagerten Schlößle (Kirchberg 11) ist heute das Heimatmuseum untergebracht (geöffnet jeden 1. So. im Monat). Schloß Kleinlaupheim unten in der Stadt stammt ebenfalls aus dem 18. Jh. und wird heute als Amtsgericht benutzt. Sehenswert ist das repräsentative Treppenhaus im Innern.

32 Vor Ulm, dem Ausgangs- und Endpunkt der Rundreise auf der Oberschwäbischen Barockstraße, liegt **Wiblingen**. Sie erreichen den Ort von Laupheim aus über die B 30. Die Anfahrt zur Klosteranlage, deren ausladende, turmlose Dachlandschaft Sie schon von weitem sehen, ist ausgeschildert. Das Kloster Wiblingen wurde 1093 gestiftet und war von Benediktinermönchen aus St. Blasien bewohnt. Mit dem Bau der heutigen Anlage wurde 1714 begonnen. Bis zur Fertigstellung im Jahre 1783 arbeiteten nacheinander mehrere Baumeister daran. Bekanntester Künstler am Bau war Januarius Zick, der unter anderem die Deckengewölbe ausmalte. Wie die Entstehungszeit vermuten läßt, zeigt die Ausstattung des Innenraums deutlich klassizistische Tendenzen. Herausragend sind ein kleiner Rokoko-Altar in der vorderen rechten Seitenkapelle und das große spätgotische Holzkruzifix vor dem Chor. Es wird dem Ulmer Bildschnitzer Jörg Syrlin zugeschrieben. Das Kloster diente nach der Auflösung 1803 einige Zeit als Residenz der württembergischen Könige. Ein Schmuckstück des Rokoko, das Sie sich unbedingt ansehen sollten, ist der Bibliothekssaal des Klosters im nördlichen Seitentrakt. Er ist außer Mo. täglich zugänglich.

Die Liebe des Rokoko zu reichem Schmuck und phantasievollen Ornamenten spiegelt sich in der Steinhausener Orgel (s.S.242) ebenso wie in den Putten der Abteikirche von Zwiefalten (s.S.240).

Lage In Oberschwaben, zwischen der Schwäbischen Alb im Norden und dem Bodensee im Süden. Östlich begrenzt die Iller das Gebiet; westlichste Punkte sind Zwiefalten und Friedrichshafen.
Anfahrt Über die A 8 Stuttgart/München, Ausfahrt Ulm-West; oder A 7 Kempten/Ulm, Ausfahrt Hittistetten, dann über die Schnellstraße in die Stadtmitte von Ulm.
Länge Ca. 440 km.
Beschilderung Die Strecke ist sehr gut gekennzeichnet. An fast allen wichtigen Kreuzungen sind Wegweiser mit dem Schriftzug »Oberschwäbische Barockstraße« und einem Puttenköpfchen als Emblem angebracht. Zusätzlich sind an vielen Stellen Hinweisschilder aufgestellt, auf denen das Emblem allein zu sehen ist. Die hier vorgeschlagene Route folgt allerdings nicht immer der offiziellen Streckenführung.
Beste Reisezeit Da es sich bei vielen Sehenswürdigkeiten um Sakralbauten und Museen handelt, ist man von der Witterung weitgehend unabhängig. Im Winter, der hier meist recht schneereich ist, und auch während der Schneeschmelze ist die Landschaft besonders reizvoll. Andererseits sind einige der genannten Museen und Kirchen in den Wintermonaten nur an Sa. und So. geöffnet.
Frühjahr und Sommer sind auf jeden Fall zu empfehlen. Der Fremdenverkehr nimmt nirgends solche Ausmaße an, daß man sich vor überlaufenen Gegenden fürchten müßte.
Charakter und Landschaftsformen Drei Landschaften, die unsere Route durchquert, lassen sich deutlich unterscheiden. Davon werden allerdings zwei nur gestreift: die Uferregion des Bodensees im Süden und die Schwäbische Alb im Norden. Im Blautal bei Blaubeuren, aber auch um Zwiefalten zeigen steile, hohe Talhänge mit bizarren Kalkfelsen, daß man sich im Mittelgebirge des schwäbischen Juras befindet. Sonst führt die Strecke ausschließlich durch das westliche Voralpenland, eine Moränenregion, die während der Eiszeiten entstanden ist. Hügel, Seen, Riedgebiete, Viehweiden und Wälder wechseln in stetem Rhythmus miteinander ab.
Auskunft Gebietsgemeinschaft Allgäu-Bodensee-Oberschwaben, Rathaus, 7988 Wangen im Allgäu.
Fremdenverkehrsverband Bodensee-Oberschwaben, Schützenstraße 8, 7750 Konstanz

Leuchtturm und Löwenmonument flankieren die Lindauer Hafeneinfahrt.

So zogen die Schwarzwälder Uhrmacher früher von Haus zu Haus.

Durch Himmelreich und Höllental

Herrliche Feriengebiete, reizvolle Landschaften mit paradiesischen Schluchten und Bergeshöhen: Das ist die Grüne Straße. Über die luftigen Erhebungen des Südschwarzwaldes führt sie hinunter zum Bodensee, dem »Schwäbischen Meer«. Dieser große Alpenvorlandsee ist von einer lieblichen Moränenlandschaft mit weiten Riedflächen umgeben – zum Wandern und Spazierengehen wie geschaffen. Aber auch der Schwarzwald hat idyllische Seen, wie etwa den Titisee und den Schluchsee. Doch die Grüne Straße ist nicht nur Wanderparadies und Eldorado für Wasserratten, sondern hat auch eine Vielzahl kultureller Kostbarkeiten aufzuweisen. Am Beginn der Route liegt Breisach mit seinem mächtigen Münster hoch über dem Rhein, und vor der traditionsreichen Universitätsstadt Freiburg streift man den Tuniberg, einen langen Lößrücken südlich des Kaiserstuhls. Zwischen Schwarzwald und Bodensee liegt Donaueschingen, berühmt durch das Fürstenbergische Schloß mit bedeutenden Kunstsammlungen. Den Hegau und seine Vulkankegel schmücken trutzige Burgen, deren bekannteste der Hohentwiel ist. Von hier sieht man auf den Bodensee bis nach Konstanz hinab. Geschichte, Kultur und eine abwechslungsreiche Landschaft: Hier an der Grünen Straße finden Sie alles beieinander.

1 *Abstecher*
von Breisach nach Ihringen, dem berühmten Weinort am Kaiserstuhl: Vom Lenzenberg aus bietet sich Ihnen ein reizvoller Blick auf den Ort mit seinen Rebanlagen und über das Rheintal. Der Weg (5 Min. Fahrzeit) ist von der Ortsmitte aus gut beschildert. Auf dem Lenzenberg finden Sie eine Gaststätte, in der Sie sich, umgeben von Weinbergen, für die Weiterfahrt stärken können.

1 Südlich von **Breisach** (s. a. S. 188) läuft die Route Verte, die von hier aus über Colmar durch die Vogesen nach Neufchâteau führt, als Grüne Straße in entgegengesetzter Richtung dem Schwarzwald zu. Breisach ist gleichzeitig Ausgangspunkt und erste wichtige Station Ihrer Reise.
Die Lage der Stadt auf einem Felsplateau 35 m über dem Rhein hat Breisach jahrhundertelang zu einem politisch und militärisch wichtigen Stützpunkt gemacht, der immer wieder heftig umkämpft wurde. Grabungsfunde lassen auf umfangreiche römische Befestigungsanlagen aus der zweiten Hälfte des 4. Jh.s schließen. Seit dem 12. Jh. stand an der Nordseite des Felsplateaus eine Burg der Zähringer, die 1315 zur Reichsburg erhoben und zu einer mächtigen Festung ausgebaut wurde. Am Fuß des Felsens befand sich eine Siedlung. Im 17. Jh. ließ

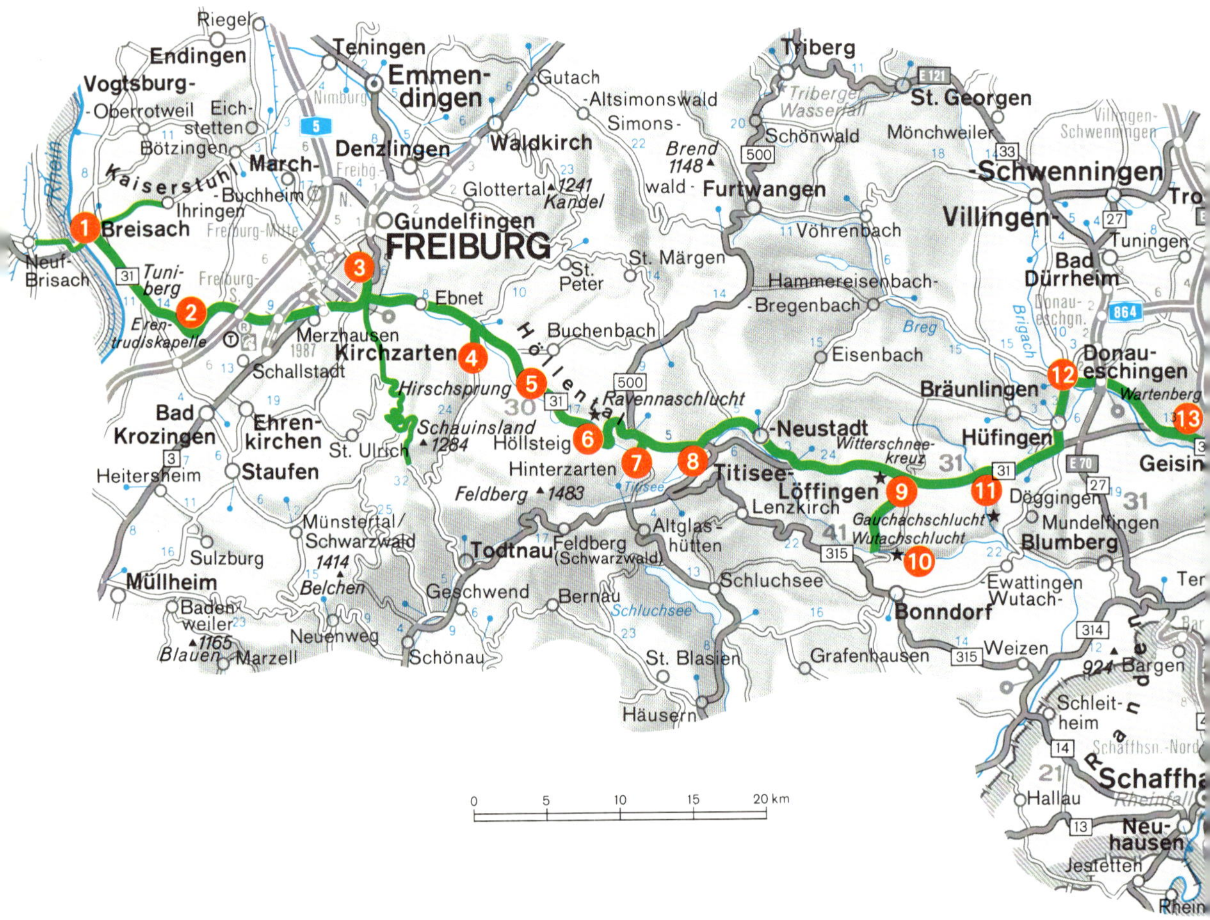

1 *Abstecher*
von Breisach nach Neuf-Brisach (Neu-Breisach): Sie erreichen, wenn es beim Zoll keine Verzögerung gibt, in 15 Min. den elsässischen Ort Neuf-Brisach. Die vollständig erhaltene Befestigungsanlage des 17. Jh.s wurde von Vauban, dem Festungsbaumeister Ludwigs XIV., errichtet. Den Rhein überquert man an der 1959 angelegten Staustufe Vogelgrün. Wenn es Sie interessiert, wie die Doppelkammerschleuse betrieben wird, finden Sie auf dem französischen Ufer Parkgelegenheiten.

Ludwig XIV., zu dessen Einflußbereich Breisach zeitweise gehörte, die Anlagen durch seinen Festungsbaumeister Vauban erweitern. Aus dieser Zeit stammt das monumentale Rheintor, das einst als Brückenkopf genutzt wurde. An ihm vorbei fahren Sie zum weithin sichtbaren Stephansmünster, dem berühmtesten Bau Breisachs. Am Münster können Sie gut parken und bei einem Rundgang um die Kirche den Blick auf den Rhein und die untere Stadt genießen. Versäumen Sie aber nicht den Besuch im Innern des mächtigen Baus. Das Münster wurde im frühen 13. Jh. romanisch begonnen und später gotisch weitergeführt. Es birgt einige bedeutende Kunstwerke, deren kostbarstes der Hochaltar im Chor ist. Er stammt aus dem frühen 16. Jh., tendierte in der Ausführung schon zum Barock und gehört zu den wichtigsten Werken deutscher Schnitzkunst. Der Lettner, die steinerne Schranke zwischen Priester und Laien, ist eine schöne spätgotische Arbeit. Ungeachtet seiner starken Beschädigung ist das Fresko über das Weltgericht im Westteil der Kirche sehenswert. Martin Schongauer aus Colmar hat es um 1490 gemalt.

2 Sie verlassen Breisach in südöstlicher Richtung auf der B 31. Nach etwa 7 km biegt die Straße nach Osten zum **Tuniberg** hin ab. Dieses berühmte Weinbaugebiet mit seinen terrassierten Hügeln fällt schon kurz hinter Breisach ins Auge. Die B 31 umfährt den Tuniberg an seinem südlichsten Ausläufer. Oben, wo sich eine umfassende Aussicht auf die Rheinebene und zum Schwarzwald hin bietet, steht das Wahrzeichen des Tunibergs, die Erentrudiskapelle. Von dort können Sie Wanderungen über den Tuniberg unternehmen. Wollen Sie die alte Wallfahrtsstätte mit dem Auto erreichen, biegen Sie unterhalb der Kapelle bei der ersten Abzweigung nach links ab und fahren die schmale asphaltierte Straße aufwärts. Eine zweite Möglichkeit, zur Kapelle zu gelangen, bietet sich, wenn Sie am Ortseingang von Munzingen links abbiegen. Beide Zufahrten sind schlecht ausgeschildert.

3 **Freiburg,** wie Breisach eine Gründung der Herzöge von Zähringen (um 1120), die hier ihren Stammsitz hatten, ist die größte und bedeutendste Stadt an der Grünen Straße. Hier sollten Sie sich Zeit lassen. Stellen Sie Ihren Wagen am Rande der Altstadt bei einer der vielen ausgeschilderten Parkmöglichkeiten am Rotteckring oder am Friedrichring ab.

Einen Altstadtbummel beginnen Sie am besten auf dem Münsterplatz, wo Sie das markanteste Bauwerk Freiburgs vor sich haben: Das Münster Unsere Liebe Frau gehört zu den großartigsten Kirchenbauten Deutschlands. Der Kulturhistoriker Carl Jacob Burckhardt sprach vom »schönsten Turm der Christenheit« und meinte den eindrucksvollen

2 *Wandervorschlag am Tuniberg: Am Parkplatz bei der Erentrudiskapelle finden Sie eine große Schautafel des Tunibergs mit vielen Wandervorschlägen. 13 Rundwanderwege mit Streckenlängen zwischen 2,5 und 7 km stehen zur Auswahl; darunter ein Weinlehrpfad und ein Waldlehrpfad.*

3 *Abstecher von Freiburg zum Schloßberg: Sie erreichen vom Karlsplatz (an der nordöstlichen Ecke der Altstadt) über eine lange Fußgängerbrücke den Stadtgarten; von hier aus können Sie mit einer Gondelbahn zum Schloßberg hinauffahren und bei einem Kaffee oder einem Glas badischem Wein den herrlichen Panoramablick auf die alte Stadt und ihr gotisches Münster in Ruhe genießen.*

Alemannische Fasnet in Freiburg: Hansele im Flecklehäs

3 *Abstecher von Freiburg zum Schauinsland: Die Straße zum Schauinsland ist von der Stadtmitte aus gut beschildert. Wenn Sie Günterstal passiert haben, müssen Sie sich entscheiden, ob Sie selbst die 11 km lange Bergrennstrecke hinauffahren oder die Seilbahn benutzen wollen.*
Die Fahrt mit der Seilbahn dauert 16 Min. Mit dem Auto müssen Sie von der Stadt bis auf den Berg 40 Min. veranschlagen. Die 1929/30 erbaute Seilbahn überwindet einen Höhenunterschied von 746 m. Vom Bergparkplatz bzw. von der Seilbahnendstation aus muß man noch 20 Min. Gehzeit bis zum Gipfelturm berechnen, der bei günstigem Wetter dem Besucher einen großartigen Rundblick über den Hochschwarzwald und hinunter ins Rheintal bietet.
Zahlreiche von hier ausgehende Routen über die Schwarzwaldhöhen zum Notschrei oder zum Rappeneck sowie durch die Senke von Hofsgrund bieten dem Wanderfreund reichlich Auswahl. Eine Übersichtstafel finden Sie am Bergparkplatz. Im Winter stehen am Schauinsland mehrere Lifte für die Skifahrer bereit.

Das Schnitzen einer Kuckucksuhr erfordert Geduld, Gefühl für das Holz und Sinn für die Anordnung der Motive.

Westturm, einen mächtigen und doch zumindest im oberen Teil filigranartig wirkenden, 115 m hohen Bau, dem zwei kleinere Osttürme, Hahnentürme genannt, entgegengesetzt sind. Schon von außen zeigen sich die verschiedenen Stilrichtungen der langen Bauzeit von etwa 1200 bis zur Chorweihe 1513. Die Basis der Osttürme und das Querschiff zeigen noch romanische Gedrungenheit und Schwere. Der Chor als jüngstes Bauglied entstammt bereits der Hochgotik und ist ein Werk der Steinmetzfamilie Parler aus Schwäbisch Gmünd. Johannes von Gmünd hat den Bau seit 1354 geleitet (vgl. die Inschrift am Nordportal). Sie betreten das Innere durch eines der Portale, die an der Süd- und Nordseite liegen, und gelangen in das Langhaus mit seinen zum größten Teil noch alten Glasfenstern, die den hohen gotischen Raum feierlich wirken lassen. Im Chor befindet sich mit dem Hochaltar ein Hauptwerk von Hans Baldung gen. Grien, der ihn nach vierjähriger Arbeit 1516 fertigstellte. Der Chor ist für Einzelbesucher gesperrt. Es empfiehlt sich daher, an einer Führung teilzunehmen. Vom Hauptschiff aus gelangen Sie in die westliche Vorhalle mit bedeutenden Steinbildhauereien. Lohnend, wegen der Sicht über die Stadt und zum Schwarzwald, ist auch eine Turmbesteigung. Der Platz an der Südfront des Münsters bietet an Markttagen (freitags) ein buntes Bild von historischer Kulisse. Auffällig ist das leuchtendrote Kaufhaus, ein Profanbau der Spätgotik, der ehemals als Stapelplatz für Handelsgüter diente. Im oberen Stock befindet sich der Festsaal der Stadt. Die Front des Gebäudes, flankiert von zwei spitzgiebeligen Erkern, ist durch die Statuen der vier für die Stadt bedeutungsvollen Habsburger Kaiser Maximilian I., Philip der Schöne, Karl V. und Ferdinand I. geschmückt. Schräg gegenüber befindet sich das Kornhaus aus dem 15. Jh., das nach dem Krieg in historisch getreuer Form wiederaufgebaut wurde.
Am Kaufhaus links vorbei durch die Buttergasse erreichen Sie das Augustinermuseum (täglich außer Mo. geöffnet), dessen reiche Sammlung Skulpturen, Malerei, Kunstgewerbe und Volkskunst des Oberrheingebietes vom Mittelalter bis zur Neuzeit birgt. Unweit des Museums gelangen Sie durch das Schwabentor in die Konviktgasse oder zur »Insel«, wo man sich in einem der zahlreichen Altstadtlokale gemütlich erholen kann.
Durch die Salzstraße kommen Sie zur Kaiser-Joseph-Straße, der Hauptader der Stadt, die zu einem Einkaufsbummel verlockt, aber auch manches Historische, wie das mittelalterliche Martinstor, bietet. Von hier aus sind es nur ein paar Schritte durch die Bertholdstraße zur Alten Universität mit der barocken Universitätskirche. Weiter durch die Brunnenstraße und die Rathausgasse erreichen Sie den idyllischen Rathausplatz, umrahmt vom Alten und Neuen Rathaus (beachten Sie die Renaissancegiebel und Erker!) sowie von der gotischen Franziskanerklosterkirche St. Martin. In der Mitte des Platzes steht unter alten Kastanienbäumen ein Berthold-Schwarz-Brunnen mit dem Denkmal für den Franziskanermönch, dem die Erfindung des Schießpulvers zugeschrieben wird. Hinter dem Alten Rathaus, einem spätgotischen Bau von 1556–59, dessen frei gruppierte Fenster und Portale auffallen, finden Sie Freiburgs älteste Ratsstube und Gerichtslaube. Sie stammt aus dem 13. und 16. Jh. und wurde 1977 nach Kriegszerstörung rekonstruiert.
Sie entdecken bei Ihrem Rundgang durch die Freiburger Altstadt immer wieder die »Bächle« an den Straßenrändern, die Reste alter Kanalisation aus dem 13. Jh. sind.
4 Wenn Sie Freiburg auf der Grünen Straße wieder verlassen, fahren Sie weiter auf der B 31 Richtung Titisee-Neustadt. Nach dem Vorort Ebnet, der schon von hohen Schwarzwaldbergen eingezwängt ist, weitet sich das Tal wieder. Rechts von der Straße liegt der Luftkurort **Kirchzarten.** Der Ort ist ehemaliger Besitz des Klosters St. Gallen, weshalb seine gotische, später barockisierte Pfarrkirche noch heute den Namen St. Gallus trägt. Der Bildgrabstein des Kuno von Falkenstein aus dem 14. Jh. an der Südwand des Kirchenschiffes ist eine meisterhafte Steinmetzarbeit der Gotik.
5 Sie lassen Kirchzarten hinter sich und fahren durch den Ortsteil Himmelreich ins Höllental. Der Talgrund ist hier teilweise so eng, daß Eisenbahn, Straße und Rotbach keinen Platz nebeneinander finden und die Bahnstrecke deshalb durch einen Tunnel führt. Das ist am **Hirschsprung** der Fall. Ein verfolgter Hirsch soll dort über die Schlucht

gesprungen sein. Ein bronzener Hirsch auf dem Felsen hoch über der Straße erinnert an diese Sage. Falls Sie hier halten wollen, müssen Sie dies in der kleinen Parkbucht kurz vor dem Felsen tun, da es danach auf einer längeren Strecke keine Haltegelegenheit mehr gibt. Erst 1,5 km weiter können Sie die stark befahrene B 31 an der sog. Kehre verlassen und parken. Dort empfiehlt es sich, auszusteigen und die Tallandschaft in Ruhe zu genießen. Nicht weit vom Parkplatz entfernt, lädt ein glasklarer Bach, der aus dem Kehrdobel kommt, zum Verweilen und Rasten ein.

6 Am Ende des Tales, bevor die kurvenreiche Höllsteige nach Hinterzarten hinaufführt, sollten Sie unbedingt noch einmal bei dem kleinen Ort **Höllsteig** unterhalb des riesigen steinernen Eisenbahnviadukts anhalten. Sie können von dort aus die Ravennaschlucht durchwandern und die St.-Oswald-Kapelle, die älteste Pfarrkirche des Hochschwarzwaldes, besuchen. In der monumentalen Umgebung wirkt das Kirchlein fast unscheinbar. Im traditionsreichen Hotel Sternen, in dem auch Goethe abgestiegen ist, kann man sich für die Weiterfahrt stärken.

7 Bei **Hinterzarten** erreichen Sie die Schwarzwaldhöhen. Um in diesen Ort, der schon zweimal als schönster in Baden-Württemberg ausgezeichnet wurde, zu gelangen, verlassen Sie die B 31. Das weit auseinandergezogene Hinterzarten ist stark vom Tourismus geprägt, dürfte jedoch ein Paradies für denjenigen sein, der Erholung in der Schwarzwaldluft mit allem Komfort sucht.

6 *Wandervorschlag von Höllsteig in die Ravennaschlucht: Am Gasthof vorbei geht es unter dem Eisenbahnviadukt hindurch in die Ravennaschlucht. Ein Pfad führt etwa 1,5 km schluchtaufwärts.*

7 *Wandervorschlag von Hinterzarten in die Ravennaschlucht: Der Weg führt über Höllsteig, Birklehof und Hirschenhof. Von der Ortsmitte Hinterzartens (Wander-Schautafel) ist der Weg durch eine rote Raute gekennzeichnet. Durch die Ravennaschlucht leitet ein grüner Punkt. Bei Höllsteig (Einkehrmöglichkeiten) überqueren Sie die B 31 und gehen den ausgeschilderten Heimatpfad entlang ins Löffeltal. Nach etwa 2½ Std. sind Sie wieder in Hinterzarten. Ab Höllsteig kann man auch mit dem Postbus zurückfahren.*

Ein Höhepunkt im Kirchenjahr ist die Freiburger Fronleichnamsprozession.

Wallfahrtskirche in Hinterzarten

Schwarzwaldlandschaft bei Titisee-Neustadt

8 *Abstecher zu einem Spaziergang am Titisee: Der schön gelegene, aber sehr frequentierte See bietet dem Autofahrer, der die B 31 verläßt und in den Ort hineinfährt, neben Bademöglichkeiten und Bootsverkehr auch angenehme Spaziergänge entlang dem Ufer. Dicht am Wasser können Sie vom Hotel Seehof bis zum Campingplatz am Seehäusle gehen. Der Hin- und Rückweg beträgt etwas mehr als 1 Std.*

9 *Abstecher zum Wildpark Löffingen: Von Löffingen aus fahren Sie an der Wallfahrtsstätte Witterschneekreuz vorbei und unter der B 31 hindurch. Der Wildpark ist 40 ha groß. Hier werden neben einigen exotischen vor allem heimische oder ehemals heimische Tiere gehalten: Hirsche, Braunbären, Wölfe und Wisente (täglich geöffnet).*

11 *Wandervorschlag von Döggingen in die Gauchachschlucht: Die Gauchach ist ein Nebenflüßchen der Wutach, das sich etwa 5 km vor der Einmündung eine ähnliche Schlucht geschaffen hat wie die Wutach. Zu erreichen ist die Gauchachschlucht von Döggingen aus, das an der B 31 liegt. Im Ort fahren Sie durch die Gauchachstraße (nicht Richtung Mundelfingen) und kommen so auf ein schmales, anfangs asphaltiertes, später nur noch geschottertes Sträßchen, das zu einem kleinen Wanderparkplatz am Waldrand führt. Von hier aus ist die Schlucht in 15 Min. zu erreichen. Am Parkplatz steht eine Schautafel mit mehreren Vorschlägen für Rundwanderungen, deren Angaben über die Streckenlängen leider irreführend sind. Etwa 1 Std. benötigen Sie für eine kleine Wanderung durch die Schlucht bis zur ehemaligen Lochenmühle und von dort durch das Balgenbachtal zurück.*

8 Ebenfalls ein beliebtes Tourismuszentrum ist **Titisee** mit seiner reizvollen Lage am nördlichen Ufer des gleichnamigen Sees.
Neustadt, seit 1971 mit Titisee verwaltungsmäßig zusammengeschlossen, ist nicht nur Fremdenverkehrsort, sondern hier spielt auch die Industrie eine wichtige Rolle. Neustadt war einer der Herstellungszentren der weltberühmten Schwarzwalduhren und hat noch heute einige Betriebe, die dieser Industrie ihren Ursprung verdanken. Bei einem Besuch im Heimatmuseum können Sie rekonstruierte alte Werkstätten von Uhrmachern und anderen Handwerkern aus dem Schwarzwald besichtigen (Mitte Mai bis Ende September Mo.–Sa., in den Wintermonaten nur Do. u. So. geöffnet).
Neustadt erreichen Sie von Titisee aus über die alte B 31. Die neue Straße umgeht den Ort und überquert 1 km östlich von Neustadt das Gutachtal mit einem gewaltigen, weithin sichtbaren Viadukt, an dessen Ende die alte und die neue B 31 wieder zusammentreffen.

9 Über Rötenbach führt die Grüne Straße weiter nach **Löffingen** mit seinem alten, von vielen Treppengiebeln geprägten Stadtbild. Vor der Ortschaft fallen rechts von der Straße zwei eng beieinanderstehende, jedoch sehr unterschiedliche Kirchen auf: eine kleine hölzerne Kapelle und eine große Steinkirche mit romanischen Elementen. Beide gehören zum Wallfahrtsort **Witterschneekreuz.** Die Wallfahrtsstätte erreichen Sie nur über Löffingen, von wo aus Sie auch in die Wutachschlucht gelangen.

10 Das **Tal der Wutach** ist sowohl erdgeschichtlich als auch botanisch und zoologisch hochinteressant. Bis vor 70000 Jahren floß die Wutach auf einem ca. 200 m höheren Niveau der Donau zu. In dieser geologisch relativ kurzen Zeit hat sich die Wutach diese tiefe Schlucht gegraben und ist zum Nebenfluß des Rheins geworden. Das urtümliche Bild der Tallandschaft ist nirgends durch Straßen, Staustufen oder Begradigungen gestört. Auch den 36 km langen Wanderweg durch die Schlucht gibt es noch nicht lange. So erhielt sich hier eine artenreiche Fauna und Flora, die in Deutschland einmalig ist. Da die Südflanken des Tals sehr warm, die Nordseiten dagegen kühl und schattig sind, siedelten sich Pflanzen mit gegensätzlichen klimatischen Ansprüchen an. Auch der wechselnde geologische Untergrund trägt zum Artenreichtum bei. Die Wutach durchschneidet Granit und Gneis, Muschelkalk, Jura- und Keuperschichten. Der Weg durch die Schlucht erfordert viel Zeit und gutes Schuhwerk; bei Nässe besteht Rutschgefahr.

11 Bei **Döggingen** geht der Schwarzwald in die Baar über, einen schmalen Landstrich, welcher der Schwäbischen Alb vorgelagert ist. Kurz nach Döggingen führt die B 31 durch den unter Naturschutz stehenden Deggenreuscher Wald. Vom Parkplatz am Waldende aus in Richtung Hüfingen erreichen Sie einen Naturpfad, der 2 km durch das ebene Waldgelände führt. Zahlreiche Hinweistafeln machen unterwegs auf die Besonderheiten des Schutzgebietes aufmerksam.

Außer zahlreichen Tiergehegen besitzt der Wildpark Löffingen einen Kinderspielplatz und eine Sommer-Bobbahn.

⓬ **Donaueschingen** ist seit dem 15. Jh. Residenz der im 18. Jh. gefürsteten Grafen von Fürstenberg, deren Stammsitz auf dem Fürstenberg 8 km südöstlich der Stadt lag. Das barocke Schloß, die Fürstenbergische Sammlung, die Hofbibliothek und nicht zuletzt das hier vielerorts ausgeschenkte Bier haben Donaueschingen bekannt gemacht.
Die vielseitigen Sammlungen der Fürstenberger befinden sich nicht im Schloß, dort sind Schauräume zu besichtigen, sondern im nahegelegenen Karlsbau (täglich außer Mo. geöffnet). Ihr Schwerpunkt ist die Gemäldeausstellung mit Werken von Cranach, Holbein, Grünewald u. a. Außerdem finden sich zoologische und geologische Sammlungen sowie volkskundliche Funde aus der Vor- und Frühgeschichte.
Das Wasser der sog. Donauquelle im Schloßpark hat nach dem Glauben vieler einen Weg von fast 3000 km vor sich, ehe sie ins Schwarze Meer mündet. Dagegen steht allerdings der Spruch: »Brigach und Breg bringen die Donau zuweg«, denn diese beiden Quellflüsse haben bei Donaueschingen schon eine respektable Größe.
⓭ Donaueschingen verlassen Sie auf der E 121 – gleichzeitig B 31/33 – in Richtung Osten; rechts fließt langsam, in großen Mäandern, die junge Donau, links liegt der **Wartenberg.** An der hellen Färbung des großen Weißjura-Steinbruchs über Geisingen erkennen Sie, daß die Berge schon zur Schwäbischen Alb gehören.
Nach wenigen Kilometern erreichen Sie den Hegaublick, eine natürliche Aussichtsterrasse, von der man eine gute Sicht über den Hegau mit seinen Vulkankegeln bis hin zum Bodensee hat.
⓮ Vom Hegaublick führt die Grüne Straße hinab nach **Engen,** dessen mittelalterlicher Kern, überragt von einer wuchtigen, teils noch romanischen Dorfkirche, auf einem kleinen Felsplateau liegt. Hier teilt sich die Grüne Straße in zwei Routen. Die erste führt über Stockach an das Nordufer des Bodensees. Die zweite, die wir hier freilich zuerst beschreiben, führt über Singen und Radolfzell nach Konstanz.
Auf dem Weg nach Singen passieren Sie die Vulkankegel des Hohenewen, des Mägdebergs und des Hohenkrähen mit seinen steilen Flanken. Von fern erblicken Sie den breitschultrigen Hohentwiel über Singen.

⓭ Abstecher auf den Wartenberg: Im Mittelalter war er Sitz der Herren von Wartenberg, die das umgebende Land, vor allem aber die Stadt Geisingen von dort aus beherrschten. Der Besuch des Berges lohnt sich wegen der weiten Sicht über die Donau bis hin zum Fürstenberg. Die Burg der Wartenberger ist bis auf die Grundmauern verfallen. Das im 19. Jh. errichtete Lustschlößchen ist Privatbesitz und unzugänglich. Sie biegen von der B 31 am Unterhölzer Weiher kurz nach Pfohren links ab. Die Auffahrt beim Weiler Dreilärchen ist gesperrt. Benutzen Sie die zweite Auffahrt 1 km weiter.

Die sogenannte Donauquelle im Donaueschinger Schloßpark

Titisee: Baden, Segeln, Surfen

Blick zum Hohenkrähen

⑯ *Abstecher von Radolfzell zur Halbinsel Mettnau: Von der Ortsmitte ist der Weg zur Mettnau ausgeschildert. Sie können bis zum Scheffelschlößle, dem langjährigen Wohnsitz des Dichters Victor von Scheffel, fahren und dort parken. Ein Spazierweg führt von hier an die Ostspitze der Halbinsel, wo Sie von einem Aussichtsturm (Finckhturm) die weiten Riedflächen sowie den Gnadensee im Norden und den Zellersee im Süden überschauen können. Außer in der Hauptbrutzeit veranstaltet der »Deutsche Bund für Vogelschutz« Führungen durch das Riedgelände. Auskunft erteilt der DBV in Konstanz, Fritz-Arnold-Straße 2e.*

⑰ *Abstecher auf der Insel Reichenau: Wenn Sie am Nordufer entlangfahren, können Sie alle drei Klosterkirchen besuchen. Auf dem Rückweg über die Südseite der Insel lohnt sich ein Abstecher zum höchsten Punkt der Reichenau. Von dort können Sie nicht nur die Insel überschauen, sondern auch zum Bodanrücken, in die Schweiz und nach Westen zum Hohentwiel blicken.*

⑮ **Singen** ist mit 47000 Einwohnern der größte und wichtigste Ort im Hegau. Weltbekannte Industriebetriebe der Metall- und Lebensmittelbranche sind hier angesiedelt. Das Hegaumuseum im Schloß besitzt eine sehenswerte ur- und frühgeschichtliche Sammlung (geöffnet nur Mi. und Sa. nachm., So. vorm.).
Die Besteigung des Hohentwiel mit einem Besuch der größten Festungsruine Deutschlands ist ein besonderes Erlebnis. Über 1000 Jahre lang galt der Berg als uneinnehmbar und wurde fünfmal im Dreißigjährigen Krieg erfolglos belagert. Napoleon I. ließ die inzwischen strategisch unwichtig gewordene Festung sprengen. Vom erhaltenen Turm der Kirche haben Sie eine unvergleichliche Sicht zu fast allen Hegaubergen, zum Bodensee und bei klarem Wetter sogar bis zu den Alpen. Mit dem Auto erreichen Sie von der Schaffhauser Straße über eine schmale, sehr steile Nebenstraße das auf halber Höhe liegende Berggasthaus Hohentwiel. Vom Parkplatz dort gelangen Sie zu Fuß in 20 Min. zum Festungseingang hinauf. Victor von Scheffel hat dem Hohentwiel in seinem Roman »Ekkehard« ein literarisches Denkmal gesetzt. Alljährlich im Juni findet das Hohentwielfest mit Freilichtaufführungen, Burgfest und Jazzfestival statt.
⑯ Bei **Radolfzell** erreichen Sie das »Schwäbische Meer«, den Bodensee. Der Veroneser Bischof Radolf erbaute an dieser Stelle 826 seinen Alterswohnsitz. »Radolfs Zelle« entwickelte sich bald zu einem beliebten Wallfahrtsziel, was dem Ort zu raschem Wachstum verhalf. Heute kann die Stadt auf eine 1150jährige wechselvolle Geschichte zurückblicken. Ältestes Bauzeugnis ist die gotische Basilika aus dem 15. Jh. mit dem steinernen Sarkophag des Bischofs Radolf.
Einen reizvollen Anziehungspunkt für viele Besucher stellt die weit in den See hinausragende Halbinsel Mettnau dar.
⑰ Auf der leider oft überlasteten B 33 fahren Sie weiter in Richtung Konstanz. Links erstreckt sich der Bodanrücken, eine Landzunge, die das nordwestliche Ende des Bodensees in zwei Arme teilt. Zur Rechten, im Untersee, liegt die durch einen Damm mit dem Festland verbundene **Insel Reichenau,** ein landschaftliches und kulturgeschichtliches Kleinod. Unter den karolingischen Kaisern war das Benediktinerkloster Reichenau Jahrhunderte hindurch eines der tonangebenden kulturellen Zentren des Reiches mit einer der größten Bibliotheken des Abendlandes, und die Buchmalerei seines Ateliers war weit über die Grenzen des Landes berühmt. Drei Kirchen zeugen heute noch von dieser Blütezeit der Reichenau.
Die ehemalige Stiftskirche St. Georg bietet dem Besucher einen Zyklus ottonischer Wandmalereien. Die Hauptkirche des Klosters war das Münster in Mittelzell mit seiner mächtigen mittelalterlichen Dachkonstruktion. Der Bau wurde in den sechziger Jahren nach alten Plänen restauriert. Umgeben von Gemüsefeldern liegt die dritte Kirche, St. Peter und Paul, am westlichen Zipfel der Insel. Die Reichenau ist 480 ha groß. Davon werden heute 280 ha für den Gemüseanbau

Insel Reichenau: die Stiftskirche St. Peter und Paul, Zeugnis vieler Jahrhunderte

genutzt. Das milde Seeklima und der fruchtbare Boden machen diese intensive Form der Landwirtschaft möglich.
Auf dem Weg nach Konstanz fährt man an ausgedehnten Schilfwäldern beiderseits der Straße vorbei, die zum Wollmatinger Ried gehören. Dieses Naturschutzgebiet ist vor allem durch seinen Vogelreichtum bekannt geworden.

18 **Konstanz** war von 1414 bis 1418 als Tagungsort des berühmten 16. Konzils Mittelpunkt ganz Europas. Geistliche und weltliche Gelehrte sowie Politiker diskutierten über die Einheit der Lehre und die Reform der Kirche. Grausamer Höhepunkt war 1415 die Verbrennung des Prager Reformators Johannes Huß, der seine Lehre vor dem Konzil nicht widerrufen wollte. Im »Konzilgebäude«, dem Kaufhaus am Hafen, das 1388 für den Leinenhandel erbaut worden war, soll das Konklave zur Wahl des neuen Papstes stattgefunden haben. Heute ist das wuchtige Walmdachgebäude ein Wahrzeichen von Konstanz. Leider wurde der ursprüngliche Charakter durch Umbauten in neuester Zeit sehr beeinträchtigt. Es empfiehlt sich, vom Konzilgebäude aus einen Rundgang durch die traditionsreiche Altstadt zu machen. Parkmöglichkeiten finden Sie, allerdings in sehr beschränktem Maße, gegenüber am Fischmarkt oder auf dem Marktplatz. Vom Marktplatz aus kommen Sie in die Rosgartenstraße mit dem Rosgartenmuseum (täglich außer Mo. geöffnet), das durch seine umfangreichen historischen und kunstgewerblichen Sammlungen bekannt ist. Auf derselben Straßenseite folgt die Dreifaltigkeitskirche des ehemaligen Augustinerklosters. Das ansonsten barockisierte Gebäude schmücken noch an den Seitenwänden des Langhauses einige Wandmalereien aus der Zeit des Konzils. Durch die Neugasse gelangen Sie zum Fachwerkturm des Schnetztores, das einst die Reisenden Richtung Schweiz benutzten. In der Hussenstraße, die vom Schnetztor stadteinwärts führt, stehen zahlreiche schöne Zunft- und Wohnhäuser. Über den von Bürgerhäusern umrahmten Obermarkt kommen Sie an der Stephanskirche vorbei zum Münster, dem bedeutendsten Sakralbau in Konstanz. Aus der Romantik, der Hauptbauzeit, stammt das im 11. Jh. entstandene Langhaus. Seitenschiffe, Querschiff, Vierung und Margarethenkapelle kamen vor

In das Kunstwerk der Gärtner einbezogen: der Schwedenturm auf der Mainau

18 Wandervorschlag von Konstanz ins Wolmatinger Ried: Das Gebiet ist im Interesse des Naturschutzes für die Öffentlichkeit weitgehend gesperrt. Interessierten Naturfreunden bietet der »Deutsche Bund für Vogelschutz« Riedwanderungen an, die von sachkundigen Reservatsbetreuern von Juni bis September jeweils Di. bis Fr. durchgeführt werden. Während der übrigen Monate ist das Programm reduziert. Gummistiefel sollten mitgebracht werden, Ferngläser stehen im Naturschutzzentrum zur Verfügung. Treffpunkt ist das DBV-Naturschutzzentrum in Konstanz, Fritz-Arnold-Straße 2e.

18 Wandervorschlag auf der Insel Mainau: Die Bodenseeinsel ist ein sehr beliebtes Ausflugsziel, das besonders an Wochenenden gut besucht wird. Man erreicht sie nicht nur mit dem Auto, sondern auch per Schiff u. a. vom Konstanzer Hafen aus. Wenn Sie selbst fahren, biegen Sie vor der Fährstation in Konstanz-Staad nach links ab. Die Straße führt an der am Hang gelegenen Konstanzer Universität vorbei zu den weitläufigen, gebührenpflichtigen Parkplätzen beim Inseldamm. Von dort gelangen Sie zu Fuß oder mit der Inselbahn auf die Mainau (November bis März geschlossen).

Konzilgebäude in Konstanz

Badespaß im Bodensee bei Konstanz

und nach dem Konzil hinzu. In der Krypta, dem ältesten erhaltenen Bauteil des Münsters, befinden sich die berühmten Konstanzer Goldscheiben. Sehenswert ist auch das Heilige Grab in der eigenartigen Mauritiusrotunde.
Wenige Schritte sind es vom Münstereingang zum »Haus zur Katz«, einem Bau des 15. Jh.s mit einer rustikalen Sandsteinfassade. Bedeutend sind die frühgotischen Fresken mit handwerklichen Motiven im »Haus zur Kunkel« am Münsterplatz. Einen Gang über die Rheinbrücke sollten Sie nicht versäumen; vom gegenüberliegenden Ufer haben Sie den schönsten Blick auf das alte Konstanz. Im Vordergrund präsentiert sich der wuchtige Rheintorturm, der im Mittelalter den Stadtzugang am Rhein befestigte. Etwas weiter flußabwärts steht der kleinere Pulverturm.
Über die Brücke gehen Sie zurück am Inselhotel, einem ehemaligen Dominikanerkloster, vorbei in den Stadtgarten am Seeufer, der sich bis zum Kaufhaus am Hafen erstreckt. Für den Stadtrundgang sollten Sie 2 Std. veranschlagen. Statt von Konstanz aus nach Engen, wo sich die Grüne Straße in zwei Routen teilt, zurückzufahren, können Sie mit der Fähre nach Meersburg am Nordufer des Sees übersetzen. Der Weg zur Fähre führt durch den neueren, rechtsrheinischen Teil von Konstanz und ist gut ausgeschildert. Der Fährbetrieb läuft am Tage viertelstündlich, nachts stündlich. Unweit der Fährstation liegt die Blumeninsel Mainau, die Sie von Konstanz aus bequem erreichen.

19 Abstecher von Aach zum Fasnachtsmuseum im Schloß Langenstein (ausgeschildert): Wer die alemannische Fasnacht nicht kennt, bekommt im Fasnachtsmuseum (täglich nachm. geöffnet) einen guten Eindruck von den farbenprächtigen Verkleidungen und den skurrilen Masken der Narren.

19 Falls Sie von Engen auf der nördlichen Route der Grünen Straße folgen, die über Stockach zum Bodensee führt, kommen Sie bei der Ortschaft **Aach** zu einem eindrucksvollen Naturdenkmal, dem Aachtopf. Er gilt als die ergiebigste Quelle Deutschlands und ist eine typische Karsterscheinung, vergleichbar dem Blautopf bei Blaubeuren. Das in den Juralandschaften nördlich des Aachtopfs versickernde Wasser tritt hier wieder zutage. Versuche mit Färbungen ergaben, daß diese Quelle auch durch die Donauversickerungen bei Immendingen und Friedingen gespeist wird. Der Aachtopf liegt direkt an der B 31. Parkmöglichkeiten finden Sie auf der gegenüberliegenden Straßenseite.

St. Nikolaus in Überlingen: Berühmt ist der manieristische Altar des Münsters

20 Die Geschichte von **Stockach** ist vor allem durch Zerstörungen und Plünderungen im Dreißigjährigen Krieg sowie im Spanischen Erbfolgekrieg gekennzeichnet. Ihren Humor haben die Stockacher dennoch nicht verloren. Die Stadt ist eine Hochburg der schwäbisch-alemannischen Fasnacht, die auf uralte Traditionen und Bräuche sowie auf ein herzogliches Privileg zurückgeht, das dem Hofnarren Kuony von Stokken 1351 schriftlich die Abhaltung eines jährlichen Narrengerichtes erlaubte. Dieses Gericht tagt zur Fastnachtszeit heute noch. Ihrem berühmten Narren haben die Stockacher am Marktplatz ein Denkmal gesetzt.

Weiter auf der B 31 fahren Sie über Ludwigshafen die Grüne Straße 80 km am nördlichen Bodenseeufer entlang. Leider ist die landschaftlich schöne Strecke vom Verkehr sehr überlastet, besonders an Wochenenden.

Alle Ufergemeinden bieten dem Besucher und dem Urlauber ein abgerundetes Freizeitprogramm. Die unbekannten Orte sind auch weniger überlaufen und deshalb für einen Urlaub oder einen Tagesaufenthalt durchaus zu empfehlen.

Auch hinter Ludwigshafen bleiben Sie auf der B 31 bzw. E 121. Einige Ortschaften werden aus verkehrstechnischen Gründen umfahren: Überlingen, Langenargen und Wasserburg. Um diese Gemeinden zu besuchen, müssen Sie die B 31 verlassen. Die Beschilderung ist ausreichend. Nach Ludwigshafen erreichen Sie Sipplingen. Hier wird dem Bodensee in 60 m Tiefe das Wasser für die Versorgung großer Teile Baden-Württembergs, vor allem für den mittleren Neckarraum, entnommen. Auf dem Sipplinger Berg befindet sich Europas größtes Wasserpumpwerk. Die Anlagen sind aus Sicherheitsgründen der Öffentlichkeit nicht zugänglich.

21 **Überlingen** ist eine der bekanntesten und größten Städte am Bodensee. Die Altstadt am Hang lädt ebenso zu einem Spaziergang ein wie die Strandpromenade. Im Zeughaus direkt am See kommen die Waffenfreunde auf ihre Kosten. Der Ratssaal mit Holzschnitzereien des einheimischen Meisters J. Ruß aus dem 15. Jh. ist einen Besuch wert. Lohnend ist auch eine Besichtigung des Museums im Patrizierhaus Reichlin von Meldegg in der Krummebergstraße, das neben wertvollen Skulpturen aus Gotik, Renaissance und Barock auch eine Puppenstubenausstellung mit bis zu 400 Jahre alten Exponaten beherbergt (täglich außer Mo. geöffnet).

Den monumentalen Bau des spätgotischen Münsters St. Nikolaus schmückt eine reiche Innenausstattung. Besonders erwähnenswert sind der manieristische, im frühen 17. Jh. entstandene Hochaltar von Jörg Zürn sowie das vom selben Künstler 1611 gestaltete Sakramentshaus. Beachten Sie auch das geschnitzte Chorgestühl (15. Jh.) und die Steinbildwerke darüber, Maria und Engel (Verkündigung 14. Jh.). Da Parkplätze in Überlingen knapp sind, fahren Sie am besten gleich in das gut ausgeschilderte Parkhaus in der Innenstadt.

Kloster Salem: der Kaisersaal mit Feichtmayrs Figuren

Affenberg Salem: Tierbeobachtung aus nächster Nähe

21 Abstecher zum Affenberg Salem: Auf einem 20 ha großen Waldgelände leben ca. 200 Berberaffen in Freigehegen, die dem Besucher Gelegenheit geben, die meist zutraulichen Tiere aus nächster Nähe zu beobachten. Das Gehege ist von Mitte März bis Ende Oktober ganztägig geöffnet. Sie erreichen den Affenberg von Überlingen aus über Tüfingen oder von der Wallfahrtskirche in Neubirnau über den Prälatenweg.

21 Abstecher von Überlingen zum Kloster Salem: Sie fahren entweder schon von Überlingen aus unter der B 31 hindurch über Tüfingen nach Salem oder verlassen bei der Wallfahrtskirche Birnau die Bundesstraße und fahren über den sog. Prälatenweg am Affenberg vorbei. Die ausgedehnten Anlagen des ehemaligen Zisterzienserklosters sind heute im Besitz des Markgrafen von Baden. Hier ist die Internatsschule Salem untergebracht. Das Innere des Klosters, das außer der gotischen Kirche mit klassizistischer Ausstattung noch eine Fülle von kunst- und kulturhistorisch interessanten Räumen besitzt, kann nur im Rahmen einer der stündlich erfolgenden Führungen (April bis Oktober) besichtigt werden.

22 *Abstecher zu den Pfahlbauten in Unteruhldingen: Etwa 3,5 km nach der Wallfahrtskirche von Neubirnau ist von der B 31 aus der Weg zu dem Freilichtmuseum (April bis September täglich geöffnet) gut ausgeschildert. Das Auto können Sie auf dem bewachten Parkplatz direkt vor dem Eingang abstellen. Nachdem man rund um den Bodensee zahlreiche Reste vorgeschichtlicher Siedlungen fand, hat man in Unteruhldingen versucht, jeweils ein Dorf aus der Steinzeit und aus der Bronzezeit zu rekonstruieren. Das Ergebnis ist zwar wissenschaftlich umstritten, für den Besucher aber sehr anschaulich. In den auf Pfählen im Wasser errichteten Hütten, die mit zahlreichen Arbeitsgeräten und Waffen ausgestattet sind, fühlt man sich um Jahrtausende zurückversetzt.*

Birnau: Am rechten Seitenaltar posiert der »Honigschlecker«.

22 Einige km hinter Überlingen erreichen Sie die Wallfahrtskirche St. Marien in **Birnau,** die unmittelbar an der B 31 steht. Sie bezaubert durch ihre reizvolle Lage über dem See, inmitten von Weinbergen. Der Innenraum des herrlichen Barockbaus stellt eine Spitzenleistung der Raumgestaltung im Rokoko (Mitte des 18. Jh.s von Josef Anton Feichtmayr gestaltet) dar, wie man ihn in dieser Einheitlichkeit und Beschwingtheit der Formen kaum anderswo findet.

23 »Ich steh auf hohem Balkone am Turm, / Umstrichen vom schreienden Stare, / Und laß gleich einer Mänade den Sturm / Mir wühlen im flatternden Haare.« Diese Zeilen könnten der Dichterin Annette von Droste-Hülshoff eingefallen sein, als sie auf dem Turm des Alten Schlosses (täglich geöffnet) in **Meersburg** stand. Die alte Burg mit dem Dagobertsturm, der nach dem gleichnamigen Merowingerkönig benannt wurde, stammt aus dem Hochmittelalter. Seit dem 13. Jh. gehörte Meersburg zum Bistum Konstanz. Nach 1526, als Konstanz protestantisch wurde, war es vorübergehend fürstbischöflicher Sitz. Die Fürstbischöfe errichteten im 18. Jh. auch das Neue Schloß, das Priesterseminar und den Reit- und Stallhof. Diese Barockbauten hoch über dem See, umgeben von Weinbergen, bilden mit dem Alten Schloß zusammen die herrliche Kulisse der Meersburger Oberstadt. Am besten ist sie vom Hafensteg oder während einer Bootsfahrt vom See aus zu sehen. Wenn Sie in der Oberstadt parken und die B 31 überqueren, gelangen Sie über Weinbergtreppen hinauf zum Fürstenhäusle, das die Dichterin erworben hatte. Heute ist es als Gedenkmuseum eingerichtet (April bis Mitte Oktober täglich geöffnet). Beliebt sind die Meersburger Weine, die im Staatsweingut angebaut werden. Daheim getrunken, werden sie zur schönen Erinnerung an Meersburg und den Bodensee.

24 Von Meersburg kommen Sie nach etwa 20 km ins betriebsame **Friedrichshafen** (s. a. S. 245). Die große schwäbische Metropole am Bodensee ist Industriestadt, Messestadt und noch immer die Stadt des Grafen Zeppelin, der hier seine »fliegenden Zigarren« gebaut hat. Im Jahre 1900 flog der erste Zeppelin von Manzell nach Immenstaad. Beide Orte umfahren Sie vor Friedrichshafen auf der B 31. Die Stadt hat dem Grafen im Rathaus, wo das Bodenseemuseum untergebracht ist, ein eigenes Museum eingerichtet, in dem Sie die ganze Geschichte der Luftschiffahrt an Schautafeln, Modellen und Originalteilen studieren können (täglich außer Mo., Juni bis September auch Mo. geöffnet).
Vom Hafen aus, der ein Hauptanlegeplatz der »Weißen Bodenseeflotte« ist, können Sie entlang der Strandpromenade einen schönen Spaziergang zur barocken Schloßkirche mit ihren weithin sichtbaren Zwiebeltürmen machen. Im Innern beeindrucken die Stuckverzierungen der Decke und die Schnitzereien am Chorgestühl.

25 **Langenargen** (s. a. S. 245) liegt von der B 31 aus 3 km seewärts. Das eigenartige, im maurischen Stil erbaute Monfortschlößchen bietet vor der Seekulisse nicht nur dem Fotofreund herrliche Perspektiven. In

Blick auf das Obertor in Meersburg

Meilensteine der Luftschiffahrt erwarten den Besucher des Zeppelinmuseums in Friedrichshafen.

der Gemäldesammlung am Marktplatz sind u. a. zahlreiche Bilder von Franz Anton Maulbertsch und Hans Purrmann zu sehen (Mai bis September täglich außer Mo. geöffnet). Ein besonderer Leckerbissen aus der Bau- und Technikgeschichte ist die älteste Kabelhängebrücke Deutschlands, die seit 1896 über die Argen an der alten Straße nach Lindau führt. Sie darf heute nur noch von Fußgängern und Radfahrern benutzt werden. Sehr reizvoll ist die Lage des Örtchens Wasserburg. Biegen Sie vor Lindau von der B 31 nach rechts ab. Die Kirche und die ehemalige Burg, in der heute ein Hotel untergebracht ist, liegen auf einer schmalen Landzunge.

26 Endpunkt der Grünen Straße ist **Lindau** (s. a. S. 270). Seine Altstadt liegt auf einer 69 ha großen Insel im Bodensee, die mit dem Festland durch einen Straßen- und einen Eisenbahndamm verbunden ist. Sie fahren am besten zum gut ausgeschilderten, großen Seeparkplatz auf der Insel. Von dort aus erreichen Sie die Altstadt auf einem Steg über das Bahngelände. Die größtenteils für Kfz gesperrte Inselstadt lädt zum Bummeln ein. Winkelige Gassen und große Plätze, schmalbrüstige Giebelhäuschen, mächtige Kirchen und Profanbauten halten den Besucher in ihrem Bann. Das alte, prachtvolle Rathaus mit seinen Fassadenmalereien in der Maximilianstraße, der massige Bau der Peterskirche mit Fresken von Hans Holbein d. Ä., das Haus zum Cavazzen, von dem Kunsthistoriker Dehio als schönstes Bürgerhaus am Bodensee erklärt, die Lindauer Museen oder der von einem steinernen bayerischen Löwen bewachte Hafen mit seinen zwei Leuchttürmen: All diese Bauten verleihen Ihrer Fahrt auf der Grünen Straße einen eindrucksvollen Abschluß.

Wissenschaftlich umstritten, versetzen die rekonstruierten Pfahlbauten in Unteruhldingen den Besucher dennoch um Jahrtausende in die Stein- und in die Bronzezeit zurück.

Lage Im Südwesten der Bundesrepublik. Von Rheinebene und Kaiserstuhl im Westen bis zum Bodensee im Osten.
Anfahrt Über die A 5 von Karlsruhe Richtung Basel zu den Anschlußstellen Riegel und Nimburg. Von dort entweder an der Südostseite des Kaiserstuhls entlang über Bötzingen nach Breisach oder quer durch das Kaiserstuhlgebiet über Oberbergen. Die zweite Route ist landschaftlich besonders reizvoll.
Länge Von Breisach über Engen bis Konstanz 160 km.
Von Breisach über Engen bis Lindau 210 km.
Beschilderung Keine.
Beste Reisezeit Frühjahr bis Spätherbst.
Von Juli bis August sind die Feriengebiete Hochschwarzwald und Bodensee ziemlich überlaufen; Verkehrsstaus vor allem auf den Strecken Konstanz/Radolfzell und Überlingen/Friedrichshafen.
Charakter und Landschaftsformen Die Landschaft ist von Kontrasten geprägt: aus dem ebenen, fruchtbaren Schwemmland der Rheinebene geht es hinter Freiburg durch die Schlucht des Höllentals hinauf zu den kuppigen Hochflächen des Südschwarzwaldes. Deutschlands höchstes Mittelgebirge ist ein von mehreren Eiszeiten abgeschliffener Block aus den Urgesteinen Gneis und Granit. Dem Reisenden fällt kaum auf, daß der Schwarzwald zwischen Titisee-Neustadt und Donaueschingen in die Baar übergeht, die hier das Vorland zum Juragebiet der Schwäbischen Alb bildet. Charakteristisch für den Hegau, der sich anschließt, sind die zahlreichen Vulkankegel. In einer Senke des Alpenvorlandes sammelt sich das Wasser des Rheins und bildet so Deutschlands größtes Binnengewässer, den Bodensee. Die hügelige Moränenlandschaft der Seeufer ist durch das milde Klima ein ideales Anbaugebiet für Wein und Obst.
Auskunft Fremdenverkehrsverband Freiburg i. Br., Bertoldstraße 45, 7800 Freiburg.
Verkehrsgemeinschaft Hochschwarzwald e.V., Goethestraße 7, 7820 Titisee-Neustadt.
Verkehrsamt Singen, August-Ruf-Str. 7, 7700 Singen.
Fremdenverkehrsverband Bodensee-Oberschwaben, Schützenstraße 8, 7750 Konstanz.

Ein beliebtes Fotomotiv: Die Kirche in Ramsau vor der Reiteralpe im Berchtesgadener Land

Historische Trachten beim Dorffest

Die geborgte Gipfelwelt

»Man braucht nicht unbedingt aktiver Bergsteiger zu sein, um sich für die Alpen zu begeistern. Man braucht nur ein offenes Herz für die Schönheit der Natur, ihre Wunder und Geheimnisse – und für die Menschen, die in den Alpen leben.« So schwärmerisch schreibt Toni Hiebeler, ein profunder Kenner der Alpen. Alljährlich verbringen dort Millionen von Menschen ihren Urlaub, sei es als Autotouristen oder Wanderer, als Skifahrer oder Naturbeobachter, als Kurgäste oder Kunstliebhaber. Die Alpenstraße ist eine der ältesten deutschen Touristikstraßen, aber sie ist auch eine der unvollendetsten. Denn vom bereits 1927 gefaßten Plan, die schönsten Partien der Allgäuer und der Bayerischen Alpen durch eine Ferien- und Panoramastraße zu verbinden, blieben viele Punkte bis heute unausgeführt. Technische Schwierigkeiten, Geldmangel, der Zweite Weltkrieg und naturschützerische Überlegungen ließen so manchen kühnen Traum einer Paßstraße zerrinnen.
Die Deutsche Alpenstraße verläuft abwechselnd zwischen Voralpen und Hochgebirge vom Bodensee zum Königssee und läßt uns alle Kleinodien der Landschaft am Saum der Allgäuer und Bayerischen Alpen miterleben. Die wahrhaft spektakulären Gipfel befinden sich freilich auf österreichischem oder Schweizer Territorium.

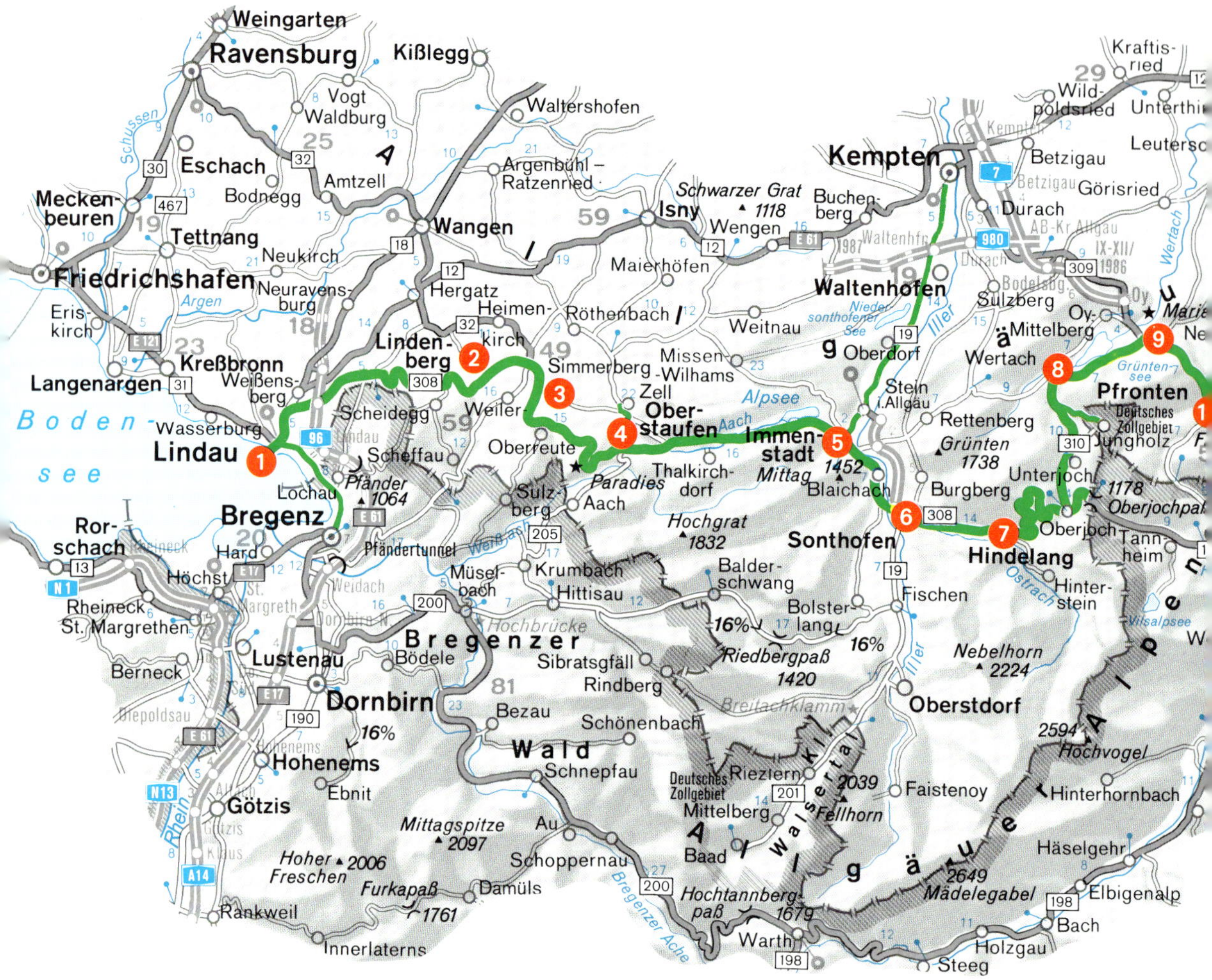

❶ *Abstecher von Lindau nach Bregenz (9 km): Fahren Sie auf der alten Bundesstraße über die Grenze in die Hauptstadt Vorarlbergs. Viel altösterreichischer Charme hat sich hier erhalten. Besonders malerisch ist die Oberstadt mit dem Martinsturm, einem der frühesten Barockbauten des Alpenraums. Auch im Zentrum rings um den Kornmarkt kann man sich seit Fertigstellung der Autobahnumgehung wieder freier bewegen, kann in Ruhe das Rathaus, das Landesmuseum und das Landestheater anschauen und einen Blick in die Seekapelle werfen. Sehr gepflegt sind die Uferanlagen, über die Sie zur größten Seebühne der Welt gelangen, auf der jährlich im August die Bregenzer Festwochen stattfinden.*

❶ Der Gedanke, daß **Lindau** (s. a. S. 267) Auftaktort sein soll für die Deutsche Alpenstraße, jene 400 km lange Route, die die imposantesten Gebirgspartien unseres Landes erschließt, erscheint zunächst ein wenig sonderbar. Nur 400 m über dem Meeresspiegel liegt diese Stadt auf einer Insel im Bodensee, an der Bregenzer Bucht, mit mildem Klima und südlichem Flair gesegnet. Die Berge mit ihren schneebedeckten Gipfeln bieten nur eine ferne Kulisse. Und doch dauert es kaum 15 Autominuten, bis Sie von Lindau auf einer zunächst weitschwingend ansteigenden, dann in engen Kurven den Rohrachberg hinaufführenden Straße in eine völlig andere Landschaft kommen. Hier, 400 m über dem See, rückt Ihnen die Bergwelt plötzlich näher. Wichtig aber ist, daß Sie sich nördlich von Lindau nicht durch allerlei neue Straßenbauwerke und Autobahnauffahrten verwirren lassen, sondern der B 308 folgen, die nun zunächst bis Immenstadt »Ihre« Straße sein wird. Wenn Sie den ersten kurvenreichen Anstieg hinter sich haben, finden Sie bald links einen Parkplatz für die sehenswerten Scheidegger Wasserfälle. Etwa 200 m weiter, genau bei Kilometerstein 7, liegt rechts ein Reptilienzoo (täglich geöffnet, Oktober bis März Fr. geschlossen), in dem Sie – aus respektvoller Entfernung natürlich – eine große Sammlung Giftschlangen bewundern können.
Ab Scheidegg, das mit seinem gewaltigen Kirchturm auf einem Hügelrücken südlich der Straße thront, beginnt nun die vielleicht großartigste Panoramastrecke der Alpenstraße. Über die nächsten 40 km bis Oberstaufen bieten sich auf einem Höhenniveau von rund 800 m in fast ununterbrochener Folge immer neue weiträumige Landschafts-

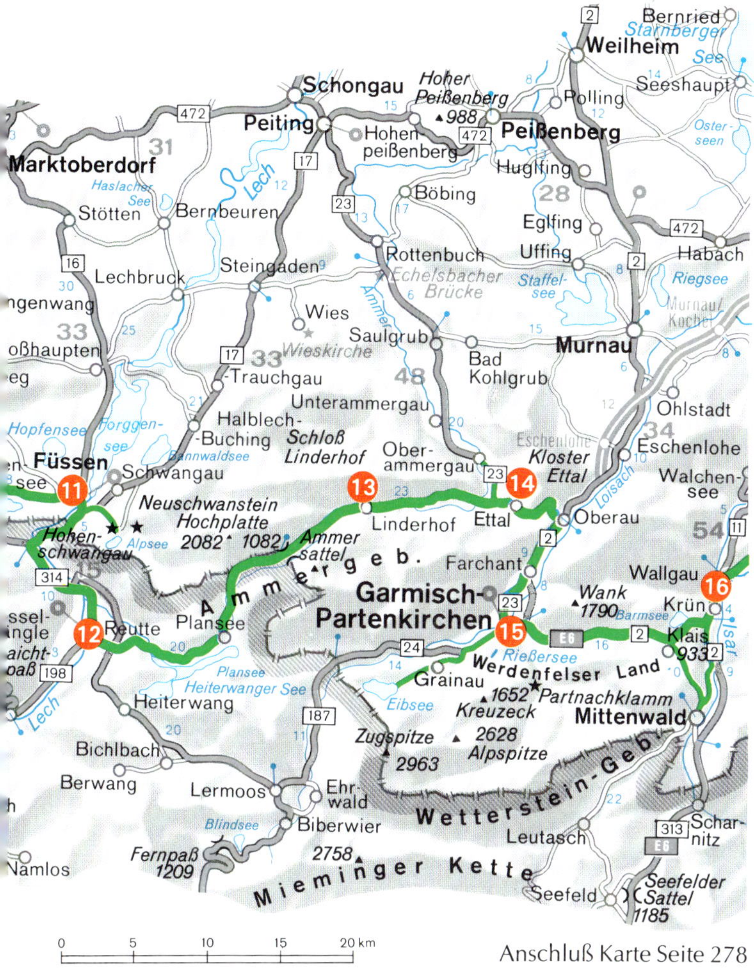

Anschluß Karte Seite 278

Mittelpunkt der Bregenzer Festspiele: die Seebühne
Oben: Die Seilbahn bringt Sie auf den Pfänder.

bilder dar. Im Norden wellt sich das Voralpenland, im Süden bauen sich die Berge des Bregenzer Waldes im österreichischen Vorarlberg auf. Sie bilden die eigentliche Attraktion dieses Straßenabschnitts.

2 Kurz hinter Scheidegg zweigt links die Straße nach **Lindenberg** ab. Dieses emsige Industriestädtchen, das mit einer monströsen, doppeltürmigen neubarocken Kirche (1912–14) auf einem noch immer von Linden bewachsenen Berg aufwartet, ist durch seinen Käse, seine Hut- und Metallwarenfabrikation bekannt geworden. Eine Käsereibesichtigung (Fa. Kraft) ist allerdings nur nach schriftlicher Voranmeldung möglich.

Blick auf Lindau und den Bodensee

3 Sie kehren zurück auf die B 308 und kommen bald darauf nach **Weiler-Simmerberg**, das sich links am Hügel hinzieht. Auch an diesem schön gelegenen Ort führt die Straße eigentlich vorbei, doch die ehemalige Salzfaktorei von 1639 sollten Sie sich anschauen, zumal es sich hier um einen der im Alpenraum recht seltenen Fachwerkbauten handelt. Nach einer großen Linkskurve berühren Sie den alten Ort Oberreute und fahren dann bald aus einer Senke hinauf zum sog. Paradies (998 m). Hier warten ein geräumiger Parkplatz und ein großartiger Blick über die wellige Landschaft des Oberallgäus und den Bregenzer Wald bis hinüber zum Schweizer Säntis-Massiv auf Sie.

4 Vom Paradies sind es noch 3 km bis **Oberstaufen**. Dieses 800 m hoch gelegene Fremdenverkehrszentrum ist der einzige anerkannte Schroth-Kurort der Bundesrepublik, benannt nach dem österreichischen Naturheilkundler, der diese Entschlackungskur entwickelte. Am besten parken Sie beim Krankenhaus oder beim Hallenbad. Oberstaufen ist ein recht alter Ort, der 1453 Marktrecht erhielt. Gehandelt wurde vor allem mit Salz, das einen soliden Wohlstand in den Ort brachte – man sieht es heute noch an den stattlichen Bauten. Manche der Häuser scheinen allerdings zu knallig bemalt, der Blumenschmuck will schier überquellen –, die folkloristische Ziersucht treibt hier arge Blüten! Das berühmte »Gasthaus zum Löwen« (1785) ist zu nennen, das nicht nur mit einem Michelin-Stern glänzt, sondern auch mit prachtvoller Bemalung und üppigem Schmuck. Fast unmerklich senkt sich nun die Straße im weiten Tal der Aach hinunter zum Großen Alpsee. Wir bewegen uns noch am Alpenrand, in der Übergangszone zwischen hügeligem Voralpenland und der ersten großen Gebirgsschwelle. Am Anfang des Alpsees lockt gleich links ein Parkplatz mit Badegelegenheit.

5 Am Fuße des 1452 m hohen Mittag und am Eingang zum oberen Illertal liegt **Immenstadt**. Des öfteren wurde die Stadt Opfer verheerender Brände, der durch den Salzhandel erworbene Reichtum mußte mehr als einmal für den Wiederaufbau der in Schutt und Asche gesunkenen Stadt eingesetzt werden. Zum letzten Mal brannte Immenstadt 1844 ab, und so ist es nicht verwunderlich, daß von alter Bausubstanz, wie sie der über 600 Jahre alten Siedlung eigentlich zukäme, wenig zu sehen ist. Dennoch gibt sie mit ihren verschiedenartig gestalteten Plätzen und den vielen kurzen Gassen das Bild einer gemütlichen Kleinstadt ab. Sehenswert sind das ehemals Gräflich Königseggische Schloß (1550–1620) am Marienplatz, das heute als Amtsgericht dient, das Rathaus aus dem 17. Jh. und die Stadtpfarrkirche. Im Heimatmuseum am Klosterplatz werden alte Webstühle und eine Käseküche gezeigt.

6 Der Weg führt aus Immenstadt hinaus durch die Sonthofener Straße zunächst nach Blaichach und weiter über die autobahnartig ausgebaute B 19 nach **Sonthofen**. Deutschlands südlichste Stadt – wie sich der ehemalige Marktflecken seit der Stadterhebung im Jahre 1963 nennen darf – ist Luftkurort, Wintersportplatz und Garnison. Der weitgehenden Zerstörung Sonthofens im Jahre 1945 fiel auch das Barock-

4 *Abstecher*
von Oberstaufen nach Zell (3 km) und Genhofen (4 km). Die St.-Bartholomäus-Kapelle in Zell (14./15. Jh.) weist bedeutende Wandmalereien und einen Schreinaltar mit Flügelgemälden von 1442 auf (Schlüssel bei Burger im ersten Haus rechts). Die kleine gotische Kirche St. Stephan in Genhofen ist im Innern mit urtümlichen mittelalterlichen Wandmalereien ausgestattet. Der Altar stammt von 1523 (Schlüssel in der Schmiede gegenüber).

5 *Abstecher*
von Immenstadt nach Kempten (25 km): Aus Immenstadt fahren Sie nach Norden, auf der B 19, in Richtung Kempten durch das rasch sich dehnende Tal der Iller. Nach ca. 10 km erreichen Sie links den Niedersonthofener See (Bademöglichkeit, Abfahrt in Oberdorf nach links).
Kempten, die Hauptstadt des Allgäus, ist eine der ältesten Siedlungen Deutschlands. Gerade in den letzten Jahren wurden die Reste des römischen Cambodunum auf dem Lindenberg weitgehend freigelegt. Das ganze Mittelalter hindurch bis in die Neuzeit hinein litt Kempten unter der Teilung in eine Bischofs- und eine Reichsstadt. Die Rivalität der beiden Ortsteile hat freilich auch große Bauwerke hervorgebracht: in der Bischofsstadt die barocke Kirche St. Lorenz und die gewaltige Residenz (1639–73), dazu den Hofgarten mit Orangerie und etliche Palais; in der Reichsstadt die Kirche St. Mang, das Rathaus von 1474, das im 16. und 17. Jh. umgebaut wurde, und zahlreiche prächtige Bürgerhäuser.

In Weiler lohnt ein Besuch im Westallgäuer Heimatmuseum (Mo. und Fr. geschlossen).

schloß der Augsburger Bischöfe zum Opfer. Die ebenfalls zerstörte Pfarrkirche St. Michael hat man weitgehend wiederherstellen können, denn die bedeutenden Schnitzwerke aus dem 16. und 18. Jh. waren rechtzeitig in Sicherheit gebracht worden. Erinnerungen an frühere Zeiten hält das sehr reizvolle Heimathaus aufrecht (in der Saison täglich außer Mo. geöffnet).

7 Sonthofen als Garnisonsstadt erlebt man vor allem bei der Weiterfahrt auf der B 308 in Richtung **Hindelang**, wo sich rechts und links der Straße die Kasernen der Gebirgsjäger und Pioniere hinziehen. Nun steigt die Route im Tal der Ostrach wieder sanft an, und bald ist Hindelang erreicht, in den Ort müssen Sie nach links abbiegen. Parken sollten Sie gleich bei der Post oder beim recht wohlgelungenen neuen Kurhaus, denn im engen, winkligen Ortszentrum werden Sie kaum einen Platz finden. Hindelang, schon seit langem Kurort und mit allen Einrichtungen ausgestattet, die der Urlauber heute erwartet, wird geprägt von schönen, breitgelagerten Häusern mit gepflegtem Blumenschmuck. Die stattliche, neugotische Kirche stammt von 1865. Auch hier, wie vielerorts im Allgäu, haben sich die Augsburger Fürstbischöfe einst ein Jagdschloß errichtet. Der schlichte Bau entstand 1660 und wurde 1921 umgestaltet; heute dient er als Rathaus. Die 1935–38 erbaute Kirche im benachbarten Bad Oberdorf wäre kaum bemerkenswert, enthielte sie nicht einen berühmten gotischen Schnitzaltar von Jörg Lederer aus dem Jahre 1519 sowie ein Muttergottesbild von Hans Holbein d. Ä. Unmittelbar östlich von Hindelang beginnt Deutschlands höchste Paßstraße, die Jochstraße. Ihr Scheitelpunkt liegt in 1178 m Höhe. Hier ist zugleich auch der höchste Punkt der Deutschen Alpenstraße erreicht. Auf einer Strecke von 6 km reihen sich nicht weniger als 106 Kurven und Kehren aneinander. Vom schönen Ausblick, der sich ab und zu zwischen den Bäumen hindurch bietet, hat freilich meist nur der Beifahrer etwas, doch nach etwa drei Viertel der Strecke gibt es einen Aussichtspunkt, die »Kanzel«, und Parkmöglichkeit. In den zwanziger und dreißiger Jahren wurden hier Bergrennen veranstaltet. Diese Tradition lebte im Jahre 1982 wieder auf. Seit einigen Jahren führt die Paßstraße nicht allein nach Oberjoch, sondern hat auch eine sehr schön ausgebaute Abzweigung nach Unterjoch bekommen.

8 Die Straße trägt nun die Nummer B 310 und führt Sie bequem hinunter in den breitgelagerten Markt **Wertach**. Alte Bauten wird man hier vergeblich suchen, denn 1893 vernichtete ein Brand fast den gesamten Ort. Auch die Pfarrkirche St. Ulrich aus dem späten 17. Jh. fiel ihm, bis auf die Außenmauern, zum Opfer. Noch vor dem Zentrum biegen Sie rechts in die Grüntenseestraße in Richtung Nesselwang ein. Kurz hinter Wertach erhebt sich zur Rechten am Wegrand die helle Sebastianskapelle, die gern als »Kleine Wieskirche« apostrophiert wird. Die auf einem einstigen Pestfriedhof errichtete Kirche von 1763 schmückt ein Deckengemälde von Franz Anton Weiß.

7 Abstecher von Hindelang nach Jungholz: Das schmucke Dorf, ca. 6 km nördlich von Unterjoch gelegen, ist ein Kuriosum. Es gehört staatsrechtlich zu Tirol, zollrechtlich aber zu Deutschland, da es nur von Bayern aus zugänglich ist. Der Grenzübergang ist lediglich durch eine Tafel gekennzeichnet. Bezahlt wird hier in deutscher Währung, und auch der Münzfernsprecher wird mit deutschen Münzen bedient, obwohl es sich um eine österreichische Telefonstation handelt. 300 Tiroler wohnen hier auf einer Fläche von 8 km^2, die zu Tirol gehört und mitten im Oberallgäu liegt.

Hoch über dem Weißachtal liegt der Kurort und Wintersportplatz Oberstaufen.

Grüntensee zwischen Wertach und Nesselwang

Bald kommt zur Linken der Grüntensee in den Blick; harmonisch fügt er sich in die Voralpenlandschaft ein und ist doch erst wenig mehr als 20 Jahre alt. Zur Energiegewinnung und zum Hochwasserschutz wurde hier die Wertach aufgestaut. Leider ist das Wasser jedoch so schmutzig, daß an Baden nicht zu denken ist. Auf gewundener, aber gut ausgebauter Straße geht es nun weiter durch das Voralpenland. Kurz vor Nesselwang treffen Sie auf die B 309/B 310, der Sie nach Südosten folgen.

9 Wandervorschlag von Nesselwang nach Maria Rain: Fahren Sie am Alpspitz-Badezentrum vorbei zum Sportplatz, wo Sie parken können. Zu Fuß geht es nun geradeaus weiter bis zu einem landwirtschaftlichen Betrieb. Hier steigt der Weg nach rechts zur Höhe an, und Sie folgen der Wegweisung N 3 bis zum Weiler Schneidbach. Von hier wandern Sie weiter auf der N 5 ins Wertachtal. Bald werden, allerdings jenseits des Tales, Dorf und Kirche Maria Rain sichtbar. Am rechten Ufer der Wertach laufen Sie dann flußabwärts, bis nach etwa 10 Min. eine Holzbrücke über den Fluß führt. Gleich dahinter folgen Sie zur Linken einem schmalen, stark ansteigenden Waldpfad, der mit einem X markiert ist (gutes Schuhwerk erforderlich!). Oben angelangt, belohnt Sie ein herrlicher Blick. Die Wallfahrtskirche, ein spätgotischer Bau mit barocker Ausstattung, ist nachmittags geöffnet. An der Südseite der Kirche gehen Sie über die Brücke und dann rechts bis zur alten Hammerschmiede wieder ins Tal zurück. Hier biegen Sie nach links ab zu Ihrem Auto. Einkehren kann man nahe der Kirche, die Weglänge beträgt knapp 6 km, und man benötigt 1½ Std.

9 Der Durchgangsverkehr auf dieser wichtigen Straße (Kempten/Füssen) wird das schmucke **Nesselwang** wohl noch lange belasten. Auch das Parken ist in den engen Gassen schwierig. Der kleine, traditionsreiche Ort, der seit 1329 Marktrecht genießt, entstand am Verlauf eines bedeutenden Handelsweges. Von der alten Römerstraße, die einst hier vorbeiführte, hat sich nur im östlichen Friedhofsteil ein Stück erhalten. Für ihre Nachfolgerin, die vor allem dem Salzhandel diente, war Nesselwang der erste größere Ort vor den Bergen. Hier verschnauften Reisende und Fuhrknechte wohl schon immer gern, und so zeichnet sich der Ort durch eine Anzahl guter Gaststätten aus. Dies und die reizvolle Lage machten ihn in neuerer Zeit zu einem bedeutenden Urlaubsplatz im Allgäu, der an der südlich emporsteigenden Alpspitze auch den Wintersportlern einiges bieten kann. An Sehenswertem ist neben einigen prächtigen Hausfassaden die Andreas-Kirche mit ihrer gut nachempfundenen Barockausstattung (1906) zu nennen.

10 Nächstes Ziel ist **Pfronten**, das Sie im Ortsteil Kappel erreichen. Das aus 13 kleinen Gemeinden bestehende Städtchen am Alpenrand (»ad frontes Alpium Juliarum«) ist heute Sitz zahlreicher feinmechanischer Betriebe. In all die einzelnen Ortsteile zu fahren, würde mehr als einen Tag Zeit erfordern, zumal sie sich sehr hoch hinauf in die Berge erstrecken. Aber das vom Fremdenverkehr belegte Zentrum, das aus den Orten Ried, Berg und Heitlern zusammengewachsen ist, sollten Sie sich ansehen und vor allem den – für Autos gesperrten – Weg zur hochtürmigen Pfarrkirche St. Nikolaus nicht scheuen. Eines der Kleinodien dieser Gegend sind im Innern die Barockfresken des Pfrontener Malers Josef Anton Keller.

Der Stengellose Enzian steht unter Naturschutz.

Pfronten und die Allgäuer Alpen

Von Pfronten geht es zurück auf die B 310, auf die wir nach rechts einbiegen. Und wieder, wie so oft in ihrem Verlauf, führt die Alpenstraße nur noch durchs Voralpenland. Doch nach wenigen Kilometern bietet sich ein herrlicher Blick, wenn rechts unten plötzlich der Weißensee aufblinkt, grün vor grüner Fichtenkulisse. Über die Höhen, die ihn nach Süden optisch abschließen, verläuft die Grenze zwischen Bayern und Tirol. Langsam nehmen wir nun Abschied vom Allgäu, das sich ab Pfronten noch einmal von seiner schönsten Seite zeigt: im Süden kantige, bizarr gezackte Berggipfel mit Wäldern und Matten an den Hängen, die nach Norden zu von sanft gewellten Hügeln abgelöst werden. Mit dem breiten Einschnitt des Lechtals ändern sich deutlich Berggestalt und Voralpenlandschaft. Jenseits des Flusses drängen sich mit breitem Buckel die Ammergauer Berge weit nach Norden vor und schieben das Alpenvorland in heftigen Wellen vor sich her.

11 **Füssen** (s. a. S. 161) ist die östliche Eingangspforte zum Allgäu und auch heute noch Grenzort in vielfacher Hinsicht: 3 km südlich der Stadt beginnt Tirol. Den Grenzweg durch das enge Lechtal bewachte seit dem Mittelalter das Hohe Schloß. Zu seinen Füßen entstand über dem Grab des hl. Magnus gegen Ende des 9. Jh.s das Benediktinerkloster St. Mang. Rundherum entwickelte sich eine Siedlung, die bereits im Jahre 1294 als Stadt bezeichnet wird. Jahrhundertelang war sie im Besitz der Augsburger Bischöfe, und so finden sich in Füssen eine Reihe bemerkenswerter Kirchen, aus deren Kreis die barocke ehemalige Klosterkirche St. Mang mit ihrem romanischen Turm hervorsticht. Auch die Kripp- und die Frauenkirche am Berg (jenseits des Lechs) entstanden im Barock. Die Spital- und die Franziskanerkirche dagegen stammen aus der Rokokozeit.

Die Weiterfahrt ab Füssen stellt uns vor ein Problem. Wie schon erwähnt, wurde die Deutsche Alpenstraße bereits Ende der zwanziger Jahre konzipiert, und viele der Streckenvorstellungen, die man sich damals machte, konnten bis heute nicht verwirklicht werden. Und sie sollten nach unseren heutigen Vorstellungen von Straßenbau und Umweltschutz vielleicht gar nicht mehr realisiert werden! Eine jener Lücken im Verlauf der Route findet man östlich von Füssen. Ursprünglich war von hier aus eine Straße über die Ammergauer Berge ins Graswangtal zum Schloß Linderhof geplant. Doch diesem Vorhaben stellten sich nicht zuletzt technische Schwierigkeiten in den Weg. So behilft man sich bis heute mit einer Umfahrungsstrecke, einem Weg weit hinaus ins Voralpenland, der über Steingaden zur Echelsbacher Brücke und dann zurück über Saulgrub und Oberammergau nach Ettal führt. Wir aber meinen, man sollte den Begriff der »Deutschen« Alpenstraße nicht gar zu eng fassen und statt dessen eine kürzere und zudem auch gebirgigere Variante wählen, die über Reutte (Tirol) und den Plansee nach Linderhof und Ettal führt.

Fahren Sie vom Zentrum Füssens aus über die Lechbrücke, am Lechfall (s. a. S. 161) vorbei, in Richtung Grenzübergang Reutte (ausgeschildert).

Füssen: Kloster und Pfarrkirche St. Mang vor der Silhouette des Hohen Schlosses

10 *Wandervorschlag*
von Pfronten zur Burgruine Falkenstein: Der Aufstieg (markiert) vom Ortsteil Pfronten-Meilingen (Parkplatz) führt in ca. 1 Std. zur Burg Falkenstein (1268 m) der höchstgelegenen Ruine Deutschlands (überragender Ausblick, Gastwirtschaft bei der Burgruine). Über einen Serpentinenweg können Sie, an der Schloßanger Alp (Gasthof) vorbei, zum Auto zurückkehren.

11 *Abstecher*
von Füssen zu den Königsschlössern. (s. a. S. 160): In Füssen fahren Sie auf der B 17 nach Osten, dann 1 km jenseits der Lechbrücke rechts ab nach Hohenschwangau. Hier werden Sie in einen Parkplatz eingewiesen und gehen die letzten 10 Min. zu Fuß zum »Märchenschloß« Neuschwanstein. König Ludwig II. ließ das Schloß ab 1869 als steinerne Verwirklichung seiner Träume vom Mittelalter und als Übersetzung seines Wagnerschen Opernverständnisses erbauen (täglich geöffnet).
Südwestlich davon steht Hohenschwangau, eine wirkliche mittelalterliche Burg. Die erste Festung stand hier vermutlich schon im 10. Jh. Im 16 Jh. errichtete die Augsburger Patrizierfamilie Paumgartner an dieser Stelle ein Schloß, das zerfiel, aber von Max II., dem Vater Ludwigs II., nach den italienischen Plänen von 1538 unter dem Namen Hohenschwangau wiederaufgebaut wurde (täglich geöffnet). Hier verbrachte Ludwig II. in seiner Jugend zahlreiche Sommer.
Südlich der Burg liegt, vom Tourismus kaum berührt, der Alpsee. Nach 15 Min. Fußweg erreicht man eine der schönsten Badeanstalten Bayerns.

Im verschwenderischen Schmuck der Lüftlmalerei prangen viele Fassaden in Oberammergau.

12 Hinter der Grenze treffen Sie auf die österreichische B 314, in die Sie links einbiegen. Sie führt durch das sich immer mehr weitende Lechtal nach **Reutte**. Um in diesen Marktort zu gelangen, zweigen Sie von der Umgehungsstraße ab. Sie sollten nicht versäumen, das alte Zentrum und zumindest den Unter- und Obermarkt zu durchfahren. Reuttes breitgiebelige, oft phantasievoll bemalte Bürger- und solide Gasthäuser sind ebenso sehenswert wie das Rathaus mit seiner imposanten Freitreppe.

Von Reutte aus folgen Sie der Wegweisung Plansee. Dieses Gewässer, das Sie nach kurviger, ansteigender Fahrt bald erreichen, ist der erste wirkliche Gebirgssee auf Ihrer Fahrt. In 976 m Höhe zieht er sich so schmal zwischen recht steilen, meist fichtenbewachsenen Hängen entlang, daß an seinem Nordufer kaum Platz für die Straße bleibt. Zwei große Gasthöfe markieren Anfang und Ende dieser Uferfahrt. Beim »Gasthaus Forelle« verlassen Sie den See wieder und fahren nun 9 km lang durch den Ammerwald hinauf zum 1118 m hohen Ammersattel. Hier passieren Sie bereits die Zollstation, obwohl die Straße noch 4 km weit auf österreichischem Boden verläuft. Über ein unscheinbares Brücklein kommen Sie ins Naturschutzgebiet Ammergauer Alpen und damit zurück nach Deutschland.

13 Durch ein einsames Tal, dessen breites Flußbett meist nur von einem Rinnsal durchzogen wird, erreichen Sie nach weiteren 7 km **Schloß Linderhof**. Diese Anlage, die Georg von Dollmann 1874–78 im Auftrag von Ludwig II. als freie Nachschöpfung französischer Rokokovorbilder schuf, ist das einzige unter den Schlössern des bayerischen Märchenkönigs, das wirklich fertiggestellt und das auch längere Zeit von ihm bewohnt wurde. Eine Führung durch diesen mit handwerklicher Bravour gestalteten, üppig-phantastischen Bau sollten Sie sich nicht entgehen lassen. Die große Freitreppen- und Terrassenanlage in der Kunstlandschaft des Gartens wurde nach fünfjähriger Restaurierungsarbeit der Öffentlichkeit wieder zugänglich gemacht (täglich geöffnet).

14 Durch das Graswangtal fahren Sie nun hinaus ins Ammertal, wo Sie auf die B 23 treffen, in die Sie rechts einbiegen. Nach ca. 1 km steht **Kloster Ettal** vor Ihnen (täglich geöffnet), das seine Entstehung wie Schloß Linderhof einem Wittelsbacher verdankt. Kaiser Ludwig d. Bayer gründete es im Jahre 1330 in Erfüllung eines Gelübdes als Benediktinerabtei. Der Gründungsbau, eine monumentale Rotunde, wurde nach einem Brand ab 1745 wieder aufgebaut. Baumeister war, unter Verwendung von Plänen des Münchner Hofbaumeisters Enrico Zuccalli, der Wessobrunner Joseph Schmuzer. Ein Großteil der heutigen Klostergebäude stammt aus den frühen Jahren unseres Jahrhunderts. Im Zentrum steht der eindrucksvolle Kuppelbau der Kirche mit einem einzigartigen Fresko (1752) von Joh. Jakob Zeiller. Die Stuckdekoration gestalteten Johann Georg Ueblherr und Joseph Schmuzer. Dem in Ettal verkauften Likör wird eine wohltuende, heilkräftige

14 Abstecher von Ettal nach Oberammergau: Sie fahren auf der B 23 nordwärts und erreichen nach 4 km den Ort, für den das Wort weltberühmt sicher nicht zu hoch gegriffen ist. Denn durch sein Passionsspiel ist dieses oberbayerische Dorf vor allem seit dem Zweiten Weltkrieg für Touristen aus aller Welt zu einem begehrten Ziel geworden. 1633, als die Pest in dem alten Holzschnitzerort wütete, hatte die Bevölkerung gelobt, zur Sühne ein Spiel vom Leiden des Herrn aufzuführen und alle zehn Jahre zu wiederholen. Erst in unserem Jahrhundert wurden diese Aufführungen kommerzialisiert. Oberammergau ist darüber hinaus auch ein ausgesprochen schöner Ort. Die Kunst der Lüftlmalerei an den Häuserfassaden wird hier besonders gepflegt. Viele der Motive stammen aus dem religiösen Bereich. Sehenswert ist – neben dem Passionstheater – die Barockkirche von Josef Schmuzer (1736–42).

Die im französischen Rokoko-Stil gestalteten Gartenanlagen und das Schloß Linderhof.

Wirkung zugeschrieben. Teilweise steil, aber gut ausgebaut ist die Straße von Ettal hinunter ins Loisachtal und nach Oberau, wo sich die Deutsche Alpenstraße mit der B 23 nach Süden in Richtung Garmisch wendet. Zuerst durchfahren Sie noch Farchant, das vermutlich auf römische Ursprünge zurückgeht.

15 Bald kommen Sie an eine große Straßengabel, auf der es rechts nach **Garmisch** und geradeaus nach **Partenkirchen** geht. Die Alpenstraße verläuft von hier aus ostwärts weiter. Erst seit 1935 sind die beiden alten Orte zu einer Gemeinde vereinigt, und noch heute besteht zwischen ihnen eine deutliche Rivalität. Hier in diesem Talkessel, vor der imposanten Kulisse des Wettersteingebirges mit Alp- und Zugspitze, bietet die Deutsche Alpenstraße zum erstenmal ein Hochgebirgspanorama. Garmisch-Partenkirchen ist Kurort, Olympiade-Schauplatz und die einzige deutsche Wintersportstätte von wirklich internationalem Zuschnitt. Es ist aber auch der einzige Ort im Verlauf der Strecke mit weitgehend städtischem Charakter, wenngleich er trotz seiner über 30000 Einwohner noch immer an der Bezeichnung Marktort festhält. Von der alten Bausubstanz der beiden einstigen Flößer- und Handelsorte ist kaum mehr etwas übriggeblieben, moderne Bauten dominieren. In den Ortszentren wie an den Sonnenhängen ringsum prägen Appartementhäuser das Bild, in den Hauptstraßen herrschen Verkehrsstaus. Sehenswert sind im Ortsteil Partenkirchen das Werdenfelser Museum in der Ludwigstraße (täglich außer Mo. geöffnet) sowie die alte Kirche St. Martin (um 1280) mit bedeutenden gotischen Wandmalereien. Im Ortsteil Partenkirchen lohnt die barocke Wallfahrtskirche St. Anton einen Besuch. Reich ist der Doppelort an landschaftlichen Attraktionen in seiner Umgebung: die wildromantische Partnachklamm, eine von senkrechten Felswänden begrenzte Schlucht, durch deren Tiefen ein schäumender Wildbach rauscht; der Rießersee, eine der Wiegen des deutschen Eishockeysports; der Eibsee mit seinen neun kleinen Inseln, 2000 m unter dem mächtigen Zugspitzmassiv; und natürlich als größte Sehenswürdigkeit die Zugspitze selbst, Deutschlands höchster Berg.
Sie verlassen Partenkirchen auf der B 2 nach Osten, in Richtung Mittenwald. Vorbei an Klais, Deutschlands höchstgelegenem Schnellzugbahnhof (933 m), folgen Sie 3 km weiter der Abzweigung nach Krün. Nun sind Sie im Isartal, durch das ein alter Handelsweg aus Italien über Innsbruck und Mittenwald nach München führte. Davon und von der einst reichen Flößerei auf der Isar profitierte Krün. Heute präsentiert sich der weit im flachen Tal zerstreute Ort als schmuckes Dorf mit freskenverzierten, blumengeschmückten Häusern.

16 Ein wenig weiter nördlich liegt **Wallgau**, ähnlich in Charakter und Ortsbild, ein Luftkurort mit ebenfalls weit zurückreichender Vergangenheit. Sein Name, wie auch der des benachbarten Walchensees, erinnert daran, daß sich in dieser Gegend einst viele sog. Walsche oder Welsche (Siedler romanischer Herkunft) niedergelassen haben. Fast

Drei Gondelbahnen und eine Zahnradbahn befördern jährlich etwa eine halbe Million Menschen auf die Zugspitze.

15 *Abstecher von Garmisch-Partenkirchen auf die Zugspitze: Abfahrt vom Bahnhof Garmisch mit der Zahnradbahn (stündlich, Fahrzeit ca. 1 Std.). Die Bahn fährt durch Grainau, vorbei am Eibsee und schließlich durch einen langen Tunnel zum Schneefernerhaus in 2650 m Höhe. Von hier führt eine Seilbahn auf den 2963 m hohen Gipfel. Sie können auch mit dem Wagen bis zum Eibsee fahren und dort in die Seilbahn einsteigen. Bei entsprechendem Wetter bietet sich von Deutschlands höchstgelegenem Punkt ein überwältigender Rundblick. Von Natureinsamkeit kann hier freilich keine Rede mehr sein, denn die Zugspitze ist ein überaus attraktives Touristenziel. Außerdem ist der Berg bis hart ans Gipfelkreuz mit Gasthäusern, Seilbahnstationen, Funk- und Fernmeldeanlagen sowie meteorologischen Einrichtungen verbaut.*

15 *Abstecher von Klais nach Mittenwald (ca. 6 km): Malerisch zwischen Wettersteingebirge und Karwendelspitzen liegt dieser alte Marktort, dessen Bauweise schon an südlichere Alpenorte denken läßt. Bekannt geworden ist er vor allem durch den Geigenbau, den Matthias Klotz nach seinen Lehrjahren in Italien im Jahre 1684 hier einführte – auch aus ökonomischen Erwägungen übrigens, denn Mittenwald befand sich damals in einer Wirtschaftskrise. Es hatte nämlich wenige Jahre zuvor seine Bedeutung als Marktort der Venezianer an Bozen verloren. Im Geigenbau-Museum (täglich geöffnet) wird diese Entwicklung dokumentiert. Mittenwald ist ein farbenprächtiger Ort; die Lüftlmalerei hat sich hier zu hoher Blüte entwickelt. Die Kirche wurde 1738–40 von Josef Schmuzer erbaut und mit prächtigen Fresken ausgestattet. Ein besonders schöner Gasthof ist das Hotel Post. Zurück fahren Sie auf der B 2 über Krün gleich nach Wallgau.*

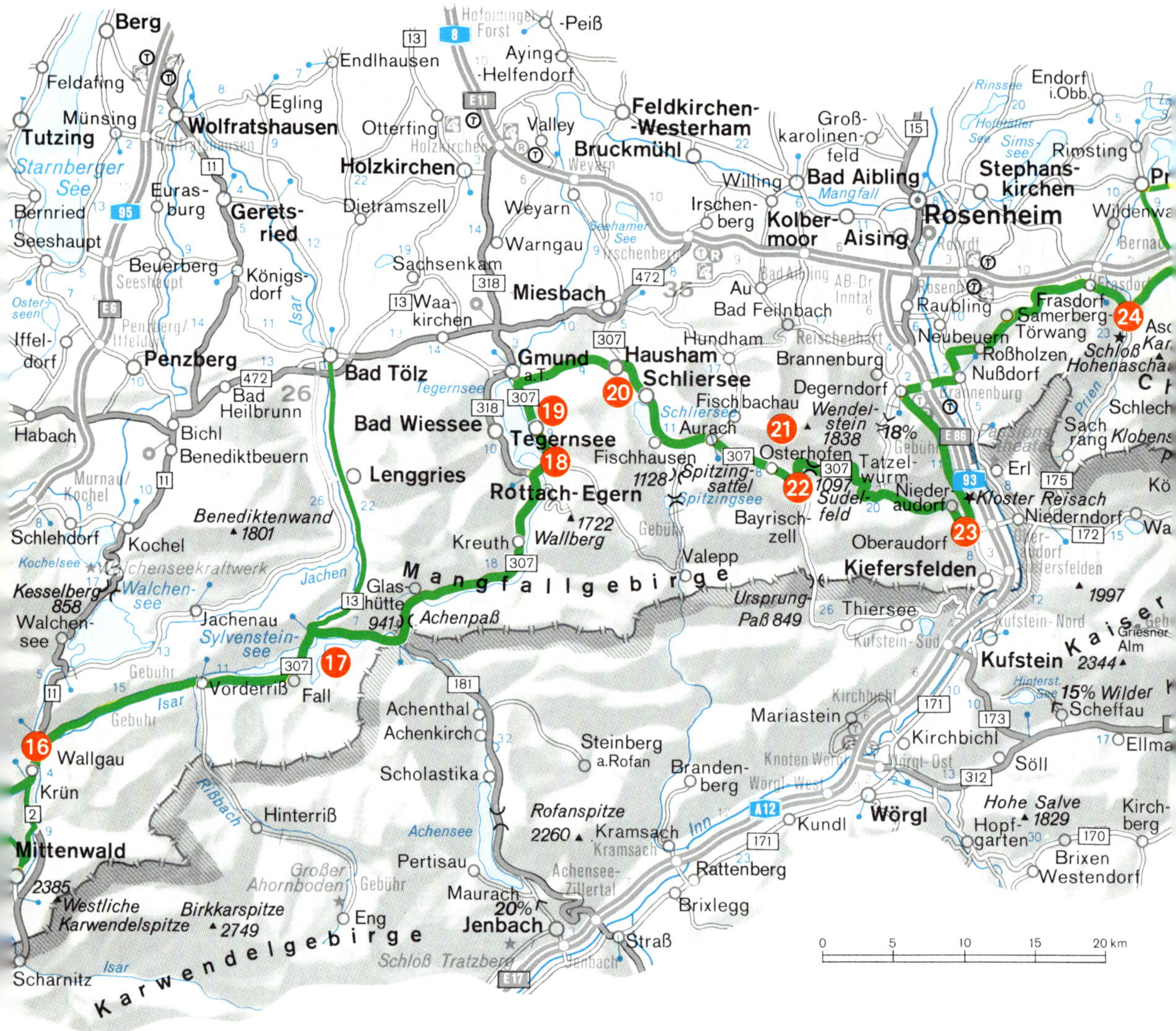

Anschluß Karte Seite 271

am Ortsende von Wallgau folgen Sie dann nach rechts der Wegweisung nach Vorderriß und treffen bald auf einen Schlagbaum bei einem kleinen Holzhüttchen. Hier verlangt ein freundlicher Herr eine Mautgebühr, denn für die nächsten 14 km (bis Vorderriß) verläuft die Deutsche Alpenstraße über eine bayerische Forststraße am Rande des Naturschutzgebietes Karwendelvorgebirge.

Wie um Ihnen ein wenig das Gefühl von Wagnis und Abenteuer zu vermitteln, warnt am Anfang der Strecke ein Schild: »Privatstraße. Gefährliche Wegstrecke. Benutzung auf eigene Gefahr.« Und in der Tat präsentiert sich diese Straße als abenteuerlich schmal, kurven- und schlaglochreich. Sie paßt damit hervorragend zu dem urweltlichen Eindruck, den das Isartal hier noch macht. Anfangs hoch über dem kahlen, kargen Flußbett verlaufend, steigt die Straße bald hinunter in dieses herbe, bisweilen wilde Tal, im Norden flankiert vom Altlacher Hochkopf (1304 m) im Süden vom Hohen Grasberg (1782 m). Der Grund des Tales wird ausgefüllt von den sich immer neu verzweigenden Kiesbändern des Isarbettes, in dem sich schmale Wasserrinnsale verlaufen. Dazwischen finden sich Auengebüsch und gelegentlich Fichtenwäldchen, die wie Inseln im Kies schwimmen. Das Rauhe, Urtümliche, das man von einer Alpenstraße erwartet, wird hier im Flußtal unterhalb der Karwendelspitze zum erstenmal spürbar. Nach fast 14 km Fahrt mündet von Süden her der Rißbach in die Isar, dann erscheint das zweite Mauthäuschen am Ende der Straße. Schließlich stehen die Häuser von Vorderriß vor Ihnen, und einige Kilometer weiter tauchen die dunkelgrünen Wasser des Sylvensteinsees auf. Bald darauf wird die Straße fast unmerklich wieder zur Bundesstraße 307.

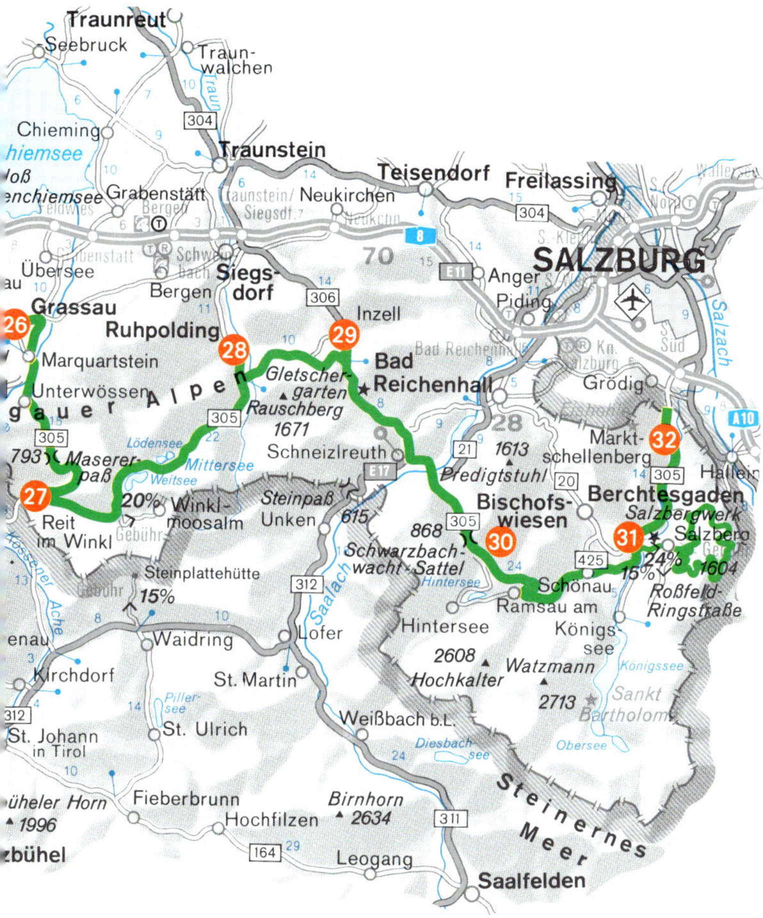

Sylvensteinsee

Marktstraße in Bad Tölz

⑰ Der **Sylvensteinsee**, an dessen Nordufer die dunklen Fichtenwälder unmittelbar aus dem Wasser zu wachsen scheinen, besteht erst seit 1959. Damals staute man die Isar auf, um Energie zu gewinnen und die Hochwassergefahr zu beseitigen. Das Dorf Fall, das einst in diesem Talboden lag und durch Ludwig Ganghofers Erzählung »Der Jäger von Fall« berühmt wurde, mußte dem See weichen. Es wurde am südlichen Hochufer in recht ansprechendem Stil neu errichtet. Etwa in seiner Mitte überquert die Alpenstraße auf einer elegant geschwungenen Brücke den See und führt am Nordufer weiter. Kurz hinter dem See steht an einer Straßenbrücke plötzlich das Schild »Republik Österreich«, doch 200 m später haben Sie die Alpenrepublik bereits wieder verlassen. Die Erfordernisse des Straßenbaus machen es notwendig, daß man ein kurzes Stück ans andere Ufer des kleinen Flüßchens Ache wechselt, das hier die Grenze zwischen Bayern und Tirol bildet. Ähnliches geschieht 1 km weiter nochmals, wenn Sie an einer T-Kreuzung nach links dem Lauf der B 307 folgen: Knapp 2 km lang führt die Alpenstraße nun fast genau auf der Grenze zwischen beiden Ländern entlang und über ein vor allem im Winter gefürchtetes Steilstück (20 %) hinauf zur Kaiserwacht, einer alten Grenzstation.
Weniger steil steigt die Straße von nun an weiter zum Achenpaß, einem eher sanften Hügelrücken in 941 m Höhe. Knapp 2 km jenseits des Passes grüßt zur Linken der Ort Glashütte mit einem urbayerischen Nebeneinander von barockem Kircherl und gemütlichem Wirtshaus. Wenn Sie sich von der Idylle losreißen können, dann gelangen Sie aus dem sich immer mehr dehnenden Tal der Weißach fast unmerklich abwärts hinaus ins Tegernseer Tal. Vorher passieren Sie noch Wildbad Kreuth (850 m) mit zwei eisenhaltigen Schwefelquellen. Dann taucht auch schon rechts der charakteristisch abgeplattete Gipfel des Wallbergs auf. Sollten Sie um seine Höhe riesige »Vögel« schweben sehen, so sind das keine Adler. Der Wallberg ist vielmehr ein Dorado für Drachenflieger.

⑰ *Abstecher*
vom Sylvensteinsee nach Lenggries und Bad Tölz: Die B 13 führt durch das Isartal über Lenggries nach Bad Tölz. Der sog. Isarwinkel um Tölz und Lenggries galt schon immer als ein besonders urwüchsiges Gebiet. Hier hat sich trotz blühenden Fremdenverkehrs tatsächlich noch sehr viel Ursprüngliches erhalten, sei es in Bräuchen, in Trachten als auch in Bauten. Lenggries und Tölz lebten früher hauptsächlich vom Holzhandel und der Flößerei. Tölz aber auch vom Handel, und zwar vor allem mit Südtiroler Wein. Hier findet man einige der ältesten Weinstuben Bayerns. Sehenswert sind in Lenggries die barocke Pfarrkirche St. Jakob und das Schloß Hohenburg, heute Nonnenkloster. In Tölz können Sie den berühmten Markt mit den vielen prächtigen Fassaden besuchen, zudem die Stadtpfarrkirche Mariae Himmelfahrt (1453–66) und die Kirche auf dem Kalvarienberg, zu der ein Kapellenweg hinaufführt.

⑱ Nach kurzer Fahrt erreichen Sie **Rottach-Egern**. Das Städtchen am Südzipfel des Tegernsees ist nicht nur Kurort, sondern auch Prominentendomizil, und das schon seit langem. Auf dem alten Friedhof ruhen neben Leo Slezak und Olaf Gulbransson, Ludwig Thoma und Ludwig Ganghofer. Die beiden Repräsentanten bayerischer Literatur, die sich persönlich so gar nicht mochten, hatten viele Jahre lang hier ihren Wohnsitz. Das Thoma-Haus auf der Tuften (östlich von Rottach) ist heute Gedenkstätte (keine Besichtigung möglich). Die gotische Pfarrkirche wurde innen sehr schön barockisiert. In den Geschäften gibt es fast alles, was gut und teuer ist.

⑲ Der **Tegernsee**, mit seinem Tal und den umliegenden Bergen noch immer von vielen als bayerisches Paradies angesehen, zählt zweifellos zu den landschaftlichen Höhepunkten im Verlauf der Deutschen Alpenstraße. Schon um 747 wurde an seinem Ostufer ein Kloster gegründet, das sich bald zu einem der bedeutendsten Kulturzentren des gesamten Alpenraums entwickelte. So vermutet man hier den Entstehungsort des um 1050 in leoninischen Hexametern geschriebenen Ritterromans »Ruodlieb«, eines bedeutenden Werkes hochmittelalterlicher Verskunst. Im 12. Jh. war Walther von der Vogelweide Gast des Klosters. Heute ist der dort entstandene Ort Tegernsee ein beliebtes Urlaubszentrum. Das Bräustüberl im ehemaligen Kloster, das König Max I. 1817 erwarb und in eine Sommerresidenz umwandelte, lockt als Ausflugslokal viele Gäste von weit her an. Auch wenn es hier schwierig ist, einen Parkplatz zu finden, sollten Sie einen Besuch der Klosterkirche mit den Fresken von Hans Georg Asam nicht versäumen. Von Tegernsee fahren Sie weiter nach Norden. Kurz vor Gmund biegt die Alpenstraße von der B 307 nach Osten ab in Richtung Hausham. In weiten Kurven geht es hinauf nach Ostin, und im Rückblick ergibt sich manch herrliche Ansicht des Tegernseer Tales. Bald ist Hausham erreicht, ein ehemaliger Bergwerksort, in dem noch bis vor 20 Jahren Braunkohle gefördert wurde. Einige typische Bergarbeiter-Mietshäuser begleiten den Weg. In Hausham treffen Sie wieder auf die B 307, in die Sie nach rechts einbiegen. Nun breitet sich bald das freundliche Panorama der Schlierseer Berge mit Bodenschneid, Brecherspitz und Rotwand vor Ihnen aus.

⑲ *Wandervorschlag vom Tegernsee auf die Neureut: Als Bergwanderung auch für weniger Geübte eignet sich der bekannte Weg vom Tegernsee aus auf die Neureut, eine ehemals einsame Alm, die inzwischen längst zu einem beliebten Ausflugsziel geworden ist. Die Neureut liegt in 1264 m Höhe, der Anstieg ist 5,5 km lang, der Höhenunterschied beträgt rund 400 m. Das Auto stellen Sie am besten beim Lieberhof ab (Zufahrt vom Bahnhof) und wandern von hier aus auf dem sog. Neureut-Winterweg (gut beschildert) bergauf. Zuerst führt er Sie gerade und dann in teilweise etwas steilen Serpentinen empor. Beim Neureuthaus belohnt Sie der schöne Ausblick. Von hier aus führen mehrere Wege zurück, von denen der Westerhofweg empfehlenswert ist.*

⑳ Der **Schliersee** mit seinem gleichnamigen Hauptort ist ruhiger und auch ländlicher als der Tegernsee. Im Volksmund heißt er auch noch immer der Bauernsee, im Gegensatz zum Herrensee, dem Tegernsee. Parken kann man am besten beim Kurzentrum am Ortseingang rechts. Sehenswert sind vor allem die ehemalige Stiftskirche von 1712–14 mit Fresken und Stukkaturen von Johann Baptist Zimmermann sowie die Weinbergkapelle St. Georg. In ihrem Innern stehen gotische und barocke Schnitzfiguren. Ein prächtiger Blick bietet sich von der Schliersbergalm, die man zu Fuß oder mit einer kleinen Seilbahn erreicht. Recht hübsch ist das Parkbad am See. Am Ostufer des Schliersees entlang fahren Sie gen Süden und kommen nach Fischhausen mit der St.-Leonhards-Kirche (1670), einem Hauptwerk der Miesbach-Schlierseer Stukkatorenschule, zu der heute noch jährlich am 6. November eine prächtige Pferdewallfahrt veranstaltet wird.
Folgen Sie nun weiter der B 307 durch Neuhaus hindurch. Im Weiler Aurach liegt links der Jodlbauerhof, dessen Lüftlmalerei (Bezeichnung für den Fassadenschmuck bayerischer Häuser und Kirchen des Alpengebiets, v. a. des 18. Jh.s) zu den schönsten in ganz Bayern gezählt wird.

㉑ Kurz vor Bayrischzell, bei Osterhofen, liegt linker Hand die Talstation der Seilbahn auf den **Wendelstein**. Mit 1838 m Höhe ist er nicht nur wegen seiner charakteristischen Form, sondern auch wegen seiner überwältigenden Rundsicht einer der berühmtesten Berge der Bayerischen Alpen. Neben der Kabinenbahn von Osterhofen aus führt auch noch eine Zahnradbahn auf den Gipfel, die sich allerdings auf der anderen Seite, in Brannenburg im Inntal, befindet. Mit der Zugspitzbahn ist sie die einzige ihrer Art in den deutschen Alpen. Außer Funk- und Fernsehsendeanlagen befinden sich auf dem Wendelstein auch eine Wetterstation und eines der ältesten Sonnenobservatorien unseres Landes (nicht zugänglich).

㉒ Um nach **Bayrischzell** zu gelangen, müssen Sie die B 307 verlassen. Der malerische Ferienort mit der schönen barocken Pfarrkirche St. Margaretha und einer hübschen Seelenkapelle auf dem Friedhof ist

Spitzingstraße mit Blick auf den Schliersee

auch ein beliebtes Wintersportziel, vor allem der Münchner Wochenendausflügler. Bayrischzell liegt am Fuße des Sudelfelds, einem der ausgedehntesten und vielseitigsten Skigebiete, die das bayerische Alpenland zu bieten hat. Dort hinauf führt in vielen Kurven und mit schönen Ausblicken auch die Alpenstraße (B 307). Sie endet am Tatzelwurm, einem historischen Gasthaus, in dessen Nähe die Tatzelwurm-Wasserfälle herniederrauschen. Der Sage nach soll in den Schluchten des Auerbachs ein feuerspeiender Drache, der Tatzelwurm, gehaust haben.

Hier hatte man als Autofahrer bis vor kurzem nur die Wahl zwischen zwei Übeln, entweder der teilweise steilen, holprigen und obendrein gebührenpflichtigen Forststraße nach Flintsbach, oder der noch steileren, holprigeren und gleichfalls gebührenpflichtigen Forststraße nach Oberaudorf. Seit Mitte 1982 aber ist die letztgenannte Strecke sehr gut ausgebaut und steht den Autofahrern überdies kostenlos zur Verfügung. Im Hinunterfahren erschließt sich langsam das Inntal mit dem breiten, leider sehr begradigten Fluß, der Autobahn, der alten Straße und der Eisenbahn. Das Inntal ist einer der ältesten und bedeutendsten Reise- und Handelswege Europas, der wichtigste Verkehrsweg zwischen Deutschland und Italien. Daher konnte sich hier auch eine gediegene und blühende Gastronomie entwickeln.

23 In **Oberaudorf** folgen Sie im Ort der Wegweisung nach Brannenburg. Parallel zu Bahnlinie und Autobahn, aber dennoch sehr ruhig, führt nun die Landstraße nach Degerndorf, wo Sie in der Ortsmitte zur Autobahnauffahrt abbiegen. Allerdings überqueren Sie die A 93 und den Inn auf einer Brücke und kommen so nach Nußdorf. Damit verlassen Sie zwar die offizielle Route der Alpenstraße ein zweites Mal, doch erscheint uns die gegenwärtige Streckenführung über die Autobahn zum Inntaldreieck bis zur Ausfahrt Bernau weit weniger reizvoll als die hier vorgeschlagene Variante. Sie führt quer über den Samerberg, ein noch immer recht urtümliches Stück Landschaft mit gewachsenen Dörfern, alten Kirchen und sehr vielen Wandermöglichkeiten.

Von Nußdorf geht es zunächst ca. 1,5 km in Richtung Neubeuern nach Norden und dann nordöstlich in Richtung Törwang. In sanften Schwüngen steigt die Straße zunächst nach Roßholzen auf. Ein Besuch der dortigen Bartholomäuskirche lohnt wegen der interessanten Innenausstattung. Sie finden einen teilweise erhaltenen spätgotischen Altar von 1520. Die vier Holzreliefs an den Wänden des Hochaltars vermitteln in realistischer, volkstümlicher Weise Eindrücke aus dem Leben des Kirchenpatrons. Die Votivtafeln in der Kirche berichten von Unfällen auf dem Inn.

Von Roßholzen führt die Straße über eine sehr aussichtsreiche Strecke weiter nach Törwang. Im Süden fängt immer wieder der breite Bergstock des Hochrieses den Blick (1569 m). Um in den Ortskern von Törwang zu gelangen, müssen Sie von der Landstraße links abbiegen. Den malerischen Dorfplatz mit schönen alten Bauernhäusern und der

Tegernseer-Trachtengruppe beim Schuhplattler

23 Abstecher von Oberaudorf zum Kloster Reisach: Kurz vor Niederaudorf geht es nach rechts unter der Bahn hindurch nach Reisach, dessen Klosteranlage sehr wirkungsvoll ans Innufer gesetzt wurde. Diese heute noch bewohnte Abtei besteht erst seit 1730. Entsprechend der asketischen Haltung des Karmeliterordens ist die Kirche, obwohl mitten im blühenden Rokoko erbaut, von ganz bewußter Schlichtheit.

Ausgefallene Trauungsstätte: die Wendelstein-Kapelle

Rottach-Egern am Tegernsee mit Wallberg

Von der Winkelmoos-Alm führen Sessellifte aufs Dürrnbachhorn und zur Kammerköhr-Steinplatte.

sehr ländlich anmutenden Kirche sollten Sie sich anschauen. Im Altarraum befindet sich mit dem großen Tafelbild der Kreuzigung Christi ein bedeutendes gotisches Werk. Von Törwang führt die Straße, reich an Ausblicken und engen Kurven, hinunter nach Achen-Mühle; hier biegen Sie rechts ab und fahren nun fast parallel zur Autobahn bis Frasdorf, von dort weiter nach Aschau.

24 Der großzügig in ein flaches Tal unterhalb der Kampenwand gelagerte Ort **Aschau** besitzt eine ursprünglich gotische, später barockisierte Kirche von stattlichen Ausmaßen, daneben die barocke Kreuzkapelle und eine Reihe von sehenswerten, oft bemalten Gast- und Bauernhäusern, zwischen die sich manches moderne Landhaus eingeschoben hat. Hauptattraktion ist das Schloß Hohenaschau (12. Jh.), eine der größten Höhenburganlagen Südbayerns. Ungewöhnlich ist der Umstand, daß eine spätmittelalterliche Burganlage zur Barockresidenz umgestaltet wurde. So veränderte man zwischen 1672–86 die Innenräume der Hauptburg fast ausnahmslos. Von Mai bis September kann man Di. und Fr. jeweils vorm. die Repräsentationsräume mit Rittersaal und Schloßkapelle besichtigen. Im Sommer werden im Rittersaal Konzerte veranstaltet.

In Aschau fahren Sie nun über die Prien und weiter nach Bernau, wo Sie in der Ortsmitte auf die B 305 und damit wieder auf den offiziellen Verlauf der Deutschen Alpenstraße treffen.

25 **Bernau** ist ein adrett herausgeputzter Ferienort mit langer Tradition. Hier errichteten bereits die Römer einen Badeort. Der moderne Tourismus begann zu Anfang unseres Jh.s. Nächstes Ziel ist Rottau, das mit seinen prächtigen Bauernhöfen und mit seinem üppigen Blumenschmuck schon manchen Schönheitswettbewerb gewonnen hat. Während sich zur Rechten der Straße die vielgezackte Kampenwand mit ihren Vorbergen aufbaut, breitet sich links das weite, flache Chiemseemoos aus, das vor mehreren 1000 Jahren noch Seeboden war und heute als Acker- und Weideland genutzt wird.

26 Selbst im verwinkelten **Grassau** ist der Weg nicht zu verfehlen, wenn Sie sich stets an den Lauf der B 305 halten. Die dortige Kirche St. Mariae Himmelfahrt ist nicht nur wegen der ungewöhnlichen Größe der dreischiffigen spätgotischen Halle bemerkenswert, sondern auch das Portal von 1491, die Reste alter Wandbemalungen und die teilweise Barockisierung des Innenraums machen sie sehenswert. Einige Kilometer östlich von Grassau überqueren Sie die Bahnlinie und biegen unmittelbar danach scharf rechts ab, um entlang der Tiroler Ache endlich wieder die Berge zu erreichen. Das Tal wird schmäler, und an der ersten Engstelle liegt Marquartstein, beherrscht von einer im Jahr 1070 errichteten Burg (in Privatbesitz). Langsam steigt die Straße an. Es folgen Unter- und Oberwössen, zwei prachtvolle Dörfer, deren Häuser im Sommer beinahe hinter ihrem wuchernden Blumenschmuck verschwinden. In Unterwössen sind die Deutsche Alpensegelflugschule, eine Pfarrkirche aus dem späten Rokoko sowie das weitum berühmte Hotel zur Post zu nennen. In Oberwössen steht eine ansprechende moderne Marienkirche aus dem Jahre 1957, in der einige ältere Kunstwerke aus dem Vorgängerbau Platz gefunden haben.

25 *Abstecher von Bernau an den Chiemsee: Von Bernau fahren Sie 6 km nordwärts über die Autobahn bis Prien. Vom alten Baubestand dieses Marktes ist fast nur noch die Pfarrkirche Mariae Himmelfahrt übriggeblieben, ein eindrucksvoller, großer Bau (1735–38) mit Stuck und Fresken im Innenraum von Johann Baptist Zimmermann. Nördlich des Hafens im Ortsteil Stock liegt ein schönes Strandbad mit Warmwasserbecken. Von Prien aus kann man mit dem »Feurigen Elias«, einer 100 Jahre alten Dampfeisenbahn, mehrmals täglich nach Stock fahren, wo man Anschluß an die Schiffe der Chiemsee-Flotte bekommt. Sie können wählen zwischen Rundfahrten oder Ausflügen zur Frauen- und zur Herreninsel (täglich). Auf letzterer steht Herrenchiemsee, eine von König Ludwig II. begründete Nachschöpfung des Versailler Schlosses (vom Anlegesteg entweder in 15 Min. zu Fuß oder per Pferdefuhrwerk zu erreichen). Der Bau wurde 1878 begonnen und nach dem Tod des Königs im Jahre 1886 eingestellt, obwohl das Schloß kaum zur Hälfte fertig war (Führungen während der Saison in kurzen Abständen).*

Herrenchiemsee: das »bayerische Versailles«

27 Noch einmal steigt die Straße an, ehe sie in weitem Bogen den Höhenluftkurort **Reit im Winkl** erreicht. Er füllt ein weites Tal, in dem Licht und Luft sich sammeln. Reit bietet das typische Bild eines Gebirgsdorfes, das sich in den letzten Jahrzehnten zu einem der großen Zentren des Fremdenverkehrs in den bayerischen Bergen entwikkelt hat. Hier ist fast ganzjährig Saison, wenngleich der Ferienbetrieb im Winter noch ausgeprägter ist als im Sommer.
Hinter Reit im Winkl führt die B 305 durch einsames Gebiet. Zwischen dichtbewaldeten Hängen zieht sich die Straße durch das enge Tal der Schwarzlofer aufwärts, vorbei am Gasthof Seegatterl und hinauf zu drei reizvollen Seen, dem Weit-, dem Mitter- und dem Lödensee. Hier weitet sich das enge Tal und nimmt beinahe lieblichen Charakter an. Entlang den Ufern bestehen mehrere Parkmöglichkeiten. Zum Baden eignet sich am besten der Mittersee. Ein paar Kilometer weiter liegt rechts der Straße der Förchensee.

28 Nun geht es abwärts nach **Ruhpolding**. Dieses einst bescheidene Gebirgsdorf gehört heute zu den Großzentren des organisierten Fremdenverkehrs in Bayern, ja es ist eine Art Prototyp des bayerischen Ferienortes. Schon vor 50 Jahren wurden Urlauber in Sonderzügen hierher gebracht, am Bahnhof mit Blasmusik begrüßt und während ihres Aufenthalts mit bayerischer Folklore unterhalten. Der »Heimatabend« hat hier eine seiner Wurzeln. Eigentlicher Entdecker der Tourismusträchtigkeit des Dorfes war der Reisebürochef Dr. Degener, nach dem die dankbare Gemeinde eine Promenade benannt hat. Mit seinen in den dreißiger Jahren organisierten Gruppenreisen nach Ruhpolding hat Degener einen Boom in Gang gesetzt, der bis heute anhält. Sie sollten sich durch den Ferienrummel jedoch nicht davon abhalten lassen, die Pfarrkirche St. Georg (1738–57) zu besuchen und im Innern die »Ruhpoldinger Madonna«, eine bedeutende romanische Holzfigur, zu besichtigen. Sehenswert sind auch die Gruftkapelle im Friedhof und das Jagdschloß Herzog Wilhelms V. aus der Renaissance, das heute als Forstamt dient.

28 Abstecher von Ruhpolding auf den Vorderen Rauschberg: Von Ruhpolding aus fahren Sie nach Süden und überqueren die B 305, gleich danach erreichen Sie die Rauschbergbahn (November bis Weihnachten außer Betrieb). Sie führt in 5 Min. bis unter den Gipfel des 1645 m hohen vorderen Rauschbergs, der einer der prächtigsten Aussichtsberge der bayerischen Alpen ist (Gasthof bei der Bergstation).

29 Von Ruhpolding aus strebt die Alpenstraße ziemlich genau nach Osten und trifft südlich von **Inzell** auf die B 306. Das Dorf Inzell, schon 1177 erstmals genannt, wird noch immer beherrscht vom gewaltigen Baukörper der 1727 erbauten St. Michaels-Kirche. Berühmt aber wurde Inzell vor allem in der Sportwelt durch den Eisschnellauf. Nun fahren Sie ca. 4 km Richtung Berchtesgaden weiter zum Gletschergarten. Gegen Ende der dreißiger Jahre entdeckte man hier unter 6 m hohem Schutt und Erdreich eindrucksvolle Spuren. Sie stammten vom Saalach-Gletscher, der von Zell am See bis in die Gegend von Inzell reichte: Glattpolierte Felsen mit deutlichen Einkerbungen, die von mitgeführten Steinen im Fels verursacht werden.
Erst auf diesem ihrem letzten Abschnitt gewinnt die Deutsche Alpenstraße wirklich alpinen Charakter. Dieses Teilstück ist übrigens für Cabrio-Fahrer ein besonderer Genuß, denn vieles von dem, was die

Schloß Hohenaschau im Chiemgau

Bayerischer Volkssport: das Armdrücken

Großartigkeit dieses Streckenabschnittes ausmacht, liegt oberhalb des Sichtbereichs von Windschutz- und Seitenscheiben!

30 Kurz hinter Schneizlreuth überqueren Sie die Saalach und steigen nun hoch zum **Schwarzbachwacht-Sattel** (868 m). Hier wird die Alpenstraße zur prachtvollen Panoramastraße. Vor allem nach Süden hin bieten sich immer wieder grandiose Ausblicke auf das Gebiet der Reiter-Alpe, den Hochkalter (2608 m) und das gesamte Watzmann-Massiv (2713 m). Hinter dem Sattel senkt sich die Straße dann in mehreren Kurven ins Tal der Ramsauer Ache hinab.

31 Von hier aus sind es durch das Achetal bis **Berchtesgaden**, der Stadt des »Auf und Ab« nur noch 8 km. Mit dieser Bewegtheit ist nicht nur die Geschichte Berchtesgadens gemeint, sondern auch seine Anlage. Auf und ab führen die Straßen, verbunden durch eine Vielzahl von Fußwegen und Treppenläufen. Der ziemlich ebene Platz für die erste Ansiedlung mit Kirche, später mit Schloß, reichte bald nicht mehr aus, und so stieg die Stadt die Hänge hinauf und ins Tal der Ache hinab. Hier unten lag ohnehin der Einstieg zu jenen unterirdischen Salzstöcken, die den Reichtum von Berchtesgaden begründeten. Salz, im Mittelalter »Weißes Gold« genannt, war der Garant für wirtschaftliche Prosperität und Unabhängigkeit. Allerdings hatte daran nur die Oberschicht wirklich teil, während der einfache Mann von einem anderen Stoff, vom Holz, lebte. Die bayerische Schnitzkunst hat ihre Wiege im Berchtesgadener Land. Zu einem Tiefpunkt in der Stadtgeschichte kam es, als die Oberammergauer den Berchtesgadenern mit ihrem Schnitzwerk den Rang abliefen. In neuerer Zeit hatte der Ort das Schicksal, von Adolf Hitler zum Lieblingsplatz erkoren zu werden. Doch was unmittelbar nach dem Ende des Dritten Reiches wie ein untilgbarer Makel erschien, ist heute Fremdenverkehrstrumpf. Die »historischen« Stätten auf dem Obersalzberg ziehen vor allem Amerikaner, aber auch Franzosen und Engländer an. Auch deutsche Touristen fehlen nicht. Der alte Ortskern um die Stiftskirche und das Schloß, die engen Gäßchen und einige kleine Plätze hat man zur Fußgängerzone gemacht. Hier trifft zu, was anderswo aufgesetzt und unecht wirkt: Dies ist in der Tat eine Oase für Fußgänger. Auf jeden Fall sollten Sie einen Spaziergang zu den historischen Bauten der Stadt machen. Das um 1100 gegründete Augustinerkloster wurde, zum Schloß umgebaut, 1818 zur Sommerresidenz der bayerischen Könige. Heute befindet sich hier ein Museum mit bedeutenden Kunstsammlungen (Ostern bis Ende September täglich außer Sa. geöffnet). Sehenswert ist weiterhin die ursprünglich romanische, später gotisch umgestaltete Stiftskirche. Auch die in der Nähe liegende Pfarrkirche St. Andreas (gegr. 1379) und die gotische Frauenkirche am Anger lohnen einen Besuch. Darüber hinaus sollten Sie nicht versäumen, in das Salzbergwerk einzufahren (von Mai bis Oktober täglich, im Winter nur werktags, nachm. geöffnet) und sich das Heimatmuseum in der Schroffenbergallee 6 anzusehen (Mo. bis Fr. geöffnet).

30 *Abstecher vom Schwarzbachwacht-Sattel in die Ramsau: Der Anblick der weißen Kirche vor den graublauen Bergen ist ein beliebtes Fotomotiv.*

31 *Abstecher von Berchtesgaden auf die Roßfeldstraße: Sie ist mit einem Scheitelpunkt von rund 1550 m Deutschlands höchste Paßstraße, dient vor allem der Erschließung dieses Gebietes für den Tourismus und bietet herrliche Ausblicke auf die Berchtesgadener Alpen und die Berge des Salzburger Landes. Von Berchtesgaden aus fährt man zunächst auf der B 425 steil (24 %!) hinauf bis zur Abzweigung nach Obersalzberg. Ab hier beginnt die eigentliche Roßfeld-Ringstraße. Teils über sanfte Almen, teils kühn auf dem Kamm eines Steilabsturzes, führt die Straße – zeitweise über österreichisches Gebiet – zunächst zum Roßfeld (mit Gasthaus und Wandermöglichkeiten). Von dort geht es wieder abwärts über Oberau und Unterau (hier links) zurück zum Gebiet des Obersalzbergs. In Unterau können Sie auch unmittelbar geradeaus zur B 305 weiterfahren und dort rechts nach Marktschellenberg abbiegen.*

Blick auf Berchtesgaden und Watzmann

32 Fahren Sie von Berchtesgaden hinunter zur B 305 ins Tal der Ache und halten Sie sich nordwärts in Richtung **Marktschellenberg**. Bald wird das Tal enger, die Bebauung spärlicher. Der Marktflecken unterhalb des Untersbergmassivs ist die älteste Gemeinde des Berchtesgadener Landes. Hier wurde bis 1805 ebenfalls Salz gefördert.
2 km jenseits von Marktschellenberg endet die Deutsche Alpenstraße, tief eingezwängt zwischen dunkel bewaldeten Berghängen, beim Zollamt an der deutsch-österreichischen Grenze. Wer für neue Eindrücke noch offen ist, hat von hier bis nach Salzburg nur noch 12 km zu fahren.

Roßfeldstraße bei Berchtesgaden

Salzbergwerk Berchtesgaden: Glück auf! – und dann abwärts über die Rutsche

Lage Zwischen Lindau und Berchtesgaden am Nordrand der Alpenkette.
Anfahrt Auf der A 8 Stuttgart/Ulm und A 7 Ulm/Memmingen; von hier auf der B 18 nach Lindau. Von München auf der B 12 und B 18.
Länge Etwa 400 km.
Beschilderung Vereinzelte weißblaue Hinweisschilder »Deutsche Alpenstraße«, vor allem im östlichen Teil.
Beste Reisezeit Sommer und Herbst.
Charakter und Landschaftsformen Am mächtigen Gebirgszug der Alpen, der sich bogenförmig 1200 km in west-östlicher Richtung erstreckt und Mitteleuropa von Südeuropa trennt, hat Deutschland einen vergleichsweise geringen Anteil. Nur der nördliche Saum der Nördlichen Kalkalpen ragt nach Deutschland hinein. Dieser Teil des Gebirges entstand durch Auffaltung im Tertiär. Die endgültige Ausformung der heutigen Gestalt der Nördlichen Kalkalpen erfolgte durch die Gletscherbewegungen der Eiszeit (sehr schön zu beobachten im Gletschergarten bei Inzell!). Die Allgäuer und Bayerischen Alpen sind vergleichsweise arm an Bodenschätzen. Wirklich von Belang ist nur noch der Salzbergbau im Berchtesgadener Land. Bedeutend ist der Waldreichtum, der im Osten ausgeprägter ist als im Westen: Fast ¾ der Fläche ist mit Wald bedeckt. Während in Talnähe häufig noch Mischwald (Buche, Ahorn) wächst, stehen in höheren Regionen und forstwirtschaftlich intensiv genutzten Bereichen vor allem Fichten, aber auch Tannen und Kiefern. Die Baumgrenze liegt in diesem Teil der Alpen bei höchstens 1800 m. Der Wald gibt reichlich Schutz für das Wild. Neben den vor allem in höheren Regionen angesiedelten Gemsen findet sich auch Rotwild. Der Adler ist beinahe ausgerottet, auch Auer- und Birkhahn sind selten geworden. Die charakteristischen Bergblumen wie Enzian und Edelweiß finden sich noch in den touristenfernen Gebieten.
Entsprechend ihrer Randlage haben die deutschen Alpen auch nur mäßige Gipfelhöhen aufzuweisen. Einzig die Zugspitze reicht mit ihren 2963 m an die 3000-Meter-Grenze heran. Der deutsche Anteil an dem Gebirge gliedert sich in zwei Bereiche, die Allgäuer Alpen im Westen und die Oberbayerischen Alpen in der Mitte und im Osten. Jahrhundertelang wurden neben Wald- und bescheidener Viehwirtschaft vor allem der Flachsanbau und die damit verbundene Leinenweberei betrieben. Erst um 1850 stellte man auf intensive Milchwirtschaft um – heute ist das Allgäu ein Zentrum der deutschen Käseindustrie.
Vor allem in den Tälern haben sich Brauchtum, Tracht und Volksmusik noch reich erhalten, wenn sie auch in vielen Orten heute »fremdenverkehrsgerecht« aufbereitet vorgeführt werden. Durchgehende Charakteristiken der Allgäuer und oberbayerischen Gebirgsdörfer und -städte sind vor allem ihr gepflegter Zustand, ihre Schmuckfreude und ihr Blumenreichtum sowie ihre aus langer Tradition entwickelte gastronomische Solidität.
Auskunft Keine zentrale Auskunftsstelle. Auskünfte durch die einzelnen Verkehrsämter;
u. a. Fremdenverkehrsverband Allgäu/Bayerisch-Schwaben e.V., Fuggerstraße 9, 8900 Augsburg 1.
Fremdenverkehrsverband München-Oberbayern e.V., Sonnenstraße 10, 8000 München 2.

ADAC-Straßenatlas Bundesrepublik Deutschland 1:500000

290

Blattübersicht der Karten 1:500000

Übersicht namhafter Ferien- und Touristikstraßen

Zeichenerklärung

M.-West	Autobahn und autobahnähnliche Straße
XII/1987	Autobahn und autobahnähnliche Straße in Bau mit Fertigstellungsdatum
	Durchgangsstraße
	Verbindungsstraße
	Nebenstraße
6	Autobahn-Nummer
E 10	Europastraßen-Nummer
12	Straßen-Nummer
153	Fernkilometrierung an Autobahnen
50	Fernkilometrierung an Durchgangsstraßen
8	Zwischenkilometrierung
	Tunnel
1209 Fernpaß	Paß mit Höhenangabe
R	Raststätte mit Übernachtungsmöglichkeit
®	Raststätte ohne Übernachtungsmöglichkeit
T	Tankstelle
	Babywickelraum
R ® T	Anlagen mit Behinderten-WC
F.	Autofähre
	Schiffsverbindung
2963	Bergspitze mit Höhenangabe
	Kanal
	Internationaler Flughafen
Wieskirche	Sehenswertes außerhalb geschlossener Ortschaften
Burgenstraße	Touristikstraße
	Sperrgebiet
	Grenzen

Maßstab 1 : 500 000 — 0 5 10 15 20 km

Havneby (Rømø)
Skærbæk 29km
Kolding 85km Kolding
Helgoland
Sylt
Rotes Kliff
List
Kampen
Wenningstedt
Westerland
Keitum
Sylt-Ost
Morsum
Rantum
Hörnum
Hindenburgdamm
Autoverladung
Koldby
Skast
Hjerpsted
Højer
Bredebro
Sølsted
Visby
Abild
Tyvse
Løgumkloster
Alslevkro
Søvang
Ravsted
Hjordkær
Raved
Bolderslev
Bredevad
Uge
Tinglev
Kliplev
D
Tønder
Sæd
Burkal
Rens
Broderup
Rudbøl
Vidå
Aventoft
Nolde-Museum
Neukirchen
Klanxbüll
Süderlügum
Ladelund
Braderup
Weesby
Frøslev
Harrisle
Ellund
Wallsbüll
Sprakebüll
Leck
Grüne Küstenstraße
Niebüll
Horsbüll
Emmelsbüll-
Galmsbüll-Marienkoog
Risum-Lindholm
Nordfriesland
Nord-
friesische
Inseln
Föhr
Oldsum
Utersum
Alkersum
Oevenum
Wyk
Dagebüll
Norddorf
Amrum
Nieblum
Oland
Nebel
Wittdün
Langeneß
Rixwarft
Gröde-Appelland
Halligen
Hooge
Backenswarft
Japsand
Norderoogsand
Pellworm
Nordermitteldeich
Ostersiel
Schütting
Süderoogsand
Nordstrandischmoor
Waygaard
Schlüttsiel
Ockholm
Langenhorn
Sande
Enge-
Stadum
Schafflund
Handewitt
FL-Harrislee
Flensburg
Großenwiehe
Lindewitt
Lütjenholm
Goldelund
Sillerup
Joldelund
Wanderup
Tarp
Eggebek
Bredstedt
Drelsdorf
Breklum
Jörl
Bollingstedt
Gammellund
Viöl
Jübek
Hattstedt
Wobbenbüll
Schobüll
Husum
Oster-Ohrstedt
Treia
Silberstedt
Schleswig/Schu
Norderhafen
Süden
Süderhafen
Nordstrand
Simonsberg
Uelvesbüll
Mildstedt
Ostenfeld
Hollingstedt
Rantrum
Winnert
Dörpstedt
Schwabstedt
Friedrichstadt
Treene
Westerhever
Osterhever
Oldenswort
Eiderstedt
Garding
Tönning
Kating
St.Peter-Ording
Vollerwiek
Eider
Norderstapel
Meggerdorf
Lunden
Erfde
Hennstedt
Weddingstedt
Pahlen
Wesselburenerkoog
Wesselburen
Tellingstedt
Wrohm
Heide
Nordhastedt
Osterrade
Wöhrden
Büsum
Hemmingstedt
Albersdorf
Hanerau-Hademarsch
Nordermeldorf
Barsfleth
Dithmarschen
Meldorf
Schafstedt
Elpersbüttel
Windbergen
Krumstedt
Süderhastedt
Hochdonn
Bokhorst
Wacken
Friedrichskoog
Trischen
Deutsche Bucht
Nord-Ostsee-Kanal
11 5 199 57 200 201 202 203 204 205 431 5a 8 38 51 32 85 E3 7

300

Bøjden Fåborg Odense 41 km

Itzehoe Horster Dreieck 301 Bad Segeberg AB-Dr. Bad Schwartau

Svendborg
Thurø
Lejbølle
Tåsinge
Lundby
27
M
Frellesvig
A
Nørreby
Femø
R
Sjæ
Skovballe
Rudkøbing
Spodsbjerg
Belt
Vindeby
Vesterby
Fejø
Strynø
Strynø By
Svinsbjerg
Kragenæs
Askø
Guldborg
Kippir
Tårs
Ringseby
Keldernæs
Soesmarke
Marstal
Lindelse
Langelands
Nakskov
35
Halsted
40
Nakskov Fjord
Bandholm
Ristinge
Humble
Søllested
Sørup
Sakskøbing
Langø
Langeland
Rårup
Maribo
Græshave
Sønderso
Fjelde
51
Bagenkop
Øster-Skørringe
Holeby
Lolland
Rødby
16
Skottemarke
Errindlev
Herritslev
Rødbyhavn
O
S
T
Fehmarn Belt
Wester-markelsdorf
Westfehmarn-
Puttgarden
Fehmarn
-Petersdorf
Land-kirchen
Bannesdorf
Bucht
Burg
Orth
Staberdorf
Fehmarn-sund
Vogel-kolonie
Fehmarnsundbrücke
Hohen-felde
Heiligenhafen
Großenbrode
Hohwachter Bucht
36
Köhn
Behrensdorf
Giekau
Hohwacht
Weißenhäuser Strand
207
Neukirchen
Mecklenburg
Lütjenburg
Oldenburg
Heringsdorf
202
Bleken-dorf
Wangels
Oldenburg Süd
501
58
Högsdorf
Hansühn
81
Rieps-dorf
Grube
Dahme
Dannau
Bungs-berg
164
Lensahn
Kirchnüchel
Keller See
Schön-walde
Cismar
Kellenhusen
Ukleisee
Sielbeck
Malente
Kassee-dorf
Grömitz
Ostseebad Kühlungsborn
Dieksee
Eutin
Altenkrempe
44
Schashagen
-Bliesdorf
Meschendorf
Gr. Eutiner See
Neustadt i.H.-Nord
Ostseebad Rerik
Bast
89
Nordstraße und Ostsee-Bäderstraße
Neustadt i.H.-Süd
Neustadt
Lübecker Bucht
Salz-Haff
Hansaland
Süsel
Sierksdorf
Glasau
Eutin
Transitstraße
Pönitz
Haffkrug
Scharbeutz
Neu-buko
Scharbeutz -
Poel
Boiensdorf

Køge 53km

Mern
Kalvehave
Stege
Stege Bugt
Elmelunde
Ålebæk
Stensved
Lendemarke
Stege Nor
Møns Klint
K
Damsholte
Bogø
Møn
Nyby
Store-Damme
Stubbekøbing
Næs
Ønslev
Falkerslev
Horbelev
53
Falster
Sønder-Kirkeby
Marielyst
Marrebæk
Helsingborg København
Malmö, Trelleborg
Gdansk (Danzig) Rønne
Helsinki, Swinoujscie (Swinemünde)
Gedser
E
E
Kloster
Hiddensee
Neuendorf
Ostseebad Prerow
Ostseebad Zingst
Zingst
Pramort
Klausdorf
Darß
Wieck
Barther Bodden
Bresewitz
Der Grabow
Ostseebad Ahrenshoop
Born
Groß-Mohrdorf
Prohn
Barth
Ostseebad Wustrow
Fuhlendorf
Groß-Kordshagen
123
Stralsund
Niepars
Lüders-hagen
Karnin
Dierhagen-Ost
Saal
Saaler Bodden
Fischland
Bucht
72
Löbnitz
Kummerow
Ostseebad Dierhagen
DEUTSCHE
Transitstraße
Ostseebad Graal-Müritz
Damgarten
Stein-hagen
Ribnitz-Damgarten
Gelben-sande
Ravenhorst
Richten-berg
Recknitz
MARKGRAFENHEIDE
Abts-hagen
WARNEMÜNDE
Blanken-hagen
Semlow
Franzburg
Rövers-hagen
Ostseebad Nienhagen
DEMOKRATI
Marlow
Gresen-horst
Kavels-dorf
14
Grimmen
Bentwisch
Bad Doberan
Rostock-Ost
Bad Sülze
Tribsees
Trebel
Dett-mannsdorf
Rostock-Süd
Wendisch Baggendorf
ROSTOCK
Broderstorf
Sanitz
Grammen-dorf
Thelkow
Kritzmow
Dummersdorf
Behren-Lübchin
Warnow
116
47
Cammin
Tessin
71
REPUBLIK
Glewitz
Bölkow
Kavelstorf
Basse
Nehringen

Trelleborg
Kap Arkona
Putgarten
Altenkirchen
Dranske
Wiek
Breege
Rassower Strom
Tromper Wiek
Lohme
Kloster
Glowe
Königstuhl
Hiddensee
Vitte
F.
Neuenkirchen
Stubbenkammer
Hiddensee
Schaprode
Großer Jasmunder Bodden
Sagard
Rønne, Kalmar
Saßnitz
Neuendorf
Trent
Rappin
Rügen
Lietzow
Neu Mukran
Ummanz
Kluis
Prorer Wiek
Ummanz
Gingst
E 6
Zingst
Bergen
Karow
Pramort
Klausdorf
Kubitzer Bodden
Dreschvitz
51
Ostseebad Binz
Ostseebad Sellin
Der Grabow
196
Ostseebad Baabe
Groß-Mohrdorf
Prohn
Samtens
Transitstraße
Putbus
Lancken-Granitz
Ostseebad Göhren
Barth
96
Altefähr
Lauterbach
Groß-Kordshagen
123
Stralsund
Vilm
Niepars
Poseritz
Garz
Karnin
E 65
105
Rügischer Bodden
Thiessow
Löbnitz
Kummerow
Brandshagen
Zudar
Steinhagen
Greifswalder
Elmenhorst
Reinberg
Richtenberg
Bodden
Abtshagen
Miltzow
Franzburg
Spandowerhagen
Peenemünde
96a
Mesekenhagen
Lubmin
Karlshagen
Kröslin
Bartmannshagen
Peenestrom
Greifswald
Zinnowitz
Eldena
Tribsees
Neuendorf
Grimmen
Ryck
Trebel
194
57
68
Griebenow
Kemnitz
Wolgast
Wendisch Baggendorf
109
52
Poggendorf
Dersekow
Lühmannsdorf
Netzelkow
Grammendorf
Rakow
Groß Kiesow
Sassen
Buddenhagen
Wehrland
Glewitz
Züssow
Nehringen
Görmin
Karlsburg
DEUTSCHE DEMOKRATISCHE REPUBLIK
Demmin
Jarmen
Anklam

Newcastle
N O R D S E E
O s t f r i e s i s c h e I n
Spiekeroog
Spiekeroog
Langeoog
Langeoog
Norderney
Norderney
Baltrum
Baltrum
Juist
Juist
Memmert
Borkum
Borkum
Rottumeroog
Neuharlingersiel
Dornumersiel
Bensersiel
Carol
Neßmersiel
Nesse
Junkersrott
Hagermarsch-
Dornum
Esens
Harlinger Land
Norddeich
Hage
Arle
Ochtersum
Norden
Schloß Lütetsburg
Groß-heide
Westerholt
Westermarsch
Wittm
Süderneuland II
Berumerfehn
Blomberg
Leybucht
Neuwesteel
Moorhusen
Middels
Leer
Marienhafe
Greetsiel
Victorbur
Plaggenburg
Krummhörn
Eilsum
Wirdum
Südbrookmerland
Moordorf
Aurich
Eemshaven
Upstalsboom
Brockzetel
Ems-Jade-Kanal
Uithuizermeeden
Pewsum
Hinte
Loppersum
Blaukirchen
Westerende Kirchloog
Große-Ostgroßefehn
Warffum
Uithuizen
Spijk
Riepe
Ihlow-Simonswolde
Mittegroßefehn
Bierum
Rysum
Emden
E.-Nord
E.-Wolthusen
E.-Süd
Ihlowerhörn
fehn-
Middelstum
Onderdendam
Strackholt
Moormerland
Bagband
Delfzijl
Wybelsum
Loppersum
Appingedam
Ems
Oldersum
Neermoor
Termunten
Ditzum
Bedum
Ten Post
Steendam
Hatzum
Hesel
Remels
GRONINGEN
Dollart
Dollart-
Jemgum
Filsum
Siddeburen
Nieuwolda
Bunderhammrich
Grüne Küstenstraße
NIEDER-
Leer
Loga
Slochteren
Foxhol
Finsterwolde
Nieuweschans
Haren
Zuidbroek
Scheemda
Bunde
Westover
Folmhusen
Groningen-Zuid
Hoogezand
Beerta
Ihrhove
Rhauderfehn
Ostrhauderfehn
Zuidlaarder Meer
Hoogezand-Sappemeer
Winschoten
Weener
Holthusen
Collinghorst
Leda
Eelde
Stapelmoor
Ledingen-
Soeste
Zuidlaren
Bellingwolde
Westrhauderfehn
Strückling
Zuidlaren
Veendam
Oude-Pekela
Sater-
Ramsl
LANDE
Wedde
Papenburg
fehn-
Nieuwe Pekela
Rhede
Burlage
Schar
Eext
Vlagtwedde
Aschendorf
Onstwedde
Neurhede
Bockhorst
Gieten
Drachten 34km
Assen-West 28 km
Assen 18 km
Emmen 28 km
304
Meppen
Meppen 61 km

294

Helgoland
Harwich
Helgoland
Trischen
Deutsche Bucht
Scharhörn
Neuwerk
Inseln
Spiekeroog
Wangerooge
Mellum
Duhnen
Sahlenburg
Cuxhaven
Altenbruch
Altenwalde
Lüdingworth
Land Hadeln
Nordholz
Spieka
Midlum
Wanhöden
Wanna
Dorum
Neuenwalde
Flögeln
Wremen
Bederkesa
Debstedt
Langen
Drangstedt
Spaden
Kührstedt
BREMERHAVEN
Schiffdorf
Sellstedt
Geeste
Grüne Küstenstraße
Minsen
Schillig
Horumersiel
Carolinensiel
Wangerland
Hohenkirchen
Tettens
Hooksiel
Waddewarden
Sengwarden
Burhafe
Wittmund
Jever
Sillenstede
Fedderwarden
WILHELMSHAVEN
Whvn.-Nord
Jade
Weser
Langwarden
Burhave
Butjadingen
Eckwarden
Stollhamm
Nordenham
Leerhafe
Schortens
Wiesedermeer
Reepsholt
Friedeburg
Horsten
Sande
Schloß Gödens
Jadebusen
Dangast
Seefeld
Stadland
Esenshamm
Schwei
Br.-Süd/Nesse
Dedesdorf
Stotel
Loxstedt
Heerstedt
Lunestedt
Beverstedt
Marx
Zetel
Wiesmoor
Neuenburg
Bockhorn
Varel
Schweiburg
Rodenkirchen
Rechtenfleth
Urwald
Varel/Bockhorn
Varel-Obenstrohe
Bokel
Bramstedt
Axstedt
Oldendorf
Holste
Oltmannsfehn
Jade
Heubült
Ovelgönne
Brake
Sandstedt
Hagen
Uthlede
Wulsbüttel
Hambergen
Remels
Uplengen
Spohle
Oldenbrok
Meyenburg
Teufelsmoor
Westerstede
Hahn-Lehmden
Wiefelstede
Rastede
Moorriem
Elsfleth
Neuenkirchen
Schwanewede
Heilshorn
Osterholz-Scharmbeck
Ammerland
Apen
Ocholt
Zwischenahner Meer
Hüllstede
Godensholt
Bad Zwischenahn
Freilicht-museum
Neuenkruge
AB-Kr.Old.-Nord
Farge
Blumenthal
Vegesack
Ritterhude
Barßel
Hunte
Berne
Lemwerder
Grohn
Br.-Industriehäfen
OLDENBURG
Oldbg.-Ohmstede
AB-Dr.Oldbg.-West
Oldbg.-Eversten
Old.-Hafen
AB-Kr.Old.-Ost
Old.-Kreyenbr.
Strücklingen
Saterland
Ramsloh
Scharrel
Edewecht
Hude
BREMEN
Br.-Freihafen
Küstenkanal
Urwald
Ganderkesee
Delmenhorst
Wardenburg
Sandkrug
Hatten
Kirchhatten
Friesoythe

Husum
Jevenstedt
295
Kiel
Kiel
Kiel
Neumünster
Trappenkamp
Boostedt
Rickling
Großenaspe
Heidmühlen
Wahlstedt
Wildpark Eckholt
Bad Bramstedt
Harten-holm
Bark
Schmalfeld
Struvenhütten
Leezen
Seth
Kalten-kirchen
Kisdorf
Henstedt-Ulzburg
Nahe
Bargfeld-Stegen
Tangstedt
Norder-stedt
Bargte-heide
Ahrens-burg
Wasbek
Neumünster
Hennstedt
Neumünster-Wittorf
Brokstedt
Kellinghusen
Hohen-lockstedt
Hohen-aspe
Schene-feld
Reher
Wrist
Bad Bramstedt
Lent-föhrden
Kaltenkirchen
Itzehoe
Breitenburg
Lägerdorf
Bokel
Hohenfelde
Grüne Küstenstraße
Horst/Elmshorn
Horst
Krempe
Barmstedt
Alves-lohe
Ellerau
Quick-born
Quickborn
Hasloh
Elmshorn
Tornesch
Uetersen
Pinneberg
Rellingen
Pinneberg-Süd
Halstenbek
Schenefeld
Wedel
HAMBURG
FUHLS-BÜTTEL
VOLKSDORF
BLANKENESE
ALTONA
Stapelfeld
Glinde
BERGEDORF
H.-Jenfeld
H.-Horn
H.-Öjdt.
H.-Billstedt
H.-Stellingen
H.-Volkspark
H.-Bahrenfeld
H.-Othm.
H.-Veddel
H.-Waltershof
H.-Eidelstedt
H.-Schnelsen-N
Pinneberg-Nord
Krumstedt
Windbergen
Süder-hastedt
Hoch-donn
Dith-marschen
Grüne Küstenstraße
Sankt Michaelisdonn
Quickborn
Burg
Marne
Eddelak
Neuendorf
Schmedeswurth
Wilster
Heiligen-stedten
Bokhorst
Wacken
Neufeld
Brunsbüttel
Kanal-schleusen
St.Margarethen
Elbe
Obstmarschenweg
Balje
Wewelsfleth
Hörne
Freiburg
Borsfleth
Glückstadt
Geversdorf
Oederquart
Caden-berge
Wischhafen
Herzhorn
Kollmar
Neuendorf
Krautsand
Land
Neuland
Deutscher Olymp 61
Oberndorf
Droch-tersen
Osten
Hemmoor
Kehdingen
Assel
Hecht-hausen
Neuen-deich
Haseldorf
Mittelstenahe
Lamstedt
Himmel-pforten
Bützfleth
Oldendorf
Stade
Hollern
Grünen-deich
Hollnseth
Heinbockel
Hagenah
Altes Land
Borstel
Dollern
Jork
Horneburg
Ebersdorf
Glinde
Mulsum
Elm
Fredenbeck
Bremer-vörde
Oerel
Kutenholz
Neukloster
Buxtehude
FISCHBEK
Neu-Wulmstorf
Hesedorf
Harsefeld
Bargstedt
Farven
Apensen
Basdahl
Sandbostel
Ahlerstedt
Moisburg
Elstorf
Rosen-garten
Leversen
Seevetal-Maschen
Meckelfeld
Vierlande
Gnarren-burg
Selsingen
Wangersen
Sauensiek
Hollen-stedt
Tötensen
Stelle
Karlshöfen
Rade
Hollenstedt
Buch-holzer Dr.
Dibbersen
Hittfeld
Buch-holz
Horster Dr.
Ramelsloh
Rhade
Heeslingen
Heidenau
Jesteburg
Sprötze
Thieshope
Breddorf
Zeven
Sittensen
Brütten-dorf
Elsdorf
Tostedt
Brackel
Wulfsen
Kirchtimke
Hanstedt
Garlstorf
Gyhum
Welle
Handeloh
Wildpark Lüneburger Heide
Salzhausen
Tarmstedt
Wilstedt
Hetzwege
Lauenbrück
Undeloh
Egestorf
Winkeldorf
Bockel
Mulms-horn
Winter-moor
Wilseder-B. 169
Raven
Grasberg
Horstedt
Scheeßel
Ostervesede
Fintel
Rundfahrt Lüneburger Heide
Wilsede
Evendorf
Soderstorf
Stuckenborstel
Otters-berg
Sottrum
Rotenburg
Schnever-dingen
Haverbeck
Behringen
Volk-wardingen
Even-dorf
Amelinghausen
Bispingen gebiet
Oyten
Bassen
Hemslingen
Lünzen
Brockel
Heber
Bispingen
Posthausen
Eversen
Lüneburg
Wildpark Heidenhof
Sperrgebiet
Bremer Kreuz
Neuenkirchen
Dr.Walsrode 56 km
Verden
306
Soltau
Soltau
AB-Kr.H.-Ost
Soltau

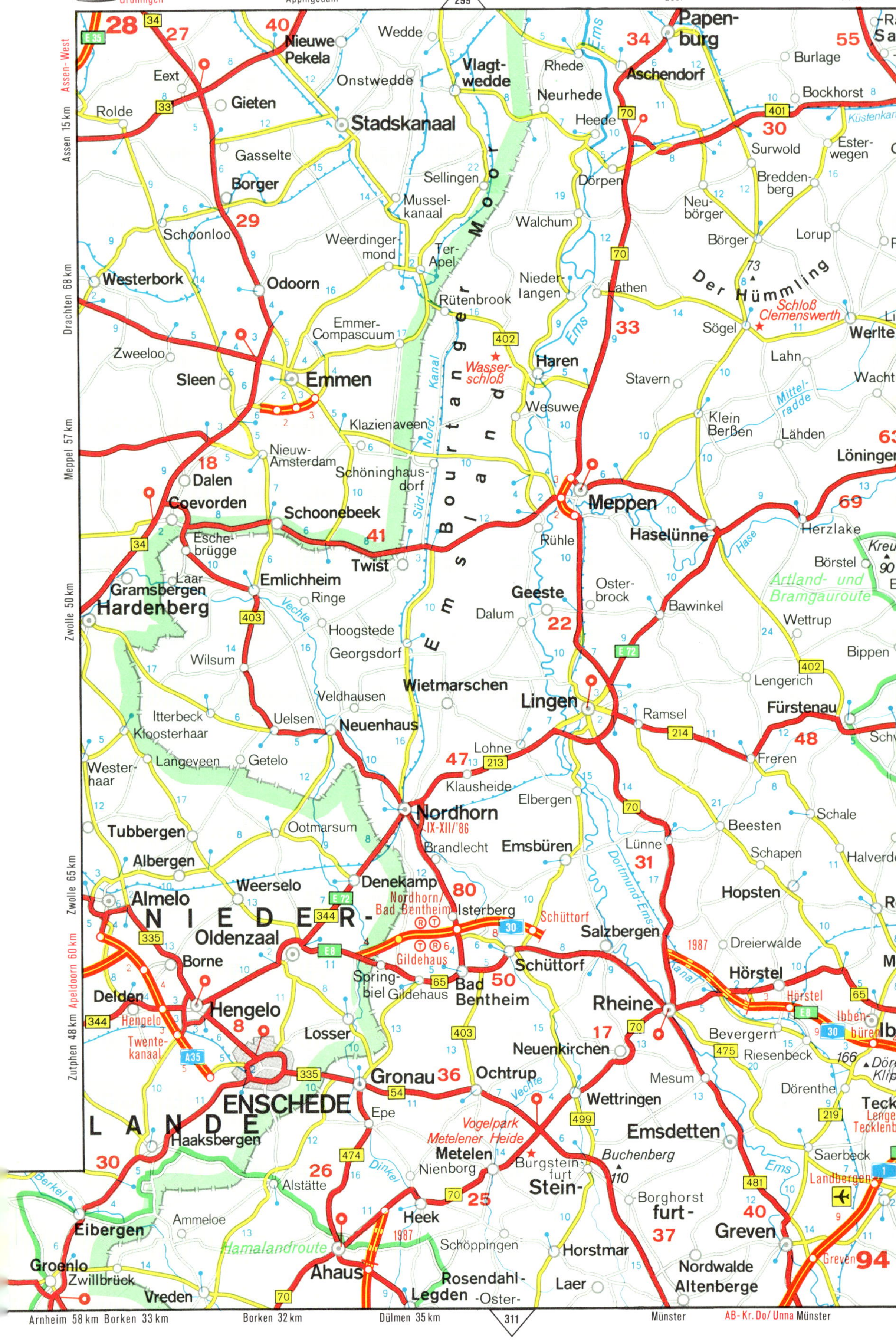

Groningen
Appingedam
299
Leer
Aurich
Assen-West
Assen 15 km
Drachten 68 km
Meppel 57 km
Zwolle 50 km
Zwolle 65 km
Apeldoorn 60 km
Zutphen 48 km
Arnheim 58 km
Borken 33 km
Borken 32 km
Dülmen 35 km
311
Münster
AB-Kr. Do/ Uma
Münster
Nieuwe Pekela
Wedde
Onstwedde
Vlagtwedde
Rhede
Papenburg
Aschendorf
Burlage
Bockhorst
Eext
Gieten
Rolde
Stadskanaal
Neurhede
Heede
Gasselte
Borger
Sellingen
Dörpen
Surwold
Esterwegen
Breddenberg
Küstenkanal
Musselkanaal
Neubörger
Schoonloo
Weerdingermond
Walchum
Börger
Lorup
Ter Apel
Westerbork
Odoorn
Bourtanger Moor
Niederlangen
Lathen
Der Hümmling
Schloß Clemenswerth
Sögel
Werlte
Rütenbrook
Emmer-Compascuum
Ems
Zweeloo
Wasserschloß
Haren
Lahn
Sleen
Emmen
Stavern
Wachtum
Süd-Nord-Kanal
Wesuwe
Klein Berßen
Mittelradde
Klazienaveen
Lähden
Löninger
Nieuw-Amsterdam
Schöninghausdorf
Dalen
Meppen
Coevorden
Schoonebeek
Emsland
Haselünne
Herzlake
Rühle
Eschebrügge
Twist
Börstel
Laar
Gramsbergen
Hardenberg
Emlichheim
Ringe
Geeste
Osterbrock
Artland- und Bramgauroute
Vechte
Dalum
Bawinkel
Hoogstede
Wettrup
Wilsum
Georgsdorf
Bippen
Hase
Wietmarschen
Lengerich
Veldhausen
Lingen
Fürstenau
Itterbeck
Kloosterhaar
Uelsen
Neuenhaus
Ramsel
Freren
Langeveen
Getelo
Westerhaar
Lohne
Klausheide
Elbergen
Schale
Tubbergen
Ootmarsum
Nordhorn
IX-XII/'86
Beesten
Brandlecht
Emsbüren
Lünne
Albergen
Schapen
Halverde
Dortmund-Ems-Kanal
Weerselo
Denekamp
Hopsten
Almelo
Nordhorn/ Bad Bentheim
Isterberg
Schüttorf
NIEDERLANDE
Oldenzaal
Salzbergen
Dreierwalde
Borne
Gildehaus
Springbiel
Bad Bentheim
Hörstel
Ibbenbüren
Delden
Hengelo
Rheine
Losser
Twentekanaal
Bevergern
Riesenbeck
Neuenkirchen
Gronau
Ochtrup
Mesum
Dörenthe
Tecklenburg
ENSCHEDE
Epe
Wettringen
Haaksbergen
Vogelpark Metelener Heide
Emsdetten
Metelen
Buchenberg
Saerbeck
Berkel
Alstätte
Dinkel
Nienborg
Burgsteinfurt
Steinfurt
Borghorst
Ladbergen
Eibergen
Ammeloe
Heek
Greven
Hamalandroute
Schöppingen
Horstmar
Groenlo
Zwillbrück
Ahaus
Rosendahl-Legden
Laer
Nordwalde
Altenberge
Vreden
Legden
Osterwick

BREMEN
Delmenhorst
Stuhr
Brinkum
Achim
Oyten
Wardenburg
Friesoythe
Bösel
Hatten-
-Kirchhatten
Huntlosen
Ganderkesee
Hengsterholz
Heiligenrode
Leeste
Kirchweyhe
Weyhe-
Riede
Thedinghs
Barrien
Syke
Osterholz
Mittelsten-Thüle
Garrel
Großenkneten
Dötlingen
Harpstedt
Dünsen
Nordwohlde
Varrelbusch
Ahlhorn
Wildeshausen
Molbergen
Emstek
Cloppenburg
Museumsdorf
Visbek
Bassum
Gödestorf
Bramstedt
Bruchhausen Vilsen
Neubruchhausen
Lastrup
Cappeln
Langförden
Goldenstedt
Twistringen
Engeln
Hemmelte
Lutten
Heiligenloh
Ehrenburg-Schmalförden
Schwaförden
Bakum
Essen
Vechta
Barnstorf
Eydelstedt
Quakenbrück
Siedenburg
Menslage
Dinklage
Cornau
Sulingen
Borstel
Badbergen
Lohne
Drebber
Freistatt
Steinfeld
Diepholz
Rehden
Varrel
Barenburg
Holdorf
Kirchdorf
Bersenbrück
Dammer Berge
Wagenfeld
Steyerberg
Neuenkirchen
Lembruch
Damme
Dümmer
Ströhen
Großes Moor
Uchte
Alfhausen
Vörden
Lemförde
Oppenwehe
Nendorf
Hesepe
Artland- und Bramgauroute
Warmsen
Welplage
Dielingen
Stemweder Berge
Essern
Raddestorf
Bramsche
Stemwede
Rahden
Freilichtmuseum
Diepenau
Ovenstädt
Engter
Schwagstorf
Levern
Espelkamp
Petershagen
Wallenhorst
Ostercappeln
Bohmte
Wersterkappeln
Rulle
Wehrendorf
Alswede
Friedewalde
Hille
Rabber
Preußisch-Oldendorf
Lübbecke
Belm
Bad Essen
Hartum
Lotte
OSNABRÜCK
Holzhausen
Nettelstedt
Rothenuffeln
Minden
Wiehengebirge
Bissendorf
Rödinghausen
Hüllhorst
Bückeburg
Hasbergen
Georgsmarienhütte
Buer
Porta Westfalica
Hagen a.T.W.
Oldendorf
Melle
Bünde
Kirchlengern
Hausberge
Teutoburger Wald
Lengerich
Kloster Oesede
Borgloh
Welling-holzhausen
Hiddenhausen
Löhne
Bad Oeynhausen
Westfalica
Uffeln
Lienen
Hilter a.T.W.
Bad Iburg
Neuenkirchen
Spenge
Enger
Lohe
Vlotho
Möllen
Dissen a.T.W.
Herford
Langenholzhausen
Hohenhausen
Kalletal
Borgholzhausen
Ravensburg
Glandorf
Bad Laer
Bad Rothenfelde
Werther
Bad Salzuflen
Halle
Grüne Küstenstraße
Osningroute
Weserstraße

Fischerhude
Ottersberg
Sottrum
Stuckenborstel
Rotenburg
Lünzen
Schneverdingen
Behringen
Bispingen
Oyten
Bassen
Wümme
Brockel
Hemslingen
Heber
Wildpark Heiden-hof
Bremer Kreuz
Achim-Nord
Achim
Achim-Ost
Posthausen
Eversen
Kirchwalsede
Neuenkirchen
Hötzingen
Völkersen
Wittorf
Kirchweyhe
Riede
Etelsen
Rundfahrt Lüneburger Heide
Visselhövede
Soltau
Soltau-Ost
Thedinghsn.
Langwedel
Kirchlinteln
Schafwinkel
Suroide
Verden-Nord
Verden-Ost
Verden
Stellichte
Kettenburg
Kroge
Soltau-Süd
Sperrgebiet
Osterholz
Blender
Findlingsblöcke
Schwarme
Bomlitz
Dorfmark
Wietzendorf
Gödestorf
Vogelpark
Fallingbostel
Walsrode
Martfeld
Lehrde
Harkenberg
Osterheide
Bruchhausen-Vilsen
Dörverden
Südkampen
Walsrode-West
Westen
Otersen
Walsrode-Süd
Kirchboitzen
Kolk
Bergen
Hoya
Hassel
Aller
Weser
Engeln
Bücken
Eystrup
Rethem
Hodenhagen
AB-Dreieck Walsrode
Ostenholz
Belsen
Sülze
Asendorf
Westenholz
Serengeti-Großwild-Reservat
Warpe
Sebbenhausen
Haßbergen
Lichtenhorst
Meißendorf
Balge
Wietzen
Lichtenmoor
Essel
Engehausen
Bannetze
Winsen
Wolthausen
Drakenburg
Rohrsen
Schwarmstedt
Borstel
Marklohe
Erichshagen
Rodewald
Lemke
Steimbke
Wietze
Groß Hehlen
Nienburg
Hambühren
Liebenau
Heister Berge
Aue
Mandelsloh
Leine
Berkhof
Kirchdorf
Husum
Hagen
Wede-Elze
Negenborn
Burg-Fuhrberg
Steyerberg
Mellendorf
Landesbergen
Schneeren
Mariensee
Burgwedel
AB-Dr. Hannover-Nord
Ehlershausen
Stolzenau
Bissendorf
Wettmar
Uchte
Leese
Steinhuder Meer
Neustadt a.Rübenberge
Resse
Großburgwedel
Nendorf
Langenhagen
Kaltenw.
Isernhagen
Schillerslage
Rehburg-Loccum
H.-Flughafen
Kirchhorst
Raddestorf
Steinhude
Großenheidorn
Bordenau
Berenbostel
Altwarmbüchen
Münchehagen
Bad Rehburg
Hagenburg
Wunstorf
H.-Herrenhsn.
Burgdorf
Ovenstädt
Windheim
Luthe
Garbsen
H.-Bothf.
H.-Langenh. Lahe
AB-Kr.H.-Kirchhorst
AB-Kr. H.-Ost
Immensen
Wiedensahl
Sachsenhagen
Kolenfeld
Seelze
AB-Kr. H.-Buchholz
Lehrte
Lehrte-Ost
Petershagen
Lahde
Mittellandkanal
Niedernwöhren
Suthfeld
W'torf-K'feld
HANNOVER
Hämelerwald
Bad Nenndorf
H.-Anderten
Stadthagen
Rodenberg
Großgoltern
Ronnenberg
Hemmingen
Laatzen
Sehnde
Weserstalstraße
Minden
Meinsen
Obernkirchen
Apelern
Barsinghausen
Gehrden
Wennigsen
AB-Dr. H.-Süd (Messeabzweig)
Bückeberge
Lauenau
Rethen
Pattensen
Algermissen
Bückeburg
Deister
Porta Westfalica
Bad Eilsen
Rehren
Aue-tal
Pohle
Eimbeckhausen
Springe
Bennigsen
Sarstedt
Harsum
Veltheim
Völksen
Giesen
Westfalica-
Wesergebirge
Süntel
Bakede
Rinteln
Bad Münder
Eldagsen
Schulenburg
Nordstemmen
Hildesheim-Drispenstedt
Adlum
Uffeln
Exten
Hessisch Oldendorf
Saupark
Hachmühlen
Vlotho
Möllenbeck
Fischbeck
Hasperde
Coppenbrügge
Elze
HILDESHEIM
Langenholzhausen
Kalletal
Hemeringen
Goldbeck
Almena
Extertal-Bösingfeld
Hameln
Groß-Berkel
Bisperode
Wesertalstraße
Lauenstein
Hemmendorf
Eime
Gronau
Banteln
Diekholzen
Despetal
Großdüngen
Salzgitter

burg Lüneburg 302

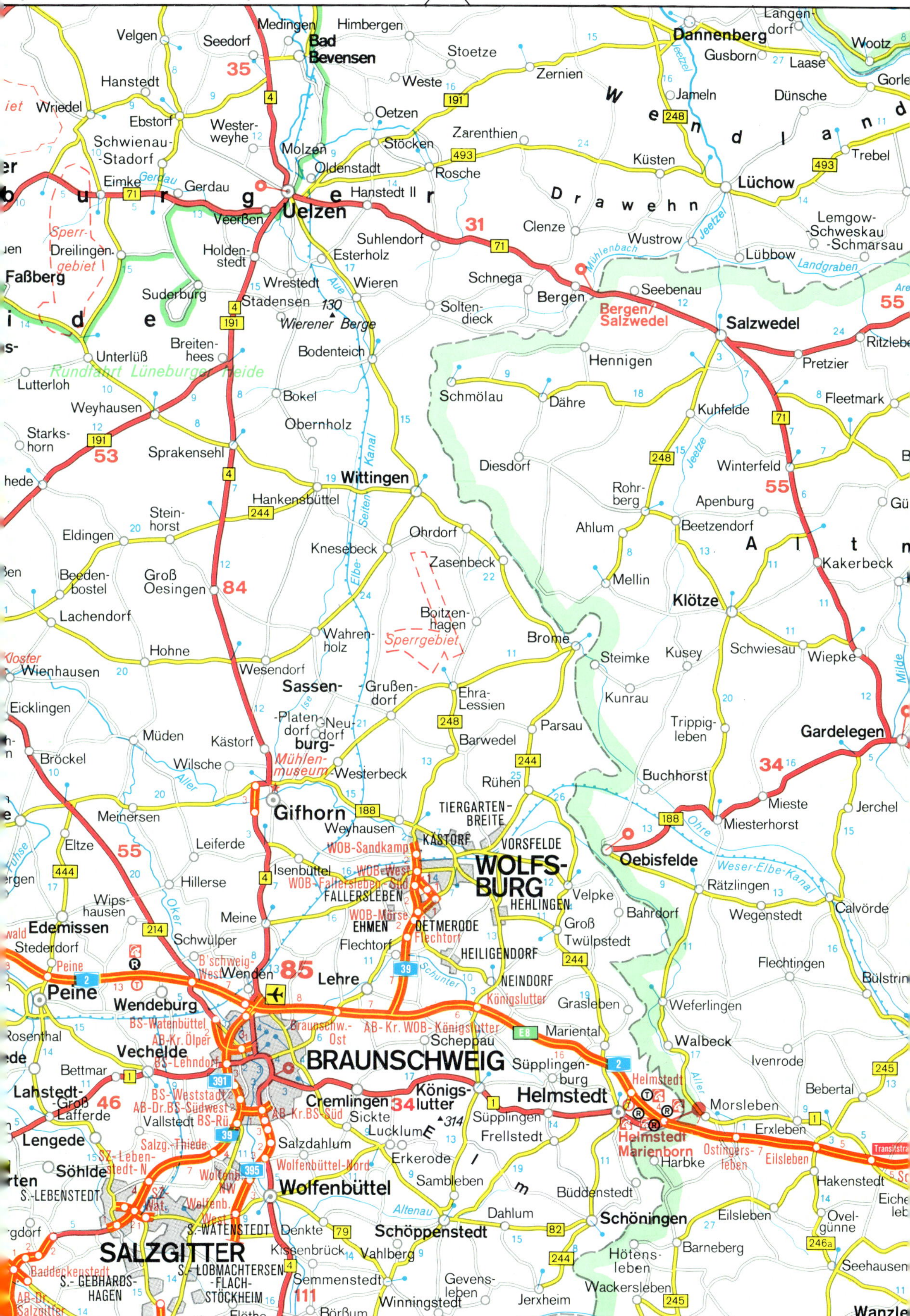

er Kreuz Gieboldehausen 314

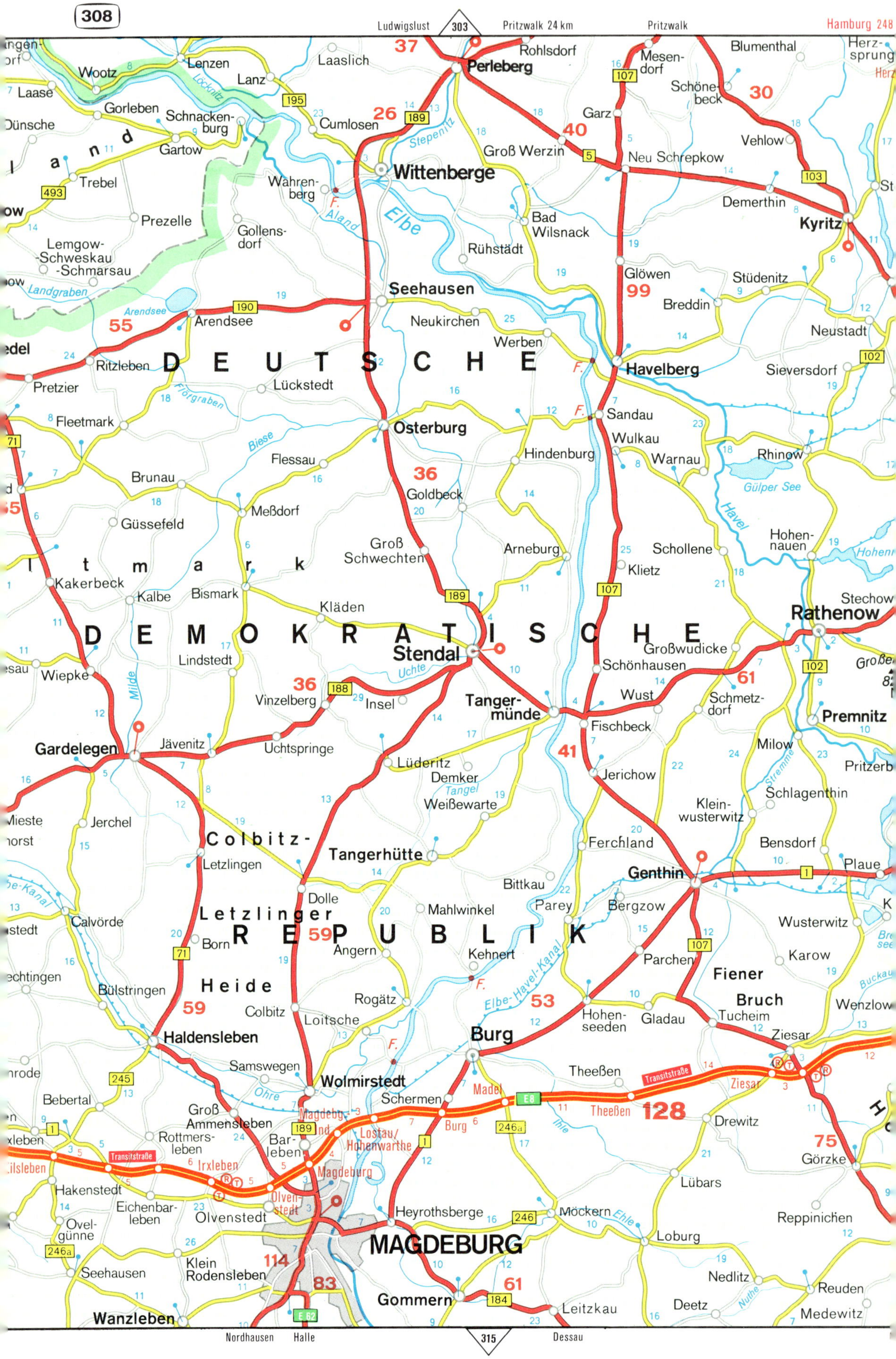
Ludwigslust
303
Pritzwalk 24 km
Pritzwalk
Hamburg 248
Perleberg
Rohlsdorf
Lenzen
Wootz
Laase
Gorleben
Schnackenburg
Gartow
Lanz
Laaslich
Cumlosen
Wittenberge
Wahrenberg
Trebel
Prezelle
Lemgow-Schweskau-Schmarsau
Gollensdorf
Landgraben
Arendsee
Seehausen
Neukirchen
Werben
Rühstädt
Bad Wilsnack
Groß Werzin
Garz
Mesendorf
Blumenthal
Schönebeck
Herzsprung
Neu Schrepkow
Vehlow
Demerthin
Kyritz
Glöwen
Stüdenitz
Breddin
Neustadt
Havelberg
Sieversdorf
Sandau
Wulkau
Warnau
Rhinow
Gülper See
Havel
Hohennauen
Schollene
Klietz
Rathenow
Stechow
Elbe
Aland
Stepenitz
Löcknitz
Ritzleben
Pretzier
Lückstedt
Fleetmark
Förgraben
Osterburg
Flessau
Biese
Brunau
Hindenburg
Goldbeck
Meßdorf
Güssefeld
Groß Schwechten
Arneburg
Kakerbeck
Kalbe
Bismark
Kläden
Stendal
Uchte
Lindstedt
Wiepke
Milde
Vinzelberg
Insel
Tangermünde
Schönhausen
Großwudicke
Wust
Schmetzdorf
Fischbeck
Premnitz
Gardelegen
Jävenitz
Uchtspringe
Lüderitz
Demker
Tangel
Weißewarte
Jerichow
Milow
Stremme
Schlagenthin
Kleinwusterwitz
Pritzerbe
Mieste
Jerchel
Colbitz-Letzlinger Heide
Letzlingen
Tangerhütte
Ferchland
Bensdorf
Genthin
Plaue
Bittkau
Parey
Bergzow
Dolle
Mahlwinkel
Calvörde
Born
Angern
Kehnert
Parchen
Wusterwitz
Karow
Fiener Bruch
Bülstringen
Rogätz
Colbitz
Loitsche
Elbe-Havel-Kanal
Hohenseeden
Gladau
Tucheim
Wenzlow
Ziesar
Haldensleben
Samswegen
Ohre
Wolmirstedt
Burg
Theeßen
Transitstraße
Schermen
Madel
Drewitz
Bebertal
Groß Ammensleben
Barleben
Magdeburg-Nord
Lostau/Hohenwarthe
Ihle
Görzke
Rottmersleben
Irxleben
Magdeburg
Lübars
Hakenstedt
Eichenbarleben
Olvenstedt
Ovelgünne
Heyrothsberge
Möckern
Ehle
Loburg
Reppinichen
MAGDEBURG
Seehausen
Klein Rodensleben
Gommern
Leitzkau
Nedlitz
Deetz
Nuthe
Reuden
Medewitz
Wanzleben
D E U T S C H E   D E M O K R A T I S C H E   R E P U B L I K
Altmark
Nordhausen
Halle
315
Dessau

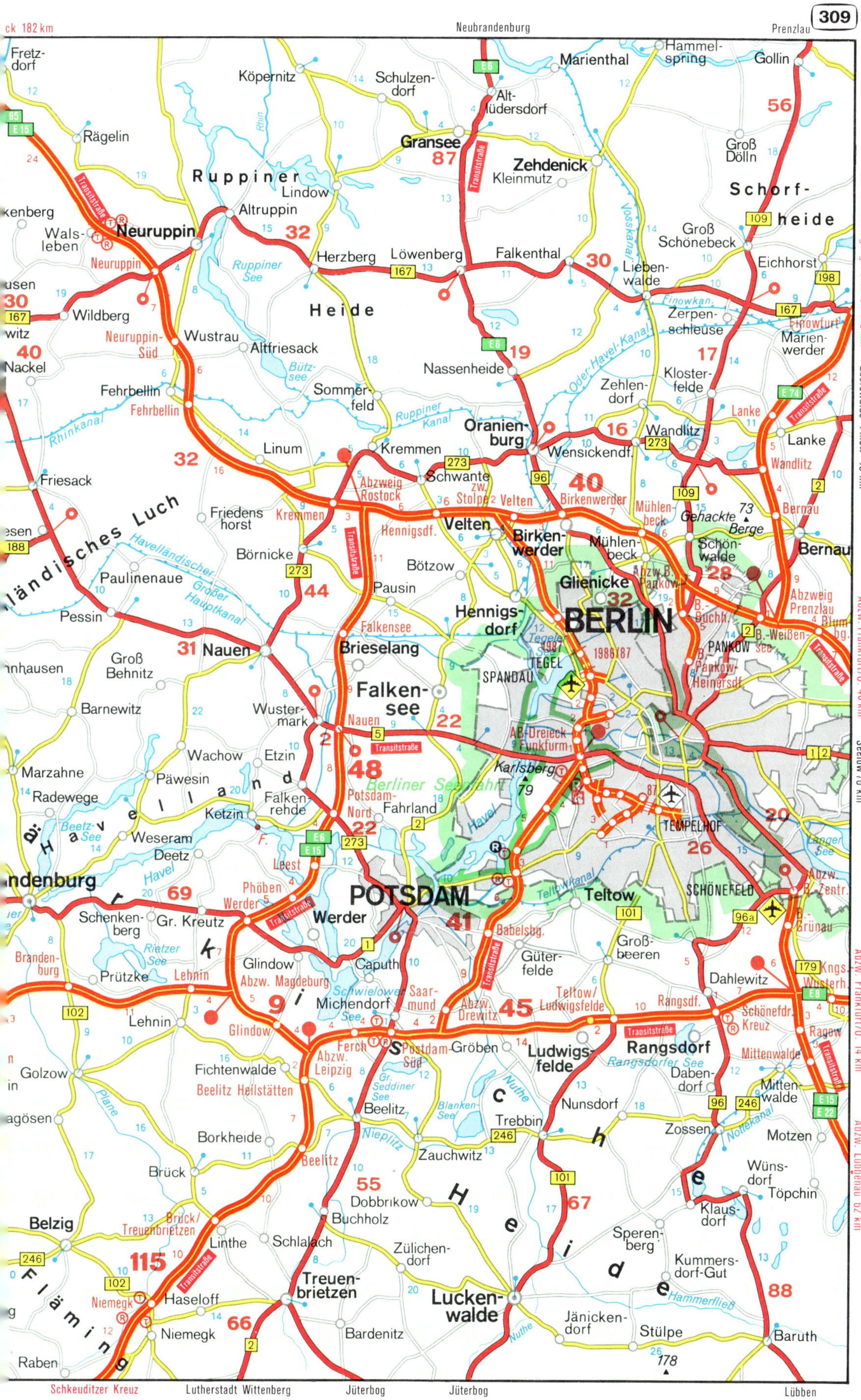

Neubrandenburg
Prenzlau
Neuruppin
Gransee
Zehdenick
Oranienburg
Velten
Hennigsdorf
Falkensee
Nauen
BERLIN
SPANDAU
TEGEL
PANKOW
TEMPELHOF
SCHÖNEFELD
POTSDAM
Werder
Teltow
Ludwigsfelde
Rangsdorf
Bernau
Beelitz
Treuenbrietzen
Luckenwalde
Trebbin
Zossen
Belzig
Brandenburg
Ruppiner Heide
Schorfheide
Havelländisches Luch
Havelland
Fläming
Berliner Seenfahrt
Schkeuditzer Kreuz
Lutherstadt Wittenberg
Jüterbog
Lübben
AB-Grenzübergang Pomellen 110 km
Eberswalde-Finow 48 km
Abzw. Frankfurt/O. 40 km
Seelow 70 km
Abzw. Frankfurt/O. 14 km
Abzw. Lübbenau 62 km

Apeldoorn 25 km
Zutphen
Zutphen
Apeldoorn
Enschede
Utrecht 49 km
Rotterdam-Centr. 92 km
's-Hertogenbosch 38 km
Oss 30 km
Eindhoven 49 km
Eindhoven 50 km
Weert 21 km
Maastricht 38 km
ARNHEM
Osterbeek
Renkum
Rheden
Dieren
Doesburg
Hengelo
Zelhem
Groenlo
Zwillbrück
Vreden
Hamalandroute
Lichtenvoorde
Winterswijk
Doetinchem
Didam
Zevenaar
Elst
Bemmel
Herwen
Zeddam
Terborg
Varsseveld
Aalten
Oeding
Borken-
wirthe
Ewijk
Gendt
Elten
Gendringen
Dinxperlo
Hemden
Barlo
NIJMEGEN
Millingen
a/d Rijn
Emmerich
Anholt
Suderwick
Wasserschloß
Isselburg
Bocholt
Rhede
Rhein
Niederrheinroute
Wyler
Kranenburg
Wijchen
Groesbeek
Kleve
Grieth
Bienen
Rees
Haldern
Dingden
Grave
Mook
Bedburg-
Hau
Kalkar
Haffen-
-Mehr
Ham-
minkeln
Brünen
Cuijk
Grunewald
Niers
Mill
Gennep
Hassum
Goch
Marienbaum
Bislich
Schermbeck
Boxmeer
Uedem
Xanten
Birten
Wesel
Römer-
kastell
Sint
Anthonis
Weeze
Kervenheim
Sonsbeck
Voerde
Hünxe
Oploo
Bergen
Vierlings-
beek
Wellse
Hut
Kevelaer
Büderich
Kapellen
Alpen
Dinslaken
Wanssum
Rhein-
berg
Venray
Geldern
Issum
Kamp-
Lintfort
Orsoy
N I E D E R -
Walbeck
Ysselsteyn
Arcen
Rheurdt
Deurne
Horst
MOERS
Straelen
Kerken
Neukirchen-
-Vluyn
Sevenum
Asten
Velden
Wachtendonk
Herongen
DUISBURG
Liessel
Venlo
Maasbree
Kempen
Meijel
Tegelen
Hins-
-beck
Grefrath
KREFELD
Helden
-Kaldenkirchen
-Lobberich
Tönisvorst-
-St.Tönis
-Vorst
Lintorf
L A N D E
Nettetal-
Reuver
Süchteln
Ratingen
Roggel
Anrath
Osterath
Kelpen
Swalmen
Brüggen
Dülken
Viersen
Willich
Meerbusch
Haelen
Elmpt
Schwalmtal-
-Waldniel
Kaarst
NEUSS
DÜSSELDORF
Horn
Roer-
mond
Niederkrüchten
Korschen-
broich
Büttgen
Grathem
Thorn
MÖNCHEN-
GLADBACH
RHEYDT
Glehn
Maas-
bracht
Montfort
Posterholt
Arsbeck
Wegberg
WICKRATH
Jüchen
Bedburdyck
Kapellen
Echt
Wassen-
berg
Nieven-
heim
Dormagen
Susteren
Waldfeucht
Erkelenz
Greven-
broich
Heinsberg
Ratheim
Holz
Monheim
Saeffelen
Selfkant-
Löwenpark
Hückel-
hoven
Baal
Jackerath
Rommers-
kirchen
Aachen
AB-Kr.Aachen
Köln
AB-Kr.Köln-Nord

316

Ahaus
Schöppingen
Horstmar
Nordwalde
Greven
Rosendahl-Legden
Osterwick
Laer
Altenberge
Brock
Glandorf
Ostbevern
Westbevern
Füchtorf
Stadtlohn
Holtwick
Darfeld
Havixbeck
Handorf
Telgte
Sassenberg
Milte
Gescher
Billerbeck
Westerberg
Baumberge
Münster-Nord
Wasserschloß Hülshoff
MÜNSTER
Warendorf
Coesfeld
Darup
Albachten
Nottuln
Velen
Lette
Rorup
Appelhülsen
Senden
AB-Kr. Münster-Süd
Wolbeck
Everswinkel
Freckenhorst
Westkirchen
Hamalandroute
Münsterland
Dülmen-Nord
Dülmen
Buldern
Hiddingsel
Albersloh
Hoetmar
Ennigerloh
Borken
Merfeld
Groß Reken
Dortmund-Ems-Kanal
Rinkerode
Sendenhorst
Enniger
Reken
Haltern-Lavesum
Ottmarsbocholt
Ascheberg
Vorhelm
Neubeckum
Lembeck
Seppenrade
Drensteinfurt
Werse
Walstedde
Ahlen
Beckum
Hohe Mark
Haltern
Lüdinghausen
Wulfen
Herbern
Nordkirchen
Wasserschloß
HAMM
Lippramsdorf
Schermbeck
Dorsten
Marl-Nord
Ahsen
Oer-Erkenschwick
Olfen
Selm
Hamm-Bockum/Werne
Werne
Hamm-Uentrop
UENTROP
Lippborg
Marl
Datteln
Bork
Cappenberg
Hamm/Bergkamen
Marl-Sinsen
RECKLINGHSN.
Bergkamen
RHYNERN
Herten
Waltrop
Kamener Kreuz
Berwicke
Lünen
Bönen
Welver
Soest
Kamen
Werl
Ostönnen
Kamen-Zentrum
GELSENK.
Castrop-Rauxel
DORTMUND
Unna
Werl-Zentr.
Werl-Sönnern
WANNE-EICKEL
HERNE
WATTEN-SCHEID
Bo-Gerthe
Bo-Zentr.
AB-Kreuz Unna-Ost
Wickede
Ense-Bremen
Haarstrang
Fröndenberg
Möhne
BOCHUM
Holzwickede
ESSEN
Do./Unna
Schwerte
Voßwinkel
Neheim-Hüsten
Hennen
Arnsbg.-Neheim
Arnsbg.-Hüsten
Witten
Menden
Holzen
Wetter
Herdecke
Ergste
Westhofener Kreuz
Hohensyburg
Dechen-höhle
Lendringsen
Herdringen
Hattingen
Langenberg
HAGEN
Hemer
Arnsberg
Velbert
Sprockhövel
Deilinghofen
Hachen
Letmathe
Iserlohn
Freienohl
HOHENLIMBURG
Heinrichshöhle
Beckum
Neviges
Wuppertal-Oberbarmen
Gevelsberg
Ihmert
Balve
Nachrodt-Wiblingwerde
Sorpe-Stausee
Sundern
WUPPERTAL
Dahl
Ennepetal
Lennegebirge
Schwelm
Altena
Wülfrath
Breckerfeld
Schalksmühle
Lüdensch.-Nord
Neuenrade
Allendorf
Haan
Wuppertal-Süd
Radevormwald
Werdohl
Sauerlandrundfahrt
Wenholthausen
Eslohe
Lüdenscheid
Plettenberg
REMSCHEID
Halver
Lüdenscheid-Süd
Schönholthausen
SOLINGEN
Bever-Talsperre
Herscheid
Finnentrop
Hückeswagen
Kerspe-Talsperre
Nordhelle
Ebbegebirge
Müngstener Brücke
Schloß Burg
Leichlingen
Wermelskirchen
Wipperfürth
Rundfahrt Bergisches Land
Kierspe
Attahöhle
Attendorn
Grevenbrück
Lennestadt-
Burscheid
Dabringhsn.
Klüppelberg
Meinerzhagen
Valbert
Burg Schnellenberg
Helden
OPLADEN
Bergisches Land
Dhünn-Talsperre
Marienheide
Bigge-Stausee
Bilstein
Kirchhundem
Altenberger Dom
Kürten
Gimborn
Drolshagen-Wegeringhsn.
AB-Kr. L'kusen

Bad Laer
Bad Rothenfelde
Borgholzhausen
Ravensburg
Teutoburger Wald
Werther
Herford
Hohenhausen
Goldbeck
Bad Salzuflen
Almena
Extertal-Bösingfeld
Halle
JÖLLENBECK
BIELEFELD
Herford/Bad Salzuflen
Füchtorf
Hörste
Lemgo
Dörentrup
Aerzen
Peckeloh
Versmold
Hesselteich
Steinhagen
Leopoldshöhe
Alverdissen
Brockhagen
BRACKWEDE
Ebberg
Bielefd.
Lage
Barntrup
Harsewinkel
Greffen
Isselhorst
SENNESTADT
Oerlinghausen
Müssen
Donop
Lügde
Beelen
Marienfeld
Bi.-Sennest
Stukenbrock
Hörste
Hiddesen
Detmold
Blomberg
Gütersloh
Clarholz
Westkirchen
Herzebrock
Schloß Holte-
Hermanns-Denkmal
Augustdorf
Heiligenkirchen
Bad Meinberg
Schieder-
Ostenfelde
Verl
Safariland
Wöbbel
Rheda-Wiedenbrück
Stukenbrock-Senne
Holzhausen-Externsteine
Horn-
Schwalenberg
Oelde
Kaunitz
Sperrgebiet
Externsteine
Steinheim
Neuenkirchen
Hövelhof
Beckum
Stromberg
Rietberg
Schlangen
Vörden
Marienmünster
Alten-bergen
Nieheim
Berge
Langenberg
Paderborn-Sennelager
SCHLOSS NEUHAUS
Bad Lippspringe
Mastholte
Delbrück
Westenholz
Egge
Diestedde
Wadersloh
Sande
P.-Schloß-Neuhaus
Neuenbeken
Altenbeken
P.-Elsen
PADERBORN
Bad Driburg
Brakel
Liesborn
Bad Waldliesborn
P.-Zentrum
Thüle
Lippetal-Lippborg
Herzfeld
Lippstadt
Hörste
Verne
Dahl
Neuenheerse
Dringenberg
Erkeln
Salzkotten
Wewer
Borchen
Eickelborn
Oestinghausen
Benninghausen
Störmede
Bad Westernkotten
Geseke
Asseln
Willebadessen
Niesen
Bad Sassendorf
Erwitte
Wewelsburg
Borchen/Etteln
Lichtenau
Atteln
Soest
Kleinenberg
Peckelsheim
Erwitte/Anröchte
Oestereiden
Steinhausen
Büren
AB-Kr. Wünnenberg-Haaren
Dalheim
Borgentreich
Soest-Ost
Anröchte
Haaren
Bonenburg
Marsberg-Meerhof
Wisentgehege
Scherfede
Hohenwepel
Möhnesee-Körbecke
Völlinghausen
Hemmern
Wünnenberg
Meerhof
Rüthen
Harth
Fürstenberg
Ruine Desenberg
Westheim
Ossendorf
Warburg
Möhne-Stausee
Allagen
Belecke
Kallenhardt
Sauerlandrundfahrt
Aabach-Stausee
Diemelstadt-Rhoden
Arnsberger Wald
Hirschberg
Warstein
Marsberg
Obermarsberg
Alme
Madfeld
Diemelstadt
Warburg
Bredelar
Canstein
Volkmarsen
Breuna
Bilsteinhöhle
Oeventrop
Brilon
Messinghausen
Diemelsee
Arolsen
Freienohl
Meschede
Bestwig
Mesch.-Wennem.
Calle
Bigge
Olsberg
Heringhausen
Adorf
Mengeringhausen
Twiste-Stausee
Velmede
Gevelinghausen
Diemel-Stausee
Flechtdorf
Twiste
Landau
Hoher Ransen
Henne-Stausee
Fort Fun
Ramsbeck
Twistetal-Berndorf
Wolfhagen
Zierenberg
Remblinghausen
Willingen
Usseln
Rhena
Korbach
Freienhagen
Balhorn
Wenholthausen
Eslohe
Westernbödefeld
Reiste
Siedlinghausen
Naumburg
Küstelberg
Eppe
Sachsenhausen
Vöhl
Waldeck
Schloß Waldeck
Ems-tal
Fredeburg
Kahler Asten
Winterberg
Medebach
Goddelsheim
Lichtenfels-
Herzhausen
Oedingen
Oberkirchen
Züschen
Hemfurth-Edersee
Zuschen
Schmallenberg
Neuastenberg
Orke
Eder-Stausee
Bergheim
Edertal-
Fritzlar
Sachsenberg
Lenne
Hallenberg
Ederbringhausen
Gellershausen
Sauerlandrundfahrt
Oberhundem
Bad Wildungen
Kirchhundem
Rothaargeb.
Bromskirchen
Frankenau

SALZGITTER
Coppenbrügge
Elze
Gronau
Diekholzen
Despetal
Großdüngen
Derneburg/Salzgitter
Grasdorf
Holle
Baddeckenstedt
S.-GEBHARDSHAGEN
S.-LOBMACHTERSEN-FLACHSTÖCKHEIM
Flöthe
Bisperode
Hemmendorf
Lauenstein
Eime
Banteln
Salzhemmendorf
Kirchohsen
Marienhagen
Sibbesse
Bad Salzdetfurth
Bodenburg
AB-Dr. Salzgitter
S.-RINGELHEIM
SALZGITTER-BAD
Sehlde
Grohnde
Emmerthal
Ith
Duingen
Adenstedt
Bockenem
Wallmoden
Othfresen
Liebenburg
Halle
Hehlen
Bodenwerder
Alfeld
Bornum
Lutter
Weddingen
Weserfalstraße
Grünenplan
Lamspringe
Rhüden (Harz)
Langelsheim
Jerstedt
Vienenburg
Ottenstein
Brevörde
Vogler
Eschershausen
Delligsen
Hils
Freden
Landwehr
Groß-Rhüden
Ohlenrode
Hahausen
Innerste-Stausee
Wolfshagen
Goslar
Oker
Golmbach
Polle
Stadtoldendorf
Seesen
Bad Gandersheim
Seesen (Harz)
Harzrundfahrt
Bad Harzburg
Negenborn
Wenzen
Greene
Kreiensen
Lautenthal
Hahnenklee
Holzkirche
Bockswiese
Bevern
Deensen
Stahle
Holzminden
Lüthorst
Einbeck
Münchehof
Bad Grund
Wildemann
Schulenberg
Oker-Stausee
Dassel
Markoldendorf
Kalefeld
Gittelde
Altenau
Lüchtringen
Kloster Corvey
Höxter
Solling
Lauenberg
Echte
Clausthal-Zellerfeld
Neuhaus
Badenhausen
Harz
Boffzen
Fredelsloh
Northeim-Nord
Söse-Stausee
Riefensbeek
Hanskühnenburg-Klippen
Fürstenberg
Förste
Osterode
Moringen
Northeim
Schönhagen
Sieber
St. Andreasberg
Northeim-West
Katlenburg-Lindau
Lauenförde
Eschershausen
Uslar
Hardegsen
Sudheim
Wulften
Hattorf
Herzberg
Oderstausee
Bad Lauterberg
Bad Karlshafen
Bodenfelde
Volpriehausen
Nörten-Hardenberg
Bilshausen
Pöhlde
Scharzfeld
Barbis
Wahlsburg-Lippoldsberg
Gieboldehausen
Wollershausen
Oberweser
Gieselwerder
Offensen
Lenglern
Bovenden
Trendelburg
Gottsbüren
Adelebsen
Göttingen-Nord
Gött.-Holtensen
Ebergötzen
Rhumspringe
Bockelnhagen
Hümme
Reinhardswald
Wesertalstraße
Bursfelde
Barterode
Göttingen
GÖTTINGEN
Brochthausen
Weißenborn-Lüderode
Sababurg
Imbsen
Niemetal
Duderstadt
Hombressen
Reinhardshagen
Hemeln
Dransfeld
Rosdorf
Bennlehausen
Reinhausen
Gleichen
Nesselröden
Duderstadt/Worbis
Teistungen
Holungen
Hofgeismar
Grebenstein
Immenhausen
Scheden
Friedland
Bremke
Großbodungen
Worbis
Günterode
Bleicherode
Fuldatal
Münden
Hann.-Münden/Werratal
Schloß Berlepsch
Freienhagen
Eichsfeld
Leinefelde
Breitenworbis
Calden
Espenau
Wilhelmshausen
Simmershausen
Schloß Wilhelmsthal
Hebenhausen
Neu Eichenberg
Hedemünden
Hann.-Münd./Lutterberg
Arenshausen
Heilbad Heiligenstadt
Uder
Dün
Ahnatal
Vellmar
Staufenberg
Landwehrhagen
Witzenhausen
Kaufunger Wald
Hüpstedt
Keula
Schloß Wilhelmshöhe
KASSEL
Kassel-Ost
Nieste
Niestetal
Kaufungen
Mackenrode
Flinsberg
Dingelstädt
Kassel-Südkreuz
Kassel-Waldau
Kassel-Mitte
Lohfelden
Helsa
Bad Sooden-Allendorf
Werra
Küllstedt
Kasseler Kreuz
Fuldabrück
Großalmerode
Berkatal
Frankenhain
Meißner
Meinhard-Grebendorf
Geismar
Baunatal
Dörnhagen
Söhrewald
Fürstenhagen
Abterode
Lengenfeld
Mühlhausen
Edermünde
Guxhagen
Wattenbach
Hessisch Lichtenau
Velmeden
Germerode
Meißner
Eschwege
Wanfried
Eigenrieden
Gudensberg
Felsberg
Melsungen
Waldkappel
Wehretal
Reichensachsen
Großburschla
Wendehausen
Treffurt
Heyerode
Langula
Gensungen
Malsfeld
Spangenberg
Bischofferode
Oetmannshausen
Wichmannshausen
Weißenborn
Heldra
Nazza
Totenkopf
Hainich
Weberstedt
Schnellmannshausen
Mihla
Netra
Ringgau
Borken
Fritzlar
Zierenberg

314
BS-Südwest
Braunschweig
307

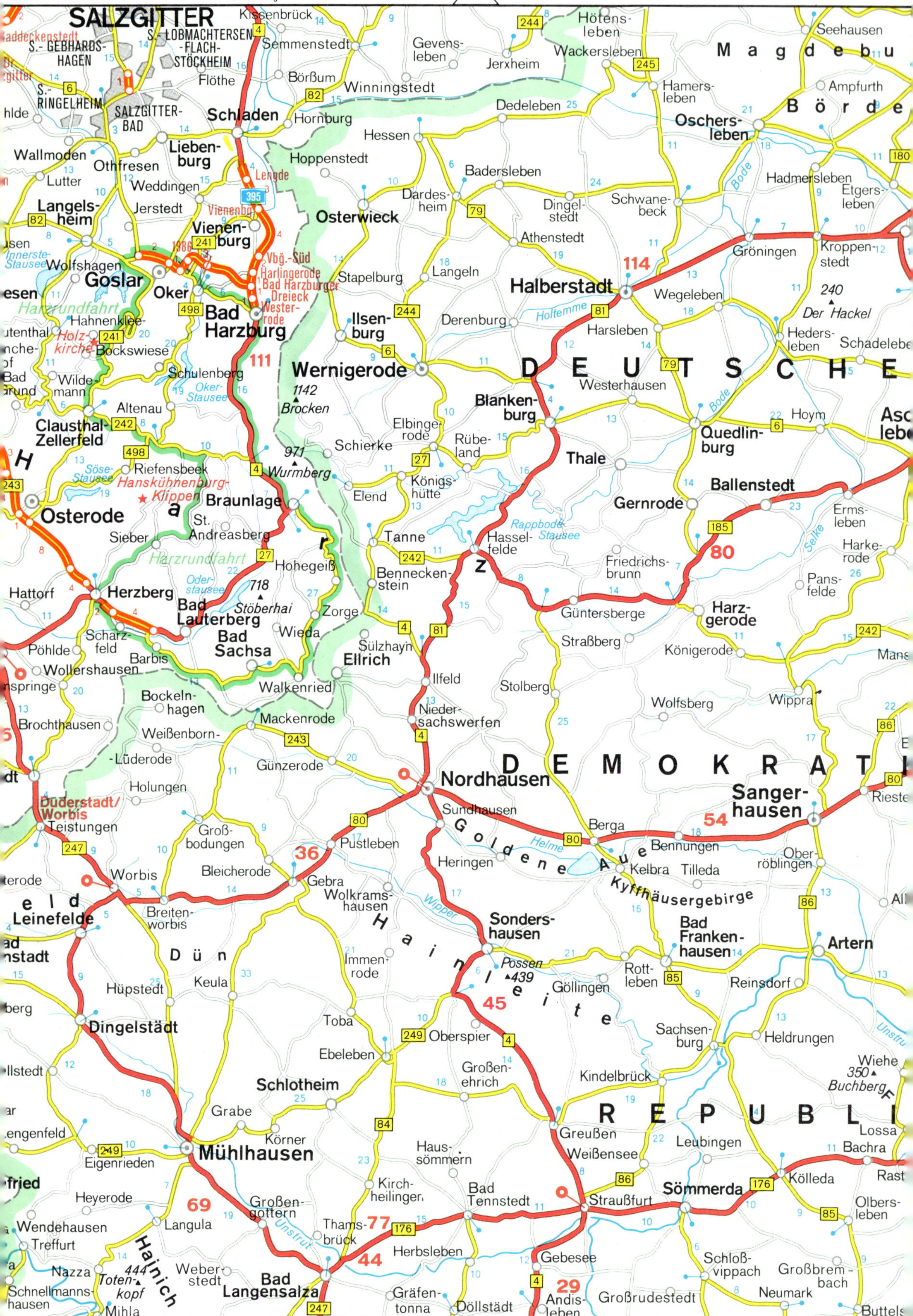

Gotha
320
Erfurt

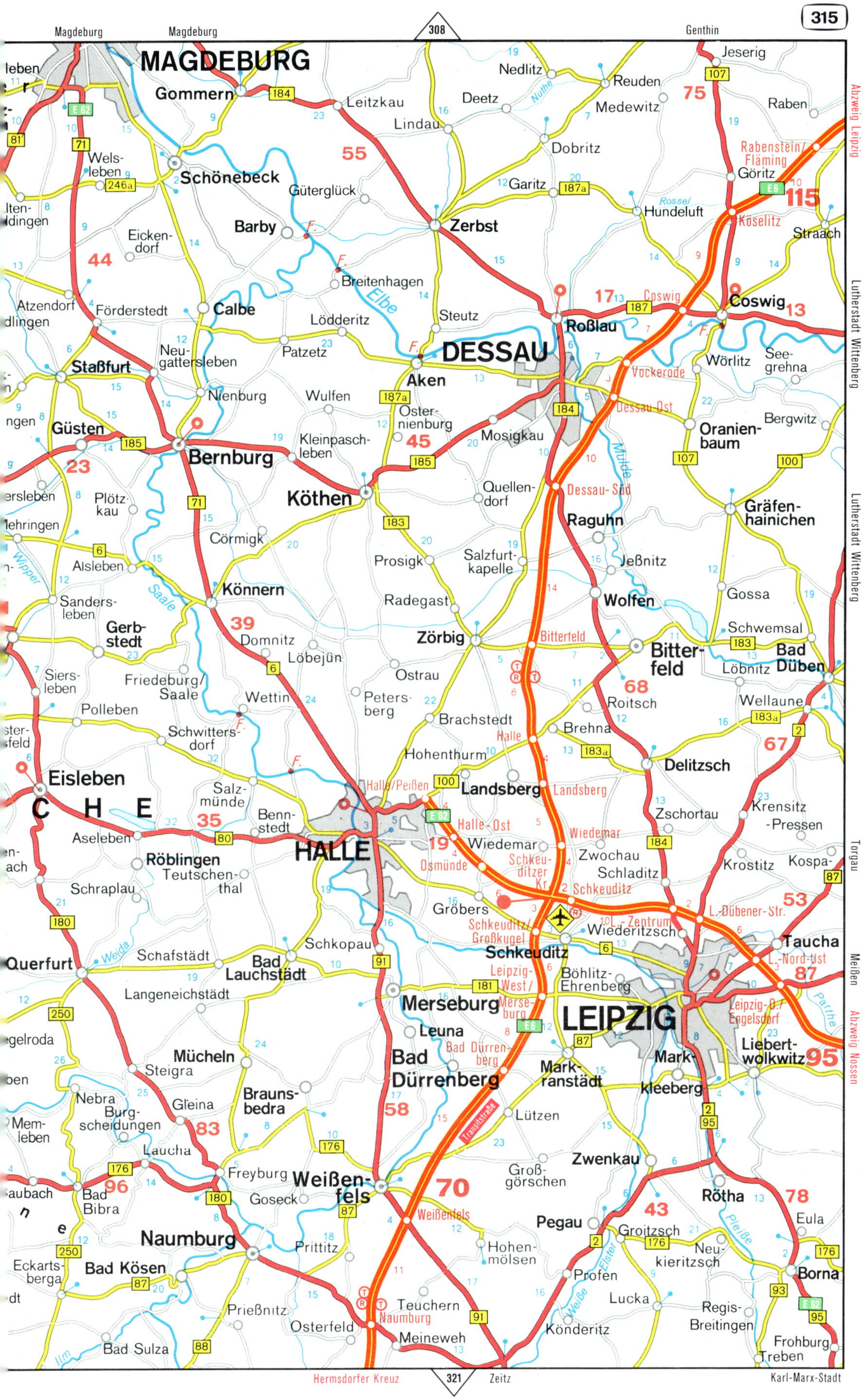
Magdeburg
Magdeburg
308
Genthin
MAGDEBURG
Gommern
Leitzkau
Lindau
Deetz
Nedlitz
Reuden
Medewitz
Jeserig
Raben
Dobritz
Garitz
Rabenstein/Fläming
Göritz
Köselitz
Straach
Hundeluft
Rossel
Nuthe
Wels-leben
Schönebeck
Güterglück
Barby
Zerbst
Eicken-dorf
Breitenhagen
Elbe
Atzendorf
Förderstedt
Calbe
Lödderitz
Steutz
Roßlau
Coswig
Coswig
Neu-gattersleben
Patzetz
DESSAU
Vockerode
Wörlitz
See-grehna
Staßfurt
Aken
Nienburg
Wulfen
Oster-nienburg
Dessau-Ost
Oranien-baum
Bergwitz
Güsten
Bernburg
Kleinpasch-leben
Mosigkau
Mulde
Plötz-kau
Köthen
Quellen-dorf
Dessau-Süd
Gräfen-hainichen
Cörmigk
Raguhn
Alsleben
Prosigk
Salzfurt-kapelle
Jeßnitz
Wipper
Saale
Sanders-leben
Könnern
Radegast
Wolfen
Gossa
Gerb-stedt
Domnitz
Löbejün
Zörbig
Bitterfeld
Schwemsal
Bitter-feld
Bad Düben
Löbnitz
Siers-leben
Friedeburg/Saale
Ostrau
Wettin
Peters-berg
Roitsch
Wellaune
Polleben
Brachstedt
Brehna
Schwitters-dorf
Halle
Hohenthurm
Delitzsch
Eisleben
Salz-münde
Halle/Peißen
Landsberg
Landsberg
Krensitz
-Pressen
Aseleben
Benn-stedt
Halle-Ost
Zschortau
HALLE
Wiedemar
Wiedemar
Röblingen
Osmünde
Schkeu-ditzer Kr.
Zwochau
Krostitz
Kospa-
Teutschen-thal
Schladitz
Schraplau
Schkeuditz
Gröbers
L.-Dübener-Str.
L.-Zentrum
Schkeuditz/Großkugel
Wiederitzsch
Taucha
Querfurt
Weida
Schafstädt
Schkopau
Schkeuditz
L.-Nord-Ost
Bad Lauchstädt
Leipzig-West/
Böhlitz-Ehrenberg
Langeneichstädt
Merseburg
Merse-burg
LEIPZIG
Leipzig-O./Engelsdorf
Parthe
Leuna
Bad Dürren-berg
Liebert-wolkwitz
Mücheln
Steigra
Bad Dürrenberg
Mark-ranstädt
Mark-kleeberg
Nebra
Braunsbedra
Gleina
Burg-scheidungen
Lützen
Mem-leben
Transitstraße
Laucha
Zwenkau
Freyburg
Weißen-fels
Groß-görschen
Rötha
Bad Bibra
Goseck
Weißenfels
Pegau
Eula
Groitzsch
Pleiße
Naumburg
Prittitz
Hohen-mölsen
Neu-kieritzsch
Eckarts-berga
Bad Kösen
Profen
Borna
Weiße Elster
Lucka
Prießnitz
Teuchern
Naumburg
Regis-Breitingen
Osterfeld
Könderitz
Ilm
Bad Sulza
Meineweh
Frohburg
Treben
Hermsdorfer Kreuz
321
Zeitz
Karl-Marx-Stadt
Abzweig Leipzig
Lutherstadt Wittenberg
Lutherstadt Wittenberg
Torgau
Meißen
Abzweig Nossen

Eindhoven
Weert 21km
Venlo 27km
310
Venlo
Düsseldorf Krefeld
Krefeld
Roermond
Elmpt
Schwalmtal
Niederkrüchten
MÖNCHENGLADBACH
RHEYDT
Kaarst
Korschenbroich
NEUSS
Büttgen
Glehn
Thorn
Kinrooi
Maasbracht
St. Joost
Montfort
Posterholt
Arsbeck
Wegberg
Maaseik
Echt
Wassenberg
Wickrath
Jüchen
Kapellen
Nievenheim
Susteren
Waldfeucht
Heinsberg
Ratheim
Erkelenz
Holzweiler
Grevenbroich
Dormagen
Born
Selfkant-Saeffelen
Hückelhoven
Jackerath
Rommerskirchen
Sittard
Geleen
Gangelt
Baal
Titz
Kirchherten
Kaster
Bedburg
Pulheim
KÖLN
NIEDER-LANDE
Brunssum
Geilenkirchen
Linnich
Beek
Hoensbroek
Übach-Palenberg
Puffendorf
Jülich
Elsdorf
Bergheim
Meerssen
Heerlen
Baesweiler
Heppendorf
Kerkrade
Alsdorf
Aldenhoven
Niederzier
Frechen
Valkenburg
Herzogenrath
Kerpen
Würselen
Inden
Merzenich
Blatzheim
Margraten
Gulpen
Langerwehe
Nörvenich
AACHEN
Eschweiler
Düren
Vaals
Gressenich
Gürzenich
Lechenich
Erftstadt
Stolberg
Hürtgenwald
Kreuzau
Müddersheim
Vettweis
Erp
Aubel
Henri-Chapelle
Wehebach-Talsperre
Kleinhau
Zweifall
Froitzheim
Vossenack
Nideggen
Weilerswist
Battice
Welkenraedt
Schmidt
Zülpich
Euskirchen
Limbourg
Eupen
Roetgen
Lammersdorf
Heimbach
Wollersheim
Verviers
Rurberg
Rur-Stausee
Rhein. Freilicht-museum
Kommern
Simmerath
Einruhr
Theux
Jalhay
Gemünd
Mechernich
Monschau
Kall
Bad Münstereifel
Tiège
Hautes Fagnes
Mont Rigi
Kalterherberg
Schleiden
Spa
694 Botrange
Urft
Kloster Steinfeld
Zingsheim
Nettersheim
Francorchamps
Robertville
Rocherath
Hellenthal
Tondorf
Malmédy
Hollerath
Blankenheim
Waimes
Bütgenbach
Stavelot
Trois-Ponts
Büllingen
690 Weißer Stein
Schmidtheim
623 Aremberg
Losheimergraben
Kronenburg
Dahlem
Amel
BELGIEN
Poteaux
Stadtkyll
Jünkerath
Wiesbaum
Vielsalm
St. Vith
Schönberg
Nohn
Hillesheim
Oberehe
Olzheim
Steffeln
Stroheich
Bovigny
Beho
Schirm
Bleialf
697 Schwarzer Mann
Weinsheim
Schnee-Eifel
Gerolstein
Dockweiler
Hohe Eifel
Gouvy
Reuland
Winterspelt
Prüm
Erl. Vulkan Kalem
691 Scharteberg
Daun
B10
322
B7 Trier 57 km
Antwerpen 141 km
Maastricht 40 km
Bruxelles 150 km
Liège 45 km
Liège 54 km
Aywaille 31 km
la Roche 31 km

Schalksmühle
Lüdenscheid
Werdohl
Plettenberg
Herscheid
Schönholthausen
Finnentrop
Radevormwald
REMSCHEID
Haan
SOLINGEN
Hückeswagen
Halver
Kierspe
Wipperfürth
Wermelskirchen
Leichlingen
Burscheid
Dabringhausen
Meinerzhagen
Attendorn
Lennestadt
Helden
Ebbegebirge
Klüppelberg
Marienheide
Gimborn
OPLADEN
Kürten
Rundfahrt Bergisches Land
Gummersbach
Drolshagen
Olpe
Rahrbach
Bilstein
Odenthal
Bechen
Lindlar
LEVERKUSEN
BERGISCH-GLADB.
Engelskirchen
Ründeroth
Bergneustadt
Wenden
Krombach
Hohkeppel
Bielstein
Reichshof-Eckenhagen
Overath
Rösrath
Wiehl
Wiehler Tropfsteinhöhle
Denklingen
Much
Nümbrecht
Wildbergerhütte
Friesenhagen
Freudenberg
Schloß Crottorf
Waldbröl
Siegen
Lohmar
Neunkirchen-Seelscheid
Morsbach
Wesseling
Troisdorf
Ruppichteroth
EISERFELD
Niederkassel
Sieglar
Siegburg
-Rosbach
Kirchen
Windeck-Herchen
Betzdorf
St. Augustin
Hennef
Eitorf
Wissen
Neunkirchen
BONN
Uckerath
Hamm
Gebhardshain
Herdorf
Daaden
Burbach
Heimerzheim
Oberpleis
Weyerbusch
Weitefeld
Swisttal
BAD GODESBERG
Königswinter
Buchholz
Siebengebirge
Kloster Marienstatt
Hoher Westerwald
Aegidienberg
Asbach
Neitersen
Altenkirchen
Hattert
Salzburg
Meckenheim
Rhöndorf
Bad Honnef
Neustadt (Wied)
Flammersfeld
Hachenburg
Bad Marienberg
Wachtberg-Villip
Höchstenbach
Nistertal
Unkel
Horhausen
Puderbach
Roßbach
Bellingen
Grafschaft
Remagen
Hersbach
Langenhahn
Westerburg
Gelsdorf
Linz
Waldbreitbach
Neuwied
Dierdorf
Freilingen
Bad Neuenahr-Ahrweiler
Sinzig
Bad Hönningen
Rengsdorf
Selters
Hahn
Ramersbach
Bad Breisig
Rheinbrohl
Westerwald
Dornburg
Teufelsley
Spessart
Niederzissen
Brohl-Lützing
Leutesdorf
Isenburg
Ransbach-Baumbach
Siershahn
Boden
Dümpelfeld
Burgbrohl
Wirges
Hadamar
Grüne Straße Eifel-Ardennen
Kempenich
Andernach
Bendorf
Höhr-Grenzhausen
Montabaur
Elz
Adenau
Kloster Maria Laach
Weißenthurm
Mülheim-Kärlich
Vallendar
Kannenbäcker- und Bäderstraße
Limburg
Hohe Acht
Ruine Nürburg
Plaidt
Mendig
Virneburg
Schloß Bürresheim
Ochtendung
KOBLENZ
Altendiez
Diez
Bad Ems
Laurenburg
Nassau
Balduinstein
Mayen
Monreal
Polch
Kobern-Gondorf
Lahnstein
Hochkelberg
Niederfell
Waldesch
Rhens
Braubach
Marksburg
Kloster Arnstein
Hahnstätten
Katzenelnbogen
Moselweinstraße
Münstermaifeld
Spay
Rheingold-Loreley-
Dachsenhausen
Kaisersesch
Kaifenheim
Alken
Boppard
Burgen-Straße
Holzhausen
Laufenselden
Laubach
Ulmen
Burg Eltz
Brodenbach
Kamp-Bornhofen
Michelbach

320 Worbis
314 Nordhausen

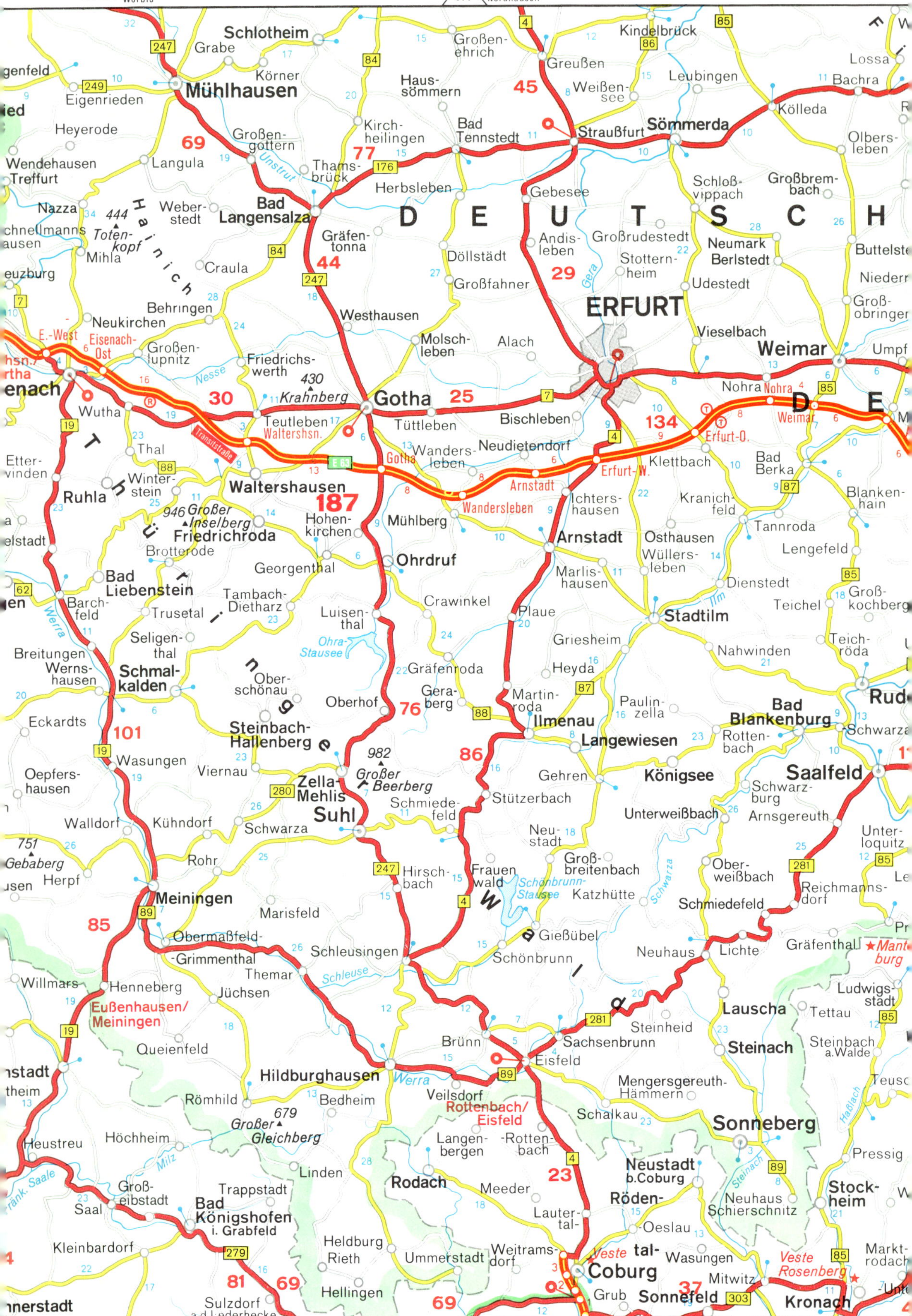

Bamberg Coburg
326 Bad Neustadt
Bamberg 38 km

Eisleben
Halle
315
Schkeuditzer Kreuz
Leipzig
Gleina
Burg-scheidungen
Laucha
Unstrut
Freyburg
Weißen-fels
58
E 6
87
70
Groß-görschen
186
Zwenkau
2
14
95
Bad Bibra
176
83
Goseck
Rötha
E 62
Pleiße
Eula
Naumburg
Prittitz
Weißenfels
Transitstraße
Hohen-mölsen
Pegau
29
Groitzsch
Neu-kieritzsch
Borna
Bad Kösen
180
88
Profen
Weiße Elster
Lucka
93
Prießnitz
Naumburg
Teuchern
91
Regis-Breitingen
Frohburg
Meineweh
Osterfeld
Könderitz
Bad Sulza
Camburg
Ilm
Zeitz
Meuselwitz
Treben
Wickerstedt
Schkölen
180
Windisch-leuba
95
Apolda
Dornburg
Wetter-zeube
23
Altenburg
Karl-Marx-Stadt 64 km
Wetzdorf
Eisenberg
Eisenberg
Schellbach
Lumpzig
Klausa
Isser-stedt
Saale
Bürgel
Bad Köstritz
Pölzig
DEMOKRATISCHE
Jena
7
Bad Kloster-lausnitz
Bad Kloster-lausnitz
Gera
Schmölln
Gößnitz
Stollberg 71 km Abzw. Nossen 124 km
Schön-gleina
Hermsdorf
Transitstraße
Jena-Lobeda
Wendepunkt Hermsdf. Kr.
E 63
GERA
Meerane
Bucha
Hermsdf. Kreuz
Saara
Ronneburg
Ronneburg
Glauchau
Jena-Göschwitz
Stadt-roda
Hermsdorf
München-Bernsdorf
Rückers-dorf
Crimmit-schau
Meerane
Glauchau
Tröbnitz
Otten-dorf
92
Wünschendorf
Neukirchen
93
Pleiße
Kahla
REPUBLIK
Großebers-dorf
Weida
Seeling-städt
Mosel
175
Werdau
Langenorla
Neustadt
Triptis
Triptis
Hohenölsen
Berga
ZWICKAU
Teich-wolframsdorf
281
Oppurg
Auma
Weiße Elster
173
Lichtentanne
Abzw. Nossen 78 km
Pößneck
Triebes
Greiz
Neu-mark
Wilkau-Haßlau
Zwickau-West
Ranis
Knau
Dittersdorf
Tegau
Naitschau
Reichen-bach
Kirchberg
Hohenwarte Stausee
Plothen
94
Zeulen-roda
Dobia
Elsterberg
Hirsch-feld
Ziegenrück
Netzschkau
Reichenbach
Transitstraße
Lössau
Pausa
173
Obercrinitz
Drognitz
Schleiz
78
92
Jocketa
Lengenfeld
Burgk
Schleiz
Mühltroff
282
Treuen
Treuen
Rothenkirchen
169
Transitstraße
Syrau
94
Rodewisch
Rempten-dorf
Saalburg
Bleiloch-Stausee
Tanna
Plauen
Plauen-Ost
Auerbach
Schönheide
Karl-Marx-Stadt 98 km
90
Ruppersdorf
Ebersdorf
Tobertitz
173
E 62
Bergen
169
Falkenstein
186
Transitstraße
Vogtland
Grün-bach
Morgen-röthe
Gefell
Weischlitz
Pirk
Plauen-Süd
Hammerbrücke
Lobenstein
Frössen
90
Hirschbg./(gesperrt) Lobenstein
Rudolphstein/ Hirschberg
Guten-fürst
Oelsnitz
942 Kiel
Blanken-stein
Hirschberg
Frankenwald
Töpen
Schöneck
Bobenneu-kirchen
Lichtenbg.
E 6
Berg/ Bad Steben
Töpen
Triebel
92
Transitstraße
Klingenthal
Berg
Bad Steben
9
722
Blosenberg
Naila
Posseck
283
Erlbach
Naila
173
Adorf
Kraslice Graslitz
Geroldsgrün
AB-Dr. Bayerisches Vogtland
Selbitz
Leopolds-grün
15
Hof
Regnitzlosau
Hranice Roßbach
Bad Elster
Mark-neukirchen
Schwarzenbach
Schauen-stein
Hof
Döhlau
Luby Schönbach
a. Wald
48
Konrads-reuth
15
Ober-kotzau
Aš Asch
31
Elstergebirge
Bad Brambach
Helmbrechts
Selbitz
2
58
289
Rehau
Schwarzenbach a. d. Saale
44
Plesná Fleißen
Krajkova Gossengrün
AB-Kr. Nürnberg
Bayreuth
327
Marktredwitz
Cheb

B28
Malmédy
Malmedy
316
Malmédy
Blankenheim
Koblenz
Bastogne 69 km
Arlon 28 km
Longwy 31 km
Longwy 41 km
Verdun 85 km
Longuyon
Paris 321 km
Metz
Nancy 64 km
Strasbourg 167 km
Metz
Bovigny
Gouvy
Winterspelt
Reuland
Wemper-haardt
Weinsheim
Gerolstein
Dockweiler
691
Scharteberg
Prüm
Bleialf
Erl. Vulkan Kalem
Grüne Straße Eifel-Ardennen
Daun
Pronsfeld
Lünebach
Lützkampen
Ourthe
Troisvierges
Tavigny
Schönecken
Mürlenbach
Weinfelder Maar
Lichtenborn
Arzfeld
Waxweiler
Vulkan
Mander-scheid
Meisburg
519
Mosenberg
Windhausen
Daleiden
Clervaux
Hamiville
Dasburg
Krautscheid
Malberg
Kyllburg
Schwarzenborn
Kyll
Neuerburg
Gemünd
Grüne Straße Eifel-Ardennen
Bitburg
Sinspelt
Rittersdorf
Dudeldorf
Landscheid
Wiltz
Wittlich
Hoscheid
Mettendorf
Vianden
Roth
Hochwild-schutzpark
Büderscheid
Michelau
Speicher
Dreis
Salmtal
Eschdorf
Nieder-feulen
Wallendorf
Diekirch
Sauer
Bollen-dorf
Niederweis
Zemmer
Welsch-billig
Hetzerath
Prüm-zurlay
Burg Bollendorf
Irrel
Ettelbruck
Koetschette
Beaufort
Grosbous
Klüsserath
Colmar
Haller
Grund-hof
Kordel
Schweich
Echternach
AB-Dr. Moseltal
Larochette
Reichlange
Useldange
Mehring
Trier
Saeul
Mersch
Fell
LUXEMBURG
Wasserbillig
Igel
TRIER
Lorentz-weiler
Junglinster
Waldrach
Alzette
Greven-macher
Ober billig
Konz
Steinfort
Kopstal
Mosel-Weinstraße
Reinsfeld
Schöndorf
Nieder-anven
Garnich
Nittel
Sandweiler
Wormel-dange
LUXEMBOURG
Wincher-ingen
Saarburg
Kell
695
Dippach
Pétange
Teufelskopf
Zerf
Trassem
Serrig
Saar
Schwarzwälder
Hespérange
Differdange
Bettembourg
Schloß Berg
Weiskirchen
Remich
Burg Freudenberg
Weiten
Frisange
Wadern
Nennig
Röm. Mosaik
Esch
Mondorf les-Bains
Orscholz
Mettlach
Losheim
Audun-le-Tiche
Borg
Große Saar-Schleife
Dudelange
Perl
Besseringen
Nunkirchen
Prims
Schengen
Merz.-Well.
Schwemlgn.
Volmerange-les-Mines
Sierck-les-Bains
Bad Sierck
Reimsbach
Aumetz
Hettange-Grande
Cattenom
Moselle
Merzig
Hilb-ringen
Schmelz
Waldwisse
Waldwiese
Honzrath
Lebach
Audun-le-Roman
Elange
Thionville
Diedenhofen
Kœnigsmacker
Beckingen
Rehlingen
Rehlingen-Siersburg
Dillingen
St-François-Lacroix
Yutz
Saar-wellingen
Hayange
Florange
Metzervisse
Dill.-Mitte
AB-Dr. Saarl.
Waller-fangen
FRANKREICH
Fameck
Uckange
Ückingen
Guénange
Guningen
Saarlouis
Saarl. Heuswlr.
Riegelsb.
Schwalb.
Püttlingen
Völklingen
Moyeuvre-Grande
Hombourg-Budange
Homburg-Bidingen
Bouzonville
Busendorf
Mondelange
Freistroff
Freisdorf
Saarl.-Lisdorf
Wadgassen
Hagondange
Hagendingen
Briey
Rombas
Orne
Talange
Maizières-les-M.
Bettelainville
Nied
Jarny
Auboué
Argancy
Teterchen
Überherrn
Wadgassen
V.-Wehrden
St.-Privat
Boulay-Moselle
Bolchen
Creutzwald
Groß-rosseln
Aubouè

Kaisersesch
Laubach
Ulmen
Kaifenheim
Münster-maifeld
Burg Eltz
Alken
Kobl./Wald-esch
Spay
Boppard
Dachsen-hausen
Katzen-elnbogen
Kamp-Bornhofen
Holz-hausen
Laufen-selden
Michelbach
Karden
Müden
Broden-bach
Burgen
R. Ehrenburg
Boppard
Bad Salzig
Rheingold-Loreley
Nastätten
Heidenrod-
Fleckertshöhe
Burgen-Straße
Kannenbacker- und Bäderstraße
Cochem
Mosel
Treis-
Lieg
Emmels-hausen
Emmelshsn.
St. Goarshausen
Bad Schwalbach
Lutzerath
Bruttig-Fankel
Beilstein
Pfalz-feld
St. Goar
Ruine Rheinfels
Loreley
Strüth
-Dickschied
Bremm
Bad Bertrich
Espenschied
Senheim
Alf
Mosel-Weinstraße
Kastellaun
Ober-wesel
Kaub
Rheinpfalz
-Geroldstein
Rheingaugebirge
Bullay
Ruine Marienburg
Laudert
Kisselbach
Bacharach
Lorch
Wisper
WIESBADEN
Zell
619 Kalte Herberge
Nieder-heimbach
Oestrich--Winkel
Eltville
Kappel
Rheinböllen
Burg Sooneck
Trechtings-hausen
Rüdes-heim
Geisen-heim
Kröv
Enkirch
Zeltingen
Simmern
Niederwald-Denkmal
Bingen
Rachtig
Traben-Trarbach
Argenthal
Ingelheim
Noviand
Kirchberg
Seibersbach
Gau-Algesheim
Bernkastel-Kues
Sohren
Stromberg
Strombg. Dorshm.
AB-Kr. Bingen
Wintrich
658 Ellerspring
Spabrücken
B.Kr./Waldlaubersheim
Long-kamp
Langenlonsheim
Stadecken-Elsheim
Idarwald
746 Rhaunen
Idarkopf
Gemünden
Simmerbach
Soonwald
Hunsrück
Sees-bach
Gensingen
Saulheim
Sprendlingen
Bunden-bach
Bad Kreuznach
Gau-Bickelheim
Wörrstadt
Morbach
Simmertal
Waldböckelheim
724 Usarkopf
Bruchweiler
Herrstein
Kirn
Bad Münster a. Stein--Ebernburg
Wöllstein
Flonheim
Nahe
Sobernheim
Bornheim
AB-Kr.Alzey
Allenbach
Fischbach
Odernheim
816 Erbeskopf
Malborn
Idar-Oberstein
Hundsbach
Obermoschel
Alsenz
Erbes-Büdesheim
Kriegsfeld
Freimersheim
Schwollen
Sien
Meisenheim
Orbis
Flomborn
Deutsche Edelsteinstraße
Sperrgebiet
Nordpfälzer Bergland
Birkenfeld
Lauter-ecken
Becher-bach
Reipolts-kirchen
Kirchheim-Bolanden
Rocken-hausen
Dannenfels
687 Donnersberg
Marnheim
Nonnwlr.-Otzenhsn.
Nonnweiler
Baumholder
Offenbach-Hundheim
Birkenfd.
Heimbach
Sötern
Dörrmoschel
Göllheim
Nohfelden
Türkismühle
Burg Lichtenberg
Rathsweiler
Glan
567 Königsberg
Wolfstein
Winnweiler
Freisen
Reichwlr.
Thallichtenberg
Altenglan
Eisenberg
Oberthal
Theley
571 Weißelberg
Ober-kirchen
Kusel
Olsbrücken
Reichenbach--Steegen
Otterberg
Enkenbach--Alsenborn
Wattenhm.
Wattenheim
Tholey
Konken
Herschweiler--Petters-heim
Glan-Münchweiler
Miesenbach
Weiler-bach
Otterbach
Kaisersl.-K.-Ost
St. Wendel
Marpingen
Nieder-linxweiler
Ramstein-
Hütschenhsn.
K.-Einsiedler-West hof
Enkenb.-Alsenborn
Franken-stein
Bad Dürkheim
Eppelborn
Breiten-bach
Brücken
Hütschen-hausen
Landstuhl
Hochspeyer
Wachenheim
Dirmingen
Schönenberg--Kübelberg
-Miesau
Bruchm.-Miesau
127
Weidenthal
Ottweiler
Wald-mohr
Landstul-West
Landstuhl
KAISERSLAUTERN
Illingen
Merch-weiler
Neun-kirchen
Bruchmühl-bach
Bann
Westrich
Queiders-bach
Mölschbach
Deutsche Weinstraße
Frankeneck
Deidesheim
Friedrichsthal
Bexbach
Hombg.
Elm-stein
Lambrecht
Neustadt
Trippstadt
Hermers-berg
Weselberg
Johanniskreuz
St. Ingbert
AB-Dr. Friedr'thal
AB-Kr. Neunk.
Homburg
Heltersberg
673 Kalmit
Maikammer
Wallhalben
Kirkel
Limb.
Einöd
Thaleischweiler--Fröschen
Waldfischbach-Burgalben
609 Esch-kopf
Pfälzer Wald
Haardt
St. Martin
Edenkoben
St. Ing.-Ost
St. Ing.-Mitte
Zweibrücken
Leimen
Ramberg
Blies-kastel
Contwig
Rodalben
Edesheim
Eußerthal
SAARBRÜCKEN
AB-Dr. SB
ZW-Ixhm.
Walshsn.
Pirmasens
Münchweiler

Limburg
AB-Kr. Leverkusen
Limburg
318
Gambacher Kreuz
Gießen
Gambacher Kreuz
Aar-Kettenbach
Hünstetten
bergen-Görsroth
Laufenselden
Michelbach
Kannenbäcker- und Bäderstraße
Ruine Hohenstein
Idstein
Esch
Schmitten
Reifenberg
880
Gr. Feldberg
Taunus
Römerkastell Saalburg
Bad Homburg
Friedbg.
Oberursel
Königstein
Kronberg
Bad Homburger Kreuz
Wöllstadt
Karben
Bad Vilbel
Altenstadt
Heldenbergen
Nidderau
Schöneck
Bruchköbel
Erlensee
Langenselbold
Hanau-Nord
Langendiebach
Bad Schwalbach
Taunusstein
Neuhof
Hahn
Schwalbach a. Taunus
Niedernhausen
Bad Soden
NW-Kr.
FRANKFURT
Hanau
Rodenbach
Maintal
Hanauer Kr.
Mühlheim
OFFENBACH
Hainburg
Alzenau
Kelkheim (Taunus)
Hofheim
F.-Höchst
Wiesb. Kreuz
Schlangenbad
WIESBADEN
619
Kalte Herberge
Walluf
Eltville
Oestrich-Winkel
Geisenheim
AB-Dr. Mainz
Heidesheim
Ingelheim
MAINZ
Gau-Algesheim
AB-Kr. Bingen
Kelsterbach
Hochheim
Rüsselsheim
Bischofsheim
Mönchhof-Dr.
Walldorf
Neu-Isenburg
Dreieich
Offenb. Kreuz
Heusenstamm
Seligenstadt
Kahl
Mainhsn.
Rodgau
Dietzenbach
Langen
Mörfelden
Egelsbach
Rödermark
Babenhausen
Seligenst. Kr.
Stockstadt
Eppertshausen
Main-spitz-Dr.
AB-Kr Mainz
Kl.-Winternhm.
Ndr.-Olm
Stadecken-Elsheim
Nackenheim
Nieder-Olm
Saulheim
Nierstein
Liebfrauen- und Bergstraße
Sprendlingen
Wörrstadt
Undenheim
Oppenheim
Groß-Gerau
Gr.-Gerau
Büttelborn
Safariland
DARMSTADT
Dieburg
Schaafheim
Großostheim
Griesheim
Groß-Umstadt
Mömlingen
Wolfskehlen
Darmst.-Kr.
Riedstadt
Nieder-Ramstadt
Ober-Ramstadt
Groß-Zimmern
Reinheim
Groß-Bieberau
Breuberg
Obernburg
Neustadt
Höchst
Lützelbach
Wöllstein
Flonheim
Bornheim
AB-Kr. Alzey
Guntersblum
Gau-Odernheim
Stockstadt
Pfungstadt
Mühltal
Niedernhausen
Fischbachtal
Brensbach
Alzey
Alsheim
Dittelsheim-Heßloch
Gernsheim
Seeheim-Jugenheim
Felsenmeer
Fränkisch-Crumbach
Bad König
Erbes-Büdesheim
Freimersheim
Gundersheim
Osthofen
Westhofen
Rhein
Zwingenberg
Lautertal-Elmshsn.
Reichelsheim
Vielbrunn
Michelstadt
Flomborn
Nibelungen- und Siegfriedstraße
Weschnitz
Biblis
Bensheim
Auerbach
Lindenfels
Steinbach
Erbach
Stetten
Worms/Mörstadt
Monsheim
Worms
Bürstadt
Lorsch
Königshalle
Odenwald
Marnheim
Bockenheim
Göllheim
Offstein
Obrigheim
Lampertheim
Heppenheim
Fürth
Affolterbach
Hetzbach
Hesseneck
Grünstadt
Dirmstein
Bobenheim-Roxheim
Viernhmr. Dr.
Hemsb.
AB-Kr. W'hm.
Mörlenbach
Birkenau
Wald-Michelbach
Beerfelden
Wattenheim
AB-Kr. Frankenthal
Frankenthal
Viernheim
Weinheim
Abtsteinach
Großsachsen
Hirschberg a.d. Bergstr.
Heiligkreuzsteinach
Freinsheim
Deutsche Weinstraße
Bad Dürkheim
Alsenborn
Feuerberg
MANNHEIM
Schriesheim
Heddesbach
Eberbach
626
Katzenbuckel
AB-Kr. Mutterstadt
Dannstd.-Schauernhm.
Mutterstadt
Ladenburg
Dossenheim
Wilhelmsfeld
Hirschhorn
Schönau
Wachenheim
Weidenthal
Mannhm.-Schwetz.
Meckenheim
LUDWIGSHFN.
Altrip
Eppelheim
HEIDELBERG
Neckarsteinach
Neckar
Deidesheim
AB-Dr. Neustadt a.d.W.
Schifferstadt
Brühl
Dilsberg
Burgenstraße
Böhl-Iggelheim
Haßloch
Speyer
Schwetzingen
Neckargemünd
Binau
Lambrecht
Neustadt
Haßloch
Holiday-Park
Leimen
Mauer
Aglasterhausen
Obrigheim
Burg Hornberg
673
Kalmit
Maikammer
Römerberg
Speyer
Hockenheim
Walldorf
Meckesheim
Haßmersheim
St. Martin
Edenkoben
Berghausen
Schwegenheim
AB-Kr. Walldorf
Wiesloch
Waibstadt
Neckarbischofsheim
Schloß Guttenberg
Gommersheim
Edesheim
Hochstadt
Lingenfeld
Philippsburg
Waghäusel
Wiesl.-Rauenberg
Mühlhausen
Sinsheim
Bad Rappenau
Steinsfurt
Kirrlach
Kronau
Angelbachtal
Landau
Wörth
Bruchsal
330
AB-Dr. Karlsruhe
Bruchsal
AB-Kreuz Weinsberg

Bad Soden-Salmünster
Bad Orb
Wirtheim
Mernes
Zeitlofs
Altengronau
Detter
Geroda
Steinach
Bad Bocklet
Burkardroth
Nüdlingen
Münnerstadt
Rhön- und Spessartfahrt
Hohberg 476
Obersinn
Bad Kissingen
Oberthulba
Bieber-gemünd
Linsengericht
Jossgrund
Oberndorf
Fellen
Wartmannsroth
Elfershausen
Euerdorf
Oerlenbach
Maßbach
Rannungen
Burgsinn
Gräfendorf
Flörsbach-tal
Kempfenbrunn 567
Hermannskopf
Wiesen
Schöllkrippen
Rieneck
Rupperts-hütten
Hammelburg
Wasserlosen
Poppenhausen
Üchtelhausen
Euerbach
Dittelbrunn
Frammersbach
Langenprozelten
Gemünden a.Main
Sperrgebiet
Gauaschach
Schweinfurt/Niederwerrn
Schweinfurt
Partenstein
Hösbach
Laufach
Heigenbrücken
Wernfeld
Gössenheim
Schwebenried
Gochsheim
Rechtenbach
Waldaschaff
Lohr a.Main
Karlburg
Eußenheim
Arnstein
Schweinfurt/Werneck
Bergrheinfeld
Schwebheim
Werneck
Aschaffenburg
Weibersbrunn
Rothenbuch
Karlstadt
Straße der Residenzen
Steinfeld
Gramschatz
Eßleben
Kolitzheim
Mespelbrunn
Schloß Mespelbrunn
Neustadt
Thüngen
Gramsch. Wald
Schwanfeld
Gerolzhofen
Rohrbrunn
Retzbach
Retzstadt
Thüngersheim
Bergtheim
Heimbuchenthal
Dammbach
Rothenfels
Burg Rothenfels
Zellingen
Birkenfeld
Rimpar
Volkach
Hobbach
Altfeld
Marktheidenfeld
Margetshöchheim
Veitshöchheim
W./Estenfeld
Dettelbach
Eschau
Wildensee
Würzburg
Estenfeld
Schwarzach
Stadtschwarzach
Mönchberg
Stadtprozelten
Hasloch
Triefenstein
Homburg a.M.
Uettingen
Rottendorf
Randersacker
Wiesentheid
Klingenberg
Wertheim
Höchberg
Helmstadt
Biebelried
Kitzingen/Schwarzach
Rüdenhausen
Großheubach
Freudenberg
Neubrunn
AB-Dr. Würzbg.-West
Würzburg/Kist
Reichenberg
Würzburg/Randersacker
Kitzingen
Mainbernheim
Bürgstadt
Eichenbühl
Bronnbach
Höhefeld
Gerchsheim
Sommerhausen
Sulzfeld
Iphofen
Miltenberg
Nibelungen- und Siegfriedstraße
Külsheim
Werbach
Großrinderfeld
Romantische Straße
Frickenhausen
Marktbreit
Amorbach
Tauberbischofsheim
Kirchheim
Giebelstadt
Ochsenfurt
Nenzenheim
Winterberg 470
Höpfingen (Odenwald)
Hardheim
Grünsfeld
Wittighausen
Tückelhausen
Seinsheim
Euerhausen
Oberickelsheim
Steigerwald-Höhenstraße
Hohenlandsberg 498
Walldürn
Gollhofen
Sonderhofen
Buchen (Odenwald)
Lauda-Königshofen
Bernsfelden
Aub
Uffenheim
Ahorn
Gerichtstetten
Simmershofen
Uffenheim-Langensteinach
Hettingen
Altheim
Bad Mergentheim
Röttingen
Igersheim
Weikersheim
Langensteinach
Ermetzhofen
Creglingen
Ahorn-Berolzhm
Boxberg
Tauber
Herrgottskirche
Bad Windsheim
Reichelshofen
Burgbernheim
Seckach
Osterburken
Stuppach
Laudenbach
Assamstadt
Tauberscheckenbach
Bauland
Ravenstein
Ballenberg
Herbsthausen
Niederstetten
Detwang
Adelsheim
Rothenburg ob d. T.
Spielbach
Dörzbach
Elz-Dallau
Oberkessach
Krautheim
Bartenstein
Leuzendorf
Geslau
Schöntal
Jagst
Mulfingen
Schrozberg
Möckmühl
Widdern
Kloster Schöntal
Ingelfingen
Burgenstraße
Buchenbach
Insingen
Romantische Straße
Jagsthausen
Götzenburg
Kocher
Züttlingen
Niedernhall
Künzelsau
Blaufelden
Brettheim
Schillingsfürst
Forchtenberg
Langenburg
Herbolzheim
Hohenloher Ebene
Gerabronn
Michelbach a.d. Lücke
Wörnitz
Neuenstadt
Ohrnberg
Rot am See

Steinach
Bad Bocklet
Münnerstadt
Nüdlingen
Bad Kissingen
Maßbach
Rannungen
Euerdorf
Oerlenbach
Poppenhausen
Wasserlosen
Üchtelhausen
Euerbach
Dittelbrunn
Schweinfurt
Schonungen
Löffelsterz
Stadtlauringen
Wettringen
Schloß Bettenburg
Hofheim
Königsberg
Kleinbardorf
Sulzdorf a.d. Lederhecke
Bundorf
Heldburg
Rieth
Hellingen
Ummerstadt
Weitramsdorf
Coburg
Veste
Grub
Wasungen
Straße der Residenzen
Haßberge
Marolds-weisach
Baunach
Burgpreppach
Junkersdorf
Pfarrweisach
Dietersdf.
IX–XII/1986
Sesslach
Itzgrund
Lichtenfels
Kloster Banz
Untersiemau
Michelau
Weidhausen
Kaltenbrunn
Vierzehnheiligen
Staffelstein
Ebensfeld
Bramberg
Ebern
Kirchlauter
Rattelsdorf
Zapfendorf
Wattendorf
Stadelhofen
Haßfurt
Zeil a. Main
Main
Reckendorf
Baunach
Ebelsbach
Eltmann
Breitengüßbach
Scheßlitz
Würgau
Memmelsdorf
Semberg
Hallstadt
Bamberg
Bischberg
Litzendorf
Bamberg-Süd
Teuchatz
Gochsheim
Berg-rheinfeld
Schwebheim
Grettstadt
Knetzgau
Sand
Donnersdorf
Werneck
Eßleben
Kolitzheim
Sulzheim
Unter-schleichach
Oberaurach-
Michelau
Schwanfeld
Gerolzhofen
Rauhenebrach-
Trabelsdorf
Unter-steinbach
Lisberg
Stegaurach
Bergtheim
Volkach
Ebrach
Steigerwald
Steigerwald-Höhenstraße
Burgebrach
Strullendorf
Hirschaid
Buttenhm.
Dettelbach
Schwarzach
Neuses
Prichsenstadt
Burgwindheim
Frensdorf
Altendorf
Drügendorf
Biebelried
Kitzingen
Schwarzach
Wiesentheid
Schweinf./Wiesentheid
Geiselwind
Schlüsselfeld
Pommersfelden
Mühlhausen
Reiche Ebrach
Schl. Weißenstein
Eggolsheim
Forchheim-Nord
Rüdenhausen
Mainbernheim
Oberrimbach
Burghaslach
Höchst.-N.
Bamberg
Adelsdorf
Aisch
Sommerhausen
Frickenhausen
Sulzfeld
Iphofen
Oberscheinfeld
Höchstadt a. d. Aisch
Höchstadt-Ost
Forchheim
Forchheim-S.
Hemhofen
Vestenbergsgreuth
Enzlar
Uehlfeld
Marktbreit
Ochsenfurt
Nenzenheim
Markt Bibart
Scheinfeld
Dachsbach
Baiersdorf
Baiersdf.-Nord
Effeltrich
Seinsheim
Langenfeld
Gerhardshofen
Weisendorf
Bubenreuth
Möhrendorf
Erlangen-N.
Erlangen-West
Oberickelsheim
Gollhofen
Hohenlandsberg
Sugenheim
Gutenstetten
Straße der Residenzen
Herzogenaurach
ERLANGEN
Aurachtal-Falkendorf
Neustadt a.d.Aisch
Emskirchen
Kalchreuth
Tennenlohe
AB-Kr. Fürth/Erl.
Aub
Simmershofen
Uffenheim
Bad Windsheim
Ipsheim
Langenzenn
Veitsbronn
Fürth
Uffenheim-Langensteinach
Langensteinach
Ermetzhofen
Lenkersheim
Markt Erlbach
Wilhermsdorf
Cadolzburg
Zirndorf
Creglingen
Reichelshofen
Bad Windsheim
Burgbernheim
Marktbergel
Obernzenn
Neuhof
Zenn
NÜRNBERG
Großhabersdorf
Tauberscheckenbach
Oberdachstetten
Flachslanden
Rügland
Dietenhofen
Roßtal
Stein
Detwang
Burgenstraße
Großweismannsdorf
Wolkersdorf
AB-Kr.N-S.
Rothenburg ob.d.T.
Leuzendorf
Rothenburg ob d. T.
Geslau
Colmberg
Heßbach
Bruckberg
Heilsbronn
Schwabach
Roth
Wendelstein
Altmühl
Lehrberg
Romantische Straße
Leutershausen
Ansbach
Neuendettelsau
Schw.-W.
Schw.-Süd
Schwarzenbruck
Insingen
Tauber
Lichtenau
Neuendettelsau
Kammerstein
Rednitzhembach
Brettheim
Schillingsfürst
Wörnitz
Aurach
Herrieden
Ansbach
Fränk. Rezat
Lichtenau
Windsbach
Abenberg
Roth
Main-Donau-Kanal
Rot am See
Michelbach a.d. Lücke
Wörnitz
Aurach
Herrieden
Straße der Residenzen

Marktrodach
Wallenfels
48
Unterrodach
Kronach
Presseck
Helmbrechts
Münchberg-Nord
Konradsreuth
Oberkotzau
Rehau
Schwarzenbach a. d. Saale
Schönwald
Aš
Asch
Bad Brambach
Plesná
Fleißen
759
Kapellen-Berg
Schönberg
Rugendorf
Küps
Marktleugast
Münchberg
Weißdorf
Kirchenlamitz
Selb
Hazlov
Haslau
31
Stadtsteinach
Untersteinach
Stammbach
Münchbg.-Süd
Sparneck
Burgkunstadt
49
74
186
58
880
Großer Waldstein
Marktleuthen
44
Eger
Hohenberg a.d. Eger
Františkovy Lázně
Franzensbad
Prehr. nádrž Skalka
Mainroth
Plassenburg
Wirsberg
Marktschorgast
Weißenstadt
Höchstädt
Thiersheim
Mainleus
Kulmbach
Weißer Main
Straße der Residenzen
Trebgast
Gefrees
Röslau
Schirnding
Cheb
Eger
Kulmb./Bayreuth
Himmelkron
Bad Berneck
Fichtelgebirge
1053
Schneeberg
Wunsiedel
23
Arzberg
Kappel
Kasendorf
Thurnau
Bischofsgrün
55
1023
Ochsenkopf
Tröstau
Bad Alexandersbad
Konnersreuth
Röslau
AB-Dr. Bayreuth/Kulmbach
Neudrossenfeld
Goldkronach
Felsenlabyrinth
Marktredwitz
Waldsassen
Felsgarten
Roter Main
Bindlach
Bayreuth-Nord
Warmensteinach
Fichtelberg
939
Kösseine
Nagel
Waldershof
Mitterteich
Wonsees
Eschen
Bayreuth
Eremitage
Brand
Neusorg
Steinwald
Fuchsmühl
Wondreb
Hollfeld
Eckersdorf
Bayreuth-Süd
Weidenberg
Fichtelgebirgs- und Bayerische Ostmarkstraße
Pullenreuth
946
Platte
Wiesau
Plankenfels
Gesees
Emtmannsberg
Kulmain
Treversen
Friedenfels
Waldnaab
Tirschenreuth
Glashütten
Speichersdorf
Ahorn-Kirchahorn
Creussen
Kemnath
76
Erbendorf
Falkenberg
Aischenfeld
Trockau
Vorbach
Neustadt am Kulm
Krummennaab
Fichtelnaab
Schönficht
Muggendorf
Wiesent
Behringersmühle
Buchau
Heinersreuth
Speinshart
Pressath
Kirchendemenreuth
Windischeschenbach
72
Plößberg
Gößweinstein
Teufelshöhle
Pottenstein
Pegnitz
Eschenbach
Kirchenthumbach
Parkstein
Neustadt a. d. Waldnaab
Flossenbürg
82
Weidensees
Pegnitz/Grafenwöhr
Michelfeld
Grafenwöhr
Schwarzenbach
Altenstadt
Floß
Veldensteiner Forst
Auerbach in der Opf.
81
Sperrgebiet
Hütten
Waldthurn
Betzenstein
Plech
Kaltenbrunn
Mantel
Rothenstadt
Weiden i.d. OPf.
Pleystein
Hiltpoltstein
Maximiliansgrotte
Sorghof
Weiherhammer
IX-XII/1987
Vohenstrauss
Gräfenberg
Velden
Neuhaus
Vilseck
Freihung
Hormersdorf
Königstein
Edelsfeld
Großschönbrunn
Leuchtenberg
Forth
IX-XII/1986
Luhe-Wildenau
Eckental-Schnaittach
Kirchensittenbach
Hirschau
Schnaittenbach
Wernbg.-Köblitz
Schnaittach
Hirschbach
Neukirchen
Hahnbach
Gebenbach
Kemnath a. Buchbg.
Trausnitz
Lauf-Nord
Vorra
Hersbruck
Hohenstadt
Pommelsbrunn
104
Sulzbach-Rosenberg
Freudenberg
Pfreimd
Pegnitz
Happurg
67
Vils
Nabburg
Niedermurach
Röthenbach a. d. Pegnitz
Henfenfeld
AB-Kr. Nürnberg
Sulzbach-Rosenberg
Ammerthal
Amberg
Schmidgaden
Leinburg
Altendorf
AB-Kr. Altdorf
Altdf./Leinbg.
Alfeld
Amberg/Kastl
Kümmersbruck
Fensterbach
Traunfeld
Ursensollen
Schwarzenfeld
Schwarzach
Altdorf b. Nürnberg
Oberölsbach
Deinschwang
Kastl
Theuern
Feucht
Altdf./Burgthann
Lauterhofen
Garsdorf
Schwandorf-Fronberg
Fuhrn
Burgthann
39
595
Neumkt.
Pilsach
51
Ensdorf
Schwandorf
Wackersdorf
Dillberg
Berg
Dietkirchen
Prönsdorf
Hohenburg
Dachelhofen
Bodenwöhr
Postbauer-Heng
162
Pyrbaum
Neumarkt i.d.Opf.
90
Schmidmühlen
65
Steinberg
74
Bubach a. d. Naab
Allersberg
67
Velburg
Sperrgebiet
55
Bruck
71
Deining
Teublitz
Klardorf

Adorf   Ostrov 10 km

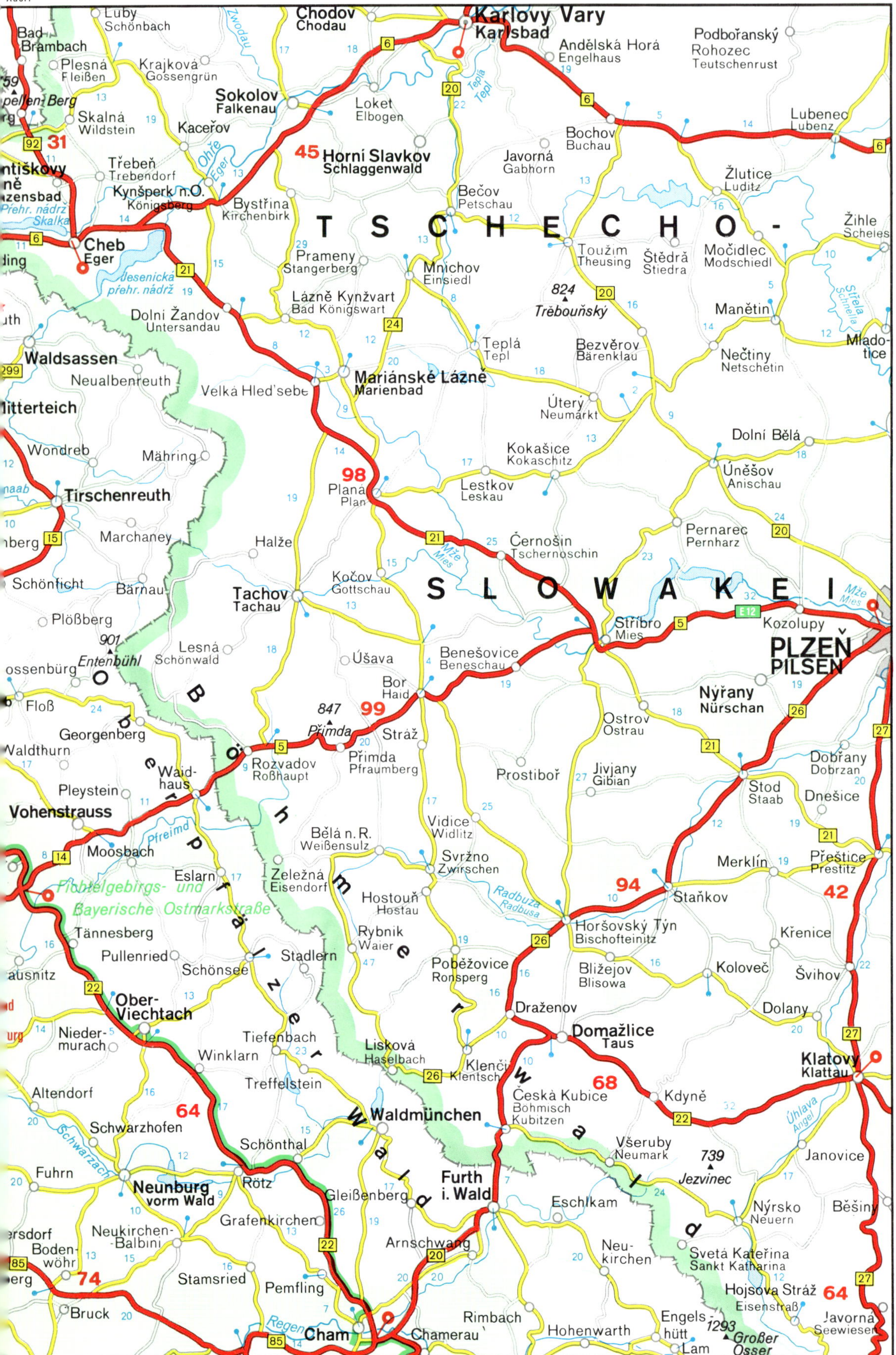

Praha 122 km   Praha 98 km   Strakonice 48 km

Viernheimer Dr. 127 km
AB-Kr.Neunkirchen 12 km
323
Kaiserslautern 38 km
Kaiserslautern
Metz 69 km
Metz 141 km
Héming-Neufmoulins 74 km
St. Dié 89 km
Colmar
336
Basel
Freiburg
Freiburg
SAARBRÜCKEN
Contwig
Pirmasens
Rodalben
Münchweiler
Eußerthal
Ramberg
Albersweiler
Annweiler
Breitfurt
Mandelbach-tal
Böckweiler
Bebelsheim
Kleinblittersdorf
Hornbach
Pirmasens
Lemberg
Hinterweidenthal
Hauenstein
Burg Trifels
Eschbach
Gersheim
Volmunster
Wolmünster
Breidenbach
Obersimten
Vinningen
Dahn
Gossersweiler-stein
Klingenmünster
Trulben
Eppenbrunn
Erching
Großer Eyberg
514
Burg Berwartstein
Wies-lautern
Bundenthal
Fischbach
Dörrenbach
Bad Bergzabern
Sarreguemines
Gros-Réderching
Bitche
Bitsch
Sturzelbronn
Stürzelbronn
Deutsche Weinstraße
Weintor
Oberotterbach
Schweigen-Rechtenbach
Pfälzer Wald
Rohrbach-lès Bitche
Herbitzheim
Obersteinbach
Wissembourg
Weißenburg
Sarralbe
Lemberg
Etang de Hanau
Ruine Falkenstein
Lembach
Baerenthal
Bärental
Lorentzen
Niederbronn-les-Bains
Bad Niederbronn
Oberseebach
Hunspach
Sarre-Union
Wœrth
Wörth
Soultz-s.-Forêts
Sulz u.Wald
Wimmenau
Reichshoffen
Reichshofen
Hatten
FRANKREICH
Drulingen
Eichel
Ingwiller
Ingweiler
Mertzwiller
Merzweiler
Sauer
la Petite-Pierre
Pfaffenhoffen
Pfaffenhofen
Soufflenheim
Sufflenheim
Rauwiller
Bouxwiller
Buchsweiler
Morschwiller
Morschweiler
Schweighouse-s-Moder
Schweighausen a.d.Moder
Haguenau
Hagenau
Rountzenheim
Runzenheim
Phalsbourg
Saverne
Hochfelden
Bischwiller
Drusenheim
Stollhofen
Sarrebourg
Phalsbourg
Hochfelden
Brumath-Nord
Rheinmünster
Schwarzach
Dettwiller
Dettweiler
Brumath
Saverne
Zabern
Canal de la Marne au Rhin
Weyersheim
Bühl
Brumath-S.
Hoerdt
Lichtenau
Marmoutier
Maursmünster
Willgottheim
Vendenheim
Reitwiller
Reitweiler
Rheinau-Freistett
Abreschviller
Obersteigen
Wangenbourg
Wangenburg
Wasselonne
Wasselnheim
Marlenheim
Wiwersheim
Mundolsheim
la Wantzenau
Wanzenau
Achern
Ittenheim
Bischheim
STRASSBURG
Kehl
Renchen
Sarre Rouge
Sarre Blanche
619
Grd. Rougimont
Oberhaslach
Ergersheim
Mutzig
Molsheim
Entzheim
Enzheim
Willstätt
Appenweiler
Oberkirch
1009
Donon
Raon s-Plaine
Bruche
Molsheim
Illkirch-Graffenstaden
Rosheim
Durbach
Schirmeck
Klingenthal
Obernai
Oberehnheim
Fegersheim
Offenburg
Mont-Ste. Odile
Kloster St. Odilien
Neuried-Ichenheim
St. Blaise-la-Roche
le Hohwald
Hohwald
Barr
Valff
Walf
Erstein
Ohlsbach
Gengenbach
Hohberg
Ranrupt
Gerstheim
Schwanau-Allmannsweier
Friesenheim
St. Martin
Villé
Epfig
Benfeld
Saales
Urbeis
Boofzheim
Lahr
Zell
Biberach
Provenchères-s-Fave
Sélestat
Hilsenheim
Kappel-Grafenhausen
Reichenbach
Seelbach
Badische Weinstraße
Steinach
Liepvre
Sélestat
Schlettstadt
Châtenois
Diebolsheim
Ettenheim
Schuttertal
Haslach
St. Marie-aux-Mines
Hochfelsen
949
Rust
Rheinhausen-Oberhausen
Ettenheim-münster
St-Hippolyte
Herbolzheim
Schweighausen
Kinzig
Rhein
Ill
Sarre
Zorn
Moder
Lauter

Mannheim
Speyer
324
AB-Kr. Walldorf
Heidelberg
AB-Kr. Walldorf
Ramberg
Edesheim
Hochstadt
Lingenfeld
Philippsburg
Kirrlach
Mühlhausen
Sinsheim
Steinsfurt
Bad Rappenau
Albersweiler
Landau
Bellheim
Germersheim
Kronau
Östringen
Angelbacht
Waghäusel-Wiesental
Bad Schönborn
Odenheim
Kirchardt
Trifels
Eschbach
Offenbach
Dettenheim-Rußheim
Neudorf
Insheim
Rülzheim
Graben-
Ubstadt-Weiher
Menzingen
Kirchhausen
Klingenmünster
Herxheim
Rheinzabern
Linkenheim-Hochstetten
Bruchsal
Kraichtal-
Eppingen
HEIL
Billigheim-Ingenheim
Rohrbach
Leopoldshafen
Stutensee
Heidelsheim
Gochsheim
Sulzfeld
Schwaig
Bad Bergzabern
Kandel
Eggenstein-
Flehingen
Brackenheim
Oberotterbach
Schweigen-Rechtenbach
Minfeld
Wörth
Blankenloch
Weingarten
Gondelsheim
Oberderdingen
Deutsche Weinstraße
Hagenbach
Jöhlingen
Bretten
Sternenfels
Zaberfeld
KARLSRUHE
Durlach
Walzbachtal-Wössingen
Knittlingen
Oberseebach
Scheibenhard
Berghausen
Maulbronn
Hohenhaslach
Lauterbourg
Rheinstetten
Pfinztal-
Königsbach-Stein
Neulingen-Bauschlott
Sachsenheim
Illingen
Ettlingen
DURLACH
Remchingen-Kämpfelbach
Mühlacker
Vaihingen a.d.Enz
Sersheim
Elchesheim-Illingen
Durmersheim
Wilferdingen
Bietigheim
Waldbronn
Karlsbad-Langensteinbach
Ispringen
Pforzhm.-Ost
Markgröningen
Hatten
Seltz
Plittersdorf
Malsch
Keltern
PF-West
Eberdingen
Rastatt
Marxzell
Birkenfeld
Mönsheim
Schwieberdingen
Sufflenheim
Muggensturm
Conweiler
PFORZHM.
Münchingen
Iffezheim
Kuppenheim
Straubenhardt-
Neuenbürg
Tiefenbronn
Heimerdingen
Ditzingen
Rountzenheim
Gaggenau
Unterreichenbach
Leonberg
Baden-Baden
Schloß Favorite
Bad Herrenalb
Dobel
Schömberg
Heimsheim
Stollhofen
Calmbach
Rheinmünster-Schwarzach
Merkur 670
Gernsbach
Schloß Eberstein
Sommerberg 784
Bad Liebenzell
Renningen
Weil der Stadt
Sinzheim
Wildbad
AB-Dr. Stuttgart
Lichtenau
Steinbach
Weisenbach
Hirsau
Sindelfingen
Bühl
Bühlertal
Sprollenhaus
Calw
Grafenau
Ruine Altwindeck
Forbach
Zavelstein
Kentheim
Rheinau-Freistett
Schwarzenbach-Stausee
Enzklösterle
Bad Teinach-
AB-Kr. Böbl.
Ottersweier
Ehningen
Böblingen
Achern
Raumünzach
Schwarzwald-Bäderstraße
Gärtringen
Untersmatt
Holzgerlingen
Hornisgrinde 1164
Simmersfeld
Wildberg
Hildrizhs.
AB-Kreuz Herrenbg.
Renchen
Kappelrodeck
Mummelsee
Altensteig
Berneck
Schwarzwald-Hochstraße
Besenfeld
Herrenberg
Schönbuch
Ottenhöfen
Ruhestein
Schwarzwald-Tälerstraße
Seewald-
Stausee Erzgrube
Nagold
Nebringen
Gäufelden-
Kloster Bebenhausen
Appenweier
Oberkirch
Allerheiligen
Schliffkopf 1055
Erzgrube
Bondorf
Tübingen
Klosterreichenbach
Haiterbach
Durbach
Pfalzgrafenweiler
Ergenzingen
Baiersbronn
Waldachtal-Salzstetten
Rottenburg
Offenburg
Badische Weinstraße
Oppenau
Kniebis
Freudenstadt
Dornstetten
Schopfloch
Horb a.N.
Starzach-
Dußlingen
Ohlsbach
Griesbach
Glatten
Börstingen
Ofterdingen
Gengenbach
Bad Peterstal-
Bad Rippoldsau-
Loßburg
Bad Imnau
Mössingen
Oberharmersbach
Schapbach
Leinstetten
Empfingen
Rangendingen
Zell
Betzweiler-Wälde
Alpirsbach
Dornhan
Sulz
Haigerloch
Hechingen
Biberach
Vöhringen
Jungingen
Steinach
Wolfach
Hausach
Fluorn-
Hohenzollern
Bisingen
Haslach
Schiltach
Winzeln
Oberndorf
Geislingen
956 Raichberg
Onstmettingen
Schuttertal
Freilichtmuseum Vogtsbauernhof
Aichhalden
Waldmössingen
Rosenfeld
Balingen
Schwäbische Albstraße
Tailfingen
Gutach
Lauterbach
Schramberg
Dotternhausen
Frommern
Weilstetten
Albstadt-
Schweighausen
Oberprechtal
Hornberg
Freiburg
Titisee 70 km
Donaueschingen 64 km
Rottweil
337
Rottweil
Singen
Rottweil

Hohenloher Ebene
Neuen-stadt
Bad Friedrichshall
Neckar-sulm
Ohrnberg
Langen-brettach
Neuenstein
Öhringen
Bretzfeld
Pfedelbach
Waldenburg
Kupferzell
Döttingen
Braunsbach
Langen-burg
Gerabronn
Obersteinach
Kirchberg
Rot am See
Michelbach a.d.Lücke
Wall-hausen
Schnelldorf
Satteldorf
Romantische Straße
Burgenstraße
Weins-berg
Obersulm-Affaltrach
Maienfels
Obersteinbach
Untermünkheim
Schwäbisch Hall
Wolperts-hausen
Ils-hofen
Crailsheim
-Mariä-Kappel
Kreßberg-Marktlustenau
Unter-gruppenbach
Löwenstein
Mainhardt
Großaltdorf
Comburg
-Gründelhardt
Frankenhardt-
Jagstheim
Vellberg
Fichtenau-Unterdeuf-stetten
Ilsfeld
Beilstein
Wüstenrot
Spiegel-berg
-Uttenhofen
Rosengarten
Michelbach a.d.Bilz
Obersontheim
Bühlertann
Sulzbach
Oberrot
Fichtenberg
Gaildorf
Bühlerzell
Rosenberg
Jagstzell
Großbottwar
Steinheim
Murrhardt
Kirchenkirnberg
Sulzbach-Laufen
Adelmanns-felden
Ellwangen
Freiberg/N.
Aspach
Marbach
Backnang
Weissach i.T.
Unter-gröningen
Neuler
Rainau-Schwabsberg
Ludwigsburg
Allmersbach im Tal
Rudersberg
Kaisers-bach
Gschwend
Hüttlingen
Schwaik-heim
Remseck-
Winnenden
Welzheim
Eschach
Abtsgmünd
Westhausen
Kornwest-heim
Neckar-rems
Waiblingen
Oppelsbohm
Berglen-
Alfdorf
Leinzell
Heuch-lingen
Wasseralfingen
Aalen
Remshalden
Urbach
Schwäbisch Gmünd
Mögglingen
Unterkochen
BAD CANNSTATT
Fellbach
Weinstadt
Kernen i.R.
Schorndorf
Lorch
Essingen
Ebnat
STUTTGART
Esslingen
Wäschenbeuren
Ruine Hohenstaufen
Heubach
Straßdorf
Rechberg
Oberkochen
Königsbronn
Ruine Hohenrechberg
Bartholomä
Großkuchen
Ost-fildern
Plochingen
Ebers-bach
Hohenstaufen
Göppingen
Eislingen
Ottenbach
Lauterstein-Weißenstein
Steinheim
Köngen
Wernau
Uhingen
Salach
Süßen
Donzdorf
Böhmenkirch
Heidenheim
Bernhausen
Wendlingen
Filderstadt
Kirchheim
Holzmaden
Boll
Gussen-stadt
Gerstetten
Herbrecht-ingen
Aichtal-Grötzingen
Nürtingen
Schwäbische Albstraße
Geislingen
Dettingen
Neckar-tenzlingen
Owen
Weilheim
Bad Überkingen
Amstetten
Lenningen-Unterlenningen
Wiesen-steig
Gruibingen
Deggingen
Ruine Hohenneuffen
Ruine Reussenstein
Neuffen
Schopf-loch
Drackenstein
Nellingen
Lonsee
Weiden-stetten
Nerenstetten
Metzingen
Uracher Wasserfall
Bad Urach
Böhringen
Römer-stein
Westerheim
Merk-lingen
Westerstetten
Langenau
Reutlingen
Eningen
Laichingen
Dorn-stadt
Feldstetten
Pfullingen
Würtingen
St.Johann-Gächingen
Seeburg
Sperrgebiet
Heroldstatt-Ennabeuren
Suppingen
Elchingen-Pfuhl
Nersingen
Lichten-stein-Honau
Münsingen
Blautopf
Blaustein
Blaubeuren
Neu-Ulm
Bibertal-Kissend
Schloß Lichtenstein
Engstingen
Gomadingen
Magolsheim
Schelklingen
ULM
Bärenhöhle
Bernloch
Marbach
Mehrstetten
Schmiechen
Hohenstein-
Buttenhausen
Wiblingen
Pfaffen-hofen
Allmendingen
Iller-kirchberg
Senden
Weissenhorn
Trochtel-fingen
Stein-hilben
Gundelfingen
Erbach
Indelhausen
Hayingen
Oberschwäbische Barockstraße
Ehingen
Ach-stetten
Staig
Vöhringen
Gammertingen
Unter-marchtal
Rißtissen
Illerrieden
Zwiefalten
Ober-marchtal
Munderkingen
Laupheim
Schwäbische Alb
Schwäbisch Alb

Bad Mergentheim AB-Kr. Biebelried 326 Ansbach Ansbach AB-Kr.Nürnberg

AB-Kr. Allgäu 338 Mindelheim 339 Landsberg

Allersberg
Freystadt
Hilpoltstein
Mühlhausen
Deining
Velburg
Hörmannsdorf
Parsberg
Sperrgebiet
Hohenfels
Rohrbach
Burglengenfeld
Teublitz
Bubach a.d.Naab
Maxhütte-Haidhof
Kallmünz
Regenstauf
Regen
Seubersdorf
Daßwang
Beratzhausen
Wolfsegg
Pielenhofen
Lappersdorf
Nittendorf
Eysölden
Berching
Burggriesbach
Holnstein
Breitenbrunn
Hemau
Laaber
Deuerling
Thalmässing
Greding
Nennslingen
Dietfurt
Beilngries
Kinding
Altmühltal
Titting
Meihern
Painten
Sinzing
Riedenburg
Schloß Prunn
Ihrlerstein
Befreiungshalle
Kelheim
Bad Abbach
Alteglofsheim
Pollenfeld
Kipfenberg
Denkendorf
Pondorf
Essing
Donaudurchbruch
Kloster Weltenburg
Saal
Dünzling
Eichstätt
Walting
Sandersdorf
Altmannstein
Mindelstetten
Weltenburg
Hausen
Schierling
Böhmfeld
Stammham
Bad Gögging
Abensberg
Bachl
Langquaid
Eitensheim
Oberdolling
Pförring
Neustadt
Offenstetten
Gaimersheim
Lenting
Kösching
Großmehring
Rohr i.Niederb.
Straße der Residenzen
Nassenfels
Ingolstadt
Vohburg
Münchsmünster
Siegenburg
Oberroning
Neuburg
Ernsgaden
Wildenberg
Rottenburg
Weichering
Karlshuld
Manching
Aiglsbach
Ratzenhofen
Ergoldsbach
Geisenfeld
Pfeffenhausen
Königsmoos-Ludwigsmoos
Pobenhausen
Berg
Reichertshofen
Rohrbach
Mainburg
Großgundertshausen
Hohenthann
Pörnbach
Wolnzach
Rudelzhausen
Obermünchen
Weihmichl
Hohenwart
Grafendorf
Furth
Landshut
Sandizell
Schrobenhausen
Pfaffenhofen a.d.Ilm
Au i.d. Hallertau
Hörgertshausen
Gündlkofen
Altdorf
Aresing
Nandlstadt
Bruckberg
Sünzhausen
Attenkirchen
Wang
Gerolsbach
Scheyern
Ilmmünster
Schweitenkirchen
Moosburg
Münchsdorf
Kühbach
Reichertshausen
Kirchdorf
Zolling
Langenbach
Buch
Vilsheim
Aichach
Schiltberg
Hilgertshausen-Tandern
Jetzendorf
Allershausen
Hohenkammer
Freising
Wartenberg
Sielenbach
Altomünster
Petershausen
Berglern
Thalheim
Dasing
Markt Indersdorf
Vierkirchen
Fahrenzhausen
Massenhausen
Oberding
Langengeisling
Erdweg
Schönbrunn
Haimhausen
Hallbergmoos
Erding
Odelzhausen
Schwabhausen
Hebertshausen
Unterschleißheim
Eching
Neufahrn
Altenerding
Dorfen
Egenhofen
Sulzemoos
Dachau
Oberschleißheim
Moosinning
Garching
Wörth
Lengdorf
Karlsfeld
Ismaning
Isen
St. Wolfgang
Donau
Isar
Amper
Ilm
Paar
Glonn
Abens
Altmühl
Naab
Schw. Laaber
Main-Donau-Kanal
Ludwigskanal
Fränkische Alb
IX-XII/1986
Freising-Ost
Freising-Süd
Dachau/Fürstenfeldbr.
Garching-Nord
Garching-S.
M.-Neuherbg.
AB-Kr. Neufahrn
AB-Dr. Holledau
AB-Kr. Regensbg.-Süd
Ingolst.-Süd
Ingolst.-N.
Moosburg-Nord
Landshut-W.
Landshut-Nord
Landshut-Althm.
Mainbg.
Allershsn.
Pfaffenhofen
Langenbruck
Elsendorf
Lohhof
Denkendorf
Lenting

Nabburg 327 Amberg Weiden 79 km Plzen (Pilsen)

340 Bundesstraße 12 Bundesstraße 15 Altenmarkt 32 km

Elterding 60km
Linz 97km
Wels 48 km

Straßburg
Appenweier
Appenweier
329
Appenweier
Wolfach
Wolfach
Freudenstadt
Colmar
Colmar 48km
Mulhouse 36km
Mulhouse 34km
Belfort 67km
Biel 88km
Bern
Bern
Luzern 53km
Sélestat
Schlettstadt
St-Hippolyte
Rust
Rheinhausen
Oberhausen
Ettenheim
Ettenheimmünster
Herbolzheim
Kenzingen
Weisweil
Marckolsheim
Markolsheim
Wyhl
Sasbach
Riegel
Endingen
Ottoschwanden
Freiamt
Schweighausen
Badische Weinstraße
Teningen
Emmendingen
Nimburg
Elsenheim
Muntzenheim
Munzenheim
Vogtsburg-Oberrotweil
Eichstetten
Bötzingen
Kaiserstuhl
March-Buchheim
Denzlingen
Waldkirch
Gutach
Altsimonswald
Simonswald
Elzach
Oberprechtal
Gutach
Hornberg
Lauterbach
Tennenbronn
Schonach
Triberg
Königsfeld
Triberger Wasserfall
St. Georgen
Schönwald
Mönchweiler
Brend 1148
Furtwangen
Glottertal
1241 Kandel
Gundelfingen
FREIBURG
Freiburg-Mitte
Freiburg-S.
Breisach
Neuf-Brisach
Neubreisach
Tiengen
St. Peter
Gütenbach
St. Märgen
Vöhrenbach
Villingen
Ebnet
Merzhausen
Schallstadt
Buchenbach
Höllental
Hammereisenbach-Bregenbach
Grüne Straße
Eisenbach
Südschwarzwald-Bodensee
Ravennaschlucht
Bad Krozingen
Balgau
Kirchzarten
Ehrenkirchen
St. Ulrich
Schauinsland 1284
Hinterzarten
Neustadt
Bräunlingen
Hirtzfelden
Hirzfelden
Heitersheim
Staufen
Feldberg 1483
Titisee
Löffingen
Lenzkirch
Mundelfingen
Wutachschlucht
Münstertal/Schwarzwald
Todtnau
Feldberg (Schwarzwald)
Altglashütten
Sulzburg
Müllheim
1414 Belchen
Schluchsee
Bonndorf
Neuenburg
Ottmarsheim
Baden-weiler
1165 Blauen
Geschwend
Bernau
Schluchsee
Marzell
Neuenweg
Schönau
St. Blasien
Grafenhausen
Rixheim
Schliengen
Malsburg
Birkendorf
Bad Bellingen
Kandern
Tegernau
Mambach
Todtmoos
Häusern
Höchenschwand
Stühlingen
Zell
Amrigschwand
Ühlingen
Sierentz
Efringen-Kirchen
Istein
Hausen
Herrischried
Bannholz
Eggingen
St. Louis
Steinen
Schopfheim
Hornberg
Görwihl
Weilheim
Lörrach
Maulburg
Wehr
Waldshut-Tiengen
Erzingen
Weil
Rickenbach
Oberwihl
Lauchringen
Griessen
St. Louis
St. Ludwig
Grenzach-Wyhlen
Rheinfelden
Bad Säckingen
Albbruck
Laufenburg
Leibstadt
Koblenz
Zurzach
Ruine Küssaburg
Folgensbourg
Volkensburg
BASEL
Augst
Murg
Laufenburg
Döttingen
Kaiserstuhl
Oberwil
Pratteln
Liestal
Arisdorf
Eiken
Frick
Lengnau
Reinach
Flüh
Sissach
Gelterkinden
Stilli
Brugg
Dielsdorf
Baden
Wettingen
Zwingen
Kienberg
Bad Schinznach
Laufen
Buckten
Neuenhof
Dietikon
Waldenburg
Bretzwil
Erschwil
Ober-Hauenstein
Eptingen
Unter-Hauenstein
Aarau
Lenzburg
Schlieren
Suhr
Mervelier
Langenbruck
Olten
Wohlen
Bremgarten
Balsthal
Aarburg
Aarau-West
Oensingen
Härkingen
Rothrist
Oftringen
Schöftland
Unterkulm
Hallwiler See
Niederbipp
Zofingen
Beinwil
Muri
Gänsbrunnen
Murgenthal
Reiden
Reinach
Wangen
St. Urban
Dagmersellen
Triengen
Solothurn
Langenthal

Balingen
Onstmettingen -Tailfingen
Albstadt-Ebingen
Gammertingen
Hayingen
Unter-marchtal
Ober-marchtal
Zwiefalten
Wald-mössingen
Dunningen
Schömberg
Dottern-hausen
Frommern
Weil-stetten
964 Lochenstein
Lautlingen
Bitz
Neufra
Hettingen
Ittenhausen
Rottweil
Zimmern
Rott-weil
Hausen a.Tann
Meßstetten
Straßberg
Sperr-gebiet
Winter-lingen
Oberschwäbische Barockstraße
Unlingen
767 Bussen
Lemberg 1015
Wellen-dingen
Wehingen
Gosheim
Obernheim
Nusplingen
Veringenstadt
Veringendorf
Riedlingen
Langen-enslingen
Dürmentingen
Villingen-Schwenningen
Deißlingen
Aldingen
Trossingen
Dreifaltigkeits-berg 985
Böttingen
Spaichingen
Schwäbische Albstraße
Stetten a.kalten Markt
Bingen
Sigmaringen
Laiz
Hausen
Inzigkofen
Scheer
Ertingen
Herbertingen
Tuningen
Lupfen 977
Rietheim-Weilheim
Beuron
Burg Wildenstein
Sigmaringen-dorf
Mengen
Saulgau
Talheim
Wurm-lingen
Mühlheim
Fridingen
Rohrdorf
Ablach
Krauchenwies
Donau-eschingen
Tuttlingen
Nendingen
Messkirch
Immen-dingen
Möhringen
Witthoh 860
Neuhausen
Schwandorf
Krumbach
Wald
Ostrach
Mosbach
Ebersbach
Altshausen
Geisingen
Emmingen-Liptingen
Sauldorf
Pfullendorf
Donau-versickerung
Hohenfels-Kalkofen
Aach-Linz
Denkingen
Zizenhausen
Eigeltingen
Engen
Stockach
Herdwangen-Schönach
Illmen-see
Wilhelmsdorf
Fronreute-Blitzenreute
Tengen
Welschingen
Aach
Orsingen-Nenzingen
Grüne Straße Südschwarzwald-Bodensee
Ludwigs-hafen
Owingen
Heiligenberg
Horgenzell-Hasenweiler
Mühlhsn-Ehingen
Steißlingen
Bodman-Ludwigshafen
Frickingen
Salem
Deggenhausertal-Wittenhofen
Bargen
Hegau
Ruine Hohentwiel
Singen
Überlinger See
Überlingen
Wallfahrtskirche Birnau
Taldorf
Thayngen
Radolfzell
Dingelsdorf
Mühlhofen
Uhldingen-Mühlhofen
Markdorf
Schaffhausen
Gott-madingen
Rielasingen-Worblingen
Moos
Untersee
Reichenau
Allensbach
Pfahl-bauten
Mainau
Meersburg
Meckenbeuren
Neuhausen
Rheinfall
Diessenhofen
Gaienhofen
Stein am Rhein
Ermatingen
Konstanz
Immenstaad a.Bodensee
Friedrichshafen
Eriskirch
Rheinau
Unter-Stammheim
Steckborn
Kreuzlingen
Bodensee
Gisenhard
Andel-fingen
Pfyn
Müllheim
Märstetten
Güttingen
Langenargen
Eglisau
Berg
Uesslingen
Frauenfeld
Weinfelden
Romanshorn
Amriswil
Bülach
Winterthur
Affeltrangen
Sulgen
Arbon
Wängi
Aadorf
Münchwilen
Bischofszell
Rorschach
Kloten
Wil
Waldkirch
Rheineck
Kemptthal
Turbenthal
Effretikon
Uzwil
St. Margrethen
Gossau
St. Gallen
Kirchberg
Oberbüren
Flawil
Trogen
Berneck
Dübendorf
ZÜRICH
Pfäffikon
Bauma
Toggenburg
Herisau
Teufen
Altstätten
Gais
Greifensee
Uster
Waldstatt
Appenzell
Küsnacht
Wetzikon
Steg
Lichtensteig
Oberriet
Brülisau
Thalwil
Hinwil
Wattwil
St. Peterzell
Urnäsch
Ebenalp 1644
Hoher Kasten 1795
Meilen
Grüningen
Wald
Rüti
Ricken
Rickenpaß 792
Ebnat-Kappel
Schwägalp-paß 1300
Säntis 2501
Sennwald
Horgen
Stäfa
Rapperswil
Eschenbach
Wädenswil
Zürichsee

Ulm
AB-Kr. Ulm/Elchingen
Günzburg
Ehingen
Unter-marchtal
Ober-marchtal
Munderkingen
Rißtissen
Achstetten
Laupheim
Vöhringen
Illerrieden
Illertissen
Roggenburg
Bayersried-Ursberg
Thannhausen
Langenneufach
Krumbach
Balzhausen
Buch
Donau
Oberschwäbische Barockstraße
Oberstadion
Schemmerhofen
Dietenheim
Schwendi
Unlingen
Aßmannshardt
Langenschemmern
Sulmingen
Altenstadt
Babenhausen
Kettershausen
Aletshausen
Kirchheim
Aichen
Bussen 767
Uttenweiler
Wart-hausen
Maselheim
Kirchberg
Gutenzell-Hürbel
Kellmünz a.d.Iller
Dettingen
Breitenbrunn
Pfaffenhausen
Dürmentingen
Reinstetten
Biberach
Ochsenhausen
Erolzheim
Boos
Tussenhausen
Ertingen
Federsee
Bad Buchau
Mittelbiberach
Ummendorf
Lauben
Kammlach
Mindelheim
Wallfahrtskirche
Steinhausen
Berkheim
Heimertingen
Erkheim
Saulgau
Ingoldingen
Rot a.d. Rot
Steinheim
AB-Kr. Memmingen
Tannheim
Sontheim
Dirlewang
Bad Wörishofen
Bad Schussenried
Eberhardzell
Memmingen
Musbach
Oberessendorf
Ellwangen
Memmingen-Süd
Lauchdorf
Ebersbach
Aulendorf
Hauerz
Aitrach
Ottobeuren
Markt Rettenbach
Baisweil
Bad Waldsee
Bad Wurzach
Woringen
Pforzen
Irsee
Wolpertswende
Aichstetten
Kronburg
Grönenbach
Ronsberg
Wolfertschwenden
Kaufbeuren
Friesenried
Fronreute-Blitzenreute
Schloß Zeil
Legau
Baindt
Arnach
Bergatreute
Reichenhofen
Leutkirch
Dietmannsried
Obergünzburg
Günzach
Baienfurt
Weingarten
Wolfegg
Kißlegg
Gebrazhofen
Herlazhofen
Kimratshofen
Altusried
Haldenwang
Aitrang
Kraftisried
Ravensburg
Friesenhofen
Wildpoldsried
Unterthingau
Taldorf
Vogt
Waldburg
Waltershofen
Wiggensbach
Kempten-Leubas
Kempten
Leuterschach
Eschach
Argenbühl-Ratzenried
Rohrdorf
Betzigau
Görisried
Amtzell
Schwarzer Grat 1118
Buchenberg
Durach
Meckenbeuren
Bodnegg
Wangen
Isny
Wengen
AB-Kr. Allgäu
Tettnang
Neukirch
Maierhöfen
Waltenhofen
Sulzberg
Oy
Eriskirch
Neuravensburg
Hergatz
Heimenkirch
Röthenbach
Weitnau
Niedersonthofener See
Mittelberg
Nesselwang
Kreßbronn
Langenargen
Weißensberg
Lindenberg
Simmerberg
Missen-Wilhams
Deutsche Alpenstraße
Stein i.Allgäu
Wertach
Grüntensee
Pfronten
Sigmarszell
Lindau
Hörbranz-Lochau
Scheidegg
Weiler
Oberstaufen
Immenstadt
Rettenberg
Grünten 1738
Jungholz
Wasserburg
Scheffau
Oberreute
Thalkirchdorf
Blaichach
Burgberg
Unterjoch
Lochau
Pfänder 1064
Sulzberg
Aach
Hochgrat 1832
Oberjochpaß 1180
Bregenz
Rorschach
Rheineck
Hard
Pfändertunnel
Höchst
Müselbach
Krumbach
Hittisau
Balderschwang
Sonthofen
Hindelang
Oberjoch
Tannheim
Fischen
Hinterstein
Haldensee
St. Margrethen
Bolsterlang
Riedbergpaß 1420
Vilsalpsee
Weißenbach
Lustenau
Hochbrücke
Bregenzer Wald
Bödele
Sibratsgfäll
Rindberg
Nebelhorn 2224
Berneck
Dornbirn
Bezau
Breitachklamm
Oberstdorf
Diepoldsau
Schönenbach
Hochvogel 2594
Hohenems
Schnepfau
Riezlern
Kl. Walsertal
Fellhorn 2039
Faistenoy
Hinterhornbach
Kriessern
Götzis
Ebnit
Deutsches Zollgebiet
Mittelberg
Elmen
Oberriet
Altach
Mittagspitze 2097
Au
Baad
Allgäuer Alpen
Häselgehr
Klaus
Hoher Freschen 2006
Schoppernau
Mädelegabel 2649
Elbigenalp
Boden
Furkapaß 1761
Damüls
Faschina 1486
Bregenzer Ache
Hochtannbergpaß 1679
Bach
Gramais
Rankweil
Rhein
Ill
Feldkirch
Innerlaternser
Fontanella
Warth
Holzgau
Steeg
Madau
Buchs 14km Bludenz 21km
Lech 7km

Augsburg
Augsburg
333
AB-Kr. Ulm/Elchingen
AB-Kr. Nürnberg 162 km
Bobingen
Königsbrunn
Mering
Merching
Oberottmarshausen
Großaitingen
Althegnenberg
Dachau
Oberschleißheim
Garching
Ismaning
Maisach
Karlsfeld
Unterföhring
Prittriching
Mammendorf
Olching
Egling
Romantische Straße
Schwabmünchen
Fürstenfeldbruck
Gröbenzell
MÜNCHEN
Puchheim
Moorenweis
Feldkirchen
Lechfeld
Klosterlechfeld
Langerringen
Geltendorf
Unterpfaffenhofen
Germering
Riem
Weil
Haar
Gilching
Gräfelfing
Grafrath-Wildenroth
Kaufering
Planegg
Putzbrunn
Greifenberg
Inning
Penzing
Gauting
Unterhaching
Ottobrunn
Igling
Weßling
Wörthsee
Schondorf
Pullach
Landsberg
Seefeld
Grünwald
Finning
Utting
Breitbrunn
Oberhaching
Pilsensee
Starnberg
Höhenbrunnthal
Waal
Windachsee
Herrsching
Percha
Schäftlarn
Obermühlhausen
Berg
Sauerlach
Kloster Andechs
Pöcking
Ammersee
Kloster
Icking
Hofoldinger Forst
Vilgertshofen-Issing
Oberostendorf
Endlhausen
Dießen
Traubing
Fuchstal
Feldafing
Egling
Reichling
Fischen
Kaufbeuren-Neugablonz
Wolfratshausen
Otterfing
Raisting
Münsing
Rott
Denklingen
Satelliten Funkstation
Tutzing
Pähl
Holzkirchen
Apfeldorf
Starnberger See
Osterzell
Wessobrunn
Eurasburg
Geretsried
Bernried
Dietramszell
Hohenfurch
Weilheim
Zellsee
Bidingen
Sachsenkam
Altenstadt
Schongau
Hoher Peißenberg 988
Seeshaupt
Beuerberg
Königsdorf
Polling
Waakirchen
Peiting
Peißenberg
Hohenpeißenberg
Osterseen
Isar
Marktoberdorf
Haslacher See
Hugfing
Iffeldorf
Penzberg
Bad Tölz
Böbing
Stötten
Bernbeuren
Eglfing
Bad Heilbrunn
Tegernsee
Habach
Bad Wiessee
Steingaden
Uffing
Rottenbuch
Echelsbacher Brücke
Bichl
Lechbruck
Riegsee
Staffelsee
Benediktbeuern
Lenggries
Wies
Murnau/Kochel
Saulgrub
Wieskirche
Ammer
Murnau
Benediktenwand 1801
Bad Kohlgrub
Schlehdorf
Kochel
Trauchgau
Kochelsee
Kreuth
Unterammergau
Ohlstadt
Walchenseekraftwerk
Halblech-Buching
Kesselberg 858
Walchensee
Forggensee
Eschenlohe
Jachen
Jachenau
Achenpaß
Bannwaldsee
Schloß Linderhof
Oberammergau
Sylvenstein-Stausee
Schwangau
Walchensee
Schloß Neuschwanstein
Ettal
Linderhof
Oberau
Vorderriß
Füssen
Hochplatte 2082
1118
Ammersattel
Alpsee
Achenthal
Farchant
Achenkirch
Wallgau
Deutsche Alpenstraße
Ammergeb.
Garmisch-Partenkirchen
Wank 1790
Krün
Barmsee
Scholastika
Reutte
Plansee
Klais
Hinterriß
Achensee
Heiterwanger See
Grainau
Partnachklamm
Pertisau
Heiterwang
Eibsee
1652 Kreuzeck
Mittenwald
Großer Ahornboden
Gebühr
Maurach
Zugspitze 2963
2385 Westliche Karwendelspitze
Birkkarspitze 2749
Eng
Jenbach
Bichlbach
Ehrwald
Schloß Tratzberg
Berwang
Lermoos
Wetterstein-Geb.
Karwendelgebirge
Leutasch
Scharnitz
Isar
Blindsee
Biberwier
Schwaz
Fernpaß 1209
2758
Vomp
Mieminger Kette
Seefelder Sattel 1185
Hafelekar 2334
Terfens
Telfs
Seefeld
Nassereith
Holzleiten-Sattel 1126
Absam
Fritzens
Thaur
Hall in Tirol
Weer
Obsteig
INNSBRUCK
Wattens
Mötz
Zirl
Stams
Silz
Kematen
Axams
Igls
Tulfes
Imst
Lechtaler Alpen
VII/1986
Landeck 32km Landeck 67km
Brenner-Paß 34km

AB-Kr. Nürnberg 162 km
334
Landshut
Dachau
Oberschleißheim
Garching
Ismaning
Unterföhring
Aschheim
Karlsfeld
Olching
Gröbenzell
Puchheim
Germering
Gräfelfing
Planegg
Gauting
Weßling
Pullach
Grünwald
Unterhaching
Ottobrunn
Oberhaching
MÜNCHEN
Feldkirchen
RIEM
Haar
V.-Parsdorf
Vaterstetten
Zorneding
Putzbrunn
Hohenbrunn
Höhenkirchen
Brunnthal
Sauerlach
Schäftlarn
Kloster
Icking
Egling
Wolfratshausen
Geretsried
Eurasburg
Berg
Percha
Starnberg
Pöcking
Feldafing
Münsing
Tutzing
Starnberger See
Beuerberg
Seeshaupt
Königsdorf
Penzberg
Bad Heilbrunn
Bichl
Benediktbeuern
Kochel
Schlehdorf
Kochelsee
Benediktenwand 1801
Walchenseekraftwerk
Kesselberg 858
Walchensee
Jachenau
Sylvenstein-Stausee
Vorderriß
Wallgau
Deutsche Alpenstraße
Hinterriß
Großer Ahornboden
Eng
Westliche Karwendelspitze 2385
Birkkarspitze 2749
Karwendelgebirge
Scharnitz
Hafelekar 2334
INNSBRUCK
Absam
Thaur
Hall in Tirol
Axams
Igls
Tulfes
Brenner-Paß 34km
Markt Schwaben
Pastetten
Isen
Lengdorf
Wörth
Forstinning
Anzing
Hohenlinden
Kirchseeon
Ebersberg
Grafing
Oberpframmern
Glonn
Aßling
Aying
Helfendorf
Höhenrain
Feldkirchen-Westerham
Bruckmühl
Valley
Otterfing
Holzkirchen
Dietramszell
Weyarn
Warngau
Sachsenkam
Waakirchen
Miesbach
Gmund a.T.
Hausham
Schliersee
Bad Tölz
Bad Wiessee
Tegernsee
Rottach-Egern
Lenggries
Wallberg 1722
Kreuth
Achenpaß 941
Achenthal
Achenkirch
Scholastika
Achensee
Pertisau
Maurach
Jenbach
Schloß Tratzberg
Vomp
Terfens
Fritzens
Wattens
Weer
Schwaz
Kellerjoch 2344
Fügen
Hochfügen
Stumm
Zillertal
Zell
Mayrhofen 10km Krimml
Steinberg a.Rofan
Rofanspitze 2260
Kramsach
Brandenberg
Rattenberg
Brixlegg
Alpbach
Straß
Fischbachau
Neuhaus
Spitzingsattel
Bayrischzell
Valepp
Ursprung Paß 849
Wendelstein 1838
Brannenburg
Degerndorf
Sudelfeld
Tatzelwurm
Niederaudorf
Oberaudorf
Kiefersfelden
Thiersee
Kufstein
Mariastein
Kirchbichl
Wörgl
Kundl
Oberau
Niederau
Wildschönau
Auffach
Kelchsau
Schwarzenau
Schönanger-Alm
Gamskogelhütte
Großer Galtenberg 2425
Kreuzjoch 2558
Gerlos
Gerlospaß 1507
Neukirchen
Wald
Krimml
Zell 70km
Kitzbüheler Alpen
Hopfgarten
Hohe Salve 1829
Söll
Scheffau
Wilder Kaiser 2344
Ellmau
Brixen
Westendorf
Kirchberg
Haag
Obertaufkirchen
Oberornau
St. Wolfgang
Waldkraiburg
Aschau am Inn
Gars
Albaching
Steinhöring
Wasserburg
Pfaffing
Attel
Frabertsham
Griesstätt
Rott
Hohenthann
Tuntenhausen
Schechen
Vogtareuth
Beyharting
Großkarolinenfeld
Bad Aibling
Kolbermoor
Aising
Rosenheim
Stephanskirchen
Rimsting
Endorf
Halfing
Amerang
Raubling
Neubeuern
Bad Feilnbach
Au
Hundham
Irschenberg
Willing
Nußdorf
Samerberg-Törwang
Frasdorf
Erl
Niederndorf
Walchsee
Sachrang
Schloß Hohenaschau
ÖSTERREICH

Landshut 62 km　Simbach　335　Simbach　Simbach

Hinweise zum Ortsregister

Hinweise zum Ortsregister:

Das Ortsregister enthält alle im Atlasteil 1:500000 verzeichneten Ortsnamen.

Bei Orten, die in den Nachbarländern Deutschlands liegen, steht hinter dem Ortsnamen (in Klammern) das Nationalitätenkennzeichen des jeweiligen Landes.

Bei der Alphabetisierung wurden die Umlaute ä, ö und ü wie ae, oe und ue behandelt; das dänische ø wurde wie oe behandelt.

Orte mit den Zusätzen Bad, Markt und Ostseebad sind unter Bad, Markt und Ostseebad eingeordnet; Orte mit den Zusätzen Sankt, Saint und Sainte, die in der Karte mit St. und Ste. abgekürzt sind, wurden alphabetisch unter St. bzw. Ste. eingeordnet.

Gleichlautende Ortsnamen wurden, wenn sie in Nachbarländern liegen, durch das Nationalitätenkennzeichen, wenn sie in Deutschland liegen, durch die Postleitzahlen der jeweiligen Orte oder wenn der Ort keine eigene Postanstalt hat, durch die Postleitzahl und den Namen des zuständigen Postortes unterschieden. Steht vor der Postleitzahl ein »x«, so liegt der entsprechende Ort in der Deutschen Demokratischen Republik.

Sämtliche Ortsnamen sind mit einer Lageangabe versehen, die ein leichtes Auffinden des Ortes im Kartenteil ermöglicht. Das Suchsystem wird im nachfolgenden Textteil erläutert.

Erläuterung des Suchsystems:

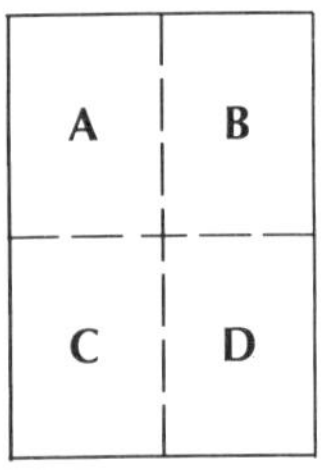

Stellen Sie sich bitte das nebenstehende Suchgitter vergrößert und über eine ganze Kartenseite gedruckt vor.

Jede Kartenseite wird so in vier gleich große Felder aufgeteilt. Die einzelnen Felder werden durch die Großbuchstaben A, B, C und D klar bezeichnet.

Im Register steht hinter jedem Ortsnamen eine Seitenzahl und ein Suchbuchstabe. Die Seitenzahl gibt an, auf welcher Kartenseite, der Suchbuchstabe gibt an, in welchem Feld der Kartenseite der jeweilige Ort zu finden ist.

Denken Sie bitte beim Aufsuchen eines Ortes stets an die Aufteilung der Kartenseite in diese vier gleich großen Felder und Sie werden jeden Ort sicher und schnell finden.

Beispiele:

Aachen 316 A	– Aachen finden Sie auf Seite 316 im Suchfeld A.
Aarau (CH) 336 D	– Aarau liegt in der Schweiz, und Sie finden es auf Seite 336 im Suchfeld D.
Alfeld PLZ 3220, 313 A	– Alfeld erscheint zweimal im Register. Das hier genannte Alfeld hat die Postleitzahl 3220 und liegt auf der Seite 313 im Suchfeld A.
Adorf PLZ 3543 Diemelsee, 312 D	– Adorf erscheint zweimal im Register. Das hier genannte Adorf gehört postalisch zu 3543 Diemelsee und liegt auf der Seite 312 im Suchfeld D.
Adorf PLZ x 9930, 321 D	– Adorf erscheint zweimal im Register. Das hier genannte Adorf ist ein Ort in der Deutschen Demokratischen Republik; es hat die Postleitzahl 9930 und liegt auf Seite 321 im Suchfeld D.

Ortsregister zum Atlasteil

A

Aach PLZ 7701, 337 A
Aach PLZ 8974 Oberstaufen, 338 A
Aachen 316 A
Aach-Linz 337 B
Aadorf (CH) 337 C
Aalen 332 A
Aalten (NL) 310 B
Aarau (CH) 336 D
Aarbergen 318 C
Aarburg (CH) 336 D
Abenberg 332 B
Abenrå (DK) 294 B
Abensberg 333 B
Abild (DK) 294 B
Abreschviller (F) 329 C
Absam (A) 340 C
Abtenau (A) 341 D
Abterode 313 C
Abtsgmünd 331 B
Abtshagen 298 C
Abtsroda 319 D
Abtsteinach 324 D
Achenkirch (A) 340 C
Achenthal (A) 340 C
Achern 330 C
Achim 306 A
Achslach 335 A
Achstetten 331 D
Achterwehr 295 C
Adelebsen 313 C
Adelmannsfelden 331 B
Adelsdorf 326 D
Adelsheim 325 C
Adelsried 332 D
Adenau 317 C
Adendorf 302 C
Adenstedt 313 A
Adliswil (CH) 336 D
Adlkofen 334 D
Adlum 306 D
Adorf PLZ X 9930, 321 D
Adorf PLZ 3543 Diemelsee, 312 D
Adsbøl (DK) 295 A
Aegidienberg 317 C
Aerzen 312 B
Ærøskøbing (DK) 295 B
Affaltrach 331 A
Affeltrangen (CH) 337 D
Affing 332 D
Affolterbach 324 D
Affoltern (CH) 336 D
Agendorf 334 B
Aglasterhausen 324 D
Ahaus 304 C
Ahlen 311 B
Ahlerstedt 301 C
Ahlhorn 305 A
Ahlum 307 B
Ahnatal 313 C
Ahorn 325 C
Ahorntal 327 A
Ahrensbök 302 A
Ahrensburg 301 B
Aich 334 D
Aicha 335 C
Aichach 333 C
Aichen 338 B
Aichhalden 330 C
Aichstetten 338 A
Aichtal 331 C
Aidenbach 335 C
Aigen 335 C
Aiglsbach 333 D
Ainring 341 A
Aising 340 B
Aislingen 332 D
Aistersheim (A) 335 D
Aiterhofen 334 B
Aitrach 338 B
Aitrang 338 B
Aken 315 A
Alach 320 B
Albaching 340 B
Albachten 311 A
Albbruck 336 D
Albergen (NL) 304 C
Albersdorf 294 D
Albersloh 311 B
Albersweiler 330 A
Albstadt 330 D
Aldenhofen 316 B
Aldersbach 335 C
Aldingen 337 A
Ålebæk (DK) 298 A
Aletshausen 338 B
Alf 323 A
Alfdorf 331 B
Alfeld PLZ 3220, 313 A
Alfeld PLZ 8561, 327 C
Alfhausen 305 C
Algermissen 306 D
Alheim 319 A
Alken 317 C
Alkersum 294 A
Allagen 312 C
Allenbach 323 A
Allendorf 311 D
Allendorf an der Lahn 318 D
Allendorf (Eder) 318 B
Allensbach 337 D
Allersberg 333 A
Allershausen 333 D
Allmannsweier 329 D
Allmendingen 331 C
Allmersbach im Tal 331 A
Allstedt 314 D
Alme 312 C
Almelo (NL) 304 C
Almena 306 C
Alpbach (A) 340 D
Alpen 310 B
Alpirsbach 330 C
Alsdorf 316 A
Alsenz 323 D
Alsfeld 319 A
Alsheim 324 A
Alsleben 315 A
Alslevkro (DK) 294 B
Alstätte 304 C
Alswede 305 D
Altdorf 334 C
Altdorf bei Nürnberg 327 C
Alt Duvenstedt 295 C
Altefähr 298 C
Alteglofsheim 334 A
Altena 311 D
Altenahr 317 C
Altenau 314 A
Altenbeken 312 B
Altenberge 311 B
Altenbergen 312 B
Altenbruch 300 B
Altenburg 321 B
Altendiez 317 D
Altendorf PLZ 8602, 326 B
Altendorf PLZ 8471, 327 D
Altenerding 334 C
Altengamme 302 C
Altenglan 323 C
Altengörs 302 A
Altengronau 319 C
Altenhagen 297 C
Altenhaßlau 325 A
Altenholz 295 C
Altenkirchen PLZ X 2332, 298 A
Altenkirchen PLZ 5230, 317 D
Altenkrempe 296 C
Altenkunstadt 326/327 B/A
Altenmarkt PLZ 8226, 341 A
Altenmarkt PLZ 8353 Osterhofen, 335 C
Altenmedingen 302 C
Altenmünster 332 D
Altenstadt PLZ 6472, 318 D
Altenstadt PLZ 8481, 327 D
Altenstadt PLZ 8925, 338 D
Altenstadt PLZ 7919, 339 A
Altensteig 330 D
Altenthann 334 B
Altenwalde 300 B
Altenweddingen 315 A
Altfeld 325 A
Altfraunhofen 334 C
Altfriesack 309 A
Alt Garge 302 C
Altglashütten 336 B
Althegnenberg 332/333 D/C
Altheim 325 C
Altheim (A) 335 C
Altlüdersdorf 309 B
Altmannstein 333 B
Alt Meteln 302 B
Altmorschen 319 A
Altötting 334 D
Altomünster 333 C
Altona 301 D
Altreichenau 335 B
Altrich 322/323 B/A
Altrip 324 C
Altruppin 309 A
Alt Schwerin 303 D
Altshausen 337 B
Altsimonswald 336 B
Altstätten (CH) 337 D
Alt Sührkow 303 B
Altusried 338 B
Alverdissen 312 B
Alveslohe 301 B
Altwarmbüchen 306 D
Alzenau 324 B
Alzey 324 C
Amberg 327 D
Amel (B) 316 C
Amelinghausen 302 C
Amerang 340 B
Amerdingen 332 D
Ammeloe 304 C
Ammerthal 327 C
Amöneburg 318 B
Amorbach 325 C
Ampfing 334 D
Ampfurth 314 B
Amrigschwand 336 D
Amriswil (CH) 337 D
Amstetten 331 D
Amtzell 338 C
Andelfingen (CH) 337 C
Andělská Horá (ČS) 328 B
Andernach 317 C
Andisleben 320 B
Andorf (A) 335 D
Angelbacht 330 B
Angelburg 318 A
Anger 341 A
Angern 308 C
Angersbach 319 C
Anholt 310 B
Anischau (ČS) 328 B
Ankum 305 C
Annweiler 329 B
Anrath 310 D
Anröchte 312 C
Ansbach 326 D
Antiesenhofen (A) 335 D
Antrifttal 318 B
Anzing 340 B
Apelern 306 C
Apen 300 C
Apenburg 307 B
Apensen 301 C
Apfeldorf 339 A
Apolda 321 A
Appelhülsen 311 A
Appenweier 329 D
Appenzell (CH) 337 D
Appingedam (NL) 299 C
Arbon (CH) 337 D
Arcen (NL) 310 C
Arendsee 308 A
Arenshausen 313 D
Aresing 333 C
Arfeld 318 A
Argenbühl 338 C
Argenthal 323 B
Arle 299 B
Arnach 338 A
Arnbruck 335 A
Arneburg 308 B
Arnhem (NL) 310 A
Arnis 295 A
Arnsberg 311 D
Arnschwang 328 C
Arnsgereuth 320 D
Arnstadt 320 B
Arnstein PLZ 8725, 325 B
Arnstein PLZ 8621 Weismain, 326 B
Arnstorf 335 C
Arolsen 312 D
Arpke 306 D
Arrach 335 A
Arsbeck 310 C
Artern 314 D
Artlenburg 302 C
Arzberg 327 B
Arzfeld 322 A
Aš (ČS) 321 D
Asbach 317 C
Asbach-Bäumenheim 332 D
Asch (ČS) 321 D
Ascha 334 B
Aschaffenburg 324/325 B/A
Aschau 340 B
Aschau (A) 340 D
Aschau am Inn 340 B
Ascheberg PLZ 2323, 295 D
Ascheberg PLZ 4715, 311 B
Ascheffel 295 C
Aschendorf 299 D
Aschersleben 314 B
Aseleben 315 C
Asendorf 306 A
Aspach 331 A
Aspach (A) 335 C
Asperg 330/331 B/A
Assamstadt 325 C
Assel 301 A
Asseln 312 B
Assenheim 318 D
Aßlar 318 C
Aßling 340 B
Aßmannshardt 338 A
Athenstedt 314 B
Attel 340 B
Atteln 312 B
Attendorn 317 B
Attenkirchen 333 D
Atzendorf 315 A
Au 340 B
Au (A) 338 C
Aub 325 D
Aubel (B) 316 A
Auboue (F) 322 C
Audun-le-Roman (F) 322 C
Audun-le-Tiche (F) 322 C
Auerbach 321 D
Auerbach in der Oberpfalz 327 C
Auetal 306 C

Auffach (A) 340 D
Aufhausen 334 B
Aufseß 326/327 B/A
Augsburg 332/333 D/C
Augst (CH) 336 C
Augustdorf 312 B
Augustenborg (DK) 295 A
Au in der Hallertau 333 D
Aukrug 295 C
Aulendorf 338 A
Auma 321 C
Aumenau 318 C
Aumetz (F) 322 C
Aumühle 302 C
Aurach 332 B
Aurachtal 326 D
Aurich 299 D
Aurolzmünster (A) 335 D
Aussergefild (ČS) 335 B
Aventoft 294 B
Avernak By (DK) 295 B
Axams (A) 339 D
Axstedt 300 D
Aying 340 A
Aystetten 332 D

B

Baad (A) 338 D
Baal 316 B
Baar 332 D
Babenhausen PLZ 6113, 324 B
Babenhausen PLZ 8943, 338 B
Bach (A) 338 D
Bacharach 323 B
Bachl 333 B
Bachra 320 B
Backenswarft 294 A
Backnang 331 A
Bad Abbach 333 B
Bad Aibling 340 B
Bad Alexandersbad 327 B
Bad Bellingen 336 C
Bad Bentheim 304 D
Badbergen 305 A
Bad Bergzabern 330 A
Bad Berka 320 B
Bad Berleburg 318 A
Bad Berneck 327 A
Bad Bertrich 323 A
Bad Bevensen 302 C
Bad Bibra 315 C
Bad Blankenburg 320 D
Bad Bocklet 319 D
Bad Brambach 321 D
Bad Bramstedt 301 B
Bad Breisig 317 C
Bad Brückenau 319 C
Bad Buchau 338 A
Bad Camberg 318 C
Bad Cannstatt 331 A
Bad Doberan 297 C
Bad Driburg 312 B
Bad Düben 315 B
Bad Dürkheim 324 C
Bad Dürrenberg 315 C
Bad Dürrheim 336/337 B/A
Bad Eilsen 306 C
Bad Elster 321 D
Bad Ems 317 D
Baden (CH) 336 D
Baden-Baden 330 A
Bad Endbach 318 A
Badenhausen 313 B
Badenweiler 336 A
Badersleben 314 B
Bad Essen 305 C
Bad Feilnbach 340 B
Bad Frankenhausen 314 D
Bad Friedrichshall 331 A
Bad Füssing 335 C
Bad Gandersheim 313 B
Bad Godesberg 317 C
Bad Gögging 333 B
Bad Grund 313 B
Bad Harzburg 314 A
Bad Heilbrunn 340 C
Bad Herrenalb 330 A
Bad Hersfeld 319 A
Bad Höhenstadt 335 C
Bad Hönningen 317 C
Bad Homburg 318 C
Bad Honnef 317 C
Bad Iburg 305 C
Bad Imnau 330 D
Bad Karlshafen 313 A
Bad Kissingen 325 B
Bad Kleinen 303 A
Bad Klosterlausnitz 321 A
Bad König 324 D
Bad Königshofen im Grabfeld 320 C
Bad Königswart (ČS) 328 A
Bad Kösen 321 A
Bad Köstritz 321 A
Bad Kohlgrub 339 C
Bad Kreuznach 323 B
Bad Krozingen 336 A
Bad Laasphe 318 A
Bad Laer 305 C
Bad Langensalza 320 A
Bad Lauchstädt 315 C
Bad Lauterberg 314 A
Bad Liebenstein 320 A
Bad Liebenzell 330 B
Bad Lippspringe 312 B
Bad Marienberg 317 D
Bad Mergentheim 325 C
Bad Münder 306 C
Bad Münster am Stein – Ebernburg 323 B
Bad Münstereifel 316 D
Bad Nauheim 318 D
Bad Nenndorf 306 C
Bad Neuenahr-Ahrweiler 317 C
Bad Neustadt an der Saale 319 D
Bad Niederbronn (F) 329 B
Bad Oeynhausen 305 D
Bad Oldesloe 302 A
Bad Orb 319 C
Bad Peterstal-Griesbach 330 C
Bad Pyrmont 312 B
Bad Rappenau 330 B
Bad Rehburg 306 C
Bad Reichenhall 341 A
Bad Rippoldsau-Schapbach 330 C
Bad Rothenfelde 305 C
Bad Sachsa 314 A
Bad Säckingen 336 D
Bad Salzdetfurth 313 B
Bad Salzhausen 318 D
Bad Salzig 323 B
Bad Salzschlirf 319 C
Bad Salzuflen 305 D
Bad Salzungen 319 B
Bad Sassendorf 312 A
Bad Schinznach (CH) 336 D
Bad Schönborn 330 B
Bad Schussenried 338 A
Bad Schwalbach 323 B
Bad Schwartau 302 A
Bad Segeberg 302 A
Bad Sierck (F) 322 D
Bad Soden 324 A
Bad Soden – Salmünster 319 C
Bad Sooden-Allendorf 313 D
Bad Steben 321 C
Bad Sülze 297 D
Bad Sulza 321 A
Bad Teinach 330 D
Bad Tennstedt 320 B
Bad Tölz 340 C
Bad Überkingen 331 D
Bad Urach 331 C
Bad Vilbel 324 B
Bad Waldliesborn 312 A
Bad Waldsee 338 A
Bad Westernkotten 312 A
Bad Wiessee 340 C
Bad Wildungen 318 B
Bad Wilsnack 308 B
Bad Wimpfen 330/331 B/A
Bad Windsheim 326 C
Bad Wörishofen 338 B
Bad Wurzach 338 A
Bad Zwischenahn 300 C
Bärenklau (ČS) 328 B
Bärental (F) 329 A
Baerenthal (F) 329 A
Bärnau 328 A
Baesweiler 316 A
Bagband 299 D
Bagenkop (DK) 295 B
Bahrdorf 307 D
Baienfurt 338 A
Baierbach 334 C
Baiersbronn 330 C
Baiersdorf 326 D
Baindt 338 A
Baisweil 338 B
Bakede 306 C
Bakum 305 A
Balderschwang 338 D
Balduinstein 317 D
Balgau (F) 336 A
Balge 306 A
Balhorn 312 D
Balingen 330 D
Balje 301 A
Ballenberg 325 C
Ballenstedt 314 B
Ballhausen 332 C
Ballmertshofen 332 D
Balsthal (CH) 336 C
Baltrum 299 B
Balve 311 D
Balzhausen 332 D
Bamberg 326 B
Bandholm (DK) 296 B
Banfe 318 A
Bannesdorf 296 D
Bannetze 306 B
Bannholz 336 D
Banteln 313 A
Banzkow 303 C
Barbing 334 A
Barbis 314 A
Barby 315 A
Barchfeld 320 A
Bardenitz 309 C
Bardowick 302 C
Barenburg 305 B
Bargen (CH) 337 A
Bargfeld-Stegen 301 B
Bargstedt 301 C
Bargteheide 302 A
Bark 301 B
Barkelsby 295 C
Barleben 308 C
Barlo 310 B
Barmstedt 301 B
Barneberg 307 D
Barnewitz 309 C
Barnstorf 305 B
Barntrup 312 B
Barr (F) 329 C
Barrien 305 B
Barsfleth 294 D
Barsinghausen 306 C
Barßel 300 C
Bartenstein 325 D
Barterode 313 C
Barth 297 D
Bartholomä 331 D
Bartmannshagen 298 C
Baruth 309 D
Barwedel 307 D
Basdahl 301 C
Basel (CH) 336 C
Basse 303 B
Bassen 301 C
Bassum 305 B
Bastheim 319 D
Bastorf 296 D
Battendorf 318 B
Battice (B) 316 C
Bauma (CH) 337 C
Baumholder 323 C
Baunach 326 B
Baunatal 313 C
Bauschlott 330 B
Bawinkel 304 B
Bayerbach PLZ 8301, 334 D
Bayerbach PLZ 8399, 335 C
Bayerisch Eisenstein 335 A
Bayersried-Ursberg 332 C
Bayreuth 327 A
Bayrischzell 340 D
Beaufort (L) 322 A
Bebelsheim 329 A
Bebertal 307 D
Bebra 319 B
Bechen 317 A
Becherbach 323 D
Bechhofen 332 B
Beckedorf 306 B
Beckingen 322 D
Beckum PLZ 4720, 312 A
Beckum PLZ 5983 Balve, 311 D
Bečov (ČS) 328 A
Bedburdyck 316 B
Bedburg 316 B
Bedburg-Hau 310 A
Bederkesa 300 B
Bedheim 320 C
Bedum (NL) 299 C
Beedenbostel 307 A
Beek (NL) 316 A
Beelen 312 A
Beelitz 309 C
Beerfelden 324 D
Beerta (NL) 299 C
Beesten 304 D
Beetzendorf 307 B
Beho (B) 316 C
Behren-Lübchin 297 D
Behrensdorf 295 D
Behringen PLZ X 5821 320 A
Behringen PLZ 3045 Bispingen, 301 D
Behringersmühle 327 A
Beidendorf 302 B
Beilngries 333 A
Beilstein PLZ 5591, 323 A
Beilstein PLZ 7141, 331 A
Beilstein PLZ 6349 Greifenstein, 318 C
Beinwil (CH) 336 D
Bělá nad Radbuzou (ČS) 328 C
Belecke 312 C
Bellheim 330 A
Bellingen 317 D
Bellingwolde (NL) 299 D
Bellnhausen 318 D
Belm 305 C
Belsen 306 B
Belzig 309 C
Bemmel (NL) 310 A
Bendorf 317 D
Benediktbeuern 340 C
Beneschau (ČS) 328 A
Benešovice (ČS) 328 A
Benfeld (F) 329 D
Benneckenstein 314 A
Bennigsen 306 D
Bennin 302 D
Benninghausen 312 A
Bennlehausen 313 D
Bennstedt 315 C
Bennungen 314 D
Bensberg 317 A
Bensdorf 308 D
Bensersiel 299 B
Bensheim 324 D
Bentwisch 297 C
Beratzhausen 333 B
Berching 333 A
Berchtesgaden 341 C
Berenbostel 306 D
Berg PLZ 8671, 321 C
Berg PLZ 8438, 327 C
Berg PLZ 8899, 333 C
Berg PLZ 8137, 339 B
Berg (CH) 337 C
Berga PLZ X 4711, 314 D
Berga PLZ X 6602, 321 B
Bergatreute 338 A
Berge PLZ X 2901, 303 C
Berge PLZ 4576, 304 B
Bergedorf 301 D
Bergen PLZ X 2330, 298 D
Bergen PLZ 3103, 306 B
Bergen PLZ 3134, 307 B
Bergen PLZ X 7902, 321 D
Bergen PLZ 8221, 341 A
Bergen (NL) 310 A
Berghausen PLZ 7507 Pfinztal, 330 B
Berghausen PLZ 6725 Römerberg, 324 C

Berghausen PLZ 5948
Schmallenberg, 318 A
Bergheim PLZ 5010, 316 B
Bergheim PLZ 3593
Edertal, 318 B
Bergisch Gladbach 317 A
Bergkamen 311 B
Berglen 331 A
Berglern 334 C
Bergneustadt 317 B
Bergreichenstein (ČS) 335 B
Bergrheinfeld 325 B
Bergtheim 325 B
Bergwitz 315 B
Bergzow 308 D
Berka 319 B
Berkatal 313 C
Berkenthin 302 A
Berkheim 338 A
Berlin 309 B
Berlinchen 303 D
Berlstedt 320 B
Bernau PLZ X 1280, 309 B
Bernau PLZ 7821, 336 B
Bernau PLZ 8214,
340/341 B/A
Bernbeuren 339 C
Bernburg 315 A
Berndorf 312 D
Berne 300 D
Berneck 330 D
Berneck (CH) 337 D
Bernhausen 331 C
Bernkastel-Kues 323 A
Bernloch 331 C
Bernried PLZ 8351, 335 A
Bernried PLZ 8139, 339 B
Bernsfeld 318 D
Bernsfelden 325 D
Berolzheim 325 C
Bersenbrück 305 C
Berumerfehn 299 B
Berwang (A) 339 C
Berwicke 311 B
Beselich 318 C
Besenfeld 330 C
Besigheim 330/331 B/A
Běšin (ČS) 328 D
Besseringen 322 D
Bestwig 312 C
Bettelainville (F) 322 C
Bettembourg (L) 322 C
Bettmar 307 C
Betzdorf 317 B
Betzendorf 302 C
Betzenstein 327 C
Betzigau 338 D
Betzweiler-Wälde 330 C
Beuerberg 340 A
Beuern 318 D
Beuron 337 A
Bevergern 304 D
Bevern 313 A
Beverstedt 300 D
Beverungen 312/313 B/A
Bexbach 323 C
Beyharting 340 B
Bezau (A) 338 C
Bezvěrov (ČS) 328 B
Biberach PLZ 7616, 330 C
Biberach PLZ 7950, 338 A
Biberbach 332 D
Bibertal 332 C
Biberwier (A) 339 C
Biblis 324 C
Bichl 340 C
Bichlbach (A) 339 C
Bidingen 339 A
Bieber 325 A
Biebergemünd 325 A
Biebertal 316 D
Biedenkopf 316 B
Bielefeld 312 A
Bielstein 317 A
Bienen 310 B
Bienenbüttel 302 C
Bierum (NL) 299 C
Biessenhofen 338 B
Bietigheim 330 A
Bietigheim-Bissingen
330/331 B/A
Bigge 312 C
Billerbeck 311 A
Billigheim 330 A
Bilshausen 313 B
Bilstein 318 A
Binau 324 D
Bindlach 327 A
Bingen PLZ 6530, 323 B
Bingen PLZ 7481, 337 B
Binswangen 332 D
Bippen 304 B
Birkenau 324 D
Birkendorf 336 B
Birkenfeld PLZ 6588, 323 C
Birkenfeld PLZ 8771, 325 A
Birkenfeld PLZ 7534, 330 B
Birkenwerder 309 B
Birnbach 335 C
Birstein 319 C
Birten 310 B
Bischberg 326 B
Bischleben 320 B
Bischoffen 318 C
Bischofferode 319 B
Bischofsgrün 327 A
Bischofsheim PLZ 8743,
319 D
Bischofsheim PLZ 6094,
324 A
Bischofshofen (A) 341 D
Bischofsmais 335 A
Bischofswiesen 341 C
Bischofszell (CH) 337 D
Bischofteinitz (ČS) 328 D
Bischweiler (F) 329 B
Bischwiller (F) 329 B
Bisingen 330 D
Bislich 310 B
Bismark 308 A
Bisperode 313 A
Bispingen 301 D
Bissendorf PLZ 4516, 305 C
Bissendorf PLZ 3002
Wedemark, 306 D
Bissingen 332 D
Bitburg 322 B
Bitche (F) 329 A
Bitsch (F) 329 A
Bitterfeld 315 B
Bittkau 308 D
Bitz 330 D
Blaichach 338 D
Blankenberg 309 A
Blankenburg 314 B
Blankenese 301 B
Blankenhagen 297 C
Blankenhain 320 B
Blankenheim PLZ X 4701,
314 D
Blankenheim PLZ 5378,
316 D
Blankenloch 330 A
Blankenstein 321 C
Blatzheim 316 B
Blaubeuren 331 D
Blaufelden 325 D
Blaukirchen 299 D
Blaustein 331 D
Bleckede 302 C
Bleialf 316 C
Bleicherode 314 C
Blekendorf 295 D
Blender 306 A
Blesendorf 303 D
Blicken 318 C
Bliesdorf 296 C
Blieskastel 323 C
Blievenstorf 303 C
Blindheim 332 D
Blisowa (ČS) 328 D
Blitzenreute 338 A
Bližejov (ČS) 328 D
Blomberg PLZ 2941, 299 B
Blomberg PLZ 4933, 312 B
Blosenberg 321 D
Blowatz 303 A
Blumberg 336/337 B/A
Blumenthal PLZ X 1921 303 D
Blumenthal PLZ 2820
Bremen 71, 300 D
Blunk 302 A
Bobenheim-Roxheim 324 C
Bobenneukirchen 321 D
Bobingen 332 D
Bobitz 302 B
Bocholt 310 B
Bochov (ČS) 328 B
Bochum 311 C
Bockelnhagen 314 C
Bockenem 313 B
Bockhorn 300 C
Bockhorst 304 B
Boddin 302 B
Boden (A) 338 D
Bodenburg 313 B
Bodenfelde 313 A
Bodenkirchen 334 D
Bodenmais 335 A
Bodenteich 307 A
Bodenwerder 313 A
Bodenwöhr 327 D
Bodman 337 A
Bodnegg 338 C
Böbing 339 C
Böblingen 330 D
Böckweiler 329 A
Bödele (A) 338 C
Böhl-Iggelheim 324 C
Böhlitz-Ehrenberg 315 D
Böhmenkirch 331 D
Böhmfeld 333 A
Böhmisch Kubitzen (ČS)
328 D
Böhringen 331 C
Böklund 295 A
Bölkow 303 A
Bönen 311 B
Bönnigheim 330/331 B/A
Börger 304 B
Börnicke 309 A
Börnsen 302 C
Börßum 314 A
Börstel 304 B
Börstingen 330 D
Bösel 305 A
Bösingfeld 306 C
Böttingen 337 A
Bötzingen 336 A
Bötzow 309 A
Boffzen 313 A
Bogen 334 B
Bohmte 305 C
Boiensdorf 303 A
Boitzenhagen 307 A
Boizenburg 302 C
Bokel PLZ 2855, 300 D
Bokel PLZ 2205, 301 B
Bokel PLZ 3101 Sprakensehl,
307 A
Bokhorst 294 D
Bolchen (F) 322 D
Bolderslev (DK) 294 B
Boll 331 C
Bollendorf 322 B
Bollingstedt 294 B
Bolsterlang 338 D
Bomlitz 306 B
Bondorf 330 D
Bonenburg 312 D
Bonn 317 A
Bonndorf 336 B
Boofzheim (F) 329 D
Boos 338 B
Boostedt 301 B
Bopfingen 332 A
Boppard 317 D
Bor (ČS) 328 C
Borchen 312 B
Bordenau 306 C
Bordesholm 295 C
Borg 322 D
Borgentreich 312 D
Borger (NL) 304 A
Borgholzhausen 305 C
Borghorst 304 D
Borgloh 305 C
Bork 311 A
Borken 311 A
Borken (Hessen) 319 A
Borkenwirthe 310 B
Borkheide 309 C
Borkow 303 A
Borkum 299 A
Born PLZ X 2382, 297 D
Born PLZ X 3241, 308 C
Borna 321 B
Borne (NL) 304 C
Bornheim 317 A
Bornhöved 295 D
Bornum 313 B
Borová Lada (ČS) 335 B
Borsfleth 301 A
Borstel PLZ 2839, 305 B
Borstel PLZ 2155 Jork, 301 D
Bosau 295 D
Bossow 303 B
Bothkamp 295 C
Bottendorf 318 B
Bottenhorn 318 A
Bottrop 311 C
Boulay-Moselle (F) 322 D
Bouxwiller (F) 329 A
Bouzonville (F) 322 D
Bovenden 313 D
Bovigny (B) 316 C
Bovrup (DK) 295 A
Boxberg 325 C
Boxmeer (NL) 310 A
Brachstedt 315 D
Brackel 301 D
Brackenheim 330 B
Brackwede 312 A
Braderup 294 B
Bräunlingen 336 B
Brahlstorf 302 D
Brake 300 D
Brakel 312 B
Bramberg 326 B
Bramsche 305 C
Bramstedt PLZ 2851, 300 D
Bramstedt PLZ 2830
Bassum 3, 305 B
Brand PLZ 5100 Aachen,
316 A
Brand PLZ 8590 Marktredwitz,
327 B
Brandenberg (A) 340 D
Brandenburg 309 C
Brandlecht 304 C
Brandoberndorf 318 C
Brandshagen 298 C
Brannenburg 340 D
Braubach 317 D
Braunau (A) 335 C
Braunfels 318 C
Braunlage 314 A
Braunsbach 331 B
Braunsbedra 315 C
Braunschweig 307 C
Brechen 318 C
Breckerfeld 311 C
Breddenberg 304 B
Breddin 308 B
Breddorf 301 C
Bredebro (DK) 294 B
Bredelar 312 D
Bredenbek 295 C
Bredevad (DK) 294 B
Bredstedt 294 B
Breege 298 A
Bregenbach 336 B
Bregenz (A) 338 C
Brehna 315 D
Breidenbach 318 A
Breidenbach (F) 329 A
Breidenstein 318 A
Breiholz 295 C
Breisach 336 A
Breitbrunn 339 A
Breitenbach PLZ 6431, 319 A
Breitenbach PLZ 6791, 323 C
Breitenberg 335 B
Breitenbrunn PLZ 8431, 333 A
Breitenbrunn PLZ 8949, 338 B
Breitenburg 301 B
Breitenfelde 302 A
Breitengüßbach 326 B
Breitenhagen 315 A
Breitenhees 307 A
Breitenworbis 314 C
Breitfurt 329 A
Breitscheid 318 C
Breitungen 319 B
Breklum 294 B
Breloh 306 B
Bremen PLZ 2800, 300 D
Bremen PLZ X 6221, 319 D

Bremen PLZ 4763 Ense, 311 D
Bremerhaven 300 B
Bremervörde 301 C
Bremgarten (CH) 336 D
Bremke 313 D
Bremm 323 A
Brensbach 324 B
Bresewitz 297 D
Bretten 330 B
Brettheim 325 D
Bretzfeld 331 A
Bretzwil (CH) 336 C
Breuberg 324 B
Breuna 312 D
Brevörde 313 A
Brieselang 309 A
Briesen 309 A
Briey (F) 322 C
Brilon 312 C
Brinkum 305 B
Brixen (A) 340 D
Brixlegg (A) 340 D
Broager (DK) 295 A
Brochthausen 313 D
Brock 311 B
Brockel 301 C
Brockhagen 312 A
Brockzetel 299 D
Brodenbach 317 C
Brodersby 295 A
Broderstorf 297 C
Broderup (DK) 294 B
Bröckel 307 C
Brohl-Lützing 317 C
Brokstedt 301 B
Brome 307 B
Bromskirchen 318 B
Bronnbach 325 C
Brotterode 320 A
Bruchhausen-Vilsen 306 A
Bruchköbel 324 B
Bruchmühlbach-Miesau 323 C
Bruchsal 330 B
Bruchweiler 323 A
Bruck 328 C
Bruck (A) 341 C
Bruckberg PLZ 8802, 326 D
Bruckberg PLZ 8301, 334 C
Bruckmühl 340 B
Brück 309 C
Brücken 323 C
Brüel 303 A
Brüggen 310 C
Brühl PLZ 5040, 316 B
Brühl PLZ 6831, 324 C
Brülisau (CH) 337 D
Brünen 310 B
Brünn 320 C
Brüsewitz 302 B
Brüttendorf 301 C
Brugg (CH) 336 D
Brumath (F) 329 B
Brunau 308 A
Brunnthal 340 A
Brunsbüttel 301 A
Brunssum (NL) 316 A
Bruttig-Fankel 323 A
Bubach an der Naab 327 D
Bubenreuth 326 D
Buch PLZ 8311, 334 C
Buch PLZ 7919, 338 B
Bucha 321 A
Buchau 327 A
Buchau (ČS) 328 B
Buchbach 334 D
Buchen (Odenwald) 325 C
Buchenau 335 A
Buchenbach PLZ 7801, 336 B
Buchenbach PLZ 7119 Mulfingen, 325 D
Buchenberg 338 D
Buchheim 336 A
Buchholz PLZ 2110, 301 D
Buchholz PLZ X 1501, 309 C
Buchholz PLZ 5464, 317 C
Buchhorst 307 D
Buching 339 C
Buchloe 339 A
Buchsweiler (F) 329 A
Buckten (CH) 336 C
Buddenhagen 298 D
Buer 305 C
Büchelberg 335 D
Büchen 302 C
Bückeburg 306 C
Bücken 306 A
Bückwitz 309 A
Büddenstedt 307 D
Büdelsdorf 295 C
Büderich 310 B
Büderscheid (L) 322 A
Büdingen 318 D
Bühl 330 C
Bühlertal 330 C
Bühlertann 331 B
Bühlerzell 331 B
Bühne 313 C
Bühnsdorf 302 A
Bülach (CH) 337 C
Bülkau 300/301 B/A
Büllingen (B) 316 C
Bülstringen 308 C
Bünde 305 D
Büren 312 C
Bürgel 321 A
Bürgstadt 325 C
Bürstadt 324 C
Büsum 294 D
Bütgenbach (B) 316 C
Büttgen 310 D
Bützfleth 301 A
Bützow 303 A
Buldern 311 A
Bullay 323 A
Bunde 299 D
Bundenbach 323 A
Bundenthal 329 B
Bunderhammrich 299 D
Bundorf 326 A
Burbach 318 A
Burg PLZ 2448, 296 D
Burg PLZ 2224, 301 A
Burg PLZ X 3270, 308 D
Burgau 332 C
Burgberg 338 D
Burgbernheim 326 C
Burgbrohl 317 C
Burgdorf PLZ 3167, 306 D
Burgdorf PLZ 3321, 307 C
Burgebrach 326 B
Burgen 323 A
Burggriesbach 333 A
Burghaslach 326 D
Burghaun 319 C
Burghausen 341 A
Burgheim 333 C
Burgk 321 C
Burgkirchen 341 A
Burgkirchen (A) 335 C
Burgkunstadt 327 A
Burglengenfeld 333 B
Burgpreppach 326 B
Burgscheidungen 315 C
Burgsinn 325 A
Burgsolms 318 C
Burgsteinfurt 304 D
Burgthann 327 C
Burgwald 318 B
Burgwedel 306 D
Burgwindheim 326 B
Burhafe 300 A
Burhave 300 B
Burk 332 B
Burkal (DK) 294 B
Burkardroth 319 D
Burladingen 330/331 D/C
Burlage 299 D
Burscheid 317 A
Bursfelde 313 C
Burtenbach 332 D
Busdorf 295 C
Buseck 318 D
Busendorf (F) 322 D
Butjadingen 300 A
Buttelstedt 320 B
Buttenhausen 331 C
Buttenwiesen 332 D
Buttlar 319 B
Buttstädt 320/321 B/A
Butzbach 318 D
Buxtehude 301 D
Bystřina (ČS) 328 A

C

Cadenberge 301 A
Cadolzburg 326 D
Calbe 315 A
Calden 313 C
Calle 312 C
Calmbach 330 A
Calvörde 308 C
Calw 330 D
Camburg 321 A
Cammin 297 C
Canstein 312 D
Cappeln 305 A
Cappenberg 311 A
Caputh 309 C
Carlow 302 B
Carolinensiel 300 A
Castrop-Rauxel 311 C
Cattenom (F) 322 C
Celle 306 B
Černošin (ČS) 328 B
Černý Křiž (ČS) 335 B
Českà Kubice (ČS) 328 D
Čestice (ČS) 335 B
Cham 334 B
Chamerau 334 B
Cheb (ČS) 328 A
Chieming 341 A
Chodau (ČS) 328 A
Chodov (ČS) 328 A
Christiansholm 294 D
Cismar 296 C
Čkyně (ČS) 335 B
Clarholz 312 A
Clausthal-Zellerfeld 313 B
Cleebronn 330 B
Clenze 307 B
Clervaux (L) 322 A
Cloppenburg 305 A
Coburg 320 D
Cochem 323 A
Cölbe 318 B
Cörmigk 315 A
Coesfeld 311 A
Coevorden (NL) 304 A
Colbitz 308 C
Collinghorst 299 D
Colmar (L) 322 A
Colmberg 326 C
Contwig 323 C
Conweiler 330 A
Coppenbrügge 306 D
Cornau 305 B
Cornberg 319 B
Coswig 315 B
Crailsheim 331 B
Craula 320 A
Crawinkel 320 A
Creglingen 325 D
Cremlingen 307 C
Creussen 327 A
Creutzwald (F) 322 D
Creuzburg 319 B
Crimmitschau 321 B
Crivitz 303 A
Cuijk (NL) 310 A
Cumlosen 308 A
Cuxhaven 300 B

D

Daaden 317 B
Dabel 303 A
Dabendorf 309 D
Dabringhausen 317 A
Dachau 333 C
Dachelhofen 327 D
Dachsbach 326 D
Dachsenhausen 317 D
Dähre 307 B
Dänischenhagen 295 C
Dänisch Nienhof 295 C
Dagebüll 294 A
Dagmersellen (CH) 336 D
Dahl PLZ 5800 Hagen 8, 311 C
Dahl PLZ 4790 Paderborn, 312 B
Dahlem 316 D
Dahlenburg 302 C
Dahlewitz 309 D
Dahlhausen 313 A
Dahlum 307 D
Dahme 296 C
Dahn 329 B
Daldorf 302 A
Daleiden 322 A
Dalen (NL) 304 A
Dalheim 312 D
Dallau 325 C
Dallmin 303 C
Dalum 304 B
Damgarten 297 C
Dammbach 325 A
Damme 305 C
Damnatz 302 D
Damp 2000 295 A
Damsdorf 295 D
Damsholte (DK) 297 A
Damüls (A) 338 C
Dangast 300 C
Dannau 295 D
Dannenberg 302 D
Dannenfels 323 D
Danzwiesen 319 D
Darchau 302 D
Dardesheim 314 A
Darfeld 311 A
Darmstadt 324 B
Darup 311 A
Dasburg 322 A
Daseburg 312 D
Dasing 333 C
Dassel 313 A
Dassow 302 B
Daßwang 333 A
Datteln 311 A
Daun 322 B
Dautphe 318 A
Dautphetal 318 A
Debstedt 300 B
Dedeleben 314 B
Dedesdorf 300 D
Deensen 313 A
Deetz PLZ X 1501, 309 C
Deetz PLZ X 3401, 315 B
Degerndorf 340 D
Deggendorf 335 A
Deggenhausertal 337 B
Deggingen 331 D
Deidesheim 324 C
Deilinghofen 311 D
Deining 333 A
Deinschwang 327 C
Deisenhofen 332 D
Deißlingen 337 A
Delbrück 312 A
Delden (NL) 304 C
Delfzijl (NL) 299 C
Delitzsch 315 D
Delligsen 313 A
Delmenhorst 300 D
Demen 303 A
Demerthin 308 B
Demker 308 C
Denekamp (NL) 304 C
Denkendorf 333 A
Denkingen 337 B
Denklingen PLZ 8911, 339 A
Denklingen PLZ 5226 Reichshof, 317 B
Denkte 307 C
Denzlingen 336 A
Derenburg 314 B
Dermbach 319 D
Dersekow 298 C
Despetal 313 A
Dessau 315 B
Detmerode 307 C
Detmold 312 B
Dettelbach 325 B
Dettenheim 330 A
Detter 319 C
Dettingen 331 D

Dettmannsdorf 297 D
Dettweiler (F) 329 A
Dettwiller (F) 329 A
Detwang 325 D
Deuerling 333 B
Deurne (NL) 310 C
Deutsch Evern 302 C
Dickschied 323 B
Didam (NL) 310 A
Dieboldsheim (F) 329 D
Dieburg 324 B
Diedenhofen (F) 322 C
Diedorf 332 D
Diekholzen 306 D
Diekirch (L) 322 A
Dielingen 305 C
Dielsdorf (CH) 336 D
Diemantstein 332 D
Diemelsee 312 D
Diemelstadt 312 D
Dienstedt 320 B
Dienten (A) 341 D
Diepenau 305 D
Diepholz 305 A
Dierdorf 317 D
Dieren (NL) 310 A
Dierhagen-Ost 297 C
Diesdorf 307 B
Dießen 339 A
Diessenhofen (CH) 337 C
Diestedde 312 A
Dietelskirchen 334 D
Dietenheim 338 A
Dietenhofen 326 D
Dietersdorf 326 B
Dietfurt 333 A
Dietges 319 D
Dietikon (CH) 336 D
Dietkirchen 327 C
Dietmannsried 338 B
Dietramszell 340 A
Dietzenbach 324 B
Dietzhölztal 318 A
Diez 317 D
Differdange (L) 322 C
Dillenburg 318 A
Dillingen PLZ 6638, 322 D
Dillingen PLZ 8880, 332 D
Dilsberg 324 D
Dingden 310 B
Dingelsdorf 337 D
Dingelstädt 314 C
Dingelstedt 314 B
Dingolfing 334 D
Dinkelsbühl 332 A
Dinkelscherben 332 D
Dinklage 305 A
Dinslaken 310 B
Dinxperlo (NL) 310 B
Dippach 319 B
Dippach (L) 322 C
Dipperz 319 C
Dirlewang 338 B
Dirmingen 323 C
Dirmstein 324 C
Dischingen 332 C
Dissau 302 A
Dissen am Teutoburger Wald 305 C
Dittelbrunn 326 A
Dittelsheim-Heßloch 324 C
Dittenheim 332 B
Ditzingen 330 B
Ditzum 299 D
Dnešice (ČS) 328 D
Dobbertin 303 A
Dobbin 303 B
Dobbrikow 309 C
Dobel 330 A
Dobersdorf 295 D
Dobia 321 C
Dobřany (ČS) 328 D
Dobritz 315 B
Dobrzan (ČS) 328 D
Dockweiler 316 D
Dodenau 318 A
Dodenhausen 318 B
Döckingen 332 B
Döhlau 321 C
Döllstädt 320 B
Dömitz 302 D
Dörenthe 304 D
Dörentrup 312 B
Dörnhagen 313 C
Dörpen 304 B
Dörpstedt 294 D
Dörrenbach 329 B
Dörrmoschel 323 D
Dörverden 306 A
Dörzbach 325 C
Doesburg (NL) 310 A
Doetinchem (NL) 310 A
Dötlingen 305 A
Döttingen 331 B
Döttingen (CH) 336 D
Dolany (ČS) 328 D
Dollart 299 D
Dollbergen 307 C
Dolle 308 C
Dollern 301 C
Dollnstein 333 A
Dolní Bělá (ČS) 318 B
Dolní Žandov (ČS) 318 A
Domažlice (ČS) 318 D
Domnitz 315 A
Domsühl 303 C
Donaueschingen 337 A
Donaustauf 334 A
Donauwörth 332 D
Donnersdorf 326 A
Donop 312 B
Donzdorf 331 D
Dorfen 334 C
Dorfgastein (A) 341 D
Dorfmark 306 B
Dormagen 316 B
Dornbirn (A) 338 C
Dornhan 330 D
Dornburg PLZ 6255, 317 D
Dornburg PLZ X 6904, 321 A
Dorndorf 319 B
Dornstadt 331 D
Dornstetten 330 C
Dornum 299 B
Dornumersiel 299 B
Dorsten 311 A
Dortmund 311 C
Dorum 300 B
Dossenheim 324 D
Dotternhausen 330 D
Drachselsried 335 A
Drackenstein 331 D
Drage 302 C
Drakenburg 306 A
Drangstedt 300 B
Dransfeld 313 C
Dranske 298 A
Draženov (ČS) 328 D
Drebber 305 B
Dreetz 308 B
Dreieich 324 B
Dreierwalde 304 D
Dreilingen 307 A
Dreis 322 B
Drejø By (DK) 295 B
Drelsdorf 294 B
Drensteinfurt 311 B
Dreschvitz 298 C
Drewitz 308 D
Driedorf 318 C
Dringenberg 312 B
Drochtersen 301 A
Drönnewitz 302 B
Drognitz 321 C
Drolshagen 317 B
Drügendorf 326 B
Drulingen (F) 329 A
Drusenheim (F) 329 B
Dudelange (L) 322 C
Dudeldorf 322 B
Duderstadt 313 D
Dübendorf (CH) 337 C
Düdelsheim 318 D
Dülken 310 C
Dülmen 311 A
Dümmer 302 B
Dümpelfeld 317 C
Dünsche 307 B
Dünsen 305 B
Dünzling 334 A
Düren 316 B
Dürmentingen 338 A
Düsseldorf 310 D
Duhnen 300 B
Duingen 313 A
Duisburg 310 D
Dunkær (DK) 295 B
Dunningen 337 A
Durach 338 D
Durbach 329 D
Durlach 330 A
Durmersheim 330 A
Dußlingen 330 D

E

Ebeleben 314 C
Ebelsbach 326 B
Eben im Pongau (A) 341 D
Ebenau (A) 341 B
Ebensfeld 326 B
Eberbach 324 D
Eberdingen 330 B
Ebergötzen 313 D
Eberhardzell 338 A
Ebermannstadt 326/327 B/A
Ebermergen 332 D
Ebern 326 B
Ebersbach PLZ 7333, 331 C
Ebersbach-Musbach 337 B
Ebersberg 340 B
Ebersburg 319 C
Ebersdorf PLZ 2740, 301 C
Ebersdorf PLZ X 6853, 321 C
Ebingen 337 B
Ebnat 332 A
Ebnat-Kappel (CH) 337 B
Ebnet 336 B
Ebnit (A) 338 C
Ebrach 326 A
Ebsdorf 318 D
Ebsdorfergrund 318 D
Ebstorf 307 A
Eching 333 D
Echt (NL) 316 A
Echte 313 B
Echternach (L) 322 B
Eckardts 319 D
Eckartsberga 321 A
Eckenhagen 317 B
Eckental 327 C
Eckernförde 295 C
Eckersdorf 327 A
Eckersmühlen 332/333 B/A
Eckwarden 300 C
Eddelak 301 A
Edelsfeld 327 C
Edemissen 307 C
Edenkoben 324 C
Ederbringhausen 318 B
Ederheim 332 B
Edermünde 313 C
Edertal 318 B
Edesheim 324 C
Edewecht 300 C
Eext (NL) 304 A
Effelsberg 317 C
Effeltrich 326 D
Efringen-Kirchen 336 C
Egeln 314 B
Egelsbach 324 B
Egenhofen 333 C
Eger (ČS) 328 A
Egestorf 301 D
Egg 335 A
Eggebek 294 B
Eggelsberg (A) 341 B
Eggenfelden 334 D
Eggenstein 330 A
Eggingen 336 D
Egglfing 335 C
Egglham 335 C
Eggolsheim 514 B
Eggstätt 340/341 B/A
Eging am See 335 A
Eglfing 339 C
Eglisau (CH) 337 C
Egling PLZ 8901, 339 A
Egling PLZ 8195, 340 A
Eglingen 332 D
Egloffstein 326/327 D/C
Ehekirchen 332/333 D/C
Ehingen 331 C
Ehlershausen 306 D
Ehmen 307 C
Ehningen 330 D
Ehra-Lessien 307 D
Ehrenberg (Rhön) 319 D
Ehrenburg 305 B
Ehrenkirchen 336 A
Ehringshausen 318 C
Ehrwald (A) 339 C
Eibelshausen 318 A
Eibergen (NL) 304 C
Eichenbarleben 308 C
Eichenbühl 325 C
Eichendorf 334 D
Eichenzell 319 C
Eichhorst 309 B
Eichstätt 333 A
Eichstetten 336 A
Eickelborn 312 A
Eickendorf 315 A
Eicklingen 307 C
Eifa 319 C
Eigeltingen 337 A
Eigenrieden 313 D
Eilsleben 307 D
Eilsum 299 C
Eimbeckhausen 306 C
Eime 313 A
Eimke 307 A
Einbeck 313 A
Einöd 323 C
Einruhr 316 D
Einsiedl (ČS) 328 A
Eisenach 319 B
Eisenbach 336 B
Eisenberg PLZ X 6520, 321 A
Eisenberg PLZ 6719, 323 D
Eisendorf (ČS) 328 C
Eisenstraß (ČS) 335 A
Eiserfeld 317 B
Eisfeld 320 D
Eisleben 315 C
Eislingen 331 C
Eitensheim 333 A
Eiterfeld 319 B
Eitorf 317 A
Eitra 317 A
Elbergen 304 D
Elbigenalp (A) 338 D
Elbingerode 314 A
Elbogen (ČS) 328 A
Elbtal 318 C
Elchesheim-Illingen 330 A
Elchingen PLZ 7915, 331 D
Elchingen PLZ 7086 Neresheim, 332 A
Eldagsen 306 D
Eldena PLZ X 2200, 298 D
Eldena PLZ X 2803, 302/303 D/C
Eldingen 307 A
Elend 314 A
Elfershausen 325 B
Ellerau 301 B
Ellingen 332 B
Ellmau (A) 340 D
Ellrich 314 A
Ellund 294 B
Ellwangen PLZ 7090, 332 A
Ellwangen PLZ 7956 Rot, 338 A
Elm 301 C
Elmelunde (DK) 297 A
Elmen (A) 338 A
Elmenhorst PLZ X 2321, 298 C
Elmenhorst PLZ 2061, 302 A
Elmenhorst PLZ X 2421, 302 B
Elmpt 310 C
Elmshausen 324 D
Elmshorn 301 A
Elmstein 323 D
Elpersbüttel 294 D
Elsdorf PLZ 2730, 301 C
Elsdorf PLZ 5013, 316 B
Elsdorf-Westermühlen 294 D
Elsenfeld am Main 325 A
Elsenheim (F) 336 A
Elsfleth 300 D
Elspe 318 A
Elst (NL) 310 A

Elsterberg 321 D
Elstorf 301 D
Elten 310 A
Eltmann 326 B
Eltville 324 A
Eltze 307 C
Elz 317 D
Elzach 336 B
Elze 306 D
Elztal 325 C
Emden 299 D
Emkendorf 295 C
Emlichheim 304 A
Emmelsbüll-Horsbüll 294 A
Emmelshausen 323 A
Emmen (NL) 304 A
Emmendingen 336 B
Emmer-Compascuum (NL) 304 A
Emmerich 310 B
Emmerthal 313 A
Emmerting 334/335 D/C
Emmingen 337 A
Empfingen 330 D
Emsbüren 304 D
Emsdetten 304 D
Emskirchen 326 D
Emstal 312 D
Emstek 305 A
Emtmannsberg 327 A
Endingen 336 A
Endlhausen 340 A
Endorf in Oberbayern 340 B
Eng (A) 340 C
Engehausen 306 B
Engelhartszell (A) 335 D
Engelhaus (ČS) 328 B
Engeln 305 B
Engelshütt 335 A
Engelskirchen 317 A
Engen 337 A
Enger 305 D
Enge-Sande 294 B
Engstingen 331 C
Engter 305 C
Eningen 331 C
Enkenbach-Alsenborn 323 D
Enkirch 323 A
Ennabeuren 331 C
Ennepetal 311 C
Enniger 311 B
Ennigerloh 311 B
Enschede (NL) 304 C
Ensdorf 327 D
Ense 311 D
Entzheim (F) 329 D
Enzheim (F) 329 D
Enzklösterle 330 C
Enzlar 326 C
Epe 304 C
Epfig (F) 329 C
Eppe 312 D
Eppelborn 322 D
Eppelheim 324 D
Eppenbrunn 329 B
Eppertshausen 324 B
Eppingen 330 B
Erbach PLZ 6120, 324 D
Erbach PLZ 7904, 331 D
Erbendorf 327 B
Erching (F) 329 A
Erding 334 C
Erdweg 333 C
Erfde 294 D
Erftstadt 316 B
Erfurt 320 B
Ergenzingen 330 D
Ergersheim (F) 329 C
Ergolding 334 D
Ergoldsbach 334 C
Ergste 311 D
Erichshagen 306 A
Eriskirch 337 D
Erkelenz 316 B
Erkeln 312 B
Erkerode 307 C
Erkheim 338 B
Erkrath 310/311 D/C
Erkshausen 319 A
Erl (A) 340 D
Erlangen 326 D
Erlbach 321 D
Erlenbach am Main 324/325 B/A
Erlensee 324 B
Ermatingen (CH) 337 D
Ermetzhofen 326 C
Ermsleben 314 B
Erndtebrück 318 A
Ernsgaden 333 D
Ernsthausen 318 B
Erolzheim 338 B
Erp 316 B
Errindlev (DK) 296 B
Erschwil (CH) 336 C
Ersrode 319 A
Erstein (F) 329 D
Ertingen 337 B
Erwitte 312 A
Erxleben 307 D
Erzgrube 330 C
Erzingen 336 D
Esch 318 C
Esch (L) 322 C
Eschach PLZ 7071, 331 B
Eschach PLZ 7980 Ravensburg 19, 338 C
Eschau 325 A
Eschbach 330 A
Eschbronn 336/337 B/A
Eschdorf (L) 322 A
Eschebrügge 304 A
Eschede 307 A
Eschen 327 A
Eschenau 327 C
Eschenbach 327 B
Eschenbach (CH) 337 C
Eschenburg 318 A
Eschenlohe 339 D
Eschershausen 313 A
Eschlkam 328 D
Eschwege 313 D
Eschweiler 316 B
Esens 299 B
Esenshamm 300 D
Eslarn 328 C
Eslohe 312 C
Espelkamp 305 D
Espenau 313 C
Espenschied 323 B
Essel 306 B
Essen PLZ 4572, 305 A
Essen PLZ 4300, 311 C
Essenbach 334 D
Essern 305 D
Essing 333 B
Essingen 331 B
Eßleben 325 B
Esslingen 331 C
Estenfeld 325 B
Esterholz 307 A
Esterwegen 304 B
Etelsen 306 A
Etgersleben 314 B
Ettal 339 C
Ettelbruck (L) 322 A
Ettenbeuren 322 C
Ettenheim 329 D
Ettenheimmunster 329 D
Ettenstatt 332/333 B/A
Etterwinden 319 B
Ettlingen 330 A
Ettringen 338 B
Etzin 309 C
Euerbach 325 B
Euerdorf 325 B
Euerhausen 325 D
Eula 321 B
Eupen (B) 316 C
Eurasburg 340 A
Euskirchen 316 D
Eußenheim 325 B
Eußertal 329 B
Eutin 295 D
Evendorf 301 D
Eversen 306 A
Everswinkel 311 B
Ewattingen 336/337 B/A
Ewersbach 318 A
Ewijk (NL) 310 A
Exten 306 C
Extertal 306 C
Eydelstedt 305 B
Eysölden 333 A
Eystrup 306 A

F

Fahrenzhausen 333 C
Fahrland 309 C
Faistenau (A) 341 B
Faistenoy 338 D
Falkenau (ČS) 328 A
Falkenberg PLZ 8591, 327 B
Falkenberg PLZ 8335, 334 D
Falkendorf 326 D
Falkenhagen 303 D
Falkenrehde 309 C
Falkensee 309 A
Falkenstein PLZ X 9704, 321 D
Falkenstein PLZ 8411, 334 B
Falkenthal 309 B
Falkerslev (DK) 297 A
Fallersleben 307 C
Fallingbostel 306 B
Falshöft 295 A
Farchant 339 C
Fargau-Pratjau 295 D
Farge 300 D
Farven 301 C
Faßberg 307 A
Fegersheim (F) 329 D
Fehrbellin 309 A
Feldafing 339 B
Feldatal 318/319 D/C
Feldberg (Schwarzwald) 336 B
Feldkirch (A) 338 C
Feldkirchen PLZ 8441, 334 B
Feldkirchen PLZ 8016, 340 A
Feldkirchen-Westerham 340 B
Feldstetten 331 C
Fell 322 B
Fellbach 331 A
Fellen 325 A
Felsberg 319 A
Felsted (DK) 294/295 B/A
Fensterbach 327 D
Ferchenhaid (ČS) 335 B
Ferchland 308 D
Fernwald 318 D
Fessenheim 332 B
Feucht 327 C
Feuchtwangen 332 A
Feudingen 318 A
Fichtelberg 327 B
Fichtenau 332 A
Fichtenberg 331 A
Fichtenwalde 309 C
Fieberbrunn (A) 341 C
Filderstadt 331 C
Filsum 299 D
Finnentrop 311 D
Finning 339 A
Finsterau 335 B
Finsterwolde (NL) 299 C
Fintel 301 D
Fischach 332 D
Fischbach PLZ 6580, 323 A
Fischbach PLZ 6781, 329 B
Fischbachau 340 D
Fischbachtal 324 B
Fischbeck PLZ X 3521, 308 D
Fischbeck PLZ 3253 Hessisch Oldendorf, 306 C
Fischbek 301 D
Fischen PLZ 8975, 338 D
Fischen PLZ 8121 Pähl, 339 A
Fischerhude 300/301 D/C
Fjelde (DK) 296 B
Flachau (A) 341 D
Flachslanden 326 C
Fladungen 319 D
Flammersfeld 317 D
Flawil (CH) 337 D
Flechtdorf 312 D
Flechtingen 307 D
Flechtorf 307 C
Fleckeby 295 C
Fleckertshöhe 323 B
Fleetmark 308 A
Flehingen 330 B
Fleißen (ČS) 321 D, 327 B
Flensburg 294/295 B/A
Flessau 308 A
Flieden 319 C
Flinsberg 313 D
Flintbek 295 C
Flögeln 300 B
Flörsbachtal 325 A
Flöthe 314 A
Flomborn 324 C
Flonheim 323 B
Florange (F) 322 C
Florstadt 318 D
Floß 327 D
Flossenbürg 327 B
Flüh (CH) 336 C
Fluorn-Winzeln 330 C
Fockbek 295 C
Förderstedt 315 A
Förste 313 B
Förtha 319 B
Folgensbourg (F) 336 C
Folmhusen 299 D
Fontanella (A) 338 C
Forbach 330 C
Forchheim 326 D
Forchtenberg 325 C
Forstinning 340 B
Forth 327 C
Frabertsham 340 B
Fränkisch-Crumbach 324 D
Frammersbach 325 A
Francorchamps (B) 316 C
Frankenau 318 B
Frankenbach 318 D
Frankenberg 318 B
Frankeneck 323 D
Frankenhain 313 D
Frankenhardt 331 B
Frankenheim 319 D
Frankenmarkt (A) 341 B
Frankenstein 323 D
Frankenthal 324 C
Frankfurt 324 B
Františkovy Lázně (ČS) 327 B
Franzensbad (ČS) 327 B
Franzburg 297 D
Frasdorf 340 B
Frauenau 335 A
Frauenfeld (CH) 337 C
Frauenwald 320 D
Frauenzell 334 B
Frechen 316 B
Freckenhorst 311 B
Fredeburg 312 C
Fredelsloh 313 A
Freden 313 A
Fredenbeck 301 C
Freiamt 336 B
Freiberg/Neckar 331 A
Freiburg PLZ 2163, 301 A
Freiburg PLZ 7800, 336 B
Freienhagen PLZ X 5631, 313 D
Freienhagen PLZ 3544 Waldeck, 312 D
Freienohl 312 C
Freienseen 318 D
Freiensteinau 319 C
Freienwill 295 A
Freigericht 324 B
Freihung 327 D
Freilassing 341 A
Freilingen 317 D
Freinsheim 324 C
Freisdorf (F) 322 D
Freisen 323 C
Freising 333 D
Freistatt 305 B
Freistett 329 D
Freistroff (F) 322 D
Frejlev (DK) 296/297 B/A
Frellesvig (DK) 296 A
Frellstedt 307 D
Frelsdorf 300 D
Fremdingen 332 B
Frensdorf 326 B
Freren 304 D
Fretzdorf 303 D
Freudenberg PLZ 5905, 317 B
Freudenberg PLZ 6982, 325 C
Freudenberg PLZ 8451, 327 D
Freudenstadt 330 C

Freyburg 315 C
Freyenstein 303 D
Freysa 318/319 B/A
Freystadt 333 A
Freyung 335 B
Frick (CH) 336 D
Frickenhausen 325 D
Frickingen 337 B
Fridingen 337 A
Fridolfing 341 A
Friedberg PLZ 6360, 318 D
Friedberg PLZ 8904, 332/333 D/C
Friedburg (A) 341 B
Friedeburg 300 C
Friedeburg/Saale 315 A
Friedenfels 327 B
Friedenshorst 309 A
Friedewald 319 B
Friedewalde 305 D
Friedland 313 D
Friedlos 319 A
Friedrichsbrunn 314 B
Friedrichshafen 337 D
Friedrichskoog 300 B
Friedrichsroda 320 A
Friedrichsruhe 303 C
Friedrichstadt 294 D
Friedrichsthal 323 C
Friedrichswerth 320 A
Frielendorf 319 A
Friesack 309 A
Friesenhagen 317 B
Friesenheim 329 D
Friesenhofen 338 B
Friesenried 338 B
Friesoythe 305 A
Frisange (L) 322 C
Fritzens (A) 340 C
Fritzlar 319 A
Fröndenberg 311 D
Frøslev (DK) 294 B
Frössen 321 C
Frohburg 321 C
Frohnhausen 318 B
Froitzheim 316 B
Frommern 330 D
Fronhausen 318 D
Fronreute 338 A
Frontenhausen 334 D
Fuchsmühl 327 B
Fuchstal 339 A
Füchtorf 312 A
Fügen (A) 340 D
Fünfstetten 332 B
Fürstenau PLZ 4557, 304 D
Fürstenau PLZ 3470 Höxter 1, 312 B
Fürstenberg PLZ 3476, 313 A
Fürstenberg PLZ 4798 Wünnenberg, 312 D
Fürstenfeldbruck 339 A
Fürstenhagen 313 C
Fürstenstein 335 A
Fürstenzell 335 C
Fürth PLZ 6149, 324 D
Fürth PLZ 8510, 326 D
Füssen 339 C
Fuhlendorf 297 D
Fuhlsbüttel 301 B
Fuhrberg 306 D
Fuhrn 327 D
Fulda 319 C
Fuldabrück 313 C
Fuldatal 313 C
Furth 334 C
Furth im Wald 328 C
Furtwangen 336 B
Fusch (A) 341 C
Fuschl (A) 341 B
Fussingen 318 C
Fynshav (DK) 295 A

G

Gabhorn (ČS) 328 B
Gablingen 332 D
Gadebusch 302 B
Gadow 303 D
Gächingen 331 C
Gägelow 302 B
Gänsbrunnen (CH) 336 C
Gärtringen 330 D
Gäufelden 330 D
Gaggenau 330 A
Gahlen 310 B
Gaienhofen 337 C
Gaildorf 331 B
Gaimersheim 333 A
Gais (CH) 337 D
Gallin 303 D
Gallspach (A) 335 D
Galmsbüll 294 A
Gammelin 302 D
Gammellund 294 B
Gammertingen 331 C
Ganacker 334 B
Ganderkesee 305 B
Gangelt 316 A
Gangkofen 334 D
Ganzlin 303 D
Garbsen 306 D
Garching PLZ 8046, 333 D
Garching PLZ 8268, 341 A
Gardelegen 308 C
Garding 294 C
Garham 335 C
Garitz 315 B
Garlitz 302 D
Garlstorf PLZ 2125, 301 D
Garlstorf PLZ 2122 Bleckede, 302 C
Garmisch-Partenkirchen 339 C
Garnich (L) 322 C
Garrel 305 A
Gars 340 B
Garsdorf 327 C
Garßen 307 A
Gartow 308 A
Garz PLZ X 2342, 298 C
Garz PLZ X 1921, 308 B
Gasselte (NL) 304 A
Gau-Algesheim 323 B
Gauaschach 325 B
Gau-Odernheim 324 A
Gauting 339 B
Gebenbach 327 D
Gebesee 320 B
Gebhardshain 317 B
Gebra 314 C
Gebrazhofen 338 A
Gedern 318 D
Gedser (DK) 297 A
Geeste 304 B
Geesthacht 302 C
Gefell 321 C
Gefrees 327 A
Gehlenberg 304 B
Gehrden 306 D
Gehren 320 D
Geilenkirchen 316 A
Geisa 319 D
Geiselhöring 334 B
Geiselwind 326 A
Geisenfeld 333 D
Geisenhausen 334 C
Geisenheim 323 B
Geisingen 337 A
Geisling 334 B
Geislingen PLZ 7465, 330 D
Geislingen PLZ 7340, 331 D
Geismar 313 D
Gelbensande 297 C
Geldern 310 D
Geleen (NL) 316 A
Gellershausen 318 B
Gelnhausen 324/325 B/A
Gelsdorf 317 C
Gelsenkirchen 311 C
Geltendorf 339 A
Gelterkinden (CH) 336 C
Gelting 295 A
Gemen 310 B
Gemünd PLZ 5529, 322 A
Gemünd PLZ 5372 Schleiden, 316 D
Gemünden PLZ 3573, 318 B
Gemünden PLZ 6316, 318 D
Gemünden PLZ 6541, 323 A
Gemünden am Main 325 A
Genderkingen 332 D
Gendringen (NL) 310 B
Gendt (NL) 310 A
Gengenbach 329 D
Genkingen 330/331 D/C
Gennep (NL) 310 A
Gensingen 323 B
Gensungen 319 A
Genthin 308 D
Georgenberg 328 C
Georgensgmünd 332 B
Georgenthal 320 A
Georgsdorf 304 A
Georgsmarienhütte 305 C
Gera 321 A
Geraberg 320 C
Gerabronn 331 B
Geratskirchen 334 D
Gerbstedt 315 A
Gerchsheim 325 C
Gerdau 307 A
Geretsried 340 A
Gerhardshofen 326 D
Gerichtstetten 325 C
Gerlingen 330 B
Gerlos (A) 340 D
Germaringen 339 A
Germering 339 B
Germerode 313 C
Germersheim 330 A
Gernrode 314 B
Gernsbach 330 A
Gernsheim 324 A
Geroda 319 D
Geroldsgrün 321 C
Geroldstein 323 B
Gerolfingen 332 B
Gerolsbach 333 C
Gerolstein 316 D
Gerolzhofen 326 A
Gersfeld (Rhön) 319 D
Gersheim 329 A
Gerstetten 331 D
Gerstheim (F) 329 D
Gersthofen 332 D
Gerstungen 319 B
Gerzen 334 D
Gescher 311 A
Geschwend 336 B
Gesees 327 A
Geseke 312 A
Geslau 326 C
Gesmold 305 C
Gessertshausen 332 D
Getelo 304 C
Gettorf 295 C
Gevelinghausen 312 C
Gevelsberg 311 C
Gevensleben 314 A
Geversdorf 301 A
Gibian (ČS) 328 D
Giebelstadt 325 D
Gieboldehausen 313 B
Giekau 295 D
Giengen 332 C
Giersleben 315 A
Giesel 319 C
Gieselwerder 313 C
Giesen 306 D
Gießen 318 D
Gießübel 320 D
Gieten (NL) 304 A
Gifhorn 307 C
Gilching 339 B
Gildehaus 304 C
Gillenfeld 322/323 B/A
Gilserberg 318 B
Gimborn 317 A
Gingst 298 C
Gisenhard (CH) 337 C
Gittelde 313 B
Gladau 308 D
Gladbeck 310/311 B/A
Gladenbach 318 B
Glaisin 302 D
Glandorf 305 C
Glan-Münchweiler 323 C
Glasau 295 D
Glashütten 327 A
Glatten 330 D
Glauchau 321 B
Glehn 316 B
Gleichen 313 D
Gleina 315 C
Gleißenberg 328 C
Glewitz 298 C
Glienicke 309 B
Glinde PLZ 2056, 301 D
Glinde PLZ 2740 Oerel, 301 C
Glindow 309 C
Glöwen 308 B
Glonn 340 B
Glottertal 336 B
Glowe 298 B
Glücksburg 295 A
Glückstadt 301 A
Gmund am Tegernsee 340 A
Gnandstein 321 B
Gnarrenburg 301 C
Gnissau 302 A
Goch 310 A
Gochsheim PLZ 8726, 326 A
Gochsheim PLZ 7527 Kraichtal, 330 B
Godelheim 313 A
Godensholt 300 C
Gödestorf 305 B
Göggingen 332 D
Göhrde 302 D
Göllheim 324 C
Göllingen 314 D
Gönningen 330 D
Göppingen 331 D
Görisried 338 D
Göritz 315 B
Görmin 298 C
Görsroth 318 C
Görwihl 336 D
Görzke 308 D
Gössenheim 325 B
Gößnitz 321 B
Gößweinstein 327 A
Göttersdorf 335 C
Göttingen 313 D
Götzis (A) 338 C
Gokels 294/295 D/C
Goldbach 324 B
Goldbeck PLZ X 3503, 308 A
Goldbeck PLZ 3260 Rinteln 14, 306 C
Goldberg 303 A
Goldegg (A) 341 D
Goldelund 294 B
Goldenstedt 305 B
Goldkronach 327 A
Gollensdorf 308 A
Gollhofen 326 C
Gollin 309 B
Golling (A) 341 D
Golmbach 313 A
Golzow 309 C
Gomadingen 331 C
Gomaringen 330/331 D/C
Gommern 308 C
Gommersheim 324 C
Gondelsheim 330 B
Gonterskirchen 318 D
Goritz 303 B
Gorleben 307 B
Gorlosen 302 D
Goseck 315 C
Gosheim 337 A
Goslar 313 B
Gossa 315 B
Gossau (CH) 337 D
Gossengrün (ČS) 321 D
Gossersweilerstein 329 B
Gotha 320 A
Gottmadingen 337 C
Gottsbüren 313 C
Gottschau (ČS) 328 A
Gouvy (B) 316 C
Grabe 314 C
Graben-Neudorf 330 B
Grabenstätt 341 A
Grabow 303 C
Grabowhöfe 303 B
Gräben 308/309 B/A
Gräfelfing 339 B
Gräfenberg 327 C
Gräfendorf 325 B
Gräfenhainichen 315 B
Gräfenroda 320 C
Gräfenthal 320 D
Gräfentonna 320 A

Grän (A) 338 D
Grænge (DK) 296 B
Græshave (DK) 296 B
Grävenwiesbach 318 C
Grafenau PLZ 7031, 330 D
Grafenau PLZ 8352, 335 B
Grafendorf 333 D
Grafenhausen PLZ 7821, 336 B
Grafenkirchen 328 C
Grafenwöhr 327 D
Grafing 340 B
Grafling 335 A
Grafrath 339 A
Grafschaft 317 C
Grainet 335 B
Gramais (A) 338 D
Gramkow 302 B
Grammendorf 297 D
Gramsbergen (NL) 304 A
Gramschatz 325 B
Grande 302 A
Grandenborn 319 B
Gransee 309 A
Grasberg 301 C
Grasdorf 313 B
Grasleben 307 D
Graslitz (ČS) 321 D
Grassau 340/341 B/A
Gråsten (DK) 295 A
Grave (NL) 310 A
Grebbin 303 C
Grebenau 319 C
Grebendorf 313 D
Grebenhain 319 C
Grebenstein 313 C
Greding 333 A
Greene 313 A
Greetsiel 299 D
Greffen 312 A
Grefrath 310 D
Greifenberg 339 A
Greifenstein 318 C
Greifswald 298 D
Greiz 321 D
Grenzach-Wyhlen 336 C
Gresenhorst 297 D
Gresse 302 C
Gressenich 316 B
Gressow 302 B
Grettstadt 326 A
Greußen 314 D
Greven 304 D
Grevenbroich 316 B
Grevenbrück 318 A
Greven-Granzin 302 D
Grevenmacher (L) 322 D
Grevesmühlen 302 B
Griebenow 298 C
Griesbach im Rottal 335 C
Griesenau (A) 341 C
Griesheim PLZ X 5211, 320 B
Griesheim PLZ 6103, 324 A
Grieskirchen (A) 335 D
Grießem 312 B
Grießen 336 D
Griesstätt 340 B
Grieth 310 B
Grifte 313 C
Grimmen 298 C
Gröben 309 D
Gröbenzell 339 B
Gröbers 315 D
Grödig (A) 341 B
Grömitz 296 C
Grönenbach 338 B
Gröningen 314 B
Groenlo (NL) 304 C
Groesbeek (NL) 310 A
Grötzingen 331 C
Grohn 300 D
Grohnde 313 A
Groitzsch 321 B
Gronau PLZ 4432, 304 C
Gronau PLZ 3212, 313 A
Groningen (NL) 299 C
Grosbous (L) 322 A
Gros-Réderching (F) 329 A
Großaitingen 339 A
Großalmerode 313 C
Großaltdorf 331 B
Groß Ammensleben 308 C
Großarl (A) 341 D
Großbeeren 309 D
Groß Behnitz 309 A
Groß Berkel 312 B
Groß-Bieberau 324 B
Großbodungen 314 C
Großbottwar 331 A
Großbreitenbach 320 D
Großbrembach 320 B
Großburgwedel 306 D
Großburschla 319 B
Groß Dölln 309 B
Großdüngen 313 B
Großebersdorf 321 A
Großefehn 299 D
Großeibstadt 320 C
Großenaspe 301 B
Großenbrode 296 D
Großenehrich 314 D
Großengottern 320 A
Großenhain 301 A
Großenheidorn 306 C
Großenkneten 305 A
Großenlüder 319 C
Großenlupnitz 320 A
Großensee 302 A
Großenwiehe 294 B
Großfahner 320 B
Großfelda 318/319 D/C
Groß-Gerau 324 A
Großgörschen 315 D
Großgoltern 306 D
Groß Grönau 302 A
Großgundertshausen 333 D
Großhabersdorf 326 D
Großhansdorf 302 A
Groß Hehlen 306 B
Großheide 299 B
Großheubach 325 C
Großkarolinenfeld 340 B
Groß Kiesow 298 D
Großkochberg 320 B
Großköllnbach 334 D
Groß-Kordshagen 297 D
Groß Kreutz 309 C
Großkuchen 332 A
Groß Lafferde 307 C
Großmehring 333 A
Groß-Mohrdorf 298 C
Großobringen 320 B
Groß Oesingen 307 A
Großostheim 324 B
Groß Pankow 303 C
Groß Raden 303 A
Groß Reken 311 A
Großrhüden 313 B
Großrinderfeld 325 C
Großropperhausen 319 A
Großrosseln 322 D
Großrudestedt 320 B
Großsachsen 324 D
Groß Sarau 302 A
Großschönbrunn 327 D
Groß Schönebeck 309 B
Groß Schwechten 308 A
Großsolt 295 A
Groß Strömkendorf 303 A
Groß Twülpstedt 307 D
Groß Umstadt 324 B
Groß-Warnow 303 C
Großweismannsdorf 326 D
Groß Werzin 308 B
Groß Wittensee 295 C
Groß Wokern 303 B
Großwudicke 308 B
Groß-Zimmern 324 B
Grub 320 D
Grube 296 C
Grünbach 321 D
Grünberg 318 D
Gründau 318 D
Gründelhardt 331 B
Grünendeich 301 B
Grünenplan 313 A
Grünholz 295 A
Grüningen (CH) 337 C
Grünsfeld 325 D
Grünstadt 324 C
Grünwald 340 A
Gruibingen 331 C
Grumby 295 A
Grundhof (L) 322 B
Grunewald 310 A
Grußendorf 307 C
Gschwend 331 B
Gstadt 340/341 B/A
Gudensberg 319 A
Guderup (DK) 295 A
Gudow 302 A
Gülze 302 D
Gülzow 303 A
Guénange (F) 322 C
Gündlkofen 334 C
Günterode 313 D
Güntersberge 314 B
Günzach 338 B
Günzburg 332 C
Günzerode 314 C
Gürzenich 316 B
Güssefeld 308 A
Güsten 315 A
Güstrow 303 B
Gütenbach 336 B
Güterfelde 309 D
Güterglück 315 A
Gütersloh 312 A
Güttingen (CH) 337 D
Guldborg (DK) 296 B
Gulpen (NL) 316 A
Gummersbach 317 B
Gumpelstadt 319 B
Gundelfingen PLZ 8883, 332 C
Gundelfingen PLZ 7803, 336 B
Gundelfingen PLZ 7420 Münsingen, 331 C
Gundelsheim 325 C
Gundertshausen (A) 341 A
Gundhelm 319 C
Guningen (F) 322 C
Guntersblum 324 A
Gunzenhausen 332 B
Gurten (A) 335 D
Gusborn 302 D
Gussenstadt 331 D
Gutach PLZ 7611, 330 C
Gutach PLZ 7809, 336 B
Gutenfürst 321 C
Gutenstetten 326 D
Gutenzell-Hürbel 338 A
Guxhagen 313 C
Gyhum 301 C

H

Haag 340 B
Haag (A) 335 D
Haaksbergen (NL) 304 C
Haan 311 C
Haar 340 A
Haarbach 335 C
Haaren 312 D
Habach 339 D
Haberskirchen 334 D
Habichtswald 313 C
Haby 295 C
Hachen 311 D
Hachenburg 317 D
Hachmühlen 306 D
Hadamar 317 D
Hadmersleben 314 B
Hämelerwald 306 D
Hämelschenburg 313 A
Hänigsen 306/307 D/C
Häselgehr (A) 338 D
Häusern 336 D
Haffen-Mehr 310 B
Haffkrug 296 C
Hage 299 B
Hagen PLZ 2851, 300 D
Hagen PLZ 5800, 311 D
Hagen PLZ 3057 Neustadt 1, 306 C
Hagen am Teutoburger Wald 305 C
Hagenah 301 C
Hagenau (F) 329 B
Hagenbach 330 A
Hagenburg 306 C
Hagendingen (F) 322 C
Hagenow 302 D
Hagermarsch 299 B
Hagondange (F) 322 C
Haguenau (F) 329 B
Hahausen 313 B
Hahn PLZ 5439, 317 D
Hahn PLZ 6204 Taunusstein 1, 324 A
Hahnbach 327 C
Hahnenklee-Bockswiese 313 B
Hahnstätten 317 D
Haid (ČS) 328 C
Haidmühle 335 B
Haiger 318 C
Haigerloch 330 D
Hailing 334 B
Haimhausen 333 C
Haiming 335 C
Hain 318 D
Haina (KLoster) 318 B
Hainburg 324 B
Hainsbach 334 B
Hainzell 319 C
Haiterbach 330 D
Hakenstedt 307 D
Halberstadt 314 B
Halblech 339 C
Haldensleben 308 C
Haldenwang 338 B
Haldern 310 B
Halenbeck 303 D
Halfing 340 B
Hallau 336/337 D/C
Hallbergmoos 333 D
Halle PLZ 4802, 312 A
Halle PLZ 3451, 313 A
Halle PLZ X 40, 315 C
Hallein (A) 341 D
Hallenberg 318 B
Haller (L) 322 A
Hall in Tirol (A) 340 C
Hallstadt 326 B
Halsdorf 318 B
Halsted (DK) 396 B
Halstenbek 301 B
Haltern 311 A
Halver 311 C
Halverde 304 D
Halže (ČS) 328 A
Hambergen 300 D
Hamborn 310 D
Hambühren 306 B
Hamburg 301 B
Hamdorf 294 D
Hameln 306 C
Hamersleben 314 B
Hamiville (L) 322 A
Hamm PLZ 4700, 311 B
Hamm PLZ 5249, 317 B
Hammelburg 325 B
Hammelsprung 309 B
Hammerbrücke 321 D
Hammereisenbach 336 B
Hamminkeln 310 B
Hammoor 302 A
Hamweddel 295 C
Hanau 324 B
Handeloh 301 D
Handewitt 294 B
Handorf 311 B
Hanerau-Hademarschen 294 D
Hankensbüttel 307 A
Hannover 306 D
Hanshagen 302 B
Hanstedt PLZ 2116, 301 D
Hanstedt PLZ 3111, 307 A
Hanstedt PLZ 3110 Uelzen 6, 307 A
Hansühn 296 C
Happurg 327 C
Harb 318 D
Harbke 307 D
Harburg PLZ 8856, 332 B
Harburg PLZ 2100 Hamburg 90, 301 D
Hard (A) 338 C
Hardegsen 313 A
Hardenberg (NL) 304 A
Hardheim 325 C
Haren 304 B
Haren (NL) 299 C
Harkerode 314 B
Harmsdorf 302 A

Harpstedt 305 B
Harrislee 294 B
Harsefeld 301 C
Harsewinkel 312 A
Harsleben 314 B
Harsum 296 D
Hartenholm 301 B
Harterding (A) 335 C
Harth 312 C
Hartkirchen 335 C
Hartmanice (ČS) 335 A
Hartmanitz (ČS) 335 A
Hartmannshain 318/319 D/C
Hartum 295 D
Harzgerode 314 B
Hasbergen 295 C
Haselbach (ČS) 328 C
Haseldorf 301 A
Haseloff 309 C
Haselünne 304 B
Hasenweiler 337 B
Haslach 330 C
Haslau (ČS) 327 B
Hasloch 325 A
Hasloh 301 B
Hasperde 306 C
Haßbergen 306 A
Hassel 306 A
Hasselfelde 314 B
Haßfurt 326 A
Haßloch 324 C
Haßmersheim 324 D
Hassum 310 A
Hatten 300 D
Hatten (F) 329 B
Hattert 317 D
Hattingen 311 C
Hattorf 313 B
Hattstedt 294 D
Hatzfeld 318 A
Hatzum 299 D
Hauenstein 329 B
Hauerz 338 A
Hauneck 319 B
Haunersdorf 334 D
Haunetal 319 A
Haunsheim 332 C
Haunstetten 332 D
Hausach 330 C
Hausberge 305 D
Hausen PLZ 8421, 333 B
Hausen PLZ 7862, 336 C
Hausen PLZ 7792 Beuron, 337 A
Hausen am Tann 337 A
Hausham 340 B
Haussömmern 320 A
Hauswurz 319 C
Hauzenberg 335 D
Havelberg 308 B
Haverbeck 301 D
Havetoft 295 A
Havixbeck 311 A
Havnbjerg (DK) 295 A
Hayange (F) 322 C
Hayingen 331 C
Hazlov (ČS) 327 B
Hebenhausen 313 D
Heber 301 D
Hebertsfelden 335 C
Hebertshausen 333 C
Hechingen 330 D
Hechlingen 332 B
Hechthausen 301 A
Hecklingen 315 A
Heddesbach 324 D
Hedemünden 313 C
Hedersleben 314 B
Heede 304 B
Heek 304 C
Heerlen (NL) 316 A
Heerstedt 300 D
Heeslingen 301 C
Hehlen 313 A
Hehlingen 307 D
Heide 294 D
Heideck 333 A
Heidelberg 324 D
Heidelsheim 330 B
Heiden 311 A
Heidenau 301 D
Heidenheim PLZ 7920, 331 D
Heidenheim PLZ 8824, 332 B
Heiderrod 323 B
Heidesheim 324 A
Heidmühlen 301 B
Heigenbrücken 325 A
Heikendorf 295 D
Heilbad Heiligenstadt 313 D
Heilbronn 330 B
Heiligenberg 337 B
Heiligendorf 307 D
Heiligengrabe 303 D
Heiligenhafen 296 C
Heiligenhaus 311 C
Heiligenkirchen 312 B
Heiligenloh 305 B
Heiligenrode 305 B
Heiligenstadt 326 B
Heiligenstedten 301 A
Heiligkreuzsteinach 324 D
Heilsbronn 326 D
Heilshorn 300 D
Heimbach PLZ 5169, 316 D
Heimbach PLZ 6589, 323 C
Heimboldshausen 319 B
Heimbuchenthal 325 A
Heimenkirch 338 C
Heimerdingen 330 B
Heimertingen 338 B
Heimerzheim 317 C
Heimsheim 330 B
Heinbockel 301 A
Heinebach 319 A
Heinersreuth 327 A
Heining 335 D
Heinkenborstel 295 C
Heinsberg 316 A
Heitersheim 336 A
Heiterwang (A) 339 C
Heldburg 320 C
Helden 317 B
Helden (NL) 310 C
Heldenbergen 318 D
Heldra 319 B
Heldrungen 314 D
Helfendorf 340 A
Hellenthal 316 D
Hellingen 320 C
Helmbrechts 327 A
Helmershausen 319 D
Helmstedt 307 D
Helphau-Uttendorf (A) 341 B
Helsa 313 C
Heltersberg 323 D
Hemau 333 B
Hemden 310 B
Hemeln 313 C
Hemer 311 D
Hemeringen 306 C
Hemfurth-Edersee 318 B
Hemhofen 326 D
Hemmelte 305 A
Hemmendorf 306 D
Hemmern 312 C
Hemmingen 306 D
Hemmingstedt 294 D
Hemmoor 301 A
Hemslingen 301 C
Henfenfeld 327 C
Hengelo (NL) 304 C
Hengelo (NL) 310 B
Hengersberg 335 A
Hengsterholz 305 B
Henneberg 320 C
Hennef 317 A
Hennen 311 D
Hennigen 307 B
Hennigsdorf 309 B
Hennstedt PLZ 2246, 294 D
Hennstedt PLZ 2211, 301 B
Henri-Chapelle (B) 316 A
Henstedt-Ulzburg 301 B
Heppendorf 316 B
Heppenheim 324 D
Herbern 311 B
Herbertingen 337 B
Herbitzheim 329 A
Herbolzheim PLZ 7834, 329 A
Herbolzheim PLZ 6956 Neudenau, 325 C
Herborn 318 C
Herbrechtingen 331 D
Herbsleben 320 A
Herbstein 319 C
Herbsthausen 325 D
Herchen 317 A
Herdecke 311 C
Herdorf 317 B
Herdringen 311 D
Herdwangen-Schönach 337 B
Heretsried 332 D
Herford 305 D
Hergatz 338 C
Heringen 314 D
Heringen (Werra) 319 B
Heringhausen 312 D
Heringsdorf 296 C
Herisau (CH) 337 D
Herlazhofen 338 A
Herleshausen 319 B
Hermannsburg 306/307 B/A
Hermaringen 332 C
Hermersberg 323 D
Hermeskeil 322/323 D/C
Hermsdorf 321 A
Herne 311 C
Heroldsberg 326/327 D/C
Heroldstatt 331 C
Herongen 310 C
Herpf 319 D
Herrenberg 330 D
Herrieden 332 A
Herrischried 336 D
Herritslev (DK) 296 B
Herrnburg 302 A
Herrsching 339 B
Herschweiler-Pettersheim 323 C
Herrstein 323 A
Hersbruck 327 C
Herschbach 317 D
Herscheid 311 D
Herten 311 A
Herwen (NL) 310 A
Herxheim 330 A
Herzberg PLZ X 2851, 303 A
Herzberg PLZ X 1951, 309 A
Herzberg PLZ 3420, 314 A
Herzebrock 312 A
Herzfeld 312 A
Herzhausen 318 B
Herzhorn 301 A
Herzlake 304 B
Herzogenaurach 326 D
Herzogenrath 316 A
Herzogenreuth 326 B
Herzsprung 303 D
Hesedorf 301 C
Hesel 299 D
Hesepe 305 C
Hespérange (L) 322 C
Heßbach 326 C
Hesselberg 332 B
Hesselteich 312 A
Hessen 314 A
Hesseneck-Schöllenbach 324 D
Hessisch Lichtenau 313 C
Hessisch Oldendorf 306 C
Hettange-Grande (F) 322 C
Hettingen PLZ 7481, 337 B
Hettingen PLZ 6967 Buchen, 325 C
Hettstedt 315 A
Hetzbach 324 D
Hetzerath 322 B
Hetzwege 301 C
Heubach 331 B
Heubült 300 C
Heuchlingen 331 B
Heusenstamm 324 B
Heustreu 319 D
Heusweiler 322/323 D/C
Heyda 310 D
Heyerode 310 A
Heyrothsberge 308 C
Hiddenhausen 305 D
Hiddensee 298 A
Hiddesen 312 B
Hiddingsel 311 A
Hilbringen 322 D
Hilchenbach 318 A
Hildburghausen 320 C
Hilden 310/311 D/C
Hilders 319 D
Hildesheim 306 D
Hilgertshausen 333 C
Hille 305 D
Hillerse 307 C
Hillesheim 316 D
Hilpoltstein 333 A
Hilsenheim (F) 329 D
Hiltenfingen 338/339 B/A
Hilter am Teutoburger Wald 305 C
Hiltpoltstein 327 C
Himbergen 302 C
Himmelkron 327 A
Himmelpforten 301 A
Hindelang 338 D
Hindenburg 308 B
Hinsbeck 310 C
Hinte 299 D
Hinterglemm (A) 341 C
Hinterhornbach (A) 338 D
Hinterriß (A) 340 C
Hintersee 341 C
Hintersee (A) 341 B
Hinterstein 338 D
Hinterweidenthal 329 B
Hinterzarten 336 B
Hinwil (CH) 337 C
Hirsau 330 D
Hirschaid 326 B
Hirschau 327 D
Hirschbach PLZ X 6051, 320 C
Hirschbach PLZ 8459, 327 C
Hirschberg PLZ X 6553, 321 C
Hirschberg PLZ 4788 Warstein, 312 C
Hirschberg an der Bergstraße 324 D
Hirschfeld 321 D
Hirschhorn 324 D
Hirtzfelden (F) 336 A
Hirzenhain 318 D
Hirzfelden (F) 336 A
Hittisau (A) 338 C
Hitzacker 302 D
Hjelm (DK) 296 B
Hjerpsted (DK) 294 A
Hjordkær (DK) 294 B
Hobbach 325 A
Hochburg (A) 341 A
Hochdonn 301 A
Hochfelden (F) 329 B
Hochfilzen (A) 341 C
Hochfügen (A) 340 C
Hochheim 324 A
Hochspeyer 323 D
Hochstadt PLZ 8621, 326 B
Hochstadt PLZ 6741, 330 A
Hochstätt 340 B
Hochstetten 330 A
Hockenheim 324 C
Hodenhagen 306 B
Höchberg 325 B
Höchenschwand 336 D
Höchheim 320 C
Höchst PLZ 6128, 324 B
Höchst PLZ 6230 Frankfurt 80, 324 A
Höchst (A) 338 C
Höchstadt an der Aisch 326 D
Höchstädt PLZ 8671, 327 B
Höchstädt PLZ 8884, 332 D
Höchstenbach 317 D
Högsdorf 295 D
Höhefeld 325 C
Höhenkirchen 340 A
Höhenrain 340 B
Höhr-Grenzhausen 317 D
Højer (DK) 294 A
Hönebach 319 B
Hoensbroek (NL) 316 A
Höpfingen (Odenwald) 325 C
Högertshausen 333 D
Hörmannsdorf 333 B
Hörne 301 A
Hörnum 294 A
Hörste PLZ 4780 Lippstadt, 312 A
Hörste PLZ 4937 Lage, 500 B
Hörstel 304 D

Hørup (DK) 295 A
Hösbach 325 A
Hötensleben 307 D
Hoetmar 311 B
Hötzingen 306 B
Hövelhof 312 A
Höxter 313 A
Hof 321 C
Hof bei Salzburg (A) 341 B
Hofbieber 319 D
Hofgeismar 313 C
Hofheim PLZ 6238, 324 A
Hofheim PLZ 8729, 326 A
Hofkirchen 335 C
Hofkirchen (A) 335 D
Hohberg 329 D
Hohegeiß 314 A
Hohenahr 318 C
Hohenaltheim 332 B
Hohenaspe 301 A
Hohenau 335 B
Hohenberg an der Eger 327 B
Hohenburg 327 D
Hoheneggelsen 306/307 D/C
Hohenems (A) 338 C
Hohenfelde PLZ 2301, 295 D
Hohenfelde PLZ 2201, 301 B
Hohenfels PLZ 8431, 333 B
Hohenfels PLZ 7769, 337 B
Hohenfurch 339 A
Hohenhameln 306 D
Hohenhaslach 330 B
Hohenhausen 305 D
Hohenkammer 333 C
Hohenkirchen PLZ X 5801, 320 A
Hohenkirchen PLZ 2949 Wangerland 1, 300 A
Hohenlimburg 311 D
Hohenlinden 340 B
Hohenlockstedt 301 B
Hohenmölsen 321 B
Hohennauen 308 B
Hohenölsen 321 A
Hohenpeißenberg 339 A
Hohenroda 319 B
Hohenseeden 308 D
Hohensolms 318 C
Hohen Sprenz 303 B
Hohenstadt 327 C
Hohenstaufen 331 C
Hohenstein 331 C
Hohentengen 336 D
Hohenthann PLZ 8301, 334 C
Hohenthann PLZ 8201 Tuntenhausen, 340 B
Hohenthurm 315 C
Hohenwart 333 C
Hohenwarth 335 A
Hohenwepel 312 D
Hohenwestedt 295 C
Hohkeppel 317 A
Hohn 295 C
Hohne 307 A
Hohnstorf 302 C
Hohwacht 295 D
Hohwald (F) 329 C
Hojsova Stráž (ČS) 335 A
Holbøl (DK) 294 B
Holdenstedt 307 A
Holdorf 305 C
Holeby (DK) 296 B
Holle 313 B
Hollenstedt 301 D
Hollerath 316 D
Hollern 301 A
Hollfeld 327 A
Hollingstedt 294 D
Hollnseth 301 A
Holm (DK) 295 A
Holnis 295 A
Holnstein 333 A
Holste 300 D
Holthusen 299 D
Holtsee 295 C
Holtwick 311 A
Holungen 314 C
Holzen 311 D
Holzgau (A) 338 D
Holzgerlingen 330 D
Holzhausen PLZ 5429, 317 D
Holzhausen PLZ 4994 Preußisch Oldendorf, 305 D
Holzhausen PLZ 6349 Greifenstein, 506 C
Holzhausen-Externsteine 312 B
Holzheim 332 D
Holzkirchen 340 A
Holzmaden 331 C
Holzminden 313 A
Holzweiler 316 B
Holzwickede 311 D
Homberg 318 D
Homberg (Efze) 319 A
Hombourg-Budange (F) 322 C
Hombressen 313 C
Homburg 323 C
Homburg am Main 325 A
Homburg-Bidingen (F) 322 C
Honau 331 C
Honzrath 322 D
Hoogezand-Sappemeer (NL) 299 C
Hoogstede 304 A
Hooksiel 300 A
Hopfgarten (A) 340 D
Hoppenrade 303 B
Hoppenstedt 314 A
Hopsten 304 D
Horb am Neckar 330 D
Horbelev (DK) 297 A
Horgau 332 D
Horgen (CH) 337 C
Horgenau 319 C
Horgenzell 337 B
Horhausen 317 D
Hormersdorf 327 C
Hornbach 329 A
Horn-Bad Meinberg 312 B
Hornberg PLZ 7746, 330 C
Hornberg PLZ 7881 Herrischried, 336 D
Hornburg 314 A
Horndorf 302 C
Horneburg 301 D
Horní Slavkov (ČS) 328 A
Horní Vltavice (ČS) 335 B
Horrem 316 B
Horšovský Týn (ČS) 328 D
Horst 301 B
Horst (NL) 310 C
Horstedt 301 C
Horsten 300 C
Horstmar 304 D
Horumersiel 300 A
Hoscheid (L) 322 A
Hosenfeld 319 C
Hostau (ČS) 328 C
Hostouň (ČS) 328 C
Hoya 306 A
Hoym 314 B
Hranice (ČS) 321 D
Hude 300 D
Hückelhoven 316 A
Hückeswagen 317 A
Hüfingen 336 B
Hüllhorst 305 D
Hümme 313 C
Hünfeld 319 D
Hünfelden 318 C
Hünstetten 318 C
Hünxe 310 B
Hüpstedt 314 C
Hürtgenwald 316 B
Hürth 316 B
Hütschenhausen 323 C
Hüttau (A) 341 D
Hütten 327 D
Hüttenberg 318 C
Hüttenbusch 301 C
Hüttlingen 331 B
Huglfing 339 A
Humble (DK) 295 B
Hundeluft 315 B
Hundham 340 B
Hundsbach 323 D
Hungen 318 D
Hunspach (F) 329 B
Huntlosen 305 A
Husby 295 A
Husum PLZ 2250, 294 D
Husum PLZ 3071, 306 C
Hutthurm 335 D

I

Ibbenbüren 304/305 D/C
Ichenhausen 332 C
Ichenheim 329 D
Ichtershausen 320 B
Icking 340 A
Idar-Oberstein 323 C
Idstein 324 A
Iffeldorf 339 B
Iffezheim 330 A
Ifta 319 B
Igel 322 B
Igersheim 325 D
Iggensbach 335 A
Iglbach 335 C
Igling 339 A
Igls (A) 340 C
Ihlienworth 300 B
Ihlow 299 D
Ihlowerhörn 299 D
Ihmert 311 D
Ihrhove 299 D
Ihrlerstein 333 B
Ilfeld 314 C
Illerkirchberg 331 D
Illerrieden 331 D
Illertissen 338 A
Illingen PLZ 6688, 323 C
Illingen PLZ 7132, 330 B
Illkirch-Graffenstaden (F) 329 D
Illmensee 337 B
Ilmenau 320 D
Ilmmünster 333 C
Ilsede 307 C
Ilsenburg 314 A
Ilsfeld 331 A
Ilshofen 331 B
Imbsen 313 C
Immendingen 337 A
Immenhausen 313 C
Immenrode 314 C
Immensen 306 D
Immenstaad am Bodensee 337 D
Immenstadt 338 D
Imst (A) 339 C
Inchenhofen 333 C
Indelhausen 331 C
Inden 316 B
Ingelfingen 325 C
Ingelheim 324 A
Ingenheim 330 A
Ingoldingen 338 A
Ingolstadt 333 A
Ingweiler (F) 329 B
Ingwiller (F) 329 B
Inkofen 334 B
Innerlaterns (A) 338 C
Inning 339 A
Innsbruck (A) 339 D
Insel 308 C
Insheim 330 A
Insingen 325 D
Inzell 341 A
Inzigkofen 337 B
Iphofen 326 C
Ipsheim 326 C
Irlbach 334 B
Irmgarteichen 318 A
Irrel 322 B
Irschenberg 340 B
Irsee 338 B
Isen 334 C
Isenbüttel 307 C
Isenburg 317 D
Iserlohn 311 D
Isernhagen 306 D
Ismaning 333 D
Ispringen 330 B
Isselburg 310 B
Isselhorst 312 A
Isserstedt 321 A
Issing 339 A
Issum 310 D
Isterberg 304 C
Istha 312 D
Ittenhausen 337 B
Ittenheim (F) 329 D
Itterbeck 304 C
Itzehoe 301 A
Itzgrund 326 B
Ivenrode 307 D

J

Jabel 303 B
Jachenau 340 C
Jackerath 306 B
Jade 300 C
Jänickendorf 309 D
Jännersdorf 303 C
Jävenitz 308 C
Jagel 295 C
Jagsthausen 325 C
Jagstheim 332 A
Jagstzell 332 A
Jalhay (B) 316 C
Jameln 307 B
Jandelsbrunn 335 B
Janovice (ČS) 328 D
Javorná (ČS) 328 B
Javorná (ČS) 335 A
Jemgum 299 D
Jena 321 A
Jenbach (A) 340 C
Jerchel 308 C
Jerichow 308 D
Jerstedt 313 B
Jerxheim 314 B
Jesberg 318 B
Jesendorf 303 A
Jeserig 309 C
Jeßnitz 315 B
Jesteburg 301 D
Jestetten 337 C
Jettingen-Scheppach 332 D
Jetzendorf 333 C
Jevenstedt 295 C
Jever 300 A
Jivjany (ČS) 328 D
Jochberg (A) 341 C
Jocketa 321 D
Jöhlingen 330 B
Jöllenbeck 305 D
Jördenstorf 303 B
Jörl 294 B
Johanniskirchen 335 C
Johanniskreuz 323 D
Joldelund 294 B
Jork 301 D
Jossgrund 325 A
Jübek 294 B
Jüchen 316 B
Jüchsen 320 C
Jülich 316 B
Jünkerath 316 D
Jürgenshagen 303 A
Jürgenstorf 302 C
Juist 299 A
Jungholz (A) 338 D
Jungingen 330 D
Junglinster (L) 322 C
Junkersdorf 326 B
Junkersrott 299 B

K

Kaarßen 302 D
Kaarst 310 D
Kaceřov (ČS) 328 A
Kämpfelbach 330 B
Kästorf 307 C
Kahl 324 B
Kahla 321 A
Kaisersbach 331 A
Kaisersesch 317 C
Kaiserslautern 323 D
Kaiserstuhl (CH) 336 D
Kaiser-Wilhelm-Koog 300 B
Kaisheim 332 B
Kakerbeck 307 B
Kalbach 319 C
Kalbe 308 A
Kalchreuth 326 D
Kaldenkirchen 310 C
Kalefeld 313 B
Kalkar 310 B

Kalkofen 337 B
Kall 316 D
Kallenhardt 312 C
Kalletal 305 D
Kallmünz 333 B
Kaltenbrunn PLZ 8481, 327 D
Kaltenbrunn PLZ 8621 Itzgrund, 326 B
Kaltenkirchen 301 B
Kaltennordheim 319 D
Kaltensundheim 319 D
Kalterherberg 316 C
Kalvehave (DK) 297 A
Kambs 303 A
Kamen 311 D
Kammeltal 332 C
Kammerstein 326 D
Kammlach 338 B
Kamp-Bornhoten 317 D
Kampen 294 A
Kamp-Lintfort 310 D
Kandel 330 A
Kandern 336 C
Kapellen PLZ 4170 Geldern 2, 310 B
Kapellen PLZ 4048 Grevenbroich 5, 316 B
Kappel 323 A
Kappel-Grafenhausen, 329 D
Kappeln 295 A
Kappelrodeck 330 C
Kaprun (A) 341 C
Karben 318 D
Karbow-Vietlübbe 303 D
Karby 295 A
Karlburg 325 A
Karlovy Vary (ČS) 328 A
Karlsbad 330 B
Karlsbad (ČS) 328 A
Karlsburg 298 D
Karlsfeld 333 C
Karlshagen 298 D
Karlshöfen 301 C
Karlshuld 333 C
Karlsruhe 330 A
Karlstadt 325 B
Karnin 297 D
Karow PLZ X 2331, 298 D
Karow PLZ X 2861, 303 B
Karow PLZ X 3281, 308 D
Karstädt 303 C
Kasendorf 327 A
Kašperské Hory (ČS) 335 B
Kasseedorf 296 C
Kassel 313 C
Kastellaun 323 A
Kaster 316 B
Kastl 327 C
Kastorf 302 A
Kating 294 D
Katlenburg-Lindau 313 B
Kattenvenne 304/305 D/C
Katzenelnbogen 317 D
Katzhütte 320 D
Kaub 323 B
Kaufbeuren 338 B
Kaufbeuren-Neugablonz 339 A
Kaufering 339 A
Kaufungen 313 C
Kaulsdorf 320/321 D/C
Kaunitz 312 A
Kavelsdorf 297 D
Kavelstorf 303 A
Kdyně (ČS) 328 D
Kefenrod 319 C
Kehl 329 D
Kehnert 308 D
Keitum 294 A
Kelberg 316 D
Kelbra 314 D
Kelchsau (A) 340 D
Keldernæs (DK) 296 B
Kelheim 333 B
Kelkheim (Taunus) 324 A
Kell 322 D
Kellenhusen 296 C
Kellinghusen 301 B
Kellmünz an der Iller 338 B
Kelsterbach 324 A
Keltern 330 B
Kematen (A) 339 D
Kemnat 331 C
Kemnath 327 B
Kemnath am Buchberg 327 D
Kemnitz 298 D
Kempen 310 D
Kempenich 317 C
Kempfenbrunn 325 A
Kempten 338 D
Kemptthal (CH) 337 C
Kentheim 330 D
Kenzingen 336 A
Kerken 310 D
Kerkrade (NL) 316 A
Kernen im Remstal 331 A
Kerpen 316 B
Kervenheim 310 B
Kesslar 320/321 B/A
Kettenbach 318 C
Kettenburg 306 B
Kettershausen 338 B
Ketzin 309 C
Keula 314 C
Kevelaer 310 A
Kiefersfelden 340 D
Kiel 295 D
Kienberg 341 A
Kienberg (CH) 336 D
Kierspe 317 B
Kimratshofen 338 B
Kindelbrück 314 D
Kinding 333 A
Kipfenberg 333 A
Kippinge (DK) 296 B
Kirberg 318 C
Kirchahorn 327 A
Kirchardt 330 B
Kirchberg PLZ X 9512, 321 D
Kirchberg PLZ 6544, 323 A
Kirchberg PLZ 7184, 331 B
Kirchberg PLZ 8371, 335 A
Kirchberg PLZ 7959, 338 A
Kirchberg (A) 340 D
Kirchberg (CH) 337 C
Kirchbichl (A) 340 D
Kirchboitzen 306 B
Kirchdorf PLZ X 2404, 302 B
Kirchdorf PLZ 2839, 305 B
Kirchdorf PLZ 8051, 333 D
Kirchdorf PLZ 8347, 335 C
Kirchdorf (A) 341 C
Kirchdorf im Wald 335 A
Kirchehrenbach 326 D
Kirchen 317 B
Kirchenbirk (ČS) 328 A
Kirchendemenreuth 327 B
Kirchenkirnberg 331 A
Kirchenlamitz 327 B
Kirchensittenbach 327 C
Kirchentellinsfurt 331 C
Kirchenthumbach 327 C
Kirchgellersen 302 C
Kirchham 318 B
Kirchhatten 305 A
Kirchhausen 330 B
Kirchheilingen 320 A
Kirchheim PLZ 6437, 319 A
Kirchheim PLZ 8701, 325 D
Kirchheim PLZ 8949, 338 B
Kirchheim PLZ 5350 Euskirchen, 316 D
Kirchheim (A) 335 D
Kirchheim (Teck) 331 C
Kirchheim-Bolanden 323 D
Kirchhellen 310/311 B/A
Kirchherten 316 B
Kirchhorst 306 D
Kirchhundem 318 A
Kirchlauter 326 B
Kirchlengern 305 D
Kirchlinteln 306 A
Kirchmöser 308/309 B/A
Kirchnüchel 295 D
Kirchohsen 313 A
Kirchroth 334 B
Kirchseeon 340 B
Kirch-Stück 302 B
Kirchtimke 301 C
Kirchwalsede 306 A
Kirchweibach 341 A
Kirchweyhe 305 B
Kirchzarten 336 B
Kirchzell 324 D
Kirkel 323 C
Kirn 323 A
Kirrlach 330 B
Kirtorf 318 B
Kisdorf 301 B
Kisselbach 323 B
Kissenbrück 307 C
Kissendorf 332 C
Kißlegg 338 A
Kittlitz 302 B
Kitzbühel (A) 341 C
Kitzingen 326 C
Kläden 308 A
Klais 339 D
Klanxbüll 294 A
Klatovy (ČS) 328 D
Klattau (ČS) 328 D
Klausa 321 B
Klausdorf PLZ 2300, 295 C
Klausdorf PLZ 2301, 298 C
Klausdorf PLZ 1631, 309 D
Klausen 322/323 B/A
Klausheide 304 D
Klazienaveen (NL) 304 A
Kleefeld 303 A
Kleinarl (A) 341 D
Kleinbardorf 320 C
Klein Berßen 304 B
Kleinblittersdorf 329 A
Kleinenberg 312 D
Kleinhau 316 B
Kleinheubach 324/325 D/C
Kleinmutz 309 B
Kleinpaschleben 315 A
Klein Rodensleben 308 C
Klein Rönnau 302 A
Klein Sien 303 A
Kleinwusterwitz 308 D
Klenči (ČS) 328 D
Klentsch (ČS) 328 C
Kleßen 308 B
Klettbach 320 B
Klettgau 336 D
Kleve 310 A
Klietz 308 B
Klingenberg am Main 325 A
Klingenmünster 329 B
Klingenthal 321 D
Klingenthal (F) 329 C
Klink 303 D
Kliplev (DK) 294 B
Klocksin 303 B
Klötze 307 B
Kloosterhaar (NL) 304 C
Kloster 298 A
Klosterfelde 309 B
Klosterlechfeld 339 A
Klostermansfeld 315 C
Kloster Oesede 305 C
Klosterreichenbach 330 C
Kloten (CH) 337 C
Klüppelberg 317 A
Kluess 303 B
Klüsserath 322 B
Klütz 302 B
Kluis 298 C
Knau 321 C
Kneese 302 B
Knesebeck 307 A
Knetzgau 326 A
Kniebis 330 C
Knittlingen 330 B
Knüllwald 319 A
Kobern-Gondorf 317 C
Koblenz 317 D
Koblenz (CH) 336 D
Kochel 340 C
Kočov (ČS) 328 A
Köfering 334 A
Köhlen 300 D
Köhn 295 D
Kölleda 320 B
Köln 316 B
Könderitz 321 B
Köngen 331 C
Könnigerode 314 B
Königsbach-Stein 330 B
Königsberg 326 A
Königsberg (ČS) 328 A
Königsbronn 331 D
Königsbrunn 332 D
Königsdorf 340 A
Königsee 320 D
Königsfeld PLZ 8601, 326/327 B/A
Königsfeld PLZ 7744, 336 B
Königshütte 314 A
Königslutter 307 C
Kœnigsmacker (F) 322 C
Königsmoos 333 C
Königssee 341 D
Königstein PLZ 6240, 324 A
Königstein PLZ 8459, 327 C
Königswinter 317 C
Könnern 315 A
Köpernitz 309 A
Körbecke 312 C
Körner 314 C
Kösching 333 A
Kössen (A) 340 D
Kößlarn 335 C
Köthen 315 A
Koetschette (L) 322 A
Kötz 332 C
Kötzting 335 A
Kokaschitz (ČS) 328 B
Kokašice (ČS) 328 B
Kolbermoor 340 B
Koldby (DK) 294 A
Kolenfeld 306 C
Kolitzheim 326 A
Kolk 306 B
Kollerschlag (A) 335 D
Kollmar 301 A
Kollnburg 335 A
Kollow 302 C
Koloveč (ČS) 328 D
Kommern 316 D
Konken 323 C
Konnersreuth 327 B
Konradsreuth 321 C
Konstanz 337 D
Konstein 333 A
Konz 322 D
Konzell 334 B
Kopfing (A) 335 D
Kopperby 295 A
Kopstal (L) 322 C
Korbach 312 D
Kordel 322 B
Korntal-Münchingen 330 B
Kornwestheim 331 A
Korschenbroich 310 D
Kospa-Pressen 315 D
Kozolupy (ČS) 328 B
Kraftisried 338 B
Kragenæs (DK) 296 B
Kraiburg 340 B
Kraichtal 330 B
Krajková (ČS) 321 D
Krakow 303 B
Kramsach (A) 340 D
Kranenburg 310 A
Kranichfeld 320 B
Kraslice (ČS) 321 D
Krauchenwies 337 B
Krautheim 325 C
Krautsand 301 A
Krautscheid 322 B
Krefeld 310 D
Kreiensen 313 B
Krembz 302 B
Kremmen 309 A
Krempe 301 A
Křenice (ČS) 328 D
Krensitz 315 D
Kreßberg 332 A
Kreßbronn 338 C
Kreuth 340 C
Kreuzau 316 B
Kreuzlingen (CH) 337 D
Kreuztal 318 A
Kriegsfeld 323 D
Krimml (A) 340 D
Krispl (A) 341 D
Kritzmow 297 C
Krölpa 321 C
Kröpelin 297 C
Kröslin 298 D
Kröv 323 A
Kroge 306 B
Krombach 317 B
Kronach 320 D

Kronau 330 B
Kronberg 324 B
Kronburg 338 B
Kronenburg 316 D
Kronprinzenkoog 300 B
Kronsforde 302 A
Kronsgaard 295 A
Kronshagen 295 C
Kropp 294 D
Kroppenstedt 314 B
Krostitz 315 D
Krün 339 D
Krumbach PLZ 8908, 337 B
Krumbach PLZ 7793 Sauldorf, 332 C
Krumbach (A) 338 C
Krummennaab 327 B
Krummesse 302 A
Krummhörn 299 C
Krumstedt 294 D
Kruså (DK) 294 B
Krusendorf 295 C
Kuchelmiß 303 B
Kuchl (A) 341 D
Kühbach 333 C
Kühndorf 320 C
Kührstedt 300 B
Küllstedt 313 D
Külsheim 325 C
Kümmersbruck 327 D
Künzelsau 325 C
Küps 327 A
Kürten 317 A
Küsnacht (CH) 337 C
Küstelberg 312 C
Küsten 307 B
Kufstein (A) 340 D
Kuhfelde 307 B
Kuhstedt 300 D
Kuhstorf 302 D
Kulmain 327 B
Kulmbach 327 A
Kummer 302 D
Kummerow 297 D
Kummersdorf-Gut 309 D
Kumreut 335 B
Kundl (A) 340 D
Kunrau 307 D
Kunźvart (ČS) 335 B
Kupfermühle 294 B
Kupferzell 331 B
Kuppenheim 330 A
Kuschwarda (ČS) 335 B
Kusel 323 C
Kusey 307 B
Kutenholz 301 C
Kværs (DK) 295 A
Kvilda (ČS) 335 B
Kyllburg 322 B
Kynšperk nad Ohři (ČS) 328 A
Kyritz 308 B

L

Laaber 333 B
Laage 303 B
Laar 304 A
Laase 302 D
Laaslich 303 C
Laatzen 306 D
Labenz 302 A
Laberweinting 334 B
Laboe 295 D
Lachendorf 307 A
Ladbergen 304/305 D/C
Ladelund 294 B
Ladenburg 324 D
Lägerdorf 301 B
Lähden 304 B
Laer 311 A
Lage 312 B
Lahde 306 C
Lahn 304 B
Lahnstein 317 D
Lahntal 318 B
Lahr 329 D
Lahrbach 319 D
Lahstedt 307 C
Laichingen 331 D
Laiz 337 B
Lalendorf 303 B
Lalling 335 A
Lam 335 A
Lambrecht 323 D
Lamerdingen 339 A
Lammersdorf 316 D
Lampertheim 324 C
Lamprechtshausen (A) 341 A
Lamspringe 313 B
Lamstedt 301 A
Lancken-Granitz 298 D
Landau PLZ 6740, 330 A
Landau PLZ 8380, 334 D
Landau PLZ 3548 Arolsen, 312 D
Landesbergen 306 C
Landkirchen 296 D
Landsberg PLZ X 4105, 315 D
Landsberg PLZ 8910, 339 A
Landscheid 322 B
Landshut 334 C
Landstuhl 323 D
Landwehr 313 B
Landwehrhagen 313 C
Langballig 295 A
Langballigau 295 A
Langdorf 335 A
Langeln 314 A
Langelsheim 313 B
Langen PLZ 2857, 300 B
Langen PLZ 6070, 324 B
Langenaltheim 332 B
Langenargen 337 D
Langenau 332 C
Langenbach 333 D
Langenberg PLZ 4831, 312 A
Langenberg PLZ 5620 Velbert 11, 311 C
Langenbergen 320 C
Langenbieber 319 D
Langenbrettach 331 A
Langenbruck (CH) 336 C
Langenburg 325 D
Langendernbach 318 C
Langendiebach 324 B
Langendorf 302 D
Langeneichstädt 315 C
Langenenslingen 337 B
Langenfeld PLZ 4018, 317 A
Langenfeld PLZ 8531, 326 C
Langengeisling 334 C
Langenhagen 306 D
Langenhahn 317 D
Langenhaslach 332 C
Langenholzhausen 305 D
Langenhorn 294 B
Langenlonsheim 323 B
Langenneufach 332 D
Langenorla 321 A
Langenprozelten 325 A
Langenschemmern 338 A
Langenselbold 324 B
Langensteinach 325 D
Langensteinbach 330 A
Langenthal 336 C
Langenzenn 326 D
Langeoog 299 B
Langerringen 339 A
Langerwehe 316 B
Langeveen (NL) 304 C
Langewiesen 320 D
Langförden 305 A
Langfurt 332 B
Lang-Göns 318 D
Langhagen 303 B
Langø (DK) 296 A
Langquaid 334 A
Langula 320 A
Langwarden 300 B
Langwedel 306 A
Langweid 332 D
Lanke 309 B
Lanz 303 C
La Petite Pierre (F) 329 A
Lappersdorf 333 B
Larochette (L) 322 A
Lassahn 302 B
Lastrup 305 A
Lathen 304 B
Laubach 318 D
Lauben 338 B
Laucha 315 C
Lauchdorf 338 B
Lauchheim 332 A
Lauchringen 336 D
Lauchröden 319 B
Lauda-Königshofen 325 C
Laudenbach 325 D
Lauenau 306 C
Lauenberg 313 A
Lauenbrück 301 C
Lauenburg 302 C
Lauenförde 313 A
Lauenstein 313 A
Lauf an der Pegnitz 327 C
Laufach 325 A
Laufen 341 A
Laufen (CH) 336 C
Laufenburg 336 D
Laufenburg (CH) 336 D
Laufenselden 317 D
Lauffen 330/331 B/A
Lauingen 332 D
Laupheim 331 D
Laurenburg 317 D
Lauscha 320 D
Lautenthal 313 B
Lauterbach PLZ X 2331, 298 D
Lauterbach PLZ 6420, 319 C
Lauterbach PLZ 7233, 330 C
Lauterbourg (F) 330 A
Lauterburg (F) 330 A
Lauterecken 323 D
Lauterhofen 327 C
Lauterstein 331 D
Lautertal PLZ 8631, 320 D
Lautertal PLZ 6147, 324 D
Lauterthal 319 C
Lautlingen 337 A
La Wantzenau (F) 329 D
Lázně Kynžvart (ČS) 328 A
Lebach 322 D
Lebrade 295 D
Lechbruck 339 C
Lechenich 316 B
Leck 294 B
Leer 299 D
Leerhafe 300 C
Leese 306 C
Leeste 305 B
Leezen 302 A
Legau 338 B
Legden 311 A
Lehesten 320/321 D/C
Lehmkuhlen 295 D
Lehnin 309 C
Le Hohwald (F) 329 C
Lehrberg 326 C
Lehre 307 C
Lehrte 306 D
Leiblfing 334 B
Leibstadt (CH) 336 D
Leichlingen 317 A
Leiferde 307 C
Leimen PLZ 6781, 323 D
Leimen PLZ 6906, 324 D
Leinburg 327 C
Leinefelde 313 D
Leinfelden-Echterdingen 330 D
Leingarten 331 A
Leinstetten 330 D
Leinzell 331 B
Leipheim 332 C
Leipzig 315 D
Leitzkau 315 A
Lejbølle (DK) 296 A
Lembach (F) 329 B
Lembeck 311 A
Lemberg 329 B
Lemberg (F) 329 A
Lembruch 305 C
Lemförde 305 C
Lemgo 312 B
Lemgow 307 B
Lemke 306 A
Lemwerder 300 D
Lend (A) 341 D
Lendemarke (DK) 297 A
Lendringsen 311 D
Lengdorf 334 C
Lengede 307 C
Lengefeld 320 B
Lengenfeld PLZ X 5701, 313 D
Lengenfeld PLZ X 9802, 321 D
Lengenwang 338/339 D/C
Lengerich PLZ 4453, 304 D
Lengerich PLZ 4540, 305 C
Lenggries 340 C
Lenglern 313 C
Lengnau (CH) 336 D
Lengthal 334 D
Lenkersheim 326 C
Lennestadt 318 A
Lenningen 331 C
Lensahn 296 C
Lentföhrden 301 B
Lenting 333 A
Lenzburg (CH) 336 D
Lenzen 303 C
Lenzkirch 336 B
Leogang (A) 341 C
Leonberg 330 B
Leopoldsgrün 509 C
Leopoldshafen 330 A
Leopoldshöhe 312 B
Lermoos (A) 339 C
Leskau (ČS) 328 A
Lesná (ČS) 328 A
Lestkov (ČS) 328 A
Letmathe 311 D
Lette 311 A
Letzlingen 308 C
Leubingen 320 B
Leuchtenberg 327 D
Leun 318 C
Leuna 315 C
Leussow 302 D
Leutasch (A) 339 C
Leutenberg 320 D
Leuterschach 338 D
Leutershausen 326 C
Leutesdorf 317 C
Leutkirch 338 B
Leuzendorf 325 D
Leverkusen 317 A
Levern 305 D
Leversen 301 D
Liblar 316 B
Lich 318 D
Lichte 320 D
Lichtenau PLZ 4791, 312 B
Lichtenau PLZ 8802, 326 D
Lichtenau PLZ 7585, 329 D
Lichtenberg 321 C
Lichtenborn 322 A
Lichtenfels 326 B
Lichtenfels-Goddelsheim 318 B
Lichtenhorst 306 A
Lichtensteig (CH) 337 C
Lichtenstein 331 C
Lichtentanne 321 D
Lichtenvoorde (NL) 310 B
Liebenau PLZ 3073, 306 A
Liebenau PLZ 3521, 312 D
Liebenburg 314 A
Liebenwalde 309 B
Liebertwolkwitz 315 D
Lieg 323 A
Lienen 305 C
Lièpvie (F) 329 C
Liesborn 312 A
Liestal (CH) 336 C
Lietzow 298 D
Lilienthal 300 D
Limbach PLZ 6612, 322 D
Limbach PLZ 6951 Schmelz, 325 C
Limbourg (B) 316 C
Limburg 317 D
Lindau PLZ X 3403, 315 A
Lindau PLZ 8990, 338 C
Lindau PLZ 2301 Revensdorf, 295 C
Lindelse (DK) 295 B
Linden PLZ X 6111, 320 C
Linden PLZ 6301 Großen-Linden, 318 D
Lindenberg 338 C
Lindenfels 324 D

Linderhof 339 C
Lindern 304 B
Lindewitt 294 B
Lindlar 317 A
Lindow 309 A
Lindstedt 308 A
Lingen 304 D
Lingenfeld 330 A
Linkenheim 330 A
Linnich 316 B
Linsengericht 325 A
Linthe 309 C
Lintig 300 B
Lintorf 310 D
Linum 309 A
Linz 317 C
Lippborg 311 B
Lippetal 312 A
Lippoldsberg 313 A
Lippramsdorf 311 A
Lippstadt 312 A
Liptingen 337 A
Lisberg 326 B
Lisková (ČS) 328 C
List 294 A
Litzendorf 326 B
Lixfeld 318 A
Lobberich 310 D
Lobenstein 321 C
Loburg 308 D
Lochau (A) 338 C
Lochen (A) 341 B
Lockstädt 303 C
Löbejün 315 A
Löbnitz PLZ X 2591, 297 D
Löbnitz PLZ X 7271, 315 B
Lödderitz 315 A
Löffelsterz 326 A
Löffingen 336 B
Løgumkloster (DK) 294 B
Löhlbach 318 B
Löhnberg 318 C
Löhne 305 D
Löningen 304 B
Lörrach 336 C
Lössau 321 C
Lövenich 316 B
Löwenberg 309 A
Löwenstein 331 A
Lofer (A) 341 C
Loga 299 D
Lohberg 335 A
Lohe 305 D
Lohfelden 313 C
Lohkirchen 334 D
Lohmar 317 A
Lohme 298 B
Lohmen 303 A
Lohndorf 318 D
Lohne PLZ 2842, 305 A
Lohne PLZ 4455 Wietmarschen, 304 D
Lohnsburg (A) 341 B
Lohr am Main 325 A
Lohra 318 D
Loitsche 308 C
Loket (ČS) 328 A
Lollar 318 D
Longkamp 323 A
Lonsee 331 D
Loppersum 299 D
Loppersum (NL) 299 C
Lorch PLZ 6223, 323 B
Lorch PLZ 7073, 331 A
Lorentzen (F) 329 A
Lorentzweiler (L) 322 A
Lorsch 324 C
Lorup 304 B
Losheim 322 D
Losheimer Graben 316 D
Lossa 314 D
Loßburg 330 C
Losser (NL) 304 C
Lotte 305 C
Loxstedt 300 D
Lubenec (ČS) 328 B
Lubenz (ČS) 328 B
Lubmin 298 D
Luby (ČS) 321 D
Lucka 321 B
Luckenwalde 309 D
Lucklum 307 C
Luditz (ČS) 328 B
Ludwigsau 319 A
Ludwigsburg 331 A
Ludwigsfelde 309 D
Ludwigshafen PLZ 6700, 324 C
Ludwigshafen PLZ 7762, 337 B
Ludwigslust 303 C
Ludwigsmoos 333 C
Ludwigsstadt 320 D
Lübars 308 D
Lübbecke 305 D
Lübbow 307 B
Lübeck 302 A
Lübstorf 302 B
Lübtheen 302 D
Lübz 303 C
Lüchow 307 B
Lüchtringen 313 A
Lückstedt 308 A
Lüdenscheid 311 D
Lüderitz 308 C
Lüdermünd 319 C
Lüdersdorf 302 B
Lüdershagen 297 D
Lüdinghausen 311 A
Lüdingworth 300 B
Lügde 312 B
Lühmannsdorf 298 D
Lünebach 322 A
Lüneburg 302 C
Lünen 311 B
Lünne 304 D
Lünzen 301 D
Lüthorst 313 A
Lütjenburg 295 D
Lütjenholm 294 B
Lütjensee 302 A
Lützel 318 A
Lützelbach 324 B
Lützen 315 D
Lützkampen 322 A
Lützow 302 B
Luhe-Wildenau 327 D
Luisental 320 A
Lumpzig 321 B
Lundby (DK) 295 B
Lunden 294 D
Lunestedt 300 D
Lustenau (A) 338 C
Lutten 305 A
Lutter 313 B
Lutterloh 307 A
Lutzerath 323 A
Lutzingen 332 D
Luxembourg (L) 322 C
Lyø By (DK) 295 A

M

Maasbracht (NL) 310 C
Maasbree (NL) 310 C
Maasholm 295 A
Mackenrode 313 D
Madau (A) 338 D
Mader (ČS) 335 B
Madfeld 312 D
Mähring 328 A
Märstetten (CH) 337 D
Magdala 321 A
Magdeburg 308 C
Magolsheim 331 C
Mahlwinkel 308 C
Maienfels 331 A
Maierhöfen 338 C
Maikammer 324 C
Mainbernheim 326 C
Mainburg 333 D
Mainhardt 331 A
Mainleus 327 A
Mainroth 327 A
Maintal 324 B
Mainz 324 A
Maisach 339 B
Maishofen (A) 341 C
Maizieres-les-Metz (F) 322 C
Malberg 322 B
Malborn 323 C
Malching 335 C
Malchow 303 D
Malente 295 D
Malgersdorf 334 D
Malkomes 319 B
Mallentin 302 B
Mallersdorf-Pfaffenberg 334 B
Malliß 302 D
Malmédy (B) 316 C
Malsburg 336 A
Malsch 330 A
Malsfeld 319 A
Mambach 336 D
Mammendorf 339 A
Mamming 334 D
Manching 333 C
Mandelbachtal 329 A
Mandelsloh 306 B
Manderscheid 322 B
Manětin (ČS) 328 B
Mannheim 324 D
Mansfeld 314 B
Mantel 327 D
Marbach PLZ 7142, 331 A
Marbach PLZ 6415 Petersberg, 319 C
Marbach PLZ 7423 Gomadingen, 331 C
Marburg 318 B
March 336 A
Marchaney 328 A
Marckolsheim (F) 336 A
Margetshöchheim 325 B
Margraten (NL) 316 A
Maria Alm (A) 341 C
Mariä-Kappel 332 A
Mariakirchen 334/335 D/C
Mariánské Lázně (ČS) 328 A
Mariaposching 334 B
Maria Schmolln (A) 341 B
Mariastein (A) 340 D
Maribo (DK) 296 B
Marielyst (DK) 297 A
Marienbad (ČS) 328 A
Marienbaum 310 B
Marienfeld 312 A
Marienhafe 299 D
Marienhagen 313 A
Marienheide 317 B
Marienkoog 294 A
Marienmünster 312 B
Mariensee 306 D
Marienstedt 302 B
Mariental 307 D
Marienthal 309 B
Marienwerder 309 B
Maring Noviand 322/323 B/A
Marisfeld 320 C
Markdorf 337 D
Markgrafenheide 297 C
Markgröningen 330 B
Markhausen 304/305 B/A
Markkleeberg 315 D
Marklohe 306 A
Markneukirchen 321 D
Markoldendorf 313 A
Markolsheim (F) 336 A
Markranstädt 315 D
Marksuhl 319 B
Marktbergel 326 C
Markt Berolzheim 332 B
Markt Bibart 326 C
Marktbreit 326 C
Markt Eisenstein (ČS) 335 A
Markt Erlbach 326 D
Marktgraitz 326/327 B/A
Marktheidenfeld 325 A
Markt-Indersdorf 333 C
Marktl 335 C
Marktleugast 327 A
Marktleuthen 327 B
Marktlustenau 332 A
Marktoberdorf 339 A
Marktredwitz 327 B
Markt Rettenbach 338 B
Marktrodach 320 D
Marktschellenberg 341 D
Marktschorgast 327 A
Markt Schwaben 340 B
Marl 311 A
Marlenheim (F) 329 C
Marlishausen 320 B
Marlow 297 D
Marmoutier (F) 329 C
Marne 301 A
Marnheim 324 C
Marnitz 303 C
Maroldsweisach 326 B
Marpingen 323 C
Marquartstein 341 A
Marrebæk (DK) 297 A
Marsberg 312 D
Marschacht 302 C
Marstal (DK) 295 B
Martfeld 306 A
Martinroda 320 D
Marx 300 C
Marxheim 332 B
Marxzell 330 A
Marzahne 309 C
Marzell 336 A
Maschen 301 D
Maselheim 338 A
Maßbach 326 A
Massenhausen 333 D
Massing 334 D
Massow 303 D
Mastholte 312 A
Matgendorf 303 B
Mattighofen (A) 341 B
Mattsee (A) 341 B
Matzlow-Garwitz 303 C
Mauer 324 D
Mauerkirchen (A) 335 C
Maulbronn 330 B
Maulburg 336 C
Maurach (A) 340 C
Maursmünster (F) 329 C
Mauth 335 B
Maxhütte-Haidhof 333 B
Mayen 317 C
Mechernich 316 D
Meckelfeld 301 D
Meckenbeuren 337 D
Meckenheim PLZ 5309, 317 C
Meckenheim PLZ 6701, 324 C
Meckesheim 324 D
Mecklenburg 302/303 B/A
Medebach 318 B
Medewitz 315 B
Medingen 302 C
Meeder 320 D
Meerane 321 B
Meerbusch 310 D
Meerhof 312 D
Meersburg 337 D
Meersen (NL) 316 A
Meggerdorf 294 D
Mehlby 295 A
Mehring 322 B
Mehringen 315 A
Mehrstetten 331 C
Meihern 333 B
Meilen (CH) 337 C
Meine 307 C
Meinersen 307 C
Meinerzhagen 317 B
Meineweh 321 A
Meinhard 313 D
Meiningen 320 C
Meinsen 306 C
Meisburg 322 B
Meisenheim 323 D
Meißendorf 306 B
Meißner 313 D
Meitingen 332 D
Melbeck 302 C
Meldorf 294 D
Melle 305 C
Mellen 301 C
Mellendorf 306 D
Mellin 307 B
Mellingen 320 B
Mellrichstadt 319 D
Melsungen 319 A
Memleben 315 C
Memmelsdorf 326 B
Memmingen 338 B
Menden 311 D
Mendig 317 C
Mengen 337 B
Mengeringhausen 312 D
Mengersgereuth-Hämmern 320 D
Mengerskirchen 318 C

Mengkofen 334 D
Menslage 305 A
Menzingen 330 B
Meppen 304 B
Merching 332/333 D/C
Merchweiler 323 C
Merenberg 318 C
Merfeld 311 A
Mering 332/333 D/C
Merkendorf 332 B
Merklin (ČS) 328 D
Merklingen 331 D
Mern (DK) 297 A
Mernes 319 C
Mersch (L) 322 A
Merseburg 315 C
Mertingen 332 D
Mertzwiller (F) 329 B
Mervelier (CH) 336 C
Merxhausen 312/313 D/C
Merzen 304/305 D/C
Merzenich 316 B
Merzhausen 336 A
Merzig 322 D
Merzweiler (F) 329 B
Meschede 312 C
Meschendorf 296 D
Mesekenhagen 298 C
Mesendorf 303 D
Mespelbrunn 325 A
Meßdorf 308 A
Messinghausen 312 D
Messkirch 337 B
Meßstetten 337 A
Mestlin 303 A
Mesum 304 D
Metelen 304 C
Metten 335 A
Mettendorf 322 B
Mettingen 304 D
Mettlach 322 D
Mettmann 311 C
Metzervisse (F) 322 C
Metzingen PLZ 7430, 331 C
Metzingen PLZ 3139 Göhrde 1, 302 D
Meuselwitz 321 B
Meyenburg PLZ X 1922, 303 D
Meyenburg PLZ 2822 Schwanewede, 300 D
Michaelbeuern (A) 341 B
Michelau 326 A
Michelau (L) 322 A
Michelbach PLZ 6209 Aarbergen, 318 C
Michelbach PLZ 8755 Alzenau, 324/325 B/A
Michelbach an der Bilz 331 B
Michelbach an der Lücke 322 A
Michelfeld 327 C
Michelsneukirchen 334 B
Michelstadt 324 D
Michendorf 309 C
Mickhausen 332 D
Middels 299 D
Middelstum (NL) 299 C
Midlum 300 B
Mies (ČS) 328 B
Miesbach 340 A
Mieste 307 D
Miesterhorst 307 D
Mihla 320 A
Mildstedt 294 D
Mill (NL) 310 A
Millingen (NL) 310 A
Milow PLZ X 2801, 303 C
Milow PLZ X 1831, 308 D
Miltach 334 B
Milte 311 B
Miltenberg 325 C
Miltzow 298 C
Mindelheim 338 B
Mindelstetten 333 B
Minden 305 D
Minfeld 330 A
Mining (A) 335 C
Minsen 300 A
Mintraching 334 B
Minzow 303 D
Missen-Wilhams 338 D
Mistorf 303 B
Mittegroßefehn 299 D
Mittelberg (A) 338 D
Mittelbiberach 338 A
Mitteleschenbach 332 B
Mittelneufnach 338/339 B/A
Mittelstenahe 301 A
Mittelsten-Thüle 305 A
Mittenaar 318 C
Mittenwald 339 D
Mittenwalde 309 D
Mitterfels 334 B
Mittersill (A) 341 C
Mitterteich 327 B
Mitwitz 320 D
Mjels (DK) 295 A
Mladotice (ČS) 328 B
Mnichov (ČS) 328 A
Močidlec (ČS) 328 B
Módravá (ČS) 335 B
Modschiedl (ČS) 328 B
Möckern 308 D
Möckmühl 325 C
Mögglingen 331 B
Möhnesee 312 C
Möhra 319 B
Möhringen 337 A
Möllenbeck 306 C
Mölln 302 A
Mölschbach 323 D
Mömbris 324 B
Mömlingen 324 B
Mönchberg 325 A
Mönchen-Gladbach 310 C
Mönchweiler 336 B
Mönkhagen 302 A
Mönsheim 330 B
Mörfelden-Walldorf 324 A
Mörlenbach 324 D
Mörnsheim 332 B
Moers 310 D
Mössingen 330 D
Mötz (A) 339 C
Mötzing 334 B
Mohrkirch 295 A
Moisburg 301 D
Molbergen 305 A
Molfsee 295 C
Molschleben 320 A
Molsheim (F) 329 D
Molzen 307 A
Mommark (DK) 295 A
Mondorf-les-Bains (L) 322 C
Mondsee (A) 341 B
Monheim PLZ 4019, 316 B
Monheim PLZ 8855, 332 B
Monreal 317 C
Monschau 316 D
Monsheim 324 C
Montabaur 317 D
Montfort (NL) 310 C
Mont Rigi (B) 316 C
Mook (NL) 310 A
Moorausmoor 301 A
Moordorf 299 D
Moorenweis 339 A
Moorhusen 299 D
Moormerland 299 D
Moorriem 300 D
Moos 337 C
Moosbach 328 C
Moosburg 333 D
Moosham 334 B
Moosinning 333 D
Moosthenning 334 D
Morbach 323 A
Morgenröthe 321 D
Moringen 313 A
Morles 319 D
Morsbach 317 B
Morschen 319 A
Morschweiler (F) 329 B
Morschwiller (F) 329 B
Morsleben 307 D
Morsum 294 A
Mosbach 324/325 D/C
Mosel 509 B
Mosigkau 315 B
Motten 319 D
Motzen 309 D
Moyeuvre-Grande (F) 322 C
Much 317 A
Mudau 325 C
Mücheln 315 C
Mücke 318 D
Müddersheim 316 B
Müden PLZ 3173, 307 C
Müden PLZ 5401, 317 C
Müden PLZ 3105 Faßberg, 306 B
Mühlacker 330 B
Mühlbach (A) 341 D
Mühlberg 320 A
Mühldorf 334 D
Mühlenbeck 309 B
Mühlen Eichsen 302 B
Mühlhausen PLZ X 5700, 314 C
Mühlhausen PLZ 8602, 326 B
Mühlhausen PLZ 6909, 330 B
Mühlhausen PLZ 8431, 333 A
Mühlhausen-Ehingen 337 A
Mühlheim PLZ 6052, 324 B
Mühlheim PLZ 7202, 337 A
Mühltal 324 B
Mühltroff 321 C
Mülheim 310 D
Mülheim-Kärlich 317 C
Müllheim 336 A
Müllheim (CH) 337 C
Münchberg 327 B
Münchehagen 306 C
Münchehof 313 B
München 340 A
München-Bernsdorf 321 A
Münchhausen 318 B
Münchsdorf 334 C
Münchsmünster 333 B
Münchweiler 329 B
Münchwilen (CH) 337 C
Münden 313 C
Münnerstadt 319 D
Münsing 339 B
Münsingen 331 C
Münster PLZ 4400, 311 B
Münster PLZ 8851, 332 D
Münster PLZ 6312 Laubach, 318 D
Münstermaifeld 317 C
Münstertal/Schwarzwald 336 A
Münzkirchen (A) 335 D
Mürlenbach 322 B
Müsch 316 D
Müselbach (A) 338 C
Müssen 312 B
Mützlitz 308 D
Muggensturm 330 A
Muhr am See 332 B
Mulfingen 325 D
Mulmshorn 301 C
Mulsow 303 A
Mulsum 301 C
Mundelfingen 336 B
Mundelsheim 331 A
Munderfing (A) 341 B
Munderkingen 331 C
Munkbrarup 295 A
Munster 306/307 B/A
Muntzenheim (F) 336 A
Munzenheim (F) 336 A
Murg 336 D
Murgenthal (CH) 336 C
Muri (CH) 336 D
Murnau 339 C
Murrhardt 331 A
Musselkanaal (NL) 304 A
Mustin 302/303 B/A
Mutscheid 316 D
Mutterstadt 324 C
Mutzig (F) 329 C

N

Nabburg 327 D
Nachrodt-Wiblingwerde 311 D
Nackel 309 A
Nackenheim 324 A
Næs (DK) 297 A
Nagel 327 B
Nagold 330 D
Nahe 301 B
Nahwinden 320 B
Naila 321 C
Naitschau 321 D
Nakskov (DK) 296 A
Namlos (A) 339 C
Nandlstadt 333 D
Nassau 317 D
Nassenfels 333 A
Nassenheide 309 B
Nassereith (A) 339 C
Nastätten 323 B
Natternberg 334 B
Nattheim 332 C
Nauen 309 A
Naumburg PLZ 3501, 312 D
Naumburg PLZ X 4800, 321 A
Nazza 319 B
Nebel 294 A
Nebra 315 C
Nebringen 330 D
Neckarbischofsheim 324 D
Neckargemünd 324 D
Neckargerach 324 D
Neckarrems 331 A
Neckarsteinach 324 D
Neckarsulm 331 A
Neckartenzlingen 331 C
Neckarzimmern 324/325 D/C
Nečtiny (ČS) 516 B
Nedlitz 308 D
Neermoor 299 D
Neetze 302 C
Negenborn PLZ 3451, 313 A
Negenborn PLZ 3002 Wedemark 3, 306 D
Neheim-Hüsten 311 D
Nehringen 297 D
Neindorf 307 D
Neitersen 317 D
Nellingen 331 D
Nendingen 337 A
Nendorf 306 C
Nennhausen 309 A
Nennig 322 D
Nennslingen 333 A
Nentershausen 319 B
Nenzenheim 326 C
Nenzingen 337 A
Nerenstetten 332 C
Neresheim 332 C
Nersingen 332 C
Nesse 299 B
Nesselröden PLZ 3428 Duderstadt 1, 313 D
Nesselröden PLZ 3443 Herleshausen 2, 319 B
Nesselwängle (A) 338/339 D/C
Nesselwang 338 D
Neßmersiel 299 B
Netphen 318 A
Netra 319 B
Netschetin (ČS) 328 B
Nettelsee 295 C
Nettelstedt 305 D
Nettersheim 316 D
Nettetal 310 C
Nettlingen 306 D
Netzelkow 298 D
Netzschkau 321 D
Neualbenreuth 328 A
Neu-Anspach 318 C
Neuastenberg 318 A
Neubeckum 311 B
Neubeuern 340 B
Neubörger 304 B
Neubreisach (F) 336 A
Neubruchhausen 305 B
Neubrunn 325 C
Neubukow 296 D
Neuburg PLZ 8858, 333 C
Neuburg PLZ 8399 Dommelstadt, 337 D
Neu Darchau 302 D
Neudenau 325 C
Neudietendorf 320 B
Neudorf 307 C
Neudrossenfeld 327 A
Neu Eichenberg 313 C
Neuenbeken 312 B
Neuenbürg 330 B
Neuenburg PLZ 7844, 336 A

Neuenburg PLZ 2932 Zetel 2, 300 C
Neuendeich 301 A
Neuendettelsau 326 D
Neuendorf PLZ X 2321, 298 C
Neuendorf PLZ X 2331, 298 A
Neuendorf PLZ 2200, 301 A
Neuendorf PLZ 2213, 301 A
Neuenhaus 304 C
Neuenheerse 312 B
Neuenkirchen PLZ X 2331, 298 A
Neuenkirchen PLZ 2179, 300 B
Neuenkirchen PLZ 4445, 304 D
Neuenkirchen PLZ 4520, 305 C
Neuenkirchen PLZ 4553, 305 C
Neuenkirchen PLZ 3044, 306 B
Neuenkirchen PLZ 4835 Rietberg 1, 312 A
Neuenkirchen PLZ 2822 Schwanewede 2, 300 D
Neuenrade 311 D
Neuenstadt 331 A
Neuenstein PLZ 6431, 319 A
Neuenstein PLZ 7113, 331 A
Neuental 319 A
Neuenwalde 300 B
Neuenweg 336 A
Neuerburg 322 B
Neuern (ČS) 328 D
Neufahrn PLZ 8056, 333 D
Neufahrn PLZ 8301, 334 D
Neuf-Brisach (F) 336 A
Neufeld 301 A
Neuffen 331 C
Neufra 330/331 D/C
Neugattersleben 315 A
Neuharlingersiel 299 B
Neuhaus PLZ 2179, 301 A
Neuhaus PLZ X 2840, 302 D
Neuhaus PLZ X 6420, 320 D
Neuhaus PLZ 8574, 327 C
Neuhaus PLZ 8399, 335 D
Neuhaus PLZ 3450 Holzminden 2, 313 A
Neuhaus PLZ 8162 Schliersee, 340 D
Neuhausen 337 A
Neuhausen (CH) 337 C
Neuhaus Schierschnitz 320 D
Neu Heinde 303 B
Neuhof PLZ 6404, 319 C
Neuhof PLZ 8501, 326 D
Neuhof PLZ 6204 Taunusstein 4, 324 A
Neu-Isenburg 324 B
Neu Kaliß 302 D
Neukieritzsch 321 B
Neukirch 338 C
Neukirchen PLZ 2268, 294 A
Neukirchen PLZ 2391, 295 A
Neukirchen PLZ 2442, 296 C
Neukirchen PLZ X 3551, 308 A
Neukirchen PLZ 3579, 319 A
Neukirchen PLZ X 5901, 320 A
Neukirchen PLZ X 9632, 321 B
Neukirchen PLZ 8459, 327 C
Neukirchen PLZ 8497, 328 D
Neukirchen PLZ 8441, 334 B
Neukirchen PLZ 8399, 335 C
Neukirchen PLZ 8221, 341 A
Neukirchen PLZ 6419 Haunetal 1, 319 A
Neukirchen (A) 340 D
Neukirchen (A) 341 B
Neukirchen am Walde (A) 335 D
Neukirchen-Balbini 328 C
Neukirchen-Vluyn 310 D
Neukloster PLZ X 2405, 303 A
Neukloster PLZ 2150 Buxtehude, 301 C
Neuland 301 A
Neuler 331 B
Neulingen 330 B
Neumagen-Dhron 322/323 B/A
Neumark PLZ X 5301, 320 B
Neumark PLZ X 9805, 321 D
Neumark (ČS) 328 D
Neumarkt (A) 335 D
Neumarkt (ČS) 328 B
Neumarkt am Wallersee (A) 341 B
Neumarkt in der Oberpfalz 327 C
Neumarkt – St. Veit 334 D
Neumünster 295 C
Neu Mukran 298 D
Neunburg vorm Wald 328 C
Neunkirchen PLZ 5908, 318 A
Neunkirchen PLZ 6680, 323 C
Neunkirchen am Brand 326 D
Neunkirchen-Seelscheid 317 A
Neuötting 334 D
Neuravensburg 338 C
Neurhede 304 B
Neuried 329 D
Neuruppin 309 A
Neusäß 332 D
Neuschönau 335 B
Neu Schrepkow 308 B
Neuses 326 A
Neusorg 327 B
Neuss 310 D
Neustadt PLZ 2430, 296 C
Neustadt PLZ X 1900, 308 B
Neustadt PLZ 3577, 318 B
Neustadt PLZ X 6314, 320 D
Neustadt PLZ X 6710, 321 A
Neustadt PLZ 8771, 325 A
Neustadt PLZ 8425, 333 B
Neustadt PLZ 6127 Breuberg, 324 B
Neustadt am Kulm 327 B
Neustadt am Rübenberge 306 C
Neustadt an der Aisch 326 D
Neustadt an der Waldnaab 327 B
Neustadt an der Weinstraße 324 C
Neustadt bei Coburg 320 D
Neustadt-Glewe 303 C
Neustadt (Wied) 317 C
Neutraubling 334 A
Neu-Ulm 331 D
Neuwesteel 299 B
Neuwied 317 D
Neu-Wittenbek 295 C
Neu-Wulmstorf 301 D
Neviges 311 C
Nidda 318 D
Niddatal 318 D
Nidderau 318 D
Nideggen 316 D
Nieblum 294 A
Niebüll 294 A
Nieby 295 A
Niedenstein 312/313 D/C
Niederaichbach 334 D
Niederalteich 335 A
Niederanven (L) 322 C
Niederau (A) 340 D
Niederaudorf 340 D
Niederaula 319 A
Niederbeisheim 319 A
Niederbipp (CH) 336 C
Niederbronn-les-Bains (F) 329 B
Niedereisenhausen 318 A
Niederemmel 322/323 B/A
Niedereschach 336/337 B/A
Niederfell 317 C
Niederfeulen (L) 322 A
Niedergemünden 318 D
Niederheimbach 323 B
Niederjossa 319 A
Niederkassel 317 A
Niederklein 318 B
Niederkrüchten 310 C
Niederlangen 304 B
Niederlinxweiler 323 C
Niederlistingen 312 D
Niedermurach 328 C
Niederndorf (A) 340 D
Niedernhall 325 C
Niedernhausen 324 B
Niedernwöhren 306 C
Nieder-Ohmen 318 D
Nieder-Olm 324 A
Nieder-Ramstadt 324 B
Niederroßla 320 B
Niedersachswerfen 314 C
Niederselters 318 C
Niederstetten 325 D
Niederstotzingen 332 C
Niedertrennbach 334 D
Niederviehbach 334 D
Niederweis 322 B
Niederwetz 318 C
Niederzier 316 B
Nieheim 312 B
Nijmegen aan de Rijn (NL) 310 A
Niemegk 309 C
Niemetal 313 C
Nienborg 304 C
Nienburg PLZ 3070, 306 A
Nienburg PLZ X 4352, 315 A
Nienhagen 306 D
Niepars 297 D
Nierstein 324 A
Niesen 312 B
Nieste 313 C
Niestetal 313 C
Nieuw-Amsterdam (NL) 304 A
Nieuwe Pekela (NL) 299 C
Nieuweschans (NL) 299 D
Nieuwolda (NL) 299 C
Nievenheim 316 B
Nistertal 317 D
Nittel 322 D
Nittenau 334 A
Nittendorf 333 B
Noer 295 C
Nördlingen 332 B
Nørre-Alslev (DK) 297 A
Nørreby (DK) 296 B
Nörten-Hardenberg 313 B
Nörvenich 316 B
Nohfelden 323 C
Nohn 316 D
Nohra 320 B
Nonnweiler 323 C
Nordborg (DK) 295 A
Norddeich 299 B
Norddorf 294 A
Norden 299 B
Nordendorf 332 D
Nordenham 300 D
Norderhafen 294 C
Nordermeldorf 294 D
Nordermitteldeich 294 A
Norderney 299 B
Norderstapel 294 D
Norderstedt 301 B
Nordhalben 320/321 D/C
Nordhastedt 482 D
Nordhausen 314 D
Nordheim PLZ 8741, 319 D
Nordheim PLZ 7107, 330 B
Nordholz 300 B
Nordhorn 304 C
Nordkirchen 311 B
Nordstemmen 306 D
Nordwalde 304 D
Nordwohlde 305 B
Northeim 313 B
Nortorf 295 C
Nortrup 305 A
Nossentiner Hütte 303 B
Nottuln 311 A
Nüdlingen 319 D
Nümbrecht 317 B
Nürburg 317 C
Nürnberg 326 D
Nürschan (ČS) 328 D
Nürtingen 331 C
Nüsttal 319 D
Nunkirchen 322 D
Nunsdorf 309 D
Nusplingen 337 A
Nußdorf 340 B
Nusse 302 A
Nyby (DK) 297 A
Nykøbing (DK) 297 A
Nýřany (ČS) 328 D
Nýrsko (ČS) 328 D
Nysted (DK) 296 B

O

Oberammergau 339 C
Oberau 339 C
Oberau (A) 340 D
Oberaudorf 340 D
Oberaula 319 A
Oberaurach 326 A
Oberbazenheid (CH) 337 D
Oberbillig 322 D
Obercrinitz 321 D
Oberdachstetten 326 C
Oberderdingen 330 B
Oberding 333 D
Oberdolling 333 A
Oberehe-Stroheich 316 D
Oberehnheim (F) 329 C
Obereichstätt 333 A
Oberelsbach 319 D
Oberessendorf 338 A
Obergeis 319 A
Obergünzburg 338 B
Oberhaching 340 A
Oberharmersbach 330 C
Oberhaslach (F) 329 C
Oberhausen PLZ 4200, 310/311 D/C
Oberhausen PLZ 7831 Rheinhausen, 329 D
Oberhochstatt 333 A
Oberhof 320 C
Oberhundem 318 A
Oberickelsheim 325 D
Oberjoch 338 D
Oberkappel 335 D
Oberkemmathen 332 B
Oberkessach 325 C
Oberkirch 330 C
Oberkirchen PLZ 6699 Freisen, 323 C
Oberkirchen PLZ 5948 Schmallenberg, 318 A
Oberkochen 331 B
Oberkotzau 321 C
Obermarchtal 331 C
Obermarsberg 312 D
Obermaßfeld-Grimmenthal 320 C
Obermörlen 318 D
Ober Moldau (ČS) 335 B
Ober-Moos 319 C
Obermoschel 323 D
Obermühlhausen 339 A
Obermünchen 333 D
Obernai (F) 329 C
Obernau 324/325 B/A
Obernberg (A) 335 D
Obernburg 324 B
Oberndorf PLZ 2171, 301 A
Oberndorf PLZ 7238, 330 D
Oberndorf PLZ 6485 Jossgrund, 325 A
Oberndorf (A) 341 B
Oberneukirchen 341 A
Obernheim 337 A
Obernholz 307 A
Obernkirchen 306 C
Obernzell 335 D
Obernzenn 326 C
Oberornau 334 D
Oberostendorf 339 A
Oberotterbach 330 A
Oberottmarshausen 332 D
Oberpframmern 340 B
Oberpleis 317 C
Oberpöring 334/335 D/C
Oberprechal 330 C
Ober-Ramstadt 324 B
Oberreute 338 C
Oberriet (CH) 337 D
Oberrimbach 326 C
Oberröblingen 314 D
Oberroning 334 A
Oberrot 331 A
Oberrotweil 336 A
Oberscheinfeld 326 C
Oberscheld 318 C
Oberschleißheim 333 C
Oberschneiding 334 B
Oberschönau 320 C
Oberseebach (F) 329 B

Obersimten 329 B
Obersinn 325 A
Obersontheim 331 B
Oberspier 314 C
Oberstadion 338 A
Oberstaufen 338 C
Oberstdorf 338 D
Obersteigen (F) 329 C
Obersteinach 331 B
Obersteinbach 331 A
Obersteinbach (F) 329 B
Obersuhl 319 B
Obersulm 331 A
Obertaufkirchen 334 D
Oberthal 323 C
Oberthulba 325 B
Obertiefenbach 318 C
Obertraubling 334 A
Oberursel 324 A
Ober-Viechtach 328 C
Oberwang (A) 341 B
Oberweißbach 320 D
Oberweißenbrunn 319 D
Oberwesel 323 B
Oberweser 313 A
Oberwihl 336 D
Oberwil (CH) 336 C
Oberzell 319 C
Obing 340 B
Obrigheim PLZ 6719, 324 C
Obrigheim PLZ 6951, 324 D
Obsteig (A) 339 C
Ocholt 300 C
Ochsenfurt 325 D
Ochsenhausen 338 A
Ochtendung 317 C
Ochtersum 299 B
Ochtrup 304 D
Ockholm 294 A
Odelzhausen 333 C
Odenheim 330 B
Odenthal 317 A
Odernheim 323 B
Odisheim 301 A
Odoorn (NL) 304 A
Oebisfelde 307 D
Oederquart 301 A
Oeding 310 B
Oedingen 318 A
Öhringen 331 A
Oelde 312 A
Oelsnitz 321 D
Oensingen (CH) 336 C
Ønslev (DK) 297 A
Oepfershausen 319 D
Oerel 301 C
Oer-Erkenschwick 311 A
Oerlenbach 325 B
Oerlinghausen 312 B
Oerzen 302 C
Oeslau 320 D
Oestereiden 312 C
Øster-Skørringe (DK) 296 B
Øster-Snogbæk (DK) 295 A
Oestinghausen 312 A
Oestrich-Winkel 323 B
Östringen 330 B
Oetmannshausen 319 B
Oettingen 332 B
Oetzen 307 A
Oeventrop 312 C
Oevenum 294 A
Oeversee 294 B
Offenbach PLZ 6050, 324 B
Offenbach PLZ 6745, 330 A
Offenbach-Hundheim 323 C
Offenburg 329 D
Offenhausen (A) 335 D
Offensen 313 C
Offenstetten 333 B
Offingen 332 C
Offstein 324 C
Ofterdingen 330 D
Ohlenrode 313 B
Ohlsbach 329 D
Ohlstadt 339 D
Ohmenheim 332 A
Ohrdorf 307 A
Ohrdruf 310 A
Ohrnberg 331 A
Oker 314 A
Olbersleben 320 B
Olching 339 B
Oldenbrok 300 D
Oldenburg PLZ 2440, 296 C
Oldenburg PLZ 2900, 300 D
Oldendorf PLZ 2164, 301 A
Oldendorf PLZ 2864 Holste, 300 D
Oldendorf PLZ 4520 Melle, 305 C
Oldenstadt 307 A
Oldenswort 294 D
Oldenzaal (NL) 304 C
Oldersum 299 D
Oldsum 294 A
Olfen 311 A
Olpe 317 B
Olsberg 312 C
Olsbrücken 323 D
Olten (CH) 336 D
Oltmannsfehn 300 C
Olvenstedt 308 C
Olzheim 316 D
Onderdendam (NL) 299 C
Onstmettingen 330 D
Onstwedde (NL) 304 A
Ootmarsum (NL) 304 C
Opladen 317 A
Oploo (NL) 310 A
Oppelsbohm 331 A
Oppenau 330 C
Oppenheim 324 A
Oppenwehe 305 D
Oppurg 321 C
Oranienbaum 315 B
Oranienburg 309 B
Orbis 323 D
Orlamünde 320/321 B/A
Orscholz 510 D
Orsingen 337 A
Orsoy 310 D
Ortenberg 318 D
Ortenburg 335 C
Orth 296 C
Ortkrug 303 C
Oschersleben 314 B
Osdorf 295 C
Osnabrück 305 C
Ossendorf 312 D
Ostbevern 311 B
Osten 301 A
Ostenfeld 294 D
Ostenfelde 312 A
Ostenholz 306 B
Osterath 310 D
Osterbrock 304 B
Osterburg 496 A
Osterburken 325 C
Ostercappeln 305 C
Osterfeld 321 A
Osterheide 306 B
Osterhever 294 C
Osterhofen 335 C
Osterholz 305 B
Osterholz-Scharmbeck 300 D
Ostermiething (A) 341 A
Osternienburg 315 A
Osterode 313 B
Oster-Ohrstedt 294 D
Osterrade 294 D
Osterrönfeld 295 C
Ostersiel 294 C
Ostervesede 301 C
Osterwick 311 A
Osterwieck 314 A
Osterzell 339 A
Ostfildern 331 C
Ostgroßefehn 299 D
Osthausen 320 B
Ostheim PLZ 8745, 319 D
Ostheim PLZ 8821 Westheim, 332 B
Osthofen 324 C
Ostönnen 311 D
Ostrach 337 B
Ostrau 315 A
Ostrau (ČS) 328 D
Ostrhauderfehn 299 D
Ostrov (ČS) 328 D
Ostseebad Ahrenshoop 297 C
Ostseebad Baabe 486 D
Ostseebad Binz 486 D
Ostseebad Boltenhagen 302 B
Ostseebad Dierhagen 297 C
Ostseebad Göhren 298 D
Ostseebad Graal-Müritz 297 C
Ostseebad Heiligendamm 296/297 D/C
Ostseebad Kühlungsborn 296 D
Ostseebad Nienhagen 297 C
Ostseebad Prerow 297 D
Ostseebad Rerik 296 D
Ostseebad Sellin 298 D
Ostseebad Wustrow 297 C
Ostseebad Zingst 297 D
Otersen 306 A
Othfresen 314 A
Ottbergen 312/313 B/A
Ottenbach 519 D
Ottendorf 321 A
Ottenhöfen 330 C
Ottenstein 313 A
Otterbach 323 D
Otterberg 323 D
Otterfing 340 A
Otterndorf 300 B
Ottersberg 301 C
Ottersweier 330 C
Otterwisch 321 B
Ottmarsbocholt 311 B
Ottmarsheim (F) 336 A
Ottobeuren 338 B
Ottobrunn 340 A
Ottoschwanden 336 B
Ottrau 319 A
Ottweiler 323 C
Oude-Pekela (NL) 299 C
Ovelgönne 300 D
Ovelgünne 307 D
Ovenstädt 306 C
Overath 317 A
Owen 331 C
Owingen 337 B
Owschlag 295 C
Oy-Mittelberg 338 D
Oyten 301 C

P

Paderborn 312 B
Pähl 339 A
Päwesin 309 C
Pahlen 294 D
Painten 333 B
Palling 341 A
Pankow 309 B
Pansdorf 302 A
Pansfelde 314 B
Papenburg 299 D
Pappenheim 332/333 B/A
Parchen 308 D
Parchim 303 C
Parey 308 D
Parkstein 327 B
Parkstetten 334 B
Parsau 307 D
Parsberg 333 B
Parsdorf 340 B
Partenstein 325 A
Passau 335 D
Passow 303 C
Pastetten 340 B
Patersdorf 335 A
Pattensen 306 D
Patzetz 315 A
Paulinenaue 309 A
Paulinzella 320 D
Pausa 321 C
Pausin 309 A
Peckeloh 312 A
Peckelsheim 312 B
Peenemünde 298 D
Pegau 321 B
Pegnitz 327 C
Peine 307 C
Peiß 340 A
Peißenberg 339 A
Peiting 339 A
Pemfling 328 C
Penzberg 340 A
Penzing 339 A
Percha 339 B
Perkam 334 B
Perl 322 D
Perleberg 303 C
Perlesreut 335 B
Pernarec (ČS) 328 B
Pernharz (ČS) 328 B
Pertisau (A) 340 C
Pessin 309 A
Pétange (L) 322 C
Petersberg PLZ X 4101, 315 A
Petersberg PLZ 6415, 319 C
Petersdorf PLZ 8891, 333 C
Petersdorf PLZ 2449 Westfehmarn, 296 C
Petershagen 305 D
Petershausen 333 C
Peterskirchen 341 A
Petrovice (ČS) 335 A
Petschau (ČS) 328 A
Pettenreuth 334 B
Petting 341 A
Peuerbach (A) 335 D
Pewsum 299 C
Pfäffikon (CH) 337 C
Pfaffenhausen 338 B
Pfaffenhofen 332 C
Pfaffenhofen (F) 329 B
Pfaffenhofen an der Ilm 333 C
Pfaffenhoffen (F) 329 B
Pfaffing 340 B
Pfalzgrafenweiler 330 D
Pfarrkirchen 335 C
Pfarrweisach 326 B
Pfattel 334 B
Pfedelbach 331 A
Pfeffenhausen 333 D
Pfinztal 330 B
Pförring 333 B
Pforzen 338 B
Pforzheim 330 B
Pfraumberg (ČS) 328 C
Pfreimd 327 D
Pfronten 338 D
Pfuhl 331 D
Pfullendorf 337 B
Pfullingen 331 C
Pfungstadt 324 A
Pfyn (CH) 337 C
Phalsbourg (F) 329 A
Philippsburg 330 A
Philippsreut 335 B
Philippsthal 319 B
Piding 341 A
Pielenhofen 333 B
Piesendorf (A) 341 C
Piesport 322/323 B/A
Pilsach 327 C
Pilsen (ČS) 328 B
Pilsting 334 D
Pinneberg 301 B
Pirmasens 329 B
Plaaz 303 B
Plaggenburg 299 D
Plaidt 317 C
Plan (ČS) 328 A
Planá (ČS) 328 A
Planegg 339 B
Plankenfels 327 A
Plansee (A) 339 C
Platendorf 307 C
Plattling 335 A
Plau 303 D
Plaue PLZ X 1803, 308 D
Plaue PLZ X 5216, 320 B
Plauen 321 D
Plech 327 C
Pleinfeld 332/333 B/A
Pleiskirchen 334 D
Plesná (ČS) 321 D
Plettenberg 499 D
Pleystein 328 C
Pliening 340 A
Pliezhausen 330/331 D/C
Plittersdorf 330 A
Plochingen 331 C
Plön 295 D
Plößberg 328 A
Plötzkau 315 A
Plothen 321 C
Plzeň (ČS) 328 B

Pobenhausen 333 C
Poběžovice (ČS) 328 C
Pocking 335 C
Podbořanský Rohozec (ČS) 328 B
Pöcking 339 B
Pöhlde 313 B
Pölzig 321 B
Pönitz 295 D
Pörnbach 333 C
Pößneck 321 C
Pötenitz 302 B
Pöttmes 332/333 D/C
Poggendorf 298 C
Pohle 306 C
Polch 317 C
Polheim 318 D
Polle 313 A
Polleben 315 C
Pollenfeld 333 A
Polling 339 A
Pommelsbrunn 327 C
Pommersfelden 326 B
Pondorf 333 A
Poppenhausen PLZ 6416, 319 D
Poppenhausen PLZ 8721, 325 B
Porta Westfalica 305 D
Porz 317 A
Poseritz 298 C
Posseck 321 D
Postau 334 D
Postbauer-Heng 327 C
Posterholt (NL) 316 A
Postfeld 295 D
Posthausen 301 C
Poteaux (B) 316 C
Potsdam 309 C
Pottenstein 327 A
Prackenbach 335 A
Prag 335 B
Pram (A) 335 D
Prameny (ČS) 328 A
Pramerdorf (A) 335 D
Pramort 297 D
Pratteln (CH) 336 C
Preetz 295 D
Premnitz 308 D
Pressath 327 B
Presseck 321 C
Pressig 320 D
Přeštice (ČS) 328 D
Prestitz (ČS) 328 D
Pretzfeld 326/327 D/C
Pretzier 307 B
Preußisch-Oldendorf 305 D
Prezelle 308 A
Prichsenstadt 326 A
Prießnitz 321 A
Přimda (ČS) 328 C
Primstal 322/323 D/C
Prien 340 B
Prittitz 321 A
Prittriching 339 A
Pritzerbe 308 D
Pritzier 302 D
Pritzwalk 303 D
Probsteierhagen 295 D
Probstzella 320/321 D/C
Prönsdorf 327 C
Profen 321 B
Prohn 298 C
Pronsfeld 322 B
Pronstorf 302 A
Prosigk 315 A
Prostiboř (ČS) 328 D
Provenchères-sur-Fave (F) 329 C
Prüm 316 D
Prümzurlay 322 B
Prützke 309 C
Puchheim 339 B
Puderbach 317 D
Püttlingen 322 D
Puffendorf 316 B
Pulheim 316 B
Pullach 340 A
Pullenreuth 327 B
Pullenried 328 C
Pustleben 314 C
Putbus 298 D
Putgarten 298 A
Putlitz 303 C
Puttgarden 296 D
Putzbrunn 340 A
Pyrbaum 327 C

Q

Quakenbrück 305 A
Qualitz 303 A
Quedlinburg 314 B
Queidersbach 323 D
Queienfeld 320 C
Quellendorf 315 B
Quenstedt 315 A
Querfurt 315 C
Quern 295 A
Quickborn 301 B
Quierschied 323 C

R

Rabber 305 C
Raben 315 B
Rabenau 318 D
Raben-Steinfeld 303 A
Raddestorf 306 C
Raddingsdorf 302 B
Radegast PLZ X 2574, 303 A
Radegast PLZ X 4375, 315 A
Radevormwald 311 C
Radewege 309 C
Radolfzell 337 C
Raduhn 303 C
Rägelin 309 A
Raesfeld 311 A
Rätzlingen 307 D
Ragösen 309 C
Raguhn 315 B
Rahden 305 D
Rahrbach 317 B
Rain 332 D
Rainau 332 A
Raisdorf 295 D
Raisting 339 A
Raitenhaslach 341 A
Rakow 298 C
Ramberg 323 D
Ramersbach 317 C
Rampe 303 A
Ramsau 341 C
Ramsbeck 312 C
Ramsdorf 311 A
Ramsel 304 D
Ramsloh 300 C
Ramstein-Miesenbach 323 C
Randersacker 325 B
Rangendingen 330 D
Rangsdorf 309 D
Ranis 321 C
Rankweil (A) 338 C
Rannungen 326 A
Ranrupt (F) 329 C
Ransbach 319 B
Ransbach-Baumbach 317 D
Ranshofen (A) 335 C
Ranstadt 318 D
Rantrum 294 D
Rantum 294 A
Raon-sur-Plaine (F) 329 C
Rapperswil (CH) 337 C
Rappin 298 A
Rårup (DK) 296 A
Rasdorf 319 D
Rastatt 330 A
Rastdorf 304 B
Rastede 300 C
Rastenberg 320 B
Rastow 302 D
Ratekau 302 A
Ratheim 316 A
Rathenow 308 B
Rathsweiler 323 C
Ratingen 310 D
Rattelsdorf 326 B
Rattenberg 334 B
Rattenberg (A) 340 D
Ratzeburg 302 A
Ratzenhofen 333 D
Ratzenried 338 C
Raubling 340 B
Rauhenebrach 326 A
Rauischholzhausen 318 D
Raumland 318 A
Raumünzach 330 C
Rauris (A) 341 D
Rauschenberg 318 B
Rauwiller (F) 329 A
Raved (DK) 294 B
Raven 301 D
Ravenhorst 297 D
Ravensburg 338 A
Ravenstein 325 C
Ravsted (DK) 294 B
Rechberg 331 B
Rechtenbach 330 A
Rechtenbach 325 A
Rechtenfleth 300 D
Recke 304 D
Reckendorf 326 B
Recklinghausen 311 A
Redefin 302 D
Rednitzhembach 326 D
Redwitz 326 B
Reepsholt 300 C
Rees 310 B
Reetz 303 C
Regen 325 A
Regensburg 334 A
Regenstauf 334 A
Regis-Breitingen 321 B
Regnitzlosau 321 D
Rehau 321 C
Rehberg (ČS) 335 B
Rehburg-Loccum 306 C
Rehden 305 B
Reher 295 C
Rehling 332 D
Rehlingen-Siersburg 322 D
Rehna 302 B
Rehren 306 C
Reichelsheim PLZ 6361, 318 D
Reichelsheim PLZ 6101, 324 D
Reichelshofen 325 D
Reichenau 337 C
Reichenbach PLZ X 9800, 321 D
Reichenbach PLZ 7630 Lahr, 329 D
Reichenbach-Steegen 323 D
Reichenberg 325 D
Reicheneibach 334 D
Reichenhofen 338 A
Reichensachsen 319 B
Reichertshausen 333 C
Reichertshofen 333 C
Reichlange (L) 322 A
Reichling 339 A
Reichmannsdorf 320 D
Reichshof 317 B
Reichshofen (F) 329 B
Reichshoffen (F) 329 B
Reifenberg 318 C
Reimsbach 322 D
Reinach (CH) 336 C
Reinach (CH) 336 D
Reinbek 302 C
Reinberg 298 C
Reinfeld 302 A
Reinhardshagen 313 C
Rheinhausen 313 D
Reinheim 324 B
Reinsdorf PLZ X 4731, 314 D
Reinsdorf PLZ X 9522, 321 D
Reinsfeld 322 D
Reinstädt-Geunitz 321 A
Reinstetten 338 A
Reinstorf 302 C
Reipoltskirchen 323 D
Reisbach 334 D
Reischach 334 D
Reiskirchen 318 D
Reiste 312 C
Reit im Winkl 341 C
Reitweiler (F) 329 D
Reitwiller (F) 329 D
Reken 311 A
Rellingen 301 B
Remagen 317 C
Remblinghausen 312 C
Remchingen 330 B
Remels 300 C
Remich (L) 322 C
Remptendorf 321 C
Remscheid 311 C
Remseck 331 A
Remsfeld 319 A
Remshalden 331 A
Renchen 329 D
Rendsburg 295 C
Rengsdorf 317 D
Renkum (NL) 310 A
Rennerod 318 C
Rennertshofen 333 A
Renningen 330 B
Rens (DK) 294 B
Renzendorf 319 C
Reppinichen 308 D
Resse 306 D
Rethem 306 A
Rethen 306 D
Rettenberg 338 D
Retzbach 325 B
Retzstadt 325 B
Reuden 308 D
Reuland (B) 316 C
Reutlingen 331 C
Reutte (A) 339 C
Reuver (NL) 310 C
Rhade PLZ 2730, 301 C
Rhade PLZ 4270 Dorsten, 311 A
Rhauderfehn 299 D
Rhaunen 323 A
Rheda-Wiedenbrück 312 A
Rhede PLZ 2994, 299 D
Rhede PLZ 4292, 310 B
Rheden (NL) 310 A
Rheinau 329 D
Rheinau (CH) 337 C
Rheinbach 317 C
Rheinberg 310 D
Rheinböllen 323 B
Rheinbrohl 317 C
Rheine 304 D
Rheineck (CH) 337 D
Rheinfelden 336 C
Rheinfelden (CH) 336 C
Rheinhausen 329 D
Rheinmünster 330 A
Rheinstetten 330 A
Rheinzabern 330 A
Rhena 312 D
Rhens 317 D
Rheurdt 310 D
Rheydt 310 D
Rhinow 308 B
Rhoden 312 D
Rhöndorf 317 C
Rhumspringe 313 D
Rhynern 311 B
Ribnitz-Damgarten 297 C
Richelsdorf 319 B
Richtenberg 297 D
Ricken (CH) 337 C
Rickenbach 336 D
Rickling 301 B
Ried 332/333 D/C
Ried (A) 335 D
Riede 305 B
Riedenberg 319 D
Riedenburg 333 B
Riedersbach (A) 341 A
Riedlhütte 335 B
Riedlingen 337 B
Riedstadt 324 A
Riefensbeek 314 A
Riegel 336 A
Riegelsberg 322 D
Rielasingen-Worblingen 337 C
Riem 340 A
Rieneck 325 A
Riepe 299 D
Riepsdorf 296 C
Riesbürg 332 B
Rieseby 295 A
Riesenbeck 304 D
Riestedt 314 D

Rietberg 312 A
Rieth 320 C
Rietheim-Weilheim 337 A
Riezlern (A) 338 D
Rimbach PLZ 8491, 328 D
Rimbach PLZ 8331, 334 D
Rimpar 325 B
Rimsting 340 B
Rinchnach 335 A
Rindberg (A) 338 C
Ringe 304 A
Ringelai 335 B
Ringgau 319 B
Ringseby (DK) 296 B
Rinkenæs (DK) 295 A
Rinkerode 311 B
Rinteln 306 C
Rischenau 313 A
Rißtissen 331 D
Ristinge (DK) 295 B
Risum-Lindholm 294 B
Ritterhude 300 D
Rittersdorf 322 B
Ritzleben 308 A
Rixwarft 294 A
Robertville (B) 316 C
Rocherath 316 D
Rockenhausen 323 D
Rod 318 C
Rodach 320 C
Rodalben 329 B
Rodenbach 324 B
Rodenberg 306 C
Rodenkirchen 300 D
Rodewald 306 A
Rodewisch 321 D
Rodgau 324 B
Rodheim 318 D
Roding 334 B
Röbel 303 D
Röbingen 312 C
Rødby (DK) 296 B
Rødbyhavn (DK) 296 B
Rödental 320 D
Rödermark 324 B
Rödinghausen 305 D
Röhlingen 332 A
Röhrnbach 335 B
Römerberg 324 C
Römerstein 331 C
Römhild 320 C
Roermond (NL) 498 C
Röslau 327 B
Rösrath 317 A
Roetgen 316 C
Rötha 315 D
Röthenbach 338 C
Röthenbach an der Pegnitz 327 C
Röttenbach 333 A
Röttingen 325 D
Rötz 328 C
Rövershagen 297 C
Rogätz 308 C
Roggel (NL) 310 C
Roggenburg 332 C
Roggendorf 302 B
Roggow 303 B
Rohlsdorf 303 C
Rohr 320 C
Rohrbach PLZ 8069, 333 C
Rohrbach PLZ Markt Kallmünz, 333 B
Rohrbach-lès Bitche (F) 329 A
Rohrberg 307 B
Rohrdorf PLZ 7972 Isny, 338 D
Rohrdorf PLZ 7790 Messkirch, 337 B
Rohr in Niederbayern 333 B
Rohrsen 306 A
Roitsch 315 D
Rolde (NL) 304 A
Romanshorn (CH) 337 D
Rombas (F) 322 C
Rommerskirchen 316 B
Romrod 318/319 D/C
Ronneburg 321 B
Ronnenberg 306 D
Ronsberg 338 B
Ronshausen 319 B
Ronsperg (ČS) 328 C
Rorschach (CH) 337 D
Rorup 311 A
Rosbach 317 B
Rosbach vor der Höhe 318 D
Rosche 307 B
Rosdorf 313 D
Rosenberg 331 B
Rosendahl 311 A
Rosenfeld 330 D
Rosengarten PLZ 2107, 301 D
Rosengarten PLZ 7172, 331 A
Rosenheim 340 B
Rosenthal PLZ 3559, 318 B
Rosenthal PLZ 3150 Peine, 307 C
Rosheim (F) 329 C
Roßbach PLZ 5419, 317 D
Roßbach PLZ 8387, 335 C
Roßbach (ČS) 321 D
Roßdorf 319 D
Roßhaupt (ČS) 328 C
Roßhaupten 339 C
Roßlau 315 B
Roßleben 315 C
Roßtal 326 D
Rostock 297 C
Rot am See 331 B
Rot an der Rot 338 A
Rotenburg 301 C
Rotenburg an der Fulda 319 A
Roth PLZ 5529, 322 A
Roth PLZ 8542, 333 A
Rothenbuch 335 A
Rothenburg ob der Tauber 325 D
Rothenfels 325 A
Rothenkirchen 321 D
Rothenmoor 303 B
Rothenschirmbach 315 C
Rothenstadt 327 D
Rothenstein 333 A
Rothenuffeln 305 D
Rott PLZ 8911, 339 A
Rott PLZ 8093, 340 B
Rottach-Egern 340 C
Rottenbach PLZ X 6821, 320 D
Rottenbach PLZ 8631 Lautertal, 320 D
Rottenbuch 339 C
Rottenburg PLZ 7407, 330 D
Rottenburg PLZ 8303, 334 C
Rottendorf 325 B
Rotthalmünster 335 C
Rottleben 314 D
Rottmersleben 308 C
Rottorf 302 C
Rottweil 337 A
Rountzenheim (F) 329 B
Rozvadov (ČS) 328 C
Rudbøl (DK) 294 A
Rudelzhausen 333 D
Rudersberg 331 A
Ruderting 335 C
Rudkøbing (DK) 295 B
Rudolstadt 320 D
Rübeland 314 B
Rückersdorf 321 B
Rüdenhausen 326 C
Rüdesheim 323 B
Rügland 326 C
Rühen 307 D
Rühle 304 B
Rühn 303 A
Rühstädt 308 B
Rülzheim 330 A
Ründeroth 317 B
Rüsselsheim 324 A
Rütenbrook 304 B
Rüthen 312 C
Rüti (CH) 337 C
Rüting 302 B
Rugendorf 327 A
Ruhla 320 A
Ruhlkirchen 318/319 B/A
Ruhmannsfelden 335 A
Ruhpolding 341 A
Ruhstorf an der Rott 335 C
Rulle 305 C
Runkel 318 C
Runzenheim (F) 329 B
Ruppersdorf 321 C
Ruppertenrod 318 D
Ruppertshütten 325 A
Ruppichteroth 317 B
Rurberg 316 D
Rußheim 330 A
Rust 329 D
Rybnik (ČS) 328 C
Rysum 299 C

S

Saal PLZ X 2591, 297 D
Saal PLZ 8741, 320 C
Saal PLZ 8424, 333 B
Saalbach (A) 341 C
Saalburg 321 C
Saaldorf 341 A
Saalfeld 320 D
Saalfelden (A) 341 C
Saales (F) 329 C
Saara 321 A
Saarbrücken 323 C
Saarburg 322 D
Saarlouis 322 D
Saarwellingen 322 D
Sachrang 340 D
Sachsenberg 318 B
Sachsenbrunn 320 D
Sachsenburg 314 D
Sachsenhagen 306 C
Sachsenhausen 312 D
Sachsenheim 330 B
Sachsenkam 340 A
Sæd (DK) 294 B
Saeffelen 316 A
Saerbeck 304 D
Saeul (L) 322 A
Sagard 298 B
Sahlenburg 300 B
Sakskøbing (DK) 296 B
Salach 331 C
Saldenburg 335 A
Salem PLZ 2419, 302 B
Salem PLZ 7777, 337 B
Salmrohr 322 B
Salmtal 322 B
Salzberg 341 D
Salzbergen 304 D
Salzburg 317 D
Salzburg (A) 341 B
Salzdahlum 307 C
Salzfurtkapelle 315 B
Salzgitter 307 C
Salzgitter-Bad 314 A
Salzgitter-Flachstöckheim 307 C
Salzgitter-Gebhardshagen 307 C
Salzgitter-Lebenstedt 307 C
Salzgitter-Lobmachtersen 307 C
Salzgitter-Ringelheim 313 B
Salzgitter-Watenstedt 307 C
Salzhausen 302 C
Salzhemmendorf 313 A
Salzkotten 312 A
Salzmünde 315 C
Salzstetten 330 D
Salzwedel 307 B
Salzweg 335 D
Sambleben 307 D
Samerberg 340 B
Samswegen 308 C
Samtens 298 C
Sand 326 A
Sandau 308 B
Sandbach 335 C
Sandberg 319 D
Sandbostel 301 C
Sande PLZ 2945, 300 C
Sande PLZ 4790 Paderborn, 312 A
Sandersdorf 333 A
Sandersleben 315 A
Sandizell 333 C
Sandstedt 300 D
Sandweiler (L) 322 C
Sangerhausen 314 D
Sanitz 297 C
Sarralbe (F) 329 A
Sarrebourg (F) 329 A
Sarreguemines (F) 329 A
Sarre-Union (F) 329 A
Sarstedt 306 D
Sasbach 336 A
Sassen 298 C
Sassenberg 311 B
Sassenburg 307 C
Saßnitz 298 B
Saterland 299 D
Satow 303 A
Satrup 295 A
Satteldorf 332 A
Saubach 315 C
Sauensiek 301 C
Sauerlach 340 A
Sauldorf 337 B
Saulgau 337 B
Saulgrub 339 C
Saulheim 324 A
Savern (F) 329 A
Schaafheim 324 B
Schacht-Audorf 295 C
Schadeleben 314 B
Schäftlarn 340 A
Schärding (A) 335 D
Schaffhausen (CH) 337 C
Schafflund 294 B
Schafstädt 315 C
Schafstedt 294 D
Schafwinkel 306 A
Schale 304 D
Schalkau 320 D
Schalksmühle 311 D
Schallstadt 336 A
Schapen 304 D
Schaprode 298 A
Scharbeutz 296 C
Schardenberg (A) 335 D
Scharnebeck 302 C
Scharnitz (A) 339 D
Scharrel 300 C
Scharzfeld 314 A
Schashagen 296 C
Schauenburg 312/313 D/C
Schauenstein 321 C
Schechen 340 B
Scheden 313 C
Scheemda (NL) 299 C
Scheer 337 B
Scheeßel 301 C
Scheffau 338 C
Scheffau (A) 340 D
Scheibenhardt (F) 330 A
Scheidegg 338 C
Scheidental 324 D
Scheies (ČS) 328 B
Scheinfeld 326 C
Schelklingen 331 D
Schellbach 321 B
Schellerten 306/307 D/C
Schemmerhofen 338 A
Schenefeld PLZ 2216, 295 C
Schenefeld PLZ 2000 Hamburg 50, 301 B
Schengen (L) 322 C
Schenkenberg 309 C
Schenklengsfeld 319 B
Scheppau 307 D
Scherfede 312 D
Schermbeck 310 B
Schermen 308 C
Scheßlitz 326 B
Scheyern 333 C
Schieder-Schwalenberg 312 B
Schierke 314 A
Schierling 334 A
Schiffdorf 300 D
Schifferstadt 324 C
Schillerslage 306 D
Schillertswiesen 334 B
Schillig 300 A
Schillingsfürst 326 C
Schiltach 330 C
Schiltberg 333 C
Schirm (B) 316 C
Schirmeck (F) 329 C
Schirnding 327 B
Schkeuditz 315 D
Schkölen 321 A
Schkopau 315 C
Schladen 314 A
Schladitz 315 D

Schlagbrügge 302 B
Schlagenthin 308 D
Schlaggenwald (ČS) 328 A
Schlagsdorf 302 B
Schlalach 309 C
Schlangen 312 B
Schlangenbad 324 A
Schleching 340 D
Schlehdorf 339 D
Schleiden 316 D
Schleitheim (CH) 337 C
Schleiz 321 C
Schlesen 295 D
Schleswig 295 C
Schlettstadt (F) 329 C
Schleusingen 320 C
Schliengen 336 A
Schlierbach 319 A
Schlieren (CH) 336 D
Schliersee 340 D
Schlitz 319 C
Schloß Holte-Stukenbrock 312 A
Schloß Neuhaus 312 B
Schloßvippach 320 B
Schlotheim 314 C
Schluchsee 336 B
Schlüchtern 319 C
Schlüsselfeld 326 B
Schlüttsiel 294 A
Schmalfeld 301 B
Schmalförden 305 B
Schmalkalden 320 C
Schmallenberg 318 A
Schmarsau 307 B
Schmedeswurth 301 A
Schmelz 322 D
Schmetzdorf 308 D
Schmidgaden 327 D
Schmidham 335 C
Schmidmühlen 327 D
Schmidt 316 D
Schmidtheim 316 D
Schmiechen 331 C
Schmiedefeld PLZ X 6315, 320 C
Schmiedefeld PLZ X 6421, 320 D
Schmitten 318 C
Schmölau 307 B
Schmölln 321 B
Schnackenburg 308 A
Schnaitsee 340/341 B/A
Schnaittach 327 C
Schnaittenbach 327 D
Schneeren 306 C
Schnega 307 B
Schneidlingen 314/315 B/A
Schneizlreuth 341 C
Schnelldorf 332 A
Schnellmannshausen 319 B
Schnepfau (A) 338 C
Schneverdingen 301 D
Schobüll 294 D
Schöffengrund 318 C
Schöftland (CH) 336 D
Schöfweg 335 A
Schöllkrippen 325 A
Schöllnach 335 A
Schömberg PLZ 7542, 330 B
Schömberg PLZ 7464, 337 A
Schönach 334 B
Schönau PLZ 6901, 324 D
Schönau PLZ 7869, 336 B
Schönau PLZ 8331, 334/335 D/C
Schönau am Königssee 341 D
Schönau an der Brend 319 D
Schönbach 318 C
Schönbach (ČS) 321 D
Schönberg PLZ 2306, 295 D
Schönberg PLZ X 2440, 302 B
Schönberg PLZ X 9931, 327 B
Schönberg PLZ 8351, 335 A
Schönberg (B) 316 C
Schönberger Strand 295 D
Schönbrunn PLZ X 6114, 320 D
Schönbrunn PLZ 8061, 333 C
Schöndorf 322 D
Schönebeck PLZ X 1921, 303 D
Schönebeck PLZ X 3300, 315 A
Schöneck PLZ X 9655, 321 D
Schöneck PLZ 6369, 324 B
Schönecken 322 B
Schönefeld 309 D
Schönenbach (A) 338 C
Schönenberg-Kübelberg 323 C
Schönficht 327 B
Schöngleina 321 A
Schönhagen PLZ 2343 Karby, 295 A
Schönhagen PLZ 3418 Uslar 1, 313 A
Schönhausen 308 B
Schönheide 321 D
Schönholthausen 311 D
Schöningen 307 D
Schöninghausdorf 304 A
Schönkirchen 295 D
Schönsee 328 C
Schönstadt 318 B
Schöntal 325 C
Schönthal 328 C
Schönwald PLZ 8671, 327 B
Schönwald PLZ 7741, 336 B
Schönwald (ČS) 328 A
Schönwalde PLZ 2437, 296 C
Schönwalde PLZ X 1291, 309 B
Schönweide 295 D
Schöppenstedt 307 C
Schöppingen 304 D
Scholastika (A) 340 C
Schollene 308 B
Schonau 336 B
Schondorf 339 A
Schongau 339 A
Schonungen 326 A
Schoonebeek (NL) 304 A
Schoonloo (NL) 304 A
Schopfheim 336 C
Schopfloch PLZ 7294, 330 D
Schopfloch PLZ 8801, 332 A
Schopfloch PLZ 7318 Lenningen, 331 C
Schoppernau (A) 338 C
Schorndorf PLZ 7060, 331 A
Schorndorf PLZ 8491, 334 B
Schortens 300 C
Schotten 318 D
Schramberg 330 C
Schraplau 315 C
Schrecksbach 319 A
Schriesheim 324 D
Schrobenhausen 333 C
Schrozberg 325 D
Schütting 294 C
Schüttorf 304 D
Schulenberg 314 A
Schulenburg 306 D
Schulzendorf 309 A
Schuttertal 329 D
Schwaan 303 A
Schwabach 326 D
Schwabhausen 333 C
Schwabmünchen 339 A
Schwabsberg 332 A
Schwabstedt 294 D
Schwäbisch Gmünd 331 B
Schwäbisch Hall 331 A
Schwaförden 305 B
Schwagstorf PLZ 4557 Fürstenau 304 D
Schwagstorf PLZ 4514 Ostercappeln 1, 305 C
Schwaigern 330 B
Schwaikheim 331 A
Schwalbach 322 D
Schwalbach am Taunus 324 A
Schwalmstadt 318/319 B/A
Schwalmtal PLZ 6323, 507 C
Schwalmtal PLZ 4056, 498 C
Schwanau 517 D
Schwand 514 D
Schwandorf PLZ 8460, 515 D
Schwandorf PLZ 7201 Neuhausen, 525 A
Schwanebeck 502 B
Schwanewede 488 D
Schwanfeld 513 B
Schwangau 527 C
Schwanheide 302 C
Schwanstetten 326 D
Schwante 309 B
Schwarme 306 A
Schwarmstedt 306 B
Schwarza PLZ X 6057, 320 C
Schwarza PLZ X 6822, 320 D
Schwarzach PLZ 8719, 326 A
Schwarzach PLZ 8445, 334/335 B/A
Schwarzach PLZ 7587 Rheinmünster, 330 A
Schwarzach (A) 341 D
Schwarzburg 320 D
Schwarzenau (A) 340 D
Schwarzenbach 327 D
Schwarzenbach am Wald 321 C
Schwarzenbach an der Saale 327 B
Schwarzenbek 302 C
Schwarzenberg (A) 335 B
Schwarzenborn PLZ 3579, 319 A
Schwarzenborn PLZ 5561, 322 B
Schwarzenfeld 327 D
Schwarzes Kreuz (ČS) 335 B
Schwarzhofen 328 C
Schwaz (A) 340 C
Schwebenried 325 B
Schwebheim 326 A
Schwegenheim 324 C
Schwei 300 D
Schweiburg 300 C
Schweich 322 B
Schweigen 330 A
Schweighausen 329 D
Schweighausen an der Moder (F) 329 B
Schweighouse-sur-Moder (F) 329 B
Schweinfurt 326 A
Schweinrich 303 D
Schweinsberg 318 B
Schweitenkirchen 333 D
Schwelm 311 C
Schwemsal 315 B
Schwendi 338 A
Schwerin 302 B
Schwerte 311 D
Schweskau 307 B
Schwetzingen 324 C
Schwieberdingen 330 B
Schwienau 307 A
Schwiesau 307 B
Schwittersdorf 315 C
Schwollen 323 C
Schwülper 307 C
Sebbenhausen 306 A
Sechtem 505 A
Seckach 513 C
Seebenau 307 B
Seebruck 341 A
Seeburg 331 C
Seedorf PLZ 2361, 295 D
Seedorf PLZ 3118 Bad Bevensen, 302 C
Seefeld PLZ 8031, 339 B
Seefeld PLZ 2883 Stadland 3, 300 D
Seefeld (A) 339 C
Seeg 338/339 D/C
Seegrehna 315 B
Seeham (A) 341 B
Seehausen PLZ X 3550, 308 A
Seehausen PLZ X 3223, 308 C
Seeheim-Jugenheim 512 D
Seekirchen-Markt (A) 341 B
Seelbach 329 D
Seelingstädt 321 B
Seelze 306 D
Seeon 341 A
Seesbach 323 A
Seesen 313 B
Seeshaupt 339 B
Seevetal 301 D
Seewald 330 C
Seewiesen (ČS) 335 A
Sehlde 313 B
Sehlen 318 B
Sehnde 306 D
Seibersbach 323 B
Seinsheim 326 C
Selb 327 B
Selbitz 321 C
Selent 295 D
Sélestat (F) 329 C
Selfkant 316 A
Seligenstadt 324 B
Seligenthal 320 A
Sellingen (NL) 304 A
Sellstedt 300 D
Selm 311 B
Selmsdorf 302 B
Selow 303 A
Selsingen 301 C
Selters PLZ 5418, 317 D
Selters PLZ 6251, 318 C
Seltz (F) 330 A
Selz (F) 330 A
Semlow 297 D
Semmenstedt 307 C
Senden PLZ 4403, 311 B
Senden PLZ 7913, 331 D
Sendenhorst 311 B
Sengwarden 300 A
Senheim 323 A
Sennestadt 312 A
Sennwald (CH) 337 D
Seppenrade 311 A
Serrig 322 D
Sersheim 330 B
Sesslach 326 B
Seth 301 B
Seubersdorf 333 A
Sevenum (NL) 310 C
Sibbesse 313 A
Sibratsgfäll (A) 338 C
Sickte 307 C
Siddeburen (NL) 299 C
Sieber 314 A
Siedenburg 305 B
Siedlinghausen 312 C
Siedlung Röspe 318 A
Siegbach 318 C
Siegburg 317 A
Siegen 318 A
Siegenburg 333 B
Sieglar 317 A
Siegsdorf 341 A
Sielbeck 295 D
Sielenbach 333 C
Sien 323 C
Sierck-les-Bains (F) 322 D
Sierentz (F) 336 C
Sierenz (F) 336 C
Sierksdorf 296 C
Siershahn 317 D
Siersleben 315 A
Sieversdorf 308 B
Sieverstedt 294/295 B/A
Siggelkow 303 C
Sigmaringen 337 B
Sigmaringendorf 337 B
Silberstedt 294 D
Sillenstede 300 A
Sillerup 294 B
Silz (A) 339 C
Simbach PLZ 8384, 334 D
Simbach PLZ 8346, 335 C
Simmerath 316 C
Simmerberg 338 C
Simmern 323 A
Simmersfeld 330 D
Simmershausen 313 C
Simmershofen 325 D
Simmertal 323 A
Simonsberg 294 D
Simonswald 336 B
Simonswolde 299 D
Sindelfingen 330 D
Singen 337 A
Sinn 318 C
Sinntal 319 C
Sinsheim 330 B
Sinspelt 322 A
Sint Anthonis (NL) 310 A
Sinzheim 330 A
Sinzig PLZ 5485, 317 C
Sinzig PLZ 8411, 333 B
Sissach (CH) 336 C
Sittard (NL) 316 A
Sittensen 301 C

Skalná (ČS) 328 A
Skast (DK) 294 A
Skelde (DK) 295 A
Skottemarke (DK) 296 B
Skovballe (DK) 295 B
Skovby (DK) 295 A
Sleen (NL) 304 A
Slochteren (NL) 299 C
Sobernheim 323 B
Soderstorf 301 D
Søby (DK) 295 B
Sögel 304 B
Söhlde 307 C
Söhrewald 313 C
Söll (A) 340 D
Søllested (DK) 296 B
Sølsted (DK) 294 A
Sömmerda 320 B
Sønderborg (DK) 295 A
Sønderby (DK) 295 A
Sønder-Hostrup (DK) 294 B
Sønder-Kirkeby (DK) 297 A
Sörup 295 A
Sørup (DK) 296 B
Soesmarke (DK) 296 B
Soest 311 B
Sötern 323 C
Søvang (DK) 294 B
Sohren 323 A
Sokolov (ČS) 328 A
Solingen 311 C
Solms 318 C
Solnhofen 332 B
Solothurn (CH) 336 C
Soltau 306 B
Soltendieck 307 B
Somborn 324/325 B/A
Sommerfeld 309 A
Sommerhausen 325 D
Sonderhofen 325 D
Sondershausen 314 D
Sonneberg 320 D
Sonnefeld 326 B
Sonnen 335 D
Sonnenbühl 330/331 D/C
Sonsbeck 310 B
Sontheim PLZ 7927, 332 C
Sontheim PLZ 8947, 338 B
Sonthofen 338 D
Sontra 319 B
Sorghof 327 C
Sottrum 301 C
Soufflenheim (F) 329 B
Soultz-sous-Forêts (F) 329 B
Spa (B) 316 C
Spabrücken 323 B
Spaden 300 B
Spahl 319 D
Spaichingen 337 A
Spalt 332 B
Spandau 309 B
Spandowerhagen 298 D
Spangenberg 319 A
Sparneck 327 A
Speicher 322 B
Speichersdorf 327 A
Speinshart 327 B
Spenge 305 D
Sperenberg 309 D
Spessart 317 C
Speyer 324 C
Spiegelau 335 A
Spiegelberg 331 A
Spieka 300 B
Spiekeroog 300 A
Spielbach 325 D
Spijk (NL) 299 C
Spodsbjerg (DK) 296 A
Spohle 300 C
Spornitz 301 C
Sprakebüll 294 B
Sprakensehl 307 A
Sprendlingen 324 A
Springbiel 304 C
Springe 306 D
Sprockhövel 311 C
Sprötze 301 D
Sprollenhaus 330 C
Srni (ČS) 335 B
Staab (ČS) 328 D
Staberdorf 296 D
Stachy (ČS) 335 B
Stade 301 A
Stadecken-Elsheim 324 A
Stadelhofen 326 B
Stadensen 307 A
Stadland 300 D
Stadlern 328 C
Stadorf 307 A
Stadskanaal (NL) 304 A
Stadtallendorf 318 B
Stadtbergen 332 D
Stadthagen 306 C
Stadtilm 320 B
Stadtkyll 316 D
Stadtlauringen 326 A
Stadtlengsfeld 319 B
Stadtlohn 311 A
Stadtoldendorf 313 A
Stadtprozelten 325 A
Stadtroda 321 A
Stadtschwarzach 326 A
Stadtsteinach 327 A
Stadum 294 B
Stäfa (CH) 337 C
St. Aegidi (A) 335 D
Staffelstein 326 B
Stahle 313 A
Staig 331 D
Stallwang 334 B
Stammbach 327 A
Stammham 333 A
Stams (A) 339 C
Stamsried 328 C
St. Andreasberg 314 A
Stangerberg (ČS) 328 A
Staňkov (ČS) 328 D
Stanzach (A) 338 D
Stapel 302 D
Stapelburg 314 A
Stapelmoor 299 D
Starkshorn 307 A
Starnberg 339 B
Starzach 330 D
Staßfurt 315 A
Staufen 336 A
Staufenberg PLZ 3513, 313 C
Staufenberg PLZ 6301, 318 D
St. Augustin 317 A
Stavelot (B) 316 C
Stavern 304 B
St. Blaise-la-Roche (F) 329 C
St. Blasien 336 B
Stechow 308 B
Steckborn (CH) 337 C
Stederdorf 307 C
Štědrá (ČS) 328 B
Steeg (A) 338 D
Steendam (NL) 299 C
Steffeln 316 D
Steffenberg 318 A
Steffenshagen 303 D
Steg (CH) 337 C
Stegaurach 326 B
Stege (DK) 297 A
Steigra 315 C
Steimbke 306 A
Steimke 307 B
Stein 326 D
Stein am Rhein (CH) 337 C
Stein im Allgäu 338 D
Steinach PLZ X 6406, 320 D
Steinach PLZ 7611, 330 C
Steinach PLZ 8733 Markt Bocklet, 319 D
Steinau an der Straße 319 C
Steinbach PLZ 7570 Baden-Baden, 330 C
Steinbach PLZ 6301 Fernwald, 318 D
Steinbach PLZ 6120 Michelstadt, 324 D
Steinbach am Walde 320 D
Steinbach-Hallenberg 320 C
Steinberg 327 D
Steinberg am Rofan (A) 340 D
Steinbergkirche 483 A
Steinen 336 C
Steinfeld PLZ 2841, 305 A
Steinfeld PLZ 8771, 325 A
Steinfort (L) 322 C
Steinfurt 304 D
Steingaden 339 C
Steinhagen PLZ X 2301, 298 C
Steinhagen PLZ 4803, 312 A
Steinhausen PLZ X 2401, 303 A
Steinhausen PLZ 4793 Büren, 312 C
Steinheid 320 D
Steinheim PLZ 3282, 312 B
Steinheim PLZ 7141, 331 A
Steinheim PLZ 7924, 331 D
Steinheim PLZ 8940 Memmingen, 338 B
Steinhilben 331 C
Steinhöring 340 B
Steinhorst 307 A
Steinhude 306 C
Steinsberg 333 B
Steinsfurt 330 B
Steinwand 319 D
Steinwiesen 321 C
Steißlingen 337 A
Stelle 301 D
Stellichte 306 A
Ste. Marie-aux-Mines (F) 329 C
Stemwede 305 D
Stendal 308 A
St. Englmar 334/335 B/A
Stensved (DK) 485 A
Ste. Odile (F) 329 C
Stephanskirchen 340 B
Sterbfritz 319 C
Sterley 302 A
Sternberg 303 A
Sternenfels 330 B
Sterup 295 A
Sterzhausen 318 B
Stetten 324 C
Stetten am kalten Markt 337 B
Steutz 315 B
Stevning (DK) 295 A
Steyerberg 306 C
St.-Francois-Lacroix (F) 322 D
St. Gallen (CH) 337 D
St. Georgen 336 B
St. Gilgen (A) 341 B
St. Goar 323 B
St. Goarshausen 323 B
Stiedra (ČS) 328 B
Stilli (CH) 336 D
St. Ingbert 323 C
Stinstedt 300 B
St. Johann 331 C
St. Johann am Walde (A) 341 B
St. Johann im Pongau (A) 341 D
St. Johann in Tirol (A) 341 C
St. Katharina (ČS) 328 D
St. Lorenz (A) 341 B
St. Louis (F) 336 C
St. Ludwig (F) 336 C
St. Märgen 336 B
St. Margarethen 301 A
St. Margrethen (CH) 337 D
St. Martin 324 C
St. Martin (A) 335 D
St. Martin (A) 341 C
St. Martin (A) 341 D
St. Martin (F) 329 C
St. Michaelisdonn 301 A
Stockach 337 B
Stockelsdorf 302 A
Stockheim 320 D
Stockstadt PLZ 6081, 324 A
Stockstadt PLZ 8751, 324 B
Stod (ČS) 328 D
Stöcken 307 A
Stödtlen 332 A
Störmede 312 A
Stötten 339 C
Stoetze 302 D
Stolberg PLZ X 4713, 314 D
Stolberg PLZ 5190, 316 B
Stollhamm 300 D
Stollhofen 330 A
Stolpe 308 B
Stolzenau 306 C
Stommeln 306 B
Store-Damme (DK) 297 A
St. Oswald 335 B
Stotel 300 D
Stotternheim 320 B
St. Peter 336 B
St. Peter-Ording 294 C
St. Peterzell (CH) 337 D
St.-Privat (F) 322 C
Straach 315 B
Strackholt 299 D
Straelen 310 C
Stralsund 298 C
Strande 295 D
Strašín (ČS) 335 B
Straß (A) 340 D
Straßberg PLZ X 4301, 314 B
Straßberg PLZ 7473, 337 A
Straßburg (F) 329 D
Straßdorf 331 B
Straßkirchen 334 B
Straßwalchen (A) 341 B
Straubenhardt 330 A
Straubing 334 B
Straußfurt 320 B
Stráž (ČS) 328 C
Streitberg 327 A
Stribro (ČS) 328 B
Ströhen 305 D
Stromberg PLZ 6534, 323 B
Stromberg PLZ 4740 Oelde, 312 A
Strücklingen 300 C
Strümpfelbrunn 324 D
Strüth 323 B
Strullendorf 326 B
Struvenhütten 301 B
Strynø By (DK) 295 B
St. Salvator 335 C
St. Tönis 310 D
Stubbekøbing (DK) 297 A
Stubben 302 A
Stubbenkammer 298 B
Stubenberg 335 C
Stuby (DK) 296/297 B/A
Stüdenitz 298 B
Stühlingen 336 D
Stülpe 309 D
Stuer 303 D
Stürzelbronn (F) 329 B
Stützerbach 320 D
Stuhr 305 B
St. Ulrich 336 A
St. Ulrich (A) 341 C
Stumm (A) 340 D
Stuppach 325 C
St. Urban (CH) 336 C
Sturzelbronn (F) 329 B
Stutensee 330 A
Stuttgart 331 A
St. Vith (B) 316 C
St. Wendel 323 C
St. Wolfgang 334 C
Suben (A) 335 D
Suckow 303 C
Suderburg 307 A
Suderwick 310 B
Sudheim 313 B
Süchteln 310 D
Sückau 302 D
Südbrookmerland 299 D
Süden 294 C
Süderbrarup 295 A
Süderhafen 294 D
Süderhastedt 294 D
Süderlügum 294 B
Süderneuland II 299 B
Süderschmedeby 294/295 B/A
Südkampen 306 A
Südlohn 311 A
Sülfeld 302 A
Sülze 306 B
Sülzhayn 314 A
Sünching 334 B
Sünzhausen 333 D
Süpplingen 307 D
Süpplingenburg 307 D
Süsel 295 D
Süßen 331 D
Süßkofen 334 D
Sufflenheim (F) 329 B
Sugenheim 326 C
Suhl 320 C
Suhlendorf 307 A

Suhr (CH) 336 D
Sulgen (CH) 337 D
Sulingen 305 B
Sulmingen 338 A
Sulz 330 D
Sulz unterm Wald (F) 329 B
Sulzbach PLZ 8751, 325 A
Sulzbach PLZ 7157, 331 A
Sulzbach PLZ 8405 Markt Donaustauf, 334 B
Sulzbach-Laufen 331 B
Sulzbach-Rosenberg 327 D
Sulzberg 338 D
Sulzberg (A) 338 C
Sulzburg 336 A
Sulzdorf an der Lederhecke 320 C
Sulzemoos 333 C
Sulzfeld PLZ 8711, 326 C
Sulzfeld PLZ 7519, 330 B
Sulzheim 326 A
Sundern 311 D
Sundhausen 314 D
Suppingen 331 D
Suroide 306 B
Surwold 304 B
Susteren (NL) 316 A
Suthfeld 306 C
Svendborg (DK) 295 B
Svetá Kateřina (ČS) 328 D
Švihov (ČS) 328 D
Svinsbjerg (DK) 296 B
Svržno (ČS) 328 C
Swalmen (NL) 310 C
Swistthal 317 C
Syke 305 B
Sylt-Ost 294 A
Syrau 321 D
Syrgenstein 332 C

T

Tachau (ČS) 328 A
Tacherting 341 A
Taching am See 341 A
Tachov (ČS) 328 A
Tännesberg 328 C
Tailfingen 330 D
Taiskirchen (A) 335 D
Tagmersheim 332/333 B/A
Taldorf 337 B
Talheim 337 A
Talkau 302 A
Tambach-Dietharz 320 A
Tandern 333 C
Tandslet (DK) 295 A
Tangerhütte 308 C
Tangermünde 308 D
Tangstedt 301 B
Tann 335 C
Tann (Rhön) 319 D
Tanna 321 C
Tanne 314 A
Tannhausen 332 A
Tannheim 338 B
Tannheim (A) 338 D
Tannroda 320 B
Tapfheim 332 D
Tarmstedt 301 C
Tarnow 303 A
Tarp 294 B
Tårs (DK) 296 A
Tatzelwurm 340 D
Tauberbischofsheim 325 C
Tauberscheckenbach 325 D
Taucha 315 D
Taufkirchen PLZ 8252, 334 C
Taufkirchen PLZ 8261, 341 A
Taufkirchen (A) 335 D
Taunusstein 324 A
Taus (ČS) 328 D
Tavigny (B) 322 A
Taxenbach (A) 341 C
Tecklenburg 304 D
Tegau 321 C
Tegel 309 B
Tegelen (NL) 310 C
Tegernau 336 C
Tegernsee 340 C
Teichel 320 B
Teichröda 320 B
Teichwolframsdorf 321 D
Teisendorf 341 A
Teisnach 335 A
Teistungen 313 D
Telfs (A) 339 C
Telgte 311 B
Tellingstedt 294 D
Teltow 309 D
Tempelhof 309 D
Tengen 337 A
Teningen 336 A
Tenneck (A) 341 D
Tennenbronn 336 B
Ten Post (NL) 299 C
Tepl (ČS) 328 B
Teplá (ČS) 328 B
Ter-Apel (NL) 304 A
Terborg (NL) 310 B
Terfens (A) 340 C
Termunten (NL) 299 C
Tessin 297 C
Tetenhusen 294 D
Téterchen (F) 322 D
Teterow 303 B
Tettau 320 D
Tettenhausen 341 A
Tettens 300 A
Tettnang 338 C
Teublitz 333 B
Teuchatz 326 B
Teuchern 321 A
Teufen (CH) 337 D
Teuschnitz 320 D
Teutleben 320 A
Teutschenrust (ČS) 328 B
Teutschenthal 315 C
Tewswoos 302 D
Thal 320 A
Thalau 319 D
Thale 314 B
Thaleischweiler-Fröschen 323 C
Thalexweiler 322 D
Thalfang 323 A
Thalheim 334 C
Thalkirchdorf 338 D
Thallichtenberg 323 C
Thalmässing 333 A
Thalwil (CH) 337 C
Thamsbrück 320 A
Thannhausen 332 D
Thaur (A) 340 C
Thayngen (CH) 337 C
Thedinghausen 306 A
Theeßen 308 D
Theilenhofen 332 B
Theley 323 C
Thelkow 297 D
Themar 320 C
Theuern 327 D
Theusing (ČS) 328 B
Theux (B) 316 C
Thierhaupten 332 D
Thiersee (A) 340 D
Thiersheim 327 B
Thiessow 298 D
Thionville (F) 322 C
Tholey 323 C
Thorn (NL) 310 C
Thüle 312 A
Thüngen 325 B
Thüngersheim 325 B
Thürkow 303 B
Thumby 295 A
Thurmansbang 335 A
Thurnau 327 A
Thyrnau 335 D
Tiefenbach 328 C
Tiefenbronn 330 B
Tiége (B) 316 C
Tiengen 336 A
Tiergartenbreite 307 D
Tilleda 314 D
Timmendorfer Strand 302 A
Tinglev (DK) 294 B
Tirschenreuth 328 A
Titisee-Neustadt 336 B
Titting 333 A
Tittling 335 B
Tittmoning 341 A
Titz 316 B
Toba 314 C
Tobertitz 321 C
Toddin 302 D
Todenbüttel 295 C
Todenfeld 317 C
Todtmoos 336 D
Todtnau 336 B
Töging 334 D
Tønder (DK) 294 B
Tönisvorst 310 D
Tönning 294 D
Töpchin 309 D
Töpen 321 C
Törwang 340 B
Tötensen 301 D
Tolk 295 A
Tondorf 316 D
Tornesch 301 B
Tostedt 301 D
Toužim (ČS) 328 B
Trabelsdorf 326 B
Traben-Trarbach 323 A
Tramm 303 C
Tranderup (DK) 295 B
Trappenkamp 295 C
Trappstadt 320 C
Trassem 322 D
Traubing 339 B
Trauchgau 339 C
Trauen 307 A
Traunfeld 327 C
Traunreut 341 A
Traunstein 341 A
Traunwalchen 341 A
Trausnitz 327 D
Travemünde 302 B
Travenhorst 302 A
Trebbin 309 D
Trebel 307 B
Treben 321 B
Třebeň (ČS) 328 A
Trebendorf (ČS) 328 A
Trebgast 327 A
Trebs 302 D
Trechtingshausen 323 B
Treffelstein 328 C
Treffurt 319 B
Treia 294 D
Treis-Karden 323 A
Tremsbüttel 302 A
Trendelburg 313 C
Trent 298 A
Treuchtlingen 332 B
Treuen 321 D
Treuenbrietzen 309 C
Trevesen 327 B
Triberg 336 B
Tribsees 297 D
Triebel 321 D
Triebes 321 C
Triefenstein 325 A
Triengen (CH) 336 D
Trier 322 B
Triftern 335 C
Tripkan 302 D
Trippigleben 307 D
Trippstadt 323 D
Triptis 321 C
Trittau 302 A
Trittenheim 322 B
Trochtelfingen 331 C
Trockau 327 A
Tröbnitz 321 A
Tröstau 327 B
Trogen (CH) 337 D
Troisdorf 317 A
Trois-Ponts (B) 316 C
Troisvierges (L) 322 A
Trossingen 337 A
Trostberg 341 A
Trulpen 329 B
Trusetal 320 A
Tschernoschin (ČS) 328 B
Tschirn 320/321 D/C
Tubbergen (NL) 304 C
Tucheim 308 D
Tübingen 330 D
Tückelhausen 325 D
Türkheim 339 A
Türkismühle 323 C
Tüßling 334 D
Tüttleben 320 A
Tulfes (A) 340 C
Tuningen 337 A
Tuntenhausen 340 B
Turbenthal (CH) 337 C
Tussenhausen 338 B
Tuttlingen 337 A
Tutzing 339 B
Twedt 295 A
Twist 304 A
Twiste 312 D
Twistetal 312 D
Twistringen 305 B
Tyrlaching 341 A
Tyvse (DK) 294 B

U

Ubstadt-Weiher 330 B
Uchte 305 D
Uchtspringe 308 C
Uckange (F) 322 C
Uckerath 317 A
Udenhausen 319 C
Uder 313 D
Udestedt 320 B
Übach-Palenberg 316 A
Überherrn 322 D
Überlingen 337 B
Übersee 341 A
Üchtelhausen 326 A
Ückingen (F) 322 C
Uedem 310 B
Ueffeln 305 C
Uehlfeld 326 D
Ühlingen 336 D
Uelsen 304 C
Uelvesbüll 294 D
Uelzen 307 A
Uentrop 311 B
Ürzig 323 A
Uesslingen (CH) 337 C
Uetersen 301 A
Üttingen 325 B
Uetze 307 C
Uffeln 305 D
Uffenheim 326 C
Uffing 339 C
Uge (DK) 294 B
Uhingen 331 C
Uhldingen-Mühlhofen 337 D
Uhlstädt 320/321 B/A
Uithuizen (NL) 299 C
Uithuizermeeden (NL) 299 C
Ulfen 319 B
Ulm 331 D
Ulmbach 319 C
Ulmen 317 C
Ulrichstein 318 D
Ulsnis 295 A
Ummanz 298 C
Ummendorf 338 A
Ummerstadt 320 C
Umpferstedt 320 B
Undeloh 301 D
Undenheim 324 A
Úněšov (ČS) 328 B
Unkel 317 C
Unken (A) 341 C
Unlingen 338 A
Unna 311 D
Unterammergau 339 C
Unterdeufstetten 332 A
Unterföhring 340 A
Untergriesbach 335 D
Untergröningen 331 B
Untergruppenbach 331 A
Unterhaching 340 A
Unterhaun 319 A
Unterjoch 338 D
Unterkochen 332 A
Unterkulm (CH) 336 D
Unterlenningen 331 C
Unterloquitz 320 D
Unterlüß 307 A
Untermarchtal 331 C
Untermünkheim 331 B
Unterneukirchen 341 A
Unterpfaffenhofen 339 B
Unterreichenbach 330 B
Unterreit 340 B

Unterrodach 320 D
Untersandau (ČS) 328 A
Unterschleichach 326 A
Unterschleißheim 333 C
Unterschneidheim 332 A
Unterschwaningen 332 B
Untersiemau 326 B
Untersmatt 330 C
Unter-Stammheim 337 C
Untersteinach 327 A
Untersteinbach 326 A
Unterthingau 338 B
Unterweid 319 D
Unterweißbach 320 D
Unterwellenborn 321 C
Unterwössen 341 A
Unterzell 334 B
Unterzeitlarn 335 C
Uplengen 300 C
Urbach 331 A
Urbeis (F) 329 C
Urft 316 D
Urnäsch (CH) 337 D
Ursensollen 327 C
Úšava (ČS) 328 A
Useldange (L) 322 A
Usingen 318 C
Uslar 313 A
Usseln 312 C
Uster (CH) 337 C
Utecht 302 A
Utersum 294 A
Útery (ČS) 328 B
Uthlede 300 D
Uttendorf (A) 341 C
Uttenhofen 331 A
Uttenweiler 338 A
Utting 339 A
Uzwil (CH) 337 D

V

Vaals (NL) 316 A
Vacha 319 B
Vacov (ČS) 335 B
Vadenrod 319 C
Vahlberg 307 C
Vaihingen an der Enz 330 B
Valepp 340 D
Valff (F) 329 D
Valkenburg (NL) 316 A
Vallendar 317 D
Valley 340 A
Vallstedt 307 C
Valluhn 302 D
Varel 300 C
Varnæs (DK) 295 A
Varrel 305 B
Varrelbusch 305 A
Varsseveld (NL) 310 B
Vaterstetten 340 B
Vechelde 307 C
Vechta 305 A
Veendam (NL) 299 C
Veerßen 307 A
Vegesack 300 D
Vehlow 308 B
Veilsdorf 320 C
Veitsbronn 326 D
Veitshöchheim 325 B
Velbert 311 C
Velburg 333 B
Velden PLZ 8564, 327 C
Velden PLZ 8319, 334 D
Velden (NL) 310 C
Veldhausen 304 C
Velen 311 A
Velgen 302 C
Velká Hled'sebe (ČS) 328 A
Vellahn 302 D
Vellberg 331 B
Vellmar 313 C
Velmede 312 C
Velmeden 313 C
Velpke 307 D
Velten 309 B
Veltheim 305 D
Vendenheim (F) 329 D
Venlo (NL) 310 C
Venray (NL) 310 C
Verden 306 A
Veringendorf 337 B
Veringenstadt 337 B
Verl 312 A
Verne 312 A
Versmold 312 A
Verviers (B) 316 C
Vestenbergsgreuth 326 C
Vesterby (DK) 296 B
Vettweis 316 B
Vianden (L) 322 A
Victorbur 299 D
Vidice (ČS) 328 C
Viechtach 335 A
Vielbrunn 324 D
Vielsalm (B) 316 C
Vienenburg 314 A
Vierkirchen 333 C
Vierlingsbeek (NL) 310 A
Viernau 320 C
Viernheim 324 C
Viersen 310 D
Vieselbach 320 B
Vietlübbe 302 B
Vilgertshofen 339 A
Villé (F) 329 C
Villingen-Schwenningen 336 B
Villip 317 C
Villmar 318 C
Vilsbiburg 334 D
Vilseck 327 D
Vilsheim 334 C
Vilshofen 335 C
Vimperk (ČS) 335 B
Vindeby (DK) 296 B
Vinningen 329 B
Vinzelberg 308 C
Viöl 294 B
Virneburg 317 C
Visbek 305 A
Visby (DK) 294 A
Visselhövede 306 B
Vitte 298 A
Vlagtwedde (NL) 304 B
Vlotho 305 D
Vöhl 318 B
Vöhrenbach 336 B
Vöhringen PLZ 7243, 330 D
Vöhringen PLZ 7917, 331 D
Vöhrum 307 C
Völkersen 306 A
Völklingen 322 D
Völksen 306 D
Völlinghausen 322 C
Voerde 310 B
Vörden PLZ 3477 Marienmünster, 312 B
Vörden PLZ 2846 Neuenkirchen, 305 C
Vogt 338 A
Vogtareuth 340 B
Vogtsburg 336 A
Vohburg 333 A
Vohenstrauss 327 D
Volary (ČS) 335 B
Volkach 326 A
Volkensburg (F) 336 C
Volkmarsen 312 D
Volksdorf 301 B
Volkwardingen 301 D
Vollersode 300 D
Vollerwiek 294 C
Volmunster (F) 329 A
Volpriehausen 313 A
Voltlage 304 D
Volyne (ČS) 335 B
Vomp (A) 340 C
Vorbach 327 A
Vorderriß 340 C
Vordingborg (DK) 296/297 B/A
Vorhelm 311 B
Vorra 327 C
Vorsfelde 307 D
Vorst 310 D
Vossenack 316 D
Voßwinkel 311 D
Vreden 310 B
Vrees 305 A
Všeruby (ČS) 328 D

W

Waabs 295 C
Waakirchen 340 A
Waal 339 A
Wabern 319 A
Wachenheim 324 C
Wachow 309 C
Wachtberg 317 C
Wachtendonk 310 D
Wachtum 304 B
Wacken 301 A
Wackersdorf 327 D
Wackersleben 314 B
Waddewarden 300 A
Wadern 322 D
Wadersloh 312 A
Wadgassen 322 D
Wadrill 322 D
Wächtersbach 319 C
Wädenswil (CH) 337 C
Wängi (CH) 337 C
Wäschenbeuren 331 A
Wagenfeld 305 D
Wagenschwend 324 D
Waghäusel 330 B
Waging 341 A
Wagrain (A) 341 D
Wahlsburg 313 A
Wahlstedt 301 B
Wahrenberg 308 A
Wahrenholz 307 A
Waiblingen 331 A
Waibstadt 324 D
Waidhaus 328 C
Waidring (A) 341 C
Waier (ČS) 328 C
Waimes (B) 316 C
Waischenfeld 327 A
Walbeck PLZ X 3241, 307 D
Walbeck PLZ 4170 Geldern 3, 310 C
Walburgskirchen 335 C
Walchensee 339 D
Walchsee (A) 340 D
Walchum 304 B
Wald 337 B
Wald (A) 340 D
Wald (CH) 337 C
Waldachtal 330 D
Waldaschaff 325 A
Waldberg 332 D
Waldböckelheim 323 B
Waldbreitbach 317 C
Waldbröhl 317 B
Waldbronn 330 A
Waldbrunn PLZ 6251, 318 C
Waldbrunn PLZ 6935, 324 D
Waldburg 338 C
Waldeck 318 B
Waldems 318 C
Waldenbuch 331 C
Waldenburg 331 A
Waldenburg (CH) 336 C
Walderbach 334 B
Waldershof 327 B
Waldesch 317 D
Waldfeucht 316 A
Waldfischbach-Burgalben 323 D
Waldhäuser 335 B
Waldkappel 319 B
Waldkirch 336 B
Waldkirch (CH) 337 D
Waldkirchen 335 B
Waldkraiburg 334 D
Wald-Michelbach 324 D
Waldmössingen 330 C
Waldmohr 323 C
Waldmünchen 328 C
Waldniel 310 C
Waldrach 322 B
Waldsassen 328 A
Waldshut-Tiengen 336 D
Waldsolms 318 C
Waldstatt (CH) 337 D
Waldthurn 317 D
Waldwiese (F) 322 D
Waldwisse (F) 322 D
Walf (F) 329 D
Walkendorf 303 B
Walkenried 314 C
Wallau 318 A
Walldorf PLZ X 6103, 320 C
Walldorf PLZ 6909, 324 D
Walldürn 325 C
Wallendorf 322 A
Wallenfels 320/321 D/C
Wallenhorst 305 C
Wallerfangen 322 D
Wallerfing 335 C
Wallern (ČS) 335 B
Wallersdorf 334 B
Wallerstein 332 B
Wallgau 339 D
Wallhalben 323 C
Wallhausen 331 B
Wallmoden 313 B
Wallsbüll 294 B
Walluf 324 A
Walow 303 D
Walsleben 309 A
Walsrode 306 B
Walstedde 311 B
Waltenhofen 338 D
Waltershausen 320 A
Waltershofen 338 C
Walting 333 A
Waltrop 311 A
Walzbachtal 330 B
Wandersleben 320 A
Wanderup 294 B
Wandlitz 309 B
Wanfried 319 B
Wang 334 C
Wangels 296 C
Wangen 338 C
Wangen (CH) 336 C
Wangenbourg (F) 329 C
Wangenburg (F) 329 C
Wangerland 300 A
Wangerooge 300 A
Wangersen 301 C
Wanhöden 300 B
Wankendorf 295 D
Wanna 300 B
Wanne-Eickel 311 C
Wanssum (NL) 310 A
Wanzenau (F) 329 D
Wanzleben 315 A
Warburg 312 D
Wardenburg 300 C
Warendorf 311 B
Warffum (NL) 299 C
Warin 302 A
Warmensteinach 327 A
Warmsen 305 D
Warnau 308 B
Warnemünde 297 C
Warngau 340 A
Warnow 303 A
Warpe 306 A
Warsow 302 D
Warstein 312 C
Wartenberg PLZ 6423, 319 C
Wartenberg PLZ 8059, 334 C
Warth (A) 338 D
Warthausen 338 A
Wartmannsroth 325 B
Wasbek 295 C
Wasselnheim (F) 329 C
Wasselonne (F) 329 C
Wassenberg 316 A
Wasseralfingen 332 A
Wasserbillig (L) 322 B
Wasserburg PLZ 8992, 338 C
Wasserburg PLZ 8090, 340 B
Wasserlosen 325 B
Wassermungenau 332 B
Wassertrüdingen 332 B
Wasungen PLZ X 6104, 320 C
Wasungen PLZ 8632 Neustadt, 320 D
Wathlingen 307 C
Wattenbach 313 C
Wattendorf 326 B
Wattenheim 324 C
Wattens (A) 340 C
Wattenscheid 311 C
Wattwil (CH) 337 C
Waxweiler 322 B
Waygaard 294 A
Weberstedt 320 A

Wechingen 332 B
Wedde (NL) 299 C
Weddingen 314 A
Weddingstedt 294 D
Wedel 301 B
Wedemark 306 D
Weener 299 D
Weer (A) 340 C
Weerdingermond (NL) 304 A
Weerselo (NL) 304 C
Wees 295 A
Weesby 294 B
Weeze 310 A
Weferlingen 307 D
Wegberg 310 C
Wegeleben 314 B
Wegenstedt 307 D
Wegscheid 335 D
Wehingen 337 A
Wehr 336 D
Wehrendorf 305 C
Wehretal 507 B
Wehrheim 318 D
Wehrland 298 D
Weibersbrunn 325 A
Weichering 333 C
Weida 321 A
Weidenbach 332 B
Weidenberg 327 A
Weidenhausen 318 B
Weiden in der Oberpfalz 327 D
Weidensees 327 C
Weidenstetten 331 D
Weidenthal 323 D
Weidhausen 326 B
Weiherhammer 327 D
Weihmichl 334 C
Weikersheim 325 D
Weil PLZ 7858, 336 C
Weil PLZ 8911, 339 A
Weilbach (A) 335 D
Weil der Stadt 330 B
Weiler 338 C
Weilerbach 323 D
Weilerswist 316 B
Weilheim PLZ 7315, 331 C
Weilheim PLZ 7891, 336 D
Weilheim PLZ 8120, 339 A
Weilmünster 318 C
Weilrod 318 C
Weilstetten 330 D
Weimar PLZ 3556, 318 B
Weimar PLZ X 5300, 320 B
Weinfelden (CH) 337 D
Weingarten PLZ 7504, 330 B
Weingarten PLZ 7987, 338 A
Weinheim 324 D
Weinsberg 331 A
Weinsheim 316 D
Weinstadt 331 A
Weischlitz 321 C
Weisenbach 330 C
Weisendorf 326 D
Weiskirchen 322 D
Weismain 326 B
Weissach im Tal 331 A
Weißbach bei Lofer (A) 341 C
Weißdorf 327 B
Weißenbach (A) 338 D
Weißenborn 319 B
Weißenborn-Lüderode 314 C
Weißenburg 332 B
Weißenburg (F) 329 B
Weißenfels 315 C
Weißenhäuser Strand 296 C
Weissenhorn 332 C
Weißensberg 338 C
Weißensee PLZ X 5237, 320 B
Weißensee PLZ 8959, 338/339 D/C
Weißenstadt 327 B
Weißenstein 331 D
Weißensulz (ČS) 328 C
Weißenthurm 317 C
Weißewarte 308 C
Weisweil 336 A
Weitburg 318 C
Weitefeld 317 D
Weiten 322 D
Weitendorf 303 B
Weitershausen 318 B
Weitnau 338 D
Weitramsdorf 320 D
Weizen 336 B
Welden 332 D
Welkenraedt (B) 316 C
Wellaune 315 B
Welle 301 D
Wellendingen 337 A
Wellingholzhausen 305 C
Wellse Hut (NL) 310 A
Welplage 305 C
Welschbillig 322 B
Welschingen 337 A
Welsleben 315 A
Weltenburg 333 B
Welver 311 B
Welzheim 331 A
Wemding 332 B
Wemperhaardt (L) 322 A
Wendeburg 307 C
Wendehausen 319 B
Wendelskirchen 334 D
Wendelstein 326 D
Wenden PLZ 5963, 317 B
Wenden PLZ 3300 Braunschweig, 307 C
Wendhausen 306 D
Wendisch Baggendorf 298 C
Wendlingen 331 C
Wengen 338 D
Wenholthausen 312 C
Wenings 319 C
Wennigsen 306 D
Wenningstedt 294 A
Wensickendorf 309 B
Wensin 302 A
Wentorf PLZ 2411, 302 A
Wentorf PLZ 2057, 302 C
Wenzen 313 A
Wenzenbach 334 B
Wenzlow 308 D
Werbach 325 C
Werben 308 B
Werdau 321 B
Werder 309 C
Werdohl 311 D
Werfen (A) 341 D
Werfenweng (A) 341 D
Werl 311 D
Werlte 304 B
Wermelskirchen 317 A
Wernau 331 C
Wernberg-Köblitz 327 D
Werne 311 B
Werneck 325 B
Wernfeld 325 A
Wernigerode 314 A
Wernshausen 319 D
Wernstein (A) 335 D
Wertach 338 D
Wertheim 325 C
Werther 305 D
Wertingen 332 D
Weseke 311 A
Wesel 310 B
Wesendorf 307 C
Wesenufer (A) 335 D
Weseram 309 C
Wesselburen 294 D
Wesselburenerkoog 294 C
Wesseling 317 A
Weßling 339 B
Wessobrunn 339 A
Westbevern 311 B
Weste 302 C
Westen 306 A
Westendorf (A) 340 D
Westenholz PLZ 4795 Delbrück, 312 A
Westenholz PLZ 3030 Walsrode 22, 306 B
Westensee 295 C
Westerau 302 A
Westerbeck 307 C
Westerbork (NL) 304 A
Westerburg 317 D
Westerende-Kirchloog 299 D
Westerhaar (NL) 304 C
Westerhausen 314 B
Westerheim 331 C
Westerhever 294 C
Westerholt 299 B
Westerkappeln 305 C
Westerland 294 A
Westermarkelsdorf 296 C
Westermarsch 299 B
Westernbödefeld 312 C
Westerrönfeld 295 C
Westerstede 300 C
Westerstetten 331 D
Westerweyhe 307 A
Westfehmarn 296 C
Westhausen PLZ X 5801, 320 A
Westhausen PLZ 7081, 332 A
Westheim PLZ 8821, 332 B
Westheim PLZ 3538 Marsberg, 312 D
Westhofen 324 C
Westkirchen 312 A
Westoverledingen 299 D
Westrhauderfehn 299 D
Wesuwe 304 B
Wetter PLZ 5802, 311 C
Wetter PLZ 3552, 318 B
Wetterzeube 321 A
Wettin 315 A
Wettingen (CH) 336 D
Wettmar 306 D
Wettringen PLZ 4441, 304 D
Wettringen PLZ 8721 Stadtlauringen 1, 326 A
Wettrup 304 B
Wetzdorf 321 A
Wetzikon (CH) 337 C
Wetzlar 318 C
Wewelsburg 312 A
Wewelsfleth 301 A
Wewer 312 B
Weyarn 340 A
Weyerbusch 317 D
Weyersheim (F) 329 D
Weyhausen PLZ 3171, 307 C
Weyhausen PLZ 3106 Eschede, 307 A
Weyhe 305 B
Wiblingen 331 D
Wichmannshausen 319 B
Wickede 311 D
Wickerstedt 321 A
Wickrath 310 D
Widdern 325 C
Widlitz (ČS) 328 C
Wieck 297 D
Wieda 314 A
Wiedemar 315 D
Wiedensahl 306 C
Wiederitzsch 315 D
Wiefelstede 300 C
Wiehe 314 D
Wiehl 317 B
Wiek 298 A
Wienhausen 307 C
Wiepke 307 B
Wieren 307 A
Wies 339 C
Wiesau 327 B
Wiesbaden 324 A
Wiesbaum 316 D
Wiesedermeer 300 C
Wiesen 325 A
Wiesenburg 308 D
Wiesenfelden 334 B
Wiesensteig 331 C
Wiesent 334 B
Wiesental 330 B
Wiesentheid 326 A
Wiesenttal 327 A
Wiesing 335 C
Wieslautern 329 B
Wiesloch 324 D
Wiesmoor 300 C
Wietmarschen 304 C
Wietze 306 B
Wietzen 306 A
Wietzendorf 306 B
Wietzetze 302 D
Wiggensbach 338 D
Wijchen (NL) 310 A
Wil (CH) 337 C
Wilburgstetten 332 B
Wildbad 330 D
Wildberg PLZ X 1901, 309 A
Wildberg PLZ 7277, 330 D
Wildbergerhütte 317 B
Wildeck 319 B
Wildemann 313 B
Wildenberg 333 D
Wildenroth 339 A
Wildensee 325 A
Wildenwart 340 B
Wildeshausen 305 B
Wildflecken 319 D
Wildpoldsried 338 B
Wildschönau (A) 340 D
Wildstein (ČS) 328 A
Wilferdingen 330 B
Wilhelmsdorf 337 B
Wilhelmsfeld 324 D
Wilhelmshausen 313 C
Wilhelmshaven 300 A
Wilhelmsthal 320/321 D/C
Wilhermsdorf 326 D
Wilkau-Haßlau 321 D
Willebadessen 312 B
Willgottheim (F) 329 C
Willich 310 D
Willing 340 B
Willingen 312 C
Willingshausen 318/319 B/A
Willmars 319 D
Willstätt 329 D
Wilnsdorf 318 A
Wilsche 307 C
Wilsede 301 D
Wilstedt 301 C
Wilster 301 A
Wilsum 304 C
Wiltz (L) 322 A
Wimmenau (F) 329 A
Wincheringen 322 D
Windbergen 294 D
Windeck 317 B
Windhausen 322 A
Windheim 306 C
Windischeschenbach 327 B
Windischleuba 321 B
Windorf 335 C
Windsbach 332 B
Wingst 301 A
Winhöring 334 D
Winkeldorf 301 C
Winklarn 328 C
Winkling 334 B
Winklmoosalm 341 C
Winnenden 331 A
Winnert 294 D
Winningen 315 A
Winningstedt 314 A
Winnweiler 323 D
Winschoten (NL) 299 C
Winsen PLZ 2090, 302 C
Winsen PLZ 3101, 306 B
Winterberg 318 B
Winterberg (ČS) 335 B
Winterfeld 307 B
Winterlingen 337 B
Wintermoor 301 D
Winterspelt 316 C
Winterstein 320 A
Winterswijk (NL) 310 B
Winterthur (CH) 337 C
Wintrich 323 A
Winzer 335 A
Wipperfürth 317 A
Wippra 314 D
Wipshausen 307 C
Wirdum 299 D
Wirges 317 D
Wirsberg 327 A
Wischhafen 301 A
Wismar 302/303 B/A
Wissembourg (F) 329 B
Wissen 317 B
Wittdün 294 A
Witten 311 C
Wittenberge 308 A
Wittenburg 302 D
Wittenhofen 337 B
Wittibreut 335 C
Wittighausen 325 D
Wittingen 307 A
Wittislingen 332 C
Wittlich 322 B
Wittmund 300 A
Wittorf 306 B
Wittstock 303 D

Witzenhausen 313 C
Witzin 303 A
Wiwersheim (F) 329 D
Wobbenbüll 294 D
Wöbbel 312 B
Wöbbelin 302 D
Wöhrden 294 D
Wölfersheim 318 D
Wöllstadt 318 D
Wöllstein 323 B
Wörgl (A) 340 D
Wörleschwang 332 D
Wörlitz 315 B
Wörnitz 332 A
Wörrstadt 324 A
Wört 332 A
Wörth PLZ 8671, 324 B
Wörth PLZ 6729, 330 A
Wörth PLZ 8404, 334 B
Wörth PLZ 8059, 334 C
Wörth PLZ 8301, 334 D
Wörth (A) 341 D
Wœrth (F) 329 B
Wörth (F) 329 B
Wörthsee 339 B
Wössingen 330 B
Wohlen (CH) 336 D
Wohra 318 B
Wohratal 318 B
Wolbeck 311 B
Wolfach 330 C
Wolfachau 335 C
Wolfegg 338 A
Wolfen 315 B
Wolfenbüttel 307 C
Wolfertschwenden 338 B
Wolfhagen 312 D
Wolframseschenbach 332 B
Wolfratshausen 340 A
Wolfsberg 314 D
Wolfsburg 307 D
Wolfsegg 333 B
Wolfshagen PLZ X 2911, 303 C
Wolfshagen PLZ 3394 Langelsheim 3, 313 B
Wolfskehlen 324 A
Wolfstein 323 D
Wolgast 298 D
Wolkersdorf 326 D
Wolkramshausen 314 C
Wollershausen 313 D
Wollersheim 316 D
Wollin 309 C
Wolmirstedt 308 C
Wolmünster (F) 329 A
Wolnzach 333 D
Wolpertshausen 331 B
Wolpertswende 338 A
Wolthausen 306 B
Wondreb 327 B
Wonsees 327 A
Wootz 302 D
Worbis 314 C
Woringen 338 B
Wormeldange (L) 322 D
Worms 324 C
Worphausen 300/301 D/C
Worpswede 300/301 D/C
Wredenhagen 303 D
Wremen 300 B
Wrestedt 307 A
Wriedel 307 A
Wrist 301 B
Wrohm 294 D
Wülfrath 311 C
Wüllersleben 320 B
Wünnenberg 312 C
Wünschendorf 321 B
Wünsdorf 309 D
Würgau 326 B
Würselen 316 A
Würtingen 331 C
Würzburg 325 A
Wüstenrot 331 A
Wulfen PLZ X 4371, 315 A
Wulfen PLZ 4270 Dorsten 11, 311 A
Wulfersdorf 303 D
Wulfsen 301 D
Wulften 313 B
Wulkau 308 B
Wulsbüttel 300 D
Wunsiedel 327 B
Wunstorf 306 C
Wuppertal 311 C
Wurmannsquick 334 D
Wurmlingen 337 A
Wurmsham 334 D
Wurzbach 321 C
Wust 308 D
Wusterhausen 308/309 B/A
Wustermark 309 C
Wusterwitz 308 D
Wustrau 309 A
Wustrow 307 B
Wutach 336/337 B/A
Wutha 320 A
Wybelsum 299 C
Wyhl 336 A
Wyk 294 A
Wyler 310 A

X

Xanten 310 B

Y

Ysselsteyn (NL) 310 C

Z

Zaberfeld 330 B
Zabern (F) 329 C
Zahrensdorf 302 C
Zapfendorf 326 B
Zarenthien 307 B
Zarpen 302 A
Zarrentin 302 B
Zasenbeck 307 B
Zauchwitz 309 C
Zavelstein 330 D
Zeddam (NL) 310 B
Zehdenick 309 B
Zehlendorf 309 B
Zehna 303 A
Zeil am Main 326 B
Zeilarn 334/335 D/C
Zeitlarn 334 A
Zeitlofs 319 C
Zeitz 321 B
Železná (ČS) 328 C
Železná Ruda (ČS) 335 A
Zelhem (NL) 310 B
Zell PLZ 5583, 323 A
Zell PLZ 7615, 330 C
Zell PLZ 7863, 336 C
Zell (A) 340 D
Zell (A) 341 B
Zella-Mehlis 320 C
Zell am See (A) 341 C
Zell an der Pram (A) 335 D
Zellingen 325 A
Zeltingen-Rachtig 323 A
Zemmer 322 B
Zenting 335 A
Zerbst 315 B
Zerf 322 D
Zernien 302 D
Zerpenschleuse 309 B
Zetel 300 C
Zeulenroda 321 C
Zeven 301 C
Zevenaar (NL) 310 A
Ziddorf 303 B
Ziegelroda 315 C
Ziegendorf 303 C
Ziegenhain 319 A
Ziegenrück 321 C
Ziemetshausen 332 D
Zierenberg 312/313 D/C
Zierzow 303 C
Ziesar 308 D
Ziesendorf 303 A
Žihle (ČS) 328 B
Zimmern 337 A
Zimmersrode 319 A
Zingsheim 316 D
Zinnowitz 298 D
Zinzenzell 334 B
Zirl (A) 339 D
Zirndorf 326 D
Zislow 303 D
Zizenhausen 337 A
Žlutice (ČS) 328 B
Zöbingen 332 A
Zölkow 303 A
Zörbig 315 A
Zofingen (CH) 336 D
Zolling 333 D
Zorge 314 A
Zorneding 340 B
Zossen 309 D
Zschortau 315 D
Zudar 298 C
Zülichendorf 309 C
Zülpich 316 D
Zürich (CH) 337 C
Züschen PLZ 5788 Winterberg, 318 B
Züschen PLZ 3580 Fritzlar 5, 319 A
Züsow 303 A
Züssow 298 D
Züttlingen 325 C
Zuffenhausen 321 A
Zuidbroek (NL) 299 C
Zuidlaren (NL) 299 C
Zurow 303 A
Zurzach (CH) 336 D
Zusmarshausen 332 D
Zweeloo (NL) 304 A
Zweibrücken 323 C
Zweifall 316 B
Zwenkau 315 D
Zwesten 318 B
Zwickau 321 B
Zwiefalten 331 C
Zwiesel 335 A
Zwillbrück 304 C
Zwingen (CH) 336 C
Zwingenberg 324 D
Zwirschen (ČS) 328 C
Zwochau 315 D